合同法理论与实务

刘廷华 主编

吉林大学出版社
·长春·

图书在版编目(CIP)数据

合同法理论与实务 / 刘廷华主编 .— 长春 ：吉林大学出版社， 2022.1
 ISBN 978-7-5692-9988-5

Ⅰ． ①合⋯ Ⅱ． ①刘⋯ Ⅲ． ①合同法－中国－高等学校－教材 Ⅳ． ① D923.6

中国版本图书馆 CIP 数据核字 (2022) 第 140401 号

书　　名：合同法理论与实务
HETONGFA LILUN YU SHIWU

作　　者：刘廷华　主编
策划编辑：邵宇彤
责任编辑：张维波
责任校对：甄志忠
装帧设计：优盛文化
出版发行：吉林大学出版社
社　　址：长春市人民大街4059号
邮政编码：130021
发行电话：0431-89580028/29/21
网　　址：http://www.jlup.com.cn
电子邮箱：jldxcbs@sina.com
印　　刷：三河市华晨印务有限公司
成品尺寸：185mm×260mm　　16开
印　　张：22.75
字　　数：552千字
版　　次：2022年1月第1版
印　　次：2022年1月第1次
书　　号：ISBN 978-7-5692-9988-5
定　　价：98.00元

版权所有　　翻印必究

序

合同，历来与交易密切相关，在延期交易情形中，几乎总是能看到合同的身影。鼓励交易是合同法的基本原则，而这也是其区别于其他法律的重要特征。《全国法院民商事审判工作会议纪要》（法〔2019〕254号）[1]强调，法院审理合同纠纷案件时必须坚持鼓励交易原则。[2]《全国法院贯彻实施民法典工作会议纪要》（法〔2021〕94号）强调，法院必须坚持鼓励和促进交易的精神去处理合同成立相关争议。[3]循此路径，我们发现，整个合同法都是围绕鼓励交易来建构的，在一定程度上，鼓励交易才是合同法的根本目的。

一、提高交易效率

只要能够充分保护意思自由，理性当事人往往能够通过交易最终实现自身利益的最大化，并且受"看不见的手"指挥完全可以实现个人利益和社会利益的对立统一。[4]自由竞争的市场可以导致资源有效配置和社会福利的最大化[5]，因此可以认为，承认平等自由原则，鼓励私法自治，并不是基于所谓"人最适合于服从他给自己规定的法律"[6]，而是为了提高效率，增进社会福利。[7]

当事人必须足够理性，才能最终确保交易符合效率要求。令人遗憾的是，人们在搜集信息时容易带上明显的偏向性，更容易注意到那些吸引其注意力而且方便记忆的信息，也更容易接受那些能够佐证自己观点的信息而拒绝那些和自己固有信念相互冲突的信息。此外，在对外界信息进行解释时，人们还会受到同感效应、参考点效应和近因效应等心理偏差的影响，难以准确理解信息的真实意义，无法准确评估信息的实际价值。总之，

---

[1] 此即大家熟知的《九民纪要》，为叙述方便，以下简称《九民纪要》。
[2] 之前，也曾有学者论及鼓励交易原则，认为合同法在鼓励交易、指导交易的同时，还注重了体现当事人意思自治的现代私法理念。我国合同法总则集中体现了合同自愿、鼓励交易的指导原则。鼓励交易原则虽然没有在合同法的条文中明确得到肯定，但是整个合同法的各项制度却始终体现了这一原则。所谓鼓励交易原则，是指合同法在具体的制度设计上以降低当事人的交易成本、减少交易的制度障碍为指导思想，达到促进当事人通过合同实现交易的立法目的。陈小君.合同法学[M].北京：高等教育出版社，2003：15，23，33.
[3] 《全国法院贯彻实施民法典工作会议纪要》第六条规定："当事人对于合同是否成立发生争议，人民法院应当本着尊重合同自由，鼓励和促进交易的精神依法处理。能够确定当事人名称或者姓名、标的和数量的，人民法院一般应当认定合同成立，但法律另有规定或者当事人另有约定的除外。"
[4] 胡寄窗.西方经济学说史[M].上海：立信会计出版社，1991：73.
[5] 田国强.和谐社会构建与现代市场体系完善[J].经济研究，2007（3）：130-141.
[6] 康德.法的形而上学原理[M].沈叔平，译.北京：商务印书馆，1991：50.
[7] 有学者敏锐地洞察到，"在商业时代里，财富多半是由许诺组成的"。P.S.阿蒂亚.合同法概论[M].程正康，译.北京：法律出版社，1982：3.

我们绝不能对当事人的理性过于乐观。因此，合同法特别强调，合同当事人必须具备相应的民事行为能力，一般情况下限制民事行为人订立的合同必须要经过其法定代理人的追认后才能发生法律效力。至于纯获利益的合同，或者是与缔约当事人年龄、智力、精神健康状况相适应情形下订立的合同，符合经济人理性选择的要求，因此法律规定不必经法定代理人追认。仅仅足够理性对于确保交易效率是不够的，还必须保障当事人的理性确保落实到合同之中。合同法还将欺诈、胁迫及重大误解等情形下当事人违背真实意愿订立的合同规定为可撤销合同，以保护意思自治之名，行确保交易效率之实。

当事人往往只考虑合同带给自己的成本和收益，并不会将合同带给社会的成本和收益纳入考虑范围，从而导致个别合同不符合社会效率的要求。法律禁止的行为和违反公序良俗的行为，通常就是这种无效率的行为。正因如此，我国将违法和违反公序良俗的合同规定为无效合同。一些重要的合同还必须经过批准，旨在利用公权力对民事活动进行干预，以确保合同既符合当事人利益，同时也符合国家和社会的利益需求。在履行不能、合同标的不适合强制履行或者合同履行费用过高等情况下，合同均不得被要求强制履行。因为在上述情况下，履行收益低于履行成本，强制交易明显不符合效率要求。

在促进缔约结果符合效率要求之余，法律在提高缔约过程中的行为效率上也下足了功夫，果断抛弃了镜像法则，不再强求承诺与要约完全一致，只要承诺没有对要约内容进行实质性变更，原则上即承认其法律效力。除此之外，对于无权代理等效力待定的合同，法律规定了被代理人追认即发生效力的补救措施。而且，法律还规定，追认的意思到达即可生效。上述规定使得缔约更加简便易行。在规定预期违约制度的情况下，债权人在合理期限内未要求履行的不得再要求履行，明显有助于当事人提前从失败的交易中解放出来并将资源投入新的交易，提高了交易效率。

二、肯定交易效力

为了肯定交易效力，《中华人民共和国民法典》（以下简称《民法典》）放宽了对承诺期限的要求。《民法典》第四百八十七条规定因其他原因导致正常发出的承诺迟到的，原则上承诺有效，除非要约人及时通知不接受超过期限才到达的承诺。对合同无效情形进行限缩，尤其是对法律进行限制性解释，仅仅限于法律和行政法规中的强制性的效力性规定，从而避免了动辄违法无效的尴尬境地。并且，为了帮助当事人准确识别效力性规定，《九民纪要》第三十条还详细列举了常见的效力性强制性规定。至于多数规章或者地方性法规，其通常情况下不会影响合同效力，除非涉及公序良俗等例外情况。

为了肯定交易效力，为履行过程中可能出现的异常情况提供救济措施，保障债权实现。在合同双方互负债务的情况，专门规定同时履行抗辩权、后履行抗辩权和不安抗辩权等三大抗辩权，让债权人有机会留在"安全区"根据对方当事人的选择相机而动。突破"合同相对性原则"，赋予债权人以代位权和撤销权，对债务人不当减少责任财产的行为进行干预，恢复其履行债务的责任财产以增强履行债务的能力。[1] 要求债务人转移债务之前必须征得债权人同意、要求当事人订立合同后分立情形由分立后的法人或其他组织承担连带债务、规定定金条款以及规定所有权保留条款，无不是为了保障债权实现。

---

[1] 申卫星.合同保全制度三论[J].中国法学，2000（2）：111-117.

为了遏制不当行为，必须实施可信的惩罚，并且惩罚要足以抵销不当行为的收益。[①]因此，合同法大力惩戒交易过程中的不诚信行为，督促当事人诚信守约。在合同无效或被撤销时，有过错的一方当事人需要赔偿对方的损失。这迫使当事人放弃有违诚实信用原则的行为，真诚磋商以促成交易。抛弃效率违约理论将强制实际履行作为首选的违约责任，确保债权实现。在不适合强制实际履行的情况下，将当事人履行合同的预期利益纳入保护范围，可确保当事人基本实现与合同履行相同的状态。

三、控制交易风险

严格限制缔约过失责任的适用范围，降低谈判破裂情形退出缔约活动的成本。启动磋商程序进入缔约活动是促成交易的重要阶段，但并不是每一次缔约活动都能促成交易。如果需要为对方当事人缔约活动的信赖利益承担严格责任，必将增加磋商成本，最终导致交易萎缩。正因如此，合同法允许当事人撤销要约，及时退出不适合的缔约活动，这实际上是要求缔约人为自己的行为承担一定风险，激励缔约人将信赖投资控制在适度水平。[②]不当撤销要约，或者是其他违背诚实信用原则的行为，往往会对当事人造成信赖利益损害，此时要约人承担责任的基础都是过失。合同法在规定合同无效或被撤销的法律后果时，明确规定采用过错责任原则。缔约过失责任以过错作为归责原则，根本考虑显然不是为了减少或消除其对缔约自由的侵害，而是为了降低将来退出缔约的风险，方便人们追逐更有利可图的交易。

合同法确立了契约严守规则，帮助当事人利用合同锁定交易，提前将环境变化带来的风险控制在了合理范围，稳定了交易预期。当事人应当按照约定全面履行自己的义务，不能够因为当事人自己姓名或者名字的改变而拒绝履行合同义务，法定代表人或者开办人等发生变化时同样如此。除了合意解除，合同法将解除权限制在"根本违约"情形，要求违约行为严重到不能实现合同主要目的。而且，依法成立的合同从成立之初即受到法律保护，不受他人非法干预。对于意思表示不真实的合同，民法典不允许诉请法院调整；对于情势变更情形下的合同变更，民法典同样进行了严格限制。

交易环境往往复杂多变，如果强制性要求在任何情况下都必须严格遵守最初缔结的合同，事后不允许根据客观情况的变化进行相应调整，这将迫使当事人自行设计复杂的风险分配规则，或者彻底摒弃长期合同。合同法为当事人提供了应对工具，降低了"赌博因素"引起的交易风险。[③]在缔结合同时，人们可以选择附条件的合同或附期限的合同，增加合同的弹性，同时为了将来顺利跳出合同，缔约时可以在合同中设计好合同解除条件。客观环境发生变化时，当事人可以通过协商一致变更合同。如果双方无法协商一致，满足一定条件时还可以利用情势变更规则和不可抗力条款，在双方之间公平分配损失。与此同时，这些风险分配规则将当事人在缔约时可以预见的风险排除在外，旨在促使当

---

① 田国强.和谐社会构建与现代市场体系完善[J].经济研究，2007（3）：130-141.在此意义上，诚实信用与其说是合同法的基本原则，不如说是合同法强迫当事人做出的选择。
② 弗里德里奇·凯斯勒，格兰特·吉尔摩，等.合同法：案例与材料（下）[M].屈广清，译.北京：中国政法大学出版社，2005：285.
③ 许德风.赌博的法律规制[J].中国社会科学，2016（3）：147-168.207-208.

事人提前采取预防措施，进一步降低交易风险。

契约虽然神圣，但违约并不总是能够避免，所以确有必要合理控制违约引起的交易风险。由于缔约时无法准确估算违约损失，容易出现实际损失与违约金相互偏离的情形。这种偏离有时可能非常严重以致于让违约金看起来像是赌博，则合同当事人可以请求法院依法予以调整。可预见性规则将违约损害赔偿范围限制在订立合同时预见到或者应当预见到的因违反合同可能造成的损失，促使当事人缔约时充分交换信息，方便当事人对交易风险进行评估和分配。①因果关系的引入将各种与违约没有直接关联的损失排除在违约损害赔偿之外，进一步降低了违约带来的风险。不仅如此，当一方违约后，合同法还要求守约人立即采取适当措施阻止损失进一步扩大。与违约一方当事人相比，守约人防止损失扩大的能力更强，效率更高，成本更低，减损规则可帮助违约人用更低成本避免较大损失。②

四、降低交易成本

合同是面向未来的，难以获取交易所需的充分信息。合同法确立"诚实披露规则"，将刻意隐瞒对是否订立合同有重要影响的信息行为等同于欺诈，并将这类合同规定为可撤销合同，在合同被撤销时要求违背诚信原则的当事人承担缔约过失责任。如此规定促进了信息传播，降低了信息成本。③合同法还利用可预见性规则对违约损害赔偿进行限制，让当事人自行承担隐瞒信息带来的不利后果，激励当事人在缔约阶段积极沟通信息。

为了方便当事人缔约，放宽了对合同形式的要求，除了法律特别规定的情形之外，允许当事人根据需要采取书面、口头或者其他形式。还将老百姓耳熟能详、喜闻乐见的合同书等可以有形呈现所载内容的形式都规定为书面形式，法律条文中的"等"还为其他书面形式的引入创造了空间。对于合同形式上的瑕疵，法律提供了简便易行的补救措施，只要一方当事人履行了主要义务并且被对方当事人接受，合同形式瑕疵即可得到治愈。此外，只要当事人双方主观上有缔约意愿，客观上有缔约行为，并且能够推定达成了意思一致，则可以推定以其他形式订立了合同。扩大订立合同的"其他形式"，可极大地降低缔约成本。详细列举合同主要条款可方便当事人参照适用，降低合同起草成本。对格式合同的肯定很好地适应了为众多分散客户提供重复性服务的需要，可以有效节约合同当事人缔约所需的时间、精力和社会交易成本。④

合同条款越多，促成交易的时间就越长，谈判破裂的概率越大。而且总体上而言，一方面，法律不可能概括出所有合同的必备条款；另一方面，法律对必要条款的要求本

---

① 如果一方当事人的合同预期利益较高，违约损失较大，则对方当事人可能会因此而索要较高的合同价格，平衡较大交易风险带来的履约成本。刘廷华.可预见性规则的法经济学解释[J].重庆工商大学学报，2010，27（2）：92-98.也有学者认为，如果要求违约方对超过其预见范围内的损失仍承担责任，从实质上讲，就破坏了双方当事人于订约时基于可预见的风险达成的合意，这本身就是"违约"。毛瑞兆.论合同法中的可预见规则[J].中国法学，2003(4):87-93.
② 刘廷华.减损规则论的法经济学视角[J].边缘法学，2014（1）：21-27.
③ 郑强.合同法诚实信用原则价值研究——经济与道德的视角[J].中国法学，1999（4）：86-99.
④ 史际春，邓峰.合同的异化与异化的合同——关于经济合同的重新定位[J].法学研究，1997（3）：38-51.

身也呈现出越来越宽松的趋势。①《最高人民法院关于适用〈中华人民共和国合同法〉若干问题的解释（二）》(法释〔2009〕5号）最终将必要条款限缩在非常有限的范围，客观上降低了合同的成立要求。②当然，留下合同漏洞，也可能是有意为之。③监督成本的高昂和监督手段的有限性导致道德风险不可避免，助长了不完备合同的盛行，合同法允许当事人通过补充协议、交易习惯、法律补充等方法来填补合同空白。

对于已经成立的合同，法律尽力帮助当事人降低履行合同的成本。在债权人原因造成履行债务困难的情形下，债务人可以依法中止履行合同义务，或者将标的物提存。为当事人履行合同提供更多选择，如在不损害债权人利益的前提下，并且债务人也愿意承担额外增加的费用，则允许债务人提前履行债务或者只履行部分合同义务。当事人互负债务的，满足一定条件可以通过抵销的方式清偿债务。提供合同解释规则，解决当事人合同法知识欠缺及其他原因造成的合同条款意义含混不清问题。为了有效解决合同争议，赋予有关解决争议方法条款独立效力，让这部分合同条款在合同被撤销、无效或者终止等情况下继续有效，可降低争议处理成本。

五、巩固交易基础

自由放任主义盛行之际，聚焦财富总量的最大化，并不在乎财富的损益如何在交易当事人之间进行分配。④丛林法则是自由放任市场的主要行为准则，弱肉强食的结果是垄断、分配不均及消费不足，最终导致经济危机大爆发，市场经济主体无不深受其害。因此，不能单纯追求财富最大化，必须关注交易的公平性，巩固交易基础。合同法鼓励交易所追求的经济效率应该是帕累托有效，在既定的资源状况下，再也找不到更好的方式能够让一部分当事人变得更好，同时也没有其他人因此而变得更差。

合同法要求当事人应当遵循公平原则确定各方的权利和义务，交易结果应当是当事人互利互惠的结果。⑤现实交易中，理性经济人努力追求自身利益最大化，甚至不惜牺牲或贬损他人利益。有鉴于此，为了恢复利益平衡，合同法规定了公平原则，要求当事人在缔结合同时必须注意利益平衡。否则，对于在订立合同时显失公平的合同，当事人一方有权诉请法院撤销。即使是合同成立以后出现对于一方当事人显失公平的情况，只要符合情势变更原则的要求，当事人也可以通过协商处理或者请求人民法院变更或者解除合同。

---

① 梁慧星.民法学说判例与立法研究（二）[M].北京：国家行政学院出版社，1999：128.司法解释起草机关进一步解释说："现代合同法为了适应鼓励交易、增进社会财富的需要，各国合同法开始将合同必备条款的范围限定比较小，通常限定于当事人和标的物两项，还规定可以采用合同漏洞补充的方法来促成合同的成立。"沈德咏.最高人民法院关于合同法司法解释（二）理解与适用[M].北京：人民法院出版社，2009：15.
② 除非法律另有规定或当事人另有约定，否则只需就当事人、标的和数量三项必要条款达成合意即足以认定合同成立，参见《解释二》第1条。
③ 如果事后分配损失的预期成本低于事前分配风险的成本，留下合同漏洞是更合理的做法。罗伯特·D.考特，托马斯·S.尤伦.法和经济学[M].施少华，译.北京：上海财经大学出版社，2002：171.
④ 亨利·马瑟.合同法与道德[M].戴孟勇、贾林娟，译.北京：中国政法大学出版社，2005：28.
⑤ 郑强.合同法诚实信用原则价值研究——经济与道德的视角[J].中国法学，1999（4）：86-99.

法律中的人是一种抽象的存在，往往会同时假设当事人在缔约过程中具有大体平衡的水平和能力，通过旗鼓相当的讨价还价最终实现公平交易。[1]在内部结构日益分化的现代社会，垄断势力影响到了交易的安全和稳定。[2]市场失灵的出现，非常需要政府采取某些合适的干预措施。[3]鉴于强势群体习惯采用格式合同损害弱势群体利益，合同法专门拟定条款对格式条款进行限制，除了强调格式条款制定过程中应当遵循公平原则，还要求在使用过程中对容易给对方权利义务造成重大影响的条款进行提示并按对方要求进行说明，给对方当事人提供磋商改订合同的机会。

　　《民法典》颁布后，对《中华人民共和国合同法》（以下简称《合同法》）中不满足效率要求的多处条款进行了修订。例如，《民法典》第五百八十条规定司法解除，旨在打破"合同僵局"，为当事人从不利的合同中解脱出来提供了便利，不仅有助于节约交易成本，更有利于提高交易效率，同时又较好保护了守约人的合法权益。类似规定，不胜枚举。鉴于学界对合同法鼓励交易原则尚未予以足够重视，以此为序，抛砖引玉，求教于各位大家。

---

[1] 阿蒂亚.合同法概论[M].程正康,译.北京：法律出版社,1982：10.
[2] 梁慧星.从近代民法到现代民法——20世纪民法回顾[J].中外法学,1997（2）：19-30.
[3] 斯蒂格利茨.政府为什么干预经济：政府在市场经济中的角色[M].郑秉文,译.北京：中国物资出版社,1998：9,97.为保障契约正义，须使当事人能够立于平等自由的地位决定是否订约，磋商契约的内容。王泽鉴.台湾的民法与市场经济[J].法学研究,1993（2）：62-78.

目　录

第一章　导论 001

第二章　合同的订立 012
　　第一节　合同订立的方式 012
　　第二节　合同成立 028
　　第三节　合同内容 044

第三章　合同的效力 061
　　第一节　有效合同 061
　　第二节　无效合同 073
　　第三节　效力待定合同 089
　　第四节　可撤销合同 103

第四章　合同的履行 115
　　第一节　合同履行的原则 115
　　第二节　双务合同履行的抗辩权 121

第五章　合同的保全与担保 133
　　第一节　合同保全 133
　　第二节　合同的担保 150

第六章　合同变更与终止 260
　　第一节　合同变更 260
　　第二节　合同终止 286

第七章 违约责任 327
第一节 违约形态、归责原则与免责事由 327
第二节 违约责任形式 335

第一章 导论

一、适用范围

与原合同法规定相比，民法典合同编在规定适用范围时沿袭了平等主体相关的规定，如婚姻等有关身份关系的合同，在没有相关法律特别规定时也可以适用，从而扩大了适用范围。①

（一）强调平等主体问题

《民法典》第二条规定民法调整平等主体之间的人身关系和财产关系，第四条又规定民事主体在民事活动中的法律地位一律平等。结合这两个法律条文可以肯定，民法典调整平等主体之间的民事关系，并不调整非平等主体之间的法律关系，如行政关系。当事人双方法律地位是否平等，不能只停留在当事人的身份、地位或者法律属性等表层现象，亦不能仅凭借当事人之间在通常情况下所具有的管理和被管理的关系就断定当事人之间不是平等的民事主体关系，而应当判断当事人是否以平等的身份介入了具体的社会关系当中，即要在实质意义上作出判断。例如，司法局和律师平常是管理和被管理的关系，并不平等，但是如果司法局邀请律师过去讲课并承诺支付合理报酬，则在该项民事活动中双方是平等主体。需要注意的是，在讨论平等时往往会区分形式意义上的平等和实质意义上的平等，就合同领域而言，形式意义上的平等是关注的重点，而实质意义上的平等仅在特殊情形下具有意义。例如，就合同当事人的行为能力而言，一般不会考虑双方当事人的个体差异，不会因为一方当事人处于相对较弱的交易地位或者具有相对劣势的缔约能力就认定不平等。只有在极端个别的特殊情形下，法律才会关心对弱势一方当事人的保护。②原因在于，我们只有忽视自然人之间的种种差别，人为赋予其主体平等的法律人格，才会成就"从身份到契约"的法律进步运动。③

---

① 《民法典》第四百六十四条规定："合同是民事主体之间设立、变更、终止民事法律关系的协议。婚姻、收养、监护等有关身份关系的协议，适用有关该身份关系的法律规定；没有规定的，可以根据其性质参照适用本编规定。"
② 易军.民法基本原则的意义脉络[J].法学研究，2018，40（6）：53-71.
③ 蔡立东."平等主体关系说"的弃与留——未来《民法典》调整对象条款之抉择[J].法学论坛，2015，30（2）：13-19.

（二）扩大了适用范围

1. 身份关系的协议

对于有关身份关系的协议，原《合同法》明确将其排除在调整范围之外[①]，与此不同，《民法典》合同编采用了原则上不适用而例外情况下可以参照适用的立法模式。[②] 对于有关身份关系的协议，身份问题的介入使得这类合同往往牵涉人身关系，并且带有复杂的情感因素，与一般的合同具有很大的不同，因此应当优先适用有关该身份关系的法律规定，原则上不适用民法典合同编。与此同时，我们注意到，这类合同除了内容涉及身份关系外，其他地方与一般的合同并未形成泾渭分明的界限，因此在没有相关法律的特别规定时也可以参照适用合同编的相关规定予以处理。当然，这并不是强制性的规定，可以参照，也可以不参照。

当然，有关身份关系的协议毕竟不同于商事合同，更多涉及商业价值之外的特殊考量，甚至这才是协议本身的核心价值，如维持婚姻家庭的稳定、养老育幼、被抚养人利益最大化等，这和经济合同只是关注经济利益这一特点存在根本不同。针对当事人在身份关系协议中的约定，法院在裁判时要根据具体规定背后涉及的价值考量，通过身份性的强弱来判断到底能不能适用合同编的规则。考虑到有关身份关系协议可能涉及不同的类型，即便是同一类型，协议可能也会涉及不同内容的条款，对此不能等同视之，必须加以区别对待。需要注意的是，这类协议中身份性条款和财产性条款往往交织在一起，甚至在很大程度上，身份性条款可以看作是财产性条款的基础和前提，如果脱离身份性条款去单独评价财产性条款，必然得出错误甚至荒谬的结论。[③]

总体来看，涉及身份关系的协议在未来相当长的一段时间可能会存在较大争议。其中，以婚姻关系内的忠诚协议为最，主要观点又可分为有效、无效、区别对待以及法院不予理睬四个大类。①有效说。其可细分为绝对有效和需要法院干预两种情况。前者认为，即使夫妻忠实义务不属于民法意义上的权利义务规范，也不影响婚姻当事人通过自愿协议的方式赋予忠实义务以法律强制力。[④] 对于类似"只要离婚则房屋产权立即归某一方当事人所有，不得反悔"约定，只要是双方真实意思并且不违法，则当事人离婚时可以按照上述约定分割共同财产。因为婚姻中财产分割充满情感因素，法院根本无从判断是否显失公平。[⑤] 后者认为，忠诚协议可以视为"夫妻应当互相忠实"法律规定的具体化，是落实婚姻法基本精神的具体举措，当然应肯定其法律效力，与此同时，如果存在

[①] 《合同法》第二条第二款规定，婚姻、收养、监护等有关身份关系的协议不属于合同法调整范围。正因如此，有学者指出，合同法调整的是具有财产内容的社会关系。陈小君.合同法学[M].北京：高等教育出版社，2003：6.

[②] 《民法典》第四百六十四条第二款规定，婚姻、收养、监护等有关身份关系的协议，应当适用有关该身份关系的法律规定；在没有相应法律规定时，可以根据其性质参照适用本编的规定。"等"字不仅包含了与婚姻、收养、监护等具有相同性质的身份关系的协议，还包含了有关人格关系的协议，如人格权编规定的肖像许可使用协议。

[③] 参见王雷.论身份关系协议对民法典合同编的参照适用[J].法学家，2020（1）：32-46,192.

[④] 参见广东省中山市人民法院（2016）粤20民再15号民事裁定书。类似判例，参见成都市中院（2019）川01民终1078号民事判决书。

[⑤] 参见山东省青岛市中级人民法院（2012）青民五终字第1005号民事判决书。

显失公平等违背真实意愿的情形，同样可以申请法院撤销。[1]对于精神损害赔偿的确定问题，除了考虑双方事前约定，还须根据民事侵权案件中精神损害赔偿规则，结合当事人所在地经济发展状况予以确定。[2]②无效说。如果一方变心或者提出离婚，则需要进行相应赔偿，这类忠诚协议明显违反婚姻自主原则[3]；如果一方婚内出轨或者离婚后另行婚配，则丧失孩子抚养权，这类协议与保障子女合法权益原则不符；[4]如果离婚，则须赔偿青春损失费，这类协议违反公序良俗原则。[5]③区别对待说。忠诚协议的处理不能一概而论，可以尝试做类型化处理。具体而言，可以结合案件事实采取多种解释方法，对协议所涉条款类型进行细分，财产类条款一般可以认定有效，而涉及婚姻关系和子女抚养等纯粹身份关系的条款则无效。[6]例如，类似"出轨一方必须放弃对孩子的监护权"这类约定，因违反法律强制性规定而无效；类似"如果离婚须赔偿女方青春损失费"等赔偿约定实质上属于精神损害赔偿的范围，可以按离婚损害赔偿处理；类似"一方出轨则净身出户"等财产归属约定可以视为违约责任，可以按照忠诚协议约定处理。[7]④不予理睬说。仅以违反忠实协议为由起诉要求对方履行协议或者支付赔偿的，法院可能不予立案。[8]如此处理主要是基于以下担心：如果法院受理这类纠纷，按照谁主张谁举证的证据规则，提起诉讼的一方当事人可能会为了获得有效证据而采取各种措施捉奸，必然会带来不可估量的负面效果。[9]最高人民法院民法典贯彻实施工作领导小组进一步强调，目前法律并不禁止夫妻忠诚协议，但同样不会赋予其强制执行力，还是应当由当事人按照诚实信用原则

---

[1] 吴晓芳.当前婚姻家庭案件的疑难问题探析[J].人民司法，2010（1）：54-58.
[2] 参见浙江省金华市中级人民法院（2014）浙金民终字第723号民事判决书。
[3] 参见北京市第二中级人民法院（2016）京02民终4669号民事判决书。
[4] 参见江苏省南京市中级人民法院（2013）宁民终字第2967号判决书。
[5] 参见河南省新郑市人民法院（2008）新民初字第1600号民事判决书。
[6] 梅夏英，叶雄彪.婚姻忠诚协议问题研究[J].法律适用，2020（3）：102-112.
[7] 参见河南省平顶山市新华区人民法院（2008）新民初字第395号民事判决书。
[8] 参见《上海高院民事法律适用问答》（2003年第1期）。其他高院，也有类似规范。例如，江苏省高级人民法院《家事纠纷案件审理指南（婚姻家庭部分）》（2019）第24条规定："夫妻忠诚协议是夫妻双方在结婚前后，为保证双方在婚姻关系存续期间不违反夫妻忠诚义务而以书面形式约定违约金或者赔偿金责任的协议。夫妻是否忠诚属于情感道德领域的范畴，夫妻双方订立的忠诚协议应当自觉履行。夫妻一方起诉主张确认忠诚协议的效力或者以夫妻另一方违反忠诚协议为由主张其承担责任的，裁定不予受理，已经受理的，裁定驳回起诉。"
[9] 参见杜万华.中华人民共和国婚姻法案典[M].北京：人民法院出版社，2014.此外，该书还转引了另外一个理由：西方国家的社会学调查统计表明，婚外性关系发生率在43%左右，中国要低得多，但是即使只有20%，惩罚婚外情的法律执行起来所需调查工作量也会达到天文数字，花费大量社会资源调查婚外恋的可行性也不会很高。结果这一法律有名无实，其设定就没有意义。李银河.修改《婚姻法》时要警惕倒退[J].妇女研究论丛，1998（2）：4-5，23.

自愿履行。从整体社会效果考虑，法院不宜受理夫妻忠诚协议纠纷。①笔者认为，如此做法有欠妥当。其一，按照民事诉讼法的相关规定，法院不予受理的法律依据并不充分；其二，不予受理的后果相当于将《民法典》第一千零四十三条完全变成了不可执行的倡导性条款，不利于维护婚姻家庭稳定和倡导善良家风。鉴于民法典婚姻家庭编并没有涉及夫妻忠诚协议的处理，可以参照合同编进行处理，而具体应当区别对待。关于财产分配和损害赔偿等财产关系的约定有效，关于子女抚养和不得再婚等人身关系的约定原则上同样有效，但是，如果这类协议违反了法律法规的强制性规则则无效。

2. 非因合同产生的债权债务关系

非因合同产生的债权债务关系首先须适用有关该债权债务关系的法律规定。例如，侵权之债优先适用侵权编的规定；在其他法律没有相关规定并且债权债务在性质上没有不能适用合同编的情形，则适用合同编。②需要注意，对于身份关系的协议，《民法典》第四百六十四条第二款规定的是"参照适用"，对于非因合同产生的债权债务关系，《民法典》第四百六十八条规定的是"适用"。由此可见，在前者合同编的适用是选择性的，而在后者合同编的适用则是强制性的，法院并没有自由裁量的自由和空间。③除了笼统规定非因合同产生之债的适用外，合同编还对无因管理之债和不当得利之债进行了明确规定。

（1）无因管理。《民法典》总则部分民事权利中，在说明债权包括的内容时提及了无因管理④，并且将"无因管理"独立成章，共设置第九百七十八到九百八十四条共六个条文构建完整的制度规范。结合《民法典》第一百二十一条、第九百七十九条和

---

① 具体理由包括：第一，如果法院受理此类忠诚协议纠纷，主张按忠诚协议赔偿一方当事人，既要证明协议内容是真实的，没有欺诈、胁迫的情形，又要证明对方具有违反忠诚协议的行为，可能导致为了举证而去捉奸，为获取证据窃听电话、私拆信件，甚至对个人隐私权更为恶劣的侵犯情形都可能发生，夫妻之间的感情纠葛可能演变为刑事犯罪案件，其负面效应不可低估。第二，赋予忠诚协议法律强制力的后果之一，就是鼓励当事人在婚前签订一个可以"拴住"对方的忠诚协议，这不仅会加大婚姻成本，而且也会使建立在双方情感和信任基础上的婚姻关系变质。第三，忠诚协议实质上属于情感、道德范畴，当事人自觉自愿履行当然极好，如违反忠诚协议一方心甘情愿净身出户或赔偿若干金钱，为自己的出轨行为付出经济上的代价。但是如果一方不愿履行，不应强迫其履行忠诚协议。不止如此，《最高人民法院关于适用〈中华人民共和国民法典〉婚姻家庭编的解释（一）》（法释〔2020〕22号）第四条规定："当事人仅以民法典第一千零四十三条为依据提起诉讼的，人民法院不予受理；已经受理的，裁定驳回起诉。"其中，民法典第一千零四十三条第二款规定了夫妻之间互相忠实的义务，最高人民法院将夫妻忠实义务引起的纠纷一并排除在受理范围之外。
② 《民法典》第四百六十八条规定："非因合同产生的债权债务关系，适用有关该债权债务关系的法律规定；没有规定的，适用本编通则的有关规定，但是根据其性质不能适用的除外。"
③ "适用"二者，说明合同之债与非合同之债在债的效果问题上本质是相同的，可以适用同等法律评价。在非合同之债的法律适用中，立法者并不希望法官采用"类推"方法在个案中判断相似性，进而决定是否适用合同规则，而是希望法官原则上不要做相似性判断，直接适用合同编通则中的相关债法规范。于飞.我国民法典实质债法总则的确立与解释论展开[J].法学，2020（9）：37-53.
④ 《民法典》第一百二十一条规定："没有法定的或者约定的义务，为避免他人利益受损失而进行管理的人，有权请求受益人偿还由此支出的必要费用。"

九百八十四条，无因管理可以分为适法无因管理①和不适法无因管理②两个大类。其中，根据无因管理是否符合受益人真实意思，第九百七十九条又将适法无因管理进一步细分为符合受益人真实意思和不符合受益人真实意思两种情形。不论是适法无因管理或者不适法无因管理，管理人在管理事务中都必须履行继续管理、通知与等待指示、报告与转交等义务，以便更好地维护受益人的利益。

在管理人的求偿范围上，适法无因管理和不适法无因管理二者大相径庭。对于适法无因管理，因管理实务而指出的必要费用可以请求受益人偿还，并且，如果因为管理实务而遭受损失的，也可以请求受益人给予适当补偿。需要注意的是，法律并没有将管理人的求偿范围限制在受益人获利的范围。原因在于，管理人在实施管理的过程中，很难估算管理带来的具体收益，而且在求偿时可能面临举证上的困难。对于不适法无因管理，管理人虽然也享有上述权利，但是无论如何，求偿范围不能超过受益人获利的范围。如此规定，必然导致管理人的求偿范围取决于管理事务的效果，如果管理事务没有取得良好效果，管理人的支出和损失可能得不到补偿。这在一定程度上可以看作法律对无因管理中"不适法"因素的否定评价。

管理人并不能随心所欲地处理管理事务，一旦开始管理事务，就必须严格履行继续管理、通知与等待指示以及报告与转交等义务。①继续管理义务。管理人管理他人事务，必须采取有利于受益人的方法。这是启动无因管理的前提，也是管理人求偿的基础。启动无因管理后，中断管理可能导致管理事务已经投入的资源被浪费，甚至造成更大的破坏，导致受益人状况比没有启动无因管理时更差。因此，法律特别规定，如果中断无因管理对受益人不利，则没有正当理由就不能中断。③②通知与等待指示义务。对于管理事务是否有利于受益人，管理人的判断可能会出现偏差，最好交给受益人本人决定。所以，自动管理事务后，管理人应当及时通知受益人并等待其指示。如果需要紧急处理，则无须停下来等待进一步指示。至于是否需要紧急处理，并不是当事人的主观判断问题，必须按照客观标准进行判断。④③报告与转交义务。无因管理毕竟是为受益人利益而开展的工作，管理事务一旦结束，管理人应当及时将取得的工作成果交付给受益人。与此同时，管理人应当向受益人报告管理事务的相关情况。该项工作对于核实受益人获利、管理人开支以及管理人损失等状况是必不可少的，对于管理人求偿有重要影响，事关双方利益。⑤

---

① 《民法典》第九百七十九条规定："管理人没有法定的或者约定的义务，为避免他人利益受损失而管理他人事务的，可以请求受益人偿还因管理事务而支出的必要费用；管理人因管理事务受到损失的，可以请求受益人给予适当补偿。管理事务不符合受益人真实意思的，管理人不享有前款规定的权利；但是，受益人的真实意思违反法律或者违背公序良俗的除外。"

② 《民法典》第九百八十条规定："管理人管理事务不属于前条规定的情形，但是受益人享有管理利益的，受益人应当在其获得的利益范围内向管理人承担前条第一款规定的义务。"

③ 《民法典》第九百八十一条规定："管理人管理他人事务，应当采取有利于受益人的方法。中断管理对受益人不利的，无正当理由不得中断。"

④ 《民法典》第九百八十二条规定："管理人管理他人事务，能够通知受益人的，应当及时通知受益人。管理的事务不需要紧急处理的，应当等待受益人的指示。"

⑤ 《民法典》第九百八十三条规定："管理结束后，管理人应当向受益人报告管理事务的情况。管理人管理事务取得的财产，应当及时转交给受益人。"

管理事务得到受益人追认后，则管理人和受益人之间的法律关系的处理就适用委托合同相关规范，不再适用无因管理相关规范。而且，受益人追认的效果具有溯及力，按委托关系处理是从管理事务开始之时，而非认可之后。当然，当事人之间的法律关系只是适用委托合同的有关规定而已，并不因此而当然变为委托合同。此外，如果管理人不希望按照委托合同的有关规定处理，可以适用但书规定，选择继续适用无因管理的有关规定。① 需要注意，管理人的另有意思表示并非随心所欲，他只能在适用委托合同相关规范和适用无因管理相关规范之间进行选择。上述规定与其说是赋予了管理人选择权，还不如说是赋予了受益人选择权。如果受益人不对管理事务进行追认，则根本没有管理人选择的空间。②

（2）不当得利。《民法典》总则部分民事权利中，在说明债权包括的内容时提及了不当得利③，第二十九章将"不当得利"制度独立成章，共设置第九百八十五条至第九百八十八条构建了完整的制度规范，明确规定了不当得利的除外情形、返还范围、损害赔偿、第三人返还等规则，为处理不当得利纠纷提供了较为完备的规则支持。

从《民法典》第一百二十二条④的规定看，所谓不当得利，就是一方当事人没有法律依据而获得利益，与此同时另一方当事人因此而遭受损失，那么在这种情况下，应当允许受到损失的一方当事人请求获得利益的一方当事人返还其获得的利益。需要注意的是，法条中的"因"实际上是在强调获利与损失之间的因果关系问题，即该条在适用上往往还要求一方获利与另一方受损之间具有因果关系。⑤ 至于法律规定的"没有法律依据而获得利益"，不能狭隘地将法律依据解释为法律规定，除了法律规定外，当事人还可以通过约定的方式确定利益交换的基础，所以其通常是指没有法定事由或者

---

① 《民法典》第九百八十四条规定："管理人管理事务经受益人事后追认的，从管理事务开始时起，适用委托合同的有关规定，但是管理人另有意思表示的除外。"
② 由于《民法典》第九百八十四条仅赋予受益人借追认来改变所应适用规范的权利，管理人并不享有该权利——无权以单方意思表示来改变受益人与管理人之间规范适用的关系，因此本条但书规定"管理人另有意思表示的除外"似较难有适用空间。较合理的解释是管理人与受益人共同表示，即双方对不适用委托合同规定或对委托合同规定的适用不溯及既往达成合意。易军.无因管理制度设计中的利益平衡与价值调和[J].清华法学，2021，15（1）：142-162.
③ 《民法典》第一百二十二条规定："因他人没有法律根据，取得不当利益，受损失的人有权请求其返还不当利益。"
④ 同上。
⑤ 参见广东省高级人民法院（2017）粤民申283号民事裁定书。

当事人约定理由。①

需要注意的是，《民法典》第九百八十五条但书部分规定新增了不当得利返还的例外，具体包括为履行道德义务而进行的给付、债务履行期届满之前的清偿以及明知没有给付义务而进行的债务清偿等三种情形。②在这些例外情形，即使满足《民法典》第一百二十二条规定的不当得利的构成要件，也不得要求返还。①为履行道德义务进行的给付。此等情形下的给付，由于符合社会普遍认可的道德观念，与其说是不当得利，不如说是赠与，在本质上已经不具备非正当性，因此不得要求返还。②债务到期之前债务人的清偿。因为债务人享有期限利益，债务履行期届满之前，债务人可以拒绝履行自己的债务。但是，如果债务人自愿放弃期限利益而选择提前清偿，而且提前清偿不会损害债权人利益，则应当允许。③此时，债权人所获得的利益是依据合同享有的正当利益，债务人自然不能要求返还。③明知无给付义务而进行的债务清偿。此等情形下的给付可能是债务人出于其他方面的考虑，没必要按不当得利返还处理。否则，当事人一方面从其他地方获得了收益，又要求对方返还利益，相当于重复获取了两份收益，反而不具有正当性。

对于不当得利，无论得利人主观心态如何，原则上都应当返还。但是，尽管得利人的主观心态不会影响返还与否，但却能影响返还的具体范围，在取得利益已经灭失时更是如此。如果得利人主观上存有善意，不知道也不应当知道所获利益没有法律依据，则其返还利益仅限于他不当取得的利益，如果该利益已经由于毁损灭失等原因而不复存在，

---

① 依据不当得利是否基于给付行为而发生，将其分为给付不当得利与非给付不当得利。①给付不当得利。给付不当得利，指受益人受领他人基于给付行为而移转的财产或利益，因欠缺给付目的而发生的不当得利。这里的给付目的，即给付的原因。给付者给与财产总有一定目的或原因，或为债务的消灭，或为债权的发生，或为赠与，这里的目的或原因就成了受领给付者受取利益的法律上的根据。如果由于某种原因，给付目的不存在或不能达到，那么受领给付者的受取利益便会因为无法律上的根据而成为不当得利。②非给付不当得利。非给付不当得利，是指基于给付以外的事由而发生的不当得利，包括人的行为、自然事件以及法律规定。其一，基于受益人的行为。基于受益者的行为而发生的不当得利，主要指侵害他人权益而发生的不当得利，受益者的行为可以是事实行为，也可以是法律行为。前者如侵夺他人所有物或擅自占有、使用、消费他人之物；后者如无权处分人将他人之物对于第三人为有效处分。其二，基于受损者行为。这种不当得利以受损人为他人支出费用最为典型，如误将他人的家畜当作自己的家畜饲养，误以他人事务为自己的事务而管理。其三，基于第三人行为。基于第三人行为的不当得利主要有：债务人对债权的准占有人清偿，使债权消灭，致真正的债权人受有损失；债权的让与人在让与通知前，债务人对让与人清偿，致债权的受让人有损害；第三人将甲的肥料施予乙的田地中等。其四，基于法律规定。基于法律规定的不当得利，是指在一定事实或行为发生时，法律不问当事人的意思，直接规定发生一定得利的效果，例如因附合、混合、加工而获取被添附物所有权时，允许被添附物原所有人向受益者依据不当得利请求权主张以被添附物价值相当的利益返还。其五，基于事件。例如，甲池塘的鱼因天降暴雨冲入乙的池塘；甲饲养的家禽吃掉乙的饲料等，都是基于事件发生的不当得利。

② 《民法典》第九百八十五条规定："得利人没有法律根据取得不当利益的，受损失的人可以请求得利人返还取得的利益，但是有下列情形之一的除外：（一）为履行道德义务进行的给付；（二）债务到期之前的清偿；（三）明知无给付义务而进行的债务清偿。"

③ 《民法典》第五百三十一条规定："债权人可以拒绝债务人部分履行债务，但是部分履行不损害债权人利益的除外。债务人部分履行债务给债权人增加的费用，由债务人负担。"

则免除其返还义务。① 相反，如果得利人主观上存有恶意，明知或者应当知道所获利益没有法律依据，则应当返还其不当获得的利益。如果该利益已经由于毁损灭失等原因而不复存在也不例外。则应当据实赔偿。②

如果不当得利人已经将不当取得的利益转让给第三人，是否可以要求第三人返还，在很大程度上取决于转让是否有偿。如果转让是有偿的，尤其是符合善意取得制度的各项条件，第三人可以主张善意取得，则受损失的人就不能主张返还，此时只能要求不当得利人赔偿损失。如果转让是无偿的，则受损失的人可以请求第三人在获得利益的范围内承担返还义务。③

二、基本原则

（一）合同自由

合同自由，是指在法律允许的范围之内，民事主体有权按照自己的意志从事民事活动，管理自己的各项事务，处置自己的权利，创设自己的义务，不受国家和他人的非法干涉。④ 合同自由是私法自治的应有之意，当事人享有决定是否缔约的自由、选择缔约相对人的自由、决定契约内容的自由以及选择契约形式的自由。⑤ ①决定是否缔约的自由。缔约与否对当事人资源配置状况将产生重要影响，进而改变当事人的福利状况，因而法律允许当事人听凭自己的意愿决定是否缔约。除非法律另有规定，缔约也好，不缔约也罢，任何人都无权干预，更不得强制。②决定与谁缔结契约的自由。不同当事人谈判能力不同，对待收益的态度不同，这决定了合同收益的分配也会存在差异，因此当事人可以自行决定与谁签订合同并进行交易，不受他人干涉。在完全竞争的市场环境中，这容易实现。当可供选择的缔约相对人较少时，如在完全垄断等市场环境，选择缔约相对人的自由可能会流于形式。③决定契约内容的自由。有些当事人喜欢简便，习惯选择内容较少的合同，将更多的问题留待合同履行过程中来处理；有些当事人更为谨慎，习惯选择相对完备的合同，将涉及的问题在合同中固定下来。无论是哪种方式，都反映了当事人对待风险的偏好，无须过多干涉。④选择契约形式的自由。除法律另有规定外，选择什么形式，如书面的合同书、电子合同、公证合同抑或是其他别的，往往取决于合同当事人。

奉行契约自由主要是基于以下几点考虑⑥：①从经济学视角看，自由能够促成有社会

---

① 《民法典》第九百八十六条规定："得利人不知道且不应当知道取得的利益没有法律根据，取得的利益已经不存在的，不承担返还该利益的义务。"

② 《民法典》第九百八十七条规定："得利人知道或者应当知道取得的利益没有法律根据的，受损失的人可以请求得利人返还其取得的利益并依法赔偿损失。"

③ 《民法典》第九百八十八条规定："得利人已经将取得的利益无偿转让给第三人的，受损失的人可以请求第三人在相应范围内承担返还义务。"

④ 《民法典》第五条规定："民事主体从事民事活动，应当遵循自愿原则，按照自己的意思设立、变更、终止民事法律关系。"

⑤ 李永军. 从契约自由原则的基础看其在现代合同法上的地位[J]. 比较法研究,2002（4）：1-21. 类似观点，陈小君. 合同法学[M]. 北京：高等教育出版社,2003：29.

⑥ 胡松河,董学立. 契约自由的失衡及其矫正[J]. 政法论丛,1999（4）：1-6.

效率的结果。只要充分保护意思自治,理性人完全可以通过交易实现自身利益最大化。同时,市场规律发挥作用,社会利益最大化也可以实现。①简言之,受"看不见的手"指挥,自由竞争的市场可以导致资源有效配置和社会福利的最大化。②②从政治学视角看,自由是个人保留的领域。社会是生来平等的个体组成,个人将部分权利让渡给国家和政府只是为了更好地保护其权利而已,包括对自由的保护。除非确有必要,个人自由不受干涉。③从法学视角看,意思自治历来是私法领域的基本原则,当事人有权按照自己意愿选择法律关系。法律要做的只是保障意思自治得到贯彻,确保合同自由得以实现。

(二)诚实信用

诚信原则历来是民法领域的基本原则,要求当事人在民事活动中坚守诚实,恪守承诺,不得为了一己私利出尔反尔。③司法实践中,诚信原则经常作为补充理由出现在裁判说理部分。例如,在某银行与某担保公司等借款担保合同纠纷案中,证券公司与银行经过磋商签订资金拆借协议,约定拆借期限为7天,由担保公司为该笔借款提供担保。在合同履行过程中,由于逾期未还而引起诉讼。被告认为之前签订的拆借协议应当认定为无效,因为违反了《关于禁止银行资金违规流入股票市场的通知》和《金融违法行为处罚办法》中拆借期限为1天等相关规定,法院认为被告所提通知和办法最多算规章,不能据此认定合同无效。并且,证券公司没有按照约定履行还款义务,担保公司也没有按照约定履行担保义务,二者都已经构成违约,应当依法承担违约责任,反而在这种情况下主张合同无效试图免除己方责任,明显有悖于诚实信用原则。④

诚实信用是以道德为内容的法律规范,⑤已经不再是单纯的道德规则,被赋予了更加广泛的含义。在处理合同相关事务时,当事人对他人事务必须给予适当的照顾,要像对待自己利益一般重视他人利益,不仅要确保合同中各方当事人权利义务之间基本平衡,与此同时还必须考虑合同事务对第三方利益的影响并给予适当照顾。⑥从这个角度看,诚实信用原则不仅有助于实现合同当事人之间权利义务关系的平衡,同时也有利于实现合同当事人与社会之间利益的平衡,为帕累托效率的实现奠定良好基础。按照诚实信用原则的要求,合同当事人应当遵守如下义务:第一,应当如实提供缔约所需全部信息,不得实施欺诈行为;第二,应当尊重缔约过程中的本意,不得按照一己私利故意曲解合同条款;第三,应当信守承诺,严格按照合同全面履行义务;第四,应当善意行使权利,不得滥用权利损害对方当事人利益或者社会利益;第五,应当尊重对方利益,在合同履行过程中以及履行完毕后尽到必要的通知、协助和保密等义务。

---

① 胡寄窗.西方经济学说史[M].上海:立信会计出版社,1991:73.
② 田国强.和谐社会构建与现代市场体系完善[J].经济研究,2007(3):130-141.
③ 《民法典》第七条规定:"民事主体从事民事活动,应当遵循诚信原则,秉持诚实,恪守承诺。"
④ 参见最高人民法院(2005)最高法民二终字第150号判决书。
⑤ 梁慧星.诚实信用原则与漏洞补充[J].法学研究,1994(2):22-29.如果违反诚实信用原则,法律行为将被认定为无效。例如,安徽省宣城市中级人民法院判决的某案件中,经营者通过微信公众号发布有奖集赞活动,向不特定的社会公众发出参与的邀请,如果参与者完成一定行为即可领取奖品,该行为构成要约,微信用户参与该项活动,转发广告至朋友圈集赞,即为承诺,双方之间成立合同关系。微信用户通过使用点赞软件完成任务,有违诚实信用原则,该点赞行为无效。
⑥ 徐国栋.诚实信用原则二题[J].法学研究,2002(4):74-88.。

从司法实践看，诚实信用原则还呈现出补充性、强制性和衡平性三个特点[①]：①补充性。如果利益最大化所需当事人的义务已经由法律或者合同予以明确，只要严格遵守法律和契约就好。当法律或者合同没有明确规定时，诚实信用原则的补充作用就有发挥的空间。司法实践中，如果有具体的法律条文可资利用，一般不会援引诚实信用原则。如果出现了法律空白或者合同漏洞，即使利用法律解释或者合同解释也无法处理，这时候就可以运用诚实信用原则来填补漏洞。此外，即使有法律规定，合同也约定得相对完备，但是按照现有法律和合同处理的结果却呈现出显失公平的现象，此时也可以运用诚实信用原则来平衡当事人利益。[②] ②强制性。诚实信用原则是民法典规定的原则和精神，历来有帝王条款之美誉，无论当事人是否约定，诚实信用原则都可以在司法实践中加以适用。即使当事人在合同中明确约定排除其适用也是枉然，法院往往会认定这种约定为无效，当事人还是要按照诚实信用原则行使自己的民事权利并承担相应的法律义务。审判机关和法官个人在案件审理过程中同样必须遵守诚实信用原则的要求。③衡平性。作为重要的利益平衡机制，诚实信用原则旨在衡平当事人之间以及当事人和社会之间的利益，确保案件趋近实质正义。

就诚实信用原则在合同领域中的作用，应该说是贯穿合同缔结之前、合同履行过程中以及合同终止后的整个阶段。①合同当事人在合同缔结之前必须遵守诚实信用原则。从开始磋商当事人就必须严格遵循诚实信用原则，否则需要承担缔约过失责任。事实上，法律并未对缔约过失行为进行专门规定，但在兜底条款中却将其限定为违背诚信的行为。[③] 在处理合同被撤销或者被确认无效的后续问题时，诚实信用原则依然具有重要影响，因此同样须考虑当事人违反诚信原则的相关情况，在损害赔偿方面尽可能保护诚信守约一方当事人的利益。[④] ②合同当事人在履行合同过程中必须遵守诚实信用原则。[⑤] 根据《民法典》第一百四十二条和第四百六十六条规定，在解释合同条款时必须结合诚信原则，并将其作为合同解释规则的重要基准。缔约之后发生情势变更时，在重新协商和变更合同的过程中同样需要贯彻诚实信用原则。[⑥] ③在合同终止之后必须遵守诚实信用原

[①] 沈德咏.《中华人民共和国民法总则》条文理解与适用（上册）[M].北京：人民法院出版社，2017：139.

[②] 贾东明.《中华人民共和国民法总则》释解与适用[M].北京：人民法院出版社，2017：19.

[③] 《民法典》第五百条规定："当事人在订立合同过程中有下列情形之一，造成对方损失的，应当承担赔偿责任：（一）假借订立合同，恶意进行磋商；（二）故意隐瞒与订立合同有关的重要事实或者提供虚假情况；（三）有其他违背诚信原则的行为。"

[④] 夏昊晗.诚信原则在"借违法无效之名毁约"案型中的适用[J].法学，2019（6）：140-153.

[⑤] 《民法典》第五百零九条规定："当事人应当按照约定全面履行自己的义务。当事人应当遵循诚信原则，根据合同的性质、目的和交易习惯履行通知、协助、保密等义务。当事人在履行合同过程中，应当避免浪费资源、污染环境和破坏生态。"

[⑥] 例如，在张家口鑫百万餐饮公司诉宣化饭店企业承包经营合同纠纷案中，法院认为合同法在强调契约自由的同时同样重视契约正义，并且契约自由旨在追求契约正义。对于已经丧失契约正义的合同，法律必须予以救济。如果情事变更已经导致合同利益关系严重失衡，则可以依据诚实信用原则变更合同条款。参见河北省张家口市中级人民法院（2007）张商终字第74号判决书。

则。① 合同终止并不代表当事人义务相应终止，可能有后合同义务，所以合同终止以后，当事人须遵循诚信原则履行相应的义务。

（三）公平正义

《民法典》第六条规定民事活动应当遵循公平原则。公平原则也是民事活动必须遵循的基本准则，在合同领域更是如此。公平原则要求当事人在处理合同事务时必须服务社会公认的公平理念，充分考虑双方权利义务的大致平衡，切不可造成明显的利益失衡。公平是民法的最高规则，是进步和正义的道德感在民法上的体现。在处理民事权利冲突和利益争执的纠纷时，公平原则是最基本的衡量标准。在发生合同纠纷时，法院或仲裁机构应当依照公平原则对当事人的权利义务进行价值判断，公平地适用法律，确定法律责任的承担。② 正因如此，《民法典》第五百三十三条在规定情势变更原则时也是将公平原则作为基础，要求法院根据公平原则对双方权利义务进行衡平。

在订立合同过程中，当事人必须遵循公平原则合理确定双方的权利义务，尤其是在采用格式条款订立合同时。一旦当事人双方的权利义务内容显失公平，法律就会对此予以否定评价。例如，根据《民法典》第一百五十一条规定，对于显失公平的合同，受损害方可以诉请撤销。根据《民法典》第四百九十七条规定，如果存在提供格式条款一方当事人不合理地减免己方责任、加重对方责任、限制或者排除对方主要权利等情形，这类显失公平的格式条款将被认定为无效。

即使合同条款本身并没有违反公平原则，但一方当事人不正当地利用该条款导致有违公平原则的结果，此时法院也不会严格执行该条款。例如，在西安第三建筑公司与西安财经学院建设工程施工合同纠纷中，双方在建设工程施工合同中约定部分工程款的结算必须等到教学综合楼消防工程取得验收合格证书或者是有关部门允许使用证明之后。财经学院使用教学综合楼之后，并未及时组织消防验收，导致无法满足合同约定的付款条件。西安市中级人民法院认为，财经学院不积极履行自己的义务导致付款条件无法成就，以此拒绝支付剩余工程款，明显有悖于我国民法规定的公平原则及诚实信用原则。③

---

① 《民法典》第五百五十八条规定："债权债务终止后，当事人应当遵循诚信等原则，根据交易习惯履行通知、协助、保密、旧物回收等义务。"
② 陈小君.合同法学[M].北京：高等教育出版社，2003：30.
③ 参见西安市中级人民法院（2008）西民四终字第098号判决书。本案主审法官认为，本案中，建设工程进行消防验收是将来必定要发生的事实，财经学院以此作为支付工程款的条件，与民事法律行为所附的条件要求不符；同时，财经学院自1997年使用争讼之综合楼后，未办理消防手续，致西安三建未能索要拖欠的工程款。因此，该约定明显违反《民法通则》规定的公平原则，根据最高法院《关于贯彻执行〈中华人民共和国民法通则〉若干问题的意见（试行）》第七十五条"附条件的民事行为，如果所附的条件是违背法律规定或者不可能发生的，应当认定该民事行为无效"之规定，应确认无效。孙海龙，姚建军.违反公平原则的条件不能作为拒付债款的理由[N].人民法院报，2008-08-08（005）.

第二章 合同的订立

第一节 合同订立的方式

合同订立是当事人缔约的动态活动,《民法典》第四百七十一条规定,其主要方式是要约和承诺,也可以采用其他方式。

一、要约

(一)要约构成要件

根据《民法典》第四百七十二条规定,要约就是希望与其他人缔约的意思表示,必须满足内容具体确定和愿意受该意思表示约束两个条件。

1. 内容具体确定

内容具体确定实际上包含了具体和确定两层意思,一方面,要约的内容应当具体,是指不能笼统,不能抽象,尤其是要尽量有合同履行所需的细节。[1]另一方面,要约的内容应当确定,是指明确没有歧义,不能含糊不清,不能模棱两可,应当达到一般人能够理解其真实含义的水平。如此规定,主要还是为了便于将来履行合同。是否符合上述标准,直接影响合同成立与否的认定。在某案件中,最高人民法院认为案涉《投资意向书》并不具备合同的基本要素,进而将其认定为磋商性文件,否定了其合同效力。因为从内容上看,这份意向书并没有明确约定双方权利义务的具体内容,也没有约定双方的法律责任,双方甚至未能明确约定置换土地的坐落位置等具体信息。并且,从双方在意向书中使用的措辞看,洋浦管委会"协调置换土地"的协调的含义很难确定,这暗示着从"协调"到最终"置换"还需要经过双方当事人再协商、再约定。[2]

《民法典》没有明确规定合同成立必须包含哪些条款,却列明了一般情形下需要考虑

---

[1] 事实上,在苏州资产管理公司、黑龙江农垦北大荒公司金融借款合同纠纷再审案中,最高人民法院就指出,涉案函件的出具方只是表示"愿意为下属各家子公司在与贵行的业务中提供无条件担保",表达了愿意为子公司提供担保的意愿,而被担保的主债权种类、数额以及担保的范围、方式、期限等诸多事项均没有明确,不符合"内容具体确定"标准,故难以认定该函件系其发出的要约,另一方的接受行为也难以认定为对该"要约"的承诺。参见最高人民法院(2020)最高法民申1593号民事裁定书。
[2] 参见最高人民法院(2014)最高法民申字第263号民事裁定书。

的条款。[①] 问题在于,《民法典》第四百七十二条规定要约"内容具体确定",是必须具备第四百七十条规定的全部内容,还是只需要该条列举的部分条款即可？如果只是需要部分条款,则这些不可或缺的必备条款到底是哪些？按照《最高人民法院关于适用〈中华人民共和国合同法〉若干问题的解释（二）》（法释〔2009〕5号）第一条的意思,只要能够确定合同当事人、标的和数量,一般就应当认定合同成立。需要注意,该解释在规定时并没有说只要具备上述三个要素就必须认定合同成立。因为在某些特殊情况下,如果严格按照《最高人民法院关于适用〈中华人民共和国合同法〉若干问题的解释（二）》（法释〔2009〕5号）的三要素规则来认定合同成立,我们会发现难以准确判断当事人之间的权利义务关系。例如,甲乙双方签约后甲方将笔记本电脑交付给另一方,笔记本电脑作为合同标的,可以是质押合同、保管合同、借用合同、买卖合同,或者其他什么合同类型。此等情形下,如果不借助于其他因素,根本无法确定当事人之间的权利义务关系。因此,在判断要约的内容是否具体确定时,显然不能完全按照上述三要素标准进行判断。否则,按此要约缔约,极易引发争议。

因此,对于"内容具体确定"的要求,应当慎重对待。如果无法借助《民法典》第五百一十条的协议补充和第五百一十一条的法定补充填补好合同漏洞,合理确定双方当事人的权利义务,往往可以认定未能满足上述要求。此时,应当将其认定为要约邀请,避免将来因无法填补的合同漏洞引起不必要的纠纷。按照法律规定,一旦对方作出承诺并到达要约人,合同即告处理。考虑到承诺并不能对要约的内容作出实质性改变,如果要约内容本身不够具体和明确,则必然导致合同内容不够具体和明确,合同履行过程中双方当事人可能经过友好协商达成了补充协议,也可能由此引发纠纷。相对于合同履行过程中的补充,提前将要约修改完善以确保具体确定更容易促进交易。

2. 须表明一经承诺要约人即受约束的意思

除非法律另有规定,或者当事人之间另有特别约定,否则按照《民法典》第四百八十三条规定,承诺生效时合同即成立。据此看来,要约人在发出要约的同时必须表明或者能够推断出其具有按照要约内容签订合同的意思,只要对方按照要约意思进行承诺,则愿意受合同约束。如果当事人并没有这样的意思表示,要约显然不能认定为法律意义上的要约,很可能是要约邀请或者其他性质的文书。在社会实践中,当事人为了方便,节约交易成本,往往不会在要约中直接言明上述意思,此时可以借助要约的内容进行判定。如果一个理性人阅读要约内容后能够得出上述意思,通常即可推定当事人愿意接受要约约束。当然,合同当事人也可以借助合同书等形式进行确认,这样更容易明确。

（二）要约邀请

1. 与要约的区别

要约邀请和要约具有明显差异,尤其是双方当事人的交易地位方面。要约是希望他人向自己发送承诺的意思表示,要约内容必须要达到具体明确的程度,一经承诺则合同

[①] 根据《民法典》第四百七十条规定,合同的内容由当事人约定,一般包括当事人的姓名或者名称和住所、标的、数量、质量、价款或者报酬、履行时间、履行地点、履行方式、违约责任以及争议解决方法等主要条款。

成立，在此过程中要约人实际上将自己的交易条件和盘托出，主动要约实际上把自己摆在相对被动的地位。在对市场状况并不熟悉，或者已知潜在交易对象较少的情况下，贸然发出要约，无法获得最好的交易条件，无法达到理想的缔约效果，自然也无法实现收益最大化目标。与此不同，要约邀请是希望他人向自己发送要约的意思表示。换言之，通过要约邀请如果能够换来要约，自己处在受要约人的有利地位。由他人向自己发出要约，则可以通过比较选择最有利于自己的要约作出承诺，从而缔结较为理想的合同。此外，要约的撤销或者撤回存在诸多制约，使用不当可能需要承担缔约过失责任，但要约邀请通常不会产生法律后果，尤其是不会因此而承担法律责任。①

2. 视为要约

虽然在理论上区分要约和要约邀请非常容易，但是现实生活中有时却难以区分，尤其是对于没有系统掌握法律知识的普通人而言。如果要约邀请完全没有法律效力，有时会出现商家利用要约邀请损害顾客的现象。在房地产领域，不少房地产公司在商品房的销售广告和宣传资料中承诺各种条件骗取交易，商品房交付时却并未兑现之前的承诺，由此引发了大量纠纷。房地产公司往往以销售广告和宣传资料不是要约为由推卸责任，损害客户利益。有鉴于此，最高人民法院专门自定商品房买卖合同纠纷相关解释，明确规定商品房销售广告等资料一般应当认定为要约邀请，但是如果满足对商品房及其附属设施的说明具体确定并且足以对商品房订立即销售价格产生重大影响，则应当视为要约。②第一个条件与法律规定的要约内容具体确定标准相同，第二个条件与法律规定的"须表明一经承诺要约人即受约束的意思"相去甚远，并且对交易有重大影响这一要求在司法实践中也不好把握。因此，《民法典》第四百七十三条③第二款并未照搬上述司法解释的规定，而是直接依据要约构成要件去判断是否属于要约，只要符合要约条件，就应当认定为要约。至于"须表明一经承诺要约人即受约束的意思"，只要商业广告中的要约邀请未被要约否定，则自动进入要约成为要约内容，一旦相对人承诺，要约人即受该

---

① 在时间房地产建设集团有限公司诉浙江省玉环县国土资源局土地使用权出让合同纠纷案中，最高人民法院指出，法律对要约邀请的撤回未作条件限制，在发出要约邀请后，要约邀请人撤回要约邀请，只要没有给善意相对人造成信赖利益的损失，要约邀请人一般不承担法律责任。要约邀请不形成合同关系，撤回要约邀请亦不产生合同上的责任。参见最高人民法院（2003）最高法民一终字第82号民事判决书。
② 《关于审理商品房买卖合同纠纷案件适用法律若干问题的解释》第三条规定："商品房的销售广告和宣传资料为要约邀请，但是出卖人就商品房开发规划范围内的房屋及相关设施所作的说明和允诺具体确定，并对商品房买卖合同的订立以及房屋价格的确定有重大影响的，应当视为要约。该说明和允诺即使未载入商品房买卖合同，亦应当视为合同内容，当事人违反的，应当承担违约责任。"
③ 《民法典》第四百七十三条："要约邀请是希望他人向自己发出要约的表示。拍卖公告、招标公告、招股说明书、债券募集办法、基金招募说明书、商业广告和宣传、寄送的价目表等为要约邀请。商业广告和宣传的内容符合要约条件的，构成要约。"

要约约束。①

（三）要约的生效与撤回

1. 要约的生效

要约生效，是指要约发生法律效力。要约人必须受要约拘束，尤其对于不可撤销要约，要约人不得随意撤销。对于受要约人而言，由此取得承诺的资格，只要按照法律规定向要约人作出承诺即可成立合同。

根据《民法典》第四百七十四条，要约生效时间依据《民法典》第一百三十七条予以确定。具体而言，根据要约是否以对话方式作出，其生效时间有较大差别。以对话方式作出的要约，从受要约人知道要约的内容开始即发生法律效力，以非对话方式作出的要约从要约到达受要约人开始生效。在非对话方式中，如果是采用数据电文形式，则要约生效时间又取决于受要约人是否指定接受数据电文的特定系统。如果有，则要约进入指定系统时即生效；如果没有，则受要约人知道或者应当知道要约进入指定系统时即生效。当然，按照意思自治原则，如果当事人对采用数据电文形式的意思表示的生效时间有其他特别约定的，遵照其约定。

此外，还需要注意的是以公告方式作出的要约，根据《民法典》第一百三十九条规定，要约自公告发布即生效。悬赏广告是一种较为典型的以公告方式存在的要约，发布悬赏广告之时即已生效，这也意味着悬赏广告没有撤回的可能。如果这种要约不可撤销，则要约人可能面临较大的风险。

2. 要约的撤回

要约撤回，是在要约发出之后、在要约生效之前，阻止要约生效的措施。允许要约人撤回要约，相当于赋予了要约人后悔权以应对瞬息万变的客观情况。为了防止撤回给受要约人造成损害，故《民法典》第一百四十一条要求撤回意思表示的通知应当在意思表示到达相对人前或者与意思表示同时到达相对人。②

（四）要约的失效

要约生效以后，承诺人即取得承诺资格，随时可能缔结合同，要约人因此始终处于即将进入合同的边缘状态，当然也是一种悬而未决的状态。要约人既要做好履行合同的准备，以提高合同履行带来的收益，同时又不能孤注一掷，还必须考虑其他的合同机会，否则容易坐失良机，造成资源浪费。有鉴于此，不能让要约一直处于有效状态，从而不让要约人在即将进入合同的边缘状态停留太久，法律规定了拒绝、撤销、期满未承诺以

---

① 在周某与某装修公司装修合同纠纷案中，2010年装修公司在报纸上刊登广告，显著位置注明"130平米精装3.98万元（含水电改造）"，并"郑重承诺：预算等于决算"。周某与装修公司所签装修合同约定工程总造价为3万元。后双方发生纠纷诉至法院，法院认为装修公司在广告中已明确"郑重承诺"预算等于决算，其广告介绍的在建项目造价亦均注明含水电改造，故除非其与周某明确约定水电改造费用不包含在合同约定造价中，否则广告中承诺构成双方之间合同约定。双方所签合同文本系装修公司提供，合同明确约定了工程造价为3万元，未特别约定对合同范围内工程项目需根据实际工程量另行计价。故应确认双方合同约定的造价3万元中已包含水电路改造工程，装修公司无权要求周某另行支付费用，周某拒付此费用合理、合法。参见江苏省南京中级人民法院（2012）宁民终字第437号民事判决书。

② 《民法典》第四百七十五条规定："要约可以撤回。要约的撤回适用本法第一百四十一条的规定。"

及实质性变更等失效事由。[①]

要约被拒绝,说明受要约人并无受要约约束之意,合同难以成立,要约自然没有继续存在的意义。如果受要约人将来反悔,自然可以主动发送要约以促成合同。由于当事人不希望被动等待受要约人的承诺,尤其是不希望这种被动状态无限期存续,所以要约人才在要约中明确承诺期限,一旦超期未承诺,则要约失去效力,受要约人失去承诺资格。如果此时受要约人作出承诺,只能算作新的要约。如果受要约人对要约内容作出实质性变更,这和拒绝要约在本质上并无差异,同样会导致要约失效。只是此等情形会被认定为新要约,双方还可以继续停留在磋商进程,保留了缔约的一线希望。总的来看,上述三种情况下要约失效均源自要约人之外的原因,与要约人依法撤销要约明显不同。对于要约撤销,有以下几点需要注意:

(1)关于要约撤销的时间限制。根据《民法典》第四百七十七条之规定,由于撤销要约的意思表示可以是对话方式,也可以是其他方式,不同方式下撤销要约的最迟时间会有一些差异。对于以对话方式作出的要约,撤销要约的意思表示必须在受要约人作出承诺之前让他知道;对于以非对话方式作出的要约,撤销要约的意思表示必须在受要约人作出承诺之前到达受要约人。总之,撤销要约必须赶在受要约人作出承诺之前,主要是为了防止受要约人遭受不必要的损失。因为在通常情况下,一旦受要约人作出承诺,往往会基于对合同的信赖而安排必要的准备工作,有时还会进行相应的信赖投资以增进合同收益。一旦撤销要约,这些准备工作和信赖投资可能无法发挥最大功能,尤其是存在资产专用性的情况下。资产专用性程度越高,则资产从一种用途转换为另一种用途时产生的损失就越大。

(2)关于要约撤销的特别限制。要约一旦撤回,仿佛受要约人从来没有收到过要约一般,不会给受要约人带来任何损失。要约撤销不同于要约撤回,由于要约已经生效,受要约人已经取得承诺资格。如果基于对要约的信任而安排合理投资,要约一旦撤销,受要约人将因此而遭受损害。毫无疑问,受要约人越是有理由相信要约不可撤销,其信赖投资的决心和规模就会越大,撤销要约造成的损失相应也就越大。因此,《民法典》第四百七十六条规定,如果要约人以明确规定承诺期限等方式表明要约不可撤销,或者受要约人有理由相信要约不可撤销并且已经做了合同履行准备,则不得撤销要约。上述两种情形下,基于对要约效力的信赖,受要约人更容易积极准备履行合同并进行信赖投资。允许要约人撤销要约,可能会损害受要约人的信赖利益和交易安全。博弈论研究表明,某一行为成本越大,则其行为的可信度越高。毫无疑问,不可撤销要约成本更大,其可信度也更高。有鉴于此,需要对要约撤销进行必要的限制。与可以自由撤销的要约相比,不可撤销要约更值得信赖,也更容易换来承诺。在此意义上,选择不可撤销的要约,既可以换来更高的承诺概率,同时在撤销要约时需要承担更大的损失。

(3)关于不当撤销要约的责任。对此法律未有明确规定,司法实践中一般按缔约过失责任处理。在时间房地产建设公司诉玉环县国土资源局合同纠纷中,最高人民法院指

[①] 《民法典》第四百七十八条规定:"有下列情形之一的,要约失效:(一)要约被拒绝;(二)要约被依法撤销;(三)承诺期限届满,受要约人未作出承诺;(四)受要约人对要约的内容作出实质性变更。"

出，国有土地使用权出让公告是要约邀请，竞买人提出报价并支付保证金的行为属于要约，土地使用权出让合同还没有成立。由于出让公告违反法律的禁止性规定，土地出让方撤销公告后导致竞买人在缔约阶段遭受信赖利益损失，应当承担缔约过失责任。[①] 案例中不当撤销要约邀请被判令承担缔约过失责任，不当撤销要约也不例外。

二、承诺

《民法典》第四百七十九条规定承诺是受要约人同意要约的意思表示。本条规定有两层意思：其一，承诺必须由受要约人作出。非受要约人无承诺的资格，其作出的承诺无效。例如，张三向李四发出要约，希望购买李四的房子。如果李四的邻居王五也想卖房，并且完全同意张三提出的交易条件，于是王五向张三承诺愿意卖房。那么此时，王五的所谓承诺并不能导致张三和王五之间成立合同。其二，承诺是对要约内容的认可。既然是同意要约，就意味着不得对要约进行更改，否则就是不同意。例如，张三向李四发出要约，希望购买李四的房子。如果李四承诺说可以，但是房屋交易价格必须提高25%。那么此时，显然不能视为对要约的同意。

（一）承诺的实质要求

1. 同意要约的意思表示

承诺的核心要义是对要约内容的认可，是认同要约的意思表示。至于同意这一意思表示的形式，根据《民法典》第一百四十条，受要约人既可以通过明示的方式作出，也可以通过默示的方式作出。当然，原则上承诺必须通过明示的方式作出，而通过默示的方式作出只是例外情形。只有在有法律规定、当事人约定或者符合当事人之间的交易习惯时，受要约人沉默不语才可以视为有效的意思表示。如此规定，旨在避免受要约人花费不必要的成本去拒绝要约，节约社会资源。例如，商家不断地向我们发送要约，如果将沉默视为承诺，我们会因为沉默而签订很多不符合真实意思的合同。为了阻止因为沉默而缔结的这些合同，我们不得不及时拒绝商家发来的要约，也是不堪重负。

对于法律允许的三类默示承诺，法律明文规定和当事人合同约定相对明确，当事人之间容易形成共识，因此不容易发生争议。至于双方交易习惯背景下的沉默不语，需要特别说明。按照《最高人民法院关于适用〈中华人民共和国合同法〉若干问题的解释（二）》（法释〔2009〕5号）第七条规定，交易习惯可能存在两种情况：其一，要约人和被要约人之间存在长期而稳定的交易关系，在此过程中已经形成相对固定的习惯做法，对此，双方都是心知肚明而且予以认可的。其二，在交易所涉及的行业、或者交易行为地、或者某一具体领域经常使用某种固定的交易模式，并且要约人和被要约人在缔约时知道该做法。[②] 民法典施行后，上述规定依然具有参考价值。举证责任的分配遵循谁主张谁举证的一般原则。在具体的证明对象上，需要考虑客观上存在交易习惯，并且当事人

[①] 参见最高人民法院（2003）最高法民一终字第82号民事判决书。
[②] 例如，在曾意龙诉江西金马拍卖有限公司等拍卖纠纷案中，最高人民法院指出，"三声报价法"是拍卖行业的惯例，虽然法律、拍卖规则对此种报价方式没有规定，但行业惯例在具体的民事活动中被各方当事人所认同，即具有法律上的约束力，相应的拍卖活动的当事人必须遵守。参见最高人民法院（2005）最高法民一终字第43号民事判决书。

知晓该事实。除此之外，还需要考虑当事人合同是否排除适用某种特定的交易习惯。相对而言，第一种情况比较明确，不容易发生争议，而第二种情况更容易出现争议，尤其是要约人和被要约人此前没有发生过交易时。如果要约人主张受要约人的沉默不语构成承诺，往往存在举证上的困难，因此最好不要在相对陌生的对方当事人面前主张交易习惯支撑的沉默视为承诺，较为保险的方式还是及时要求签订书面合同或者确认书，及早固定合同内容，避免不必要的纠纷。

2. 不变更要约的实质性内容

《民法典》第四百八十八条规定，承诺的内容应当与要约的内容一致，此即所谓"镜像法则"。承诺与要约完全相同，这是意思自治的必然要求，也是承诺的应有之意。如果违背镜像法则，承诺和要约不一致则会导致最终合同可能有悖于要约人本意。但是，如果完全按照"镜像法则"执行，承诺过程不容许任何变通，可能会延长磋商过程，增加许多交易成本，甚至阻碍交易。有鉴于此，法律将承诺不同于要约内容的调整部分区分成实质性变更和非实质性变更两类，并且为了方便人们识别，法律对实质性变更进行了清晰的界定，列举了常见的实质性变更的内容。[①]事实上，被认定为实质性变更的内容就是《民法典》第四百七十条提示的缔约时一般需要列明的合同条款。[②]此外，法律还将实质性变更规定为受要约人发送的新要约，将非实质性变更规定为受要约人作出的有效承诺。

实质性变更不能达到承诺的效果，在法律性质上属于"原受要约人"向"原要约人"发出的新的要约，由此引发的法律效果是，要约人和受要约人的法律地位发生互换。至于非实质性变更，除要约人及时表示反对或者要约表明承诺不得对要约的内容作出任何变更外，该承诺有效，最终合同的内容也是以承诺的内容为准。[③]如果要约人没有及时反对，也没有在要约中规定不得对要约的内容作出任何变更，非实质性变更则规定为有效，这样不仅符合要约人意思自治，而且简化了缔约程序，节约了交易成本（表 2-1）。

表 2-1 要约实质性变更和非实质性变更

变更涉及内容	承诺	变更性质	合同是否成立		
合同标的、数量、质量、价款或者报酬、履行期限、履行地点和方式、违约责任和解决争议方法等	是	实质性	新要约，不成立		
	否	非实质性	事前规定不允许变更或者事后及时表示反对	否	成立，以承诺内容为准
				是	不成立

（二）承诺的方式

[①] 《民法典》第四百八十八条规定："承诺的内容应当与要约的内容一致。受要约人对要约的内容作出实质性变更的，为新要约。有关合同标的、数量、质量、价款或者报酬、履行期限、履行地点和方式、违约责任和解决争议方法等的变更，是对要约内容的实质性变更。"

[②] 《民法典》第四百七十条规定："合同的内容由当事人约定，一般包括下列条款：（一）当事人的姓名或者名称和住所；（二）标的；（三）数量；（四）质量；（五）价款或者报酬；（六）履行期限、地点和方式；（七）违约责任；（八）解决争议的方法。当事人可以参照各类合同的示范文本订立合同。"

[③] 《民法典》第四百八十九条又规定："承诺对要约的内容作出非实质性变更的，除要约人及时表示反对或者要约表明承诺不得对要约的内容作出任何变更外，该承诺有效，合同的内容以承诺的内容为准。"

根据《民法典》第四百八十条规定，承诺有通知方式和行为方式两种。当然，通知方式始终是最主要的方式，而以但书形式出现的行为方式只是例外和补充，并且必须满足一定的前提条件方可，可以是交易习惯支撑，也可以是要约明示许可。例如，要约中载明"如果同意按照本要约内容订立合同，请于收到本要约之日起10日内发货。"[①] 如果受要约人按照要约邀请发货，则合同成立。如果双方之间已经存在稳定的交易关系，在长期的交易过程中，需求方往往通过向供货方发订单的方式进行要约，供货方以发货的方式作承诺。由于双方之间有交易习惯或者要约中有相应说明，要约人对行为方式的承诺有合理预期，不至于出现承诺人已经作出了承诺而要约人竟然毫不知情这样的尴尬现象。

对于受要约人以行为方式作出的承诺，如果没有交易习惯作为支撑，也没有要约的明示许可，则通常是无效的承诺，无法达到订立合同的法律效果，只能作为新要约看待。只是需要注意，根据《民法典》第四百九十条规定，如果受要约人的行为是履行合同主要义务而且被要约人认可和接受，那么此时，合同也可以成立。此等情形下容易让人困惑，受要约人履行主要义务的行为到底是要约还是承诺？我们认为，如果受要约人履行主要义务的行为不符合《民法典》第四百八十条规定，则不能视为承诺，只能当作新要约处理。如果履行行为被原要约人接受，则接受行为才是承诺。

我们注意到，承诺只有通知和行为两种方式，并不包含沉默不语。从我国要约制度的规定看，要约对要约人有较强的拘束力，他们不得随心所欲地撤销。但是要约对受要约人并无拘束力，因为一方当事人不得将自己的意志强加给对方当事人。收到要约后，受要约人只是在法律上取得了承诺的资格，但并无承诺的义务，也没有拒绝承诺的义务。并且，即使受要约人拒绝承诺，其也完全可以采取对要约置之不理的态度，无须另行通知。[②] 事实上，法律将超期未承诺作为要约失去法律效力的一种方式。换句话说，要有的人不能将受要约人的沉默不语视为承诺并想当然地认为合同已经成立。因为将沉默不语视为承诺，必然导致非必要要约和拒绝要约过量。与此相反，如果将沉默规定为拒绝，要约人在发送要约之前往往会提前甄别潜在的意向客户，不会滥发要约对他人生产生活造成不必要的困扰。[③]

（三）承诺的时间限制

1. 承诺期限

由于受要约人没有承诺的义务，甚至拒绝要约后可以不作任何表示，要约人发出要约后变得非常被动。如果一次发送多份要约，又担心换回来多份合同，超出自己的履约能力。如果一次只发一份要约，如果受要约人不予承诺，则白白浪费时间，而且在等待过程中还可能浪费了一些交易机会。为了不过分限制要约人的缔约自由，尤其是不耽误其继续寻求交易机会，法律限定了承诺的时间。根据《民法典》第四百八十一条规定，

---

① 《民法典》第四百九十九条规定："悬赏人以公开方式声明对完成特定行为的人支付报酬的，完成该行为的人可以请求其支付。"由此可见，悬赏广告也是"要约表明可以通过行为作出承诺"的典型情况。
② 其他国家的法律有不同规定，如《德国商法典》和《日本商法典》规定，商人对经常往来的客户，接到其要约后应立即发出承诺与否的通知，若不息于通知，则视为承诺。岳彩申.合同法比较研究[M].成都：西南财经大学出版社，1995：53.
③ 刘廷华.要约和承诺制度的经济学分析[J].华北电力大学学报（社会科学版），2010（4）：26-29.

如果要约中已经明确了承诺的期限，出于对要约人意思的尊重，承诺必须在要约确定的期限之内到达要约人，否则要约会因为在承诺期内没有得到承诺而失去效力。如果要约没有规定明确的承诺期限，则承诺期限取决于要约是否以对话方式作出。①如果要约是以对话方式作出的，受要约人应当即时作出承诺。②如果要约是以非对话方式作出的，受要约人应当确保承诺在合理期限内到达。这里的"合理期限"往往依赖于交易本身的具体情况而定，需要重点考虑交易习惯、交易数量、交易影响、交易金额等多种因素。例如，如果双方长期都是在短时间之内完成缔约，则合理期限就会较短；如果双方长期都是在很长时间之内完成缔约，则合理期限就会较长。再如，如果交易对当事人的影响较大，则完成交易所需时间较长，合理期限也随之变长。从生活常识看也是如此，购买房产所需时间远远超过购买小白菜所需时间。

至于承诺期限的起算时间问题，根据《民法典》第四百八十二条规定，其视要约是否采用快速通讯方式作出而有所区别：①如果要约是以信件等非快捷通讯方式发出，则承诺期限应当自信件载明的日期开始计算。如果信件没有载明日期，则从投寄该信件的邮戳日期开始计算。②如果要约是以电话、传真、电子邮件等快捷通讯方式发出，则承诺期限自要约到达受要约人时开始计算。至于要约的到达时间，按照《民法典》第一百三十七条确定。①

2. 逾期承诺

根据《民法典》第四百八十一条，受要约人如果希望和要约人缔结合同，就应当及时作出承诺，必须确保承诺能够在要约确定的期限内到达要约人，否则一旦要约规定的承诺期限届满，则要约失去法律效力，承诺人失去承诺资格，承诺人此时再发出的"承诺"当然不具备承诺的法律效力。根据《民法典》第四百八十六条规定，受要约人超过承诺期限才发出的承诺属于新要约。此外，如果受要约人是在承诺期限届满之前作出承诺，但是按照正常情况不能在合理期限内到达要约人，这种承诺同样属于新要约。当然，此时有一种例外，即如果要约人及时通知受要约人表示愿意接受该迟到的承诺，则合同成立。如此规定既保护了要约人的合理预期，尊重了要约人的意愿，又减少了缔约成本。

如果受要约人是在承诺期限内作出承诺，并且正常情况下该承诺也能够在合理期限内到达要约人，原则上这种承诺属于有效承诺。如果是其他外在原因导致该承诺超过合理期限才到达，为了保护受要约人的合理预期，原则上也应当有效。当然，如果要约人及时拒绝并通知受要约人，则承诺无效，合同不成立。因为有些时候，要约人没有按照预期等来承诺，不得不另行安排交易。如果迟到承诺到达时要约人已经和其他当事人另行达成了交易，则只得拒绝迟到的承诺。如此规定，简化了缔约流程，同时又不会给要约人造成过分的负担。如果要约人不接受迟到的承诺，只需要发出不接受的通知即可（表2-2）。

---

① 《民法典》第一百三十七条规定："以对话方式作出的意思表示，相对人知道其内容时生效。以非对话方式作出的意思表示，到达相对人时生效。以非对话方式作出的采用数据电文形式的意思表示，相对人指定特定系统接收数据电文的，该数据电文进入该特定系统时生效；未指定特定系统的，相对人知道或者应当知道该数据电文进入其系统时生效。当事人对采用数据电文形式的意思表示的生效时间另有约定的，按照其约定。"

表 2-2　逾期承诺

承诺情况	处理原则	例外情形
受要约人超过承诺期限发出承诺，或者在承诺期限内发出承诺，按照通常情形不能及时到达要约人	新要约	要约人及时通知受要约人该承诺有效
受要约人在承诺期限内发出承诺，按照通常情形能够及时到达要约人，但是因其他原因致使承诺到达要约人时超过承诺期限	承诺有效	要约人及时通知受要约人因承诺超过期限不接受该承诺

（四）承诺的撤回

受要约人有时容易冲动，或者在权衡利弊时没有很好地测算，发出承诺通知后可能会后悔，意图使承诺失效以避免订立合同。我们注意到，受要约人没有承诺的义务，这是要约人已有的预期。承诺未生效之前对要约人并无实质性影响，不会损害要约人利益。因此，《民法典》第四百八十五条规定，受要约人可以设法使承诺失效，即承诺也可以撤回。承诺的撤回适用《民法典》第一百四十一条规定，所以与要约的撤回并无二致。撤回承诺的通知需在承诺之前到达要约人，最迟是同时到达。一旦承诺到达而撤回承诺的通知还没有到达，则此时合同已经成立，承诺无从撤回。

（五）承诺的生效

1. 生效时间

依据《民法典》第四百八十四条，由于承诺可以采用通知或者行为两种方式作出，承诺生效的时间在两种情形下会有所差异。如果要约许可或者交易习惯支撑以行为方式作出承诺，则作出该行为时承诺即生效。如果承诺是以通知方式作出，则按照《民法典》第一百三十七条的规定确定生效时间，与要约生效时间的确定并无二致，在此不再赘述。

2. 生效后果

根据《民法典》第四百八十三条，原则上承诺一旦生效，则合同成立，除非是法律有其他不同规定或者当事人另有不同约定。[①] 鉴于承诺生效时合同就已经成立，因此承诺根本就不可能撤销。撤销生效承诺，相当于单方撤销双方合意成立的合同，显然不符合法律规定。如果受要约人非要执意撤销已生效承诺，可能需要承担法律责任。如果合同已经生效，则须承担违约责任；如果合同成立但尚未生效，则须承担缔约过失责任。

三、合同订立的特殊方式

（一）强制缔约

社会风险无处不在，稍有不慎，可能引发社会危机。有鉴于此，政府不再满足守夜人角色，逐渐全方位介入社会生活的方方面面，尤其对于抢险救灾、疫情防控等众多涉

[①] 《民法典》第四百九十条规定："当事人采用合同书形式订立合同的，自当事人均签名、盖章或者按指印时合同成立。"第五百八十六条规定："定金合同自实际交付定金时成立。"第六百七十九条规定："自然人之间的借款合同，自贷款人提供借款时成立。"第八百九十条规定："保管合同自保管物交付时成立，但是当事人另有约定的除外。"

及公共利益的事项，国家会下达指令性任务，接到该任务的当事人必须和政府签订合同。①这种缔约方式属于强制缔约范畴。相关法律规定主要源于《合同法》第三十八条②，并做了三处实质性的修订：①在原条文上专门列举了抢险救灾和疫情防控两种情形，从而将法条规定从纯粹"概括"模式转变为"概括+列举"模式；②扩大了强制缔约主体的范围，从原来的"有关法人、其他组织"扩大到"有关民事主体"；③新增了强制要约和强制承诺制度，进一步明确了强制缔约义务人的义务。如果当事人负有发出合理要约的义务，则他必须按要求发出要约；如果当事人负有作出承诺的义务，则他必须按要求作出承诺，这是强制性的重要体现。至于违反规定的法律责任，除了缔约过失责任之外，当事人还可能根据具体案情承担行政责任甚至刑事责任。③

虽然法律规定有强制缔约义务，但是这并不意味着可以完全不顾义务人的合法利益。从法律规定的"合理"二字看，这应该是为了平衡义务人个人利益和公共利益进行的考虑。实际上，即使是为了公共利益需要作出的行政征收，也需要给被征收人合理补偿。如果履行强制缔约义务可能造成缔约义务人不成比例的负担，甚至使其承担难以完成的任务，或者给第三人造成不成比例的负担，此时往往会免除其缔约义务。前者可能是因为缔约义务人的能力不足以完成缔约要求的任务，如超出服务区域范围；后者可能是因为要约违反法律规定或者是违反了公序良俗原则。总之，任何时候，法律都不会强人所难。

合同自由一直被强调，但是必须注意，任何自由都可能被滥用，所以在保护合同自由的同时又必须进行适当的限制。当事人滥用合同自由损害第三人利益或者公共利益时，采取限制措施显得尤为必要。在众多的限制措施中，强制缔约主要是对当事人是否缔结合同、选择缔约对象以及决定缔约内容等方面的自由进行适当限制，除了国家订购任务之外，还有以下几类：第一，为了确保患者得到及时医治，从维护患者的生命健康权益

---

① 《民法典》第四百九十四条规定："国家根据抢险救灾、疫情防控或者其他需要下达国家订货任务、指令性任务的，有关民事主体之间应当依照有关法律、行政法规规定的权利和义务订立合同。依照法律、行政法规的规定负有发出要约义务的当事人，应当及时发出合理的要约。依照法律、行政法规的规定负有作出承诺义务的当事人，不得拒绝对方合理的订立合同要求。"其实，早在1953年，为了解决粮食收购困难，保证国家掌握物资资源，进而加快工业化，国家开始实行统购统销政策，也就是说以政府定价对粮食等主要农产品实行计划收购，对城市人口实行计划供应。这一政策曾起到了一定的积极作用，但是对农村经济产生了很大的负面影响。党的十一届三中全会后，由于联产承包责任制的推行，粮食和其他农副产品大幅度增长，国家大幅度提高农副产品收购价格，缩小农副产品的统购范围，降低征购指标。1993年2月，国务院发布《关于加快粮食流通体制改革的通知》，国家取消指令性粮食生产和销售计划，农产品由市场定价，统购统销政策真正取消了。
② 《合同法》第三十八条规定："国家根据需要下达指令性任务或者国家订货任务的，有关法人、其他组织之间应当依照有关法律、行政法规规定的权利和义务订立合同。"
③ 《国家指令性计划和国家订货的暂行规定》（计综合〔1993〕1417号）第七条明确规定了企业无正当理由不执行国家指令性计划或者不履行合同的，计划下达部门责令其改正；情节严重的，给予经济和行政处罚；由此给国家造成重大经济损失的，由司法机关依法追究有关人员的刑事责任。本规范性文件已被2011年6月30日颁行的《国家发展和改革委员会决定废止、宣布失效、修改的规章和规范性文件目录》（国家发展和改革委员会令〔2011〕10号）废止。

考量，法律规定紧急情况不得拒绝急救。① 医疗机构必须对危重患者实施急救，不容许医疗机构讨价还价，从而贻误治疗时机，也不允许医疗机构以患者未缴费为由拒绝急救。第二，为了保障民众的正常生活，经营水、电、气、供暖、公共运输、邮政、通讯等与民生高度依赖相关的业务领域，必须接受民众要约并订立合同。② 上述民生领域涉及人们赖以生存和发展的必需品，而且这些企业往往带有很强的垄断性，如果被拒绝，民众很难有尊严地生活。③ 第三，由于当事人先前行为使对方当事人处于弱势地位，进而导致双方交易地位极不对称，基于对弱势方的保护，处于强势地位的一方当事人负有与处于弱势地位的相对人订立合同的义务。第四，如果相对人的弱势地位是由当事人先前的行为所造成的，出于维护平等交易地位的考虑，处于强势地位的一方负有与处于弱势地位的相对人订立合同的义务。第五，基于公共利益或公共政策需要而作出的强制性规定。例如，《机动车交通事故责任强制保险条例》规定机动车所有人或管理人应依法投保机动车交通事故责任强制保险，保险公司亦不得拒保。

（二）招标投标

招标投标，最初是为了通过比选而确保货物质量并控制货物采购价格。作为招标方，需求人发布所需采购项目的相关信息，如果是公开招标，则公开发布信息，如果是邀请招标，则选择可能的潜在下家发布信息。作为投标方，供应商在满足招标方各项条件的前提下在规定时间内提出自己的方案。收齐所有投标文件后，招标方会组织评标，最后择优确定中标人并向其发送中标通知，双方按照招投标文件的相关内容签订合同。采用招投标方式实施采购，招标公告是要约邀请，投标文件是要约，中标通知书是承诺。④ 在此模式下，投标方报价，招标方有效避免了自己不熟悉相关交易而胡乱报价的尴尬。与此同时，由于有较多供应商参与投标，引入了竞争机制后，招标人往往能获得较好的交易条件。正因如此，很多使用公共财政资金的项目都必须招标。

（三）拍卖

拍卖，是拍卖行组织买主在规定时间按照既定规则进行的交易模式，在拍卖现场，拍卖师会介绍待拍卖商品的相关情况，竞买人按照竞价规则报价，最后由出价最高的人

---

① 《中华人民共和国执业医师法》第二十四条规定："对危急患者，医师应当采取紧急措施进行诊治，不得拒绝急救处置。"《医疗机构管理条例》第三十一条规定："医疗机构对危重病人应当立即抢救，对限于设备或者技术条件不能诊治的病人，应当及时转诊。"
② 《民法典》第六百四十八条规定："供用电合同是供电人向用电人供电，用电人支付电费的合同。向社会公众供电的供电人，不得拒绝用电人合理的订立合同要求。"
③ 《中华人民共和国证券法》第八十七条规定，收购公司股票达到已发行股份总数90%以上时，不得拒绝其他股东按同等条件继续收购的要求。再如，《中华人民共和国劳动合同法》第二十条规定，劳动者在同一用人单位连续工作10年以上并且双方同意续订合同，则用人单位不得拒绝劳动者提出的订立无固定期限合同的要求。
④ 在中国石化集团资产经营管理有限公司长岭分公司、中国石化集团资产经营管理有限公司合资、合作开发房地产合同纠纷案中，最高人民法院认为，招投标活动是招标人与投标人为缔结合同而进行的活动。招标人发出招标通告或投标邀请书是一种要约邀请，投标人进行投标是一种要约，而招标人确定中标人的行为则是承诺。承诺生效时合同成立，因此在招标活动中，当中标人确定，中标通知书到达中标人时，招标人与中标人之间以招标文件和中标人的投标文件为内容的合同已经成立。参见最高人民法院（2019）最高法民申2241号民事裁定书。

购买。拍卖公告是要约邀请，竞买人公开报价是要约，拍卖师落锤拍定是承诺。① 比较特别的是，一旦有更高的竞价，则较低的竞价将失去效力。拍卖最大的特点就是公开竞价，违反此规则可能导致合同无效。在曾意龙诉江西金马拍卖有限公司等拍卖纠纷案中，最高人民法院就指出，按照拍卖活动的法定程序和行业规则，拍卖师落锤之前，必须向全体竞买人公开报价三次，在没有更高报价时才可以落锤。案件中没有遵照此规则，其落槌行为属于无效承诺，买卖合同也没有依法成立。②

（四）悬赏

当事人需要的某些特定交易，事前根本不知道谁能完成，如果按照传统磋商程序，合同根本无法完成。例如，重要物品不小心遗失，失主往往会发布悬赏公告，无论是谁交还物品都可以获得一定报酬。③ 当拾得人果真交还物品时，一些失主可能会拒绝支付报酬，并搬出拾金不昧是优良传统对拾得人进行道德绑架。久而久之，人们对悬赏公告失去了信任，最终导致失主利益受损。基于对现实生活需求的有效回应，民法典正式承认了悬赏。④ 就悬赏广告的法律属性而论，悬赏广告是要约，完成特定行为是承诺。由于悬赏广告在法律性质上属于要约，在受要约人完成特定行为之前，可以依法撤回或撤销。从《民法典》第四百九十条的规定看，只要行为人完成了悬赏广告要求的特定行为，则可以要求获得悬赏广告承诺的报酬，完全没有涉及主体资格的问题。换言之，如果悬赏广告没有就主体资格进行限制，则事后不得以主体资格为由拒绝支付承诺。⑤ 即使行为人在完成特定行为时并不知道悬赏广告的存在，他也有权获得相应的报酬。如果悬赏广告采用"必有酬谢""必有重谢"这类的表述而没有规定具体报酬数额，此时应由双方当

---

① 当然，现实中也有减价拍卖规则，拍卖标的竞价由高到低依次递减直到第一个竞买人应价（达到或超过底价）时击槌成交的拍卖。减价式拍卖通常从非常高的价格开始，高得有时没有人竞价。这时，价格就以事先确定的降价阶梯，由高到低递减，直到有竞买人愿意接受为止。如有两个或两个以上竞价人同时应价时，转入增价拍卖形式。在大部分减价式拍卖中，实际上有许多竞价。因为减价式拍卖经常用于拍卖品具有多样品质的场合，如质量上的不同，第一个出价最高的竞买人可以买走全部物品，但往往只以最高价买走这些物品中最好的，然后拍卖继续，价格下降，当另有竞买人愿意接受竞价，他也有同样的选择，也是买走余下中最好的，然后拍卖又继续。在这种情况下，虽然竞买人大部分时间都沉默不语，但是在竞买者之间确实存在持续的竞争。减价拍卖最大的优点在于：成交过程特别迅速，尤其是使用表盘式无声拍卖方式，使拍卖过程机械化、电子化，交易速度大大加快。减价拍卖中，由卖方报价要约，买方还价承诺，而在增加拍卖中，买方报价要约，卖方还价承诺。不同规则下买卖双方当事人互换要约人和承诺人的位置。
② 参见最高人民法院（2005）最高法民一终字第43号民事判决书。
③ 除了物品遗失，民事执行过程中征集被执行人财产线索时也在广泛采用，参见《最高人民法院关于民事执行中财产调查若干问题的规定》第二十一条至第二十四条。
④ 《民法典》第四百九十九条规定："悬赏人以公开方式声明对完成特定行为的人支付报酬的，完成该行为的人可以请求其支付。"
⑤ 平阴镇政府于1996年6月6日下发的平镇政发〔1996〕7号《关于在工业园内引办项目、引进资金、技术和人才的优惠政策》中第七条关于引资奖励的内容属于悬赏广告。镇政府承诺"对引进独资（外资、合资、内资）项目的任何单位和个人给予奖励"，该悬赏广告未对引资人的主体资格作出限制。张树东作为引资人，完成了引资项目，享有奖励请求权。镇政府未履行承诺引发的纠纷，系平等主体之间的民事纠纷，属于人民法院民事案件的受理范围。张树东完成招商引资的行为不是经营活动，不适用《国家公务员暂行条例》所禁止的"其他营利性经营活动"的规定。故原则上对张树东要求镇政府履行承诺的主张应予支持。参见《最高人民法院关于张树东与平阴县平阴镇人民政府追索奖励费纠纷一案的复函》。

事人协商。如果发生争议,在确定报酬数额时必须考虑以下因素:一是悬赏广告本身的文字表述,如"酬谢"显然要少于"重谢";二是悬赏人的受益情况,如遗失物的价值、特定劳动成果的市场价值等;三是为了完成特定行为而付出的合理成本和费用,这是报酬必须覆盖的。[1]在多人同时完成任务的情形,如果悬赏广告对此有安排,则按悬赏广告执行即可,否则按先到先得规则处理,而如果多人同时完成,则平均分享报酬即可。

(五)预约合同

《民法典》第四百九十五条规定了预约的认定标准、主要形式以及违反预约的责任。[2]预约在实践中一般都是以认购书、订购书、预订书等形式出现,但"认购书、订购书、预订书等"文件要认定为预约,还必须满足"当事人约定在将来一定期限内订立合同"这一先决条件,应当具备合意性、约束性、期限性和确定性等。[3]

第一,关于合意性。和本约一样,预约的成立同样需要当事人意思达成一致。对于认购书等文件是否构成预约,首先要看当事人是否就将来继续磋商以完成契约这一关键事项达成合意。如果已经达成合意,则构成预约;如果尚未达成合意,则只能是要约或者要约邀请。在判断当事人是否达成合意时应当坚持表示主义原则,以意思主义为例外。只要当事人的意思表示足以使理性第三人相信其具有受约束的意思即可,至于行为人内心是否愿意受此约束,在所不问。[4]但是,如果存在欺诈、胁迫、乘人之危或重大误解等导致意思表示瑕疵的情形,则应当采取意思主义,进一步探究当事人内心的真实想法。

第二,关于约束性。从博弈论的角度看,只有付出一定成本的承诺才是可信赖的,这种成本可以是一定数量的金钱,如定金,当然也可以是其他的方式,如放弃其他交易机会。当事人有时也愿意对将来的行为自由进行适当限制,以此作为代价换取对方当事人的承诺。这种自愿接受约束的意思表示可以是明示的,也可以是默示的,但必须没有疑义。预约作为阶段性协议,主要目的是固定已取得的磋商成果并为进一步磋商直至缔约提供框架和依据,提前锁定交易机会。有鉴于此,当事人在预约中至少应表达两层意思:一是双方当事人必须就预约所涉事项展开进一步谈判直至成功缔约;二是进一步谈判必须以预约缔结之时已经取得的磋商成果为基础展开。

第三,关于期限性。只要最终没有缔结合同,即使是当事人已经达成的共识也将付诸东流,成为难以挽回的沉没成本。社会分工的逐渐深化进一步提高了当事人之间的相互依存度,发轫于古典契约法的传统缔约模式越来越难以适应现实需要,作为传统缔约模式之外的另一缔约程序,预约悄然走上舞台,容许当事人在更大的时空范围展开磋商。[5]但无

---

[1] 最高人民法院民法典贯彻实施工作领导小组.中华人民共和国民法典合同编理解与适用(一)[M].北京:人民法院出版社2020:266-268.
[2] 《民法典》第四百九十五条规定:"当事人约定在将来一定期限内订立合同的认购书、订购书、预订书等,构成预约合同。当事人一方不履行预约合同约定的订立合同义务的,对方可以请求其承担预约合同的违约责任。"
[3] 奚晓明.最高人民法院关于买卖合同司法解释理解与适用[M].北京:人民法院出版社,2012:52.
[4] 陈进.意向书的法律效力探析[J].法学论坛,2013,28(1):144-153.
[5] 李开国,张铣.论预约的效力及其违约责任[J].河南省政法管理干部学院学报,2011,26(4):109-114.

论如何,缔约程序不能无限期展开,否则交易机会的价值也将逐渐耗散,甚至消失殆尽。因此,期限对于预约而言是至关重要的,如果在预约合同中没有明确规定将来在什么时间以内须进一步磋商以订立本约,则预约合同的拘束力和有效性根本无从谈起。①

第四,关于确定性。法律规定要约必须具体明确,合同自然也不例外。预约,在本质上也是一种契约,须适用本约同样的要求,不完整的预约应像不完整本约那样无效。②当预约留下太多空白或漏洞时,当事人继续谈判需要解决的问题就越多,谈判破裂的概率就越高,最终影响预约功能的实现。当然,不能对预约的确定性提出过高要求,毕竟当事人在缔结预约时诸多事项还处于悬而未决状态,要求当事人在此时按照本约那样缔结完整的合同未免有强人所难之嫌。而且,由于预约之标的是将来订立本约的作为义务,只要在预约中能够明确在将来一定期限内缔结一定内容的本约即可。③换言之,预约并不需要将本约的所有内容都明确下来,预约的确定性应限定为当事人在未来某个时点依据预约缔结本约这一事项是否确定,而非相关条款必须确定。

1. 认定

预约合同是为了巩固合同磋商的阶段性成果,旨在将来缔结本约。因此,一旦本约缔结完成,预约合同也就自然终止。在程克与中瓯地产集团温州房地产有限公司房屋买卖合同纠纷上诉案中,法院明确指出,一旦缔结本约,预约之目的即已经达成,相关权利义务或者终结,或者已经融入本约中的条款。如果缔结本约后继续肯定和保护预约,必将导致法律逻辑混乱。④

预约合同指当事人约定将来缔结契约的合同,有的预约合同只是粗线条地勾勒交易事项,当事人选择将本约内容留待未来进一步磋商再行确定,而有的预约合同在内容上已经非常完备,几乎对本约的主要内容都进行了明确约定。需要注意的是,判断一份文件是本约还是预约的依据并不是内容是否完备,而是要看当事人在文件中是否表达了将来继续磋商以签订合同的意思。即使协议中未使用"认购书、意向书、备忘录"等名称,并且内容完备,但是如果条款中存在另行订立合同之意思,则该文件具有预约合同的基本特征,应当认定为预约合同。在成都讯捷通讯公司与四川蜀都实业公司、四川友利投资公司房屋买卖合同纠纷案中,最高人民法院认为案涉"购房协议书"在性质上应认定为预约。理由在于,区分预约和本约的最终标准始终应当是合同当事人双方共同的意思表示,如果当事人明确表达了在将来订立本约的意思表示,即便是预约内容非常完备,已经无限接近本约,甚至完全可以从预约推导出本约的全部内容,还是应当尊重当事人的本意。⑤

签订预约之后,情况可能发生当事人不期望的变化以至于继续磋商签订本约不再是

---

① 王利明.预约合同若干问题研究——我国司法解释相关规定述评[J].法商研究,2014,31(1):54-62.
② 汤文平.论预约在法教义学体系中的地位以类型序列之建构为基础[J].中外法学,2014,26(4):978-1002.
③ 黄立.民法摘编总论[M].北京:中国政法大学出版社,2002:50.
④ 徐蓬勇,陈海鸥,施国强.签订商品房买卖合同后预定协议书即终止[J].人民司法,2017(26):4-6.
⑤ 参见最高人民法院(2013)最高法民提字第90号民事判决书。类似观点,参见最高人民法院(2017)最高法民终68号民事判决书、最高人民法院(2019)最高法民申3595号民事裁定书。

理想的选择。为了处理这类情况，当事人可以在预约中附加签订本约的条件。如果所附条件未成就，则不得要求签订本约。在中国长城资产管理公司与北京万方源房地产公司合同纠纷案中，最高人民法院明确指出，意向协议约定了签订股权折现协议的两个附加条件，一是开发公司支付签约保证金，二是经由资产公司上级机关批准。在两项条件尚未完全成就之时，任何一方不得要求签订本约。[1]

2. 违反预约的责任

虽然预约是为了订立本约，但是这并不意味着没有订立本约就须承担违反预约的责任。在兴化市兆泰金属公司诉杨兆顺等预约合同违约纠纷中，江苏高院指出，是否违反预约，不能简单根据是否缔结本约或者本约与预约是否一致进行认定。虽然预约旨在缔结本约，但最终是否缔结本约并不单单取决于当事人意愿，还会受到诸多因素的影响。如果预约当事人已经根据诚实信用原则进行了磋商却仍然无法缔结本约，原则上就不应当认定违反预约。基于同样道理，如果缔结本约之前客观条件发生了重大变化，按照预约安排订立本约可能不再是好的选择，甚至缔约本身已经不再是好的选择，此时可能需要排除缔结本约的义务或更改条款。[2]

对于复杂的交易，磋商过程极其漫长，当事人往往采用预约的形式逐步巩固谈判成果。如果违反预约不需要承担任何责任，预约就没有任何约束力可言，为了达成预约而耗费的谈判成本就可能因为一方违约而完全沉没。有鉴于此，法律规定当事人违反预约必须承担违约责任，通常表现为损害赔偿，而存有疑问的是违反预约损害赔偿范围应当如何确定。如果当事人已经在预约中明确约定有定金或者违约金条款，直接适用即可。在没有约定的情况下，考虑到预约本身并未就交易事项达成一致，那么违反预约的后果就没有可得利益损失问题。违反预约必然丧失以此订立合同的机会，导致预约相关磋商谈判的资源完全被浪费。因此，违反预约的损害赔偿应该大致相当于本约的信赖利益损害赔偿，并且不能超过本约的履行利益。[3] 换言之，违反预约的损害赔偿必须以机会损失为基础，一般只能要求赔偿已经遭受的实际损失，而不能要求按照本约的内容请求赔偿可预期的利益。[4] 毕竟，将来是否缔结本约尚处于不确定状态，即使当事人没有违反预约并且本着诚信原则继续磋商，也可能因为其他外在因素导致无法缔结本约。

如果没有定金或违约金条款，预约是否可以要求强制履行？有学者认为守约人可诉请法院责令债务人履行订立本约的义务，本约自判决生效时即告成立。并且，基于诉讼经济原则，债权人甚至可以合并请求订立本约及履行本约。[5] 理由在于，适用强制履行有利于实现预约的初衷，更好地保护守约人的利益，确保现代化大生产的供应链环环相扣而不至断裂。但是，由于订立本约需要进一步磋商，本约的许多条款都处于没有商定的

---

[1] 参见最高人民法院（2015）最高法民二终字第366号民事判决书。
[2] 参见江苏省高级人民法院（2016）苏民终178号民事判决书。
[3] 奚晓明.最高人民法院关于买卖合同司法解释理解与适用[M].北京：人民法院出版社，2012：62. 在司法实践中，也有支持期待利益的判例，如"北京优高雅装饰工程有限公司诉北京亨利戴艺术家具有限公司违反预约合同义务损害其期待利益建筑合同案"，该案一审和二审判案号分别为（2006）朝民初字第22049号民事判决书和（2007）二中民终字01756号民事判决书。
[4] 参见辽宁省高级人民法院（2016）辽民申4866号民事判决书。
[5] 王泽鉴.债法原理（一）[M].北京：中国政法大学出版社 2001：150.

状态，法院又如何强制履行磋商义务，如何责令当事人订立本约？事实上，只要损害赔偿的数额超过违约收益便可有效去除违约激励，实现与强制履行的相同效果，且不会受到诸如强制实际履行违反合同自由原则之类的质疑。更重要的是，预约标的是基于对人的信赖而产生的订立合同的行为，带有明显的人身性质。一旦当事人决定违反预约，即使强制履行，也容易再度引发纠纷。因此，继续缔约应该属于"债务的标的不适于强制履行或者履行费用过高"之事项，不应强制履行。在北京王忠诚医疗公司与佛山市顺德区银景房产公司等股权转让纠纷中，最高人民法院明确指出，人民法院强制履行预约合同并缔结本约的法律依据并不充分，否则有违合同意思自治原则，并且也不符合强制执行仅限于物或行为的给付而不包括意志给付这一基本原理。①

第二节 合同成立

一、合同成立的要件

（一）合意

《民法典》第四百六十四条规定合同就是当事人意思一致的产物。由此可见，合意是合同成立的核心要件。例如，在中国农业银行湖北分行、中国农业银行十堰分行与十堰荣华东风汽车专营公司借款纠纷案中，最高人民法院指出，对于双方之间是否形成借款关系而言，是否签订书面合同并不是绝对标准。如果可以从当事人的行为中推定出具有形成借款法律关系的明确意愿，即使没有书面合同，还是应当认定借款合同已经成立。②再如，在中国建设银行东莞分行、联胜科技公司破产撤销权纠纷再审案中，最高人民法院指出，政府机关在参与协调经济活动过程中提出的能够影响当事人权利义务的协调意见，对参与协调活动的当事人是否具有约束力的关键还是在于当事人是否通过会议纪要等载体达成了合意。③

有些时候，就相同的事项，当事人先后订立两份完全不同的协议，如果两份合同在内容上并未发生冲突，也没有违反法律规定，则两份合同都应当认定为合法有效，对当事人都有法律约束力，决不能因为两份合同都是就同一事项作出的约定就简单粗暴地认定后一份合同是前一份合同的变更和替代，或者后一份合同是前一份合同的补充和完善。当然，如果两份合同在内容上互相冲突，无法兼容，则遵循意思表示最近、最新的原则，并且在有利于实现合同目的的前提下，可以按照合同成立时间上的先后顺序，以成立在后的合同内容为准。

---

① 参见最高人民法院（2016）最高法民申200号民事判决书。
② 参见最高人民法院（2013）最高法民二终字第4号民事判决书。
③ 参见最高人民法院（2020）最高法民再314号民事判决书。

1. 签字盖章

通常而言，当事人会通过签名、盖章或者按印①的方式对协议内容表示认可。签字盖章看似简单，却容易出现争议。"签字、盖章"中的顿号，是并列词语之间的停顿，其前面的"签字"与后面的"盖章"系并列词组，它表示签字与盖章是并列关系，只有在签字与盖章同时满足的条件下，该协议方可生效。②如果写成"签字盖章"，中间没有顿号，则一般可以理解为签字也好，盖章也好，二者具备其一合同即可生效，不需要同时满足签字与盖章两个条件合同才生效。③

在司法实践中，还容易出现变造印章问题，合同是否有效，主要是看盖章之人是否是合同权利义务承担者。在建设银行上海浦东分行诉中国出口商品基地建设总公司等借款合同纠纷中，最高人民法院认为，只要是当事人本人在合同上盖章，即使加盖的印章是变造的印章，依然能够代表当事人的本意，当事人理所当然应该承担法律责任。④换言之，认定公司是否为合同当事人及合同效力，公章的真实性非常重要，而盖章之人是否有缔约的代表权或代理权则更加重要。通常情况，如果公司法定代表人或者拥有公司合法授权的代理人签署合同，即便是最后没有加盖公司印章，或者加盖的是没有备案的公司印章，公司都应当为合同负责。当然，如果存在《中华人民共和国公司法》（以下简称《公司法》）第十六条等法律对法定代表人职权有特别规定的情况，则另当别论。反之，如果签字盖章之人不是法定代表人或者没有代理权，即使加盖的公章真实，该合同效力仍然可能会因为无权代表或者无权代理而受到影响。⑤

通常情况，一旦在合同上加盖公司印章，公司须对善意相对人承担合同责任。在河北胜达永强建材公司与中信银行天津分行等银行承兑汇票协议纠纷中，最高人民法院认为，当事人在合同上签字或者盖章的，除非有证据证明合同相对人存在恶意，当事人试图以印章是第三人以欺骗手段借用并加盖为由阻止合同相对人向其主张合同权利的，人民法院不予支持。⑥更进一步，如果有人使用私刻的单位印章，或者未经允

---

① 《最高人民法院关于适用〈中华人民共和国合同法〉若干问题的解释（二）》第五条规定："当事人采用合同书形式订立合同的，应当签字或者盖章。当事人在合同书上摁手印的，人民法院应当认定其具有与签字或者盖章同等的法律效力。"
② 参见最高人民法院（2005）最高法民一终字第116号民事判决书。
③ 参见最高人民法院（2018）最高法民终611号民事判决书。
④ 参见最高人民法院（2001）最高法民二终字第155号民事判决书。
⑤ 参见最高人民法院（2019）最高法民终410号民事裁定书。上述观点被《全国法院民商事审判工作会议纪要》（法〔2019〕254号）写入第四十一条：司法实践中，有些公司有意刻制两套甚至多套公章，有的法定代表人或者代理人甚至私刻公章，订立合同时恶意加盖非备案的公章或者假公章，发生纠纷后法人以加盖的是假公章为由否定合同效力的情形并不鲜见。人民法院在审理案件时，应当主要审查签约人于盖章之时有无代表权或者代理权，从而根据代表或者代理的相关规则来确定合同的效力。法定代表人或者其授权之人在合同上加盖法人公章的行为，表明其是以法人名义签订合同，除《公司法》第16条等法律对其职权有特别规定的情形外，应当由法人承担相应的法律后果。法人以法定代表人事后已无代表权、加盖的是假章、所盖之章与备案公章不一致等为由否定合同效力的，人民法院不予支持。代理人以被代理人名义签订合同，要取得合法授权。代理人取得合法授权后，以被代理人名义签订的合同，应当由被代理人承担责任。被代理人以代理人事后已无代理权、加盖的是假章、所盖之章与备案公章不一致等为由否定合同效力的，人民法院不予支持。
⑥ 参见最高人民法院〔2007〕最高法民二终字第35号民事判决书。

许擅自使用单位印章、盖有公章的空白合同、业务介绍信以签订合同的方式进行犯罪，对于因此而造成的损失，除非能证明自己完全没有过错，印章单位往往需要承担赔偿责任。换言之，此类案件必须严格审查单位是否存在明显过错，而且还须关注过错和损失之间是否存在必然的因果关系。如果单位存在规章制度不健全、用人失察或者是对员工管理不力，往往可以据此认定单位存在明显过错，因此必须依法赔偿犯罪行为给受害人造成的经济损失。①

2. 签字盖章的空白合同

关于向对方提供签字盖章的空白合同，通常应当认定为向对方无限授权，对方可以在空白处按自己意愿填写内容。在青海民族用品厂等与中国银行公司青海省分行借款担保纠纷中，最高人民法院指出，抵押人非常清楚，向对方提供签字盖章的空白合同、抵押物清单以及交付抵押物凭证就是为了签订抵押合同，而且抵押人并没有专门强调签订抵押合同之前还需要另行磋商，否则在空白合同上提前签字盖章就毫无意义。此外，从抵押物清单看，抵押物已经特定化，其担保价值已经固定，它所担保的债权数额也不可能无限扩大。有鉴于此，对于抵押人主张抵押合同违背其真实意愿以及借款合同当事人串通欺骗缺乏证据支持，本院不予支持。②在雷鸿鸣、梁建学保证合同纠纷中，最高人民法院强调，当事人如果签署留有空白的合同并交于对方，应当视为授权合同相对人在空白部分填写相应内容。③

（二）特别要件

合同的成立要件是指合同成立必须满足的条件，一般可以分为一般成立要件和特别成立要件两类。其中，一般成立要件是指一切合同成立都必须具备的共通要件④，而特别成立要件是指按照法律规定或者当事人特别约定，在一般成立要件基础之外需要满足的条件。例如，要式合同中具备法定形式、要物合同中已经交付标的物等。⑤

1. 特定形式

合同形式多种多样，一般情况下各种形式都可以，但是如果法律规定或者当事人约定要求特定形式，则必须按照要求采用特定形式。⑥

书面合同是最常采用的合同，能够用白纸黑字的形式固定合同双方当事人的权利

---

① 参见最高人民法院〔2008〕最高法民二终字第 124 号民事判决书。
② 参见最高人民法院（2006）最高法民二终字第 7 号民事判决书。
③ 参见最高人民法院（2018）最高法民申 3112 号民事裁定书。在施苏程、方晗民间借贷纠纷中，最高人民法院认为，将已经签名盖章的空白合同交给对方将产生授权对方当事人补充合同内容的法律后果。在本案借款合同中的保证人签名真实的情况下，不管借款合同中的借款金额是对方当事人在事后补写的主张是否成立，担保人均应当在借款范围内承担保证责任。参见最高人民法院（2017）最高法民申 3858 号民事裁定书、最高人民法院（2015）最高法民申字第 1225 号民事裁定书和最高人民法院（2017）最高法民申 744 号民事裁定书。
④ 章正璋：对我国现行立法合同成立与生效范式的反思[J].学术界，2013 年第 1 期。
⑤ 史尚宽：民法总论[M].北京：中国政法大学出版社 2000：310 页；陈小君：《合同法学》，高等教育出版社 2003：54.
⑥ 《民法典》第一百三十五条规定："民事法律行为可以采用书面形式、口头形式或者其他形式；法律、行政法规规定或者当事人约定采用特定形式的，应当采用特定形式。"

义务，而这样在处理纠纷时才好提供证据，方便查清双方的权利义务关系。因此，凡是比较重要、复杂的合同，即使法律没有要求，最好也采用书面形式进行订立。当然，《民法典》也规定了大量应当采用书面形式订立的合同，如第三百四十八条建设用地使用权出让合同、第三百五十四条建设用地使用权流转合同、第三百六十七条居住权合同、第三百七十三条地役权合同、第四百条抵押合同、第四百二十七条质押合同、第六百六十八条金融借款合同、第七百零七条租赁期限六个月以上的租赁合同、第七百三十六条融资租赁合同、第七百六十二条保理合同、第七百八十九条建设工程合同、第七百九十六条建设工程委托监理合同、第八百五十一条技术开发合同、第八百六十三条技术转让合同和技术许可合同、第九百三十八条物业服务合同、第一千零六条细胞、器官、组织、遗体捐赠合同、第一千零七十六条离婚协议等。

  对于书面形式，不能过于狭隘地理解，更不能将书面形式限制为纸质文档。根据《民法典》第四百六十九条规定，只要能够有形地表现所载内容，并且可以随时调取查用的数据电文，都可以视为书面形式。老百姓惯常使用的社交软件，如微信，能够有形地表现所载内容，同样属于书面形式范畴。需要注意的是，如果法律规定应当订立书面合同而实际上没有订立书面合同的，由于欠缺特定的形式要件，应当认定合同尚未成立。当然，也有例外，按照《民法典》第四百九十条规定，如果一方当事人已经按照订立的合同履行了主要义务，并且对方当事人也已经接受，则应当认定合同已经成立。合同形式上的瑕疵完全可以通过双方履行合同的方式得到治愈。①原因在于，此时合同主要义务已经得到履行，甚至履行完毕，说明当事人双方对合同是认可的，如果再机械地认定合同尚未成立，反而有违当事人意思自治。此外，需要提醒的是，虽然一方履行主要义务并且对方接受履行可以治愈合同形式上的瑕疵，促使合同得以成立，但是出现合同争议时，当事人始终会背负较重的举证责任。因此，当事人对于法律有明确规定应当采用书面形式订立的合同应当有所了解和把握，最好按照法律规定签订书面合同，或者在用行为方式治愈合同形式缺陷后签订合同确认书，进一步巩固交易成果。

  至于合同的其他形式，常见的有两种：①以行为方式缔约。一方当事人履行义务而对方当事人接受履行，往往出现在已经建立稳定交易关系的当事人之间。②采用公证或者鉴证形式订立的合同。②这类合同一般用于特别重要的交易场合，尤其是为了将来举证方便。除此之外，只要法律没有特别规定并且当事人也没有特别约定，任何能够载明当事人之间就特定事项达成合意的形式，都应认定为法律规定的"合同的其他形式。"例如，在福州休曼电脑公司及福建省体育彩票管理中心与福建省体育局合作合同纠纷案中，最高人民法院就认为，合同一方上级政府部门主持召开并形成的会议纪要虽然改变了当事人双方合同最初的约定，但是合同一方当事人并未提出异议，并且合同另一方当事人虽然没有参与会议，但是认可会议纪要的效力，最关键的，双方当事人已按照会议纪要

---

① 在新疆科纺棉业（集团）有限责任公司与中国华融资产管理公司乌鲁木齐办事处资产转让及股权委托管理合同纠纷案中，最高人民法院认为，虽未签订股权托管协议，但一方已经履行了出资义务且对方接受的，应视为合同成立并生效。参见最高人民法院（2006）最高法民二终字第32号民事判决书。
② 杨立新.中华人民共和国民法典释义与案例评注（合同编）（上）[M].北京：中国法制出版社2020：32-33.

内容开始实际履行义务，只是对会议纪要的部分内容如何理解存在争议，因此应当认定该会议纪要对合同双方当事人具有约束力。①

2. 实践合同

以合同成立除了意思表示一致以外是否还需要另行交付标的物或者完成特定给付为标准，可以把合同细分为诺成合同与实践合同两种类型。其中，诺成合同只要当事人双方意思表示一致即可成立，即"一诺即成"的合同，无须具备其他要件；实践合同是指除了当事人双方意思表示一致外，还需要实际交付标的物或者完成其他某种给付才能成立的合同。同样是交付标的物或者完成某种特定给付，该行为在诺成合同和实践合同中具有完全不同的意义：在诺成合同中，这是履行义务的行为，不履行该义务将产生违约责任；在实践合同中，这是先合同义务，不履行该义务将导致缔约过失责任。②

从历史沿革的角度看，实践合同和诺成合同呈现出此消彼长的态势，实践合同逐渐减少，而诺成合同逐渐增多。合同自由原则得以确立后，绝大多数合同都是在双方当事人达成合意之时即告成立，属于一般类型的合同；实践合同被法律限制在仅有的几种场合，属于特殊类型的合同。③此变动趋势简化了缔约程序，节约了交易成本，也是促进交易的需要。典型的实践合同如《民法典》第五百八十六条规定的定金合同、第六百七十九条规定的自然人之间的借款合同以及第八百九十条规定的保管合同。

二、合同成立的时间和地点

（一）合同成立的时间

1. 承诺生效时合同成立

对于依法成立的合同，《民法典》第一百一十九条规定其对合同当事人具有法律约束力，《民法典》第五百零二条规定除非法律另有规定或者当事人另有约定，合同自成立时生效。结合这两条法律规定看，通常情况，合同成立之时即发生效力，合同当事人必须受合同约束，不允许任何一方当事人擅自变更或者解除合同。因此，合同成立时间的认定具有重要意义。结合《民法典》第一百三十七条④、第四百八十三条⑤、第四百八十四条⑥规定，合同成立时间的判断遵循如下规定：

（1）首先看是否法律另有规定或者当事人另有约定，若有，则从其规定或约定；若

---

① 参见最高人民法院（2006）最高法民二终字第160号民事判决书。类似判例，参见最高人民法院（2013）最高法民二终字第4号民事判决书。
② 马俊驹，余延满.民法原论[M].北京：法律出版社，2010：505；崔建远.民法典（合同编）[M].北京：北京大学出版社，2016：491.
③ 参见韩世远：合同法总论[M].北京：法律出版社 2011：59.
④ 《民法典》第一百三十七条："以对话方式作出的意思表示，相对人知道其内容时生效。以非对话方式作出的意思表示，到达相对人时生效。以非对话方式作出的采用数据电文形式的意思表示，相对人指定特定系统接收数据电文的，该数据电文进入该特定系统时生效；未指定特定系统的，相对人知道或者应当知道该数据电文进入其系统时生效。当事人对采用数据电文形式的意思表示的生效时间另有约定的，按照其约定。"
⑤ 《民法典》第四百八十三条："承诺生效时合同成立，但是法律另有规定或者当事人另有约定的除外。"
⑥ 《民法典》第四百八十四条："以通知方式作出的承诺，生效的时间适用本法第一百三十七条的规定。"

否，则承诺生效时合同成立。

（2）看承诺的方式是否是通知，若是，则按《民法典》第一百三十七条确定；若否，根据交易习惯或者要约的要求作出承诺的行为时合同成立。

（3）看通知是否以对话方式作出，若是，则相对人知道通知内容时合同成立；若否，则通知到达相对人时合同成立。

（4）如果是以非对话方式作出的采用数据电文形式的意思表示，主要是看要约人是否指定了接收数据电文的特定系统，若是，则该数据电文进入该特定系统时合同成立；若否，则要约人知道或者应当知道该数据电文进入其系统时合同成立。

2. 合同书形式订立合同

根据《民法典》第四百九十条规定，对于以合同书形式订立合同的，自当事人双方签名、盖章或者按指印时合同成立。当然，如果当事人最终没有采用书面形式，但是一方当事人已经履行了合同主要义务，并且对方当事人接受时，该合同成立。

鉴于互联网合同的特殊性，《民法典》第四百九十一条就相关合同作了特殊规定。[1] 采用电子邮件或数据电文等形式订立合同，可能面临容易篡改等特殊问题，应该允许当事人通过合同书将电子合同固定下来。当然，这也是固定证据的重要方式，否则按目前的司法实践，对于电子邮件等形式的合同，法院习惯要求当事人通过公证的方式提交证据，增加了当事人的负担。如果当事人要求签订确认书的，则签订确认书时合同才成立。网络交易虽然有较强特殊性，要约和承诺可能不具有明显的行为标志，但当事人利用互联网等平台发布的商品或者服务信息，如果完全满足要约的构成要件则应当依法认定为要约，至于对方当事人选择该商品或者服务并利用互联网平台提交订单，则应当认定为承诺。一旦系统显示"提交订单成功"，应视为法律规定的承诺到达，则合同成立。

需要注意，中标通知书通常被视为招标人承诺，按民法典合同编规定一旦承诺合同就成立。但是，《招标投标法》要求在发出中标通知书后必须签订书面合同[2]，如果不签则合同不成立。那么，通过招标投标方式缔结合同过程中中标通知到达投标人的法律后果是什么？应当认为，招标人发送的中标通知书到达投标人后标志着招标人、投标人之间成立了以签订书面合同为主要义务的预约合同，如果一方当事人在没有正当理由的情况下拒绝签订书面合同，则必须承担预约合同的违约责任。理由在于：①《招标投标法》明确规定当事人必须签订书面合同，这是招投标领域必须遵守的强制性规定，不得违反，因此应当认定中标通知书不能达到合同成立的效果。②从业界普遍采用的中标通知书看，往往会有类似"请收到中标通知书后XX日内与我单位洽商签订合同事宜"，与《民法典》第四百九十五条列举的认购书、订购书、意向书等常见预约在内容和性质上并无不同。

---

[1] 《民法典》第四百九十一条规定："当事人采用信件、数据电文等形式订立合同要求签订确认书的，签订确认书时合同成立。当事人一方通过互联网等信息网络发布的商品或者服务信息符合要约条件的，对方选择该商品或者服务并提交订单成功时合同成立，但是当事人另有约定的除外。"

[2] 《招标投标法》第四十六条规定："招标人和中标人应当自中标通知书发出之日起三十日内，按照招标文件和中标人的投标文件订立书面合同。招标人和中标人不得再行订立背离合同实质性内容的其他协议。招标文件要求中标人提交履约保证金的，中标人应当提交。"

（二）合同成立的地点

1. 承诺生效的地点

合同成立地点对于确定合同纠纷的管辖和法律适用具有重要意义。如果当事人协商，完全可以将合同成立地所在法院约定为将来合同纠纷的管辖法院。[1]基于《民法典》第四百九十二条规定，可以按照如下规定认定合同成立地点：①原则上，承诺生效的地点为合同成立的地点。鉴于承诺到达时生效，合同成立地点应为要约人所在地。②采用数据电文形式订立合同的，收件人的主营业地为合同成立的地点；没有主营业地的，其住所所在地为合同成立的地点。③当事人另有约定的，按照其约定。例如，双方明确约定以合同书形式缔约，则按《民法典》第四百九十三条确定，以最后签字盖章地为合同成立地点。

2. 合同书形式缔约地点

根据《民法典》第四百九十三条规定，如果当事人约定采用合同书形式缔约，最后签名、盖章或者按印的地点为合同的成立地点。当然，当事人也可以通过约定改变排除上述规定的适用，另行约定合同成立的地点。存有疑问的是，如果合同约定的签订地与最后实际的签字盖章地不一致，应当将哪个地点作为合同成立地点？《民法典》第四百九十三条既然没有提及合同书约定的合同签订地问题，当事人就应该理解为以最后签字盖章地为准。如果当事人双方存在争议，并且无法举证证明最后的签字盖章所在地，则应当以合同约定的签订地为准。[2]

三、合同成立与不成立的后果

（一）合同成立

《民法典》第一百三十六条规定了法律行为成立和生效问题，与此类似，《民法典》在规定合同成立与生效问题时也是如此。按照《民法典》第一百一十九条和第五百零二条规定，除非法律另有规定或者当事人另有约定，合同成立即生效。如果没有法律依据或者征得对方当事人同意，任何一方当事人都不得擅自变更或者解除合同。换言之，一般情况下，合同生效时间和成立时间是高度重合的；如果法律有特别规定或者当事人另有特别约定，则可能出现二者不一致的情形。例如，某些合同需要行政机关批准，尚未批准之前合同就没有拘束力。[3]成立但未生效的合同，是指暂时不能根据当事人的合意赋

---

[1] 《中华人民共和国民事诉讼法》第三十四条规定，合同或者其他财产权益纠纷的当事人可以书面协议选择被告住所地、合同履行地、合同签订地、原告住所地、标的物所在地等与争议有实际联系的地点的人民法院管辖，但不得违反本法对级别管辖和专属管辖的规定。

[2] 《最高人民法院关于适用〈中华人民共和国合同法〉若干问题的解释（二）》第四条："采用书面形式订立合同，合同约定的签订地与实际签字或者盖章地点不符的，人民法院应当认定约定的签订地为合同签订地；合同没有约定签订地，双方当事人签字或者盖章不在同一地点的，人民法院应当认定最后签字或者盖章的地点为合同签订地。"该条规定与现行立法存在冲突。

[3] 在"陕西金土地实业有限公司与香港华利国际有限公司侵权责任纠纷"案中，最高人民法院认为，在合同未生效的情况下，金土地公司有权请求华利公司履行与报批有关的义务，但无权依据未生效的股权转让合同直接主张股东权利。参见最高人民法院（2016）最高法民申158号民事裁定书。

予其法律拘束力的合同，与生效合同最主要的差异表现在不能请求履行。[①]未生效合同并非传统民法及其学说讨论的重点，我国现行法律也没有进行系统规定，因此未生效合同的处理及其责任承担在理论上和司法实践中均存在较大争议。

1. 未生效合同的解除问题

就未生效合同的解除问题，目前理论研究和司法实践涉及较少。在邯郸市广鹏物资有限公司、邯郸市广鹏房地产开发有限公司建设用地使用权转让合同纠纷案中，最高人民法院认为，合同解除的对象应当是已经生效的合同，尚未生效的合同对当事人没有法律效力，没有拘束力，自然不属于可以依法解除的对象。[②]

尽管在个案中，最高人民法院表达了尚未生效的合同不得解除的观点，但这种观点有所松动。根据《九民纪要》第三十八条规定，对于需要经过行政机关批准方能生效的合同，如果当事人不履行合同约定的报批义务，另一方当事人可以请求解除合同并要求其承担违约责任。当然，由于报批义务条款的独立生效，当事人也可以诉请履行。《九民纪要》第四十条还规定，法院判决一方当事人履行报批义务后，如果行政机关最终没有批准，则合同还是没有生效，当事人可以请求解除合同。从上述规定看，对于须经过行政机关批准才能生效的合同，最高人民法院实际上是倾向于成立未生效合同可以解除。

除了经批准生效的合同，对于其他已经成立但未生效的合同，如果一方当事人不履行其义务，对方是否也可以主张解除合同，目前没有明文规定，还有进一步探讨的余地。[③]有观点指出，这类合同完全可以作为解除的对象，理由如下：①生效合同才能解除，这是没有遇到已经成立但未生效合同解除问题之前的学术观点，目前没有法律明确规定必须是生效合同才能解除，也没有法律禁止解除已经成立但未生效合同。②生效合同都可以解除，举重以明轻，未生效合同自然也可以解除。③未生效合同可能较长时间停留在这种不确定状态，如果不允许解除合同，至少会承担缔约过失责任；如果允许当事人解除合同，则不至于出现此类不适当结果。④从合同消灭的原因看，已经成立但尚未生效的合同无法适用无效、撤销、效力待定和清偿等制度，解除应当是明智选择。[④]

2. 违反未生效合同的责任

有的合同成立后虽然没有生效，却已经具有一定的法律约束力。[⑤]至于违反未生效合同的责任问题，目前主要存在效力过失责任说、缔约过失责任说和违约责任说三种观点。①效力过失责任说认为，合同成立后生效前主要产生合同预备义务，违反该义务的法律责任不同于缔约过失责任和违约责任。[⑥]②缔约过失责任说认为，当事人在合同成立后生效前因违反诚实信用原则造成的损害属于信赖利益损失，与缔约过失责任一致。[⑦]③违约

[①] 崔建远.合同效力规则之完善[J].吉林大学社会科学学报，2018，58（1）：24-36，203.
[②] 详见最高人民法院（2017）最高法民申4627号民事裁定书。
[③] 最高人民法院民法典贯彻实施工作领导小组.中华人民共和国民法典合同编理解与适用[M].北京：人民法院出版社，2020：636.
[④] 参见崔建远.合同解除的疑问与释答[J].法学，2005（9）：69-77.
[⑤] 赵旭东.论合同的法律约束力与效力及合同的成立与生效[J].中国法学，2000（1）：81-86.
[⑥] 姜淑明.先合同义务及违反先合同义务之责任形态研究[J].法商研究，2000（2）：65-71.
[⑦] 王利明.合同法研究（第一卷）[M].北京：中国人民大学出版社，2015：357.

责任说认为，合同成立是区分违约责任与缔约过失责任的根本标志，在合同成立后一方违反合同义务应当承担合同上的责任。[①]

司法实践支持缔约过失说。在中信红河矿业公司、鞍山市财政局股权转让纠纷案中，最高人民法院明确指出，鞍山财政局在没有正当理由的情况下拒绝履行报批义务，其行为属于《合同法》第四十二条规定的"其他违反诚实信用原则的行为"，应当依法认定存在缔约过失，必须赔偿由此造成的直接损失，结合其过错明显的事实，鞍山财政局对中信红河公司所主张的可得利益损失也必须适当赔偿。[②]此案明确了不履行报批义务属于缔约过失，在损害赔偿的范围上，法院采纳了责任更重的可得利益赔偿，充分表明了法院对拒绝履行报批义务的态度。

（二）合同不成立

合同不成立的法律后果之前一直未得到足够重视。《九民纪要》第三十二条将合同不成立、无效和被撤销并列，并规定合同不成立情形下的财产返还和损害赔偿问题参照合同无效和被撤销的相关规定处理。《民法典》第一百五十七条延续了《合同法》第五十八条的相关规定，即合同被确认无效、被撤销或者确定不发生效力之后，应当及时返还因为合同取得的财产；不能返还或者没有必要返还的，应当折价补偿。如果当事人对合同被确认无效或者被撤销存在过错，其则应当根据过错赔偿对方损失或承担相应的法律责任。合同不成立情形的后果应当参照《民法典》第一百五十七条进行处理，与合同无效、被撤销或者确定不发生效力等情形并无二致。

在司法实践中，对于合同不成立情形中当事人的损失问题，按缔约过失责任处理的也比较常见。例如，在浙江恒兴房产公司与衢州市国土资源局拍卖出让国有土地使用权纠纷中，恒兴公司按照规定交纳了保证金并拍得土地，还与拍卖公司签订了《确认合同》，但最终却没有签订《出让合同》。最高人民法院指出，根据房地产管理法的规定，土地使用权出让必须签订书面合同。据此，由于双方没有依法签订书面的土地《出让合同》，其行为还停留在要约阶段，合同尚未成立。对于《拍卖公告》等文件，国土局没有尽到足够的审查注意及告知义务，存在缔约过失，客观上影响了恒兴公司的判断与决策。恒兴公司参与竞买时也没有尽到注意义务，同样存在缔约过失。因此，由于双方缔约过失导致不能签订《出让合同》，故恒兴公司1 000万元保证金的损失应当由双方各半分担。[③]

四、缔约过失责任

对于缔约过失责任的法律性质，究竟是侵权责任、违约责任，或者是另外一种独立的民事责任，自这种责任产生之日起，一直存在不同看法，理论上的争议较大。目前，我国学术界的通说认为，缔约过失责任属于一种法定的责任类型，即缔约活动中的当事

[①] 王利明，崔建远.合同法新论·总则[M].北京：中国政法大学出版社，1996：134-135.
[②] 参见最高人民法院（2016）最高法民终803号民事判决书。
[③] 参见最高人民法院（2005）最高法民一终字第83号民事判决书。

人因为违反法律规定的先合同义务导致他人遭受损害时需要承担的责任。[1]其原因在于，自当事人为缔结合同而接触磋商开始，当事人之间已经从普通关系进入特殊关系，相互之间建立起可以诚信磋商的特殊信赖关系。虽然当事人不会因为这种缔约关系而实质性地履行义务，但是按照诚实信用原则的要求，其还是负有协助、通知、照顾、保护及忠实等法定义务。显然，这种义务所要求的注意标准已经超过了侵权法上的一般注意义务。注意义务的内容和范围等事项并非始终如一，还会随着磋商进程的推进而发生变化，责任成立与否往往要根据具体情况具体判断。

（一）构成要件

一般认为，缔约过失责任的成立须具备以下四个要件：①在缔约过程中违反了以诚实信用原则为基础的先合同义务；②违反先合同义务的行为给对方造成了损害；③违反先合同义务的行为与损害之间有因果关系；④违反先合同义务方存在过失。[2]当然，也有主张三要件的。[3]

从缔约过失责任的构成要件看，主要是积极要件，没有专门规定消极要件，更没有法律将合同成立且生效作为免除缔约过失责任的例外规定。换言之，如果在缔约阶段因为违反先合同义务的过失行为给对方当事人造成损害，即使合同有效，受害方依然有权主张其负缔约过失责任。[4]需要注意的是，《民法典》第五百条规定中不存在任何排除合同有效情形的用语或暗示，其适用范围的关键并非合同有效与否，而是在于违背诚实信用原则的行为。[5]该观点在司法实践中也有所体现。在孔祥余、陈艳与华鹤集团特许经营合同纠纷中，山东高院认为，华鹤集团在缔约过程中没有履行合理的信息披露义务，存在缔约过失，最终导致孔祥余在对特许经营项目及其风险没有充分了解的情况下盲目签订特许经营合同。而且，在合同履行过程中，华鹤集团也没有履行特许经营合同约定的协助指导义务，更有甚者，其提供的样门还存在质量瑕疵，给孔祥余的正常经营造成不利影响，应当认定为违约。涉案合同解除后，华鹤公司须对其缔约过失及违约行为给孔祥余造成的损失承担损害赔偿责任。[6]

---

[1] 缔约过失责任与违约责任的调整对象在时间上有较大差别，前者是针对合同订立过程中的过失行为而产生的责任，后者则是在合同生效后产生的责任。缔约过失行为主要有以下三种情况：一是因过失行为导致合同未成立的缔约过失责任；二是合同无效或被撤销的缔约过失责任；三是合同效力未受影响，但一方在缔约阶段存在过失造成对方损害的缔约过失责任。

[2] 参见上海市高级人民法院《缔约过失损害赔偿请求权的办案指南》第二条以及重庆市高级人民法院（2004）渝高法民终字第57号民事判决书。

[3] 例如，在文斌与云南广电房地产开发有限公司缔约过失责任纠纷再审案中，最高人民法院认为，缔约过失责任是指在合同缔结过程中，缔约人故意或者过失地违反依据诚实信用原则所应负的先合同义务，致使另一方的信赖利益受损，而应承担的民事责任。其构成要件是：①缔约一方违反先合同义务（这说明缔约过程中存在过错）；②客观上造成另一方当事人信赖利益损失；③违反先合同义务的行为与对方所受到的损失之间存在因果关系。参见最高人民法院（2020）最高法民再194号民事判决书。

[4] 上海市高级人民法院《缔约过失损害赔偿请求权的办案指南》第十一条规定："合同虽已成立并生效，但一方当事人在缔约阶段有违反先合同义务的行为，致对方当事人受有损失的，受害方也可以向加害方主张缔约过失损害赔偿。"

[5] 孙维飞.《合同法》第42条（缔约过失责任）评注[J].法学家，2018（1）：179-191,196.

[6] 参见山东省高级人民法院（2016）鲁民终1962号民事判决书。

1. 违反先合同义务

先合同义务是指当事人从开始磋商起在订立合同的整个过程中应当履行的通知、说明、保密等义务，该义务并非当事人约定的合同义务，主要是基于诚实信用原则而生的法定义务。显然，不同契约的先合同义务会存在较大差异，对于当事人是否违反了先合同义务，也须结合个案进行认定。例如，在兴业全球基金管理公司与江苏熔盛重工公司缔约过失责任纠纷中，最高人民法院指出，先合同义务应当结合案件中拟订合同的性质、目的以及交易习惯等多种因素综合进行认定。履行上述先合同义务过程中是否违背诚实信用原则，还应当根据相关法律规定进行判断。①

2. 损害

如果一方当事人违反了先合同义务，但是并没有因此而给缔约相对方造成任何损害，则谈不上缔约过失责任问题。通常认为，缔约过失责任所要求的损害是对缔约相对方信赖利益的损害。所谓信赖利益，是指缔约一方当事人在对方当事人尚未违反义务时所处的状态，通常按照该当事人在缔约之初的状态来处理。与此相应，当事人缔约之初的状态和当事人在对方违反义务后的状态之间的差异，就是信赖利益损失。②换言之，信赖利益损害赔偿旨在将受损害方恢复到受损害之前的状态，即恢复原状。

3. 因果关系

对于缔约过失而言，一方违反先合同义务和对方遭受损害之间必须存在因果关系。否则，即使对方存在损失，也不能要求当事人承担相关责任。在衡水臻诚房产公司等与中国民生银行衡水分行缔约过失纠纷案中，房产公司取得与文化中心和实业公司的房产项目联合开发权，项目开发协议明确约定房产公司主要义务就是提供项目开发所需资金。此后，房产公司与开发公司约定由开发公司承担房产公司的出资责任。随后，房产公司和开发公司共同向文化中心出具开发承诺函，承诺先期投入3 000万元。后因开发公司始终没有出资，房产公司与文化中心和实业公司的房产项目合作合同被依法解除。河北省高级人民法院认为，正是开发公司不出资行为致使房产公司丧失了文化中心和实业公司的房产项目合作开发权利，开发公司的行为与房产公司损失之间存在因果关系，所以其应当承担缔约过失责任。③

4. 过失

缔约上的过失可以是故意，也可以是过失。存在过错是构成缔约过失责任的前提之一，这也是缔约过失责任与违约责任的区别之一。换言之，缔约过失责任按过错责任归责，没有过错则没有责任；而违约责任一般是按严格责任归责，通常不考虑违约人是否具有过错。存在如此差异的根本原因在于，按照合同自由原则，当事人有决定是否缔约的自由，只要缔约不存在过错，其就有权按照自己的意愿行事，无须向对方承担任何责任。如果缔约过失责任按照严格责任归责，明显会危害当事人合同自由权利。认定过错一般采用主客观相结合的标准，即不能仅看当事人的主观心态，还要结合行为人违背诚信原则的行为表现出来的客观状态来判断其是否存在主观过错，有时还会考虑当事人是

---

① 参见最高人民法院（2013）最高法民申字第1881号民事裁定书。
② 李国光.合同法解释与适用[M].北京：新华出版社，1999：183.
③ 参见河北省高级人民法院（2013）冀民二终字第11号民事判决书。

否尽到理性人的合理注意义务。缔约过失责任作为违反先合同义务的责任承担,以过错为归责原则,是否存在过错也就成为了司法实践中审查的重点。例如,在徐宝如和如东保险公司保险合同纠纷案中,江苏省南通市中级人民法院认为,在承保之前,如东保险公司没有尽到作为专业保险机构应当具有的一般注意义务,没有审查徐宝如的驾驶资格就承保,违反了先合同义务。如果保险代理人已经充分说明保险条款并进行了通常询问,则应当了解徐宝如是否符合被保险人的条件。因此,徐宝如对于不实说明虽然存在过错,但并非恶意,也没有违反一般注意义务,过失相对较轻。[1]

(二)类型

关于缔约过失的类型,民法典完全沿袭了《合同法》第四十二条的表述,列举了恶意磋商欺诈缔约和其他违背诚实信用原则的缔约行为。[2]

1.恶意磋商

进入磋商阶段,合同当事人不可避免地会投入一定资源。即使不是为了更好地履行合同而进行大规模信赖投资,时间精力的投入总是必不可少的,二者在磋商过程中,往往还会放弃其他的缔约机会。若磋商违反一方当事人的意愿而突然中断或终止,该方当事人的缔约投入很可能成为现实的损害,从而引发纠纷。由于缔约过程中合同尚未成立,当事人此时还不受有效合同的拘束,为了避免过多侵害缔约自由,除非缔约当事人违反了缔约过程中明确的约定,否则应当尽量让缔约当事人自己承受磋商中断或者终止带来的风险。例如,在星云机械公司与彩虹电子公司缔约过失责任纠纷中,供方星云公司与需方彩虹公司签订五份认定协议(预备合同),初步约定了产品的技术要求、进度安排、价格以及付款方式。该认定协议并不具备采购合同的性质和基本内容,不能作为双方确立供货关系的依据。在正式供货合同订立、磋商阶段,彩虹公司正式签约时提出降价30%,这是为了适应市场行情而相机作出的必要调整,是一种符合市场规律和交易常理的正当的合理磋商行为。[3]司法实践中除预约情形外,似乎也较少出现因中断磋商而承担缔约过失责任的案例。如果规定任何情况都必须为磋商失败承担责任,无异于强迫缔约,明显有悖于契约自由原则。而且,如果任何情况下中断磋商都要求承担责任,可能引起当事人在磋商阶段即进行不合理的信赖投资,从而导致终止磋商时引起不必要的信赖利益损失。因此,法律只是要求当事人在恶意磋商情形下才须承担责任,此即《民法典》第五百条中"假借订立合同,恶意进行磋商"应有之意,而条文中的"恶意"应当作比较宽泛的解释。如果一方当事人内心已经确定不会与对方当事人订立合同,就应当及时中断磋商,让对方当事人可以及时抽身,寻求下一个交易机会。此时,当事人如果违反诚信原则,未能及时告知对方当事人并及时中断磋商,则实质上会构成不当继续磋商的缔约过失行为。例如,在最高人民法院终审的一起案件中,被告确定不再订立合同但未及时告知对方,导致对方当事人因为信赖合同可能订立而承担了不必要的停产等损

---

[1] 高鸿,秦昌东.缔约过失责任的认定[J].人民司法(案例),2010(10):90-93.
[2] 《民法典》第五百条规定:"当事人在订立合同过程中有下列情形之一,造成对方损失的,应当承担赔偿责任:(一)假借订立合同,恶意进行磋商;(二)故意隐瞒与订立合同有关的重要事实或者提供虚假情况;(三)有其他违背诚信原则的行为。"
[3] 参见最高人民法院(2008)最高法民二终字第8号民事判决书。

失，法院认为被告应承担缔约过失责任。①

2. 欺诈缔约

缔约过程中面临严重的信息不对称现象，而这会延缓缔约进程，增加缔约成本，提高缔约风险。事实上，信息不对称现象越严重，交易就越困难。例如，菜市场进行的蔬菜交易中，买卖双方之间信息不对称现象不是特别突出，买方可以很方便地通过货比三家去减弱甚至消除信息不对称现象。与此不同，如果用人单位需要聘请一位核电工程领域的专家，由于没有充分竞争的劳动力市场，用人单位很难通过劳动力市场比较处理信息不对称问题。如果当事人在缔约过程中故意隐瞒与订立合同有关的重要事实或者提供虚假情况，那么缔结符合双方意愿的合同将变得困难重重，甚至阻碍交易。因此，法律必须制止这种行为，《民法典》第五百条将此等情形规定为缔约过失。法律所谓"与订立合同内容有关"，应当是指能够显著影响相对人缔约意愿和合同条款安排的事实和情况，而所谓"重要"则只能就特定的交易情形，结合具体的合同类型和交易惯例等加以具体判断。②例如，在王勇与金科公司合同纠纷案中，重庆一中院认为，从双方签订的商品房买卖合同附件五中关于私家花园和绿地的约定来看，足以让购房者相信其对私家花园独自享有使用权，并且鉴于涉案房屋相邻、相对等方位的别墅业主均可独占使用，因此王勇对涉案花园属于私家花园的预期完全是合理预期，也是促使王勇购买该涉案房屋的主要原因之一。但是，对于存在消防门这一设计问题，金科公司未举证证明其履行了告知义务，符合因故意隐瞒真实情况导致合同被撤销的情形。③

需要注意的是，如果影响合同订立的重要事实属于人尽皆知的事实，或者法律已有规定，则不得主张故意隐瞒。例如，在栾德刚与吉林铁信集团等商品房销售合同纠纷一案中，最高人民法院指出，栾德刚应当知晓法律法规中关于人防工程（地下车库）所有权不得转让的规定，铁信公司未在《商品房买卖合同》中专门对此作出提示及表述，并不构成刻意隐瞒和欺诈。栾德刚提出的铁信公司构成欺诈，没有事实和法律依据。④

3. 其他违背诚实信用原则的缔约行为

实践中可能存在的种种先合同义务，法律规范无法穷尽列举，只能以兜底条款的形式予以概括，如此规定赋予法官较大的自由裁量权，法官可以结合案件具体情况综合判断是否属于承担缔约过失责任的情形。鉴于缔约过失责任的根本前提是当事人在履行先合同义务过程中存在违背诚实信用原则，故《民法典》第五百条将缔约过失责任的兜底规定为"有其他违背诚信原则的行为"。事实上，司法实践中争议往往围绕这一焦点展开。例如，在兴全基金与熔盛重工合同纠纷案中，最高人民法院指出，在订立合同过程中，由于兴全基金是否继续持有全柴动力股票以维系自己的缔约意向，在很大程度上取决于熔盛重工收购全柴动力股份相关的重大信息。所以，对熔盛重工而言，应当履行的先合同义务主要是通知义务（告知与收购全柴动力股份有关的重要信息），至于履行上述义务过程中是否违背了诚实信用原则，须根据相关法律规定作出判断。如果熔盛重工

---

① 孙维飞.《合同法》第42条（缔约过失责任）评注 [J]. 法学家，2018（1）：179-191,196.
② 孙维飞.《合同法》第42条（缔约过失责任）评注 [J]. 法学家，2018（1）：179-191,196.
③ 重庆市第一中级人民法院（2014）渝一中法民终字第01064号判决书。
④ 参见最高人民法院（2020）最高法民申4493号民事裁定书。

未履行告知其收购全柴动力股份有关重大信息的先合同义务,则属于"其他违背诚实信用原则的行为"其情形,须承担缔约过失责任。[1]

(1)违反保密义务。根据《民法典》第五百零一条规定,当事人在缔约过程中获悉的商业秘密或者其他需要保密的信息,不管合同是否成立,都不得被泄露或者被不正当地利用。否则,造成对方损失的,必须依法承担赔偿责任。

(2)未履行报批义务。对于需要经过批准或者登记才能生效的合同,当事人拒绝履行报批义务导致合同无法生效的,应当承担缔约过失责任。在深圳市标榜投资公司与鞍山市财政局股权转让纠纷中,最高人民法院指出,虽然合同没有明确规定报批义务及协助报批义务具体由哪一方当事人承担,但是根据合同约定,标榜公司的主要义务是提供相关证明文件、资料,主要是协助报批,由此可以推定应当由鞍山财政局履行报批义务。但鞍山财政局没有履行报批义务,也没有按照有权机关的要求补充报送有关材料,依据《最高人民法院关于适用〈中华人民共和国合同法〉若干问题的解释(二)》(法释〔2009〕5号)第八条相关规定,其行为属于《合同法》第四十二条第(三)项规定的"其他违背诚实信用原则的行为",应当认定存在缔约过失。[2]

还有观点认为,如果没有相反的约定,当事人应当相互协作促进合同最终获得批准。需要指出的是,法律将批准作为生效要件,显然不是为了方便当事人在批准之前反悔,而是为了实现国家对合同的有效管控以更好地维护公共利益。只有合同生效才能达成当事人缔约目的,因此,促进合同生效也完全符合当事人的缔约初衷,而按照诚实信用原则,当事人应当积极促进合同生效。从这个角度看,当事人促成批准之义务并不需要明确约定。退一步讲,即使当事人约定了促成批准的义务,考虑到尚未批准,该约定无效,违反该预定的后果还是缔约过失责任。[3]显然,由于法律已经承认报批义务条款独立生效,该观点已经不合时宜。

(3)不当撤销要约。对于《民法典》第四百七十六条规定的不可撤销要约,当事人不得撤销。虽然法律并未明确规定不当撤销要约需要承担缔约过失责任,但是,从立法精神上看,完全可以推出上述结论。事实上,在司法实践中还存在不当撤销要约邀请承担缔约过失责任的判例。例如,在时间房地产公司诉玉环县国土资源局土地使用权出让合同纠纷案中,最高人民法院认为,因出让公告违反法律的禁止性规定,国有土地使用权出让方撤销公告后,应当对竞买人在缔约阶段的实际损失承担缔约过失责任。[4]相对于要约邀请,要约阶段受要约人的信赖投资更多,遭受的损失也相应更多,举重以明轻,不当撤销要约也应当承担缔约过失责任。

(4)合同不成立、无效、被撤销。根据《民法典》第一百五十七条规定,合同被确认无效、被撤销或者确定不发生效力后,有过错的一方当事人还应当赔偿对方当事人由于民事法律行为无效、被撤销或者确定不发生效力造成的损失,各方均有过错的,各自承担相应的法律责任。对应于合同无效、被撤销或者确定不发生效力,当事人承担缔约

---

[1] 参见最高人民法院(2013)最高法民申字第1881号民事裁定书。
[2] 参见最高人民法院(2016)最高法民终802号民事判决书。
[3] 孙维飞.《合同法》第42条(缔约过失责任)评注[J].法学家,2018(1):179-191,196.
[4] 参见最高人民法院(2003)最高法民一终字第82号民事判决书。

过失责任。

（三）损害赔偿

《九民纪要》第三十五条强调合同不成立、无效或者被撤销时可以向有过错的另一方请求损害赔偿，而且增加了"仅返还财产或者折价补偿不足以弥补损失"这一前置条件。与此同时，要求"根据当事人的过错程度合理确定责任"，强调了"过错"在确定损害赔偿范围时的重要意义，并且"要考虑在确定财产返还范围时已经考虑过的财产增值或者贬值因素，避免双重获利或者双重受损的现象发生。"强调了公平原则，避免了权利义务严重失衡。《民法典》第一百五十七条将合同无效、被撤销及确定无效后的损害赔偿规定为"有过错的一方应当赔偿对方由此所受到的损失"，强调了因为过错造成的损失才能予以赔偿。结合起来看，《民法典》第五百条规定缔约过失责任时所谓"造成对方损失的，应当承担赔偿责任"，其含义并不是说只要违背诚信原则造成的损失都应该予以赔偿，还必须要考虑过错因素。

1. 交易机会损失

信赖利益损失一般包括为了缔约而与对方当事人联系、赴实地考察、接触磋商的合理费用以及为订约做必要准备的费用，主要是已经实际发生的直接损失，一般不包括错失机会等间接损失，但并不总是如此。在深圳市标榜投资公司与鞍山市财政局股权转让纠纷案中，最高人民法院认为，当事人客观合理的交易机会损失应当属于缔约过失责任赔偿范围。[①] 通常情况下，只要对缔约过程中实际支出的各项费用等直接予以赔偿，善意相对人利益即可得到恢复。但是，如果善意相对人确实遭受交易机会损失丧失等间接损失，如恶意磋商情形，则缔约过失责任人也应当予以适当赔偿。一方面，缔约过失责任制度中的"损失"并未限定于直接经济损失，免除对缔约机会等间接损失的赔偿责任并没有法律依据。另一方面，缔约过失责任人对于相对人客观合理的间接损失承担赔偿责任，既是贯彻诚实信用原则的必然要求，也是保护无过错方利益的应有之义。[②] 虽然交易机会本身存在不确定性，这会对相应损害赔偿数额的认定造成一定困扰，但是决不能因此而一概免除缔约过失责任人的间接损失赔偿责任。[③]

2. 可以参考合同履行利益

对于缔约过失责任是否包括赔偿合同履行利益这一问题，司法实践中有大量判例持否定态度。例如，有判例指出，被告应当承担缔约过失责任，但是对于"涉案产品投入市场后有可能获得的利润"则给出了否定意见，认为这是履行利益，即只有在合同正常履行的情况下才有可能获得的利润。[④] 缔约过失责任旨在补偿缔约过失行为所造成的财产损失，主要保护缔约当事人因信赖合同成立和有效，但实际该合同不成立或无效而蒙受的损失。期待利益损失是合同当事人订立合同时合理期望债务人完全履行债务时应当得

---

① 参见最高人民法院（2016）最高法民终 802 号民事判决书。
② 参见最高人民法院（2016）最高法民终 803 号民事判决书。
③ 上述观点也得到了其他判决的支持。王剑波，夏川. 收条不足以证明房屋买卖合同当然成立 [J]. 人民司法（案例），2016（8）：53-55.
④ 参见最高人民法院（2016）最高法民申 1431 号民事裁定书。

到的利益损失,不属于本案缔约过失责任范畴。[1] 再如,对于房产公司签订房屋认购书后拒绝签约导致购房人损失问题,法院认为签订《认购书》后获得的是签订商品房买卖合同的请求权,并非直接履行商品房买卖合同请求权,房产公司违反《认购书》导致的损失是购房者丧失与房产公司缔结商品房买卖合同的机会,此种机会损失不能简单按商品房买卖合同单价差异确定。[2]

上述判例无一例外地否定了合同履行利益赔偿。当然,也有判例支持合同履行利益赔偿,认为未履行报批义务情形可得利益损失也应适当赔偿。间接损失数额应当考量缔约过失人的过错程度、获得利益情况、善意相对人的成本支出及预期利益等情况,综合衡量确定。[3]《九民纪要》第三十二条规定,缔约过失责任不应当超过合同履行利益。例如,依据《民法典》第七百九十三条,建设工程施工合同无效,但是建设工程经验收合格的,可以参照合同关于工程价款的约定折价补偿承包人。由此可见,缔约过失责任并不排斥合同履行利益。

(四) 当事人主张

缔约过失责任必须由当事人自行主张,法院不得直接判决。在陈允斗与宽甸满族自治县虎山镇老边墙村民委员会采矿权转让合同纠纷案中,辽宁省高级人民法院明确指出,未生效协议对双方当事人都没有拘束力,当事人遭受的损失也不能依据协议包含的违约条款进行救济。如果当事人没有诉请承担缔约过失责任的,法院不能依职权直接判决,受损害方只能另循法律途径解决。[4]

缔约过失损害赔偿请求权存在的举证责任,一般而言应由受损害一方当事人承担。[5] 加害方否认的,则要提出相应反证证明己方不存在过错以免除责任。至于缔约过失责任的承担方式,最主要的是损害赔偿责任,但也不排除其他类型责任方式的适用,尤其是合同有效的情形。[6] 此时,将减价请求作为救济手段,也是可行的。因此,当事人在主张缔约过失责任时,在诉讼请求中应当明确其要求对方承担责任的具体方式。[7]

---

[1] 参见最高人民法院(2015)最高法民申字第2648号民事裁定书。
[2] 参见江西省高级人民法院(2016)赣民再46号民事判决书。
[3] 参见最高人民法院(2016)最高法民申1609号民事裁定书。
[4] 参见辽宁省高级人民法院(2008)辽民再字第26号民事判决书。
[5] 一方当事人作为原告提出缔约过失损害赔偿的,一般应当根据具体情况对以下几个方面负举证责任:(一)双方有为订立合同而进行磋商的事实;(二)对方具有违反先合同义务的加害行为;(三)自己受有损害;(四)侵害行为与损害之间具有因果关系。参见上海市高级人民法院《缔约过失损害赔偿请求权的办案指南》第三条。
[6] 例如,《中华人民共和国保险法》第十七条,投保人故意隐瞒事实,不履行如实告知义务的,或者因过失未履行如实告知义务,足以影响保险人决定是否同意承保或者提高保险费率的,保险人有权解除保险合同。
[7] 参见上海市高级人民法院《缔约过失损害赔偿请求权的办案指南》第四条。

第三节 合同内容

一、合同条款

（一）指示性条款

《民法典》第四百七十条沿袭了《合同法》第十二条的表述，详细列举了合同的主要条款，并规定当事人可以参照示范文本订立合同。①对于法律条文规定的各项内容，法律适用了非常谨慎的表述"一般包括"，并未适用类似"应当包括"这类强制性表述。

合同的示范文本，往往是国家机关或者相关行业协会根据法律规定和商业习惯而制定出的标准式合同样本或者标准合同文本，可以作为当事人订立合同时的参考文本，但对当事人并没有强制约束力。换言之，在订立合同时，当事人可以参照示范文本，也可以不参照示范文本，还可以修改、增减示范合同的条款。②在《合同法》实施之后，工商部门等机关制定了大量合同示范文本，对于提示当事人在订立合同时更好地明确各自权利义务起到了非常重要的作用。《民法典》第四百七十条继续强调当事人订立合同可以参照各类合同的示范文本，使自己的权益能够得到保障。

按照合同自由原则，合同条款应当是由当事人自行商定，而非法律直接规定。也正是在这个意义上，本条规定的条款是指示性的，并非强制性的，其作用在于为当事人拟定合同提供了很好的指导，因此将其称为指示性条款。合同始终是当事人合意的产物，合同的内容必然是当事人协商一致的结果。从这个意义上讲，合同的条款应当是由当事人在不违背禁止性法律规范的情况下自由商定，而不是由法律直接规定。每个当事人关注的利益都会存在差异，法律又如何为大家设计好合同？当事人订立合同时可以参照指示性条款，也可以不按照指示性条款订立合同，合同的成立与否，有效与否，并不完全取决于合同是否包含全部指示性条款。除标的和数量外，属于该条规定的某些条款合同中没有约定，但可以由法律规定或者可以通过行业惯例等予以确定的，仍然可以认为合同成立有效；相反，即使不属于该条所规定的条款，但根据某种合同的特殊性质须必备的条款，合同没有约定的，仍然可以认定该合同不成立。

需要说明的是，并非所有合同都必须具备法律规定的指示性条款才能成立。有些合同不会约定违约责任，很多合同不会约定争议解决条款，丝毫不影响其成立或生效。根据合同条款对于合同成立的必要性程度不同，可以将合同细分为必备条款和非必备条款两类。如果缺少必备条款，则合同不能成立，如果只是缺少其他条款，不会导致合同不

---

① 《民法典》第四百七十条规定合同的内容由当事人约定，一般包括下列条款："（一）当事人的姓名或者名称和住所；（二）标的；（三）数量；（四）质量；（五）价款或者报酬；（六）履行期限、地点和方式；（七）违约责任；（八）解决争议的方法。当事人可以参照各类合同的示范文本订立合同。"
② 杨立新.中华人民共和国民法典释义与案例评注（合同编）（上）[M].北京：中国法制出版社，2020：110.

能成立，缺失的条款可以通过法律规定的方法予以补充。何为必备条款？按照《合同法》第六十一条规定，合同生效后，当事人双方就质量等内容没有约定或者约定不够明确的，可以通过协议进行补充；如果当事人不能通过协商达成补充协议，则可以按照合同有关条款或者交易习惯确定。[1]从文义解释的角度来看，该条实际上也可以理解为非必备条款没有约定或约定不明不会影响合同成立或者生效。[2]《全国法院贯彻实施民法典工作会议纪要》（法〔2021〕94号）第六条规定，对于合同是否成立引发的争议，人民法院应当本着尊重合同自由，鼓励和促进交易的精神依法处理，在此基础上再次重申了《最高人民法院关于适用〈中华人民共和国合同法〉若干问题的解释（二）》第一条的观点。[3]上述规定有一定参考价值，但并不绝对。仅仅有当事人名称或者姓名、标的和数量的，如果缺乏合同性质的相关条款[4]，在当事人无法协商一致的情形下，法院往往难以补充。

（二）合同漏洞的填补

《民法典》第五百一十条[5]和《民法典》第五百一十一条[6]重申了《合同法》第六十条和第六十一条的观点，明确了合同漏洞的填补规则：①首先由当事人协议补充，不能达成补充协议的，按照合同相关条款或者交易习惯确定；②如果无法按第一种方式填补漏洞，则依照法律规定填补漏洞。意思自治是合同法的基本原则，当事人有缔约能力，也当然具有通过补充协议填补合同漏洞的能力。而且，适用法律规定填补漏洞并不代表双方当事人的真实意思表示。因此，从两种方式的选择顺位而言，协议补充应当是第一顺位的选择。事实上，实践中大量的合同漏洞并没有引发纠纷，原因就在于当事人能够自

---

[1] 《民法典》第五百一十条作了相同规定。
[2] 胡康生.中华人民共和国合同法释义[M].北京：法律出版社，1999：109.
[3] 为了叙述方便，本书将《最高人民法院关于适用〈中华人民共和国合同法〉若干问题的解释（二）》一律简写为《合同法解释二》。《合同法解释二》第一条规定："当事人对合同是否成立存在争议，人民法院能够确定当事人名称或者姓名、标的和数量的，一般应当认定合同成立。但法律另有规定或者当事人另有约定的除外。对合同欠缺的前款规定以外的其他内容，当事人达不成协议的，人民法院依照合同法第六十一条、第六十二条、第一百二十五条等有关规定予以确定。"
[4] 在司法实践中，如果缺少相关条款，合同性质的认定应根据合同约定的主要权利义务的内容进行判断。参见最高人民法院（2021）最高法知民辖终230号民事裁定书。
[5] 《民法典》第五百一十条规定："合同生效后，当事人就质量、价款或者报酬、履行地点等内容没有约定或者约定不明确的，可以协议补充；不能达成补充协议的，按照合同相关条款或者交易习惯确定。"
[6] 《民法典》第五百一十一条规定："当事人就有关合同内容约定不明确，依据前条规定仍不能确定的，适用下列规定：（一）质量要求不明确的，按照强制性国家标准履行；没有强制性国家标准的，按照推荐性国家标准履行；没有推荐性国家标准的，按照行业标准履行；没有国家标准、行业标准的，按照通常标准或者符合合同目的的特定标准履行。（二）价款或者报酬不明确的，按照订立合同时履行地的市场价格履行；依法应当执行政府定价或者政府指导价的，依照规定履行。（三）履行地点不明确，给付货币的，在接受货币一方所在地履行；交付不动产的，在不动产所在地履行；其他标的，在履行义务一方所在地履行。（四）履行期限不明确的，债务人可以随时履行，债权人也可以随时请求履行，但是应当给对方必要的准备时间。（五）履行方式不明确的，按照有利于实现合同目的的方式履行。（六）履行费用的负担不明确的，由履行义务一方负担；因债权人原因增加的履行费用，由债权人负担。"

行协商解决。如果当事人拒绝按此规则填补合同漏洞，则可能被推定违约。①

（三）选择之债

选择之债，从几种约定的义务中选择一种履行即可。在履行之前，一方当事人享有选择权。《民法典》第五百一十五条②对选择之债尤其是选择权的归属和选择权的行使问题作了专门规定，分述如下。

1. 选择权的归属

无论是债权人，还是债务人，都是自利的理性经济人，只要被赋予选择权，都会选择对自己最有利的方式。法律在考虑选择权归属时，必须综合权衡。选择权以属于债务人为原则，因为从债的履行效率看，将选择权赋予债务人更有利于债务履行。债务毕竟是要由债务人实际履行的，如果将选择权赋予债权人，将会导致在选择之前债务人都无从得知将要履行的具体债务，债务人不能提前做好履行准备，因此无法很好地履行债务。如果让债务人为每一种可能被选择的债务都做好准备，无疑会增加履行的成本，而且一旦不被选择，提前准备工作就会成为浪费，这也是社会所不希望看到的。将选择权归属于债务人，既有利于保护债务人的利益，也有利于债务的履行。③当然，如果法律另有规定，应当遵守法律规定。如果当事人另有约定，按照意思自治原则的要求，应当尊重其约定。如果当事人之间的交易习惯中包含了选择权的归属，则按照交易习惯确定。

法律将债务选择规定为债务人的权利，而不是义务。既然是权利，自然不能强制履行。不同的履行会带给债权人不同的利益，这些利益在债权人的利益体系中扮演不同角色。如果债务人怠于行使选择权，债权人的利益体系将因此而变得不确定，影响下一步决策。有鉴于此，《民法典》第五百一十五条第二款规定了选择权的转移制度。如果同时满足以下三个条件，选择权即从原选择权人转移到对方当事人：①在约定期限内或者履行期限届满之前，选择权人没有作出选择；②对方当事人履行催告责任，要求选择权人尽快选择；③经催告后的合理期限内，选择权人还是没有作出选择。至于"合理期间"的确定，因不同个案而有所区别，需要结合合同条款、交易习惯以及标的物性质等因素进行综合认定。

---

① 例如，在翁某和毕某房屋买卖合同纠纷中，上海市第一中级人民法院指出，当事人应当遵循诚实信用原则，通过后续磋商填补合同漏洞。一方当事人拒绝对方的合理补充要约，坚持以明显违反一般交易习惯或合同既定条款的条件作为要约主张，造成补充协议无法达成，属于恶意磋商行为。恶意磋商方主动提出解约，系明确表示不履行合同义务，构成根本违约行为，相对人主张由其承担违约责任，人民法院应予支持。参见上海市第一中级人民法院（2018）沪01民终5536号民事判决书。

② 《民法典》第五百一十五条："标的有多项而债务人只需履行其中一项的，债务人享有选择权；但是，法律另有规定、当事人另有约定或者另有交易习惯的除外。享有选择权的当事人在约定期限内或者履行期限届满未作选择，经催告后在合理期限内仍未选择的，选择权转移至对方。"

③ 实际上，在民法典施行之前，广西壮族自治区高级人民法院在判决中就指出，因双方未约定选择权归属，基于债务人为作出给付行为一方，选择权利益应属于债务人。但根据原审查明事实，在双方发生本案纠纷前及诉讼期间，李烈标一直未作出选择，故因怠于行使该权利，其已经丧失选择权利益。基于尊重双方意思自治及诚实信用原则，该选择权应转移至债权人。参见广西壮族自治区高级人民法院的（2019）桂民申2168号民事判决书。

2.选择权的行使

对于选择权的行使,选择权人向对方发送通知即可。一旦通知到达对方,债的选择即可发生法律效力,合同中约定备选的"多项债务标的"转变为单一确定的"债务标的",选择之债相应转变为简单之债,债务人只需要按照选择确定的债务履行即可。之所以作出上述规定,其法理基础在于,选择权属于形成权,单方意思表示即可引起法律关系的变动,一经到达相对人即发生选择的效力,无需对方同意。为了保护相对人合法权益,行使选择权必须以通知的方式作出。通知到达,则债务确定,债务人的选择权也随之消灭,债务人不得再单方变更债务,除非相对人同意,但经相对人同意的选择实际上应当属于合同变更的范畴,不再是行使本条所谓的选择权了。当然,根据《民法典》第一百四十一条的规定,选择权人有权撤回选择通知,只要撤回选择的通知比选择通知提前到达或者同时到达即可,一旦选择通知被有效撤回,则不产生选择的效果,选择权继续有效,选择权人可以在合理期限内再行选择。

履行不能会对选择之债产生重要影响,可能出现以下几种情况:其一,部分债务履行不能后,尚存多个可选之债,履行时须行使选择权将其变为单一之债;其二,部分债务履行不能后,仅剩下一种债务,无须选择就已经变为单一之债;其三,所有可选之债全部履行不能,适用关于履行不能的法律规则予以处理。

二、格式条款

《民法典》第四百九十六条对格式条款进行了规定,本条在结构上分为两款,第一款规定了格式条款的概念和构成要件,第二款规定了格式条款提供方拟定格式条款的基本原则以及提请注意义务和说明义务。注意,条文使用的术语是格式条款,而不是格式合同。一份合同可能包含很多条款,其中每一个条款都可能是格式条款,也可能不是格式条款。因此,与格式合同相比,格式条款的范围明显更为宽泛。[①]

(一)特征

格式条款的认定问题对合同当事人的权利义务将产生重大影响,如显失公平条款一般是可撤销条款,但显失公平的格式条款(免责条款)则可能被认定为无效。因此,司法实践中,合同条款是否属于格式条款非常容易引发争议。[②] 有鉴于此,法律必须对格式条款进行准确界定。从《民法典》第四百九十六条第一款规定看,格式条款必须同时满足两个条件:其一,为了重复使用而由一方当事人预先拟定;其二,在订立合同时没有与对方协商。

关于重复使用问题,主要由大规模交易所决定。例如,电信公司与客户之间的协议,除了极其个别的条款有所差异外,大多数条款都相同。在设计合同时,可以将这些差异

---

① 《民法典》第四百九十六条规定:"格式条款是当事人为了重复使用而预先拟定,并在订立合同时未与对方协商的条款。采用格式条款订立合同的,提供格式条款的一方应当遵循公平原则确定当事人之间的权利和义务,并采取合理的方式提示对方注意免除或者减轻其责任等与对方有重大利害关系的条款,按照对方的要求,对该条款予以说明。提供格式条款的一方未履行提示或者说明义务,致使对方没有注意或者理解与其有重大利害关系的条款的,对方可以主张该条款不成为合同的内容。"

② 吕伯涛.适用合同法重大疑难问题研究[M].北京:人民法院出版社,2001:29.

性条款留下空白待签订时补充,至于其他条款,可以提前设计好,批量印刷重复使用。需要注意,格式条款虽然表现出重复使用特征,但重复使用特征本身却不是认定格式条款的实质标准。换言之,格式条款的反复使用只是为了降低交易费用而已,并非格式条款的法律特征。① 有些条款即使只用一次,如果完全满足格式条款认定标准,丝毫不影响将其认定为格式条款而纳入司法管制的范畴。② 另外一个考虑是,如果将重复使用作为认定格式条款的必备要件,主张格式条款的一方当事人就必须举证证明存在重复使用这一基础事实,增加了认定成格式条款的难度,明显违背规制格式条款保护相对方的立法初衷。与此相似,绝不能将"重复使用"与"为重复使用之目的"等同视之,后者完全属于主观判断问题,如果要求相对方去证明对方提供格式条款之主观目的是重复使用,未免强人所难。③ 事实上,将"为重复使用之目的"或者"重复使用"特征理解为格式条款必备要件,已经导致司法实践中出现了大量格式条款不受控制的现象。④

一方当事人预先拟定合同,同样不是格式条款的本质特征。尽管格式条款经常表现为一方当事人预先拟定,但这并不构成格式条款和非格式条款的本质区别。很多时候,一方当事人事前拟定好了合同条款,只是出于提高交易效率的考虑,有时也是为了通过深思熟虑尽量避免合同漏洞。在合同磋商阶段,双方当事人完全可以以一方当事人预先拟定的合同为基础完善合同。如果条款提供者在拟定合同条款时已经充分考虑了对方当事人的利益,对交易盈余进行了合理的分配,对方当事人可能在没有任何异议的情况下完全接受这些条款。如果存在个别不认同的条款,双方可以进一步协商处理。那么,在这种情况下,一方事前拟定的合同条款绝不是格式条款,因为它没有排斥对方当事人要求就合同条款进行协商的权利。

区分格式条款和非格式条款的关键在于,条款提供方是否排除了对方当事人要求就条款进行协商的权利,即未经协商是格式条款的核心特征⑤,与之相对的是格式条款的排除要件,也就是"经过个别协商"。因此,如果条款提供者能够举证证明条款"经过个别协商",则可以排除格式条款规则的适用。如果对方当事人只能表示同意或者不同意,那么这样的条款就是格式条款。⑥ 相反,如果双方当事人最终是在单方拟定条款基础上经过共同协商而订立合同,则这些条款不能视为格式条款。⑦

未与对方协商,这是格式条款的本质特征,也是格式条款需要特别规制的主要原因。没有协商签订合同,意味着一方当事人的真实意愿很难得到体现,导致达成合同所需的

---

① 王利明. 对《合同法》格式条款规定的评析[J]. 政法论坛,1999(6):3-15.
② 谢鸿飞. 合同法学的新发展[M]. 北京:中国社会科学出版社,2014:144-156. 徐涤宇. 非常态缔约规则:现行法检讨与民法典回应[J]. 法商研究,2019,36(3):11-21.
③ 参见广州市中级人民法院(2018)粤01民终2914号民事判决书。为了减轻举证责任,有学者认为可以采用推定的方式,由格式条款的使用者承担证明其非为重复使用的举证责任。朱岩. 格式条款的基本特征[J]. 法学杂志,2005(6):130-133.
④ 例如,最高人民法院(2017)最高法民申2136号民事裁定书,本案中法院认为协议系当事人自愿协商签订,意思表示真实。"即使另三案有类似约定,也不属于格式条款。"
⑤ 王利明. 合同法研究(第一卷)[M]. 北京:中国人民大学出版社,2015:407.
⑥ 尹田. 法国现代合同法[M]. 北京:法律出版社,1995:120.
⑦ 高圣平,刘璐. 民事合同理论与实务(定式合同卷)[M]. 北京:人民法院出版社,1997:7-8.

合意存在瑕疵。格式条款之所以能够不经协商就签订，主要原因在于当事人双方地位的不对称、不平等，提供格式条款一方当事人处于主导地位，格式条款充分体现其个人意志，而接受格式条款一方当事人处于附从地位[1]，只能接受或者拒绝格式条款[2]，并无别的选择。未与对方协商，实质上包括两个方面：其一，合同相对方没有磋商的机会。这一点与格式条款由一方当事人预先拟定密切相关，正因为是一方当事人预先拟定，合同条款形成于双方缔约磋商之前，所以只能反映提供方反方意愿。其二，合同相对方没有磋商的能力。"未协商"并非是指相对方能够协商而不协商或者主动放弃协商，而是由于相对方没有能力去影响合同内容，没有能力去改变格式条款以反映自己的意愿，因此才导致格式条款成为实质上不能协商的条款。[3]

更为具体的问题是，何种程度的未协商才能达到"实质"的不能协商？如果一方当事人预先拟定的条款预留有空白可供填写或选择，是否属于当事人可以协商？有观点指出这种情况仍然属于格式条款。[4]应当予以明确的是，如果一方当事人为另一方当事人提供了合同条款的选择机会，该合同条款将不能仅仅因另一方当事人从中做了选择就被认定为经过了个别协商。司法实践中也有较大分歧：有肯定其仍为格式条款的判例[5]，亦有否定其为格式条款的判例[6]，就上述否定判例看，法院几乎都是以合同文本之规定内容去证明文本未经协商，即使客观上确实存在查明协商过程的困难，但这种说理确实难以令人信服。对于格式条款的认定，始终应当进行实质判断，有时可以综合格式条款提供方与其他当事人签订的合同进行判断。在发生争议的情况下，除非有相反证据证明，如果系列合同中相同条款最终都是按照相同标准进行约定，即便是该款预留有空白供相对方补充和完善，仍然不能认为条款提供方与相对人之间存在有效协商。[7]

最后，虽然格式条款和合同示范文本都是提前拟定的，但是人们也必须对二者加以区别。合同示范文本由国家工商行政管理（总）局和相关行业主管部门制定并颁布，其推广主要是为了降低交易成本，尤其是合同的草拟成本。并且，示范文本还有助于当事人完善合同内容，这对减少合同纠纷也有重要意义。合同示范文本并无法律拘束力，当

---

[1] 高圣平.格式条款识别探析——兼评我国相关地方立法[J].吉首大学学报（社会科学版），2005（2）：104-107.
[2] 施米托夫.国际贸易法文选[M].北京：中国大百科全书出版社，1993：201.
[3] 里斯蒂安·冯·巴尔，埃里克·克莱夫.欧洲私法的原则、定义与示范规则：欧洲示范民法典草案（第一卷－第三卷）[M].北京：法律出版社，2014：165.
[4] 韩从容.论格式合同的价值冲突与利益平衡机制[J].现代法学，2000（6）：150-152.
[5] 如吉林省高级人民法院（2017）吉民申2537号民事裁定书；广东省高级人民法院（2017）粤民再104号民事判决书（该案为多人起诉同一被告的系列案件之一）。
[6] 如浙江省高级人民法院（2017）浙民申2352号民事裁定书；江西省高级人民法院（2017）赣民申847号民事裁定书；湖北省高级人民法院（2017）鄂民申2965号民事裁定书（该案为多人起诉同一被告的系列案件之一）；广西壮族自治区高级人民法院（2017）桂民申1813号民事裁定书；山东省菏泽市中级人民法院（2017）鲁17民再11号民事判决书（该案为多人起诉同一被告的系列案件之一）。法院多以合同中载明……"双方在平等、自愿、协商一致的基础上……达成协议"，以及"本合同文本相关条款中的空白行及【 】，应经双方协商一致"。
[7] 王天凡.《民法典》第496条（格式条款的定义及使用人义务）[J].南京大学学报，2020，57（6）：49-65,158.

事人在签订合同时可以参考，也可以不参考，其不能左右当事人意愿，当事人完全可以通过协商进一步修改完善合同文本。此外，合同示范文本由中立的第三方拟定，在很大程度上保证了双方权利义务的均衡。因此，对于示范文本的利用而言，通常不会发生不经协商即签订合同的情况，而且，即使完全按照示范文本签订合同，也不会出现只反映一方当事人意愿的情况。当然，个别情况下，行业主管部门或者行业协会可能出于自身利益的考虑，提供有失公允的合同示范文本，更加关注一方当事人的利益。此时，利用示范合同的一方当事人必须就允许进一步磋商以修改完善合同的事实承担举证责任。否则，示范合同的利用在事实上就排除了对方请求协商的权利，从而可能被视为格式条款。

（二）提示说明义务

为了更好地保护相对方的利益，《民法典》第四百九十六条第二款要求当事人在使用格式条款时必须遵守公平原则，对于"免除或者减轻其责任等与对方有重大利害关系的条款"，还规定了格式条款提供方的提示说明义务以及未履行提示或者说明义务的后果。

1. 提示

与《合同法》第三十九条相比，《民法典》第四百九十六条将提示说明的范围进行了扩大，不只是减免责任的条款需要提示，凡是与对方有重大利害关系的条款都需要提示。合同条款可能很多，有时当事人在阅读时会遗漏部分条款。当事人必须清楚什么样的格式条款必须提示，什么样的格式条款无须提示，又是什么样的条款可以不经相对方同意甚至在相对方完全没有注意的情况下就订入合同。我国学界通说认为，提示说明义务是格式条款订入合同之要件，提示说明义务自然应当适用于所有格式条款。[①] 如果合同相对方根本不知道条款的内容，自然不能认定双方存在合意，按照意思自治原则，当事人肯定不受自己不知悉条款的约束。但是，如果法律规定所有格式条款都需要经过提示才能订入合同，相当于与对方当事人重新协商所有条款，则提前拟定格式条款以降低交易成本之初衷难以实现。并且，为了保护自己利益，任何一方缔约当事人本来就应当注意所有合同条款，而不是完全依赖对方提示。因此，《民法典》第四百九十六条虽然将提示说明义务的覆盖范围进行了扩充，但是也仅仅是扩大到"与对方有重大利害关系的条款"，并未覆盖所有格式条款。这样做，一方面照顾了相对方的利益，另一方面又保留了格式条款节约交易成本的功能。

"与对方有重大利害关系"的条款范围非常广泛，争议解决、履行时间、履行地点、货物质量、付款方式与付款期限等条款都是与对方有重大利害关系的条款，这样可能迫使格式条款的提供者到处用加粗、加黑、加下划线等方式提醒对方注意。但是，如果一个合同到处都是特殊标记，恐怕就变得不再引人瞩目，这样到底还能不能真正起到提示义务，颇值得怀疑。如果不是用上述方式，又应该用什么方式提示，需要单独附加一份需要注意的条款清单吗？如果非得如此，格式条款的应用空间将急剧缩小。但若非如此，一旦相对方主张格式条款提供一方没有尽到提示义务，格式条款提供一方又可能面临不利。因此，过分扩大提示义务的覆盖范围，可能会不适当地压缩格式条款的适用空间。

[①] 王利明.合同法研究（第一卷）[M].北京：中国人民大学出版社，2015：416；朱广新.合同法总论 [M].北京：中国人民大学出版社，2012：121；韩世远.合同法总论 [M].北京：法律出版社，2018：922. 不同意见，谢鸿飞.合同法学的新发展 [M].北京：中国社会科学出版社，2014：157.

至于格式条款合理的提示方式,《最高人民法院关于适用〈中华人民共和国合同法〉若干问题的解释(一)》(法释〔2009〕5号)第六条将其规定为"足以引起对方注意的文字、符号、字体等特别标识",即运用特别醒目的突出形式,并将其放置在相对人容易注意的地方,使他们即使只是大概浏览合同也可以发现这些条款,绝不会出现没注意到它们的情况。[①]《全国法院贯彻实施民法典工作会议纪要》(法〔2021〕94号)第七条肯定了上述观点,对于与对方有重大利害关系的格式条款,只要采用容易引起对方注意的特别标识进行提示并且按照对方的要求以常人能够理解的方式对该格式条款予以说明即可。当然,提供格式条款一方必须对已经尽到合理提示及说明义务,承担举证责任,如果出现举证不能,则视为没有尽到提示说明义务,需承担不利后果。

"合理"本身是具有较强模糊性和较大弹性的概念,在司法实践中不是特别容易把握。由于不同当事人所采用的认定标准通常不同,在理解上可能出现偏差,因此容易引发争议。就提请注意程度的衡量标准而言,目前主要有客观说、折衷说和主客观结合说。[②]笔者认为,折衷说较为合理,原则上以理性人为标准,兼顾当事人个体的特别情况,如视力障碍、听障或文盲等。[③]具体而言,可以综合以下几个方面的情况判断提醒方式是否合理[④]:①刊载格式条款文件的外形。文件制作应当确保相对方注意到可能存在对权益造成重要影响的条款,并且认真阅读。②提请注意的方法。以个别提醒为原则,在大规模交易或者自动化缔约等特殊情形也可以采取公告方式。[⑤]③提请注意的时间。应当在合同磋商开始之际或者磋商过程中进行提醒,确保相对方在合同成立之前有机会注意到。④提请注意的程度。其中包括两个方面的要求:其一,提醒应足以使合同相对人注意到有重大利害关系的条款。利害关系越是重大,则其提醒注意义务也越重。[⑥]其二,提示的语言文字本身须清楚明白,不得含混不清。

2. 说明

按照法律规定,如果对方经过提示后要求对重大利害关系条款进行说明,则格式条款提供方必须进行说明。如果对方当事人没有要求说明,则不必说明。由此可见,与提醒注意义务存在显著差别的是,提示义务是主动义务,提供方必须主动提示,而说明义务属于被动义务,以相对方要求为前提。有质疑者认为如此不利于保护格式条款相对方[⑦],相对人在被提示后可能仍然无法理解条款含义,尤其是无法判断条款可能给自己带来哪些不利影响。为此,《全国法院贯彻实施民法典工作会议纪要》(法〔2021〕94号)第七条特别规定,必须以常人能够理解的方式进行说明。当然,相对方达不到常人的理解能力,他也可以要求提供方进一步说明。

---

① 参见黄立. 民法债编总论[M]. 北京:中国政法大学出版社,2002:99.
② 周永坤. 法理学——全球视野[M]. 北京:法律出版社,2000:141.
③ 崔建远. 合同法总论(上卷)[M]. 北京:中国人民大学出版社,2011:177;韩世远. 合同法总论[M]. 北京:法律出版社,2018:926.
④ 王利明. 合同法研究(第一卷)[M]. 北京:中国人民大学出版社,2015:415;崔建远. 合同法总论(上卷),中国人民大学出版社,2011:176. 韩世远. 合同法总论[M]. 北京:法律出版社,2018:924.
⑤ 刘璐,高圣平. 格式条款之订入合同规则研究[J]. 广西社会科学,2005(5):72-74.
⑥ 苏号朋. 论格式条款订入合同的规则[J]. 国际商法论丛,2000,2(1):25-47.
⑦ 李绍章. 格式条款的契约法理与规制分析[J]. 南昌大学学报,2012,43(5):88-93.

3. 违反提示、说明义务的后果

值得讨论的是，格式条款提供方拒绝提示，或者格式条款的相对方已注意到该条款的存在并要求说明，但格式条款提供方拒绝说明，将产生何种法律后果？原来合同法没有作任何规定，后来合同法司法解释做了补充，规定当事人有权诉请撤销格式条款。①但是，诉请撤销格式条款也有局限。第一，撤销权必须通过诉讼的方式行使，这在一定程度上增加了相对方的负担。第二，撤销权受除斥期间制约，除斥期间经过会导致撤销权丧失，这也会影响对相对人的保护。②

有观点指出，无论格式条款提供方是否履行提示说明义务，都应当认定格式条款已订入合同，而将问题留给格式条款解释。③当格式条款容易被错误理解时，无论对方是否要求说明，提供方对其进行必要说明都是更为合理的选择。否则，按照《民法典》第四百九十八条规定，如果格式条款的含义存在多种理解，按照"不利解释"规则进行解释，可能对格式条款的提供者造成不利。这会激励格式条款提供方认真拟定合同。但是，如果格式条款没有疑义，则上述规则并不能给予当事人履行说明义务的激励。

现在《民法典》第四百九十六条明确规定，如果格式条款提供方没有履行提示义务，相对方可以主张该条款不成为合同的内容，相当于合同根本就没有这条内容。原因在于，格式条款和非格式条款一样，都必须经过磋商形成当事人合意才能进入合同。④如果格式条款提供方没有提示，相对方可能没有注意到格式条款；如果格式条款提供方没有说明，相对方可能没有理解到格式条款。无论是没有注意，还是注意到了但无法理解，都不能认定双方已经达成合意。与可以诉请撤销的规定相比，没有订入合同的规定对于保护相对人而言力度更大，效果更好。

（三）格式条款的无效

《民法典》第四百九十七条⑤规定了格式条款无效的三种情形，其中第一种情形是合同条款无效的一般性规定，而第二种和第三种情形与违反公平原则导致权利义务严重失衡相关，分述如下。

1. 合同条款无效的一般规定

《民法典》第一编第六章第三节规定的无效情形，包括第一百四十四条无民事行为能力缔约无效；第一百四十六条行为人与相对人以虚假的意思表示缔约无效；第一百五十三条违反法律、行政法规的强制性规定以及违背公序良俗的合同无效；第

---

① 《最高人民法院关于适用〈中华人民共和国合同法〉若干问题的解释（二）》第九条规定："提供格式条款的一方当事人违反合同法第三十九条第一款关于提示和说明义务的规定，导致对方没有注意免除或者限制其责任的条款，对方当事人申请撤销该格式条款的，人民法院应当支持。"

② 在司法解释出台之后已有不少因撤销权除斥期间经过而丧失权利的案例。如四川省高级人民法院（2017）川民申2135号民事裁定书；山东省济南市中级人民法院（2017）鲁01民终8556号民事判决书。

③ 韩世远. 合同法总论[M]. 北京：法律出版社，2018：926.

④ 韩世远. 合同法总论[M]. 北京：法律出版社，2018：922-923. 刘璐，高圣平. 格式条款之订入合同规则研究[J]. 广西社会科学，2005（5）：72-74.

⑤ 《民法典》第四百九十七条规定："有下列情形之一的，该格式条款无效：（一）具有本法第一编第六章第三节和本法第五百零六条规定的无效情形；（二）提供格式条款一方不合理地免除或者减轻其责任、加重对方责任、限制对方主要权利；（三）提供格式条款一方排除对方主要权利。"

一百五十四条行为人与相对人恶意串通损害他人合法权益的合同无效。

《民法典》第五百零六条规定的是免责条款无效问题，包括造成对方人身损害和因故意或者重大过失造成对方财产损害两种无效情形。我们注意到，造成人身伤害的免责条款统统无效，并未涉及免责条款提供方的过错问题，而造成对方财产损失的免责条款，必须是"因故意或者重大过失"才无效。二者在构成要件上存在较大差异，人身伤害情形不考虑过错要件，而财产损害情形需要过错要件，由此也不难看出，民法典对人身权益的保护明显高于对财产权益的保护。

2. 权利严重失衡

通常情形下，格式条款的提供方更在乎自身利益，可能忽视甚至故意损害对方利益。有鉴于此，《民法典》第六条规定了公平原则，第四百九十六条第二款又专门强调格式条款提供方必须遵循公平原则。对于有违公平原则的格式条款，《民法典》第四百九十七条规定了"不合理地免除或者减轻其责任、加重对方责任、限制对方主要权利"和"排除对方主要权利"两种无效情形。与原《合同法》第四十条相比，条文增加了"不合理地"等限缩性用语。原因在于，"提供格式条款一方免除其责任、加重对方责任"文义涵盖范围过于宽泛，如果按照文义解释严格执行，几乎所有以格式条款存在的免责条款都应当认定为无效，这显然不符合客观实际的需要。毫无疑问，对于企业经营而言，使用格式条款控制经营风险是难以避免的选择。因此，如果免责条款是企业合理化经营所必需的，而且免除的只是一般过失责任，或者是轻微违约场合的责任，并且条款提供方已经履行了法定的提请注意和说明的义务，那么此类免责条款就应当认定为有效。《最高人民法院关于适用〈中华人民共和国合同法〉若干问题的解释（一）》（法释〔2009〕5号）第十条规定也肯定了这种目的性限缩的解释方法。[1] 有鉴于此，《民法典》第四百九十七条将"排除对方主要权利"独立出来，"提供格式条款一方免除其责任、加重对方责任"后增加了"限制对方主要权利"这一情形，并且增加了"不合理地"这一限制，这意味着"合理地免除或者减轻其责任、加重对方责任、限制对方主要权利"是法律认可的，为格式条款提供方充分利用合同条款减轻其责任、加重对方责任、限制对方主要权利提供了适当空间。

司法实践中，法院并不认可一律不得减轻己方责任、加重对方责任或者限制对方权利的做法。例如，在六盘水恒鼎公司与重庆千牛建设公司建设工程施工合同纠纷案中，最高人民法院认为，《付款协议》中约定在付款期限内不得提起诉讼的条款，旨在限制重庆千牛公司在一定期限内的起诉权，并没有否定和剥夺其诉讼权利，只是延迟了提起诉讼的时间，一旦超过双方约定期限，重庆千牛公司可以随时行使诉权。因此，主张在付款期限内不得提起诉讼的条款无效缺乏事实和法律依据，本院不予支持。[2]

什么是限制和排除"对方主要权利"中的"主要权利"？由于生活和经营中的合同千差万别，合同目的也是差异巨大，当事人享有的"主要权利"自然不可能完全一样。有鉴于此，认定合同主要权利时绝不能仅仅看双方当事人约定的合同条款是什么，而应结合合同本身的性质来考察。由于权利义务往往是相对应的，如果依据合同的性质能够

---

[1] 崔建远.论格式条款的解释[J].经贸法律评论，2019（3）：91-100.
[2] 参见最高人民法院（2016）最高法民终415号民事判决书。

确定合同义务的主要内容，则应以此为基准确定当事人所享有的主要权利。[①]此外，也有学者认为，权利义务往往是对等的，债务人履行的主要义务相对于债权人而言就是主要权利。[②]

对于"不合理地免除或者减轻其责任、加重对方责任、限制对方主要权利"或者"排除对方主要权利"的格式条款，《民法典》第四百九十七条第（二）项将其规定为无效。但我们注意到，这类条款几乎无一例外存在显失公平，《民法典》第一百五十一条将显失公平合同规定为可撤销合同。[③]由此不难看出立法者打击有违公平的格式条款的坚决态度，深谙民众厌恶"霸王条款"的心理。

因为显失公平而否定格式条款的效力，在学术界存有较大争议。赞同者认为公平是民事法律行为的基本要求，特别是在由当事人一方独自确定合同内容时，只有符合公平原则，合同才能在到达相对方时发生法律效力。[④]反对者认为合同效力不应当依赖于合同内容，只要缔约程序符合法律规定，即使合同会导致不公平的严重后果，当事人也应当接受合同约束。[⑤]笔者赞成第二种观点，认为不应当直接将显失公平的格式条款规定为无效，按照《民法典》第一百五十一条[⑥]将选择权留给接受格式条款的一方当事人自己决定更为妥当。如果格式条款与对方有重大利害关系，提供格式条款的一方当事人必须履行提示说明义务才能订入合同。相对方经过提示和说明仍然无法识别不公平条款而予以接受，在很大程度上足以说明接受格式条款的一方缺乏足够的判断能力。至于显失公平的客观后果，法律关于无效免责条款规定的情形显然属于此列。因此，对于这类条款完全可以按照显失公平条款处理，当事人完全可以依法申请撤销，当然也可以不申请撤销，如果当事人认为这样对自己更有利的话。

（四）格式条款的解释

按照《民法典》第四百九十八条规定，合同当事人各方对格式条款有不同理解时，应当遵循客观解释优先、不利解释优先以及非格式条款优先等原则进行理解。[⑦]

（1）客观解释优先原则。所谓客观解释优先，是指在解释格式条款时，必须按照通常的理解予以解释，这是必须首先选择的解释规则。对于格式条款之所以采取客观解释的原则，是因为格式条款往往在商业活动中大量应用，通常解释足以保证同一格式条款保持相对稳定的含义，不至于同一格式条款对不同当事人具有不同含义。对格式条款的

---

① 王利明.对《合同法》格式条款规定的评析[J].政法论坛，1999（6）：3-15.
② 江平.中华人民共和国合同法精解[M].北京：中国政法大学出版社，1999：31.
③ 《民法典》第一百五十一条规定："一方利用对方处于危困状态、缺乏判断能力等情形，致使民事法律行为成立时显失公平的，受损害方有权请求人民法院或者仲裁机构予以撤销。"
④ 梁慧星.民法总论[M].北京：法律出版社，2001：290.
⑤ 梁慧星.民商法论丛（第9卷）[M].北京：法律出版社，1998：365-366.
⑥ 《民法典》第一百五十一条规定："一方利用对方处于危困状态、缺乏判断能力等情形，致使民事法律行为成立时显失公平的，受损害方有权请求人民法院或者仲裁机构予以撤销。"
⑦ 《民法典》第四百九十八条规定："对格式条款的理解发生争议的，应当按照通常理解予以解释。对格式条款有两种以上解释的，应当作出不利于提供格式条款一方的解释。格式条款和非格式条款不一致的，应当采用非格式条款。"

客观解释，即客观合理性标准解释原则，应当以相同交易环境中的理性人的理解为准。[1]

（2）不利解释原则。如果格式条款存在两种以上的文义解释，应当按照不利于格式条款提供方的解释。这主要是考虑到格式条款提供者对格式条款可能作了处心积虑的研究和设计，而格式条款相对方在许多情况下是被动接受的，如果以格式条款提供者理解的意义去解释，就可能导致不公正的结果。同时，让格式条款提供者承担疑义条款的不利益，也有利于激励他按照公平原则起草格式条款。[2] 如此规定起到的效果将是，可以有效杜绝厂商利用含糊不清的格式条款损害附合方的利益。除此之外，作出不利解释还有另外一个原因：对于防止格式条款的歧义而言，格式条款的提供者更加容易，而且成本更低。如果他故意不这样做，合同条款含混不清的风险就应当由他自己承担。[3]

（3）非格式条款优先原则。就同一事项，如果格式条款和非格式条款分别作出不同的规定，则应当采用非格式条款。理由在于，格式条款是一方当事人事前拟定，而且没有与对方磋商，而非格式条款是双方当事人磋商而成，考虑到合同本质是当事人合意的产物，当格式条款和非格式条款发生冲突时自然应当采用非格式条款。[4]

三、合同的解释

（一）解释方法

合同条款是双方当事人磋商后意思达成一致的产物，在社会实践中时常因为受制于当事人有限的预见能力以及语言文字的多义性，而出现约定不够明确、词不达意或者语句含义模糊等情况。与此同时，由于合同各方当事人利益相互对立，针锋相对，互不相让，在合同履行过程中都喜欢按照对自己有利的方式去运用合同条款，所以在处理合同纠纷案件时，经常会碰到当事人对合同条款的理解发生争议的情况。由此可知，如何进行合同解释，即如何确定合同解释的具体方法与适用规则，对于避免和处理当事人因合同条款理解不一致产生的争议具有重要的理论价值和现实意义。[5]

《民法典》第一百四十二条[6]规定了文义解释、整体解释、目的解释、习惯解释和诚

---

[1] 崔建远.论格式条款的解释[J].经贸法律评论，2019（3）：91-100.
[2] 何宝玉.英国合同法[M].北京：中国政法大学出版社，1999：106.
[3] 李永军，易军.民法典（合同编）[M].北京：中国法制出版社，2009：440.
[4] 个别商议条款之所以具有优先性，主要有以下几点原因：第一，这与当事人的意思相符，他们希望个别商议的事项能够落实；第二，个别商议合同具有单个性与具体性，格式条款在纳入个别商议合同前并未单个化与具体化；第三，格式条款是为了将来缔约而拟制，其本身并非高于合同的规范。相反，经当事人各方共同援用纳入合同后，才单个化与具体化，因此，格式条款不可能与个别商议条款平等，而是有先后之别。崔建远.论格式条款的解释[J].经贸法律评论，2019（3）：91-100.
[5] 只有将争议事实置于较为完整的合同情境，在获取较为全面的意义基础上，综合价值判断进行考量和权衡，合同解释才能达到合情、合理、合法的效果。钱小红，周恒宇.合同解释方法的适用标准与裁判规则[J].人民司法·案例，2019（5）：65-69.
[6] 《民法典》第一百四十二条规定："有相对人的意思表示的解释，应当按照所使用的词句，结合相关条款、行为的性质和目的、习惯以及诚信原则，确定意思表示的含义。无相对人的意思表示的解释，不能完全拘泥于所使用的词句，而应当结合相关条款、行为的性质和目的、习惯以及诚信原则，确定行为人的真实意思。"

信解释等解释规则和方法。通常，文义解释是合同解释的起点，而当事人共同意志是合同解释的依据，诚实信用原则决定合同解释的方向。在司法实践中，必须综合考虑各解释规则，统筹兼顾，相互协调，相互印证，最终达到合理确定合同当事人真实意思、公正裁判的目的。[①]在深圳乐新恩玛公司与日隆投资公司等合同纠纷案中，最高人民法院提审后认为，合同解释的不同方法与规则运用对探究当事人真实意思影响较大。因此，法官必须了解各种解释方法的不同功能、价值以及相互之间的逻辑运用关系，在司法实践中要将争议置于较为完整的合同情境，在获取较为全面的意义基础上，综合价值判断进行考量和权衡，才能够使合同解释达到合情、合理、合法的效果。[②]

1. 文义解释

文义解释，是指应当按照合同实际所使用的词句来确定合同当事人的真实意思。例如，在沈阳中院判决的王元军诉张万洁股权转让纠纷案中，法院认为合同约定"转让过程发生的一切费用由受让方承担"从字面解释就应当是指交易过程中发生的费用，而个人所得税是根据交易所得额征收的税收，只有在交易完成之后才能具体确定；并且，税和费两个概念本来就存在较大差异。因此，按通常理解，合同约定由受让方承担的费用不应当包括个人所得税。[③]

具体而言，文义解释方法主要包括：①无特殊商业背景时，按普通字面含义解释；如果是专业术语或特别用语，则应依其专业含义或特别含义来解释。②明示其一即排斥其他，如果合同中仅列明了几种具体的、特定的事项，而没有另行使用"等等"之类更为概括的术语，足以表明当事人意在排除没有明确列举的其他事项。③同样种类规则，如果合同中列举了某些特定的事项后，又使用了诸如"其他""等等"之类的概括性术语，则那些与合同已经列举的事项属于同一种类的也应当包括在内。

合同解释不仅应从文义解释入手，而且不能停止在文义解释，还须进行整体解释。在王永华诉海南雅居乐房地产公司合同纠纷案中，海南省高级人民法院指出，合同解释虽然应当从文义解释入手，但是进行文义解释时，不能够满足于对词语含义的解释，更不应该拘泥于合同当事人所使用的不当词句，而是应当将其置于合同整体去把握，进行整体解释。解释的内容不仅要有利于合同目的，还应当符合诚实信用原则的要求。[④]

2. 整体解释

合同条款是合同整体的一个组成部分，每一条款的各自含义以及不同条款相互之间的相互关联共同塑造着合同的整体意义。因此，合同解释不能完全依赖于词句本身的含义，人们还必须将待解释条款与合同中相关条款联系起来，使其作为一个整体加以分析判断，如此方能较为准确地把握该条款在合同中的真实意思。采用整体解释方法的重要作用不仅在于准确理解各个条款的正确意思，更为重要的是可有效避免断章取义，不致各个条款的意思相互矛盾或互相冲突而影响合同目的的实现。[⑤]

---

① 参见北京市第二中级人民法院（2011）二中民终字第12796号民事判决书。
② 参见最高人民法院（2017）最高法民再370号民事判决书。
③ 张东波,高载.个人所得税不属交易中的费用[N].人民法院报,2007-02-05(006).
④ 参见海南省高级人民法院（2012）琼民一终字第49号民事判决书。
⑤ 梁慧星.民法总论[M].北京：法律出版社,2001：190.

原则上合同条款之间并没有效力高低之分，不存在一个条款优于其他条款的情况，每一条款对解释其他条款都同等重要。如果合同条款存在冲突，并且合同当事人没有对合同条款效力进行明确区分，那么可以遵循下述具体规则：①如果合同中存在特别条款，而且该特别条款所涉事项被一般条款所包容，则特别条款优先。例如，合同约定每天送牛奶10件，每逢星期天送牛奶20件，则后者为特别条款。②如果分合同约定的是总合同的例外或特殊情形，则分合同条款优先。③特殊列举词语与不能完全列举的一般概括词语在一起，概括性词语的外延通常理解为仅包含与特殊列举事物相同的事物。例如甲转让超市连同货架、收银机等超市用品给乙，超市用品显然不包括甲摆放在超市里自用的饮水机，但如果仅有特殊列举词语而无概括性词语，则应作文义解释。①④大写数字与小写数字不同是常见现象，原则上应当确定大写数字优先于小写数字，因为大写数字书写通常更为慎重，更不容易出错。

在张景圣诉姜海海上作业人身损害赔偿一案中，双方约定"被告一次性支付误工费、护理费、取钢板费、上船干活工资等共计8 000元，其他不再承担任何有关费用，双方账目全部完结。"该约定到底是专门处理缔约之前的赔偿问题，还是包括了缔约之后的赔偿问题？法院认为，根据整体解释规则，该协议已经明确了双方磋商的赔偿范围为治疗期间的损失问题，并无任何概念上的外延。前述约定仅限于不再承担协议约定的各项费用，显然不包括在经司法鉴定确定构成伤残后所主张的伤残赔偿金和被扶养人生活费。因此，该协议的真实意思应解释为双方就治疗期间的损失问题所达成的赔偿协议。②

3. 习惯解释

习惯正式入法③，说明其在处理民事纠纷中将会发挥越来越重要的作用。对于合同的解释而言，自然也不例外。所谓习惯解释，是指合同所使用的词句有疑义时，按照交易习惯所指的含义予以明确。但是，如果当事人明确排除某种习惯的适用，则不得按此习惯解释。习惯须满足下述条件才可成为合同解释的依据：一是不违反法律、行政法规的强制性规定，当然也不能违背公序良俗；二是在交易行为当地或者某一领域、某一行业通常采用，并且是交易对方当事人在订立合同时已经知道或者应当知道的做法。当然，如果合同当事人之间已经通过长期的交易形成某种特定的交易习惯，则优先于其他习惯。

习惯的影响力是潜移默化的，交易过程中当事人很难不受习惯影响，故其在解释合同时须参考交易习惯。在安徽新力建设公司、滁州嘉宇房地产公司建设工程施工合同纠纷案中，建筑公司与开发公司签订施工合同，约定"材料价差部分的综合管理费按30%计算"。嗣后双方当事人对此产生争议：开发公司认为材料价差部分单独约定了取费标准，即先按照合同约定的管理费率计算好管理费然后再乘以30%；建筑公司虽然也认为材料价差部分单独约定了取费标准，但具体计算是将材料差价综合费率从23.28%调整为30%。法院认为：第一，交易习惯是合同签订和履行的基础性事实，构成了交易的重要背景。关于建设工程价款取费标准，在施工合同约定文义不明确、存在多种理解情况下，

---

① 梁慧星.民商法论丛（第8卷）[M].北京：法律出版社，1997：42.
② 参见大连海事法院（2004）大海东事初字第38号民事判决书。
③ 《民法典》第十条规定："处理民事纠纷，应当依照法律；法律没有规定的，可以适用习惯，但是不得违背公序良俗。"

应当根据建筑市场交易习惯进行解释。第二，从合同相关条款看，合同的其他条款都没有约定建设工程价款按 30% 计算；从交易习惯看，建筑行业利润普遍偏低，如果按照工程价款的 30% 取费，明显会低于工程成本，不符合建筑市场交易习惯。作为承包人进行建设工程施工对价，发包人支付的建设工程价款原则上应该能够覆盖承包人建设成本以及正常利润，如果按施工合同约定取费率计算出工程款然后再乘以 30%，必然导致发包人与承包人双方利益严重失衡，明显有违诚实信用原则。综上，对施工合同争议条款约定，建筑公司关于该条款意思为将材料差价综合费率从 23.28% 调整为 30%。①

此外，对于交易习惯，由提出主张的一方当事人承担举证责任，不仅需要证明存在某种交易习惯，而且需要证明当事人在订立合同时知道或应当知道该交易习惯，而且没有专门约定排除。在魏利生与李云龙股权转让纠纷上诉案中，股权转让协议约定在 2003 年 8 月 31 日前支付第三期转让金 400 万元。双方对该约定的日期是否包括本数发生争议，最高人民法院以通常民事裁判确定的履行日期的表述习惯为由，判定某期日前履行也包括在该期日当天履行，除非合同另行作出约定。②

4. 目的解释

合同目的，是指合同双方当事人通过订立和履行合同最终想要达到的状态。当事人签订合同都是为了实现一定的目的，合同中的所有条款都是为达到合同目的而制定。因此，对合同条款的解释必须充分考虑合同目的，不得违背合同目的。当合同条款含混不清或相互矛盾时，当事人应当作出与合同目的协调一致的解释或者作出有利于实现合同目的的解释。③从目的解释进一步分析，合同目的是当事人真实意愿的核心所在，因此目的解释规则还可以用来印证文义解释、体系解释、习惯解释的结果是否正确，如果几种解释的结果不一致，则应当以目的解释为准。④

合同目的可以细分为抽象目的和具体目的。抽象目的是指当事人订立合同时希望使合同成立并有效的目的，而具体目的是指当事人订立合同所追求的具体效果。基于这一划分，目的解释可以分解为以下两个子规则：①宁使合同有效规则。当合同条款可作生效和未生效两种解释时，应当优先采用生效的解释。⑤对此，法律虽然没有明文规定，但从目的解释的相关规定来看，其也属于应有之意。⑥②符合交易目的规则。必须首先确定被解释合同的典型交易目的，以此锁定合同的性质、种类，进而确定出适用于被解释合同的法律规范。⑦

---

① 参见最高人民法院（2018）最高法民终 1262 号民事判决书。
② 最高人民法院民事审判第一庭. 民事审判指导与参考（2006 年第 3 集）[M]. 北京：法律出版社，2006：249-260.
③ 钱小红，周恒宇. 合同解释方法的适用标准与裁判规则 [J]. 人民司法，2019（5）：65-69.
④ 崔建远. 合同法（第四版）[M]. 北京：法律出版社，2007：356.
⑤ 郑玉波. 法谚（二）[M]. 北京：法律出版社，2007：51.
⑥ 李永军，易军. 民法典（合同编）[M]. 北京：中国法制出版社，2009：428.
⑦ 崔建远. 民法典（合同编）[M]. 北京：法律出版社，2010：363. 正如王泽鉴先生所言："每一个给予，都有其所企图实现的典型交易目的。这些典型交易目的也就是给予所欲实现的法律效果，这些法律效果决定了给予之法律性质及其所适用之法规。"王泽鉴. 民法学说与判例研究（第 1 册），北京大学出版社，2009：116.

在李占江、朱丽敏与贝洪峰、沈阳东昊地产公司民间借贷纠纷案中，当事人约定"甲方、丙方提供情况包括但不限于报表和各项材料等不真实"时乙方有权停止发放贷款、收回本息并解除合同。最高人民法院认为，当事人约定上述条款主要是为了保障出借方对款项使用情况的知情权和监督权，以便在发现可能影响出借人权利的情况时采取措施，及时收回款项及利息。利用目的解释规则可知，提供不真实的材料和报表当然会影响出借方对借款使用情况的监督，而义务人拒不提供相关材料和报表却会使得出借人根本无从了解借款的使用情况。因此，借款人拒不提供相关材料和报表，属于违约。[1]

5. 诚信解释

诚实信用原则历来被视为"帝王条款"，我国《民法典》明确将诚实信用原则作为合同解释原则，这要求法官必须将自己作为一个诚实守信的当事人融入合同场景去判断、理解合同内容，将公共道德运用到合同解释之中。[2]具体而言，无论运用何种解释规则，都应遵循诚实信用原则，以达到合同目的，实现公平正义。如果在综合运用文义解释、体系解释、目的解释、习惯解释等合同解释规则的基础上，仍然得出明显与公平正义价值观、社会公德相悖的结论，则应以诚实信用原则为准来探求当事人之共通意思。诚实信用原则要求实事求是地考虑各种因素，包括借助关联条款、合同目的、交易习惯来认定争议条款的准确含义，利用公平原则平衡当事人之间的利益冲突。从这个意义上讲，根据诚实信用原则解释合同，体现了现代合同法从纯粹形式正义逐步过渡到兼顾实质正义。[3]

在云南艺术学院与昆明雄苑经贸有限公司民间借贷纠纷案中，对于"解除合作关系后，乙方欠甲方的2 300万元借款本金排在乙方其他债务之后清偿"，最高人民法院认为，如果将该条款理解为附条件约定，必然导致艺术学院债权的实现完全依赖于雄苑公司对外偿还债务的行为，从而完全处于债务人控制之下，如果债务人不偿还其他债务，该笔债务永远得不到清偿。这显然不符合双方当事人关于2 300万元借款本金应当归还的本意，亦有悖于诚实信用和合同全面履行的原则。二审法院认定该条款并非附生效条件的条款，而是履行期限不明，并无不当。[4]

（二）解释方法的适用

1. 文义解释应首先采用

文义解释是合同解释的起点和探求当事人真实意思的开始，是排在第一顺位的解释规则。因为文义解释首先确定了合同条款文义所有可能的范围，而这一范围恰好就是区分合同解释和漏洞填补的基础。在淄博万杰医院与中国银行淄博博山支行等借款担保合同纠纷管辖权异议案中，最高人民法院指出，对于合同条文的解释，必须深入探究合同当事人内心真实的意思，首要方法就是判断合同条文的字面意思表示。只有在文义解释不能确定合同条文的准确含义时，才能运用其他解释规则。[5]在深圳乐新恩玛电子公司与

---

[1] 参见最高人民法院（2014）最高法民一终字第38号民事判决书。
[2] 王利明，房绍坤，王轶.合同法（第三版）[M].北京：中国人民大学出版社，2009：268.
[3] 梁慧星.民商法论丛（第8卷）法律出版社，1997：51.
[4] 参见最高人民法院（2016）最高法民申2324号民事裁定书。
[5] 参见最高人民法院（2007）最高法民二终字第99号民事裁定书。

香港日隆投资公司合同纠纷案中,最高人民法院认为,对合同争议条款的解释,应当以合同词句所表达的文义解释为基础,结合合同相关条款通过整体解释明确当事人的真实意思,并借助合同目的解释进行印证,同时还要以交易习惯、诚实信用、公平原则等确定争议条款的真实含义,平衡当事人之间的利益冲突,确保公平合理地认定合同内容。①

2. 其他解释原则上不能突破可能的文义范围

词不达意或者言不由衷都有可能在合同中出现。这时文义解释未必优先,而应选择其他位阶的解释规则以探究合同用语的真实含义。但是,为了保护当事人的合理预期,适用整体解释、目的解释和习惯解释规则得出的文本含义,原则上不得突破合同条款所有可能的文义范围。如果有所突破,一定得有令人信服的理由。例如,合同当事人在买卖合同中误将付款条件表述为"贷到付款",如果严格按照合同表述进行文义解释,付款条件应当是贷到款后才能支付。如果买受人不去申请贷款或者贷不到款就不符合付款条件,出卖人将永远得不到货款,明显不符合买卖合同的交易目的。综合考虑交易习惯等因素,可以认定"贷"其实是笔误所致,实际上应该是"货到付款"。整体解释、目的解释和习惯解释规则得出的结论彼此如有冲突,应选择符合合同文义的结论。②

3. 诚信解释应当慎用且效力最高

诚信解释过于概括抽象,内涵和外延都不够确定,本质上是赋予法官自由裁量权。正如法解释学上禁止"向一般条款逃避",合同解释中也应当慎用诚信解释规则。只有当其他解释规则不能有效解决合同中的疑义时,方可寻求诚信规则予以解释。例如,在厦门东方设计装修公司与福建省实华房产公司商品房合同纠纷案中,最高人民法院认为,合同在描述时对某一具体事项使用了不同词语,如果发生纠纷后双方当事人理解出现分歧,法院在审判案件时应当结合合同全文以及双方当事人经济往来的全过程探寻当事人订立合同时的真实意思表示,在此基础上再根据诚实信用原则加以解释。③

由于诚信解释具有评判、补充和修改依据其他解释规则所得出的解释结论的功能,因此无论采用何种解释规则,最后所得结果均不得违反诚实信用原则。合同内容经解释仍不能与诚实信用规则相协调者,应当认定为无效。④可见,诚信解释与其他解释规则有所不同,其作用在于协调和平衡意思表示当事人双方的利益,而不是探求当事人的真意,是用来检验其他解释结果的一种解释规则。

---

① 参见最高人民法院(2017)最高法民再370号民事裁定书。
② 李永军,易军.民法典(合同编)[M].北京:中国法制出版社,2009:441.
③ 参见最高人民法院(2005)最高法民一终字第51号民事判决书。
④ 梁慧星.民商法论丛(第6卷)[M].北京:法律出版社,1997:543.

第三章 合同的效力

第一节 有效合同

有学者认为,应当区分有效要件与生效要件。《民法典》第一百四十三条规定的即为有效要件。[①]《民法典》第一百三十六条关于"民事法律行为自成立时生效"和第一百三十八条前段关于"无相对人的意思表示,表示完成时生效"的规定,都反映了这种情形。但也有若干情形,合同虽然具备有效要件,但履行义务的期限尚未届至或条件尚未成就,债权人若请求债务人履行债务,债务人有权抗辩。于此场合有效要件并不同等于生效要件,或者说有效要件之外还另有生效要件。《民法典》第一百三十六条"但是法律另有规定或者当事人另有约定的除外"、第一百三十八条后段"法律另有规定的,依照其规定"、《民法典》第五百零二条"依照法律、行政法规的规定,合同应当办理批准等手续的,依照其规定"、《民法典》第一百五十八条之附条件合同以及《民法典》第一百六十条之附期限合同,实际上都区分了合同有效与合同生效,直接或间接地承认了合同的生效要件。[②]对于上述有效要件与生效要件的划分,相当于一般生效要件和特殊生效要件。[③]此观点更加便于理解,下文按此分类进行分述。

一、一般生效要件

所谓一般生效要件,是指所有民事法律行为生效都必须要具备的条件,否则即不能引起民事法律关系设立、变更或者终止的法律效力。依据《民法典》第一百四十三条规定,其具体包括具备相应民事行为能力、意思表示真实以及不违反法律、行政法规的强制性规定和不违背公序良俗三个要件。

(一)行为人具有相应的行为能力

1. 民事行为能力

依据《民法典》第一百四十四条规定,合同当事人必须具有相应的民事行为能力,否则其签署的合同不能发生希望的法律效力。值得注意的是,《民法典》第十九条有条件

[①] 《民法典》第一百四十三条规定:"具备下列条件的民事法律行为有效:(一)行为人具有相应的民事行为能力;(二)意思表示真实;(三)不违反法律、行政法规的强制性规定,不违背公序良俗。"
[②] 崔建远.合同效力规则之完善[J].吉林大学社会科学学报,2018,58(1):24-36,203.
[③] 王泽鉴.民法总则[M].北京:北京大学出版社,2009年:235.

承认限制民事行为能力人实施的部分民事法律行为的法律效力,主要包括可以独立实施的纯获利益的行为以及与其年龄智商等相适应的行为。此等情形下,限制民事行为能力人的利益不会受损。所以,上述例外规定,旨在保护限制民事行为能力人的利益。有观点指出,从利益衡量的角度看,上述例外规定应当类推适用到无民事行为能力人,应明文规定无民事行为能力人实施纯获利益的民事行为有效。①

2. 特定行为能力

就特殊类型的合同而言,法律还要求当事人具备特定行为能力,或者说需要满足特定的资格准入条件。例如,根据《最高人民法院关于审理建设工程施工合同纠纷案件适用法律问题的解释(一)》(法释〔2020〕25号)第一条规定,签订建设工程施工合同必须取得相应等级的建筑业企业资质,否则应当认定无效。

(二)意思表示真实

根据《民法典》第一百四十三条第(二)项的规定,"意思表示真实"是合同有效的必备要件。至于意思表示不真实的后果,可能是合同无效,如第一百四十六条规定的行为人与相对人以虚假的意思表示订立的合同无效;也可能是合同可撤销,包括第一百四十七条规定的基于重大误解订立的合同、第一百四十八条和第一百四十九条规定的因受欺诈而在违背真实意思的情况下订立的合同,以及第一百五十条规定的因受胁迫而在违背真实意思的情况下订立的合同。第一百五十一条规定的显失公平,在本质上同样是可归于意思表示不真实类型。

合同意思表示包括当事人内心的主观意思和合同承载的外在客观表示两个部分。②主观意思是指当事人内心希望产生的法律效果,这是成立合同的基础,表示行为则是当事人通过一定的方式将内在意思表达出来,以被他人所理解和识别。意思表示真实,要求表意人所为的外部表示行为符合表意人的内心意思,以此作为法律行为的有效要件,似乎更符合意思自治的理念。③内心意思一般隐藏于心中,而其在通过一定形式,通常是语言或文字,表达出来后可能会发生扭曲,造成词不达意等问题,从而引发意思表示不真实状况。

问题在于司法实践中应如何判定行为人内在的主观意思和外在的客观表示是否一致,具体自然不可能要求当事人自证其意思表示真实,事实上亦无法自证。④即使能够自证,这也是不允许的。否则,在合同符合预期时认可,不符合预期时则否认,由此必将导致交易不够稳定。如果说合同当事人意思表示行为与其内心真实意思完全一致才算是意思表示真实,那么二者不相一致自然就应当是意思表示不真实了。然而,仔细想来,内心真意毕竟看不见摸不着,本身就是一个似是而非的概念,究竟是指行为动机还是效果意思,或者其他什么?

---

① 崔建远.合同效力规则之完善[J].吉林大学社会科学学报,2018,58(1):24-36,203.
② 张驰.意思表示构成要素论[J].东方法学,2014(6):18-27.
③ 意思表示真实是法律行为的有效要件之一这一命题,俨然已经成为了一个不容置疑的教义。将其教义化的最直白表述便是:"意思表示真实是意思自治的必然要求"。沈德咏.《中华人民共和国民法总则》条文理解与适用(下)[M].北京:人民法院出版社,2017:960.
④ 李宇.民法总则要义[M].北京:法律出版社,2017:519.

为了解决认定意思表示是否真实的困难,学界倾向于从反面来界定什么是意思表示不真实,将其等同于意思表示存在瑕疵。① 如果"意思表示不真实=意思表示瑕疵"这个命题能够成立,则意味着即便是意思表示不真实,也仅仅是在意思表示瑕疵这一例外情形才会影响合同效力。如果意思表示不真实,但尚未构成瑕疵,则不会影响合同效力。从该规范的语义上看,合同仅仅在意思表示真实之时方为有效,限缩解释的后果已经远远超出了意思表示真实之规范的妥当性范围的划定本身,它直接导致了在意思表示不真实与合同效力之关系上原则与例外的彻底颠覆。②

(三)不违反法律、行政法规的强制性规定和不违背公序良俗

《民法典》第八条明确规定从事民事活动不得违法,也不得违背公序良俗。据此,第一百四十三条将不违法和不违背公序良俗规定为民事法律行为必备的生效要件。

1. 不违反法律、行政法规的强制性规定

违反法律、行政法规的强制性规定,是指民事活动本身违法,不包括当事人实施的其他行为违法问题。在上海闽路润贸易公司与上海钢翼贸易公司买卖合同纠纷案中,最高人民法院指出,不能仅仅因为合同当事人一方实施了涉嫌犯罪的行为就当然认定合同无效,为了保护合同中无过错一方当事人的合法权益,维护交易安全和交易秩序,仍然应当根据法律规定对合同效力进行审查。在合同约定本身不属于无效事由的情况下,合同一方当事人实施涉嫌犯罪的行为并不会影响到合同有效性。③

还需要注意,合同标的本身违法并不必然导致民事法律行为违法。例如,在张百永与百货公司房屋买卖合同中,最高人民法院认为,虽然涉案房屋建成后多年仍然没有取得规划许可证,应当认定为违章建筑,但是不能以此作为认定该案房屋买卖合同无效的依据。世纪房屋建设可能没有履行相关手续,也没有规划许可证,但即使涉案房屋被认定为违章建筑,建造人对该建筑也享有不动产所有权。虽然百货公司无法办理物权登记,导致所有权不能转移,但是转让的房屋属于违章建筑不是导致合同无效的法定因素,不影响房屋买卖合同的效力。④

2. 不违背公序良俗

《民法典》第八条确立了公序良俗原则,要求民事主体在民事活动中尊重公共秩序和善良风俗。公共秩序是指社会存在及发展所必需的一般秩序⑤,善良风俗是指由社会全体成员所普遍认可和遵循的道德准则。⑥ 具体来说,违反公序良俗包括损害公共秩序和违背善良风俗两个方面的内容。⑦

(1)危害公共秩序。为了加强对公共秩序的维护,法律往往会进行专门规定,危害社会公共秩序的行为通常也会违反法律规定。但是,有时法律规定并不可能涵盖所有公

---

① 龙卫球,刘保玉.中华人民共和国民法总则释义与适用指导[M].北京:中国法制出版社,2017:506.
② 解亘.意思表示真实的神话可以休矣[J].苏州大学学报,2018,5(2):39-46.
③ 参见最高人民法院(2015)最高法民申字第956号民事裁定书。
④ 参见最高人民法院(2013)最高法民申字第50号判决书。
⑤ 史尚宽.民法总论[M].北京:中国政法大学出版社,2000:334.
⑥ 杨立新.中华人民共和国民法典释义与案例评注(总则编)[M].北京:中国法制出版社,2020:41-43.
⑦ 王利明.论无效合同的判断标准[J].法律适用,2011(7):2-8.

共秩序。因此，凡是危害公共秩序的合同，即使没有违反法律规定，也应当被认定为无效。有关禁止危害公共秩序的规定，实际上有助于弥补法律强制性规定的不足。需要注意的是，如果合同在损害了公共秩序的同时又违反了法律的强制性规定，则应当以违反了法律或行政法规的强制性规定为由认定合同无效。

（2）违背善良风俗。善良风俗的含义非常广泛，而且其内涵和外延会随着社会发展而不断变化。由于道德规范牵涉范围过于宽泛，只有内容严重违反社会公共道德的合同才会被认定为无效。例如，在林春英诉韦菊芬、李生德赠与合同纠纷案中，法院认为，在没有任何特殊身份关系及其衍生法律关系的前提下，一方当事人持续赠与异性相对方大额现金或者其他财物的，可以推定双方之间存在不正当关系。基于上述不正当关系产生的赠与行为，因违反公序良俗而应当认定为无效。[①]

从我国的实际出发，可以对违反公序良俗的行为进行以下分类[②]：一是危害婚姻法、损害正常家庭关系秩序的行为；二是违反有关收养关系的规定；三是违反性道德的行为；四是赌债偿还合同；五是贬损人格尊严和限制人身自由的合同；六是限制职业选择自由的合同；七是违反公平竞争的行为[③]；八是违反劳动者保护的行为[④]；九是诱使债务人违约的合同；十是禁止投诉的合同。必须指出，公序良俗的类型十分复杂，且其内涵也是不断发展的。[⑤]例如，为规避国家房屋限购政策而借名买房，有违公序良俗原则。[⑥]

需要注意的是，公序良俗内涵具有很强的地方性、时代性和不确定性。①地方性。公序良俗是以道德为主要内涵的法律原则，只能是一种地方性知识和相对主义准则而已。法院在解释和适用时，必须牢记移风易俗，绝不能机械地将公序良俗理解为一种绝对的道德。[⑦]②时代性。道德观念和风俗习惯注定会随时代变迁而发生改变，对历代被认为有违公序良俗要求的行为的态度在现代可能已经发生根本性改变。例如，曾经长期遭到社会谴责的婚前同居现象，目前已有很高的社会接受度，与此相应，"非法同居"概念也已经从法律中移除。因此，公序良俗原则的适用应当以民事行为具体实施时间为准。[⑧]③不

---

① 参见福建省高级人民法院（2015）闽民终字第587号民事判决书。
② 王利明. 民法总则研究 [M]. 北京：中国人民大学出版社，2012：140.
③ 梁慧星. 民商法论丛（第1卷）[M]. 北京：法律出版社1994年版，57-58.
④ 《最高人民法院关于雇工合同"工伤概不负责"是否有效的批复》中明确指出：对劳动者实行劳动保护，在我国宪法中已有明文规定，这是劳动者所享有的权利。约定"工伤概不负责"的条款，严重违反了社会主义公德，应属于无效的民事行为。
⑤ 正如梅仲协所指出的，"至善良风俗一语，其意义殊难确定。因时代之推移，与文明之发展，随时随地，变更其内容。是故何者得视为善良风俗，应就整个民族之意志决之，初不能拘于某一特殊情形也。"梅仲协. 民法要义 [M]. 北京：中国政法大学出版社，1998：119.
⑥ 参见中华人民共和国最高人民法院（2020）最高法民再328号民事判决书。当然，如果不是借名买房，违反限购政策的买卖并不当然无效。例如，在执行案外人鄢志斌与新华信托股份有限公司执行异议之诉案中，最高人民法院指出，限购政策并不影响房屋买卖协议的效力，只要双方签订的买卖协议不存在《合同法》第五十二条规定的合同无效情形，应认定为合法有效。参见最高人民法院（2020）最高法民申4797号民事裁定书。
⑦ 刘练军. 公序良俗的地方性与谦抑性及其司法适用 [J]. 求索，2019（3）：118-127.
⑧ 李岩. 公序良俗原则的司法乱象与本相——兼论公序良俗原则适用的类型化 [J]. 法学，2015（11）：54-68.

确定性。公序良俗只是一项抽象的原则性规定，具体内涵并无相关法律规定。[1] 对于何为公序良俗，目前并没有统一的认定标准，司法实践中只能充分考虑时代变迁、社会思潮、经济发展以及地区风俗等具体差异，综合观察判断。[2]

二、特殊生效要件

依据《民法典》第一百三十六条规定，除法律另有规定或者当事人另有约定之外，民事法律行为自成立时生效。对于依法成立的合同，《民法典》第五百零二条作了类似规定，即除非法律另有规定或者当事人另有约定，其自成立时生效。由此可见，一般情况下合同成立时间与合同生效时间是高度重合的，但是如果法律规定或者当事人约定了特别生效要件，则合同须满足特殊生效要件方才生效。例如，当事人约定合同经过公证后生效，则在公证后合同生效。[3] 从《民法典》的规定看，主要有批准登记、债务转让、附条件和附期限等特殊要件。

（一）批准登记

有些类别的合同，法律、行政法规明确规定必须办理批准登记等手续，则必须按规定完成相关手续获得批准方才生效。对于未完成相关批准手续之前合同的效力状况问题，曾有过几种观点：①合同无效说。在未完成相关手续之前，合同全部无效。[4] 这会导致一个理论难题：既然合同在批准之前对当事人没有任何拘束力，则负有"审批申请义务"的当事人可以不履行报批义务，甚至可以随心所欲地抛弃合同，无需承担任何合同责任，这必将摧毁整个合同制度，最终引发信赖危机。②合同未生效说。未获经审批的合同属于尚未生效的合同，其效力介于成立与有效之间的一种特殊状态，与有效合同的区别在于一部分条款生效，一部分条款尚未生效，已生效部分以推动整个合同完全生效为目的。[5] 所谓一部分条款生效，显然是指报批义务条款生效。该条款单独生效，旨在赋予报批义务法律强制力，督促当事人依法履行报批义务。③合同有效说。只要不存在其他效力瑕疵，不管是否获得审批，未经审批的合同均为有效合同。换言之，行政审批的意义仅在于管控合同实体义务的履行，合同最终未能获得批准的，按履行不能处理。[6] 综上可见，就行政审批与合同效力的关系而言，争议较大，理论上还没有形成被广泛接受的通说。[7]

值得注意的是，《最高人民法院关于适用〈中华人民共和国合同法〉若干问题的解

---

[1] 梁慧星. 市场经济与公序良俗原则 [J]. 中国社会科学院研究生院学报, 1993（6）：21-31.
[2] 施启扬. 民法总则 [M]. 北京：中国法制出版社, 2010：211.
[3] 杨立新. 中华人民共和国民法典释义与案例评注（合同编）（上）[M]. 北京：中国法制出版社, 2020：134-135.
[4] 王玉飞, 谢颖. 涉外股权转让居间合同效力认定 [J]. 人民司法, 2009（24）：88-91.
[5] 王轶. 合同效力认定的若干问题 [J]. 国家检察官学院学报, 2010, 18（5）：151-160.
[6] 蔡立东. 行政审批与权利转让合同的效力 [J]. 中国法学, 2013（1）：60-70.
[7] 马新彦. 论民法对合同行政审批的立法态度 [J]. 中国法学, 2016（6）：236-257.

释（一）》（法释〔1999〕19号）①第九条明确指出，法律规定合同必须办理批准手续才生效，未办妥相关手续之前合同未生效。上述规定，发现并认定了"合同未生效"这种新类型，意义重大，应予充分肯定。在深圳市标榜投资公司与鞍山市财政局股权转让纠纷案中，最高人民法院指出，涉案转让标的为财政局持有的鞍山银行9.9986%股份，明显属于金融企业的国有资产，依据《关于加强国有企业产权交易管理的通知》第二条、《金融企业国有资产转让管理办法》第七条以及《中华人民共和国商业银行法》（以下简称《商业银行法》）第二十八条等规定，必须经过有批准权的政府及金融行业监督管理部门批准后才能产生法律效力。因此，《股份转让合同书》已经成立，但由于未经有权机关批准而未生效。②

合同未生效显然不等于合同无效，二者在法律效果上存在本质差异，《九民纪要》第三十七条就此作了详细规定，并且第三十八条特别规定，如果当事人就报批义务以及未履行报批义务的违约责任等相关内容有专门约定的，该约定独立生效。上述思想被写入了《民法典》第五百零二条第二款，至此，报批义务条款独立生效得到法律正式承认，当事人可以诉请履行，也可以追究对方相应的违约责任。

需要注意的是，未经批准尚未生效，只是涉及需要经过批准才能生效的事项，其他无需经过批准就能生效的合同事项则不在此列，还是按照成立即生效的一般规则处理。例如，在陕西南海矿业建设公司与北京金澜投资公司确认合同效力纠纷上诉案中，最高人民法院指出，涉及转让探矿权的协议部分依法需要办理批准手续才能生效。《股权转让协议书》除了约定转让探矿权内容外，还有关于股权转让的约定以及合作开发建设项目的其他内容，并且一方当事人已经开始履行《股权转让协议书》并支付了两亿多元款项，应当认定《股权转让协议书》中没有涉及探矿权转让的其他内容依法成立并已经生效。③

（二）债务转让

根据《民法典》第五百五十一条规定，债务人转移债务给第三人必须经过债权人同意。结合《民法典》第五百五十五条和第五百五十六条规定，债权债务概括转让，同样需要征得对方同意。在对方未同意之前，转让条款不发生法律效力。在中国生殖健康产业协会诉宝蓝物业服务公司等确认合同无效纠纷案中，最高人民法院认为，案涉经营管理权既属于合同权利，同时也属于合同义务，按照法律规定，安琪公司将经营管理权转让的行为属于权利义务概括转让，必须经过健康协会的同意，即只有征得健康协会同意后，该转让方能生效。《协议书》中关于经营管理权转让的条款因未征得对方当事人同意而不具备法定生效条件，尚未生效。④

（三）附条件合同

附条件的法律行为是指附有决定该行为效力发生或者消灭条件的法律行为。法律规

---

① 为叙述方便，下文将《最高人民法院关于适用〈中华人民共和国合同法〉若干问题的解释（一）》（法释〔1999〕19号）一律简称为《合同法解释一》。
② 参见最高人民法院（2016）最高法民终802号民事判决书。
③ 参见最高人民法院（2014）最高法民二终字第48号民事判决书。
④ 参见最高人民法院（2013）最高法民提字第157号民事判决书。

定民事法律行为可以附条件，目的是以所附的条件来确定或者限制法律行为的效力。根据条件对合同效力的影响，可以分为生效条件和解除条件。生效条件，即延缓条件，是指民事法律行为中所确定的民事权利和民事义务，要在所附条件成就时发生效力的条件[①]；解除条件，是指民事法律行为中所确定的民事权利和民事义务应当在所附条件成就时失去法律效力的条件，是决定民事法律行为的法律效力是否终止的条件。

1. 条件的特征

作为民事法律行为附加的条件，具有意定性、未来性、或然性和合法性等特征。[②]

（1）真正的条件仅限于当事人意定条件，而不包括法定条件。[③] 在附条件合同中，条件本身也是一个合同条款，是合同内容的一个部分，当然需要经过当事人达成合意而附加。按照意思自治原则，如果合同双方当事人未能就附加条件达成合意，则不存在意定条件。[④] 至于合同所附加的法定条件，实际上是法律为某些特殊类型合同设置的特别生效要件，是法律为了追求特定目的，对合同生效的直接控制。就法定条件与意定条件的关系而言，目前学术界存在"统一说"与"区别说"两种针锋相对的观点。前者认为，无论是法定条件还是意定条件，都是对法律行为效力的外部控制，都是条件而已，故而并无实质差别。后者认为，二者虽然名字相似，但本质上存在较大差异。具体表现在当事人意志对条件的影响不同，法定条件不受当事人意志影响，而意定条件则依赖于当事人合意。无论在我国还是在外国，"区别说"均取得了绝对通说的地位。

（2）条件发生与否取决于未来，已经发生的事实完全没有作为条件的必要。现实生活中，可能存在某些客观上已经发生但是合同双方当事人毫不知情或者尚不确信的事情。对于这类条件，学理上称之为既存条件。由于这种条件在客观上已经变成无法改变的既定事实，不确定性仅仅是当事人主观上的不确定性而已。鉴于既存条件只有确定成就和确定不成就两种状况，其对合同的影响可以分成以下几类：以既定事实为生效条件的，若条件于合同成立时已经确定成就，则视为没有附加条件；若条件于合同成立时已经确定不成就，则合同自始无效。以既定事实为解除条件的，若条件已经确定成就，则合同自始无效；若条件已经确定不成就，则视为合同没有附加条件。

（3）条件的成就与否具有一定或然性，明显不同于终将届至或届满的期限。是否具有或然性的判断时点必须是当事人缔约之时，如果某一条件只是将来变得确定会成就或者再无成就之可能，则应将之归于条件成就或者不成就的一般情形，自无需赘言。倘若

[①] 例如，在莫君飞诉李考兴离婚纠纷案中，广东省怀集县人民法院认为，"婚内离婚协议是以双方协议离婚为前提，一方或者双方为了达到离婚的目的，可能在子女抚养、财产分割等方面作出有条件的让步。在双方未能在婚姻登记机关登记离婚的情况下，该协议没有生效，对双方当事人均不产生法律约束力，其中关于子女抚养、财产分割的约定，不能当然作为人民法院处理离婚案件的直接依据。原告莫君飞与被告李考兴在协议离婚过程中经双方协商对财产分割进行处理，是双方真实意思表示，并且已经进行了变更登记，但由于李考兴并未在离婚协议上签名，达不到离婚协议的成立要件，因此，该婚内离婚协议无效，即按该协议所进行的履行行为也可视为无效。虽然（2006）第0036号《土地使用证》范围内的土地使用权变更在李考兴名下，但该土地使用权还是莫君飞和李考兴婚姻存续期间的共同财产，与原来登记在莫君飞名下的性质是一样的。"

[②] 翟远见.《合同法》第45条"附条件合同"评注 [J].法学家，2018（5）：170-191,196.

[③] 谢怀栻.民法总则讲要 [M].北京：北京大学出版社，2007：145.

[④] 参见最高人民法院（2015）最高法民申字第3109号民事裁定书。

所谓的"条件"不具有或然性,即必定成就,如"地球照样转动",或者必定不成就,如"地球不再转动",则不属于附条件合同所要求的条件。如果不存在或然性,当事人也没有必要为了规避不确定带来的风险而选择附条件合同。此外,客观上确定不能成就的事实作为合同条件,学理上称之为不能条件。如果当事人以不能条件作为合同所附生效条件,如"地球不再转动,二手房买卖合同生效",足以说明当事人内心缺乏使合同生效的真意。如果当事人以客观不能条件作为合同所附解除条件,如"太阳不再升起,你我保管合同失效",说明当事人内心并无使合同失效之本意。以客观确定成就的事实作为合同所附的条件,学理上称之为必成条件。如果当事人以必成条件作为合同生效条件,如"明天太阳照常升起,房屋租赁合同生效",鉴于该类条件必定会在某一时点达成,当事人的真实意思应解释为合同附加生效期限。如果当事人以必成条件作为解除条件,如"明天地球照样转动,保管合同失效",鉴于该类条件必定会在某一时点达成,当事人的真实意思应解释为合同附加解除期限。

(4)条件作为合同条款,必须自身合法才能控制合同其他条款的效力。不法可能存在于作为条件的事实本身,如"你若把李某打残疾,便赠与你一万元"。还存在的一种可能是,作为条件的事实本身是合法的,当事人试图利用条件去影响对方当事人做出特定行为,条件是否合法则取决于这种影响是否超过法律允许的范围。例如,"如果你开律师事务所,我就把房子租给你作办公用房",此等条件并无不良影响,应视为合法。"如果你10天之内离婚,我就同意和你们公司签订合同",此等条件显然不利于他人婚姻家庭的稳定,有违公序良俗。至于附不法条件的法律效果,应视为没有附条件。

需要注意的是,条件不能是政府机关的职责。在崂山国土局与南太置业公司国有土地使用权出让合同纠纷中,最高人民法院指出,政府机关的权限和职责,源于法律和行政法规的规定,明显不属于当事人约定的范围。如果当事人将此等事项约定为附条件合同中的条件,明显不符合合同法有关附条件合同的规定。如果当事人在订立合同时,将法定的审批权或者批准权作为合同生效条件的,视为没有附条件。将法律未规定为政府机关职责范围的审批权或者批准权作为合同生效条件的,同样视为没有附条件,所附的"条件"不产生限制合同效力的法律效果。①

还须注意的是,合同义务本身也不能成为附条件合同中的条件。在乔连生与蚌埠日报社其他合同纠纷案中,最高人民法院认为,就双方约定"按国有资产处置的相关规定进行股权转让"而言,这是双方当事人对股权转让方式作出的约定,据此,蚌埠日报社应当将兴文公司股权提交到交易所进行挂牌交易,至于挂牌交易后乔连生能否通过竞买摘得股权,完全是合同履行的结果问题,不能将合同履行结果的不确定等同于条件的不确定,自然也不能将上述约定视为限制合同生效的条件,诉争股权转让合同不构成附生

---

① 参见最高人民法院(2004)最高法民一终字第106号民事判决书。

效条件的合同。①

2. 条件的类型

根据《民法典》第一百五十八条规定，条件可以分为生效条件和解除条件。不论是生效条件，还是解除条件，它们都是当事人意思自治的结果，目的都是通过条件的约定，控制合同在时间上的效力。②

附生效条件的合同，合同自条件成就时生效。在条件成就之前，合同的效力处于停止状态，故生效条件又称为停止条件，可以起到延缓合同生效时间的作用，因此生效条件也被称为延缓条件。通过约定生效条件，当事人可以降低甚至消除在追求特定法律效果时可能遭遇的风险。生效条件成就之前，合同不生效，即不产生当事人直接追求的法律效果，因此当事人尚不享有完整的债权，也不需要马上履行债务。例如，在云南福运物流公司与中国人寿财保公司曲靖中心支公司财产保险损失合同纠纷中，最高人民法院认为，可以明确约定以交纳保险费作为保险合同的生效要件。如果当事人已经明确约定保险合同在缴清保险费后才生效，则对于投保人缴清保险费前所发生的损失，保险人无须承担赔偿责任。③

但是，生效条件尚未具备之时的不生效，并不意味着毫无约束力。在合同效力未决期间，合同当事人虽然没有取得完整的合同权利，但具有将来取得并实现合同权利的合理期待，对此，法律同样会予以保护。鉴于双方当事人已经置身于合同法律关系之中，任何一方当事人均不得任意摆脱合同束缚。需要注意的是，如果合同约定的生效条件尚未成就，而合同一方当事人已履行主要义务，对方当事人愿意接受履行，则应当认定双方已经通过行为去除了合同所附条件，合同已经生效。④

附解除条件的法律行为，在条件成就前合同的法律效果已经发生，但是该法律效果仅处于临时状态，随时可能会因为条件的成就而消失。如果条件最终确定不成就，合同就一直处于生效状态，如同自始未曾附加条件一般。此外，合同附解除条件与约定解除合同的条件不同。当约定解除合同的情况出现时，享有解除权的当事人必须行使解除权，

---

① 参见最高人民法院（2014）最高法民申字第175号民事裁定书。持类似观点的案例，如最高人民法院（2012）最高法民申字第1542号民事裁定书，强调"合同所附解除条件是对合同所加的附款，通常与合同自身的内容以及合同的履行行为本身无关。"最高人民法院（2014）最高法民提字第83号民事判决书，强调"该《办证协议》关于刘小平完成行政许可、取得矿权证的约定，系刘小平应履行的义务，并非《办证协议》所附的生效条件。"最高人民法院（2015）最高法民再字第1号民事判决书，强调"法律上所称的条件是指决定民事法律关系的效力产生和消灭的不确定的事实。双方当事人在合同中约定的一方应履行的合同义务，不能成为法律上的条件。"
② 翟远见.《合同法》第45条"附条件合同"评注[J].法学家，2018（5）：170-191,196.
③ 参见最高人民法院（2013）最高法民申字第1567号民事裁定书。
④ 参见最高人民法院（2014）最高法民申字第1963号民事判决书。

通过单方意思表示解除合同①；合同所附解除条件成就时，合同自动失效，无需当事人任何积极行为，法律关系即发生改变。②

3. 不正当利用条件

附条件合同一旦成立，就对当事人具有法律上的约束力。无论是生效条件还是解除条件，都必须按照条件事实发生或者不发生的客观规律，任其自然而然地发生或者不发生，不得人为加以干预。人为地干预合同所附条件的发生或者不发生，使所附条件的成就或者不成加入当事人的意志因素，而且还是一方当事人的意志因素，会使合同的生效或者解除就由一方当事人加以控制，违背意思自治原则，也会使合同双方当事人的利益平衡发生动摇，违背公平原则和诚实信用原则，因而这种恶意行为是被禁止的。《民法典》第一百五十九条规定①，凡是当事人不正当地阻止所附条件成就的，应当视为条件已经成就，法律行为应当按照原来的约定生效或者解除；凡是当事人不正当地促进所附条件成就的视为条件不成就，应当按照法律行为原来的约定，确认法律行为不生效或者不解除。这样规定有利于保护非恶意一方当事人的利益，制裁恶意的当事人，维护交易秩序，保护交易安全。这是诚实信用原则的具体化，根据诚实信用原则的基本理念，任何人不得从违反诚实信用的行为中获得利益，而法律实际通过拟制相反的法律效果，来纠正试图阻碍事件自然发展趋势的不正当行为。④

不正当地利用条件，可能是消极的不作为。例如，在中国信达资产管理公司兰州办事处与甘肃亚盛盐化公司借款合同纠纷案中，最高人民法院认为，《不良贷款债权转让协议》虽然约定了必须经过信达总公司批准后才生效的条件，但这是信达公司内部的审批程序，并且合同已经将报经批准的义务分配给了信达公司兰州办事处，故信达公司兰州办事处不得违反约定拖延报批甚至故意不报批以阻止合同生效条件的达成，以此来对抗

---

① 例如，在天圣制药集团股份有限公司与海南国栋药物研究所有限公司等技术转让合同纠纷上诉案中，最高人民法院指出，合同效力附条件是指当事人对合同效力的发生或者消灭施加限制，使其取决于将来的不确定性事实，附条件包括附生效条件和解除条件。附解除条件的合同，自条件成就时失效。一般认为，合同所附解除条件是对合同所加的附款，通常与合同自身的内容以及合同的履行行为本身无关。合同约定的解除条件则是指当事人在合同中约定了解除合同的条件，合同的解除条件成就时，解除权人可以依照法律规定的程序和方式解除合同。合同约定的解除条件成就，解除权人获得解除权。根据《合同法》第九十六条的规定，当事人一方依照约定解除的条件主张解除合同的，应当通知对方，合同自通知到达对方时解除。解除合同通知的目的在于解除权人将其行使合同解除权的意思表示告知对方当事人，以期对方当事人知晓其解除合同的意思表示。参见最高人民法院（2012）最高法民申字第1542号民事裁定书。

② 例如，在赵冠宇、缪湘玲与全南新城房地产开发有限公司房屋买卖合同纠纷案中，赣州市中级人民法院认为，本案中《认购协议》第13条规定："认购方应在接到通知后七天内前来签署《赣州市商品房买卖合同》，逾期视为认购方自动放弃认购，本公司有权单方将其认购的物业另作处理，原《认购协议》自动失效，且已缴定金不予退还。"从中可以看出，这是典型的附解除条件的合同条款，该款清楚地规定未在该期间前来签订正式的商品房买卖合同，原签订的《认购协议》自动失效，即原《认购协议》自动解除，双方基于该协议产生的权利义务终止。附解除条件的合同当条件成就时当然且自动地消灭，无须当事人再作出意思表示。参见赣州市中级人民法院（2014）赣中民再终字第11号民事判决书。

① 《民法典》第一百五十九条规定："附条件的民事法律行为，当事人为自己的利益不正当地阻止条件成就的，视为条件已经成就；不正当地促成条件成就的，视为条件不成就。"

④ 杨立新.中华人民共和国民法典释义与案例评注（总则编）[M].北京：中国法制出版社，2020：583-586.

合同相对方甘肃亚盛公司。因此，负有促使协议生效义务的一方当事人未履行约定义务，应当认定合同已经生效。[①]再如，在上海绿洲花园公司与海口世纪海港城公司、海口绿创置业公司、霍尔果斯锐鸿公司股权转让纠纷案中，2015年2月9日，合同约定第二期股权转让款在"对酒店在建工程造价完成审核"后支付。到2017年，在长达两年多的时间里投资公司仍然没有完成对酒店在建工程造价的审核，并且没有证据能够证明地产公司不配合投资公司进行审核。据此可以认定，投资公司怠于审核，完全是为了自身利益而不正当地阻止付款条件成就，依法应当认定条件已经成就。[②]

不正当地利用条件，也可能是积极的作为。例如，在刘裕俊与上海华泰房产公司买卖合同纠纷案中，最高人民法院认为，双方当事人在房屋买卖合同中约定，须经公证机关作出公证合同才能生效。在办理公证手续过程中，公证机关建议对合同条款作出修改。卖方趁机到公证机关取走了全部合同原件，同时向买方提出了不同于公证机关修改建议的其他修改意见，最终被买方拒绝。此后，买方和公证机关多次要求卖方提供合同原件，继续办理公证手续，均被卖方拒绝。卖方不正当地阻止条件成就，应认定合同已经生效。[③]

4. 不允许附条件的情形

除非法律明文禁止，或者依据法律行为的性质不得附加条件，通常情况下法律行为都可以按照当事人意愿附加条件。需要注意的是不允许附加条件情形，而法律禁止的是附条件这一行为本身，与条件本身的合法性问题没有任何关联。在这一点上，禁止附条件和条件违法具有明显区别。不允许附加条件，主要包括家事法领域非财产性的法律行为、承兑或保证等票据行为、放弃继承等对其他众多民事主体利益都具有较大影响的行为、以登记为生效要件的不动产转让行为以及形成权的行使等几类典型。[④]合同领域主要涉及形成权的行使。形成权是依照权利人单方意思表示就可以使已经成立的民事法律关系发生变化的权利。如果允许附加条件，必然导致形成权行使的相对方陷入更加不确定的状态，导致当事人双方的利益失衡。《民法典》第五百六十八条第二款明文规定抵销不得附条件。对于撤销权、解除权、追认权等其他形成权的行使，我国法律虽然没有明文规定不得附加条件，但是基于同理，似乎应当作相同处理，不允许附加条件。如果权利人在此等情形附加条件，往往可以理解为当事人放弃行使形成权，改由双方合意改变民事法律关系。例如，法定代理人告诉相对人"如果把价格再降低20%，我就承认这个合同。"如果相对人答应，法定代理人就追认了合同。实际上，此等情形下的追认，已经不再是追认了，而是法定代理人和相对人通过磋商达成合意。总的来说，对于形成权人在行使形成权之前的言行，必须认真分析，不能简单地认定为附条件。例如，守约方告诉违约人"如果十天之内再不履行合同，则解除契约"。这是法律规定的宽限期问题，并非附加条件。

[①] 参见最高人民法院（2006）最高法民二终字第159号民事判决书。
[②] 参见最高人民法院（2017）最高法民终919号民事判决书。
[③] 参见最高人民法院（2005）最高法民一提字第11号民事判决书。
[④] 翟远见.《合同法》第45条"附条件合同"评注[J].法学家，2018（5）：170-191,196.

（四）附期限合同

合同可以附期限。[①] 所谓期限，是指当事人以将来客观确定到来之事实作为决定法律行为效力的附款。[②] 例如，借款合同约定，一个月内将款项转账给借款人，就是附期限的借款合同。附期限合同在内容上与一般合同并没有本质不同，只是当事人在合同中约定了一定的期限，并且将这个期限的到来作为合同生效或者失效的根据。[③] 法律规定附期限合同的意义，在于控制合同生效或者失效的时间，使合同安排事项能够按照当事人的约定有计划地进行。[④]

附期限合同中的期限可以是一个具体的期日，如某年某月某日；也可以是一个期间，如"自合同成立之日起六个月"。与附条件的民事法律行为相同，附期限的民事法律行为同样体现了私人自治，易言之，民事法律行为的效力始期与终期完全取决于当事人商定的期限，区别二者的关键和核心在于未来事件是否确定发生，如果将来确定会发生，则为附期限，如果将来是否发生具有一定的或然性，则为附条件。

根据所附期限和合同效力的影响不同，附期限合同又可分为附生效期限和附终止期限。生效期限，是指合同在该期限到来之前其效力处于停止状态，从这个期限到来开始合同就发生效力。该期限的作用主要是延缓和推迟合同效力的发生，其作用与附生效条件相当。终止期限，是指合同在该期限到来之前一直处于有效状态，从这个期限到来开始合同就失去效力。附终止期限合同中的终止期限与附条件合同中的附解除条件的作用相当，故其又称为解除期限。需要注意，终止期限到来之前合同有效，这和合同解除之前合同有效是一样的。但是，只要终止期限到来，合同效力自行终止，不需要另行作出意思表示或者行为。这和合同解除[⑤]不同，因为解除合同需要当事人行使解除权才能导致合同终止。

三、效力中止

合同效力中止，是指合同生效后，其法律效力因一定事由出现而暂时中止，《民法典》中也有大量关于合同效力中止的条款。例如，第六百五十四条规定逾期不付电费引起的中止供电，第五百二十九条规定的因债权人变更住所等原因致使履行债务发生困难时债务人可以中止履行，第五百二十七条规定的行使不安抗辩权中止履行，等等。在合同效力的类型领域，关于无效和生效两种情形的讨论较多，而合同效力中止问题却鲜有

[①] 《民法典》第一百六十条规定："民事法律行为可以附期限，但是根据其性质不得附期限的除外。附生效期限的民事法律行为，自期限届至时生效。附终止期限的民事法律行为，自期限届满时失效。"
[②] 梁慧星.民法总论[M].北京：法律出版社，2004：185.
[③] 王利明，崔建远.合同法新论·总则[M].北京：中国政法大学出版社，2000：257.
[④] 杨立新.中华人民共和国民法典释义与案例评注（总则编）[M].北京：中国法制出版社，2020：586-587.
[⑤] 合同解除，是指合同有效成立后，当具备合同解除条件时，因当事人一方或者双方的意思表示，使合同关系自始或向将来消灭的行为。魏振瀛.民法[M].北京：北京大学出版社高等教育出版社，2000：410.

第二节 无效合同

一、无效的原因

（一）无民事行为能力

依据《民法典》第一百四十三条，行为人具有相应的民事行为能力是民事行为生效要件之一，与此相应，第一百四十四条明确将无民事行为能力人实施的民事法律行为规定为无效。根本原因在于，民事法律行为以意思表示为中心，由于无民事行为能力人没有表达自我意思的能力，其实施的法律行为因此当然无效。至于是否需要规定纯获利益的行为这一例外，有待进一步观察。

（二）违反公序良俗

《民法典》第八条确立了公序良俗原则，第一百四十三条规定将"不违背公序良俗"作为民事法律行为有效的必备条件之一，同时，第一百五十三条又明确规定"违背公序良俗的民事法律行为无效。"由此可见，随着《民法典》的颁布与实施，公序良俗已不再是人们内心的纯粹道德评判，而是判定民事行为效力的重要法律依据，其价值在于将道德伦理规范引入法律适用，起到扩充法律渊源、弥补法律漏洞的作用。

例如，在常某某诉许某、马某某网络服务合同案中，北京互联网法院认为，双方当事人在磋商"暗刷流量"交易过程中，一致表示不关注或者不必要知晓流量对应的被访问网站或者产品，仅仅关注与自己相关的利益获取，"暗刷流量"具有明显欺诈性质，完全置市场公平竞争环境和网络用户利益于不顾，违背公序良俗。[2] 再如，在张学英与蒋伦芳遗嘱纠纷案中，黄永彬在尚未离婚的情况下与婚外女性张学英公开同居并立下遗嘱将公积金等部分财产遗赠给后者。一审法院认为，遗嘱虽然是黄永彬真实意思表示，但是内容明显存在违法之处，并且黄永彬与第三者张学英非法同居违反了《婚姻法》的有关规定，黄永彬遗赠违反了公序良俗和法律，因此无效。[3] 在本案二审中，泸州市中级人民法院指出，黄永彬与第三者张学英长期非法同居，其行为既违背了我国现行社会道德标准，又违反了《婚姻法》第三条"禁止有配偶者与他人同居"的法律规定，必然违反公序良俗原则。遗赠行为使张学英因其与黄永彬之间的非法同居关系而谋取了不正当利益，应属无效。[4]

---

[1] 崔建远.合同效力规则之完善[J].吉林大学社会科学学报，2018，58（1）：24-36,203.文章分析了保险合同效力中止问题。
[2] 参见北京互联网法院（2019）京0491民初2547号民事判决书。
[3] 参见泸州市纳溪区人民法院（2001）纳溪民初字第561号民事判决书。
[4] 参见泸州市中级人民法院（2001）泸民一终字第621号民事判决书。

(三）恶意串通损害他人合法权益

《民法典》第一百五十四条规定恶意串通损害他人合法权益的民事法律行为无效[1]，并未沿用《合同法》第五十九条"因此取得的财产收归国家所有或者返还集体、第三人。"[2] 换言之，取消了关于恶意串通获利的民事制裁。[3] 实际上，损害国家、集体利益的，可以按违法无效或违反公序良俗无效规则予以处理。并且，也是更关键的，法律对此已有安排，根据《民法典》第五百三十四条规定，对于上述情形，市场监督管理和其他有关行政主管部门可以依法、依规监督处理。因此可以认为，《民法典》对国家、集体利益已有较好的照顾，至于对债权人等第三人的利益，可以通过债权保全等方式予以处理。综上，对于恶意串通缔约行为，民法典作出了不同于合同法的规定，不再规定民事制裁。

《民法典》第一百五十四条将《合同法》第五十二条第二款规定的"损害国家、集体或者第三人利益"修改为"损害他人合法权益的民事法律行为无效"。鉴于《民法典》第一百三十二条规定"民事主体不得滥用民事权利损害国家利益、社会公共利益或者他人合法权益"，直接将"他人合法权益"与"国家利益"和"社会公共利益"并列，有理由相信，《民法典》第一百五十四条的"他人"直接对应于《合同法》第五十二条第二款规定的"第三人"，并不包括"国家、集体"。因此，可以将《民法典》第一百五十四条恶意串通规则与《民法典》第一百五十三条第一款法律行为违法无效及第二款违反公序良俗无效规则区分开来。换言之，合同如果损害了国家利益或者公共利益，一般也会同时违反法律、行政法规的强制性规定或者违反公序良俗，可以直接依据这两项规则进行处理，没有必要适用恶意串通规则。事实上，从合同生效要件来看，《民法典》第一百四十三条第三款明确规定"不违反法律、行政法规的强制性规定，不违背公序良俗"，损害国家利益或公共利益的合同也是不具有法律效力的。此外，我们注意到，如果将损害国家利益或公共利益情形按照违法无效或违反公序良俗无效处理，无须考虑是否存在"恶意串通"这一主观要件，反而能够为国家利益和公共利益提供更好保护。

1. 构成要件

一般认为，是否构成恶意串通，可以从主、客观两个方面予以考察。[4] 其中，主观方

---

[1] 其他法律有类似规定，如《拍卖法》第六十五条："违反本法第三十七条的规定，竞买人之间、竞买人与拍卖人之间恶意串通，给他人造成损害的，拍卖无效，应当依法承担赔偿责任。由工商行政管理部门对参与恶意串通的竞买人处最高应价百分之十以上百分之三十以下的罚款；对参与恶意串通的拍卖人处最高应价百分之十以上百分之五十以下的罚款。"

[2] 司法实践中，确有法院适用该条收缴了非法所得。例如，在原告常某某与被告许某、第三人马某某网络服务合同纠纷一案中，双方相约通过非法"暗刷流量"技术操作，为某软件产品在应用场景增加虚假的访问量。北京互联网法院认为，上述双方当事人通过"暗刷流量"不当交易，获取非法经营利益，严重损害社会公共利益，本院依法对双方的非法所得予以收缴。参见北京互联网法院（2019）京0491民初2547号决定书。

[3] 所谓"民事制裁"实际上并非"民事"性的，而是公法性的，确实不宜在私法中进行一般规定，而应由公法进行更具体、准确的安排。作为处理恶意串通合同的一项"特别规则"，上述条文已经没有积极意义。茅少伟. 恶意串通、债权人撤销权及合同无效的法律后果——最高人民法院指导案例33号的实体法评释[J]. 当代法学，2018，32（2）：14-25.

[4] 韩世远. 合同法总论[M]. 北京：法律出版社 2011：172；崔建远. 合同法[M]. 北京：北京大学出版社，2013：88.

面要求当事人基于"恶意串通"订立合同,"恶意"和"串通"的认定均可适当放宽,通常可由案件中表现出的客观行为和有关情况进行推定;客观方面要求该合同存在"损害他人合法权益"的事实,只有确实损害了第三人利益时,才有依据恶意串通规则确认合同无效的必要。[1]

(1) 主观要件。在最高人民法院指导案例 33 号中,最高人民法院指出,"恶意串通"是指当事人"以损害他人利益为目的而相互通谋、相互勾结作出的意思表示";恶意串通的合同之所以无效,是因为其"违反了订立合同应当遵守法律、尊重公德、诚实信用的基本原则,内容严重违法"。[2] 由此可见:第一,所谓恶意,特指损害他人利益的主观故意,不同于其他地方规定的明知或应知某一特定事实。第二,所谓串通,特指当事人双方通谋的行为。[3] 在司法实践中,无论是"恶意"还是"串通",都需要综合合同缔结与履行过程中的相关情况予以判定。指导案例 33 号中,债务人在欠债不还的情况下将自己主要财产以明显不合理低价转让给其关联公司,关联公司明知债务人欠债情况,不仅欣然接受而且实际上没有支付任何对价,据此足以认定债务人与其关联公司之间存在恶意串通损害债权人利益。事实上,不仅主观"恶意"可以从客观事实推定,"串通"的认定也无须纠结于狭义的意思联络。从当事人之间的关联关系可以认定关联公司明知债务人欠债未还,由此认定双方串通。[4] 此外,在吕梁国能天泰煤业公司等诉山西楼桥水泥公司确认合同效力纠纷案中,法官指出,恶意串通不仅可以是合同双方当事人相互配合,而且可以是双方当事人共同作为;不仅可以是双方当事人事前达成协议,而且可以是一方当事人作出意思表示,而对方当事人明知非法而接受。[5]

(2) 客观要件。在客观上要求存在损害第三人利益的后果,并且损害后果与恶意串通行为之间存在因果关系。[6] 如果仅仅是有当事人恶意串通的主观动机,或者恶意串通行为在客观上没有实际造成损害后果,则不能适用恶意串通规则认定合同无效。如果第三人利益实质上没有受到损害,则根本无须突破合同相对性原则来寻求此等救济,也就根本不具备确认合同无效之诉的利益。在日照国晖电子科技有限公司与山东国恒能源有限公司、山东日照高新技术开发区管理委员会招商合同纠纷案中,最高人民法院曾正确阐明过这一点。[7]

---

[1] 茅少伟.恶意串通、债权人撤销权及合同无效的法律后果——最高人民法院指导案例 33 号的实体法评释 [J].当代法学,2018,32(2):14-25.

[2] 吴光侠,高晓力.《瑞士嘉吉国际公司诉福建金石制油有限公司等确认合同无效纠纷案》的理解与参照 [J].人民司法,2015(18):8-13.

[3] 恶意串通合同之所以无效,显然不是因为合同当事人缺乏真实意思,而是因为合同内容(或合同目的)不妥当。换言之,在恶意串通场合,当事人之间虽有通谋,但仍然是基于真实的、而非"虚伪"的意思表示而订立合同。基于此点,可以将恶意串通规则与通谋虚伪表示规则的适用范围有效区分开来。参见韩世远.虚假表示与恶意串通问题研究 [J].法律适用,2017(17):41-46.

[4] 茅少伟:《恶意串通、债权人撤销权及合同无效的法律后果——最高人民法院指导案例 33 号的实体法评释 [J].当代法学,2018,32(2):14-25.

[5] 参见最高人民法院(2017)最高法民申 4841 号民事裁定书。

[6] 陈小君.民事法律行为效力之立法研究 [J].法学家,2016(5):121-138,178;王利明.合同法研究(第 1 卷)[M].北京:中国人民大学出版社,2015:645-647.

[7] 参见最高人民法院(2011)最高法民提字第 45 号民事判决书。

2. 证明

（1）在证明标准上，采用"排除合理怀疑"这样较高的标准。例如，在重庆拓洋投资公司等确认合同无效纠纷案中，最高人民法院认为，第三人诉请确认当事人订立的合同无效，应当就恶意串通的主观故意和利益受损的客观事实这两个方面承担证明责任。由于以恶意串通为由请求确认他人合同无效，对合同当事人的利益影响较大，而且第三人原本与合同并无关联，因此必须采用比高度盖然性更高的证明标准。根据《最高人民法院关于适用〈中华人民共和国民事诉讼法〉的解释》第一百零九条规定，当事人对恶意串通等事实的证明，法院如果能确信该事实存在的概率能够达到排除合理怀疑的程度，则应当依法认定该事实存在。由此可见，恶意串通的证明标准，必须达到排除合理怀疑的程度。①

（2）可以用客观事实推导主观恶意。在张科等与大连保税区鑫寰公司确认合同无效纠纷上诉案中，杨树房镇政府是近海养殖公司的开办单位和主管部门，张科是近海养殖公司的法定代表人，两者对近海养殖公司对外负有大量债务的事实应该清楚。杨树房镇政府与张科转移该公司优质资产，导致该公司名存实亡无力偿债，主观上不能认定为善意，违反了《合同法》第五十二条的禁止性规定，转让行为应当认定为无效。②在瑞士嘉吉国际公司诉福建金石制油有限公司等确认合同无效纠纷案中，最高人民法院认为，从公司实际控制人之间系亲属关系等事实推定合同当事人知悉第三人的债权，从资产负债表载明的固定资产价值和买卖合同约定价款之间的巨大差异认定当事人交易存在"不合理低价"。在明知债务人拖欠巨额债务的情况下，仍然以不合理低价收购债务人的主要资产，足以证明其具有主观恶意。③

3. 第三人救济

按照《民法典》第一百五十四条，恶意串通损害第三人利益的合同无效。在此情形下，合法权益受损的第三人可以直接起诉要求确认合同无效。在韶关市衡溢置业公司与郑美如、广东中兴经济发展公司确认合同无效纠纷一案中，最高人民法院指出，对恶意串通损害他人利益的合同而言，合同双方当事人通常是受益人，不会要求确认合同无效。为了保护自身合法权益，与合同事项有利害关系的合同外的第三人可能诉请合同无效，如果以合同相对性为由不予支持，则第三人利益无法得到保障。此外，作为权益受损的第三人，显然属于与涉案合同约定事项具有法律意义上直接利害关系的第三人，符合《中华人民共和国民事诉讼法》（以下简称《民事诉讼法》）第一百一十九条关于原告资格的规定，可以作为原告向有管辖权的人民法院提起案由为"确认合同无效纠纷"的诉讼。④

---

① 参见最高人民法院（2018）最高法民终487号民事判决书以及最高人民法院（2017）最高法民终769号民事判决书。
② 参见最高人民法院（2014）最高法民抗字第40号民事判决书。
③ 吴光侠，高晓力.《瑞士嘉吉国际公司诉福建金石制油有限公司等确认合同无效纠纷案》的理解与参照[J].人民司法，2015,（18）：8-13.
④ 参见最高人民法院（2021）最高法民申1723号民事裁定书。

（四）以虚假的意思表示实施的民事法律行为

1. 通谋虚伪无效

根据《民法典》第一百四十三条第（二）项的规定，"意思表示真实"是法律行为有效的必备要件。因此，《民法典》第一百四十六条第一款将行为人与相对人以虚假的意思表示实施的民事法律行为规定为无效，确保了法律内部的协调一致。与此同时，以虚假的意思表示实施的民事法律行为，其法律效果必然不符合行为人和相对人的本意。如果将这种行为认定为有效，则违背了意思自治原则。

在让与担保情形下，担保才是当事人的真意，买卖合同看似属于通谋虚伪，但司法实践中并未否决其效力。例如，在修水县巨通投资公司诉福建省稀有稀土公司等合同纠纷案中，最高人民法院指出，在让与担保中，债务人为担保其债务而将担保物所有权转移给债权人，使债权人在不超过担保范围内取得担保物的权利，是出于真正的效果意思而作出的意思表示。尽管其中存在法律手段超越经济目的的问题，但是这和前述禁止性规定中以虚假意思表示隐藏其他法律行为的做法存在明显不同，不应因此而无效。①

不合商业常理的交易往往存在通谋虚伪。例如，在日照港集团与山西焦煤集团企业借贷纠纷中，最高人民法院提审时认为，在三方及以上企业之间进行的封闭式循环买卖中，一方当事人在同一时期先卖后买同一标的物，并且是低价卖出高价买入，明显有悖商业惯例，这种异常买卖行为，实际上是企业之间以买卖形式掩盖的借贷法律关系。上述买卖合同属于当事人共同实施的虚假意思表示，应当依法认定为无效。②当事人实际履行与合同约定不一致时，也可能存在通谋虚伪。例如，在朱鹏杰与高枫等股权转让纠纷案中，当事人用于工商登记的"股权转让协议"约定的转让价款，远远低于双方签订的另一份"股权转让协议"约定的转让价款，同时，上述约定价款也与当事人实际支付的股权转让款存在不符。法院据此认定，该两份"股权转让协议"构成"阴阳合同"关系，"股权转让协议"实际上是双方通谋实施的虚伪意思表示，应当认定为无效合同。③

需要注意的是，如果合同部分条款因为属于虚伪意思表示而被认定为无效，如果该条款无效并不影响整个合同，则合同其他条款依然有效。例如，在深圳市恒昌迪生科技有限公司等股权转让纠纷再审案中，最高人民法院认为，双方当事人于2015年签订"股权转让协议"，主要目的是实现双方于2014年签订的"股权转让协议"，虽然其中的价格条款因为并非双方的真实意思而应当认定为无效，但是该协议的股权转让比例、股权过户登记等约定均为双方真实意思。因此，价格条款无效不影响2015年协议整体的合法有效，而且股权转让价格应以2014年协议约定的价格为准。④

此外，法条中的"行为人与相对人"应当理解为双方当事人，他们作出与真实意思不一致的意思表示，即理论上所谓"通谋虚伪表示"。⑤虽然通谋虚伪与《民法典》第

---

① 参见最高人民法院（2018）最高法民终119号民事判决书。
② 参见最高人民法院（2015）民提字第74号民事判决书。
③ 参见最高人民法院（2016）最高法民终字7号民事判决书。
④ 参见最高人民法院（2018）最高法民申5290号民事裁定书。
⑤ 通谋虚伪表示的要件有三：一须有意思表示的存在，二须表示与真意不符，三须其非真意的表示与相对人通谋。王泽鉴.民法总则[M].北京：北京大学出版社，2009：285.

一百五十四条规定的恶意串通都可能导致合同无效,但二者还是有较大差异的。通谋虚伪情形合同之意并非当事人内心真实意思,而恶意串通情形则是当事人内心真实意思;通谋虚伪情形完全无须考虑对第三人的影响,而恶意串通则需要考虑对他人利益损害以及恶意串通行为与他人利益受损之间的因果关系。

2. 隐藏行为依法处理

实践中虚伪表示往往与隐藏行为相伴而生,如果只是规定虚伪表示无效而对隐藏行为的效力问题不置可否,在认定虚伪表示无效后将导致隐藏行为无法得到妥善处理。故《民法典》第一百四十六条第二款规定,行为人以虚假的意思表示隐藏的民事法律行为的效力,依照有关法律规定处理。根据体系解释,此处的"有关法律规定"显然是与被隐藏行为本身密切相关的法律规定。虽然虚伪表示背后隐藏的民事法律行为体现了当事人内心真实意愿,但是对于被隐藏的民事法律行为的最终效力,原则上既不能直接否定,原《合同法》也仅仅是将"以合法形式掩盖非法目的"规定为无效,并未否定其他隐藏行为的效力,同时也不能不加限制地一律加以承认,应当根据隐藏行为的具体类型依法认定其效力。例如,在中国民生银行南昌分行诉江西有色金属材料公司等票据追索权纠纷案中,最高人民法院认为,根据已经查明的案件事实,当事人真实意思是借款,票据贴现只是其具体融资方式而已。本案票据活动是各方通谋虚伪行为,应当认定为无效。各方真实意思是借款,而且该借款行为不违反法律的禁止性规定,应当认定为有效,借款人应当按照实际取得的借款金额向出借人偿还借款本金及法定利息。[①]

存有疑问的是,关于被隐藏的民事法律行为如何识别和认定?在毛来华、林福汉执行异议之诉中,最高人民法院提出了确信虚伪表示行为和合理推断真实意图两步走的思路。①通过合同约定具体内容以及当事人做出的客观行为,确信本案存在被隐藏的民事法律行为。最高人民法院查明,支付款项发生在购房合同之前,而且转账凭证备注为借款。合同还约定卖方将商品房相关证件交给买方,并授权其可以在2012年9月19日之后办理房产过户手续。与此同时,合同还约定卖方可以在上述办理房产过户时间之前反悔,但是需要归还购房定金并按每日3‰的标准另行支付违约金。上述约定采取"一口价"计价方式等明显不符合房屋买卖交易习惯,从而可以据此认定本案存在被隐藏的民事法律行为。②根据虚伪表示行为,合理推断行为人的真实意图。电子转账凭证注明用途为"借款",并且合同约定了上述款项占用期间的利息计算标准。据此可以推断,本案名为买卖实为担保。[②]

(五)违反法律、行政法规的强制性规定

《民法典》第一百五十三条第一款规定,违反法律、行政法规的强制性规定的民事法律行为无效。但是,该强制性规定不导致该民事法律行为无效的除外。需要注意的是,合同签订时根据当时的法律规定属于无效的合同,如果在纠纷发生时法律已经承认其效力的,法院应当认可该合同效力。在重庆建工集团、毕节市天厦房产公司建设工程施工合同纠纷中,涉案工程在签订建设工程施工合同时属于必须招标的项目,但是在纠纷发

---

① 参见最高人民法院(2017)最高法民终41号民事判决书。
② 参见最高人民法院(2016)最高法民再113号民事判决书。

生时已经不属于必须招标的项目。最高人民法院认为，如果新法能够更好地保护当事人的权益，则法律应当具有溯及力。按照鼓励交易原则，法律具有肯定合同效力的倾向。合同效力的认定就属于"法不溯及既往"的典型例外情形。①

1. 法律、行政法规

为了防止动辄以违法为由否定合同效力，破坏交易安全，《最高人民法院关于适用〈中华人民共和国合同法〉若干问题的解释（一）》（法释〔1999〕19号）第四条将违法无效情形的法律限制为全国人大及其常委会制定的法律和国务院制定的行政法规，明确将地方性法规和行政规章排除在外。理由主要有如下三点②：①为了避免公法过多侵入私法领域。市场经济建立之初，习惯用行政手段干预经济，影响交易，严重压缩了民法的空间，同时也混淆了民法关系和公法关系，破坏了意思自治原则。②有利于落实鼓励交易原则。行政规章和地方性法规的数量极其庞大，这些规章往往夹杂着部门利益，使合同自由受到诸多不当干预，早些年司法实践中出现了大量违反规章和地方性法规无效的合同，造成了合同订立、履行和争议解决过程中投入资源的巨大浪费，也导致人们不信任合同、滋长欺诈和背信者的侥幸心理。③③方便法院司法。如果不允许以违反行政规章和地方性法规认定合同无效，则法院可以避免无权审查行政规章效力的尴尬，从而可以较为从容地捍卫私法自治和司法尊严。此后，司法实践中都是按此操作。例如，在崂山国土局与南太置业公司国有土地使用权出让合同纠纷案中，最高人民法院指出，确认合同无效应当以法律和行政法规作为依据，不得以地方性法规和行政规章作为依据。《国有土地使用权出让合同》中约定的土地用途不同于规划和评估报告中的土地用途，如果由此导致土地使用权出让金低于缔约时当地政府按国家规定确定的最低价，属于影响价格条款效力的因素，但并不会导致国有土地使用权出让合同无效。④

2. 强制性规定

强制性规定是与任意性规定相对的，二者的区分主要源于规定内容的自由与强制角度。任意性规定是指当事人可通过法律行为排除或者变更其适用的规范，强制性规定则无论当事人的意思如何都强制性地调整当事人的法律关系。通常，包含"不得""应当"等字样的法律条文多为强制性规范；有但书"当事人另有约定的，从其约定"或者类似文字的法律条文多为任意规范。此外，如果法律规范仅涉及当事人个体之间的利益，多为任意规范；如果法律规范的目的主要在于保护国家利益、社会利益和第三人利益，多为强制性规范。⑤

强制性规范依其内容又可以分为义务规范和禁止规范两种。义务规范要求当事人必须履行特定的法律义务，其标志用语通常是"应当""必须"等；禁止规范或法律禁令要求当事人不得为一定行为，其表达模式多为"不得""禁止"等。但是，禁止规范不一定

---

① 参见最高人民法院（2020）最高法民终430号民事判决书。
② 谢鸿飞. 论法律行为生效的"适法规范"——公法对法律行为效力的影响及其限度[J]. 中国社会科学，2007（6）：124-142,207.
③ 王卫国. 论合同的无效制度[J]. 法学研究，1995（3）：11-24.
④ 参见最高人民法院（2004）最高法民一终字第106号民事判决书。
⑤ 张广兴. 法律行为之无效——从民法通则到民法典草案[J]. 法学论坛，2003（6）：97-100.

非得使用"禁止"等表达，也可以通过规定无效的方式或者规定特定条件许可的方式表达。①同样，义务规范也未必非要以"必须"等来宣示。判断强制性规范与任意性规范不能完全依据条文的表达方式，必须探求规范的目的。禁止规范与义务规范的区分是相对的，禁止规范往往可用义务规范来表达，反之亦然。违反这两类规范的法律行为的效力也相同。

例如，在周岩诉张良、济南泽源房地产经纪有限公司买卖合同案中，济南市市中区人民法院经审理认为，涉案车位是人防车位、人防设施，属于国家所有，根据《人民防空法》，禁止破坏、侵占人民防空设施。人防车位买卖合同违反了强制性规定和社会公益，为无效合同。②

3. 效力性规定

《合同法》第五十二条第五款规定，违反法律、行政法规的强制性规定的合同无效。《最高人民法院关于适用〈中华人民共和国合同法〉若干问题的解释（一）》（法释〔2009〕5号）第十四条将其进一步限制为效力性强制性规定，但是解释并未提出区分效力性强制性规定和非效力性强制性规定的具体方法，所以这种区分很难为司法实践提供行之有效的指导。同时，解释仅规定违反效力性强制性规定的无效，至于违反了非效力性强制性规定是否有效则只字未提，似乎应理解为并不影响合同效力。

《最高人民法院关于当前形势下审理民商事合同纠纷案件若干问题的指导意见》（法发〔2009〕40号）在"五、正确适用强制性规定，稳妥认定民商事合同效力"部分明确规定，违反效力性强制规定的合同应当认定无效，而违反管理性强制规定的合同，人民法院应当根据具体情形认定其效力。具体而言，人民法院应当综合法律法规的意旨，权衡相互冲突的权益，诸如权益的种类、交易安全以及其所规制的对象等，综合认定强制性规定的类型。如果强制性规范规制的是合同行为本身，只要该类合同行为一定会损害国家利益或者社会公共利益，则合同无效。如果强制性规定规制的是当事人的"市场准入"资格而非某种类型的合同行为，或者规制的是某种合同的履行行为而非某类合同行为，则判断合同效力时应慎重把握，必要时应当征求相关立法部门的意见或者请示上级人民法院。

《九民纪要》"强制性规定的识别"部分指出，合同法施行后，针对一些人民法院动辄以违反法律、行政法规的强制性规定为由认定合同无效，不当扩大无效合同范围的情形，《最高人民法院关于适用〈中华人民共和国合同法〉若干问题的解释（一）》（法释〔2009〕5号）第十四条将强制性规定限定为"效力性强制性规定"。此后，《最高人民法院关于当前形势下审理民商事合同纠纷案件若干问题的指导意见》进一步指出，违反管理性强制性规定的，应当根据具体情形认定合同效力。随着管理性强制性规定这一概念的提出，有的法院认为凡是行政管理性质的强制性规定都属于"管理性强制性规定"，不影响合同效力。这种望文生义的认定方法，应得到纠正。

在指出了司法实践中过分限缩"效力性强制性规定"并扩大"管理性强制性规定"这一错误倾向的基础上，《九民纪要》进一步要求：人民法院在审理合同纠纷案件时，要

---

① 黄立. 民法总论[M]. 北京：中国政法大学出版社，2002：328.
② 详见山东省济南市中级人民法院（2017）鲁01民终8946号民事判决书。

依据《民法总则》第一百五十三条第一款和《最高人民法院关于适用〈中华人民共和国合同法〉若干问题的解释（一）》（法释〔2009〕5号）第十四条的规定慎重判断"强制性规定"的性质，特别是要在考量强制性规定所保护的法益类型、违法行为的法律后果以及交易安全保护等因素的基础上认定其性质，并在裁判文书中充分说明理由。下列强制性规定应当认定为"效力性强制性规定"：强制性规定涉及金融安全、市场秩序、国家宏观政策等公序良俗的；交易标的禁止买卖的，如禁止人体器官、毒品、枪支等买卖；违反特许经营规定的，如场外配资合同；交易方式严重违法的，如违反招投标等竞争性缔约方式订立的合同；交易场所违法的，如在批准的交易场所之外进行期货交易。关于经营范围、交易时间、交易数量等行政管理性质的强制性规定，一般应当认定为"管理性强制性规定"。

《九民纪要》增加了"效力性强制性规定"的可识别性，与此同时，列举式规定方便了理解和适用。但是，我们注意到，上述标准引入了公共秩序、公共利益和公序良俗等概念，在一定程度上模糊了违反效力性规定无效与损害公共利益、违背公序良俗等无效原因之间的界线，由此可能导致类案中违背公序良俗无效和违反效力性强制规定无效两种裁判并存，影响司法统一。

4. 规章

关于违反行政规章的合同效力问题《民法典》没有涉及，似乎违反规章并不会影响合同效力。[①]《最高人民法院关于适用〈中华人民共和国合同法〉若干问题的解释（一）》（法释〔1999〕19号）第四条明确规定合同效力的认定不能以地方性行政规章为依据。但是，如果违反地方性行政规章会损害社会公共利益，则可以假道损害公共利益来确认合同无效。例如，在安徽省福利彩票发行中心与北京德法利科技公司营销协议纠纷案中，最高人民法院明确指出，在法律、行政法规没有规定，而地方性行政规章涉及社会公共利益保护的情形下，可以参照适用其规定，若违反其效力性禁止性规定，可以以损害社会公共利益为由确认合同无效。[②]

《九民纪要》在"违反规章的合同效力"部分指出，违反规章一般情况下不影响合同效力，但该规章的内容涉及金融安全、市场秩序、国家宏观政策等公序良俗的，应当认定合同无效。人民法院在认定规章是否涉及公序良俗时，要在考察规范对象基础上，兼顾监管强度、交易安全保护以及社会影响等方面进行慎重考量，并在裁判文书中进行充分说理。此时之所以认定合同无效，实际上并不是因为违反了规章，而是因为违背了公序良俗原则。但是，上述规则并不意味着在考察某一合同是否违背公序良俗时，完全可以置规章于不顾，实际上，违反规章会触发是否有违公序良俗的审查。

5. 损害公共利益

根据《合同法》第五十二条第四款的规定，"损害社会公共利益"的合同无效。例

[①] 但是，完全排除行政规章对合同效力的影响，在实践中有架空国家管制目的的危险，因为它"从根本上否定了这些规范的法源性，难以使私法审判承担起匡扶社会正义的使命"。在未来的立法中可以考虑删除"行政法规"代之以广义的"法律"，主要理由包括行政规章是法律渊源以及行政规章在促进公共福祉等方面的积极作用。谢鸿飞．论法律行为生效的"适法规范"——公法对法律行为效力的影响及其限度[J].中国社会科学，2007（6）：124-142，207.

[②] 参见最高人民法院（2008）最高法民提字第61号民事判决书。

如，对于人体干细胞买卖合同，法院认为因损害社会公共利益而无效。[①]该规定被广泛应用在司法实践中，将部分违反规章的合同确认为无效。例如，在四川金核矿业公司与新疆临钢资源投资公司特殊区域合作勘查合同纠纷案中，最高人民法院认为，如果继续履行合同必将损害环境公共利益，则应当认定合同无效。[②]再如，在福建伟杰投资公司与福州天策实业公司、君康人寿保险公司等营业信托纠纷一案中，最高人民法院认为，《信托持股协议》将造成破坏国家金融管理秩序以及损害社会公共利益的危害后果，应认定为无效。[③]

如果合同效力判定时不再考虑是否违反公共利益，可能出现违反规章且损害公共利益的合同被认定为有效的问题，明显不符合立法本意。例如，海南康力元药业公司、海南通用康力制药公司与海口奇力制药公司等技术转让合同纠纷案[④]，一审法院认为转让合同是三方当事人真实意思表示，并且合同内容也没有违反国家法律或者行政法规的禁止性规定，属于有效合同。二审法院则认为，虽然转让合同违反了《药品管理法实施条例》和《药品注册管理办法》关于监测期内批准新药生产的相关规定，但是上述条例并不属于效力性强制性规定，同时上述办法是部门规章，都不能作为认定合同无效的依据，因此转让合同有效。最高人民法院再审时指出，转让合同涉及新药技术转让和新药委托生产两方面内容。一方面，签订转让合同时法律和行政法规没有关于新药技术转让的强制性规定，虽然行政规章对此有具体规定，但是这并不属于《合同法》第五十二条第（五）项规定的合同违法无效情形，因此本案关于新药技术转让的约定是有效的。另一方面，《药品管理法实施条例》规定接受委托生产药品的当事人应当持有相应GMP证书，而康力制药公司在订立转让合同时持有法定证书，因此关于委托康力制药公司生产涉案新药的约定没有违法，也是有效的。值得注意的是，奇力制药公司提出了"转让合同损害社会公共利益，应属无效合同"的再审意见，但最高人民法院在判决书中并没有给予回应，也没有说明具体理由。本案中，即使从《合同法》第五十二条第（五）项规定看合同是有效的，但是并不能因此而忽视依据《合同法》第五十二条第（四）项的审查，还是可能出现损害社会公共利益而导致合同无效的结果。[⑤]

如前所述，无论是违反规章的效力问题，还是效力性强制性规定的识别问题，在很大程度上无不是借助于公共利益这个重要概念来进行处理，充分说明"公共利益"在合同效力认定问题上应有一席之地。虽然《民法典》并未沿用《合同法》第五十二条第（四）项规定，但是这并不能说明公共利益在《民法典》已经完全没有容身之地。按照《民法典》第一百三十二条规定，民事主体不得滥用民事权利损害国家利益、社会公共利益或者他人合法权益。行使民事权利尚且不得损害社会公共利益，从事其他民事活动自然更不能损害社会公共利益。在深圳市新世纪投资发展有限公司与东北石油大学合同纠

---

① 参见上海市第一中级人民法院（2020）沪01民终4321号民事判决书。
② 参见最高人民法院（2015）最高法民二终字第167号民事判决书。
③ 参见最高人民法院（2017）最高法民终529号民事裁定书。
④ 参见最高人民法院（2011）最高法民提字第307号民事判决书。
⑤ 高放.合同无效中的损害社会公共利益与违法之辩——从药品技术转让合同纠纷公报案例评析切入[J].华东政法大学学报，2014（3）：151-160.

纷案中，最高人民法院指出，社会公共利益一般是指关系到全体社会成员或者社会不特定多数人的利益，主要包括社会公共秩序以及社会善良风俗等。① 据此可以认为，《合同法》第五十二条第（四）项关于"损害公共利益合同无效"的相关规定，已经被违反公序良俗合同无效的相关规定吸收。②

二、无效的性质

（一）自始无效

根据《民法典》第一百五十五条可知，无效合同从一开始就不具有法律拘束力，即一旦认定合同无效，是有溯及力的。但是，无效是指不能依照当事人意志产生相应的法律效果，而不是完全不产生任何法律效果。并且，无效合同虽然不应当履行，但是实际上可能已经部分履行甚至履行完毕，这样则会造成需要被纠正、恢复的状态。③

（二）当然无效

无效合同，自始没有法律约束力。故《九民纪要》在"（一）关于合同效力"部分强调，人民法院在审理合同纠纷案件过程中，要依职权审查合同是否存在无效的情形，注意无效与可撤销、未生效、效力待定等合同效力形态之间的区别，准确认定合同效力，并根据效力的不同情形，结合当事人的诉讼请求，确定相应的民事责任。

1. 合同无效的释明问题

依据《九民纪要》"合同无效时的释明问题"部分的规定，法院在审理合同无效案件时，需要注意以下两点：

（1）防止机械适用"不告不理"原则，在确认合同无效时一并处理善后事宜，尽可能一次性解决纠纷。在双务合同中，无论是原告诉请确认合同有效并要求继续履行合同而被告主张合同无效，或者是原告诉请确认合同无效并要求返还财产而被告主张合同无效，法院都不能仅仅审理当事人的诉讼请求，而应当向原告释明变更或者增加诉讼请求，或者向被告释明提出同时履行抗辩权，力争案结事了。需要注意，在法院已经就合同无效问题进行了释明的情况下，如果当事人并未主张合同无效后的责任问题，法院可能不会依职权予以处理。④ 当然，如果返还财产、折价补偿或者赔偿损失的范围一时难以确定，或者双方当事人之间争议较大，法院也可以告知当事人通过另行起诉等方式解决，同时

---

① 参见最高人民法院（2015）最高法民二终字第129号民事判决书。
② 有学者建议在立法中不再使用社会公共利益概念，以公序良俗中的公共秩序取而代之，以避免概念混乱。梁慧星.民法总论[M].北京：法律出版社，2001：53；蔡唱.公序良俗在我国的司法适用研究[J].中国法学，2016（6）：236-257.
③ 茅少伟.恶意串通、债权人撤销权及合同无效的法律后果——最高人民法院指导案例33号的实体法评释[J].当代法学，2018，32（2）：14-25.
④ 在王仁辉、中国建设银行股份有限公司临沂铁路支行金融借款合同纠纷案中，最高人民法院认为，在本案中，尽管上诉人在其上诉理由中主张一审判决未就协议无效后的赔偿责任作出裁判属于适用法律错误，但其在上诉状和庭审中始终未就其因借款协议无效造成的损失提出明确具体的诉讼请求。尤其是在法庭向其特别释明后继续坚持合同有效之主张，仍未请求对方承担合同无效后的民事责任。因此，上诉人有关要求对方承担合同无效后的民事责任的主张不属于本案的审理范围。参见最高人民法院（2017）最高法民终732号民事判决书。

在裁判文书中予以明确。人民法院释明后当事人变更诉讼请求或者提出抗辩的,则应当将其归纳为案件争议焦点,组织当事人充分举证、质证和辩论。经审理认定合同无效的,除了要在判决书"本院认为"部分对同时返还作出认定外,还应当在判项中作出明确表述,避免因判令单方返还而出现不公平的结果。

(2)第一审人民法院未予释明,第二审人民法院认为应当对合同不成立、无效或者被撤销的法律后果作出判决的,可以直接释明并改判。由于合同无效是当然无效,《九民纪要》明确规定法院可以依职权处理合同无效问题。对合同效力的审查属于人民法院裁判权范围,即使当事人没有提起确认合同无效的诉讼请求,人民法院仍然应当依职权进行审查。①

2. "确认合同无效之诉"不适用诉讼时效

由于合同无效是当然无效,所以确认合同无效并不受诉讼时效的限制。在广西北生集团与北海市威豪房产公司等土地使用权转让合同纠纷中,最高人民法院明确指出,合同效力的评价与认定,本质上是国家公权力对民事法律行为进行的必要干预。合同无效是自始无效,单纯的时间经过并不会改变无效合同的违法性。因此,当事人请求确认合同无效,不应当受诉讼时效期间的限制。尽管如此,合同经确认无效后,当事人关于返还财产和赔偿损失的请求,则受诉讼时效期间的限制。②理由在于:一方面,请求返还财产应当属于债的请求权的范畴,理所当然应当适用诉讼时效。另一方面,在合同宣告无效以后,享有返还原物、赔偿损失请求权的一方当事人应当积极行使权利。权利人不能长期躺在权利上睡眠,否则会破坏已经存在并已经趋于稳定状态的法律关系。因此,如果法院只是判决宣告合同无效,却并没有处理合同无效的善后事宜,则当事人应当在诉讼时效期限内提出返还原物、折价补偿和赔偿损失等请求。③

(三)部分无效

1. 不影响其他部分,部分无效

依据《民法典》第一百五十六条,如果合同部分无效但不影响其他部分效力,则其他部分仍然有效。对此,《民法典》有列举,如第七百零五条规定租赁期超过20年的部分无效,未超过部分的租赁合同依然有效。

司法实践中,也有诸多判例。例如,在王飞诉皮军英等股权转让协议纠纷案中,对于特别约定中"王某不得起诉裴某",法院认为该约定不具有诉讼法上的效力,属于无效条款。除不得起诉条款无效之外,其他内容均合法有效,双方当事人应按约定享有权利并履行义务。④再如,在青岛市崂山国土资源分局与青岛乾坤木业公司土地使用权出让

---

① 参见最高人民法院(2014)最高法民一终字第277号民事判决书。也有判例指出,如果当事人认为合同有效,但法院认为合同无效,此时应当就合同效力问题进行释明,请当事人变更诉讼请求,不能直接判决合同无效。在当事人没有诉请确认合同无效的情形下直接判决合同无效,可能导致判决超出诉讼请求,或者导致当事人因此而丧失基于合同无效主张损害赔偿请求的审级利益。参见最高人民法院(2020)最高法民再81号民事裁定书。笔者认为,既然合同无效是当然无效,诉讼中法院可以依职权确认合同无效。
② 参见最高人民法院(2005)最高法民一终字第104号民事判决书。
③ 王利明. 关于无效合同确认的若干问题[J]. 法制与社会发展, 2002(5): 60-68.
④ 参见江苏泗洪法院(2015)洪民初字第00753号民事判决书。

合同纠纷案中，最高人民法院认为，在合同签订之前，山东省人民政府已经批准合同项下的 84 亩土地由农业用地转为建设用地，故与这部分土地相应部分的合同应当有效，合同项下其余部分土地尚未办理农用地转用审批手续，相应部分的合同无效。①

2. 影响其他部分，全部无效

如果无效部分与有效部分具有牵连关系，确认部分内容无效将直接影响有效部分的效力，或者从合同目的、交易习惯以及根据诚实信用和公平原则，决定剩余的有效部分对于当事人而言已经没有实质意义，或者造成显失公平，使合同被确认为全部无效。②例如，在亚洲证券公司与湖南省青少年发展基金会、长沙同舟资产管理公司委托理财合同纠纷案中，最高人民法院认为，在订有保底条款的委托理财合同中，保底条款与合同其他条款明显不具有可分性，无法独立分离出来。如果没有保底条款，委托人通常不愿意签订委托理财合同。换言之，保底条款被确认无效必然导致委托人的缔约目的落空，此时，如果再继续确认合同其他部分有效，必将导致极不公平合理之结果。有鉴于此，本院认为，保底条款应当属于本案中委托理财协议之目的条款或核心条款，不能成为相对独立的合同无效部分，保底条款无效必然导致委托理财协议整体无效。③

3. 解决争议条款的独立性

《民法典》第五百零七条规定："合同不生效、无效、被撤销或者终止的，不影响合同中有关解决争议方法的条款的效力。"此即争议解决条款的独立性。如此规定，是为了更有利于纠纷解决。由于各种原因，当事人难免会出现争议，尤其是当合同效力状况不如预期时。提前约定好争议解决条款，可以有效避免争议中的当事人不理智的行为加剧争端。需要注意的是，争议解决条款独立生效，是指争议解决条款一旦满足合同的一般生效要件，则争议解决条款就具有法律效力，不受合同整体效力状况的影响。换言之，如果争议解决条款本身不符合《民法典》第一百四十三条关于法律行为生效的一般要件规定，则自然不可能具有法律效力。例如，在周某与湖北元创股权投资管理有限公司合同纠纷案中，最高人民法院认为，双方均在合伙或合同上签名盖章，并且对真实性均不持异议。据此，依据仲裁条款独立性原则，《合伙合同》成立与否均不影响仲裁条款的效力。④案件中法院强调当事人对合同签名盖章不持异议，实际上就是在强调当事人对合同中仲裁条款的合意，在此基础上才认定仲裁条款独立生效。

（1）合同已经成立。需要注意的是，《民法典》第五百零七条争议解决条款效力独立的适用前提是合同已经成立。在招商银行无锡分行与中国光大银行长春分行委托合同纠纷管辖权异议一案中，最高人民法院指出，争议解决条款效力独立以当事人已经确认合同客观真实性作为基本前提。毕竟合同效力问题是对已经成立的合同是否具有合法性的评价，合同成立之前还根本谈不上合同效力问题。争议解决条款效力独立之规定主要针对已经成立的合同，所以争议解决条款应当是真实存在的，并且当事人就

---

① 参见最高人民法院（2007）最高法民一终字第 84 号民事判决书。
② 王利明. 关于无效合同确认的若干问题 [J]. 法制与社会发展，2002（5）：60-68.
③ 参见最高人民法院（2009）最高法民二终字第 1 号民事判决书。类似判例，参见最高人民法院（2006）最高法民二终字第 90 号民事判决书。
④ 参见最高人民法院（2019）最高法民终 1583 号民事判决书。

此已经达成合意。①

（2）主要类型。《民法典》第五百零七条规定的争议解决条款主要包括仲裁条款②、选择管辖法院的条款③、涉外法律关系中法律适用条款④以及选择检验鉴定机构的条款等常见类型。相对而言，选择检验鉴定机构的条款容易被忽视。当事人对标的质量等问题可能发生争议而无法达成一致意见，对此事实问题，法院往往也需要借助专业机构出具的检验报告或者鉴定意见进行认定。为了避免引发争议后当事人无法就检验和鉴定机构的选择达成一致，其可以在合同中进行约定。考虑到双方自愿做出的这种约定仅仅是对事实问题，并不会直接影响到合同的实体权利和义务，因此不受合同效力的影响。

三、无效的后果

民事法律行为无效、被撤销或者确定不发生效力后，主要涉及返还财产、折价补偿和损害赔偿问题。⑤

（一）返还财产与折价补偿

现代民法中债的关系建立在给付义务之上，具体到合同之债，当事人合意的给付义务实际上决定了各自于该合同项下的债权与债务内容。⑥在此意义上，甚至可以说合同债权的本质即是债权人有效地受领债务人的给付。⑦但是，当合同无效、被撤销或者确定不发生效力时，当事人所约定的履行义务便溯及既往地失去法律效力，由此尚未履行的义务无须继续履行，而对于已经履行的部分，受领人自然也应当予以返还。因此，《民法典》第一百五十七条所述"因该行为取得的财产"，在合同场合便是因该合同履行而得到的财产。实际上，此时返还财产之目的主要是让当事人恢复到订立合同之前的状态。

值得说明的是，《民法典》第一百五十七条所述"不能返还"实际上包括两种情形，即事实上的不能返还以及法律上的不能返还。事实上的不能返还主要包括给付内容因其

---

① 参见最高人民法院（2015）最高法民二终字第428号民事裁定书。
② 《中华人民共和国仲裁法》第十九条第一款规定："仲裁协议独立存在，合同的变更、解除、终止或者无效，不影响仲裁协议的效力。"
③ 《民事诉讼法》第三十四条规定："合同或者其他财产权益纠纷的当事人可以书面协议选择被告住所地、合同履行地、合同签订地、原告住所地、标的物所在地等与争议有实际联系的地点的人民法院管辖，但不得违反本法对级别管辖和专属管辖的相关规定。"
④ 《涉外民事关系法律适用法》第四十一条规定："当事人可以协议选择合同适用的法律。当事人没有选择的，适用履行义务最能体现该合同特征的一方当事人经常居所地法律或者其他与该合同有最密切联系的法律。"对于具有涉外因素的合同争议，当事人可以通过协议的方式选择合同适用的法律。当然，如果适用外国法律必将损害我国社会公共利益，则应当适用我国法律。当事人就法律适用条款所达成的协议的效力具有独立性，不受合同效力的影响。
⑤ 《民法典》第一百五十七条："民事法律行为无效、被撤销或者确定不发生效力后，行为人因该行为取得的财产，应当予以返还；不能返还或者没有必要返还的，应当折价补偿。有过错的一方应当赔偿对方由此所受到的损失；各方都有过错的，应当各自承担相应的责任。法律另有规定，依照其规定。"
⑥ 王泽鉴.债法原理[M].北京：北京大学出版社，2013：80.
⑦ 崔建远.合同法总论（上卷）[M].北京：中国人民大学出版社，2011：224.

性质而无法返还（典型情况即行为给付）①或者给付内容在物理上已经不具有返还的可能（典型情况即物的灭失），而法律上的不能返还主要包括给付内容已被其他人依据法律规定取得而致使给付内容已经不再由给付人享有（典型情况即第三人善意取得）或者法律上禁止返还（典型情况即合同标的是法律禁止流通物）。"没有必要返还"不同于前述"不能返还"情形，往往是在事实上和法律上可以返还，但是实际返还原物不符合经济效率标准的情形，为了避免返还财产造成经济上的浪费而不要求返还财产。②

《九民纪要》"价款返还"部分还规定，如果返还财产和返还合同价款互为对待给付，则双方当事人应当同时返还。此等情形下，双方互负返还义务与双务合同一样具有对待给付性，可以看作是合同有效情形下双方债务的变形或者逆转，如果没有约定返还顺序，也存在以同时履行抗辩权满足促成互为履行的需求③，即上述规定涉及的返还财产和折价补偿问题原则上可以适用同时履行抗辩权的相关规定。④

1. 原物返还

根据《九民纪要》"财产返还与折价补偿"部分的规定，合同不成立、无效或者被撤销后，原物返还应当坚持几个原则：①双方因该合同取得财产的，应当相互返还。②在确定财产返还时，要充分考虑财产增值或者贬值的因素。③应予返还财产相对于合同约定价款出现增值或者贬值的，人民法院要综合考虑市场因素、受让人的经营或者添附等行为与财产增值或者贬值之间的关联性，在当事人之间合理分配或者分担，避免一方因合同不成立、无效或者被撤销而获益。从上述规定看，返还财产并不能等同于简单的原物返还，还必须考虑财产价值的变化等因素，确保合同当事人之间的利益平衡。

2. 折价补偿

根据《九民纪要》"财产返还与折价补偿"部分的规定，折价补偿应当坚持几个原则：

（1）如果标的物已经灭失、转售他人或者存在其他无法返还的情况，则当事人主张返还原物的请求不能得到法院支持，但是其可以主张折价补偿。因为在标的物已经灭失等无法返还的情况下，当事人主张返还原物无异于强人所难，法院当然不应支持。但是此时，如果就此免除当事人的返还义务，则必然损害对方当事人的利益。故规定当事人

---

① 现实生活中当事人可为约定的给付内容形态各异，性质上大致可以分为行为给付和结果给付两大类。王泽鉴.债法原理[M].北京：北京大学出版社，2013：79；王洪亮.债法总论[M].北京：北京大学出版社，2016：19.

② 韩世远.合同法总论[M].北京：北京大学出版社，2018：322；朱广新.合同法总则研究[M].北京：中国人民大学出版社，2018：372.

③ 还有学者认为，双方因合同不成立、无效、被撤销或解除而产生的相互之间的返还义务，因在法律上与双务合同当事人所负担的对待给付义务极为相似，在实质上具有牵连关系。此时权利人可以行使同时履行抗辩权，以保护自己的利益。顾伟强，孙美兰.论同时履行抗辩制度的适用[J].人民司法，2000(2)：43-46.

④ 《民法典》第五百二十五条规定："当事人互负债务，没有先后履行顺序的，应当同时履行。一方在对方履行之前有权拒绝其履行请求。一方在对方履行债务不符合约定时，有权拒绝其相应的履行请求。"所谓同时履行抗辩权，就是双方都对对方负有履行的义务，均已到履行期限，且没有先后履行顺序，如果一方不履行或者履行不符合约定的，则另一方可以拒绝相应的履行。同时履行抗辩权的立法目的并不是追求债务的严格同时履行，旨在强调双方债务在履行上的制衡关系，从而激励欲获对待给付的当事人须先为给付。在事实上主要还是基于双方债务的对待给付性，确保双方权利义务的平衡。

主张折价补偿的，法院应当支持，即无法返还原物情形，允许用价值补偿进行替代。

（2）折价补偿时应当以合同约定价款为基础。如此规定，实际上就是"无效行为有效化处理"，其合理性在于：第一，违法无效通常是因为合同违反法律的强制性规定，但是合同价款计算方式或者计算标准本身却没有违反法律的强制性规定；第二，与支持在一定条件下和一定范围内按照"无效行为有效化处理"相比，让一方当事人利用违法行为获利的做法无疑具有更大的社会危害性；第三，当事人违反法律强制性规定当然应当依照相关法规承担相应的法律制裁后果，"无效行为有效化处理"并不会产生鼓励违法的不良作用。因此，在确认合同无效的前提下准用合同价款作为一方或者双方无法返还时的补偿标准利大于弊。① 除了上述原因之外，合同约定价款毕竟是当事人意思一致的产物，更符合当事人的预期，按此处理可能更容易得到当事人的认可，减少纠纷。

（3）充分考虑当事人在标的物灭失或者转售时的获益情况，综合确定补偿标准。标的物灭失时当事人获得的保险金或者其他赔偿金，以及转售时取得的对价，均属于当事人因合同标的物而获取的利益。对获益高于或者低于价款的部分，也应当在当事人之间合理分配或者分担。换言之，折价补偿时同样要考虑当事人之间的利益平衡，不能让一方当事人独自享有收益或者承担损失。

3. 价款返还

《九民纪要》"价款返还"部分还规定，双务合同中的原物返还和价款返还应当同时进行。考虑到原物返还时一般不会支付占用期间的使用费或者资产折旧费用，占用价款期间的利息通常无须支付。如果一方当事人已经使用标的物，通常应当支付相应的使用费，但是该笔费用可以与占用价款一方应当支付的资金占用费相互抵消。因此，在一方返还原物或价款时，另一方仅需要返还本金，不需要另行支付利息。

（二）赔偿损失

1. 损失为前提

《民法典》第一百五十七条规定"有过错的一方应当赔偿对方由此所受到的损失"，说明赔偿范围仅仅限于因过错造成的损失，既强调了过错责任，同时又要求过错与损失之间具有因果关系。显然，如果没有实际损失，则无需任何赔偿。在张峪鑫等与神华新疆能源有限责任公司确认合同无效纠纷案中，最高人民法院指出，过错赔偿责任应当以合同无效给合同当事人造成实际损失为前提。涉案工程已经完成施工，黄兆宝也通过销售工程煤的形式取得了合同对价。因此，黄兆宝并没有因为合同无效而受到实际损失。黄兆宝所谓的开采工程煤价值不足以弥补其实际支出导致的亏损，属于正常商业风险而非合同无效导致的损失。即使在合同有效的情况下，该亏损仍然会存在。如果将商业风险导致的亏损错误地认定为合同无效的损失，必将出现黄兆宝在合同无效的情况下获得比合同有效情况下更大利益的不合理现象。②

2. 避免双重获利或者双重受损

《九民纪要》"损害赔偿"部分规定，如果返还财产或折价补偿不能有效弥补当事人

---

① 尹田. 论法律行为无效后的财产返还[J]. 时代法学, 2010, 8(5): 27-31.
② 参见最高人民法院（2015）最高法民一终字第128号民事判决书。

的实际损失，则可以向有过错的当事人请求赔偿损失。在确定赔偿范围时，必须考虑当事人的过错，主观过错越大，则赔偿范围也就越大。与此同时，还要注意财产返还或者折价补偿时已经考虑过的财产价值增值或者贬损的问题，不能在先后不同的两个阶段就同一事项作重复评价，切实避免双重获利或者双重受损现象。

3. 不应超过合同履行利益

根据《九民纪要》"合同不成立、无效或者被撤销的法律后果"部分的规定，在确定财产返还或者折价补偿范围时，绝不能让不诚信的当事人因为合同不成立、无效或者被撤销而获得利益。同时明确，由于此等情形下合同没有法律效力，当事人承担的责任在性质上属于缔约过失责任，责任范围自然不应当超过合同履行利益。例如，建设工程施工合同无效时，工程竣工验收合格时可以参照合同约定支付工程款。[①]之所以规定合同不成立、无效或者被撤销情形缔约过失责任范围上应当低于履行利益，原因在于，此等情形下当事人尚未履行合同，自然没有承担合同履行的风险和成本，按成本收益相匹配的逻辑，缔约过失责任范围当然应低于合同履行收益。

第三节　效力待定合同

一、无权代理人订立的合同

《民法典》第一百七十一条规定了无权代理订立合同情形下被代理人的追认、相对人的催告、善意相对人的撤销以及请求损害赔偿的问题，分述如下。

（一）追认

根据《民法典》第一百七十一条第一款规定，行为人没有代理权、超越代理权或者代理权终止以后实施的代理行为，如果没有经过被代理人追认，则对被代理人不发生效力。相反，如果得到被代理人追认，则对被代理人发生效力。[②]原则上，被代理人追认的意思表示自到达相对人时生效，这种追认具有溯及力，合同自订立时起生效。[③]

至于被代理人追认的方式，包括意思表示和特定行为两种。①意思表示。《民法典》第一百四十条将明示作为意思表示的原则性规定，而且，考虑到《民法典》第一百七十一条第二款已经将被代理人接到相对人催告通知起三十日内未作表示的情形明确规定为拒绝追认，因此沉默显然不能作为追认的方式。②特定行为。《民法典》第五百零三条规定了合同追认的特殊形式，如果被代理人履行合同义务或者接受相对人履行，

---

① 《民法典》第七百九十三条规定："建设工程施工合同无效，但是建设工程经验收合格的，可以参照合同关于工程价款的约定折价补偿承包人。"
② 《民法典》第一百六十八条规定："代理人不得以被代理人的名义与自己实施民事法律行为，但是被代理人同意或者追认的除外。"由此可见，被代理人追认可以治愈代理过程中与被代理人意思表示相关的诸多瑕疵。
③ 参见《最高人民法院关于适用〈中华人民共和国合同法〉若干问题的解释（二）》第十一条。

则这种履行合同的行为可以视为对合同的追认。根据上述两条,可以认为,追认可以采取明示或者履行合同义务两种方式。

(二)催告与撤销

根据《民法典》第一百七十一条第二款规定,无论相对人是否具备善意,都可以催告被代理人追认,而且将被代理人追认的时间限制在自收到通知之日起三十日内。换言之,如果超过三十天,被代理人将丧失追认的权利,超期的追认只能被视为新的要约,相对人不受合同约束。"三十日内"限期可以将合同效力悬而未决的状态控制在有限的时间范围内,便于相对人合理安排资源的利用问题,减少了资源的耗费。

至于撤销,当事人以通知的方式作出即可,无须法院或仲裁机构介入,这样可以与意思表示不真实情形下的撤销问题区别开来。原因在于,无权代理情形下被代理人并未有任何意思表示,相对于意思表示不真实情形,被代理人在合同中的卷入程度较低,撤销合同对其影响较小,引发争议的概率相对较低。

需要强调的是,只有善意相对人才有撤销的权利,而且应由相对人承担善意举证责任。一般来讲,"善意"往往要求相对人在缔约时并不知道"无权代理这一事实"[1]。在广西金伍岳能源集团与广西物资储备公司等确认合同无效纠纷中,最高人民法院认为,参照《公司法》第四十条第一款、第四十四条第三款、第四十七条等规定,董事长因故不能履职时应当通过法定程序让渡权利或者进行改选,案件中其私自通过"授权委托书"将公司董事长和法定代表人的职权概括授权给丁海顺,显然无效,因此丁海顺属于无权代表。作为物资储备公司的股东及选派二人到物资储备公司担任董事的派出单位,物资集团公司肯定知悉上述违法事实,所以其并非"债权转让合同"的善意相对方,无权主张《民法总则》第六十一条第三款规定的善意相对人的权利。[2] 本案中,相对人因为知悉"无权代理"这一重要事实而被认定为没有善意。

(三)无权代理人的责任

1. 责任性质及其范围

《民法典》第一百七十一条所谓的"责任"究竟是何种责任?主要有侵权责任说、合同责任说、缔约过失责任说、默示担保契约说以及法律特别责任说等不同观点:[3] ①侵权责任说认为,代理人对于无权代理给相对人造成的损失,应当承担侵权责任。问题在于,代理行为通常以意思表示为要件,明显不同于侵权行为,并且侵权责任往往以过错责任为原则,但民法典在规定无权代理责任时并未提及过错问题。②合同责任说认为,如果被代理人拒绝追认,但合同在代理人和相对人之间发生效力,代理人应当履行合同或者承担违约损害赔偿责任。这实际上是一种法律拟制,确认代理人和相对人之间的合同,旨在更好保护相对人的预期利益。③缔约过失责任说认为,代理人明知自己没有代理权而与他人缔约,违反了先合同义务,应当承担缔约过失责任。据此观点,相对人请求赔

---

[1] 此外还有更多关于"善意"的讨论。石一峰.私法中善意认定的规则体系[J].法学研究,2020,42(4):131-149. 夏昊晗.无权代理中相对人善意的判断标准[J].法学,2018(6):139-152.
[2] 参见最高人民法院(2019)最高法民再35号民事判决书。
[3] 王利明.论无权代理人对相对人的责任[J].河南社会科学,2020,28(5):16-24.

偿损失的基础并非有效的合同请求权，而是合同无效导致的损失。但是，缔约过失责任范围往往低于违约责任，可能不利于相对人的利益保护。④默示担保契约说认为，如果无权代理人不作出相反的意思表示，那么其与相对人间会成立担保合同有效的默示合同。问题在于，默示担保契约一定程度上也是一种法律拟制，可能违背当事人的真实意思。与此同时，担保合同是主合同的从合同，其效力依附于主合同，如果无权代理行为未被追认，默示担保也会因主合同无效而不能独立生效。⑤法律特别责任说认为，无权代理人对第三人所负责任是基于法律的特别规定，但是，该学说并未阐明这种责任的性质，既有的民事责任体系也无法提供有效解释。

相对人利益必须得到保护，否则代理制度将难以为继。与无权代理人相比，相对人往往难于知晓代理人和本人之间的内部关系，因此保护无过错相对人利益比保护有过错代理人利益更加正当。虽然合同因为没有得到本人追认而对本人没有法律拘束力，但是在无权代理人和相对人之间毕竟存在缔约行为，而且已经完成缔约，善意相对人完全有理由相信自己和本人之间已经存在合同关系并且基于合同形成了合同履行的合理期待。然而，这种期待已经不是将来成立合同的期待，因此缔约过失责任已经不能为相对人提供很好的保护。从相对人的角度考虑，如果本人能追认合同并履行当然更好，但如果本人拒绝追认，让代理人履行合同或者承担违约损害赔偿责任基本上可以达到同样效果，履行责任能够为相对人提供更充分的保护。明知自己没有代理权而声称自己有代理权，无异于故意作出虚伪意思表示的当事人，而让其为故意导致他人产生误信的行为承担较重的责任，完全符合伦理的要求。总之，无权代理人承担"履行责任"并非不可，甚至应当以"履行责任"为原则。①

根据《民法典》第一百七十一条第三款规定，无权代理人订立合同未被追认时，善意相对人有权请求就其遭受的损害进行赔偿，但是损害赔偿的范围以履行利益为限制，不得超过被代理人追认时相对人所能获得的利益。②从损害赔偿责任范围看，这和《九民纪要》"合同不成立、无效或者被撤销的法律后果"部分规定的不应超过合同履行利益并无二致，似乎支持缔约过失责任说。与此同时，上述法条还规定，善意相对人有权请求无权代理人履行债务。如此看来，似乎又采纳了履行责任说。综合看来，善意相对人既可以选择履行责任，也可以要求损害赔偿，法律将选择权赋予善意相对人，只为更好地保护其利益。

2. 归责

从文义上看，法律条文并未区分无权代理人有无过失，只要合同未被追认，无权代理人即应当承担合同履行责任。有学者认为这种责任是法律直接规定的特别责任，不以无权代理人过错为要件。与默示担保契约不同，这是法定的担保责任，准确说是一种"确保"，即以代理人的名义行事，必须确保自己有代理权或者确保未来可以得到被代理

---

① 王浩. 论无权代理人的责任[J]. 华东政法大学学报，2017，20（6）：78-88.
② 《民法典》第一百七十一条第三款规定："行为人实施的行为未被追认的，善意相对人有权请求行为人履行债务或者就其受到的损害请求行为人赔偿，但是赔偿的范围不得超过被代理人追认时相对人所能获得的利益。"

人追认。①

也有观点指出,对上述规定的适用范围应当进行限缩解释,如果无权代理人并不知道自己没有代理权,即使其具有重大过失也无须承担履行责任。如果确实因为自己的过失(轻过失、重过失)而不知道代理权欠缺,那么存在信赖利益赔偿责任的余地;如果无权代理人既不知道代理权欠缺,又没有任何过失,即便是信赖利益赔偿责任也无需承担。在此意义上,无权代理人的责任显然是一种过失责任。理由在于,依据《民法典》第一百四十七条,基于重大误解实施的民事法律行为,行为人有权请求人民法院或者仲裁机构予以撤销,从而免于承担履行责任,并且该条并未限制或者否决有重大过失的表意人的撤销权。更进一步,依据《民法典》第一百五十七条,意思表示被撤销后,表意人如有过失,则需向相对人承担信赖利益赔偿责任。②上述观点有两个地方值得推敲:其一,代理人不确定自己是否拥有代理权而开展代理活动,这一行为本身是否在客观上足以证实其具有过错?代理人外出活动期间,被代理人临时终止代理权并忘记通知代理人,此时,代理人对于自己没有代理权不存在过错。但是,此等情形几乎都可以按照表见代理处理。因此,在更多无权代理情形下,代理人很难说不知道自己没有代理权。其二,将无权代理情形缔约与重大误解相提并论,但重大误解情形似乎并不包含无代理权而误认为自己有代理权的情形。

依据《民法典》第一百七十一条第三款,善意相对人可以在无权代理人履行债务和承担缔约过失责任中间进行选择。前者是严格责任,而后者是过错责任,因此不能笼统地说无权代理人责任是否要求过错,应当区别相对人主张的责任性质而确定。③①如果善意相对人要求履行合同,则完全不需要考虑无权代理人的过错问题。被代理人没有追认合同时,合同可以视为无权代理人和善意相对人之间的合意,相当于法律在无权代理人和善意相对人之间拟制合同,履行合同更有利于实现善意相对人的缔约目的。②如果善意相对人要求赔偿损失,则要求无权代理人具有过错。《民法典》第一百七十一条第三款所规定的赔偿责任在法律性质上属于缔约过失责任,但前提是缔约过程中存在过失。并且,缔约过失中的过失是一种客观过失,只要行为人违反了一定的行为标准即可判定其具有过失。在无权代理情形下,无权代理人的过失在于其违反了先合同义务。

3. 相对人过错的影响

《民法典》第一百七十一条第三款赋予了善意相对人选择权,第四款规定的是相对人恶意时的责任承担问题,相对人知道或者应当知道行为人无权代理的,相对人和行为人按照各自的过错承担责任。将两款规定进行对比可以发现,第一百七十一条第三款规定的善意,就是指相对人不知道并且也不应当知道与自己缔约的代理人实际上没有代理权。

比起"全有或全无"模式,《民法典》第一百七十一条第四款条文采用"过失相抵"

---

① 纪海龙.《合同法》第48条(无权代理规则)评注[J]. 法学家, 2017(14): 157-174, 180.
② 王浩. 论无权代理人的责任——对《民法总则》第171条的一种解读[J]. 华东政法大学学报, 2017, 20(6): 78-88.
③ 王利明. 论无权代理人对相对人的责任[J]. 河南社会科学, 2020, 28(5): 16-24.

模式，在法政策上更合适。① 理由如下：①无权代理人必须承担无权代理的风险，恶意相对人同样不值得过度保护。与相对人相比，代理人在判断代理权之有无及其权限范围方面具有明显的信息优势，能够以更低的成本关闭无权代理的大门，防范无权代理的风险及其损失，因此无权代理人必须为其过错负责，只有如此才能让其有动力去规避无权代理问题。与此同时，相对人对于防范无权代理问题也是可以有所作为的，尤其是当他已经知道或者应当知道代理人没有代理权时。如果考虑相对人的过错，则相对人就不会投入过度信赖，在交易过程中才会尽到必要的注意义务，更好地避免或减少无权代理缔结的合同。②明文规定"过失相抵"，在个案中根据当事人双方的过错分配责任更为妥当。这样既可以避免相对人在重大过失情形下仍然要求无权代理人承担过重的实际履行责任，又可以避免裁判者在相对人恶意时一概免除无权代理人的责任。② 如此规定，更有利于通过法官自由裁量而实现利益平衡。

（四）表见代理

表见代理属于无权代理范畴，只是因为本人与无权代理人之间的特殊关系，具有授予代理权的外观以至于相对人有理由相信无权代理人有代理权进而与其作出一定法律行为，在此情形下法律赋予有权代理同样的法律效果。③ 在表见代理情形下，相对人不知道或者不应当知道代理人为无权代理，而且有理由相信其有权代理，如果一概否定代理行为对被代理人的法律效力，则会破坏交易安全。此外，善意保护也是近现代民法的一项基本规则，这要求为善意无过失的相对人的合法权益提供保护，而确认表见代理有效以保护相对人的合理信赖无疑是较好的选择。

1. 表见代理的类型

《民法典》第一百七十二条规定了"行为人没有代理权、超越代理权或者代理权终止"三种没有代理权的情形，在司法实践中，上述三种情形分别对应授权表示型、权限逾越型、权限延续型三种表见代理类型。④

（1）授权表示型是指本人以自己的行为表示授予他人代理权而实际上并未授权，或者明知他人以自己的名义从事民事行为而不作否认表示，让第三人误以为代理人有代理权。例如，在中国铁路物资沈阳有限公司与天津市长芦盐业总公司买卖合同纠纷中，最高人民法院认为，基于长芦公司与建平公司已经存在长期密切往来，纵观涉案合同的签订和履行方式，再考虑到"三方协议"履行期间的三方行为，足以制造出长芦公司委托了建平公司从事交易、代收货款的表象，可以认定长芦公司领取汇票的行为构成表见代理。⑤ 再如，在南通大辰建设集团与张宪文等建设工程合同纠纷一案中，最高人民法院认为，施工过程中罗传超一直以大辰公司项目经理名义实施民事法律行为，包括在支付工

---

① 《民法典》第一百七十一条第四款规定："相对人知道或者应当知道行为人无权代理的，相对人和行为人按照各自的过错承担责任。"
② 夏昊晗.无权代理人对恶意相对人之责任[J].比较法研究，2019（5）：154-169.
③ 梁慧星.民法总论[M].北京：法律出版社，2011：237.
④ 《民法典》第一百七十二条规定："行为人没有代理权、超越代理权或者代理权终止后，仍然实施代理行为，相对人有理由相信行为人有代理权的，代理行为有效。"
⑤ 参见最高人民法院（2015）最高法民二终字第335号民事判决书。

程款项的票据上签字、在整改通知单上签字等,对此,大辰公司、罗传奇均未提出异议。确定一种权利外观是否存在,要从第三人是否相信或者应当相信的角度来考虑。因此,即便大辰公司、罗传奇在庭审过程中否认罗传超签订"施工图预算书"的效力,并不影响对罗传超表见代理行为的认定。①

（2）权限逾越型是指代理人确实有一定代理权,但在签订合同时却超越代理权构成的表见代理。例如,在审理中信银行长沙晚报大厦支行与李海波借款合同纠纷一案中,最高人民法院认为,《商业银行法》第三条规定的十四项业务内容是商业银行的经营业务范围,而不是商业银行从事民事行为的范围。该条规定没有禁止商业银行进行其他民事行为,所以,蒋慕飚代表中信银行长沙阳光支行进行的民事行为不能认定为超越其职务权限。②

（3）权限延续型是指代理权终止的表见代理,可能是因为代理权期限届满或者本人撤回代理权。在中国银行太原并州支行与太原市大复盛房产公司借款担保合同纠纷再审案中,最高人民法院认为,原公司法定代表人变更登记后仍以公司名义及法定代表人身份对外签订抵押合同,并加盖其在担任法定代表人期间私刻且经对外公示公信效力的公章,在无证据证明相对人对此明知或应知的情况下,不应否定相对人因信赖对该行为人民事行为效力的认可。③

2. 构成要件

需要指出,表见代理本质上是无权代理的有效化处理,旨在保护善意相对人利益,最终促进交易安全。但无论如何,不能偏颇保护一方当事人,不能因此而造成被代理人和相对人之间的利益严重失衡,在适用时需要从严把握。《最高人民法院关于当前形势下审理民商事合同纠纷案件若干问题的指导意见》（法发〔2009〕40号）第十二条规定强调人民法院应当严格认定表见代理行为。并且,第十三条进一步强调,表见代理在构成要件上包括主客观两个方面,在客观要件方面要求代理人的无权代理行为足以形成具有代理权的外在表象,在主观要件方面要求相对人善意且无过失地相信行为人有代理权。④

（1）客观上具有权利表象。是否具有权利表象的审查,往往基于常识性判断。例如,

---

① 参见最高人民法院（2013）最高法民申字第683号民事裁定书。类似判例,参见最高人民法院（2019）最高法民终424号民事判决书。

② 参见最高人民法院（2013）最高法民提字第21号民事判决书。

③ 参见最高人民法院（2011）最高法民提字第316号民事判决书。

④ 在中国长城资产管理股份有限公司贵州省分公司、贵州勇能能源开发有限公司金融不良债权追偿纠纷二审案中,最高人民法院指出,行为人没有代理权、超越代理权或者代理权终止后以被代理人名义订立合同,相对人有理由相信行为人有代理权的,该代理行为有效。因此,相对人有理由相信行为人有代理权须具备两个要件:其一,具有代理的权利外观;其二,相对人善意且无过失。参见最高人民法院（2020）最高法民终594号民事判决书。又如,在湖南永阳置业有限公司与望建集团有限公司、李文武建设工程施工合同纠纷案中,最高人民法院指出,相对人主张行为人的行为构成表见代理,应当承担举证责任,其不仅应当举证证明行为人的代理行为存在有权代理的客观表象形式要素,而且应当证明其善意且无过失地相信行为人具有代理权。参见最高人民法院（2015）最高法民申字第2734号民事判决书。再如,在湖北楚龙实业有限公司与老河口市图书馆合资、合作开发房地产合同纠纷案中,最高人民法院强调,对表见代理的认定,应从是否在客观上形成具有代理权的表象和相对人主观上是否善意且无过失地相信行为人有代理权两个方面进行认定。参见最高人民法院（2014）最高法民申字第2013号民事判决书。

在三门峡华瑞商贸公司与江西省丰城市华康煤炭公司合同纠纷案中，最高人民法院认为，虽然代理人不是被代理人的法定代表人，但合同是在被代理人法定代表人的办公室签订而且加盖了被代理人公章，所以该签字行为显然具有被代理人授权的客观表象。[1] 再如，在北京城建建设工程有限公司、北京城建怀柔分公司等与利满四方公司等买卖合同纠纷一案中，最高人民法院认为，虽然苏京是利满四方公司的大股东并且担任公司监事职务，但股东个人行为显然不能代表公司，《公司法》也没有赋予监事对外代表公司的权利，苏京与城建公司和城建怀柔分公司商谈业务、领取支票的行为，亦不足以表明其在本案涉诉事项上具有代表公司的权利，苏京行为不构成表见代理。[2]

（2）主观上善意无过失。《最高人民法院关于当前形势下审理民商事合同纠纷案件若干问题的指导意见》（法发〔2009〕40号）第十四条规定人民法院在判断合同相对人主观上是否属于善意且无过失时，应当结合合同缔结与履行过程中的各种因素综合判断合同相对人是否已经尽到合理注意义务，此外还要考虑缔约时间、以谁的名义签字、是否盖有相关印章及印章真伪、标的物交付方式等各种因素，进行综合分析判断。换言之，相对人善意且无过失应当包含两方面含义：一是具有权利表象使得相对人有理由相信代理人所进行的代理行为属于代理权限内的行为；二是相对人无过失，即相对人已尽了充分的注意，仍无法否认行为人的代理权。[3]

善意，即是"有理由相信"，其判断问题有几点需要注意。①应以通常判断或手段为标准，而不能以相对人个体的判断为标准。[4]例如，在南通大辰建设集团与张宪文等建设工程施工合同纠纷案中，最高人民法院指出，确定一种权利外观是否存在，要从第三人是否相信或者应当相信的角度来考虑。[5]②法律不会要求相对人履行过高的审慎义务。例如，在农业银行海伦市支行、汤淑丽民间借贷纠纷中，最高人民法院认为，在判断相对人是否为善意相对人时，应综合借据的内容、借款人的身份及出具借据的地点等事实进行综合判断，绝不能要求作为普通人的相对人在借款时具备辨别各级银行业务范围以及银行工作人员具体职责的能力和注意义务。[6]③就是否有理由相信的判断时点而言，一定是缔结合同之时。例如，在安徽建工集团与沙兰兰、吴建借款合同纠纷中，最高人民法院认为，表见代理中相对人是否善意无过失，是对相对人订立协议时主观形态的判断，至于相对人缔约后知道或应当知道代理人欠缺代理权，并不影响其订立协议时主观上善意且无过失的认定。[7]④善意虽为主观要件，但可从外部证据推断、认定。相对人与行

---

[1] 参见最高人民法院（2017）最高法民申999号民事判决书。
[2] 参见最高人民法院（2014）最高法民提字第175号民事判决书。
[3] 参见最高人民法院（2013）最高法民提字第95号民事判决书。
[4] 尹田．民法典总则之理论与立法研究[M]．北京：法律出版社，2010：753．
[5] 参见最高人民法院（2013）最高法民申字第683号民事判决书。
[6] 参见最高人民法院（2017）最高法民申1242号民事裁定书。
[7] 参见最高人民法院（2013）最高法民申字第743号民事裁定书。

为人之间存在关联关系的，不属于善意无过失。① 最后，在审判实践中，法院有时不会就"有理由相信"给出合理解释。例如，在四川省大业建筑安装工程有限责任公司与成都和陵商贸有限公司买卖合同纠纷案中，最高人民法院认为，合同上加盖的印章与备案印章虽然存在细微差异，但是相对方基于对代理人身份和印章外观的判断，完全有理由相信代理人行为已经得到被代理人授权，可以认定构成表见代理。②

前已述及，善意是指相对人不知道且不应当知道代理人没有代理权。但是，这种观点并不是绝对的，也有判例指出，是否知道或应当知道代理人欠缺代理权，并不是认定是否善意的标准。例如，在安徽建工集团与沙某、吴某借款合同纠纷案中，最高人民法院认为，表见代理中相对人是否善意无过失，是对相对人订立协议时主观形态的判断，在相对人已尽谨慎注意义务后，其是否知道或应当知道代理人欠缺代理权，并不影响其订立协议时主观上善意且无过失的认定。③ 换言之，判断相对人是否具有善意，主要是考察其是否尽到合理注意义务。例如，在上海绿地建设有限公司与王某买卖合同纠纷案中，最高人民法院就指出，相对方抗辩合同上加盖的印鉴系伪造或者变造，人民法院应当结合合同缔结与履行过程中的各种因素综合判断是否构成表见代理。单就伪造、变造公司印章对案件基本事实的影响而言，关键在于合同相对人是否尽到合理的注意义务。④ 再如，在中国农业银行股份有限公司宽甸满族自治县支行与被申请人鞍山银行股份有限公司立山支行、鞍山银行股份有限公司、宽甸盛鑫铁选矿业有限公司、杨景文金融借款合同纠纷案中，最高人民法院认为，农业银行宽甸支行的工作人员明知对大额存单进行核保时应见存单出具银行的行长，且对存单真实性产生怀疑时，却应存单持有人的要求放弃面见立山支行行长，亦未要求立山支行的工作人员按照行业惯例在核保清单上标注"此存单未查封、未抵押、未挂失"并且签字盖章，反而将核保手续完全交由孔德智办理，农行宽甸支行在核保过程中有重大过失，未尽到应尽的注意义务，非善意相对人。⑤ 合理注意，至少包括核实代理人身份、权限，要求代理人出示身份证明及授权文件⑥，查看被代理人印章。⑦ 相对人对行为人的身份及有无代理权未进行核实⑧，或者对订立合同过程中

---

① 参见最高人民法院（2015）最高法民申字第1111号民事裁定书。当然，也有部分法院会提示什么情况不属于"相对人有理由相信行为人有代理权"，例如，《江苏省高级人民法院关于适用〈中华人民共和国合同法〉若干问题的讨论纪要（一）》（苏高发审委[2005]16号）第十五条明确规定："下列情形下不应当认定为属于《合同法》第四十九条所称的'相对人有理由相信行为人有代理权'：（1）被代理人授权明确，行为人越权代理的；（2）行为人与相对人订立的合同内容明显损害被代理人利益的；（3）基于经验法则，行为人的代理行为足以引起相对人合理怀疑的。"
② 参见最高人民法院（2017）最高法民申4008号民事裁定书。
③ 参见最高人民法院（2013）最高法民申字第743号民事裁定书。
④ 参见最高人民法院（2018）最高法民申4726号民事裁定书。
⑤ 参见最高人民法院（2014）最高法民提字第58号民事判决书。
⑥ 参见最高人民法院（2014）最高法民申字第536号民事裁定书。
⑦ 参见最高人民法院（2016）最高法最高法民再200号民事判决书。
⑧ 参见最高人民法院（2013）最高法民申字第2016号民事裁定书。如在李德勇与中国农业银行股份有限公司重庆云阳支行储蓄存款合同纠纷案中，最高人民法院指出，他人或者代理人向相对人自称具有某种"身份"而没有被代理人向相对人授权的意思表示，不够成表见代理。参见最高人民法院（2013）最高法民提字第95号民事判决书。

的异常做法未产生合理怀疑而不向被代理人核实[1],或者在订立违反常规的合同时未尽合理注意[2],均构成过失。

（3）证明。对于表见代理构成要件的证明，应由相对人负责。《最高人民法院关于当前形势下审理民商事合同纠纷案件若干问题的指导意见》（法发〔2009〕40号）第十三条规定合同相对人主张构成表见代理时应当承担举证责任，且按表见代理构成要件需要证明两方面的内容：一方面需要证明存在代理权的客观表象，如代理人有合同书、公章、印鉴等足以让人相信有代理权；另一方面需要证明善意且无过失，不知道且不应当知道代理人没有代理权，而且尽到了合理注意义务。[3]

3. 法律后果

对相对人而言，表见代理制度的适用是任意性规范还是强制性规范？善意相对人能否选择不主张表见代理的效果，而是主张按照无权代理处理？学界存在不同意见。肯定说的理由在于，狭义无权代理和表见代理规定之间构成竞合，相对人可择一主张。[4]持否定说者认为，在有权代理时，相对人和被代理人之间成立合同，相对人没有选择空间。表见代理本质上是无权代理，按有权代理处理已经是对相对人的特别保护，没有任何理由再赋予其选择权，使其获得比有权代理情形更为优越的法律地位。[5]并且，从相对人投机风险立论，如果赋予相对人选择权，只要缔约后客观环境变化导致合同变得不利，则不够诚信的相对人往往主张无权代理以逃避责任，损害被代理人利益。[6]

目前的主流观点支持选择说，理由在于，表见代理在本质上也属于无权代理的情形，从法律适用的角度讲，《民法典》第一百七十一条关于无权代理的规定同样可以适用于表见代理的情形。因此，应当允许善意相对人行使选择权，根据自己利益主张无权代理或者表见代理。如果相对人主张表见代理为无权代理，为了保护善意相对人的利益，被代理人不得基于表见代理的规定而要求相对人按有权代理处理。[7]

在构成表见代理时，如果将选择权赋予善意相对人，可能出现两种情况：第一种情况是善意相对人主张表见代理。如果善意相对人主张表见代理并最终由被代理人履行合同，被代理人如果因此而遭受损失，可以向表见代理人主张损害赔偿责任。[8]第二种情况是，善意相对人主张无权代理。在此情形下，根据被代理人是否想要与相对人缔结合同，

---

[1] 参见最高人民法院（2013）最高法民提字第95号民事判决书。
[2] 参见最高人民法院（2013）最高法民申字第312号民事裁定书。
[3] 还有观点指出，应由被代理人承担对行为人确系无权代理的举证责任；由相对人承担证明信赖行为人有代理权且信赖是有理由的举证责任；再由被代理人对相对人主观上是否为恶意或在缔约过程中是否存在重大过失进行举证。举证过程是依次递进的，只有当前一个环节举证充分后，才能递进到下一个环节的举证。沈德勇.最高人民法院关于合同法司法解释（二）理解与适用[M].北京：人民法院出版社，2009：102-103.
[4] 黄立.民法总则[M].北京：中国政法大学出版社，2002：412.
[5] 朱庆育.民法总论（第二版）[M].北京：北京大学出版社，2016：371-372.
[6] 张谷.略论合同行为的效力——兼评合同法."第三章[J].中外法学，2000（2）：187-202.
[7] 马骏驹，余延满.民法原论[M].北京：法律出版社，2010：239.
[8] 《最高人民法院关于适用〈中华人民共和国合同法〉若干问题的解释（二）》第十三条规定："被代理人依照合同法第四十九条的规定承担有效代理行为所产生的责任后，可以向无权代理人追偿因代理行为而遭受的损失。"

又可以细分为两种情况：其一，被代理人不愿意与相对人发生合同关系，认可按无权代理处理；其二，被代理人希望与相对人发生合同关系，不认可按无权代理处理。此等情形其实才是善意相对人是否有选择权的价值所在。从表见代理构成要件看，无论是存在代理权的客观表象，还是代理人善意且无过失，似乎都暗示着与被代理人签订合同符合相对人内心真实想法。既然如此，被代理人主张适用表见代理制度进入合同关系，完全符合相对人利益。如果赋予其选择权，反而容易主张不诚信的做法。因此，笔者认为，在构成表见代理且被代理人愿意履行合同时，应当不允许相对人主张无权代理。

（五）职务代理

职务行为的后果由所在单位承担，即使超越内部的权限，善意相对人也可以主张有效。[①]司法实践中，公司章程对法定代表人权利的限制问题呈现出推定知悉到推定不知悉的转变。早期一般都推定相对人知道公司章程，自然也知晓其中对法定代表人权利的限制，相当于相对人被推定为恶意，越权代表无效。但是，商事交往中要求相对人调查公司章程，影响交易的便捷性，增加交易成本。并且，法定代表人权限限制只是公司内部管理事务，要求相对人去调查也有违公平。因此，现在一般都推定相对人没有义务去调查公司章程，与公司法定代表人签订合同都是出于善意。如果公司主张相对人出于恶意，其则应举证证明，否则无法否定相对人的善意，而合同受到保护。究其原因，作为一种主观状态，善意的正面认定极其困难。[②]

理论上，关于越权代表中相对人善意的认定，按照对相对人过失的容忍程度从低到高可以分为单纯善意说、无过失说和无重大过失说。①单纯善意说。只要不是明知即是善意，不必考虑是否存在过失，因此相对人没有注意义务。[③]②无过失说。不知道而且也不应当知道才是善意，如果相对人应当知道却因为过失而不知道，则相对人利益不受保护。[④]③无重大过失说。只要不是由于相对人重大过失造成的应当知道而不知道，都是善意，即容许相对人的轻微过失和一般过失，减轻了相对人的注意义务。[⑤]

单纯善意说偏重保护相对人，存在以下弊端：①偏重保护相对人导致利益失衡。交易安全应该是交易双方当事人的安全，如果只是保护交易相对人，容易导致相对人的机

[①]《民法典》第一百七十条规定："执行法人或者非法人组织工作任务的人员，就其职权范围内的事项，以法人或者非法人组织的名义实施民事法律行为，对法人或者非法人组织发生效力。法人或者非法人组织对执行其工作任务的人员职权范围的限制，不得对抗善意相对人。"《民法典》第五百零四条规定："法人的法定代表人或者非法人组织的负责人超越权限订立的合同，除相对人知道或者应当知道其超越权限外，该代表行为有效，订立的合同对法人或者非法人组织发生效力。"

[②] 石一峰.商事表见代表责任的类型与适用[J].法律科学（西北政法大学学报），2017，35（6）：135-146.

[③] 梁慧星.民法总论（第5版）[M].法律出版社，2017：242-243；朱庆育.民法总论（第2版）[M].北京大学出版社，2016：360-361；韩世远.合同法总论（第3版）[M].法律出版社，2011：215-217.

[④] 崔建远.民法总论[M].北京：清华大学出版社，2010：124；马新彦.民法总则代理立法研究[J].法学家，2016（5）：121-138，179；汪渊智.代理法论[M].北京：法律出版社，2015：423-424.

[⑤] 陈甦.民法总则评注（下册）[M]法律出版社，2017：1219；王利明.中华人民共和国民法总则详解（下册）[M].中国法制出版社，2017：773；迟颖.《民法总则》无权代理法律责任体系研究[J].清华法学，2017，11（3）：109-129.

会主义行为，对公司明显不利。①②偏重保护相对人会导致相对人懈怠。相对人进入交易时本应进行必要的调查了解，采取必要措施核实交易对方的情况。如果调查成本相对于交易价值异常低廉时，还容忍相对人的懈怠，对公司也是不公平的。③偏重保护相对人导致公司中小股东利益受损。法定代表人往往是由公司大股东或实际控制人担任，若大股东通过法定代表人滥用权力，保护相对人的结果相当于让小股东承担大股东滥用权力的全部后果，对其也不公平。②

无过失说偏重保护公司利益，具有以下弊端：①公司内部风险向相对人转移并不公平。将善意相对人的认定标准设置过高，要求相对人的审查义务较重，就可能将这种公司内部机制产生的风险转嫁给相对人。②一体对待差异较大的相对人并不公平。相对人主体身份差异较大，而且对公司章程的审查能力参差不齐，在认定相对人是否善意时完全不顾这些差异其实是不科学的做法。③要求相对人完全知悉公司内部的意志形成机制并不公平。公司对法定代表人的权利限制非常复杂，除了公司法规定和公司章程之外，还可能通过股东大会决议等进行限制，要求相对人都去审查不太现实，而且影响交易效率。④要求相对人不分事项负有同等义务并不公平。法定代表人所越职权的事项也可分为一般事项和重大事项。对于法律明确的重大事项，相对人的注意义务显然需要重些，而对于一般事项，相对人的注意义务就应轻些，不能要求相对人对不同事项负有同等的注意义务。③

《民法典》第五百零四条采用了"除相对人知道或者应当知道其超越权限外"这一表述，其中，知道越权还继续签订合同，当然属于具有重大过失。应当知道，说明一般理性人处在相对人同样位置稍加注意即可知道，相对人应当知道而不知道自然具有重大过失，由此可以推定《民法典》第五百零四条采纳了无重大过失说。在司法实践中，法院也不会要求相对人过分审慎。例如，在一尺水公司与汇荣公司安保合同纠纷中，最高人民法院认为，虽然案涉诸多合同上加盖的印章不同于一尺水公司正在使用的印章，但丁磊作为一尺水公司法定代表人的身份是真实的，汇荣公司有理由相信丁磊作为一尺水公司法定代表人履行职务代表了一尺水公司的行为。印章是否一致，必须经过鉴定方能识别，明显超出了相对人合理审查范围，亦有违法律保护交易安全和交易稳定的初衷。汇荣公司基于对一尺水公司法定代表人身份真实性的信赖，已尽到合理的审查义务，主观上构成善意。④

二、限制行为能力人订立的部分合同

根据《民法典》第一百四十五条，对于限制民事行为能力人实施的合同，其效力状况实质上存在两种状况：①当事人纯获利益或其年龄、智力、精神健康状况相适应，则合同有效；②第一种情形以外的其他情形，合同效力依赖于法定代理人同意或者追认。其同意或追认则合同有效，否则无效。当然，相对人可以催告法定代理人在合理期限追

---

① 罗培新.公司担保法律规则的价值冲突与司法考量[J].中外法学，2012，24（6）：1232-1246.
② 袁碧华.论法定代表人越权代表中善意相对人的认定[J].社会科学，2019（7）：81-89.
③ 袁碧华.论法定代表人越权代表中善意相对人的认定[J].社会科学，2019（7）：81-89.
④ 参见最高人民法院（2016）最高法民申230号民事裁定书。

认,在被追认之前善意相对人还可以撤销合同。

(一)同意与追认

同意,往往发生在合同订立以前;追认,往往发生在合同订立之后。但无论是同意或追认,都得到了法定代理人的认可。如此规定,主要是基于被代理人利益的考虑。

《民法典》第一百四十条将明示作为意思表示的原则性规定,而沉默是意思表示的例外,只有在法律规定、当事人约定或者符合当事人之间的交易习惯时才允许。《民法典》第四百九十条将一方履行合同主要义务并且对方接受履行作为合同成立的特殊方式,第五百零三条又将"履行合同义务或者接受相对人履行"作为被代理人追认的特殊形式,由此可以推定,"履行合同义务或者接受相对人履行"同样可以作为限制行为能力人订立合同情形下法定代理人的追认方式。结合上述规定可以认为,被代理人对合同的追认既可以采取明示方式,也可以采取履行合同义务或者接受相对人履行这种特殊方式。

(二)催告与撤销

根据《民法典》第一百四十五条第二款,对于效力待定合同,相对人可以催告法定代理人在一个合理的期限内追认,而且为了尽快消除合同悬而未决的状态,规定了法定代理人追认的时间,限制在"自收到通知之日起三十日内"。法定代理人未作表示的,视为拒绝追认。

需要注意,在被代理人追认之前,相对人可能不想让合同发生效力。此时,善意相对人可以撤销合同,但恶意相对人却不能撤销合同,而善意相对人往往需要举证证明在缔约之时其不知道或不应当知道当事人为限制民事行为能力人,并且主观上遵守诚实信用原则,客观上并不存在使合同显失公平的问题。至于撤销的方式,当事人以通知的方式作出即可,无须法院或仲裁机构介入,从而与意思表示不真实情形下的撤销问题区别开来。

三、未经批准的合同

(一)批准对合同效力的影响

某些合同需行政机关进行批准,如《中华人民共和国劳动合同法》第五十四条规定的集体劳动合同,《商业银行法》第二十八条、《中华人民共和国保险法》第八十四条规定的股权转让合同以及《探矿权采矿权转让管理办法》第十条规定的采矿权转让合同等。效力待定合同在获得批准之前,其效力状态应当是尚未生效,绝非无效。如果最终获得批准,则合同生效;如果最终确定无法批准,则合同无效。因此,在最终确定是否获得批准之前,批准生效合同的效力始终处于悬而未决的状态,故可以将此类合同划入效力待定合同。①

1.报批义务条款独立生效

对于需要经过批准才能够生效的合同,合同效力完全依赖于报批义务当事人是否履行报批义务和有权机关批准的状况。如果将报批义务条款也规定为需要经过批准才能生

---

① 孙维飞.《合同法》第42条(缔约过失责任)评注[J].法学家,2018(1):179-191,196.

效，则报批义务当事人就没有任何约束，完全可以依据自身利益的状况来决定是否履行报批义务，将对方当事人陷于被动。为了避免这种情况，《九民纪要》第三十八条明确规定，对于须经行政机关批准生效的合同，如果就报批义务以及报批义务人不履行报批义务的违约责任等相关问题有专门约定，则这种专门约定不需要经过批准即可生效。如果报批义务人不履行报批义务，对方可以请求解除合同并要求承担相应的违约责任。①上述思想被《民法典》采纳。②报批义务及相关违约条款独立生效，旨在督促报批义务人按照约定履行报批义务，促进合同生效，这也是鼓励交易原则的重要体现。

2. 其他条款未生效

在没有得到批准之前，批准生效合同因为欠缺法律规定的特别生效要件而暂时没有生效。司法实践中容易出现的问题是，把未生效合同错误地认定为无效合同，或者直接按照无效合同予以处理。但是，《九民纪要》第三十七条特别强调，从本质上来看，无效合同或者是欠缺合同有效要件，或者是存在合同无效的法定事由，因此自始不发生法律效力。与此不同，未生效合同完全具备合同有效要件，而且不存在合同无效的法定事由，对合同当事人具有一定的拘束力，任何一方当事人不得擅自撤回、解除或者变更，只是因为欠缺法定或约定的特别生效要件，尚不能产生请求对方履行合同主要义务的法律效力。一旦特别生效要件成就，则合同转变为有效，这和无效合同"确定无效"存在天壤之别。因此，批准生效合同在办理批准手续之前，合同效力状态是尚未生效，绝不能等同于无效。

由于在未经批准之前合同尚未生效，自然不能要求履行。如果当事人诉请对方履行合同，法院又当如何？人民法院应当向当事人释明："未经批准之前合同尚未生效，故不能诉请履行，同时，基于报批义务相关条款独立生效，可以请求履行报批义务。"如果释明后当事人拒绝变更，则应驳回其诉讼请求，当事人可以另行起诉。③

(二) 不履行批准登记义务的处理

在云南红塔集团和陈发树股权纠纷中，最高人民法院认为，案涉"股份转让协议"必须经过财政部批准方才生效，但是由于红塔公司上级主管部门中烟总公司并不同意本次股权转让，因此可以认为报批程序已经结束，"股份转让协议"最终肯定无法得到批准，依法应当认定为不生效合同。《合同法》第四十四条以及《最高人民法院关于适用〈中华人民共和国合同法〉若干问题的解释（一）》（法释〔1999〕19号）第九条对合同生

---

① 在更早的时候，已经有判例指出，报批义务条款独立生效。例如，在陈允斗与宽甸满族自治县虎山镇老边墙村民委员会采矿权转让合同纠纷案中，法院认为采矿权租赁合同未经批准，人民法院应认定该合同未生效。采矿权合同虽未生效，但合同约定的报批条款依然有效。如果一方当事人据此请求对方继续履行报批义务，人民法院经审查认为客观条件允许的，对其请求应予支持；继续报批缺乏客观条件的，依法驳回其请求。

② 《民法典》第五百零二条规定："依照法律、行政法规的规定，合同应当办理批准等手续的，依照其规定。未办理批准等手续影响合同生效的，不影响合同中履行报批等义务条款以及相关条款的效力。应当办理申请批准等手续的当事人未履行义务的，对方可以请求其承担违反该义务的责任。"

③ 《九民纪要》第三十九条规定："须经行政机关批准生效的合同，一方请求另一方履行合同主要权利义务的，人民法院应当向其释明，将诉讼请求变更为请求履行报批义务。一方变更诉讼请求的，人民法院依法予以支持；经释明后当事人拒绝变更的，应当驳回其诉讼请求，但不影响其另行提起诉讼。"

效的要求，属于不允许当事人约定变更的强制性规定，是合同的法定生效条件。一审法院依据"股份转让协议"第三十条约定"本协议自签订之日起生效"认定协议合法有效，属于适用法律错误，应当予以纠正。既然"股份转让协议"不生效，根据协议解除合同之约定要求解除合同不能得到支持，要求继续履行合同也不能得到支持，当事人应当比照《合同法》第五十八条向对方承担返还取得财产的义务。① 在这个案件中，作为报批义务履行中的内部程序，中烟总公司不同意股权转让能否作为报批程序已经结束的依据值得探讨。从签订协议到最终判决按无效合同处理的过程中，案涉股权增值远远超过资金利息，最终结果是，违反了报批义务的一方当事人没有受到任何惩罚反而独享股权收益，颇令人费解。

值得注意的是，《最高人民法院关于适用〈中华人民共和国合同法〉若干问题的解释（一）》（法释〔2009〕5号）第八条规定，批准生效合同成立后，报批义务人未履行报批义务的，属于《合同法》第四十二条第（三）项规定的"其他违背诚实信用原则的行为"。有报批义务的当事人不履行报批义务的，相对人可以诉请自己办理有关手续，并要求对方承担由此产生的费用并赔偿实际损失，以此激励报批义务人积极履行义务以促成合同生效。②

为了更好地激励报批义务人履行义务，必须加大违背诚实信用原则不履行报批义务的责任。《九民纪要》第三十九条规定重申，一方请求履行报批义务的，人民法院依法予以支持。并且，第四十条还规定了"未生效合同有效化"处理模式：如果报批义务当事人经强制执行仍拒绝履行报批义务，则对方当事人可以要求报批义务人承担合同违约责任；如果是因为行政机关没有批准，则可以诉请解除合同。如果相对人在解除合同情形下还有损失，又当如何？如果当事人能够协商达成一致，则按当事人合意处理；如果当事人不能够协商达成一致，考虑到此时合同确定不发生效力，则按《民法典》第一百五十七条处理。③

对于批准生效合同的报批义务条款，《民法典》有了新的突破。④ 依据《民法典》第五百零二条，不仅报批义务条款独立生效，而且报批义务的相关条款也独立生效。至于相关条款的范围，民法典并未明确规定。但从《九民纪要》等规定看，按理应当是包含不履行报批义务条款导致合同不生效的善后事宜。例如，如果当事人明确约定了不履行

---

① 参见最高人民法院（2013）最高法民二终字第42号民事判决书和最高人民法院（2015）最高法民申字第1号民事裁定书。

② 其他法律有类似规定，如《最高人民法院关于审理外商投资企业纠纷案件若干问题的规定（一）》（法释〔2010〕9号）第六条第一款规定："外商投资企业股权转让合同成立后，转让方和外商投资企业不履行报批义务，受让方以转让方为被告、以外商投资企业为第三人提起诉讼，请求转让方与外商投资企业在一定期限内共同履行报批义务的，人民法院应予支持。受让方同时请求在转让方和外商投资企业于生效判决确定的期限内不履行报批义务时自行报批的，人民法院应予支持"。

③ 《民法典》第一百五十七条："民事法律行为无效、被撤销或者确定不发生效力后，行为人因该行为取得的财产，应当予以返还；不能返还或者没有必要返还的，应当折价补偿。有过错的一方应当赔偿对方由此所受到的损失；各方都有过错的，应当各自承担相应的责任。法律另有规定的，依照其规定。"

④ 《民法典》第五百零二条规定："未办理批准等手续影响合同生效的，不影响合同中履行报批等义务条款以及相关条款的效力。应当办理申请批准等手续的当事人未履行义务的，对方可以请求其承担违反该义务的责任。"

报批义务的违约责任,可以直接请求报批义务人承担违约责任,无须经过强制执行这一前置程序,与《九民纪要》第四十条相比,《民法典》第五百零二条简化了纠纷处理程序。

第四节　可撤销合同

对于因重大误解订立的合同、在订立合同时显失公平的合同以及一方以欺诈、胁迫的手段或者乘人之危使对方在违背真实意思的情况下订立的合同,《合同法》第五十四条将其规定为可变更可撤销合同,并且如果当事人只是请求变更,人民法院或者仲裁机构不得撤销。换言之,当事人的变更权优先于法院或者仲裁机构的撤销权。《民法典》对此予以否定,完全废除了可变更合同的相关规定,这是完全合理的,因为人民法院或者仲裁机构对合同的变更完全破坏了当事人的意思自治。毕竟,在很多时候,法官对于交易并不是非常了解,更不明白如何变更合同才能实现双方当事人的利益平衡。

当然,也有学者指出,据说是因为司法实践中少有变更判决,《民法典》才废除了变更权而只保留了撤销权的救济措施,但是废除变更权实属罔顾生活,理由如下[①]:对于意思表示有瑕疵的合同,不允许变更而强迫撤销明显有违公正,因为权利人可能确实需要这个合同,只要稍加变更就足以让当事人各得其所。如果非得撤销合同,则权利人需要重新寻找交易机会,耗时费力,显著增加交易成本,此其一。另外,有学者利用北大法宝数据库对申请变更案例进行了检索梳理,当事人申请变更获得法院支持的比例较高,而法院主动变更的比例极低[②],此其二。总的看来,在意思表示瑕疵制度中删除变更权过于草率,应当予以补救。更进一步,变更权应当被界定为形成权,只要变更权人选择行使合同变更权,则法院或者仲裁机构就应当支持变更合同关系。与此同时,裁判机构也不能无条件地支持变更权人的主张,变更结果还须受制于诸多因素,即裁判机构需要综合考量多种因素,依职权予以确定。

此外,还有观点指出,《民法典》第一百四十七条关于重大误解情形下可申请撤销合同的规定,应当扩大解释为在赋予撤销权之外同时赋予变更权,这样做并不会直接产生公权力妨害意思自治的弊端。主要理由如下:①在合同实务与司法实践中,请求变更的需求确实存在,特别是重大误解场合,与撤销合同相比,适当变更合同更易于操作、社会成本更低。②作为对重大误解的救济,撤销权的规定也是公权力对于意思自治的干预,与变更权并无二致。③对于《民法典》第一百四十七条"请求撤销"应当理解为:在处理重大误解情形下的合同纠纷时,人民法院应当以撤销合同为一般原则,只有在已经(部分)履行、恢复原状无法实现或者成本极高、错误虽然重大但并不复杂(如仅仅是数量错误)等情形下,可以判决变更合同,以相对较低的社会成本纠正因重大误解导致的

[①] 崔建远.合同效力规则之完善[J].吉林大学社会科学学报,2018,58(1):24-36,203.
[②] 申海恩.《民法总则》关于"民事法律行为"规定的释评[J].法律适用,2017(9):25-30;类似研究,参见朱广新.论可撤销法律行为的变更问题[J].法学,2017(2):67-79.

重大利益失衡。①

一、可撤销的情形

这里讨论的可撤销情形，仅限于当事人意思表示不真实情形，赠与合同的撤销问题②不在讨论之列。

（一）欺诈

结合《民法典》第一百四十八条和第一百四十九条两条规定，被欺诈的一方当事人因为受到欺诈而作出错误判断，并且基于该错误判断而作出了违背自己真意的意思表示，可以请求法院或者仲裁机构撤销合同。至于欺诈的实施主体，可以是合同当事人，也可以是合同之外的第三人。在钦州锐丰钒钛铁公司与北京航空航天大学技术合同纠纷上诉案中，最高人民法院指出，受欺诈订立合同之所以可以被撤销，是因为缔约违背意思自治原则。意思自治要求法律责任必须以真实意思为前提和范围，判断合同是否构成法律规定的受欺诈订立合同，既要考虑被诉欺诈的一方当事人是否实施了欺诈行为，同时也要考虑主张被欺诈的一方当事人是否由于遭受欺诈而陷于错误判断并且在此基础上作出了违背自己真实意思的意思表示，二者都是不可或缺的。③

对于《民法典》第一百四十八条和第一百四十九条两条规定的欺诈，《全国法院贯彻实施民法典工作会议纪要》（法〔2021〕94号）第三条将其规定为一方当事人故意告知虚假情况或者故意隐瞒真实情况以诱使对方当事人作出错误意思表示。据此规定，实施欺诈的方式包括故意编造虚假事实和刻意隐瞒④与签订合同有关的重要事实两类。对于后者，应当做限制性理解，以当事人有告知义务为前提。因为在通常情形下，掌握信息量的多寡一定程度上决定了交易盈余的分配，所以不能指望交易对方毫无保留地提供信息，当事人必须自己收集、甄别和加工信息。在特定情形下，基于法律规定、合同约定或者交易习惯，特定一方当事人需要履行告知义务。于此情形，信息不对称现象往往特别严重以至于可能引起当事人意思表示扭曲，最终导致利益失衡。与此同时，拥有信息优势的一方当事人往往又可以在不承受巨大代价的前提下传递信息，消除信息不对称。

除了经济效率方面的考虑，沉默情形下的欺诈缔约往往与违背诚实信用原则相关，

---

① 张勇健.合同错误及其救济——由（2017）最高法民终502号案的分析展开[J].法律适用，2020（16）：8-15.

② 《民法典》第六百六十三条规定："受赠人有下列情形之一的，赠与人可以撤销赠与：（一）严重侵害赠与人或者赠与人近亲属的合法权益；（二）对赠与人有扶养义务而不履行；（三）不履行赠与合同约定的义务。赠与人的撤销权，自知道或者应当知道撤销事由之日起一年内行使。"第六百六十四条规定："因受赠人的违法行为致使赠与人死亡或者丧失民事行为能力的，赠与人的继承人或者法定代理人可以撤销赠与。赠与人的继承人或者法定代理人的撤销权，自知道或者应当知道撤销事由之日起六个月内行使。"

③ 参见最高人民法院（2015）最高法民三终字第8号民事判决书。

④ 曾有判例认为，当事人隐瞒事实真相签订的合同无效，应当承担相应的赔偿责任。在诺贝有限公司诉ADI有限公司、隆源有限公司、华电有限公司购销合同纠纷案中，法院指出，一方当事人明知自己不是某商品在中国地区的独家经销商，无法将唯一总经销权授予他人，却授权他人为唯一总经销商，属于隐瞒事实真相的欺诈行为，由此签订的合同无效。该当事人对合同无效存在过错，应当承担相应的赔偿责任。

即当事人应当履行义务而为了自己的利益选择不告知。例如，张莉诉北京合力华通公司买卖合同纠纷案中，"汽车销售合同"明确约定合力华通公司交付给张莉的车辆必须是新车，但合同履行后双方共同认定车辆在交付之前经过维修。就车辆经过维修这一足以影响合同订立的重要事实，合力华通公司事先没有履行告知义务，故构成欺诈。[1]再如，在刘向前诉安邦财产保险公司保险合同纠纷案中，江苏省宿迁市中级人民法院指出，发生保险事故之后，保险公司基于其专业经验以及对保险合同的理解，明确知道或应当知道案涉保险事故属于保险赔偿范围，但是保险公司故意隐瞒了被保险人可以依法获得保险赔偿这一重要事实，反而诱导被保险人签署销案协议。对此，应当依法认定被保险人作出了不真实的意思表示，保险公司的行为也违背诚信原则，足以构成保险合同欺诈。[2]

（二）胁迫

从《民法典》第一百五十条规定看[3]，只要胁迫导致一方当事人作出违背真实意思表示而订立合同，无论实施胁迫行为的人是合同相对人还是合同之外的第三人，一律赋予受胁迫人得到救济的权利。与原合同法相比，其明显扩大了胁迫缔约可撤销的范围。第三人胁迫缔约情形，受胁迫一方当事人行使撤销合同的权利后，对于善意合同相对人的信赖利益，民法典没有规定，理应由实施胁迫的第三人承担损害赔偿责任。至于非因胁迫而缔约的合同当事人的责任问题，笔者认为也应当予以考虑，如果一方当事人存有恶意，明知或者应当知道对方是因为受到胁迫而缔约，则应承担补充赔偿责任。

至于胁迫的手段，《民法典》没有作出明确规定。《全国法院贯彻实施民法典工作会议纪要》（法〔2021〕94号）第四条规定："以给自然人及其亲友的生命、身体、健康、名誉、荣誉、隐私、财产等造成损害或者以给法人、非法人组织的名誉、荣誉、财产等造成损害为要挟，迫使其作出不真实的意思表示的，人民法院可以认定为民法典第一百五十条规定的胁迫。"据此可知，胁迫一定是不正当的或者违法的手段。例如，在程桂珍、程涛、井力强与马德元、朱素华及刘铁功抵押借款合同纠纷中，当事人在人身自由被对方控制情形下签订的协议，法院支持以受胁迫为由撤销合同。[4]通常，声称自己受政府指令而缔约，往往不能以受胁迫为由诉请撤销合同。[5]当事人诉请撤销合同，必须证明自己受到胁迫的事实，否则不能得到法院支持。从检索的案例看，当事人往往无法提

---

[1] 指导案例17号：张莉诉北京合力华通汽车服务有限公司买卖合同纠纷案，载《最高人民法院关于发布第五批指导性案例的通知》（法〔2013〕241号），该案一审判决、二审判决详见北京市朝阳区人民法院（2007）朝民初字第18230号民事判决书和北京市第二中级人民法院（2008）二中民终字第00453号民事判决书。
[2] 参见宿迁市中级人民法院（2011）宿中商终字第0344号民事判决书。
[3] 《民法典》第一百五十条规定："一方或者第三人以胁迫手段，使对方在违背真实意思的情况下实施的民事法律行为，受胁迫方有权请求人民法院或者仲裁机构予以撤销。"
[4] 参见最高人民法院（2013）民提字第24号民事判决书。
[5] 参见最高人民法院（2004）民二终字第262号民事判决书、最高人民法院（2014）民申字第1260号民事裁定书。

供充分证据证明自己遭受胁迫，其撤销合同的诉请难以获得支持。[1]

保护意思自治可能是反对胁迫最耳熟能详的理由。但也有学者认为，受胁迫情形选择缔约，恰好是在受胁迫情形下"两害相权取其轻"的最优选择。事实上，法律从来都反对不法胁迫，并不反对合法的胁迫。无论合法威胁还是不法胁迫，在影响意思自治这个问题上，二者并没有呈现出泾渭分明的差异，因此想要凭借影响意思自治来区分合法胁迫和非法胁迫，无异于痴人说梦。与此同时，合法胁迫和非法胁迫的区分又十分关键，因为法律既不能将所有胁迫都视为不法胁迫加以管制，也不能对非法胁迫熟视无睹。所以，区分二者的关键并非胁迫对当事人意思自治的影响，而是这种影响是否超过法律容许的范围和程度。当且仅当威胁结构中蕴含了非法自我执行，一项威胁就有了违法性而构成胁迫；如果威胁变成现实时受胁迫人并未遭受任何损失，并且胁迫本身没有其他不法事由，则威胁合法而不构成胁迫。[2]

需要注意，即使受到不法胁迫，当事人也并不总是能成功撤销合同。例如，在西安大鹏生物科技公司与陕西华宇实业公司、西安景颐物业公司等建设用地使用权转让合同纠纷中，一方当事人主张对方威胁拉闸停电、组织人员冲击工厂等行为而签约。最高人民法院指出，即使所言属实，当事人除了向当地公安机关报警之外，也可以向法院诉请停止侵害并赔偿损失，并非必须签订违背真实意愿的协议。[3]

（三）重大误解

与合同法规定一样，民法典也规定重大误解缔约可以撤销。[4]合同错误是合同法理论中的一个重要概念，其基本内涵是在缔约时当事人内心的主观认识与客观现实之间存在不一致，并且当事人在此基础上作出了不符合其内心真实的意思表示。换句话说，如果该当事人了解到与合同相关事实的真相，肯定不会缔约，或者会缔结不同内容的合同。[5]出于对意思自治的考虑，需要对陷于错误的当事人进行救济。

如果重大误解撤销权可以不受限制地适用于商事领域，可能会危害交易安全，甚至阻碍交易，其危害无疑是巨大的。具体而言，可能有如下危险：①大幅增加交易成本。如果允许商事领域中当事人主张重大误解，相当于法律规定在要约承诺这一主流缔约程序之外另行附加一个"核实"环节，要求当事人甄别（是否真实）、核实（向对方求

---

[1] 参见最高人民法院（2016）最高法民申2172号民事裁定书、最高人民法院（2016）最高法民申1315号民事裁定书、最高人民法院（2016）最高法民申1008号民事裁定书、最高人民法院（2015）最高法民申字第2201号民事裁定书、最高人民法院（2015）最高法民申字第1161号民事裁定书、最高人民法院（2013）最高法民申字第2454号民事裁定书、最高人民法院（2016）最高法民申141号民事裁定书、最高人民法院（2015）最高法民申字第457号民事裁定书、最高人民法院（2006）最高法民二终字第121号民事判决书、最高人民法院（2012）最高法民申字第960号民事裁定书、最高人民法院（2011）最高法民申字第546号民事裁定书、最高人民法院（2016）最高法民再24号民事判决书、最高人民法院（2016）最高法民申第341号民事裁定书。

[2] 张淞纶.胁迫制度的经济分析——以违法性与制裁为核心[J].中外法学，2018，30（3）：632-650.

[3] 参见最高人民法院（2014）民申字第2159号。

[4] 《民法典》第一百四十七条规定："基于重大误解实施的民事法律行为，行为人有权请求人民法院或者仲裁机构予以撤销。"

[5] 张勇健.合同错误及其救济——由（2017）最高法民终502号案的分析展开[J].法律适用，2020（16）：8-15.

证）以及最终确认（给对方确认）意思表示符合真意，徒增大量交易成本。②网络交易将无法进行。如今网络交易的发达程度已毋庸赘述，电商推出的打折促销、限时抢购、低于成本价销售、买一赠一等信息不胜枚举，如果允许电商主体以重大误解为由撤销合同，不仅会损害相对人的信赖利益，更严重的后果是，相对人可能因此而放弃网络交易。③鼓励不诚信的商主体。允许以重大误解为由撤销合同，在一定程度上可能会激励商主体违背诚信原则，故意不履行结果与缔约意愿相悖的合同。[①] 基于上述种种原因，重大误解必须得到适当限制。

1. 何为重大

合同错误能否得到法律救济，往往受制于多种因素。从基于错误认知而缔约的当事人角度看，赋予法律救济途径保护其合法权益似乎正当。与此同时，法律还必须考虑合同严守问题，这关乎合同相对人的合理预期和信赖安全，这是促进交易原则的必然要求。因此，是否对缔约过程中的错误提供法律救济，往往取决于保护意思自治和维护交易安全两种重要价值之间的平衡，不可偏颇。从《民法典》第一百四十七条看，一般性错误，通常不允许当事人请求撤销合同[②]，只有在错误非常严重以至于构成"重大误解"的时候，法律才会赋予当事人撤销合同的救济权。作为裁判者，法院或者仲裁机构在适用重大误解条款处理纠纷时，既要保护误解一方当事人的合法利益，避免重大利益失衡导致的显失公平，同时也要尊重相对方当事人基于合同的合理信赖，维护交易稳定。[③]

为了给司法裁判提供参考标准，《最高人民法院关于贯彻执行〈中华人民共和国民法通则〉若干问题的意见》第七十一条对"重大误解"的内涵作了补充说明，一方面列举了错误认识发生的对象，另一方面强调了结果的严重性（造成较大损失）。[④] 具体而言，重大误解主要包括：[⑤] ①对行为性质的误解，如将借用误解为赠与，或者将租赁误解为买卖。②对合同相对方当事人的误解，如将张三误解为李四；也可能是对当事人资格条件的误解，尤其是当事人的资格对实现合同目的具有重要影响时。例如，将患有结核病的

[①] 实践中部分商主体以对对方当事人、行为的性质、标的物的品种、质量、规格和数量等的错误认识为由，主张构成重大误解，进而撤销合同，而实际情况往往只是合同履行后果与最初缔约时的预期不符而已，若其主张被支持，无疑是对诚实信用的极大破坏。陈彦晶.重大误解规则商事适用的限制[J].华东政法大学学报，2019，22（1）：144-157.

[②] 例如，在深圳市科中大交通建材有限公司等诉陕西百祥实业有限公司技术合同纠纷案中，法院指出，对于正常的市场风险和交易价格，当事人负有合理的注意义务，不属于重大误解。参见最高人民法院（2013）最高法民提字第224号民事裁定书。再如，在秦皇岛皇威制药有限公司与广西梧州制药（集团）股份有限公司发明专利实施许可合同纠纷中，法院指出，不是任何误解都能成为合同被撤销的事由。就费用支付的期限存在的误解，并不属于法律规定所指的重大误解。参见最高人民法院（2013）最高法民申字第1951号民事裁定书。

[③] 张勇健.合同错误及其救济——由（2017）最高法民终502号案的分析展开[J].法律适用，2020（16）：8-15.还有学者表达了类似观点，认为误解是意思表示人自己的过错造成的，而对因误解所致的民事行为的撤销制度主要是为保护误解者而设，这样，若不问误解的程度而一律允许撤销，势必使对方陷于极为不利的境地，也不公平。陈国柱.民法学（第2版）[M].长春：吉林大学出版社，1987：90.

[④] 《最高人民法院关于贯彻执行〈中华人民共和国民法通则〉若干问题的意见（试行）》第七十一条规定："行为人因对行为的性质、对方当事人、标的物的品种、质量、规格和数量等的错误认识，使行为的后果与自己的意思相悖，并造成较大损失的，可以认定为重大误解。"

[⑤] 韩世远.重大误解解释论纲[J].中外法学，2017，29（3）：667-684.

老张误解为身体健康而聘其为厨师。③对标的物的误解，如将人工养殖天麻误解为野生天麻，或者将玻璃制品误解为翡翠。④对合同基础的误解，如为了让自己的亲生孩子在父母离异后有更好的经济基础，夫妻离婚时双方签订协议，男方将名下房产和汽车都分给女方，并且承担了所有外债。但是在离婚后通过 DNA 亲子鉴定得知，男方并非孩子的生物学父亲。由于双方在签订离婚协议时不知道孩子并非亲生，男方基于重大误解而在财产分割上作出了较大的让步，现在其申请撤销财产分割协议，应予准许。①

《全国法院贯彻实施民法典工作会议纪要》（法〔2021〕94号）第二条规定，行为人因为对行为性质、对方当事人、标的物品种、质量、规格和数量等的错误认识，导致行为后果与当事人真实意思相悖，并且在客观上造成较大损失的，可以认定为重大误解。该规定对重大误解的识别提供了重要的操作指引，从重大误解的对象看，几乎都是与合同目的相关的合同主要条款所涉内容；从误解的后果看，应当是比较严重以至于会造成"较大损失"。

需要注意的是，是否重大的认定不能机械适用法律规定或者上述会议纪要，还必须根据具体合同的性质和情况综合认定。例如，对于合同主体认识错误问题，即将某甲误解为某乙，该种情形在承揽合同、委托合同、技术开发合同等对当事人工作能力、业务水平、职业资格等因素具有相当要求的合同中无疑是重大的，但在一般种类物的买卖合同中，在完全竞争市场上，向甲购买商品和向乙购买商品并无差异，合同主体的错误通常不具备重大性。概而言之，无论涉及何种要素的合同错误，在判断其是否构成重大误解时都应当结合如下两个视角进行综合考量：一个是合同订立的视角，考虑当事人如果在订立合同时就发现该错误他是否愿意继续订立合同，或者是否还会愿意以完全相同的条件订立合同；另一个是合同履行的视角，考虑合同错误是否必然在客观上导致一方当事人难以实现合同目的，或者将因此而遭受重大损失。如果答案都是肯定的，则倾向于认定构成重大误解。

至于法律错误是否能够被认定为重大误解，一向争议较大。有学者将法律错误归入动机错误，将其排除在合同可撤销事由之外。②例如，在冯晓军等与陕西中实投资集团撤销权纠纷案中，最高人民法院指出，冯晓军主张自己由于缺乏公司法知识而对协议内容存在重大误解，这不符合关于重大误解构成要件的规定，并且股权转让的最终后果与冯晓军内心的真实意思并不相悖，也没有证据证明股权转让对其造成了较大损失，因此冯晓军主张对协议内容存在重大误解不能成立。③也有观点指出，行为后果方面的错误既包括内容错误，也包括法律效果错误，对于法律效果错误，原则上也应当准予撤销。④亦有观点认为，法律认识错误本质上属于内容错误。例如，在烟台新桥集团与烟台汇和丝绸公司、烟台天启丝绸公司、烟台开发区天通丝绸公司、邱照亮、邱照轩房屋拆迁安置补偿合同纠纷中，最高人民法院认为，邱照轩之所以会愿意出具承诺书并放弃其在合同书

---

① 参见开封市中级人民法院（2021）豫02民终347号民事判决书。
② 李永军. 民法总论[M]. 北京：法律出版社，2006：551-553.
③ 参见最高人民法院（2010）最高法民二终字第54-1号民事判决书。
④ 班天可. 论民法上的法律错误：对德国法和日本法的比较研究[J]. 中外法学，2011，23（5）：997-1020.

中约定的巨大利益，是因为其误认为这样做可以帮助减轻或免除刑事责任，这完全是基于其对自己是否会承担刑事责任产生的错误判断。邱照轩对其出具承诺书的行为性质产生了错误认识，应当属于重大误解。[①]此项结论，值得肯定。[②]

2. 过失的影响

重大误解情况下合同撤销成立要件中是否应当包括相对人过失的影响，争议较大。支持者认为，如果重大误解完全是由错误一方当事人自己的主观认识问题引起，对方当事人不知道或者不应当知道，则不应当撤销合同。否则，撤销合同不仅损害交易安全，而且对善意相对人而言也有失公道。因此，人民法院或者仲裁机构应当查明，合同相对方当事人是否知道或者应当知道基于重大误解缔约这一事实。如果相对方当事人知道或者应当知道后采取了放任态度，没有进行提示或者保持缄默，一般可以认定其对合同错误有所介入。除了消极地放任错误外，还会存在积极诱导错误的情况，如相对方当事人故意编造虚假事实或进行不实陈述，导致合同错误产生。当然，如果上述积极诱导错误的行为足以构成欺诈，也可以将其认定为欺诈缔约，此时存在与合同错误的竞合。[③]

对于重大误解要求相对方当事人介入问题，也有学者提出质疑，认为客观重大性要件已经在很大程度上兼顾了相对人的信赖利益保护，相对方当事人可归责事由可能与客观重大性要件存在功能重叠。更重要的是，《民法总则》将重大误解撤销权的除斥期间单独规定为较短的3个月，误解方的撤销权受到制约，明显具有保护交易安全的效果。因此，如果非要将相对方当事人过错作为误解方撤销权的必备要件，难免违背立法目的、破坏利益平衡。[④]实际上，我国学术界在20世纪80年代后就很少关注相对方当事人过失[⑤]，这种转变直接影响了《民法通则》，而且该法颁布后进一步强化了重点关注误解人的误解问题而闭口不谈相对方当事人的介入问题这一思路。此外，学界还特别强调重大误解是由误解方自己的过失所造成的，不是对方欺诈造成的，从而将重大误解与欺诈区分开来。[⑥]

尽管争议较大，但从保护相对方当事人利益出发，还是应当考虑相对方当事人的介入问题。根据《民法典》第一百四十九条关于第三人欺诈的规定，在第三方欺诈场合，法律规定将对方知道或者应当知道该欺诈行为作为撤销权的成立要件。之所以专门予以强调，是因为当事人自己实施欺诈时显然是知道欺诈行为的，自然无须特别说明。如果在重大误解场合对误解人的保护可以完全不顾及相对方当事人的过错问题，在法律评价上显然不够公允。"同类事物同等处遇"，这是内存于任何法律中的基本原则。[⑦]第三方

---

① 参见最高人民法院再审（2014）最高法民提字第35号民事判决书。
② 韩世远.重大误解解释论纲[J].中外法学，2017，29（3）：667-684.
③ 张勇健.合同错误及其救济——由（2017）最高法民终502号案的分析展开[J].法律适用，2020（16）：8-15.在20世纪50年代，理论上一般认为"误解"包含当事人的过失，理论表述为："由于一方的过失而引起对方的错误认识，民法上便叫做'误解'。"中央政法干部学校民法教研室.中华人民共和国民法基本问题[M].北京：法律出版社，1958：82-83.
④ 武腾.民法典编纂背景下重大误解的规范构造[J].当代法学，2019，33（1）：16-27.
⑤ 佟柔，赵中孚，郑立.民法概论[M].北京：中国人民大学出版社，1982：68.
⑥ 江平.民法通则100问[M].西安：陕西师范大学出版社，1986：76.
⑦ 卡尔·拉伦茨.法学方法论[M].陈爱娥，译.北京：商务印书馆，2003：252.

欺诈和重大误解情形同属于意思表示不真实缔约引起的可撤销类型,但是两相比较,误解方本人有过错,而第三方欺诈情形受欺诈方本人没有过错,如果重大误解不要求相对人过错而第三方欺诈情形要求相对人过错,显然会造成法律内部的不协调。因此,重大误解情形下的撤销权应当考虑相对人的介入问题,并且还有如下考虑:①相对人知道或者应当知道存在重大误解而放任错误并缔结合同,由于违背诚信原则,相对人的信赖利益便不值得保护。何谓相对方当事人应当知道,可以按照理性人标准加以判断。②错误是由相对方当事人提供的错误信息所导致。如果是由相对方当事人故意提供错误信息,则可能构成欺诈,可以按照欺诈予以处理。如果提供的错误信息尚不构成欺诈,无论是明示或者默示方式,也不管是过失或者无过失,只要相对方当事人提供的信息导致了合同错误这一结果即可。③共同错误。合同当事人均是基于错误认识而缔约,并且各方当事人均知道或应当知道对方当事人存在错误。考虑相对方当事人对于重大误解的介入问题,是对早期理论的某种回归,以及对于现代比较法共识的接续。①

事实上,在司法实践中也会考虑相对方当事人的介入问题。例如,在永州市国资委与湘永公司合同纠纷中,最高人民法院指出,在签订《国有产权转让合同》前一个月,案涉矿井发生了煤层自燃现象,永州市矿山救护队在自燃点周围修建了密闭墙。永州市国资委在竞拍公告文件及其相关资料中并未披露该重要事实,并且在给湘永公司的回复中违背诚信,一直声称矿井在挂牌交易和移交之前没有出现过井下自燃情况。由于密闭墙封闭了自燃区,湘永公司在踏勘矿井现场时未能发现自燃现象。原审判决湘永公司有权撤销《国有产权转让合同》,具有事实和法律依据。②本案中一方当事人刻意隐藏与缔约相关的重要事实并告知对方虚假信息,导致对方作出了错误判断。在天安公司与红达公司等合同纠纷中,《审计报告》能够充分证明签订《三方转账协议》时天安公司对红达公司的债权债务数额存在重大误解。在签订转账协议时红达公司账面上有180万元债权,但是记账中并未包含2008年以刘红军个人名义划转东鑫公司的款项,导致核算账务时出现错误。天安公司以重大误解为由诉请撤销《三方转账协议》,理应获得支持。③本案中,天安公司显然不知道也不应当知道账务核算存在问题。再如,在侯德义、徐克山买卖合同纠纷中,法院指出,古董属特殊商品,该领域历来有"买卖全凭眼力,真假各安天命"的交易习惯,即使对商品存在误判也不属于法律认可的重大误解。但是,如果卖方对古董有误导性说明并且足以对买方订立合同产生实质性影响,则应当认定存在重大误解。④

前述讨论,主要围绕错误相对方的过错问题展开,剩下的问题是如果错误完全由错误人自己的过失引起,法律是否有必要给予救济。有观点指出,如果错误是由当事人的重大过失所引起,则不应当提供法律救济,这属于重大误解的"消极要件"。理由在于,因为重大过失而陷于错误,无异于当事人故意陷于错误之中,或者相当于当事人愿意承担错误产生的全部风险。并且,在当事人愿意承担错误风险情形下不允许核销合同是众

---

① 韩世远.重大误解解释论纲[J].中外法学,2017,29(3):667-684.
② 参见最高人民法院(2015)最高法民申字第3323号民事裁定书。
③ 参见最高人民法院(2013)最高法民申字第810号民事裁定书。
④ 参见大庆市中级人民法院(2017)黑06民终2143号二审民事判决书。

多比较法的通例，虽然我国法律对此尚无明文规定，但没有充分理由特立独行。[1]笔者认为此观点颇值商榷，毕竟重大过失情况下的错误与自甘错误风险存在不同，不能简单粗暴地在二者之间直接画上等号。并且，如前所述，只要充分考虑重大误解中相对人过错的参与问题，则足以平衡误解方利益和相对人信赖保护，既纠正了合同，又维护了交易安全。换言之，即使误解方存在重大过失，只要满足误解的重大性和相对人恶意等构成要件，都不应当否定其救济权。[2]

（四）显失公平

显失公平显然是公平原则的具体化规则，旨在调整违反公平原则的法律行为。将显失公平合同规定为可以诉请撤销，体现了民法典对不公平合同的规制和干预，从反面对公平原则进行了明确和具体的规定。在此意义上，显失公平撤销合同制度既不是原则，也不是诚实信用、公序良俗或者意思自治等原则的体现，而是公平原则的具体化规则，是一项相对独立的法律制度。[3]

与《民法通则》和《合同法》的规定相比，《民法典》第一百五十一条[4]在内容上有明显变化，尽管存在较大的争议，该条最终删除了变更合同这一传统救济方式，从而与域外立法有所区别。[5]并且，以"显失公平"吸收"乘人之危"，将"利用对方处于危困状态"的情形作为显失公平制度的主观构成要件。[6]必须注意，乘人之危主观要件与显失公平客观要件之间必须存在事实上的因果关系，即显失公平这一客观结果与一方当事人乘人之危这一主观过错之间存在因果关系。这种事实上的因果关系也是显失公平民事法律行为可以诉请撤销的前提和基础，否则便是法律对当事人自由的无端干涉。[7]

从我国《最高人民法院公报》刊载的有关典型案例看，民法典之前司法实践中对于显失公平的判断存在较大分歧，存在双重要件说和单一要件说两种主流模式。有采取双重要件说的，如在家园公司诉森得瑞公司合同纠纷案中，法院认为，合同显失公平制度在客观上要求造成了当事人之间利益不平衡，主观上要求一方当事人故意利用其优势或者另一方当事人的草率、无经验等。但是，也有判例并未关注当事人的主观心态问题。例如，在黄仲华诉刘三明债权人撤销权纠纷案中，法院认为，所谓显失公平，是指违反公平原则，双方权利义务明显不对等以至于超过了法律允许的限度并导致一方遭受重大不利，法院还强调，它不属于因欺诈、胁迫、乘人之危、恶意串通损害他人利益等原因导致的显失公平。《最高人民法院公报》所刊载的典型判例在一定程度上可以被视

---

[1] 韩世远.重大误解解释论纲[J].中外法学，2017，29（3）：667-684.
[2] 张勇健.合同错误及其救济——由（2017）最高法民终502号案的分析展开[J].法律适用，2020（16）：8-15.
[3] 赵永巍，梁茜.《民法总则》显失公平条款的类型化适用前瞻——从中国裁判文书网显失公平案例大数据分析出发[J].法律适用，2018（1）：70-75.
[4] 《民法典》第一百五十一条规定："一方利用对方处于危困状态、缺乏判断能力等情形，致使民事法律行为成立时显失公平的，受损害方有权请求人民法院或者仲裁机构予以撤销。"
[5] 朱广新.论可撤销法律行为的变更问题[J].法学，2017（2）：67-79.
[6] 韩世远.合同法总论[M].北京：法律出版社，2011：194.
[7] 赵永巍，梁茜.《民法总则》显失公平条款的类型化适用前瞻——从中国裁判文书网显失公平案例大数据分析出发[J].法律适用，2018（1）：70-75.

为最高人民法院的立场。最高人民法院在适用显失公平制度时体现出来的上述分歧，有违"相似案件应作类似处理"的原则，极大地影响了法的安定性。① 因此，《民法典》第一百五十一条规定显失公平制度包含主观与客观两个方面的构成要件，结束了理论界和实务界关于显失公平构成要件长久的争议。②

在客观方面，显失公平是指明显违反公平原则，或者说合同各方当事人的权利和义务严重不对等。对于合同客观上是否显失公平的判断，需综合考虑以下因素：①相对比例。以合同价格为例，参照《最高人民法院关于适用〈中华人民共和国合同法〉若干问题的解释（一）》（法释〔2009〕5号）第十九条，合同价格与市场价格之间的差异如果超过30%，一般可以视为明显不合理的高价或者低价。但是，上述量化标准仅仅可以作为参照，法律并未直接将其作为显失公平的判断标准，所以在司法实践中不得直接援引，最终还是需要人民法院结合自由裁量予以认定。③ 例如，在李某某诉中国人民财险公司等机动车交通事故责任纠纷案中，法院指出，法律没有就显失公平作出定量规定，司法实践中的惯常做法是当利益失衡达到50%的就可以认定显失公平。④ 在一定程度上，这也说明了法院在认定显失公平时存在较大自由裁量权。②绝对金额。如果绝对数额本身较大，即使相对比例没有达到或超过30%，也可能构成客观上的显失公平。例如，商品房市场价值2 000万元，而合同价格为1 000万元，且交易双方并无特别关系等例外情形。③合同性质和目的。有时合同当事人各方利益失衡可能是基于当事人自愿，完全符合其内心真意，如赠与合同。此外，这还可能涉及风险承担等方面的因素，必须结合契约性质和目的综合考虑，断不可简单粗暴地仅凭结果意义上的利益失衡就认定显失公平。④与其他交易的关联。有些合同独立看来可能存在权利义务严重不对等，但如果与其他相关交易结合起来看，却可能是合理、公允的。⑤ 换言之，当事人可能看重的是一系列关联交易，也寄希望于系列交易来实现利益平衡。此时，就不能单独抽取其中个别交易而认定显失公平。

客观层面利益显著失衡，并不是根据《民法典》第一百五十一条进行救济的充分条件，还必须满足乘人之危主观要件。在认定乘人之危时，法条中"利用"之时自然需要乘人之危一方当事人的恶意。并且，法条将乘人之危的"危"规定为"对方处于危困状态、无判断能力等情形"，从列举式的表述以及"等"字即可看出，主观构成要件的内容是开放的，可以将法条列举的同类情形纳入，具体可由相关司法实践不断予以补充，由司法机关具体认定。加害方"利用"行为的主观恶意是指一方当事人恶意利用对方的

---

① 冉克平.显失公平与乘人之危的现实困境与制度重构[J].比较法研究，2015（5）：30-43.

② 按此规定，法院在认定是否构成显失公平时都会从主客观两个方面予以考虑。例如，在西藏中太公司与柳梧城投公司合同纠纷案中，最高人民法院认为，基于合同显失公平的合同撤销权是否成立，应当从主、客观两方面的构成要件进行考察和认定：一是主观上，是否存在一方当事人利用了对方处于危困状态、缺乏判断能力等情形，使对方在违背真实意思的情况下订立合同；二是客观上，是否造成当事人之间在给付与对待给付之间严重失衡或利益严重不平衡。参见最高人民法院（2019）最高法民终760号民事判决书。

③ 赵永巍，梁茜.《民法总则》显失公平条款的类型化适用前瞻——从中国裁判文书网显失公平案例大数据分析出发[J].法律适用，2018（1）：70-75.

④ 参见广东省佛山市禅城区人民法院（2016）粤0604民初12529号判决书。

⑤ 贺剑.《合同法》第54条第1款第2项（显失公平制度）评注[J].法学家，2017（1）：155-174，180.

"危"牟取过度利益①,并且上述利益显然具有不正当性。②这种行为虽然还没有达到违背公序良俗的严重程度(否则应认定为无效),却在一定程度上背离了社会通行道德观念,违反了作为较高道德标准的客观诚信原则。③

二、撤销权及其行使

(一)撤销权权利主体及行使

就撤销权的权利主体而言,在不同情形,应有不同安排。①在重大误解情形下,第一百四十七条规定撤销权归属于因重大误解而缔约的一方当事人。②在欺诈情形下,第一百四十八条和第一百四十九条都规定撤销权归属于受欺诈方。③在胁迫情形下,第一百五十条规定撤销权归属于受胁迫方。④在显失公平情形下,第一百五十一条规定撤销权归属于受损害方。此处"受损害方"应作限缩解释,规定为处于危困状态、缺乏判断能力等情形的一方当事人。如果一方当事人乘人之危最后却导致合同对自己显失公平的,受损害方因为自己的恶意受损,按理不应赋予其申请撤销的权利。

就撤销权的行使方式而言,当事人不得私自撤销合同,必须请求人民法院或者仲裁机构予以撤销。这一规定的主要目的在于严格限制行为人行使撤销权以保证合同稳定性,同时也避免了行为人通过滥用撤销权的方式,损害相对人的合法权益。除此之外,还有另一层面的考虑。当事人在很多时候并不是非常了解法律,至少对于法律的理解不够精准,结合具体案情而言,无法准确判断是否构成可撤销合同。因此,要求诉请人民法院或者仲裁机构予以撤销,可以有效避免当事人在法律适用上犯下错误。

事实上,最高人民法院已经注意到当事人对法律不了解的问题,尤其是当事人无法准确区分合同无效和合同可撤销问题。《九民纪要》第四十二条④既规定了人民法院不应当依职权撤销合同,同时又规定了人民法院必须对可撤销事由进行审查,尤其是当事人主张合同无效情形满足可撤销条件的法院可以直接判决撤销合同。这样看似矛盾,有违"不告不理"原则,但是鉴于合同撤销与合同无效的法律后果相同等,还是有一定合理性的。

(二)撤销权的消灭

《民法典》第一百五十二条规定,除斥期间经过和撤销权人主动放弃都会导致撤销权

---

① 冉克平.显失公平与乘人之危的现实困境与制度重构[J].比较法研究,2015(5):30-43.
② 徐涤宇.非常损失规则的比较研究——兼评中国民事法律行为制度中的乘人之危和显失公平[J].法律科学,2001,(3):111-119.
③ 徐国栋.诚实信用原则二题[J].法学研究,2002(4):74-88.于飞.公序良俗原则与诚实信用原则的区分[J].中国社会科学,2015(11):46-162,208-209.
④ 《九民纪要》第四十二条规定:"撤销权应当由当事人行使。当事人未请求撤销的,人民法院不应当依职权撤销合同。一方请求另一方履行合同,另一方以合同具有可撤销事由提出抗辩的,人民法院应当在审查合同是否具有可撤销事由以及是否超过法定期间等事实的基础上,对合同是否可撤销作出判断,不能仅以当事人未提起诉讼或者反诉为由不予审查或者不予支持。一方主张合同无效,依据的却是可撤销事由,此时人民法院应当全面审查合同是否具有无效事由以及当事人主张的可撤销事由。当事人关于合同无效的事由成立的,人民法院应当认定合同无效。当事人主张合同无效的理由不成立,而可撤销的事由成立的,因合同无效和可撤销的后果相同,人民法院也可以结合当事人的诉讼请求,直接判决撤销合同。"

的消灭。

1. 除斥期间经过

撤销权行使与否,直接决定着合同效力问题。若是权利人一直拖延不行使撤销权,会导致合同始终处于不确定的状态,给合同相对人带来不安全感。从《民法典》第一百五十二条第(一)项和第(二)项的规定看,撤销权的除斥期间具体可以细分成以下几种类型:

(1)一般除斥期间,当事人自知道或者应当知道撤销事由之日起一年内没有行使撤销权的,撤销权消灭。起算时间为知道或者应当知道撤销事由之日起。显失公平和受欺诈缔约属于这种情形。

(2)特别除斥期间,包括两种情况。第一种情形,重大误解的除斥期间,是当事人自知道或者应当知道撤销事由之日起九十日。重大误解情形下的除斥期间显著短于其他情形,原因有二:一方面,重大误解是当事人自己所犯错误,因此重大误解行为人对缔约的真实意思更为了解;另一方面,由于重大误解行为发生的根本原因是行为人的错误表意,其行使撤销权的除斥期间应当更加严格,以免对保护相对人的合理信赖造成过大伤害。第二种情形,当事人受胁迫而缔约的除斥期间为一年,起算时间是自胁迫行为终止之日起。对于胁迫行为,在起算时间上采取特别方法以保护受胁迫的当事人。如果从知道或者应当知道撤销事由之日起算,可能导致受胁迫人因为害怕以至于意志薄弱而错失权利。

(3)最长除斥期间。如果当事人不知道或者不应当知道撤销事由发生的,最长除斥期间是自该民事法律行为发生之日起的五年。需要注意,最长除斥期间的起算时点是从撤销事由发生之日,这是客观的,不以当事人意志为转移,而一般除斥期间和特别除斥期间的起算时点是当事人知道或者应当知道撤销事由之日,二者存在重大差异。

2. 放弃

当事人放弃撤销权,也是撤销权消灭的法定事由。按照《民法典》第一百五十二条第(三)项规定,当事人放弃撤销权有两种形式:①以明示方式放弃撤销权,即当事人知道撤销事由后明确表示自己放弃撤销权。②以默示方式放弃撤销权,即当事人知道撤销事由后,以自己的行为表明放弃撤销权。例如,继续履行合同主要义务,或者接受对方的履行。

明示或者默示方式放弃撤销权的,原来的民事法律行为继续有效。[①] 因此,如果当事人放弃撤销权而选择继续履行合同,则对方当事人无权主张合同无效。在河南奇春石油经销集团和工商银行延安分行金融借款合同纠纷中,最高人民法院认为,根据《民法总则》第一百四十八条和第一百四十九条的规定,欺诈的法律后果是赋予受欺诈方撤销权。工行延安分行受到欺诈后选择不行使撤销权,并且请求继续履行合同,奇春公司主张合同无效进行抗辩,明显不能成立,最高人民法院不予支持。[②]

[①] 杨立新. 中华人民共和国民法典释义与案例评注(总则编)[M]. 北京:中国法制出版社,2020:558.
[②] 参见最高人民法院(2020)最高法民终155号民事判决书。

第四章 合同的履行

第一节 合同履行的原则

一、按照约定全面履行

当事人应当遵循诚信原则和绿色原则,全面履行合同义务。①

（一）当事人

合同当事人,即合同主体,是合同权利义务的承担人。根据《民法典》第五百三十二条,在合同生效后,任何一方当事人均不得因为姓名、名称的变更或者法定代表人、负责人、承办人的变动而拒绝履行合同义务。社会生活中,合同主体的姓名、名称的变更,以及法定代表人、负责人、承办人的变动,是经常出现的情形。为了防止当事人因为上述变动而不履行合同义务,避免当事人因为这些变动而在合同履行中发生争议,故作上述规定。对于自然人主体也是如此,如果改名之前已经缔约,则这种改变并不影响合同的履行。故当事人对以其原姓名签订的合同亦应严格遵守,不得因姓名的改变而不履行合同义务。法人和非法人组织都依法享有合同主体资格,可以作为合同法律关系的主体,具有合同权利能力和合同行为能力,而法人和非法人组织名称的变更只是其文字标记的变更,不能因此而不履行合同义务。②

在延边新合作连锁超市与吉林龙井农商银行抵押合同纠纷一案中,最高人民法院认为,当事人公司名字由"延边新合作国贸连锁超市有限公司"改为"延边新合作连锁超市有限公司",但是主体未有变更;被上诉人"吉林龙井农村商业银行股份有限公司"则是由原合同主体"延吉市延河农村信用合作社"改制变更而来,主体也发生了变化。但最终法院还是认定龙井商业银行有权作为本案权利人提起诉讼,更名后的义务人新合作公司也应承担案涉法律义务和法律责任。③

---

① 《民法典》第五百零九条规定:"当事人应当按照约定全面履行自己的义务。当事人应当遵循诚信原则,根据合同的性质、目的和交易习惯履行通知、协助、保密等义务。当事人在履行合同过程中,应当避免浪费资源、污染环境和破坏生态。"
② 杨立新.中华人民共和国民法典释义与案例评注(合同编)(上)[M].北京:中国法制出版社,2020:221.
③ 参见最高人民法院(2017)最高法民终964号民事判决书。

（二）全面义务

《民法典》第五百零九条第一款规定要按照合同的约定全面履行义务，是指凡是合同约定的义务，无论是主要义务，还是次要义务，以及随附义务，合同当事人都应当履行，否则就应当承担相应的责任。例如，在中商华联科贸公司与昌邑琨福纺织公司买卖合同纠纷申请案中，最高人民法院指出，当事人应当按照约定全面履行自己的义务。还应当遵循诚实信用原则履行通知、协助、保密等义务。琨福公司没有履行相应的通知、协助等义务，具有一定过错，原审判决在确定华联公司的违约赔偿责任时未能认定琨福公司的相关过错和责任明显不当，应予纠正。①

除了合同约定的义务，《民法典》第五百零九条第二款规定当事人还必须履行随附义务，即应当遵循诚信原则，根据合同的性质、目的和交易习惯履行通知、协助、保密等义务。随附义务无须当事人在合同中明确约定，往往根据法律规定或者行业习惯等足以认定。例如，在建设施工领域，施工单位提供完整的竣工验收资料以及配合建设单位办理竣工验收就是典型的随附义务。②

（1）通知义务。合同顺利履行及合同目的得以实现，往往需要当事人通力配合，双方相互通告合同相关信息往往又是通力合作的前提和基础。如果依据诚信原则，当事人应当主动将相关信息通知对方，此时便可以认为有通知义务存在。事实上，《民法典》中关于通知义务也有很多明确的规定，如第七百二十六条规定出租人应当在出卖租赁房屋之前的合理期限内通知承租人，第七百七十五条规定承揽人发现定作人提供的材料不符合约定时应当及时通知定作人更换、补齐或者采取其他补救措施，第七百九十八条规定承包人应当在隐蔽工程隐蔽之前通知发包人检查，第八百三十条规定承运人应当在货物运输到达后及时通知收货人，第九百零七条规定保管人验收时发现入库仓储物与约定不符合时应当及时通知存货人，等等。综合起来说，通知义务主要包括：说明义务，如出卖人在交付标的物时，应如实向买受人说明有关标的物的使用、维修及保养方法等；忠实报告义务，如代理人应及时向被代理人报告被代理事务的情况；瑕疵告知义务，如赠与有瑕疵物品时，应将标的物的瑕疵如实告知受赠与人；此外还有迟到告知义务、提存地点及其方式的通知等。

（2）协助义务。协助义务又称为协作义务，指合同当事人应当互相为对方行使合同权利、履行合同义务提供照顾和便利以促使合同目的圆满实现。《民法典》中关于协助义务也有很多明确的规定，如第七百四十一条规定承租人行使索赔权利时出租人应当协助，第七百七十八条规定承揽工作需要定作人协助时定作人有协助的义务。

（3）保密义务。保密义务是指当事人一方对于知晓的对方的商业秘密③或要求保密的信息、事项不得泄露给第三人。《民法典》中关于保密义务也有很多明确的规定，如第

---

① 参见最高人民法院（2013）最高法民提字第138号民事判决书。
② 参见最高人民法院（2020）最高法民终496号民事判决书。
③ 在淄博晶科太阳能新材料有限公司与中材高新材料股份有限公司一案二审中，山东省高级人民法院认为，即使合同中的保密条款没有约定具体保密期限，只要商业秘密尚未公开，即便合同履行期限届满，因订立合同而知悉商业秘密的一方仍应承担保密义务。参见山东省高级人民法院（2011）鲁民三终字第190号民事判决书。

五百零一条规定当事人对在订立合同过程中知悉的商业秘密或者其他应当保密的信息不得泄露或者不正当地使用,第七百八十五条规定承揽人应当按照定作人的要求保守秘密,第八百七十一条规定技术转让合同的受让人和技术许可合同的被许可人应当按照约定的范围和期限对技术中尚未公开的秘密部分承担保密义务,第五百五十八条规定债权债务终止后当事人应当遵循诚实信用原则并根据交易习惯履行通知、协助、保密、旧物回收等义务,等等。传统上认为保密义务是一种消极义务,只要义务人消极地不作为即可,并不要求义务人积极地作为,这种认识有失偏颇。在司法实践中,已有大量判例认定银行需要采取积极措施履行保密义务。[1]

(4)其他附随义务。《民法典》第五百零九条的列举并未穷尽全部的附随义务,故以"等"字表示还可以有其他的附随义务,这也反映出,附随义务的类型及内涵尚在发展中。例如,注意义务,这是对债务人在履行债务时的一般要求,即债务人应尽到如同管理自己事务的注意。债务人的注意程度因其知识、素养、判断能力、地位、职业及债务的性质而有所不同。一般而言,当事人应做一个善良管理人,并像管理自己事务那样做到尽职尽责,以尽保护对方合法权益的义务。再如,保护义务,是指在由于合同接触(准备交涉、履行、受领等)而产生侵害对方生命、身体、财产可能性的场合,对于诸此法益不予侵害的义务。附随义务中的保护义务,论其性质,实相当于侵权行为法上的安全保障义务,与给付义务的关系相对较远。应该看到,保护义务与给付义务确实有着相当的独立性,如保护义务在合同缔结阶段就可能既已发生,其违反可能构成缔约上的过失,而在合同存续和履行阶段,保护义务依然存在,且与合同缔结阶段的保护义务可以认定为具有连续性。其所要保护的法益,不是给付利益,而是相对人的固有利益。我国《民法典》第八百二十二条规定"承运人在运输过程中,应当尽力救助患有急病、分娩、遇险的旅客",肯定了保护义务作为一种附随义务的存在。

(三)环保义务

《民法典》第九条规定从事民事活动应当有利于节约资源、保护生态环境。此即民法典新增加的绿色环保原则,旨在以私法手段调整人与人之间社会关系的同时,间接调整人与环境、当代人与后代人之间的关系,具有鲜明的时代特色,是绿色发展理念融入民法的结果,符合可持续绿色发展的时代要求。与此相呼应,当事人在合同履行过程中必须坚持绿色环保原则,履行环保义务。[2]至于违反环保义务的后果,法律未作规定,有待

---

[1] 例如,在王小光与中国工商银行股份有限公司洪江市支行储蓄合同纠纷案中,公安机关查明系犯罪分子在自动门刷卡器上粘贴电子仪器,并在自动取款机上安装微型摄像机以获取储户信用卡信息资料和密码,然后伪造信用卡来盗取卡内资金。法院认为:《商业银行法》第二十九条第一款规定:"商业银行办理个人储蓄存款业务,应当遵循存款自愿、取款自由、存款有息、为存款人保密的原则。"银行的保密义务,不仅是指银行要对储户已提供的个人信息进行保密,亦而且包括要为到银行办理交易的储户提供必要的安全、保密的交易环境。本案中,王某与银行之间的储蓄合同合法有效。王某信用卡内资金被盗虽系犯罪分子所为,但系银行违背法定安全保密义务才造成王某存款损失。银行未依储蓄合同履行保密义务,构成违约,判决银行支付王某被盗取全部存款3万余元。参见湖南省怀化中院(2007)怀中民三终字第28号民事判决书。
[2] 《民法典》第五百零九条第三款规定:"当事人在履行合同过程中,应当避免浪费资源、污染环境和破坏生态。"

进一步明确。①

为了贯彻好绿色环保原则,《民法典(合同编)》规定了大量相关条款,如第六百一十九条规定没有通用包装方式的,出卖人应当采取足以保护标的物且有利于节约资源、保护生态环境的包装方式;第六百二十五条还规定,依照法律、行政法规的规定或者按照当事人的约定,标的物在有效使用年限届满后应予回收的,出卖人负有回收义务;第五百八十条规定,债务的标的不适于强制履行或者履行费用过高情况下,如果强制实际履行不符合绿色环保原则,可以改用其他违约责任而不再强制履行。

二、相对性

根据《民法典》第四百六十五条,依法成立的合同仅对当事人具有法律约束力,但是法律另有规定的除外。这说明合同的法律约束力是有影响范围的,即只对合同当事人发生法律拘束力,而对合同以外的人不发生法律拘束力。②这就是合同的相对性原则,是合同的法律约束力不可扩张到合同当事人之外其他民事主体的准则,原则上合同项下的权利义务只能赋予当事人或加在当事人身上,合同只能对合同当事人产生拘束力,而非合同当事人不能诉请强制执行合同。③合同是合同当事人意思一致的产物,并未体现合同之外第三人的意志,按照意思自治原则,合同自然不应对合同之外第三人产生效力。在此意义上,合同相对性原则是意思自治原则的必然要求。

(一)内涵

1. 主体相对

根据《民法典》第四百六十五条规定,合同关系只能发生在特定的主体之间,只能向特定主体主张权利,履行债务。例如,在宁夏象龙房地产开发有限公司与闫永庆债权转让合同纠纷和民间借贷纠纷二审中,最高人民法院强调,在未经债权人同意情况下,债务人向第三人清偿债务对债权人不发生法律效力,其仍然负有向债权人清偿的义务。④

2. 责任相对

《民法典》第五百二十二条是关于"向第三人履行债务"的规定⑤,第五百二十三条是

---

① 环保义务既然是从消极方面限制权利自由行使的例外规则,自然不能积极扩张自己的范围,而应始终如一地坚持"谦抑"的态度。民法典不应在环境道德和环保义务方面对我国民众提出过于苛刻的要求,不能因为民事主体在民事活动中没有积极履行环保义务而否定其法律效力,应该只是拒绝提供强制履行之救济而已。换言之,环保义务在民法典中应定位于倡导性规范,不宜直接作为判断当事人行为效力的基础规范。刘廷华. 民法典环保义务的冒进与退守[J]. 理论月刊, 2019(4): 98-103.
② 债权在法律性质上并非对世权,是典型的相对权,是对人权,债务人只对特定债权人负有履行义务,债权人也只能要求特定债务人履行义务。参见最高人民法院(2007)最高法民一终字第39号民事判决书。
③ 杨立新. 中华人民共和国民法典释义与案例评注(合同编)(上)[M]. 北京:中国法制出版社, 2020: 21-22.
④ 参见最高人民法院(2013)最高法民一终字第61号民事判决书。
⑤ 《民法典》第五百二十二条第一款规定:"当事人约定由债务人向第三人履行债务,债务人未向第三人履行债务或者履行债务不符合约定的,应当向债权人承担违约责任。"

"由第三人履行债务"的规定。① 原则上，违约责任只会发生在合同确定的债务人和债权人之间，与合同之外的第三人无关。例如，在重庆某建设集团建设工程施工合同纠纷案中，建设集团要求曹某直接将保证金转入其指定的案外人的银行账户。后来《承包合同》被确认无效，建设集团主张应当由实际收款的案外人返还履约保证金500万元。最高人民法院认为，因为"合同责任的相对性原则"，曹某付款给案外人是基于《承包合同》而支付履约保证金，并且也是按照合同对方当事人指定的案外人账户转款，不能证明其与案外人另行建立了合同关系，因此合同无效后最终负有偿还该款项责任的人，也应当是签订《承包合同》的建设集团，而非实际收款人。②

按照《民法典》第五百九十三条规定，由第三人导致违约的情形下，债权人只能向债务人主张违约责任，不得向合同之外的第三人主张违约责任。例如，在曾贵龙与贵阳荣达房产公司建设工程施工合同纠纷案中，最高人民法院认为，涉案《建筑工程施工合同补充协议》与《建设工程施工合同》承包方都是佳乐公司，曾贵龙只是以佳乐公司"委托代理人"的身份在合同上签字，不是合同当事人。曾贵龙也没有证明其与荣达公司形成了事实上的建设工程施工合同关系，因此即使认定曾贵龙为案涉工程的实际施工人，其亦无权突破合同相对性，直接向发包人荣达公司主张建设工程合同权利。③

（二）突破

1. 债的保全制度

《民法典》第五百三十五条规定的债权人代位权，第五百三十八条和第五百三十九条规定的债权人撤销权，都是为了保护债权实现而突破债的相对性原则的特例。鉴于债权保全部分有关于代位权和撤销权问题的专门讨论，在此不展开讨论。

2. 买卖（抵押）不破租赁

《民法典》第七百二十五条规定："租赁物在承租人按照租赁合同占有期限内发生所有权变动的，不影响租赁合同的效力。"

租赁房屋最初是为了居住，而居住利益属于生存利益范畴，应当给予优先保护。这也许是买卖不破租赁制度最初的依据。问题在于，如果房屋新的所有权人也是为了居住才购买房屋，此时可能出现房屋所有权人的居住利益和承租人的居住利益发生冲突的情况，为什么要优先保护承租人居住利益？因此，买卖不破租赁应该还有其他方面的考虑，如稳定租赁关系以保护交易安全，更重要的是以此实现物尽其用。在交易安全得到保障的前提下，承租人才能够进行适当的信赖投资，更好地利用租赁物实现更大价值。④

除了买卖，还有其他原因有可能引起房屋所有权变动，如赠与、互换、向公司出资、以房抵债等情形。"买卖不破租赁"只是通俗的说法，其他原因引起所有权变动的，也可以适用。毕竟，《民法典》第七百二十五条并没有将所有权变动原因限制在买卖这一特定情形，而是笼统规定租赁期内租赁物所有权变动不影响租赁合同效力。并且，从"买卖

---

① 《民法典》第五百二十三条规定："当事人约定由第三人向债权人履行债务，第三人不履行债务或者履行债务不符合约定的，债务人应当向债权人承担违约责任。"
② 参见最高人民法院（2017）最高法民申2086号民事裁定书。
③ 参见最高人民法院（2017）最高法民终377号民事判决书。
④ 王利.论"买卖不破租赁"[J].中州学刊，2013（9）：48-55

不破租赁"规则的设立目的来看,如果将其适用范围仅限于因买卖而发生的所有权变动,就无法充分实现其稳定租赁关系和维护交易安全的目的。此外,债务人以其房屋使用权抵偿欠款的合同之债,不同于出租人与承租人之间签订的房屋租赁合同,故不适用"买卖不破租赁"原则。[1]

如何理解"不影响租赁合同的效力"?对此存在三种模式:①法定概括移转说。租赁物所有权发生变动后,买受人和承租人自动成为租赁合同当事人,原出租人的权利义务将概括移转给买受人。[2]②有权占有说。所谓"不影响租赁合同效力",是指租赁物的权利发生变动后,承租人根据原租赁合同而取得的对标的物占有的权利继续有效,有权以此对抗租赁物的买受人。[3]③折中说。应当区分租赁物受让人是否知道标的物已经出租的事实而区别对待:如果受让人在订立合同时并不知道标的物已经出租的事实,则承租人的权利不能对抗租赁物的买受人;如果买受人在订立合同时知道标的物已经出租的事实而仍然购买,则承租人有权对抗租赁物的买受人。

从总体上来看,法定概括移转说实际上已经被我国司法实践所广泛采纳。所谓概括移转,由债权让与和债务承担两方面构成,按其产生原因,又可分为意定的概括移转和法定的概括移转。"买卖不破租赁"情形属于法定的概括移转,因为这是由法律直接规定的,所以不需要经过作为合同另外一方当事人的承租人的同意就产生移转效果。依据这一观点,所谓"不影响租赁合同的效力",是指原租赁合同仍然有效,对承租人来说,其既不需要终止原租赁关系,也无须订立新的租赁合同而成为新的租赁合同的承租人。[4]如此处理,既维护了交易安全和承租人的合理预期,又避免了承租人和新权利人磋商,降低了交易成本。

除了买卖不破租赁,民法典还规定了抵押不破租赁。[5]考虑到抵押不影响使用,而且实现抵押物价值时也就是引起所有权变动时,既然法律规定所有权变动不影响租赁,抵押自然就不影响租赁了。需要注意的是,《民法典》第四百零五条使用的表述是"抵押权设立前",并非"抵押合同签订前",更有利于租赁权人的保护。但与此同时,《民法典》第四百零五条明确规定了抵押不破租赁规则的适用前提是"抵押财产已经出租并转移占有",如果只是签订租赁合同,租赁权人并未实际占有租赁物,也不适用上述规定。实际上,早有判例指出,租赁权作为物权化的债权,应以租赁人对租赁物实际占有、使用作为设立的时间基点。[6]

---

[1] 参见最高人民法院(2014)最高法民申字第215号民事裁定书。
[2] 李永军,易军.合同法[M].北京:中国法制出版社,2009:512.
[3] 黄凤龙."买卖不破租赁"与承租人保护——以对《合同法》第229条的理解为中心[J].中外法学,2013,25(3):618-643.此观点面临质疑:尽管承租人能够拒绝受让人返还原物的请求,但此时租赁关系已经陷入不确定状态,其存续可能需要承租人和受让人之间的磋商,从而无法维护承租人的合理预期,不能稳定租赁关系,这些都影响承租人作中长期投资的可能性。王利.论"买卖不破租赁"[J].中州学刊,2013(9):48-55.
[4] 胡康生.中华人民共和国合同法释义[M].北京:法律出版社,1999:339.
[5] 《民法典》第四百零五条:"抵押权设立前,抵押财产已经出租并转移占有的,原租赁关系不受该抵押权的影响。"
[6] 参见最高人民法院(2013)最高法执监字第67号民事裁定书。

3. 第三人利益合同

第三人利益合同（向第三人履行合同）[1]，是指将合同所生之权利直接归属于合同之外的第三人。与一般合同一样，《民法典》第五百二十二条第一款规定第三人利益合同原则上依然要受合同相对性原则约束。但是，在此基础上，民法典作了一个比较大的创新，《民法典》第五百二十二条第二款规定第三人利益合同允许突破合同相对性原则，只要法律规定或者合同约定第三人可以直接请债务人向其履行债务，并且第三人没有在合理期限内明确拒绝，则第三人可以突破相对性原则。

此外，民法典新增了第三人代为履行债务的规定。[2] 我们注意到，现实生活中有些合同会对第三人利益造成重要影响，如果债务人不履行债务，则第三人合法权益可能因此而遭受不利。此时，应该允许第三人代为履行债务，以使自己的合法利益得到保全。当然，如果根据债务的性质、按照当事人约定或者依照法律规定，该债务只能由债务人履行的，则不能适用第三人代为履行的规则。第三人代债务人履行债务并且债权人已经接受第三人履行的，债权人对债务人的债权就转让给了第三人，第三人就可以向债务人主张该债权。如果债务人和第三人对如何确定他们之间的债权债务关系另有约定，则按照约定办理，不受这一债权转让规则的拘束。[3]

第二节　双务合同履行的抗辩权

适用双务合同履行中的抗辩权，应当将行使抗辩权的行为与违约行为严格区分开来，并分别对待。在丁凝、李小娜与林伟租赁合同纠纷案中，法院认为，正当行使抗辩权是行使权利的合法行为，与违约行为在性质上存在根本性区别，绝不能混为一谈。当然，如果当事人在不符合行使抗辩权的条件下，拒绝履行义务或者滥用履行抗辩权则可能被认定为违约，由此造成对方损害的，应负损害赔偿责任。实践中，必须将正当行使抗辩权的行为从违约中分离出来，在出现纠纷以后应当对各种行为作具体分析，而不能草率定性，不适当地扩大双方违约的范畴。[4] 再如，在甘肃兰州红丽园商贸公司诉甘肃诚信电线电缆公司房屋租赁合同纠纷案中，最高人民法院指出，根据《建筑法》第六十条第二款，建筑工程在竣工时不能存在屋顶和墙面渗漏、开裂等质量缺陷。由于诚信电线电缆

---

[1] 《民法典》第五百二十二条规定："当事人约定由债务人向第三人履行债务，债务人未向第三人履行债务或者履行债务不符合约定的，应当向债权人承担违约责任。法律规定或者当事人约定第三人可以直接请求债务人向其履行债务，第三人未在合理期限内明确拒绝，债务人未向第三人履行债务或者履行债务不符合约定的，第三人可以请求债务人承担违约责任；债务人对债权人的抗辩，可以向第三人主张。"

[2] 《民法典》第五百二十四条规定："债务人不履行债务，第三人对履行该债务具有合法利益的，第三人有权向债权人代为履行；但是，根据债务性质、按照当事人约定或者依照法律规定只能由债务人履行的除外。债权人接受第三人履行后，其对债务人的债权转让给第三人，但是债务人和第三人另有约定的除外。"

[3] 杨立新．中华人民共和国民法典释义与案例评注（合同编）（上）[M]．北京：中国法制出版社，2020：198．

[4] 参见广东省东莞市中级人民法院〔2008〕东中法民一终字第4536号民事判决书。

公司违反上述法律强制性规定,导致租赁房屋不符合使用条件,应当认定违约在先。在此情况下,红丽园公司拒绝支付租金的行为,是行使后履行抗辩权的正当行为,并不构成违约。[①]

一、同时履行抗辩权

《民法典》第五百二十五条对双务合同中的同时履行抗辩权作出了明确规定,在双务合同中,对于没有先后履行顺序的合同义务,双方当事人应当同时履行,在对方当事人没有履行义务之前,当事人可以暂时不履行自己的合同义务;在对方当事人履行不符合约定的情况下,当事人也可以视情况暂时不履行自己的合同义务。与此相应,在自己未履行合同义务之前,也不得要求对方履行合同。[②]通俗地讲就是"你不履行,我也不履行""一手交钱一手交货",如此方才公平。此外,按照诚实信用原则的要求,如果对方当事人只是轻微违约,并没有对己方债权实现造成较大危害,则不得滥用同时履行抗辩权。同时,当事人一方行使同时履行抗辩权时应当及时通知对方当事人以免对方当事人因此而产生损失;在对方当事人已经履行或提供适当担保的情况下,当事人应当及时履行自己的合同义务。[③]

(一)构成要件

同时履行抗辩权在同时满足下列条件时才可以行使:①须依据同一双务合同双方当事人互负债务、互享债权;②须双方当事人互负的债务均已届清偿期;③须对方当事人未履行到期债务;④须对方的合同义务是可能履行的,没有陷入履行不能。[④]双方当事人互负的债务均已届清偿期,否则有权以享有期限利益为由拒绝履行,完全没有行使同时履行抗辩权之必要。[⑤]有鉴于此,同时履行抗辩权的构成要件似乎不必包括合同债务已届清偿期。

1.须有同一双务合同互负债务且无先后履行顺序

(1)有效的双务合同。《民法典》第五百二十五条规定履行义务没有先后顺序的双务合同应当同时履行,但前提条件是合同有效。如果合同不成立、效力待定、无效或已经被撤销,或者债务已经因抵销或者免除而已经消灭,由于没有合同义务,则任何一方当事人都不应当主张同时履行抗辩权。此外,《民法典》第五百二十五条所谓"没有先后履行顺序的,应当同时履行",并不是在规定同时履行抗辩权的构成要件,而是在重点强调,在适用同时履行抗辩权之前,应当首先考察双务合同中给付义务与对待给付义务之间是否存在先后履行顺序。如果合同义务有先后履行顺序,则完全没有适用同时履行抗辩权的空间,倒是存在适用后履行抗辩权或者不安抗辩权的可能。司法实践的做法也是

---

① 参见最高人民法院〔2002〕最高法民一终字第4号民事判决书。
② 《民法典》第五百二十五条规定:"当事人互负债务,没有先后履行顺序的,应当同时履行。一方在对方履行之前有权拒绝其履行请求。一方在对方履行债务不符合约定时,有权拒绝其相应的履行请求。"
③ 王洪亮.《合同法》第66条(同时履行抗辩权)评注[J].法学家,2017(2):163-176,182.
④ 杨立新.中华人民共和国民法典释义与案例评注(合同编)(上)[M].北京:中国法制出版社,2020:200-201.
⑤ 王洪亮.《合同法》第66条(同时履行抗辩权)评注[J].法学家,2017(2):163-176,182.

如此，只要双方当事人的合同义务存在先后顺序，则不会适用同时履行抗辩权。合同当事人义务先后顺序的存在并没有改变合同的双务性，但是基于法律规定或者当事人的意思，排除了同时履行抗辩权。

（2）牵连关系。所谓双务合同的牵连性，是指双方当事人的合同义务具有不可分离的关系，具体又可以分为发生上的牵连性、存续上的牵连性和功能上的牵连性。所谓发生上的牵连性，是指一方当事人的合同义务与对方当事人的合同义务在发生上互相牵连，即一方当事人的合同义务不发生时，对方当事人的合同义务也会不产生。所谓存续上的牵连性，是指一方当事人的合同义务无须继续履行时，对方当事人的合同义务亦没有必要继续履行。所谓功能上的牵连性，又称履行上的牵连性，是指一方当事人的合同义务与对方当事人的合同义务互为前提，一方当事人不履行其义务，对方当事人原则上也可以不履行，只有如此，才能较好地维持双方当事人之间的利益平衡。同时履行抗辩权正是这种功能上的牵连性的反映。双方当事人互负债务且这些债务在事实上有密切联系，但如果两项债务非由同一双务合同而产生，则其不得行使同时履行抗辩权。同理，双务合同因变更而使合同主体或内容发生变化时，其债务已非由同一双务合同而产生，故同时履行抗辩权也不存在。①

合同义务分为主给付义务、从给付义务以及附随义务②，而双务合同抗辩权中所讨论的债务通常是指主给付义务。基于同时履行抗辩权的相互关系基础，在没有明确约定或者法律规定的情况下，从给付义务和主给付义务之间不存在同时履行抗辩关系。③原因在于，对于实现合同目的而言，从给付义务、附随义务通常不具有充分必要的意义。例如，通常情况下，债务人不能以对方没有开具发票为由拒绝履行支付价款之主给付义务。④但是，主给付义务或从给付义务的区分在同时履行抗辩权适用中仅具有"指引"功能，关键还得看合同当事人双方的意思，合同当事人完全可以通过合同约定某种从合同义务与对方主要合同义务构成对待给付关系。例如，当事人可以约定，卖方开具相应发票与买

---

① 黄毅.双务合同履行中的抗辩权[J].人民司法，1997（10）：23-25.
② 合同主给付义务，是指构成某种合同类型所必须具备的固有义务，该义务的履行是实现合同目的的基础前提，如买卖合同中卖方交付标的物并转让其所有权的义务，买方支付价款的义务。从给付义务不是实现合同目的所必备的条件，却有助于债权人利益得到最大程度的满足。附随义务是指依合同关系发展情形，且根据诚实信用原则所产生的为保障债权人给付利益的实现之义务。主给付义务会直接影响合同当事人订立合同目的的实现，从给付义务或附随义务只是保障合同目的实现的次生义务，如注意义务、告知义务、照顾义务、通知义务、说明义务、协助义务、保密义务、忠实义务。
③ 王洪亮.《合同法》第66条（同时履行抗辩权）评注[J].法学家，2017（2）：163-176，182.
④ 在河南南阳中院判决张群伟等诉内乡县泰隆建材集团有限公司买卖合同案中，河南省南阳市中级人民法院指出，在买卖合同引发的债权债务纠纷中，出卖人开具发票的义务系合同的从给付义务，由于该义务与合同的主给付义务不能形成相应的对价或牵连关系，对于出卖人不开具发票的行为，买受人不享有同时履行抗辩权。参见河南南阳市中级人民法院（2009）南民二终字第248号民事判决书。再如，在云南洪捷装饰工程有限公司与宣威市道路交通安全协会、宣威市交通安全协会云鹰大酒店建设工程合同欠款纠纷上诉案中，云南省高级人民法院认为，双方当事人在合同中未对发票的开具作出约定，按照交易习惯，收款人可在款项付清后一次性开具发票。另外，就本案讼争的建设工程合同而言，完成装修工程和支付工程款分别是双方当事人的主要合同义务。被上诉人已经履行了完成装修工程的主要义务，上诉人不能以对方未开具发票作为迟延履行其主要合同义务的抗辩理由。参见吴庆宝.权威点评最高法院合同法指导案例[M].北京：中国法制出版社，2010：320-329.

方支付价款应当同时履行。[①]如果当事人在合同中有这类特别约定，则一方当事人从给付义务与对方当事人主给付义务之间也可适用同时履行抗辩权规则。此外，即使没有上述特别约定，如果从给付义务的履行与对方合同目的实现之间存在密切关系时，从给付义务和主给付义务之间也可以存在同时履行抗辩关系。例如，出售名贵砖石的商家没有交付鉴定证书，则买方可以拒绝支付价款。

2. 须对方未履行债务或履行不符合约定

一方当事人已经履行或已经提出履行债务，另一方当事人就不得主张同时履行抗辩权。但是，如果一方当事人只是部分履行，或者存在履行瑕疵，则另一方当事人仍然可以主张同时履行抗辩权。需要注意的是，如果一方当事人的履行仅仅存在细微瑕疵但尚未达到影响当事人合同目的实现的严重程度，则另一方当事人便无权主张同时履行抗辩权。对此，审判中法官可根据诚实信用原则加以判断。[②]如果当事人只是没有履行从给付义务，且没有导致相对方合同目的无法实现，通常不会支持同时履行抗辩权。[③]

3. 须对方的对待给付是可能履行的

《民法典》第五百二十五条所谓"应当同时履行"，显然是以合同义务都能够履行为前提。如果一方当事人的对待给付已经变成不能履行，则不能适用同时履行抗辩权。例如，合同的特定标的物因一方过错而遭灭失，该方的对待给付显属不可能。情形只能适用债务不履行的规定请求补救，没有同时履行抗辩问题。[④]

（二）适用效果

1. 行使方式

司法实践中，被告主张同时履行抗辩权的常见方式包括抗辩与反诉两类，原则上都是可以的。被告主张同时履行抗辩权的理由千差万别，有时仅仅为了使得原告的诉讼请求被认为缺乏法律依据而不予支持，因而无需专门提出反诉；如果被告想要获得法定的执行依据，则必须提起反诉。如果被告提出反诉的意思表示不够明确，法院应当行使阐明权，就被告提起反诉耗费劳力、时间、费用可能造成程序上不利益，以及提起反诉后如获得胜诉判决并申请强制执行所能取得的实体权益等进行阐明，让当事人自行决定是

[①] 在特定情形下，出租方履行开具发票从义务系为保证正常履约和交易目的实现，故这一义务与承租方交付租金的主义务之间形成对待给付关系。例如，在杨早郁诉北京今福阳光酒店管理有限公司房屋租赁合同纠纷案中，杨早郁于2010年将投资公司名下的房产出租给今福阳光酒店公司，约定杨早郁收取租金之前应当由今福阳光酒店公司出示投资公司开具的有效发票。法院认为，本案双方约定收取租金之前开具发票，旨在约束杨早郁收取今福阳光酒店交付的租金后依约向投资公司交纳，以确保租赁双方之间合同正常履行和今福阳光酒店租用投资公司名下房产这一缔约目的实现。在实际履行过程中，杨早郁并未依约开具投资公司发票，故明显存在违约行为。今福阳光酒店据此享有合同履行抗辩权，并不构成违约行为。参见北京市第一中级人民法院（2013）民终字第4573号民事判决书。

[②] 黄毅. 双务合同履行中的抗辩权[J]. 人民司法，1997（10）：23-25.

[③] 例如，在新疆中远国铁物流有限公司与北京中进物流有限公司租赁合同纠纷案中，最高人民法院指出，租赁合同中的出租人未履行为出租车辆办理涉外运输资质的从给付义务，但租赁合同的目的并未因此而落空，承租人实际使用租赁物获取收益后，仅以出租人违约在先为由主张行使后履行抗辩权，拒绝支付租金，人民法院不予支持。参见最高人民法院〔2014〕最高法民申字第709号民事裁定书。

[④] 顾伟强，孙美兰. 论同时履行抗辩制度的适用[J]. 人民司法，2000（2）：43-46.

否提出反诉。如果被告提起反诉,法院应当就被告的诉讼请求进行审理并作出裁判,就此所作出的判决具有既判力及执行力。值得注意的是,被告在诉讼中以抗辩形式主张同时履行抗辩权的,大都未获得法院支持。[1]

此外,如果当事人主张同时履行抗辩权拒绝履行自己的合同义务违背诚实信用原则的,则该当事人不得行使同时履行抗辩权。[2]

2. 中止履行

依据《民法典》第五百二十五条规定,行使同时履行抗辩权的效果是中止履行合同义务。法律所谓"停止",是指合同当事人权利义务处于暂停状态,但并不否定权利义务关系的存在,并不排斥将来恢复履行。法律所谓"延期",是指中止履行后等待对方的动作,在对方未有新的动作之前就暂停履行,但并不是永恒地不履约,更不会导致合同义务消灭。一旦对方当事人履行合同义务,则另一方当事人也必须立刻恢复履行,否则将构成违约。如果双方都担心自己履行后对方不履行合同,可能陷入僵局。例如,买卖合同中卖方怕买方收货不交钱从而不愿先交货,买方也担心卖方收钱后不发货而不愿意先付款。在这种情况下可以引入第三方来协助双方履行,淘宝网交易中支付宝的作用便是如此。

3. 延展适用

双务合同同时履行抗辩权不仅适用于具有对待给付关系的原始双务债务,也适用于原合同债务的延长或变形债务。例如,甲以古画与乙的一件古董互易,因甲的过失致古画灭失,甲应负债务不履行的损害赔偿责任。于此情形,乙对甲的损害赔偿请求权与甲对乙给付古董的请求权,可发生同时履行抗辩权。[3]

合同解除后的互负债务可以类推适用同时履行抗辩权。在韩某诉沈阳某房地产开发有限公司商品房买卖合同纠纷案中,韩某与开发商之间的买卖合同已经被依法解除,双方互负恢复原状的返还义务,即开发商要返还韩某已支付的购房款、装修费用等,韩某应返还开发商案涉房屋。后因开发商未足额返还前述款项,韩某拒绝交付房屋,法院认为韩某有权行使抗辩权,其拒绝交房的抗辩是权利的正当行使,而非违约。在本案中,法院认为基于类似事项、相同处理的平等原则,互负恢复原状义务在实质上具有牵连性,因此可以类推适用关于同时履行抗辩权的规定,最终支持了韩某的诉请。[4]至于合同被撤销、无效或者确定不发生效力等情形下,双方互负返还义务的,原则上都可以适用同时

---

[1] 刘文勇.论同时履行抗辩权成立时对待给付判决之采用[J].国家检察官学院学报。2020,28(4):163-176.
[2] 黄毅:《双务合同履行中的抗辩权[J].人民司法,1997(10):23-25.
[3] 顾伟强,孙美兰.论同时履行抗辩制度的适用[J].人民司法,2000(2):43-46.
[4] 参见辽宁省沈阳市中级人民法院(2019)辽01民终16315号民事裁定书。

履行抗辩权。①

执行程序中同样可以适用同时履行抗辩权。在叶某云与钟某裕申请强制执行纠纷案中，法院认为，对于生效法律文书确定双方都应履行义务的，在一方当事人申请执行过程中，查明被执行人拒绝履行的原因是申请执行人未履行相应义务，可以适用合同法中的同时履行抗辩权。②

二、后履行抗辩权

如果合同双方债务有先后顺序，通常情况，先履行义务一方尚未履行时，后履行义务一方可以拒绝履行。此即法律规定的后履行抗辩权。③

（一）构成要件

后履行抗辩权的构成要件包括双方当事人互负债务且已届清偿期、两个债务有先后履行顺序以及先履行一方当事人不履行或者不适当履行。如果同时满足上述条件，负有后履行义务的一方当事人可以主张行使后履行抗辩权，有权中止履行合同义务，包括拒绝主给付义务和从给付义务。④后履行抗辩权的行使主体，是负有后履行义务的一方当事人，负有先履行义务的一方当事人不享有这种抗辩权。

1. 双方当事人互负债务且已届清偿期

与同时履行抗辩权要求债务已届清偿期相同，后履行抗辩权也要求双方债务已届清偿期。在此之前，债务人有权拒绝履行债务，不需要行使任何抗辩权。并且，与同时履行抗辩权一样，后履行抗辩权构成要件中当事人的互负债务也要求具有对价关系。这种合同对价关系，是指合同双方当事人互负对待给付义务之间互相依赖或者说相互牵连的关系，即所谓的"你与则我与，你不与则我亦不与"的义务对待关系。合同双方当事人互享债权，互负债务，一方的权利正好是对方的义务。例如，在买卖合同中，这种对价关系则是卖方有获得价款的权利，而买方有支付价款的义务；反之，买方有取得货物的权利，而卖方有交付货物并转移货物所有权的义务，彼此形成相互依赖或牵连关系，即合同的对价关系。⑤如果当事人互负的债务不是基于同一双务合同，自然不发生后履行抗

---

① 有学者认为，只有在双务合同有效的情况下，才有适用同时履行抗辩权之可能。上述情况下，应无同时履行抗辩权适用之余地。主要原因在于，合同无效情况下，自始不发生效力，同时履行抗辩权产生的基础即不存在，而无效的后果并非基于当事人的意思而定，可能均有不当得利请求权，也可能一方享有不当得利请求权，而另一方享有原物返还请求权，二者之间并无相互性，债务人也不能期待在自己给付的同时获得对方给付。此种情况有留置抗辩权适用余地，且一方当事人可以通过提供担保而先获得对方的给付。王洪亮.《合同法》第66条（同时履行抗辩权）评注[J].法学家，2017（2）：163-176，182.

② 参见广东省广州市黄埔区人民法院〔2013〕穗黄法执字第788号民事裁定书。

③ 《民法典》第五百二十六条规定："当事人互负债务，有先后履行顺序，应当先履行债务一方未履行的，后履行一方有权拒绝其履行请求。先履行一方履行债务不符合约定的，后履行一方有权拒绝其相应的履行请求。"

④ 杨书方，马旭升.合同附随义务不构成行使先履行抗辩权的先决条件[J].人民司法，2011（16）：72-74.

⑤ 杨书方，马旭升.合同附随义务不构成行使先履行抗辩权的先决条件[J].人民司法，2011（16）：72-74.

辩权。单务合同无对价关系，自然不存在后履行抗辩权问题。

2. 两个债务有先后履行顺序

在双务合同中，双方当事人的履行多是有先后的。这种履行顺序的确立，或者来自法律规定，或者来自交易习惯，或者来自当事人约定。例如，在餐厅吃饭，往往是先吃饭后结账；在宾馆住宿，同样是先住宿后结账；乘飞机、火车、汽车，则是先购票，后乘坐。这些都是习惯使然。如果依照法律规定、合同约定、交易习惯不能确定谁应当先履行合同，则可能被认定为应该同时履行。

3. 先履行一方不履行或不适当履行

当事人约定的合同义务存在履行上的先后顺序，应当先履行合同义务的一方当事人没有履行或者不适当履行合同义务的，对方当事人可以行使后履行抗辩权中止履行。在大连通泰物业管理公司与大连宏发投资发展公司建设项目转让合同纠纷案中，最高人民法院认为，《建设项目转让合同》约定双方义务有先后顺序，交付义务在先，付款义务在后，当事人交付清场且项目没有任何法律纠纷是对方当事人支付余款的前提。合同履行过程中发生了直接以本项目为对象的行政复议，说明未能履行"确保没有以本项目工地为标的和对象的任何法律纠纷存在"的义务，因此对方当事人有权行使后履行抗辩权，推迟项目交接和支付余款。①

如果先履行义务一方当事人的违约行为轻微，不至于影响对方当事人合同目的实现，则后履行义务一方当事人不得行使后履行抗辩权。例如，在 H 公司与 Z 公司房屋租赁合同纠纷案中，法院认为，出租人违约行为较轻微，与承租人支付租金的主要义务尚不构成对待给付，则根据诚实信用的原则，承租人不能行使后履行抗辩权。②该案判决提及根据诚实信用原则，旨在提醒后履行抗辩权的行使必须考虑各方当事人之间的利益平衡，不得超越合理的界限。例如，在番禺碧桂园物业发展公司诉苏琼、罗庆房屋买卖合同纠纷案中，买方以存在房屋墙体开裂等质量问题为由拒绝支付最后一期房款。法院认为，双务合同履行中的抗辩权范围应当与对方不当履行义务或者瑕疵履行义务的情况相适应，绝不能肆意扩大。如果一方当事人履行义务只是轻微瑕疵并且没有实质影响合同履行利益，则对方当事人不能以拒绝履行主给付义务的方式进行抗辩。一旦权利行使超过合理界限，将会被认定为权利滥用。③

对于不履行从给付义务的行为，如果尚不足以达到影响合同目的实现的严重程度，通常不产生后履行抗辩权。在中南财经政法大学诉武汉弘博集团有限责任公司买卖合同纠纷案中，最高人民法院认为，由于一方当事人拒绝履行双方约定的从给付义务并未给相对人造成重大损失，亦未影响原合同目的实现，因此相对人不得援用后履行抗辩权，拒绝履行合同。④通常情况，不能以对方当事人不履行附随义务而行使后履行抗辩权，拒绝履行己方的主给付义务。例如，在安阳市建胜预拌混凝土公司与河南城建建设集团买卖合同纠纷案中，法院认为，卖方交付货物与买方支付价款构成合同对价关系。通常，

---

① 参见最高人民法院（2005）最高法民一终字第100号民事判决书。
② 参见山东省青岛市崂山区人民法院〔2008〕崂民三初字第204号民事判决书。
③ 参见广东广州中院（2006）穗中法民五终字第430号民事判决书。
④ 参见最高人民法院（2014）最高法民申字第1893号民事裁定书。

不履行交付保修单等附随义务也会构成违约,守约人可以单独诉请对方履行,但是不能成为行使后履行抗辩权拒绝支付货款的充分条件。此外,除非当事人之间另有约定,按照一般交易习惯是在买方支付货款之后卖方才根据收款金额开具税务发票,因此买受人也不能以卖方未开票为由主张后履行抗辩权。①

(二)适用效果

1. 顺延履行

后履行抗辩权成立时,后履行义务一方当事人可以行使权利暂时中止履行合同义务,相当于顺延了合同履行期,以对抗先履行一方当事人的履行请求。中止履行不需要征得对方同意,但具体时长依赖于先履行义务一方当事人不履行债务延误的时长,但二者并非一定要完全一致,除非当事人另有约定。考虑到后履行义务一方当事人恢复履行的必要准备时间,中止履行时长可以适当超过先履行义务一方当事人不履行债务或者瑕疵履行的耗费时间。换言之,后履行一方当事人在先履行一方当事人按照合同履行债务后的一个合理时间内恢复即可。司法实践中,顺延履行的期限只要保持在合理范围内即不构成违约。②后履行义务一方当事人正当行使后履行抗辩权导致合同迟延履行的,应当由先履行一方当事人承担迟延履行责任。

2. 解除合同

后履行一方行使后履行抗辩权后,如果先履行一方当事人并未在合理期限内履行义务或者对瑕疵履行进行补救,而且在催告后的合理期限内仍然没有履行主要合同义务,按照《民法典》第五百六十三条规定,后履行义务一方当事人可以通知解除合同。

3. 放弃

需要注意,后履行抗辩权是一种权利,后履行义务一方当事人可以放弃行使后履行抗辩权,继续履行合同义务。在苏州市郊区供销集团与苏州市宇航开发公司、苏州市供销合作总社等房屋租赁合同纠纷上诉案中,最高人民法院认为,当出租方未能按期确保承租房屋的消防系统、水电系统通过验收并满足开张条件时,承租方本来可以行使抗辩权并拒绝支付租金,延迟开业日期并要求对方承担违约责任,但是承租人却选择继续履行合同、强行开业并且承诺所造成的消防、水电等方面的责任由其自行承担,最终不仅丧失了抗辩权,而且还须对此后被消防部门责令停业整顿所致损失承担较大比例的责任。③

4. 限制

行使后履行抗辩权,不得违背诚实信用原则。在上海谷都文化演出公司诉上海友情文化传播公司演出合同案中,前者负责创作剧本、排练剧目及实施演出,制作费共计10万元。合同履行过程中,演艺公司以文化公司拖欠制作费3万元为由罢演,引发诉讼。法院认为:①演艺公司已完成首演及7场社区演出,文化公司对此没有提出任何异议,应当认定为已经认可整出剧目,文化公司应当按照约定支付剩余制作费。②文化公司未

---

① 参见河南安阳北关区法院(2013)北民一初字第121号民事判决书。
② 参见最高人民法院(2015)最高法民申字第3229号民事裁定书。
③ 参见最高人民法院〔2000〕最高法民终字第126号民事判决书。

履行付款义务,演艺公司以此为由行使后履行抗辩权,完全符合"先履行一方未履行或履行不适当""由同一双务合同互负债务""双方互负的债务有先后顺序"三个构成要件,但是演出过程中罢演却违背了诚实信用原则,损害了前来观看演出的观众的利益,故对于演艺公司所提出后履行抗辩权不予支持。[1]

三、不安抗辩权

不安抗辩权,是指在双务合同中有先履行义务的一方当事人,在有确切证据证明对方当事人因丧失或者可能丧失履行能力而无法履行合同义务时,享有的暂时中止履行合同义务的抗辩权。[2]在通常情况下,双务合同的一方当事人依约定应先履行其债务时,不得对后履行一方提出抗辩。但是,当先履行义务一方当事人发现后履行义务一方当事人的财产状况显著减少,将来极有可能危及先履行一方当事人债权实现时,如果仍然强迫先履行义务一方当事人先为给付,则可能出现先履行义务一方当事人履行了合同债务,其债权最终因为对方当事人缺乏履行能力而无法实现的情形,故特设不安抗辩权予以保护。[3]不安抗辩权属于抗辩权的一种,其法律效力表现在既可以对抗合同相对方的履行请求,使对方合同请求权延期发生作用,同时又可以排除违约责任的存在。

(一) 构成要件

1. 存在让人不安的客观情况

客观上存在后履行义务一方当事人不能为对待给付的现实危险,严重危及先给付义务一方当事人的债权实现,具体而言,让人不安的客观情况主要包括:经营状况严重恶化;转移财产、抽逃资金,以逃避债务;谎称有履行能力的欺诈行为;其他丧失或者可能丧失履行能力的情况。

需要注意的是,上述危及先履行义务一方当事人债权实现的情况必须发生在合同成立以后。如果在订立合同时就已经存在危及债权实现这一客观危险,先履行义务一方当事人明知此情形仍然继续缔约,说明当事人愿意承担该风险,按诚实信用原则,不能出尔反尔要求行使不安抗辩权。也有学者认为,明知对方当事人可能会不履行合同义务而仍然与之缔结契约,属于甘愿冒险,先履行义务一方当事人已经丧失不安抗辩权。[4]如果在订立合同时就已经存在危害债权实现这一现实危险,但先履行义务一方当事人不知道此情形继续缔约,考虑到后履行义务一方当事人有无故意隐藏相关信息等因素,可能涉及合同欺诈等制度。

如果后履行义务一方当事人在缔结合同时已经提供了充分担保,则先履行义务一方当事人不得行使不安抗辩权。原因在于,即使后履行义务一方当事人可能不履行义务,

---

[1] 参见上海市闸北区人民法院(2012)闸民二(商)初字第144号民事判决书。
[2] 《民法典》第五百二十七条规定:"应当先履行债务的当事人,有确切证据证明对方有下列情形之一的,可以中止履行:(一)经营状况严重恶化;(二)转移财产、抽逃资金,以逃避债务;(三)丧失商业信誉;(四)有丧失或者可能丧失履行债务能力的其他情形。当事人没有确切证据中止履行的,应当承担违约责任。"
[3] 杨立新. 中华人民共和国民法典释义与案例评注(合同编)(上)[M]. 北京: 中国法制出版社, 2020: 206.
[4] 褚红军. 经济合同履行中的抗辩权及其适用[J]. 法律适用, 1994(9): 2-4.

已经设立的担保已经能够充分保护先履行义务一方当事人的利益，故这种情况下完全没有行使不安抗辩权的必要。并且，按照不安抗辩权制度的安排，一旦先履行义务一方当事人行使不安抗辩权中止履行合同，后履行义务一方当事人就应当提供担保，一旦提供担保，则应当恢复履行。既然双方已经在缔结合同时设立了担保，先履行义务一方当事人自然不能行使不安抗辩权。鉴于我国法律允许的定金数额较小，定金担保尚不足以为先履行一方当事人提供充分担保，因此定金担保不影响不安抗辩权的行使。

2. 证明责任

依据《民法典》第五百二十七条规定，行使不安抗辩权，必须要有确切证据证明对方当事人存在丧失或者可能丧失履行债务能力等危及债权实现的其他情形。[①] 先履行义务的一方当事人如果没有确切证据证明对方当事人存在让人不安的客观情况而擅自中止履行合同的，属于违约行为，应当承担违约责任。在德国某公司诉珠海市某公司买卖合同纠纷案中，珠海市中级人民法院指出，先履行义务一方当事人必须提供确切证据证明对方有法律规定的不能对待给付的现实危险，而不能凭空推测或者根据主观臆想而妄断对方不能或不会对待履行。如果没有确切证据证明对方履行能力降低而单方中止履行合同，属于违约。[②]

从《民法典》第五百二十七条列明的几种情况看，想要举证证明确实存在较大困难。对于经营状况严重恶化，需要查阅当事人的财务账簿才好判断。至于丧失商业信誉，除了被列入失信被执行人名单，其他情况的证明似乎并不容易。至于"转移财产、抽逃资金，以逃避债务"，不仅要证明存在"转移财产、抽逃资金"的客观行为，法条中的"以"字表明"转移财产、抽逃资金"的目的必须是"逃避债务"，因此还要证明"转移财产、抽逃资金"的主观意图是"逃避债务"。如果不具有逃避债务的主观意图，则转移财产抽逃资金并不是不安抗辩权的充分条件。证明客观事实已经足够困难，要证明主观故意的难度可想而知。

为了方便行使不安抗辩权，司法实践中法院在证明问题上采用了较低的标准，减轻了当事人的证明责任。例如，在宁波精英制版彩印公司与宁波宏途纸制品工贸公司买卖合同纠纷案中，宁波市中级人民法院指出，一方面，先履行义务一方当事人可以在诉讼中借助法院的调查权限进一步补强证据；另一方面，先履行义务一方当事人行使不安抗辩权宜采取外部表象的举证标准。证明责任需在双方之间得到合理分配：先履行义务一方当事人仅仅需要提供基本证据以证明后履行义务一方当事人存在财产明显减少或者商业信誉显著受损的情形即可产生中止履行的法律效力，而后履行义务一方当事人负有一定的反证责任，在收到中止履行通知后，须举证证明己方不存在让对方陷于不安的情形以对抗并消灭不安抗辩权。[③]

(二) 适用效果

不安抗辩权的行使效果包括两个层次：第一个层次是中止履行，第二个层次是解除

[①] 参见最高人民法院〔2002〕最高法民四终字第3号民事判决书。
[②] 参见广东省珠海市中级人民法院〔2004〕珠中法民四初字第236号民事判决书。
[③] 参见宁波市中级人民法院〔2012〕浙甬商终字第30号民事判决书。

合同。①实际上，在先履行义务一方当事人中止履行后解除合同前，后履行义务一方当事人的行为非常关键，直接决定了合同未来的走向（表4-1）。

表4-1 不安抗辩权行使效果

先履行一方当事人	后履行一方当事人	先履行一方当事人
中止履行，及时通知对方	恢复履行能力或者提供适当担保	恢复履行
	在合理期限内未恢复履行能力且未提供适当担保	解除合同，并可以请求对方承担违约责任

满足不安抗辩权行使条件时，先履行义务一方当事人可以中止履行合同，但是应当及时通知对方，并留给对方一定合理期限，使其恢复合同履行能力或者提供适当的履行担保。如果先履行义务一方当事人中止合同后不通知对方，会被认定为不符合法律规定。②不安抗辩权的立法宗旨并非解除合同，而是为了督促后履行义务一方当事人继续履行合同，或者提供适当担保以消除先履行义务一方当事人的不安，从而确保合同能够按照约定的期限与顺序继续履行。法律规定的"通知"义务除了能够达到敦促的效果以外，还能使双方当事人通过沟通以核实和处理抗辩所依据的不安事由，避免无故中止合同引发纠纷。

先履行义务一方当事人依法行使不安抗辩权中止履行，是行使合法权利的正当行为，会造成履行期满仍未履行债务，此时的迟延履行并不构成违约，且迟延履行的责任应当由对方当事人承担。至于中止合同履行后留给对方当事人的合理期限，法律没有办法给出具体明确的规定，必须根据个案的具体情况综合判定。在合理期限内，如果后履行义务一方当事人没有提供充分担保并且没有恢复履行能力，先履行义务一方当事人可以拒绝履行合同，但当后履行义务一方当事人提供充分担保或者恢复履行能力后，先履行义务一方当事人无法获得对待给付的危险消失，因此应当及时恢复合同义务的履行。

不同于《合同法》第六十九条③只是简单规定可以解除合同，《民法典》第五百二十八条更加明确地规定了"解除合同"的理由及其后果。具体而言，直接将没有恢复履行能力且不提供充分担保的行为明确规定为默示预期违约，实现了不安抗辩制度与预期违约解除合同制度之间的无缝衔接，便于当事人理解和操作。先履行义务一方当事人不仅可以解除合同，而且可以追究对方的违约责任。存有疑问的是，如果《民法典》第五百二十七条规定的行使不安抗辩权要求的情形出现在先履行义务一方当事人已经履行完自己的义务而对方当事人履行期尚未届满之时，又当如何？债务加速到期制度非常

---

① 《民法典》第五百二十八条规定："当事人依据前条规定中止履行的，应当及时通知对方。对方提供适当担保的，应当恢复履行。中止履行后，对方在合理期限内未恢复履行能力且未提供适当担保的，视为以自己的行为表明不履行主要债务，中止履行的一方可以解除合同并可以请求对方承担违约责任。"
② 参见最高人民法院最高院（2002）最高法民四终字第3号民事判决书。
③ 《合同法》第六十九条规定："中止履行后，对方在合理期限内未恢复履行能力并且未提供适当担保的，中止履行的一方可以解除合同。"

有价值。[1]

(三) 与后履行抗辩权的冲突

如果存在不安抗辩权,则先履行义务一方当事人可以依法中止履行合同;如果存在后履行抗辩权,则后履行义务一方当事人可以中止履行合同。存有疑问的是,在后履行抗辩权与不安抗辩权发生冲突时,又当如何?我们认为,应当先审查不安抗辩权是否成立。如果不安抗辩权成立,则不存在后履行抗辩权,后履行义务一方当事人不能主张后履行抗辩权,更不能以此为由对抗先履行义务一方当事人行使不安抗辩权。至于原因,主要在于双方义务履行先后顺序引起的抗辩必要性。如果允许后履行抗辩权对抗不安抗辩权,则先履行抗辩权将形同虚设,先履行义务一方当事人的权利无法得到充分保障。在浙江省宁波精英制版彩印有限公司与浙江省宁波宏途纸制品工贸有限公司买卖合同纠纷案中,宁波市中级人民法院指出,先履行义务一方当事人往往是在履行合同过程中才发现对方存在让自己陷入不安的危险事由,此时肯定存在部分履行、瑕疵履行或不完全履行等情形,如果此时允许以后履行抗辩权进行对抗,则不安抗辩权将被架空,先履行义务一方当事人债权无法得到保障。因此,如果后履行义务一方当事人确实丧失了履行能力,则其不能主张后履行抗辩权,亦不能以此对抗先履行义务一方当事人主张不安抗辩权。[2]事实上,除了后履行抗辩权架空不安抗辩权的问题,最本质的问题还是后履行抗辩权的前提条件。后履行抗辩权要求先履行义务一方当事人在履行期限届满后不履行义务或者履行义务不符合要求,显然,这里隐含了一个前提条件,即先履行义务一方当事人没有正当理由。如果存在正当理由,如行使不安抗辩权而中止履行,则不属于后履行抗辩权所要求的"不履行合同义务"。因此,所谓不安抗辩权和后履行抗辩权的冲突问题,只是看起来存在冲突而已,实质上并无冲突可言。

---

[1] 《最高人民法院关于当前形势下审理民商事合同纠纷案件若干问题的指导意见》(法发〔2009〕40号)"六、合理适用不安抗辩权规则,维护权利人合法权益"部分第十七条规定:"在当前情势下,为敦促诚信的合同一方当事人及时保全证据、有效保护权利人的正当合法权益,对于一方当事人已经履行全部交付义务,虽然约定的价款期限尚未到期,但其诉请付款方支付未到期价款的,如果有确切证据证明付款方明确表示不履行给付价款义务,或者付款方被吊销营业执照、被注销、被有关部门撤销、处于歇业状态,或者付款方转移财产、抽逃资金以逃避债务,或者付款方丧失商业信誉,以及付款方以自己的行为表明不履行给付价款义务的其他情形的,除非付款方已经提供适当的担保,人民法院可以根据合同法第六十八条第一款、第六十九条、第九十四条第(二)项、第一百零八条、第一百六十七条等规定精神,判令付款期限已到期或者加速到期。"

[2] 参见宁波市中级人民法院〔2012〕浙甬商终字第30号民事判决书。

第五章 合同的保全与担保

第一节 合同保全

一、债权人代位权

债权人代位权制度初见于《合同法》第七十三条，债务人怠于行使对次债务人的债权危及债权人债权实现，则债权人可以代位向次债务人主张债权。但是，法律在规定时将债务人怠于行使的权利明确限制为债权权利，至于债权的从权利是否能够代位行使，法律并未作出明确规定，造成了司法实践中的混乱。例如，在南京银行北京分行与中企信用融资担保公司等债权人代位权纠纷系列案中，同一法院先后作出了两份截然相反的判决。一份判决指出，作为债权的附属权利，担保物权可以代位行使。理由在于，合同法及其司法解释均没有禁止代位行使的相关规定，而且，设立担保物权的初衷本来就是为了担保债权实现。[1] 另一份判决指出，《合同法》第七十三条第二款规定代位权的行使范围以债权人的债权为限，而担保物权是他物权，不属于代位权行使范围。[2] 对于"债权的从权利是否属于代位权行使的客体"，同一法院的系列案尚且出现"同案不同判"现象，在司法实践中分歧之大，由此可见一斑。为了解决上述争论，民法典在规定债权人代位行使的权利对象时扩大了范围，将"债权"修改为"债权或者与该债权有关的从权利"，自此，包括担保物权在内的债权从权利正式被纳入代位权可主张的权利范围。[3]

---

[1] 参见北京市房山区人民法院（2017）京0111民初11677号民事判决书。
[2] 参见北京市房山区人民法院（2017）京0111民初12308号民事判决书。该案在二审、再审过程中，法院均支持了一审判决，认为"担保物权系他物权，他物权本质上不属于债权，不应当成为代位权的客体。"具体参见北京市第二中级人民法院（2019）京02民终6741号民事判决书和北京市高级人民法院（2020）京民申2378号民事裁定书。
[3] 《民法典》第五百三十五条规定："因债务人怠于行使其债权或者与该债权有关的从权利，影响债权人的到期债权实现的，债权人可以向人民法院请求以自己的名义代位行使债务人对相对人的权利，但是该权利专属于债务人自身的除外。代位权的行使范围以债权人的到期债权为限。债权人行使代位权的必要费用，由债务人负担。相对人对债务人的抗辩，可以向债权人主张。"

（一）适用条件

1. 债务人享有对第三人的债权

（1）债权已经到期。代位权行使，不仅要有债权①，而且要求债权已经到期。虽然《民法典》第五百三十五条只是提及债权人的债权到期问题，没有明确规定债务人的债权到期问题，但是代位权的行使应当以主债与次债的双重到期为前提。②依据法律规定，只有当债务人怠于行使债权及其相关权利时，债权人才有行使代位权之必要。其中，"怠于行使"的逻辑前提便是债权债务已经到期而债务人在行使债权时有所懈怠，对于尚未到期的债权，何来"怠于行使"一说？再者，如果债权没有到期就主张行使代位权，强制要求次债务人清偿职务，必然会侵害次债务人享有的期限利益，从而偏颇保护债权人利益而损害次债务人利益。

此外，由于债务人怠于行使债权，其很可能会牵涉诉讼时效问题，在代位权诉讼中必须予以关注。例如，在中国银行汕头分行与广东发展银行韶关分行、珠海安然实业公司债权人代位权纠纷案中，最高人民法院指出，并不存在代位权本身的诉讼时效问题。但是在代位权纠纷中，应当审查债权人对债务人债权的诉讼时效，以及债务人对次债务人债权的诉讼时效。③

（2）并不限于金钱给付。对于《合同法》第七十三条规定的"到期债权"，《最高人民法院关于适用〈中华人民共和国合同法〉若干问题的解释（一）》（法释〔1999〕19号）第十三条增加了"具有金钱给付内容"的限制，即只有具有金钱给付内容的到期债权才可以被债权人代位行使，而不具有金钱给付内容的到期债权则不能被债权人代位行使。在司法实践中，只要债务人对次债务人的债权还有非金钱给付内容，债权人主张代位权可能就得不到支持。例如，在王瑞光与北海市卫生局、北海海景房地产公司债权人代位权纠纷案中，最高人民法院认为，债务人对次债务人的到期债权不仅应当确定，并且还要具有金钱给付内容，如果具有其他财产给付内容，债权人向次债务人主张行使代位权的，不予支持。④

将代位行使的债权限于金钱给付内容，主要是基于法院审查和执行便利方面的考虑。但是在司法实践中，有大量的债权债务并非金钱给付内容，上述做法严重制约了代位权制度适用的空间，亟待突破。司法实践中已经出现人民法院认为非金钱债权也可以被代

---

① 这里所谓的债权，不仅包括债权人对债务人的债权，而且包括债务人对次债务人的债权，二者缺一不可。在债务人对次债务人的债权因为双方实施抵扣行为而归于消灭的情况下，由于次债权债务关系归于消灭，债权人向次债务人行使代位权的主张不能成立。参见最高人民法院（2012）民提字第29号民事判决书。

② 例如，在中国银行长春市西安大路支行与东北输变电设备集团长春变压器公司、东北输变电设备集团借款合同纠纷案中，最高人民法院认为，如果仅有债权人对债务人享有到期债权，而债务人对次债务人并不享有到期债权，在此情况下债权人提起代位权诉讼不符合法律规定。参见最高人民法院〔2002〕最高法民二终字第224号民事判决书。再如，在鲁自鱼、陈翠芬与云南锡业房地产公司等债权人代位权纠纷案中，最高人民法院指出，由于付款时间约定等诸多因素导致债务人债权到期时间具有较大不确定性，认定次债权已经到期的依据不够充分，从而不支持代位权行使。参见最高人民法院（2019）最高法民申1200号民事裁定书。

③ 参见最高人民法院（2011）最高法民提字第7号民事判决书。

④ 参见最高人民法院（2012）最高法民申字第604号民事裁定书。

位行使的案例，如在孙某与沈阳沈铁房地产开发集团有限公司债权人代位权纠纷案中，法院指出，债权人代位权是属于债权人的固有权利，应当对《最高人民法院关于适用〈中华人民共和国合同法〉若干问题的解释（一）》(法释〔1999〕19号) 第十三条作目的性扩张解释，对于非金钱债权的特定债权，只要不是专属于债务人自身的债权，债权人都可以代位行使。① 对此，《全国法院贯彻实施民法典工作会议纪要》(法〔2021〕94号) 第八条②删去了"具有金钱给付内容"的表述，应理解为最高人民法院明确支持代位执行非金钱债务。

（3）债权内容确定。在代位权诉讼中，债权人直接起诉次债务人而不是债务人。如果债权人对债务人的债权存在问题，代位权诉讼可能会损害次债务人利益。因此，在代位权诉讼中法院必须审查债权人对债务人的债权是否有问题，避免对次债务人的利益造成非法损害。于此情形，法院需要重点审查债务人对其与债权人之间的债权债务是否存在异议，以及该异议是否成立。③ 例如，在中国银行汕头分行与广东发展银行韶关分行、珠海经济特区安然实业公司债权人代位权纠纷案中，最高人民法院指出，代位权诉讼必须以债权有效成立为前提条件。债权成立并不仅仅要求债权内容不违法，而且还要求债权具体数额应当确定。债权具体数额确定，既可以表现为债务人、次债务人对债权的认可，也可以经人民法院判决或者仲裁机构裁决加以确认。④ 由此可见，债权内容确定，实际上要求债权人对债务人的债权内容确定，同样要求债务人对次债务人的债权内容确定。

司法实践中，有法院认为不需要债权确定。例如，在中国农业银行哈尔滨市汇金支行与张家港市涤纶长丝厂、哈尔滨工艺品进出口公司债权人代位权纠纷案中，江苏省高级人民法院指出，代位权制度旨在鼓励债权人积极行使权利，法律没有规定债务人债权具体数额确定之前不得行使代位权。有鉴于此，债务人与次债务人之间债权债务具体数额是否确定，并不会影响债权人行使代位权。再如，在鲁自鱼、陈翠芬与云南锡业房地产开发经营有限公司等债权人代位权纠纷案中，最高人民法院指出，代位权制度只是要求次债权到期，并不要求次债权确定。关于次债权具体数额的争议问题，完全可以在代位权诉讼中一并解决。⑤

如果债务人和次债务人都不愿意在代位权诉讼中明确双方之间的债权债务关系，不提供相关证据，法院想要查清案件相关事实确实存在较大难度。所以在更多的时候，法院会要求次债权确定。如果债务人与次债务人之间的债权债务关系尚未厘清，通常被认定为不具备行使代位权的条件。例如，在宜宾市蜀益建筑公司与宜宾金盛房地产公司、

---

① 参见辽宁省沈阳市中级人民法院（2010）沈中民二终字第1736号民事判决书。
② 《全国法院贯彻实施民法典工作会议纪要》（法〔2021〕94号）第八条规定："民法典第五百三十五条规定的'债务人怠于行使其债权或者与该债权有关的从权利，影响债权人的到期债权实现的'，是指债务人不履行其对债权人的到期债务，又不以诉讼方式或者仲裁方式向相对人主张其享有的债权或者与该债权有关的从权利，致使债权人的到期债权未能实现。相对人不认为债务人有怠于行使其债权或者与该债权有关的从权利情况的，应当承担举证责任。"
③ 杜万华, 宋晓明. 基层人民法院法官培训教材（实务卷·民商事审判篇）[M]. 北京: 人民法院出版社, 2005: 525.
④ 参见最高人民法院（2011）最高法民提字第7号民事判决书。
⑤ 参见最高人民法院（2019）最高法民申1200号民事裁定书。

宜宾恒道房地产公司代位权纠纷案中，最高人民法院认为，债务人与次债务人之间就债权债务问题存在争议，债务人对次债务人的债权尚未确定的，法院应当裁定驳回债权人的起诉。① 再如，在甘肃华成建筑公司与甘肃省农垦工业公司等代位权纠纷案中，最高人民法院认为，债务人与次债务人之间债权债务关系尚未厘清，并且不是单纯的具有金钱给付内容的争议，则该争议不宜在代位权诉讼中一并审理。②

2. 债务人怠于行使权利

债务人是否构成"怠于行使权利"的判断，只看他是否采取诉讼或仲裁方式向次债务人主张权利，至于诉讼或仲裁方式之外的其他方式，在所不问。③ 换言之，只有采取诉讼或仲裁方式才能成为债务人对债权人行使代位权的法定抗辩事由，债务人采取其他私力救济方式向次债务人主张债权，仍然属于法律规定的怠于行使债权。④ 如果次债务人认为债务人并不存在怠于行使权利的问题，应当依法承担举证责任。就此而言，最有效的方式便是证明自己已经清偿对债务人的全部债务。例如，在杭州萧山国贸大厦公司与天津市港龙国际海运公司、广东发展银行上海分行债权人代位权纠纷案中，最高人民法院认为，次债务人应对所欠债务人债务是否清偿负举证责任。⑤

代位权诉讼的前提是怠于行使权利，但是如果债务人采取诉讼或者仲裁方式向次债务人主张债权并拿到生效裁判文书，仍然可能不积极主动要求次债务人履行生效裁判文书，同时在次债务人不主动履行义务时不申请强制执行，从而可能导致债权人债权迟迟无法得以实现。按目前的法律规定，债务人不积极主动要求对方履行生效判决的行为，已经不再不属于代位权制度规定的"怠于行使到期债权"情形，债权人如果提起代位权诉讼直接向次债务人再次主张权利，将不能得到法院支持。⑥ 此时，如果债权人与债务人

---

① 参见最高人民法院（2016）最高法民申 3356 号民事裁定书。
② 参见最高人民法院（2015）民申字第 470 号民事裁定书。
③ 《全国法院贯彻实施民法典工作会议纪要》（法〔2021〕94 号）第八条规定："民法典第五百三十五条规定的'债务人怠于行使其债权或者与该债权有关的从权利，影响债权人的到期债权实现的'，是指债务人不履行其对债权人的到期债务，又不以诉讼方式或者仲裁方式向相对人主张其享有的债权或者与该债权有关的从权利，致使债权人的到期债权未能实现。相对人不认为债务人有怠于行使其债权或者与该债权有关的从权利情况的，应当承担举证责任。"
④ 在芜湖金隆置地有限公司与交通银行股份有限公司宁波分行、芜湖市国土资源局债权人代位权纠纷案中，最高人民法院认为，债务人是否构成"怠于行使到期债权"的判断标准为其是否向次债务人采取诉讼或仲裁方式主张债权，只有采取诉讼或仲裁方式才能成为其对债权人行使代位权的法定抗辩事由，债务人采取其他私力救济方式向次债务人主张债权仍可视为怠于行使债权。参见最高人民法院（2018）最高法民终 917 号民事判决书。
⑤ 参见最高人民法院（2014）最高法民四终字第 31 号民事判决书。
⑥ 最高人民法院民事审判第一定编.民事审判指导与参考[M].北京：法律出版社，2011：195.

的债权也已经被生效裁判文书确定，则可以借助代位申请执行相关制度予以救济。①

3. 债务人怠于行使权利影响债权人到期债权实现

《民法典》第五百三十五条规定"因债务人怠于行使其债权或者与该债权有关的从权利，影响债权人的到期债权实现的"，所以行使代位权不仅要求债务人怠于行使权力，并且其后果要影响债权人的到期债权实现。换言之，如果债务人怠于行使权力，但并未影响债权人的到期债权实现，没有债权保全的现实需要，则债权人不能行使代位权。

《合同法》第七十三条要求债务人怠于行使债权已经对债权人造成了损害，《最高人民法院关于适用〈中华人民共和国合同法〉若干问题的解释（一）》（法释〔1999〕19号）第十三条进一步规定，对债权人造成了损害，是指债务人怠于行使债权"致使债权人的到期债权未能实现"。换言之，债权人需要等到出现债权未能实现的结果时才能行使代位权。但是，考虑到诉讼时效等因素，如果次债务人的资产存在明显减少，或者存在次债务人恶意逃避债务等情形，等到出现债权未能实现的结果时再行使代位权，恐怕已经难以保障债权人的债权实现，明显有悖于代位权制度的立法初衷。有鉴于此，民法典将原合同法要求的"对债权人造成了损害"修改为"影响债权人到期债权实现"。从作为后果的损害到作为起因的影响，将代位权行使的时间提前，明显更有利于保障债权实现。

4. 债务人的债权不是专属于债务人自身的债权

《民法典》第五百三十五条规定"但是该权利专属于债务人自身的除外"，沿袭了合同法的相关规定。何为"专属于债务人自身的债权"？《民法典》第九百七十五条规定除了合伙人享有的利益分配请求权，合伙人的债权人不得代位行使合伙人依照法律规定和合伙合同享有的权利。除此之外，《民法典》并未明确规定。《最高人民法院关于适用〈中华人民共和国合同法〉若干问题的解释（一）》（法释〔1999〕19号）第十二条规定将其规定为基于扶养关系、抚养关系、赡养关系、继承关系产生的给付请求权和劳动报酬、退休金、养老金、抚恤金、安置费、人寿保险、人身伤害赔偿请求权等权利。该条规定，具有较高参考价值。专属于债务人自身的债权往往具有较强的人身属性，如果仅仅因为所涉债权可能包含上述权利就将所有债权认定为专属于债务人自身债权，则不能得到法院认可。②

（二）行使

1. 诉讼

由于代位权构成要件较为复杂，不易准确把握，而且行使代位权突破了合同相对性原则，对合同之外的第三人造成重大影响，因此法律要求以诉讼方式行使。原则上，法

---

① 《最高人民法院关于人民法院执行工作若干问题的规定（试行）》（法释〔2020〕21号）第四十五条规定："被执行人不能清偿债务，但对本案以外的第三人享有到期债权的，人民法院可以依申请执行人或被执行人的申请，向第三人发出履行到期债务的通知。"《最高人民法院关于适用〈中华人民共和国民事诉讼法〉的解释》（法释〔2015〕5号）第五百零一条规定："人民法院执行被执行人对他人的到期债权，可以作出冻结债权的裁定，并通知该他人向申请执行人履行。该他人对到期债权有异议，申请执行人请求对异议部分强制执行的，人民法院不予支持。利害关系人对到期债权有异议的，人民法院应当按照民事诉讼法第二百二十七条规定处理。对生效法律文书确定的到期债权，该他人予以否认的，人民法院不予支持。"结合上述规定，债务人对次债务人的债权已经由生效法律文书确定，债权人可以申请执行。
② 参见最高人民法院（2020）最高法民再231号民事裁定书。

院就代位权诉讼应予立案审理。① 并且，从最大限度地保护当事人的诉权，全面推行立案登记制改革的角度出发，此类案件立案过程中的审查不宜过于严苛。如果债权人提供的证据能够证明其对债务人享有合法到期债权，并且能够初步证明债务人对次债务人亦享有合法到期债权，债务人怠于行使其债权的，就可以立案受理。经过审理，如果债权人的代位权请求不能成立的，则判决驳回其诉讼请求。此等做法既保障了债权人的正当诉讼权利，又不会损害债务人和次债务人的利益。

（1）诉讼当事人。《民法典》第五百三十五条规定债权人行使代位权，必须以自己的名义起诉。法律规定债权人行使代位权只能通过诉讼方式，这是符合我国现阶段国情的限制性规定。因为只有通过法院裁判方式才能有效防止债权人滥用代位权，随意处分债务人的财产，不当侵犯债务人及次债务人的合法权益，也能避免债权人与其他未行使代位权的债权人、债务人以及第三人之间因代位权的行使产生纠纷。再者，由于合同相对性原则的制约，债权人如果自行向次债务人主张代位权，往往会被拒绝。

尚需明确的是债权人对次债务人提起代位权诉讼后，债务人就同一债权对次债务人另行提起诉讼的问题。由于债务人之诉的诉讼标的与债权人代位权之诉的诉讼标的相同，鉴于债务人先前怠于行使权力，因此应当优先保护债权人的权利，债务人的债权请求权已经被债权人所代替行使。因此，一旦债权人提起代位权诉讼，则债务人不得就同一债权对次债务人另行提起诉讼。否则，法院有权以起诉不合法为由裁定不予受理或驳回起诉，以避免发生对次债务人履行债务的双重判决而导致双重给付的问题。当然，债权人对次债务人提起代位权诉讼后，如果次债权债务的金额大于主债权债务的金额，债务人的债权请求权尚未完全被债权人代替行使，债务人对于超过债权人代位权诉讼请求金额部分以次债务人为被告提起诉讼的，在符合起诉法定条件下，人民法院应当受理。②

（2）诉讼管辖。债权人提起代位权诉讼的，由被告住所地人民法院管辖，不受当事人之间约定的影响。根据《民法典》第五百三十五条规定，代位权诉讼的原告是债权人，被告是次债务人，因此管辖法院是次债务人所在地法院。在上海城开集团合肥公司、珠海华润银行债权人代位权纠纷中，最高人民法院认为，债权人代位权之诉的法院管辖是由司法解释规定的一种特殊地域管辖，其效力高于当事人间的约定。③ 即使存在有效仲裁条款，其丝毫不影响诉讼管辖。在湘电风能有限公司与弈成新材料科技公司等债权人代位权纠纷管辖权异议案中，最高人民法院认为，对于代位权诉讼而言，虽然债务人和次债务人之间约定有仲裁条款，但是债权人并非该仲裁条款的一方当事人，因此该仲裁条款对债权人没有约束力。④

---

① 在辉南县汇丰煤炭生产有限公司因债权人代位权纠纷案中，最高人民法院指出，债权人诉请以自己的名义代位行使债务人对次债务人享有的债权，债权人作为原告如果符合民事诉讼法规定的相关条件，则受诉人民法院应当予以立案受理，至于债权人代位权主张在客观上是否成立，完全属于需要在债权人代位权之诉的实体审理过程中认定的事项，应当放到立案以后来处理。参见最高人民法院（2015）最高法民提字第186号民事裁定书。
② 最高人民法院民事审判第二庭．民商事审判指导[M]．北京：人民法院出版社，2007：81．
③ 参见最高人民法院（2018）最高法民辖终107号民事裁定书。
④ 参见最高人民法院（2019）最高法民辖终73号民事判决书。

2. 行使范围

代位权制度属于债的保全，代位权行使违反以保全债权的必要为限，因此《民法典》第五百三十五条规定代位权的行使范围以债权人的到期债权为限。[①] 由此可见，债权人诉讼请求数额应当受到两个方面的限制：一方面，债权人为实现自己对债务人的债权，其诉讼请求数额自然不应超过对债务人所享有的债权数额；另一方面，债权人代替债务人对次债务人主张权利，其诉讼请求数额也不应当超出债务人对次债务人所享有的债权数额。因此，在主债权债务关系与次债权债务关系两个债权标的额中取最低值，作为债权人代位权的诉讼请求数额，可以平衡债权人、债务人与次债务人三方的权利义务关系，避免债权人获得超额受偿或加重次债务人负担。通常情况下，债权人往往并不知道债务人与次债务人之间债权债务的具体金额，此时债权人往往以自己对债务人享有的债权数额提起代位权诉讼。至于次债务人对债务人所负债务额，次债务人有义务提供证据予以证明；次债务人拒不举证时，由法院结合相关证据对次债务金额进行认定。[②]

3. 代位权保存

按照《中华人民共和国企业破产法》第四十六条规定，未到期的债权，在破产申请受理时视为到期。如果债权人不申报债权，将丧失分配权。如果此时债权人对债务人的债权还没有到期，即使债务人怠于申报破产债权，按照《民法典》第五百三十五条的规定，债权人也无法行使代位权，只能眼睁睁看着债务人怠于行使权利危害自己的债权。更进一步，即使代位权行使符合条件，但因为债务人已经进入破产程序，也可能难以成功。[③] 有鉴于此，民法典明确规定，在上述情况下，债权人可以代位向债务人的相对人请求其向债务人履行、向破产管理人申报或者作出其他必要的行为，从而保存自身债权到期时得以实现的可能性。[④] 代位权实行行为，是通过提起诉讼或仲裁执行债权。代位权保存行为，并非要求次债务人直接清偿债务，只是通过上述行为维持债务人责任财产，以保存将来代位权行使的可能性。可以认为，《民法典》第五百三十六条关于代位权保存的规定明确了代位权保存行为的具体路径，完善了代位权制度的救济维度，弥补了我国法律规定行使代位权的形态仅限于实行行为的立法缺憾。

---

① 《合同法解释一》第二十一条规定："在代位权诉讼中债权人行使代位权的请求数额超过债务人所负债务额或超过次债务人对债务人所负债务额的，对超出部分不予支持。"

② 参见最高人民法院（2004）最高法民二终字第53号民事判决书。

③ 在中国长城资产管理公司长沙办事处与成功控股集团有限公司、酒鬼酒股份有限公司、湖南湘泉集团有限公司债权人代位权纠纷案中，最高人民法院指出，在债务人已进入破产程序的情况下，债权人以债务人怠于行使其到期债权为由提起代位权诉讼的，人民法院不应以普通程序受理。债权人应当在破产程序中行使相关权利，由受理破产案件的法院确定次债务人是否存在应当向债务人履行的债务。对于债权人提起的代位权诉讼，人民法院应当裁定驳回起诉。代位权行使的标的是债务人对次债务人的债权，在债务人进入破产程序后，这一债权转化为债务人的破产财产，应当由全体债权人公平受偿。但是，代位权行使的目的是使债权人的债权得到优先于其他普通债权的个别清偿，这在破产程序中将直接影响到其他债权人的利益，明显违反了破产程序债权人公平受偿的原则。参见最高人民法院（2006）最高法民二终字第218号民事裁定书。

④ 《民法典》第五百三十六条规定："债权人的债权到期前，债务人的债权或者与该债权有关的从权利存在诉讼时效期间即将届满或者未及时申报破产债权等情形，影响债权人的债权实现的，债权人可以代位向债务人的相对人请求其向债务人履行、向破产管理人申报或者作出其他必要的行为。"

4. 费用

关于债权人行使代位权的必要费用，根据《民法典》第五百三十五条的规定，由债务人负担。[①] 从债权人行使代位权的前提条件看，债务人怠于行使债权且影响债权人债权实现，可以看作是债务人具有过错，因此要求其承担行使代位权的费用具有合理性。并且，代位权制度本身已是合同相对性的突破，如果再要求次债务人承担行使代位权的必要费用，就超过了突破合同相对性原则的必要。

（三）效力

原合同法将代位权诉讼的结果规定为次债务人直接向债权人履行债务，由一次清偿同时消灭两个债务关系，程序上非常简单，有利于纠纷的一次性解决。[②] 但是，如果出现债务人资产不足以清偿所有债务的情形，上述规则就会突破债权平等原则，行使代位权的债权人实质上享受了偏颇清偿，但债务人的其他债权人则可能因为债务人的财产不足而无法得到清偿，该问题也引发了理论上代位权诉讼是否应当采取"入库"原则的争论。有鉴于此，代位权制度需要兼顾债权平等保护，在债务人资不抵债时，必须将代位权实现与参与分配制度以及破产制度予以衔接，确保代位权人和债务人的其他债权人之间的平等保护。[③] 最终，民法典在原合同法司法解释的基础上，新增了关于次债务人破产等情形下的例外规定，要求按相关法律处理。[④] 次债务人向债权人清偿，在相应清偿范围内同时消灭债权人和债务人之间的债权债务关系以及债务人和次债务人之间的债权债务关系，继续保持了代位权诉讼在提高清偿效率方面的优势。与此同时，债务人破产情形按其他法律规定处理，有效避免了偏颇清偿问题，兼顾了债权人之间的公平。

1. 对债务人和次债务人的限制

代位权制度要求次债务人直接向债权人履行债务，应当视为对债务人和次债务人的限制。债权人提起代位权诉讼并通知债务人后，次债务人向债权人履行义务，不能产生导致代位权诉讼终结的法律后果。[⑤] 一般而言，次债务人在债务履行期届满后一直没有向债务人履行，待债权人提起代位权诉讼后立即处理其与债务人之间的债权债务问题，明显存在逃避诉讼，规避法律之嫌，如果在清偿后没有及时通知债权人导致债务人有机会转移财产，还可能损害债权人合法权益，因此这种清偿行为应属无效。同样道理，代位权诉讼中，债务人也不得进行抛弃、免除、让与或者其他足以妨害债权人代位权行使的债权处分行为。债务人可以作为第三人参加代位权诉讼，可以对债权人的债权提出异议，

[①] 《最高人民法院关于适用〈中华人民共和国合同法〉若干问题的解释（一）》（法释〔1999〕19号）第十九条规定："在代位权诉讼中，债权人胜诉的，诉讼费由次债务人负担，从实现的债权中优先支付。"这和民法典规定不同。

[②] 《合同法解释一》第二十条规定："债权人向次债务人提起的诉讼经人民法院审理后认定代位权成立的，由次债务人向债权人履行清偿义务，债权人与债务人、债务人与次债务人之间相应的债权债务关系即予消灭。"

[③] 参见最高人民法院（2020）最高法民再231号民事裁定书。

[④] 《民法典》第五百三十七条规定："人民法院认定代位权成立的，由债务人的相对人向债权人履行义务，债权人接受履行后，债权人与债务人、债务人与相对人之间相应的权利义务终止。债务人对相对人的债权或者与该债权有关的从权利被采取保全、执行措施，或者债务人破产的，依照相关法律的规定处理。"

[⑤] 参见江苏省高级人民法院（2001）苏民二终字第299号民事判决书。

此等情形下应予审查，并且最终的生效裁判文书对债务人有拘束力。

2. 权利义务终止

《民法典》第五百三十七条规定代位权成立时，债务人的相对人向债权人履行义务后，债权人与债务人、债务人与相对人之间相应的权利义务终止。《民法典》第五百三十五条将代位权行使范围扩大到了债务人对次债务人的债权及其从权利，抵押人、出质人等非债务人成为代位权诉讼当事人，因此本条相应地将原合同法及其司法解释规定的"次债务人"调整为了"相对人"，将"清偿"调整为了"履行"，将"相应的债权债务关系即予消灭"调整为了"相应的权利义务终止"。此外，需要注意"相应"和"权利义务终止"两个关键词。

（1）相应。代位权的行使以满足债权人本人的债权为限度，如果第三人对债务人所负债务额超出债权人的债权额的，对超出部分，债权人无权代债务人行使；如果第三人对债务人所负债务额不足以清偿债权人的债权额的，对不足部分，债权人无权要求第三人清偿，只能另行起诉债务人。因此，所谓相应，是指债权人要求次债务人代为履行债务后，在法院支持的债权债务数额范围内，债权人与债务人之间的债权债务关系终止，债务人与次债务人之间的债权债务关系终止，二者在数额上完全相同。

（2）权利义务终止。《民法典》第五百三十七条规定的"债权人接受履行后，债权人与债务人、债务人与相对人之间相应的权利义务终止。"一次清偿解决两个债务，前提是次债务人已经向债权人实际履行相应清偿义务。如果代位权诉讼后当事人并未执行到位，如《民法典》第五百三十七条规定的债务人对次债务人的权利及其与之相关的权利被采取保全、执行措施，或者债务人破产等情形，一时之间难以完成清偿，不会发生权利义务终止。在交通银行宁波分行与芜湖市国土资源局等债权人代位权纠纷中，最高人民法院认为，法院生效判决本身并不产生债的消灭的法律效果。只有债务人自愿履行了生效判决文书或者经过执行程序，债务实际得到清偿以后，债权债务法律关系才在双方当事人之间归于消灭，否则债权债务在判决后依然存在。[1]换言之，债权人代位权诉讼胜诉后，如果次债务人并没有实际完成清偿，则债权人向债务人另行提起诉讼主张权利不构成重复诉讼。代位权制度旨在保全债权，以有利于实现债权人债权为根本最终目的，并非要求债权人在债务人与次债务人之间择一作为履行义务的主体。如果要求债权人只能在债务人和次债务人之间择一行使权利，无异于要求债权人必须在提起代位权诉讼前先对次债务人清偿能力作好充分调查，否则自行承担债务得不到清偿的风险。如此安排，不仅加大了代位权诉讼的经济成本，增大了代位权诉讼的清偿风险，最终也会严重挫伤债权人提起代位权诉讼的积极性，与代位权诉讼制度立法目的相悖。[2]

3. 次债务人的抗辩

根据《民法典》第五百三十五条规定，代位权诉讼中，次债务人对债务人的抗辩，可以向债权人主张。这里的抗辩，不仅包括债务人对次债务人债权真实合法有效性的抗辩，同样包括双务合同中的各种抗辩。如果债务人与次债务人之间的债权债务关系来源于双务合同，尤其是涉及抗辩权行使问题时，如果还有继续履行的可能，代位权可能不

---

[1] 参见最高人民法院（2012）最高法民二终字第3号民事裁定书。
[2] 参见最高人民法院（2019）最高法民终6号民事判决书。

能得到支持。例如，在江西连城建筑公司与平泉市人民政府、河北宏福祥食品公司代位权纠纷案中，最高人民法院认为，债务人与次债务人是双务合同中的当事人，在双方当事人可能继续履行合同的情况下，难以认为当事人怠于履行其到期债权。相应地，债权人向次债务人提起代位权诉讼，就难以成立。[①] 此外，代位权诉讼中，次债务人不能向债权人主张债务人对其所负的债务相互抵销。[②] 原因在于，债务人对次债务人负有债务，但债权人并没有对次债务人负有债务。而且，在债权人提起代位权诉讼之前，次债务人有很多机会可以主张抵销。

4. 诉讼时效中断

提起代位权诉讼后，债权人对债务人的债权以及债务人对次债务人的债权都会产生诉讼时效中断的效果。例如，在中国银行汕头分行与广东发展银行韶关分行、第三人珠海安然实业公司代位权纠纷案中，最高人民法院指出，根据最高人民法院《关于审理民事案件适用诉讼时效制度若干问题的规定》第十八条的规定，债权人提起代位权诉讼的，应当认定对债权人的债权和债务人的债权均发生诉讼时效中断的效力。[③]

二、债权人撤销权

（一）适用条件

1. 影响债权实现

根据《民法典》第五百三十八条和第五百三十九条的规定[④]，如果债务人不当行为足以影响债权人债权实现，则债权人可以诉请人民法院撤销债务人的行为。需要注意，之前合同法规定撤销前提是债务人减少资产的不当行为"对债权人造成损害"，民法典只是要求影响债权实现，放松了撤销权的行使条件，更有利于债权人保护。"对债权人造成损害"，实质上是债务人因处分债权或财产在事实上已经损害到其履行债务的能力，甚至直接导致了无法清除债务。在中国太平洋保险公司与中国东方资产管理公司青岛办事处、王志刚、胡建君保险合同纠纷案中，最高人民法院认为，如果债务人处分债权或者

[①] 参见最高人民法院（2018）最高法民申4348号民事裁定书。

[②] 在中国中化集团公司与北京三元金安大酒店、北海中达集团有限公司债权人代位权纠纷案中，最高人民法院认为，在代位权诉讼中，虽然次债务人对债务人的抗辩可以向债权人主张，但该抗辩是指对债务人对其享有债权真实性的抗辩。债务互相抵销显然不属于上述次债务人对债务人的抗辩内容，完全是另外一个法律关系。债权人依法提起代位权诉讼，债权人和债务人之间实质上并没有产生权利义务继受的关系，债务人并未将自己对次债务人的债权转让给债权人，因此债务人对次债务人所负的债务并不会因为代位权诉讼而与债权人发生关系，次债务人也无权要求债权人履行债务人对其所负的债务。由于债权人与债务人之间的债权债务始终和债务人与次债务人之间的债权债务是两个不同的法律关系，所以不得主张抵销。即使可以主张，也必须提起反诉，通过两个诉的合并审理来处理，而不是简单地通过抗辩来互抵。参见最高人民法院（2004）最高法民二终字第53号民事判决书。

[③] 参见最高人民法院（2011）最高法民提字第7号民事判决书。

[④] 《民法典》第五百三十八条规定："债务人以放弃其债权、放弃债权担保、无偿转让财产等方式无偿处分财产权益，或者恶意延长其到期债权的履行期限，影响债权人的债权实现的，债权人可以请求人民法院撤销债务人的行为。"第五百三十九条规定："债务人以明显不合理的低价转让财产、以明显不合理的高价受让他人财产或者为他人的债务提供担保，影响债权人的债权实现，债务人的相对人知道或者应当知道该情形的，债权人可以请求人民法院撤销债务人的行为。"

财产的行为尚不足以妨碍其清偿债务,则债权人没有行使撤销权的必要。因此,在违约损失能够基本得到补偿的情况下,合同双方当事人自愿达成放弃到期债权的调解协议,不宜认定为恶意串通放弃债权损害债权人的利益,债权人不能行使撤销权。[1]

损害债权的认定,需要结合个案综合权衡。例如,在海南鑫桥实业与海南香江德福大酒楼等债权人撤销权纠纷案中,最高人民法院指出,由于司法实践中债务人可能实施形式纷繁复杂的财产处分行为,法律不可能对债务人的每一种财产处分行为都预先设定准确的界限和标准。就债务人与对方当事人签订合同解除协议而言,其并不具备转让财产的表象,但是合同解除往往涉及解除后的补偿或者损害赔偿问题,而且事实上会涉及当事人之间的财产分配问题。如果该行为实质上导致债务人的财产权利转让,则按照强化诚实信用原则以保护债权人利益的价值取向和立法原意,应当将签订合同解除协议的行为认定为转让财产行为;如果此行为属于以明显不合理的低价转让财产导致债务人偿债能力明显降低,对债权人造成损害,并且受让人知道该情形,则债权人可以请求人民法院予以撤销。[2]

一般而言,债务人放弃其到期债权、无偿转让财产、以明显不合理的低价转让财产等行为都会导致其责任财产的减少,通常都会对债权人的债权产生不利的影响,但这种不利影响必须达到使债务人没有清偿资力的程度方可构成对债权的侵害。[3]债务人不当行为影响债权人的债权实现,实际上隐含了不当行为和损害债权之间具有因果关系。[4]看债务人处分财产行为与其丧失偿债资力损害债权之间有无相当因果关系,必须以债务人为行为时和债权人行使债权时两个时点作为判断基准。如果债务人处分财产时具备足够的偿债能力,即使此后因其他原因而丧失偿债能力,债权人也不得主张撤销。如果债务人处分财产时陷入无资力状态,却在债权人行使债权时已经恢复偿债能力,债权人亦不得主张撤销。同样道理,如果债务人在处分财产时以及债权人行使债权时都具备足够的偿债能力,没有危及债权实现,债权人当然也不得主张撤销。[5]

关于债务人的行为是否有害于债权人的判断标准及其举证责任的分配,司法实践中

---

[1] 参见最高人民法院(2011)最高法民提字第249号民事判决书。
[2] 参见最高人民法院(2015)最高法民二终字第322号民事判决书。
[3] 最高人民法院民事审判第二庭编.商事审判指导[M].北京:人民法院出版社,2011:191-220.
[4] 在叶良就与叶良浩、广东省东莞忆凯制衣有限公司、中国台湾光虹衣业有限公司债权人撤销权纠纷案中,广东省东莞市中级人民法院指出,债务人放弃其到期债权或者无偿转让财产,或者以明显不合理的低价转让财产,与债权人的债权不能完全受偿没有因果关系的,不应当认定对债权人造成了损害,如果债权人行使撤销权,人民法院不予支持。参见广东省东莞市中级人民法院(2011)东中法民四终字第82号民事判决书。
[5] 何飞.债权人撤销权的成立要件及其举证责任分配[J].人民司法,2013(6):91-93.

分歧较大。有判例将举证责任分配给债权人并且确立较高程度的证明标准[1]，根据"谁主张，谁举证"的分配原则，债权人应当证明债务人存在无清偿资力的客观事实。与此同时，债权人撤销权制度突破了合同相对性规则，适用不当可能会威胁到交易安全，并在一定程度上限制债务人的经营决策自由，违背私法自治原则。有鉴于此，应当确立一个相对较高的证明标准，以衡量当事人所主张的事实能否成立。[2] 但也有判例指出，在债权人撤销权诉讼中，判断债务人的财产处分行为是否对债权人造成了损害，应当采用较低的证明标准，实行事实推定和举证责任倒置。[3] 债权人只要举证证明债务人存在无偿处分或低价转让财产等处分财产的不当行为，即可推定债务人的行为有害其债权。此时，债务人必须提供反证证明其行为不会危及债权人债权实现。如果债务人不能提供反证，则债权人即可行使撤销权。理由在于，设置债权人撤销权制度的根本目的为维持债务人的责任财产以备全部债权的清偿，进而保护债权人的合法利益。[4]

《民法典》第五百三十八条规定的债务人"放弃其债权"，可以是放弃到期债权，也可以是放弃未到期债权。[5] 存有疑问的是，法律并未规定债权人的债权必须成立在债务人处分财产之前，那么先有债务人处分财产导致无力清偿债务，此后才产生债务人对债权人的债权，此时债权人是否可以行使撤销权。笔者认为，先有不当处分财产再有债权发生，关键还是要看债权人与债务人缔约时是否知晓债务人的不当处分财产行为：如果债权人知道债务人的不当处分财产行为仍然继续与之缔约，说明债权人自甘风险，没必要赋予撤销权；如果债权人不知道债务人的不当处分财产行为而与之缔约，此时应当赋予

---

[1] 在中国水利电力对外公司与上海福岷围垦疏浚有限公司、龙湾港集团上海实业有限责任公司、海南龙湾港疏浚集团有限公司债权人撤销权纠纷案中，最高人民法院指出，债权人不能举证证明债务人放弃到期债权、无偿转让财产、以明显不合理的低价转让财产等行为，已达到使债务人没有清偿资力的程度的，应当认定债权人的撤销权不成立。参见最高人民法院（2009）最高法民二提字第58号民事判决书。再如，在中国工商银行蒙阴县支行与山东省蒙阴棉纺织有限公司、山东恒昌集团股份有限公司债权人撤销权纠纷案中，最高人民法院明确指出，债权人以债务人转让财产对其债权造成损害为由，要求人民法院撤销该转让行为的，应当举证证明转让价格为明显不合理的低价，并导致债务人已无力清偿相应债务，债权人对此申请进行司法审计和评估，但未按时交纳审计评估费用的，应当承担举证不能的法律后果。参见最高人民法院（2005）最高法民二终字第172号民事判决书。

[2] 最高人民法院民事审判第二庭.商事审判指导[M].北京：人民法院出版社 2011：191-220.

[3] 参见江苏省徐州市九里区人民法院（2005）九民一初字第620号民事判决书和江苏省徐州市中级人民法院（2010）徐民终字第841号民事判决书。

[4] 王松.债权人撤销权的成立要件和法律效果[J].人民司法，2011（24）：27-31.

[5] 在李文渊与洪美良、吴加富债权人撤销权纠纷案中，浙江省高级人民法院认为，债务人在处分财产时，虽然债权人的债权尚未存在或者债权清偿期尚未届至，但是该债权实际发生的概率极高，债务人为逃避将来必然发生的债务履行而事先处分财产（债权）的，债权人可以请求人民法院撤销债务人的行为。参见浙江省高级人民法院（2013）浙民再字第21号民事裁定书。

债权人救济权。是否准予撤销，取决于是否符合撤销权的其他要件。①

2. 相对人主观恶意问题

是否要求相对人具有恶意，取决于债务人不当行为是否有偿。①无偿处分行为不考虑相对人恶意问题。根据《民法典》第五百三十八条规定，债务人以放弃其债权、放弃债权担保、无偿转让财产等方式无偿处分财产权益，影响债权人的债权实现的，债权人可以请求人民法院撤销债务人的行为，无须考虑债务人和相对人的主观心态问题。②无偿处分以外的其他行为必须考虑相对人恶意问题。《民法典》第五百三十八条规定"延长其到期债权的履行期限"情形需要债务人恶意，第五百三十九条规定"债务人以明显不合理的低价转让财产、以明显不合理的高价受让他人财产或者为他人的债务提供担保"情形需要"债务人的相对人知道或者应当知道该情形"（受让人恶意）作为构成要件。

存有疑问的是，至于第五百三十九条规定的"该情形"，是指不当减少责任财产本身，还是指不当减少责任财产影响债权人债权实现？有支持前者的判例，如在国家开发银行与沈阳高压开关公司等借款合同、撤销权纠纷中，债务人用价值13 000万元的资产与受让人价值2 787.88万元的资产互相置换。从受让人年度会计报表以及审计报告看，受让人应当知道自己与债务人交易支付的资产的具体价值显著低于己方资产的价值，最高人民法院据此认定受让人具有恶意。②也有支持后者的判例。例如，在杨天时、田红梅等与李小军、李彩玲债权人撤销权纠纷中，最高人民法院认为，李小军对张鸿奎低价转让房产损害其他债权人利益的行为并不一定知情，仅凭推断不足以认定李小军受让房产行为在主观上的恶意性。③再如，在常州依丽雅斯纺织品有限公司与嘉兴市栖真华祥织造厂、常州市新际装饰材料有限公司撤销权纠纷中，房地产转让价格远远低于当时的市场价格，应当属于明显不合理的低价。并且，交易双方公司的股东之间存在亲属关系，受让人应当知道债务人低价转让房地产的行为必将危害债权人债权的实现。与此同时，结合债务人在二审庭审中自认已经没有其他财产用于履行生效判决确定的债务，可以行使债权人撤销权。④

从《民法典》第五百三十九条规定看，"债务人以明显不合理的低价转让财产、以明显不合理的高价受让他人财产或者为他人的债务提供担保，影响债权人的债权实现"在前，"债务人的相对人知道或者应当知道该情形的"紧随其后，应当认定"该"包括了前面所有内容。并且，债权人只需要证明债务人的行为有害于债权，且依当时具体情形受

---

① 有学者认为，从立法目的而言，债权人撤销权制度旨在使债务人的责任财产维持在适当状态，以确保债务人完全清偿债务，确保债权人对债务人的债权得以实现。在此意义上，只要债务人的财产处分行为有害于债权人对债务人的债权的实现，债权人行使撤销权就应当认为符合撤销制度立法目的。如果债务人明知将来债权发生的概率极高，为了逃避将来必然发生债务的履行而事先处分自己的财产，则其主观上存在恶意。在此情形下，如果不允许债权人行使撤销权，则债权人和债务人权利义务明显失衡，有违公平正义和诚实信用原则。因此，债权人行使撤销权并非一概要求债权已经实际存在，债权的清偿期也无须在债务人处分财产行为之前已经届至，债权的数额同样无须撤销权行使时既已确定。沈伟.债权人撤销权中债权成立时间的影响[J].人民司法，2013（22）：33-36.

② 参见最高人民法院（2008）最高法民二终字第23号民事判决书。

③ 参见最高人民法院（2016）最高法民申657号民事判决书。

④ 参见最高人民法院（2013）最高法民申字第1036号民事判决书。

让人对此应当是能够知晓的，即可推定受让人具有恶意。受让人如果对此推定不服，则应就其主观上的善意负有证明责任。①

3. 明显不合理的价格

何为《民法典》第五百三十九条规定的"明显不合理"的高价或者低价，民法典并未给出界定的标准。《全国法院贯彻实施民法典工作会议纪要》（法〔2021〕94号）第九条将实际交易价格与市场交易价之间的差异超过30%作为参照标准②，据此规定，判断明显不合理的低价或者高价，应当参考交易当时交易当地的物价部门指导价或者市场交易价。需要注意的是，上述规定使用了"一般可以视为"，并非一定如此。在大型超市中，部分商品被定位为"磁石"，往往被贴上显著低于市场价的超低特价，旨在吸引顾客，而商家最终是希望通过顾客消费的其他产品来获取利润。对于类似情形，显然不宜认定为不合理的高价或者低价。商业交易往往比较复杂，在判断商业交易中的价格是否属于不合理的高价或者低价时不能只是简单对比市场价格，必须考虑多方因素，综合权衡。③

另外需要注意的是，资产的实际价值不同于资产的账面价值。在中国工商银行蒙阴县支行与山东省蒙阴棉纺织有限公司等债权人撤销权纠纷案中，最高人民法院指出，判断债务人是否以"明显不合理的低价"转让财产，不宜简单以财产的账面成本为依据。如果某项产品只是债务人转让的诸多财产中的一项，不能仅仅根据该项产品存在低价转让行为就判定整个财产转让行为都构成"明显不合理的低价"。④

4. 与恶意串通无效的竞合

由于都涉及损害债权人行为，而且都包含第三方当事人的恶意，《民法典》第五百三十九条规定的行使撤销权与《民法典》第一百五十四条规定恶意串通合同无效，可能形成竞合。此时，债权人不仅可以向人民法院提起债权人撤销权之诉，还有权以当事人双方恶意串通、损害其利益为由，向人民法院请求确认债务人与相对人签订的相关

---

① 张媛媛.债权人提起撤销权诉讼的裁判规则[J].人民司法，2007（10）：95.

② 《全国法院贯彻实施民法典工作会议纪要》（法〔2021〕94号）第九条规定："对于民法典第五百三十九条规定的明显不合理的低价或者高价，人民法院应以交易当地一般经营者的判断，并参考交易当时交易地的物价部门指导价或者市场交易价，结合其他相关因素综合考虑予以认定。转让价格达不到交易时交易地的指导价或者市场交易价百分之七十的，一般可以视为明显不合理的低价；对转让价格高于当地指导价或者市场交易价百分之三十的，一般可以视为明显不合理的高价。当事人对于其所主张的交易时交易地的指导价或者市场交易价承担举证责任。"

③ 在瑞士嘉吉国际公司与福建金石制油有限公司、中纺粮油有限公司、汇丰源贸易有限公司合同纠纷案中，最高人民法院指出，"一般"二字意味着应当排除特殊情形，如季节性产品和易腐烂变质的时令果蔬在临近换季或者保质期即将届满时回笼资金的甩卖。"可以"二字意味着没有定论，应视具体情形而定，没有刚性约束；"视为"二字是立法和解释上使用的法律拟制用语，债务人、受让人可以提出相反事实和证据予以推翻。司法实践中，对以明显不合理的低价转让财产，原则上应当按照上述判断基准和基本方法综合进行分析，并予以个案确认。参见最高人民法院（2012）最高法民四终字第1号民事判决书。

④ 参见最高人民法院〔2005〕最高法民二终字第172号民事判决书。

合同无效，但这两种债权保护方式不能并用，债权人只能择一行使。①

债权人撤销权的成立，客观方面的核心要件在于债务人的诈害行为。②从主观要件看，对债务人恶意和相对人恶意的要求存在细微差异。①在债务人方面，除了"恶意"延长到期债权的履行期等个别情形外，法律本身并无明确要求，一般认为应区分诈害行为是无偿还是有偿，仅后者要求债务人主观上的恶意。③此种"恶意"并不需要积极侵害债权的主观想法，只要债务人明知其不当行为可能危及债权人债权实现即可。并且，为了方便债权人行使撤销权，通说认为债务人的恶意可以通过债务人以明显不合理的低价转让财产等客观行为加以推定。④②在相对人方面，如果是有偿转让，则要求受让人主观上也必须具有恶意，依照《民法典》第五百三十九条，需要受让人知道或者应当知道不当处分财产会影响债权人的债权实现。⑤无须相对人本身有侵害债权人的意图，更无须相对人与债务人恶意串通，为债权人行使撤销权提供了极大的便利。

在恶意串通合同无效规则的适用中，债权人不仅要证明债务人与受让人主观上存在"恶意"与"串通"，还要证明债务人与受让人订立的合同客观上损害了债权人的利益，并且必须达到排除合理怀疑证明标准。⑥虽然在适用恶意串通规则时，对"恶意""串通"等主观要素的证明往往是结合合同订立、合同履行等相关的客观因素综合加以判断，即便是如此，适用恶意串通规则的证明难度还是极大。比较起来，债权人撤销权的主观要件的证明标准较低，而且在司法实践中允许推定，确实更容易得到证明。此外，我们注意到，债权人撤销权的行使受除斥期间的限制，而恶意串通宣告合同无效则没有时间限制，所以从时间效力看，恶意串通规则对债权人的保护较为有利。⑦如此看来，即使恶意

---

① 高晓力.恶意串通损害第三人利益的合同无效[J].人民司法，2013（16）：4-9.例如，在长城公司武汉办事处诉湖北峰源公司、威邦公司、鸿骏公司确认房产转让合同无效纠纷案中，最高人民法院经审理认为，债务人无偿或者低价转让财产，债权人认为侵害其合法权益的，可以依据恶意串通无效的规定请求确认转让行为无效，也可以请求撤销转让行为。参见最高人民法院（2003）最高法民一终字第71号民事判决书。

② 这既需要债务人实施了诈害债权的行为，还需要该行为实际上对债权人造成损害，即债务人因此陷于无资力状态——在处分财产后已经无力清偿债权人的债权。韩世远.合同法总论[M].北京：法律出版社，2011：356；崔建远.合同法[M].北京：北京大学出版社，2013：181；王利明合同法研究（第2卷）[M].北京：中国人民大学出版社，2015：140-141.

③ 参见"中国水利电力对外公司与上海福岷围垦疏浚有限公司、龙湾港集团上海实业有限责任公司、海南龙湾港疏浚集团有限公司撤销权纠纷案"（最高人民法院民事判决书（2009）民二提字第58号）。

④ 参见"国家开发银行与沈阳高压开关有限责任公司、新东北电气（沈阳）高压开关有限公司、新东北电气（沈阳）高压隔离开关有限公司、沈阳北富机械制造有限公司等借款合同、撤销权纠纷案"（最高人民法院民事判决书（2008）民二终字第23号）。

⑤ 在司法实践中，有观点指出，"只要债权人能够举证证明受让人知道债务人的转让行为是以明显不合理的低价，就足以认定受让人知道会因此对债权人造成损害"。吴光侠，高晓力.《瑞士嘉吉国际公司诉福建金石制油有限公司等确认合同无效纠纷案》的理解与参照——恶意串通逃债的行为无效[J].人民司法，2015（18）：8-13.

⑥ 根据《最高人民法院关于使用〈中华人民共和国民事诉讼法〉的解释》（法释〔2015〕5号）第一百零九条的规定，"恶意串通事实"的证明还要达到"确信该待证事实存在的可能性能够排除合理怀疑的"标准，高于民事诉讼中高度盖然性的一般标准。也有学者认为，此种证明标准之提高，未必能起到预期效果。霍海红.提高民事诉讼证明标准的理论反思[J].中国法学，2016（2）.

⑦ 李宇.民法总则释义：规范释论与判解集注[M].北京：法律出版社，2017：705.

串通规则所要求的证明难度更高,但是宣告合同无效突破除斥期间限制的"诱惑"也应当不小,按理应该有不少债权人进行尝试才对。然而,事实上司法实践中极少有这类案例。① 笔者猜测,恶意串通合同无效规则应用极少的根本原因还是在于证明难度太大。

（二）行使

1. 行使方式

《民法典》第五百三十八条和第五百三十九条规定"债权人可以请求人民法院撤销债务人的行为",说明债权人必须通过诉讼的方式行使撤销权。至于诉讼相关事项,民法典未作具体规定,可以参照《最高人民法院关于适用〈中华人民共和国合同法〉若干问题的解释（一）》（法释〔1999〕19号）第二十三条②和第二十四条③的相关规定处理。至于债权人行使撤销权的必要费用,《民法典》第五百四十条规定由债务人负担,删除了过错第三人应当适当分担的规定④,可能是考虑到与《民法典》第五百三十五条保持一致。同时,撤销权本身已经是对合同相对性原则的突破,不应过多涉及合同之外的第三人。

2. 行使范围

《民法典》第五百四十条规定,撤销权的行使范围以债权人的债权为限。债权人行使撤销权以恢复债务人责任财产,是保全全体债权人的利益,行使撤销权的范围,故应以保全全部一般债权人的总债权额度为限。⑤

3. 行使期限

债权人撤销权是形成权,适用除斥期间的规定。⑥ 除斥期间届满,撤销权归于消灭,债权人不得再主张撤销。⑦ 至于何为《民法典》第五百四十一条规定的"债权人知道或者应当知道撤销事由",法律未有更进一步的规定。如果债权人存在通过诉讼等方式积极主张权利的客观情况,在撤销权法定行使期间的起算问题上应当作出有利于该债权人的解释。⑧ 例如,在工商银行蒙阴县支行与蒙阴棉纺织公司、山东恒昌集团债权人撤销权纠纷案中,最高人民法院认为,债权人诉请确认债务人处分财产行为无效,法院判决驳回其诉讼请求并且告知可以诉请撤销,则法院告知其可以提起债权人撤销权之诉的判决作

---

① 高晓力. 恶意串通损害第三人利益的合同无效[J]. 人民司法,2013（16）:4-9.

② 《合同法解释一》第二十三条规定:"债权人依照合同法第七十四条的规定提起撤销权诉讼的,由被告住所地人民法院管辖。"

③ 《合同法解释一》第二十四条:"债权人依照合同法第七十四条的规定提起撤销权诉讼时只以债务人为被告,未将受益人或者受让人列为第三人的,人民法院可以追加该受益人或者受让人为第三人。"

④ 《合同法解释一》第二十六条规定:"债权人行使撤销权所支付的律师代理费、差旅费等必要费用,由债务人负担;第三人有过错的,应当适当分担。"

⑤ 参见最高人民法院（2017）最高法民申910号民事裁定书。

⑥ 《民法典》第五百四十一条规定:"撤销权自债权人知道或者应当知道撤销事由之日起一年内行使。自债务人的行为发生之日起五年内没有行使撤销权的,该撤销权消灭。"

⑦ 杨立新. 中华人民共和国民法典释义与案例评注（合同编）（上）[M]. 北京:中国法制出版社 2020:258.

⑧ 最高人民法院民事审判第二庭. 最高人民法院商事审判指导案例·合同卷（上）[M]. 北京:中国法制出版社,2011:211-218.

出之日应当认定为债权人知道或应当知道撤销事由之日。①

需要注意的是,《民法典》第五百四十一条规定的五年期间是债权人撤销权存续的最长期间,该期间的起算应当以债务人的损害行为发生之日为准,与债权人是否知道自己权利受损无关。②换言之,这五年时间的起算和终止都是客观的,不以当事人的意志为转移。③笔者以为,如果允许无限期行使撤销权,必然会危害第三人交易安全,导致过分偏袒债权人而忽视第三人利益的问题,因此设定五年最长期限还有第三人交易安全和利益衡量方面的考量。

4. 行使效果

债权保全制度立法初衷是恢复债务人不当行为造成的财产损失,并非直接用债务人的财产清偿债务。因此,撤销权诉讼胜诉后,法院撤销债务人危害债权人利益的不当行为,导致债务人不当处分行为自始无效,不当处分的财产回归债务人手中,成为履行对债权人债务的财产资力。④民法典施行以前,司法实践的做法是债权人在撤销权诉讼中可以直接请求实现债权,但这是违反"入库规则"的,所以本条不再作出这样的规定,坚持"入库规则",是正确的选择。⑤

采用"入库规则"也可能面临问题,尤其是当第三人将财产返还债务人后怠于通知债权人,而债务人借机再次转移财产导致债权人的债权无法实现。就此问题,有判例要求第三人履行通知义务。例如,在沈阳高开公司与国家开发银行撤销权纠纷案中,法院认定沈阳高开与相对人东北电气的股权交易客观上危害了债权人利益,应当依法予以撤销。具体而言,东北电气应当返还其持有的股权,同时沈阳高开应当向东北电气返还相应的股权交易价款。⑥但是,执行法院认定东北电气没有履行生效判决确定的返还义务,遂冻结了其名下相应财产。东北电气不服并提出执行异议,主张自己已经履行完合同撤销后的返还义务。最高人民法院执行局经过审查认为国开行具备申请执行人资格。因为东北电气先后两次履行均为无效:第一次履行时,虽然款项已经转入沈阳高开账户,但最终转回东北电气账户,明显属于闭环交易;第二次履行时,案涉股权虽然已转移至沈阳高开名下,但是并未通知债权人,并且股权很快被转至另一公司。因此,可以认定东北电气并未实际履行最高人民法院(2008)民二终字第23号判决项下各项义务,依申请

---

① 参见最高人民法院(2005)最高法民二终字第172号民事判决书。
② 参见最高人民法院(2012)最高法民申字第676-1号民事裁定书。
③ 债权人自债务人对其造成损害的行为发生之日起超过五年才行使撤销权的,人民法院不应支持。该五年期间实际上是法律拟制的债务人责任财产恢复期间,法律认为超过该期间的债务人责任财产一般都有所恢复,债权人利益也有所保障,不必再用债权人撤销权的方式来保护债权人。最高人民法院民事审判第二庭. 最高人民法院商事审判指导案例(2012)·公司与金融[M]. 北京: 中国民主法制出版社, 2013: 473-476.
④ 《民法典》第五百四十二条规定:"债务人影响债权人的债权实现的行为被撤销的,自始没有法律约束力。"
⑤ 杨立新. 中华人民共和国民法典释义与案例评注(合同编)(上)[M]. 北京: 中国法制出版社, 2020: 260.
⑥ 参见最高人民法院(2008)最高法民二终字第23号判决书。

冻结其财产并无不当,应当驳回其执行异议。①

债权人请求人民法院撤销债务人不当处分行为之后,债务人与第三方受益人之间的合同即告无效。按照法律规定,合同撤销后第三方受益人应当及时将所得财产归还给债务人。如果第三方受益人没有及时返还,债务人有权提起不当得利返还请求之诉。但是,鉴于债务人和第三方受益人之间的行为,债务人往往怠于请求,不会积极行使权利以恢复财产,债权人只得借助于代位权制度,代位行使债务人对第三方受益人不当得利返还请求权,才能达成完整的债权保全效果,程序上异常繁琐。因此,学界通说认为债权人撤销权兼具形成权和请求权的性质:行使撤销权后,债务人与第三人之间的合同即为无效,并且债权人还可以请求受益人、受让人恢复责任财产(向债务人返还财产)。②司法实践状况并不统一,有判例在判决撤销债务人与第三人之间的合同后,同时判决债务人与第三人负有相互返还的义务(乃至不能返还时的赔偿责任)。③笔者认为,为了尽快解决纠纷,节约交易成本,应当允许在撤销权之诉中一并要求第三方受益人返还财产。

第二节 合同的担保

一、担保概述

担保,是保障债权实现的法律制度。担保通常由当事人双方约定,特定情形下也存在法定担保。担保活动应当遵循平等、自愿、公平、诚实信用的原则。

(一)担保与反担保

1. 担保范围

根据《民法典》第三百八十九条和第六百九十一条,担保物权和保证合同的担保范围基本相同,包括主债权及其利息、违约金、损害赔偿金以及实现担保的费用。当然,担保物权和保证在表述上略有不同,前者规定为保管担保财产和实现担保物权的费用,而后者规定为实现债权的费用,根本差异在于保证并不存在担保财产的保管和实现担保

---

① 参见最高人民法院(2017)最高法执复27号民事裁定书。该执行案件被选为指导案例后,其裁判要旨被编写为:"①债权人撤销权诉讼的生效判决撤销了债务人与受让人的财产转让合同,并判令受让人向债务人返还财产,受让人未履行返还义务的,债权人可以债务人、受让人为被执行人申请强制执行。②受让人未通知债权人,自行向债务人返还财产,债务人将返还的财产立即转移,致使债权人丧失申请法院采取查封、冻结等措施的机会,撤销权诉讼目的无法实现的,不能认定生效判决已经得到有效履行。债权人申请对受让人执行生效判决确定的财产返还义务的,人民法院应予支持。"参见《最高人民法院关于发布第23批指导性案例的通知》(法〔2019〕294号)。宋史超.论债权人撤销权判决的实现路径——以指导案例118号为中心[J].政治与法律,2021(1):149-161.
② 韩世远.合同法总论[M].北京:法律出版社,2011:172;崔建远.合同法[M].北京:北京大学出版社2013:184;王利明.合同法研究(第2卷),中国人民大学出版社2015:162.
③ 典型案例,参见"国家开发银行与沈阳高压开关有限责任公司、新东北电气(沈阳)高压开关有限公司、新东北电气(沈阳)高压隔离开关有限公司、沈阳北富机械制造有限公司等借款合同、撤销权纠纷案"(最高人民法院(2008)最高法民二终字第23号民事判决书)。

物权的问题。此外，如果当事人之间对担保范围有特别约定，则应当尊重这种约定，此即法条规定的"当事人另有约定的，按照其约定。"

需要注意的是，对于以登记作为公示方式的不动产担保物权，由于我国幅员辽阔，不同地域的登记系统设置及登记规则并不完全一致，容易造成司法实践上的混乱。最高人民法院也注意到该问题，《九民纪要》第五十八条就此有专门规定。不动产担保物权以登记作为公示方式，其担保范围一般应当以登记的范围为准。但是，考虑到我国幅员辽阔，不同地区的不动产担保物权登记可能并不一致，法院在审查时必须充分注意登记制度设计上的差异并据实作出判断。如果登记系统设置和登记规则问题导致合同约定的担保范围与担保物权登记不一致在当地属于普遍存在的现象，则可以按照合同约定认定担保物权的担保范围；如果当地不动产登记系统设置与登记规则比较规范而使合同约定的担保范围与担保物权登记一致在该地区是常态或者普遍现象，则应当以担保物权登记的担保范围为准。需要注意，随着登记制度不断完善，由于登记系统设置和登记规则原因而担保物权担保范围与合同约定担保范围不一致的现象将逐渐减少，不动产担保范围以登记为准日渐落实。①

2. 担保人的保护

（1）反担保。

担保是为了保障债权人的债权而设立，反担保则是为了保障担保人的追偿权而设立。一旦出现债务人不履行债务等实现担保的情况，担保人承担担保责任后需要向债务人追偿。如果债务人无力履行债务，则担保人的追偿权将会落空。为了担保人将来能够顺利实现追偿权，《民法典》第三百八十七条第二款和第六百八十九条规定担保人可以在设立担保时要求债务人提供反担保。

按照法律规定，债务人可以自己提供反担保，也可以安排第三人提供反担保。令人困惑的是，既然债务人自己可以提供反担保，为何不直接向债权人提供担保，反而要借助于担保人提供的担保，将一个担保就能解决的问题变成两个担保才能解决问题。原因在于，不同当事人看重的利益可能不同，担保人能够接受的担保不一定能够得到债权人认可，而担保人提供的担保就能够得到债权人认可。于是，通过引入担保人，交易才得以发生。

需要注意，反担保是为了保障担保人承担担保责任后实现对债务人的追偿权而设立，因此反担保合同与担保合同之间在效力上相互独立，担保合同不是反担保合同的主合同，担保合同无效并不会必然导致反担保合同也无效。事实上，担保合同无效时担保人可能需要承担过错赔偿责任，在此情形下，反担保合同效力独立性能够为担保人实现追偿权提供帮助。因此，《民法典担保制度解释》第十九条规定，在担保合同无效情形下，承担赔偿责任的担保人有权按照反担保合同的约定，在其承担赔偿责任的范围内请求反担保人承担担保责任。如果反担保人仅以担保合同无效为由主张反担保合同无效，人民法院

---

① 《最高人民法院关于适用〈中华人民共和国民法典〉有关担保制度的解释》（法释〔2020〕28号）第四十七条规定："不动产登记簿就抵押财产、被担保的债权范围等所作的记载与抵押合同约定不一致的，人民法院应当根据登记簿的记载确定抵押财产、被担保的债权范围等事项。"为了论述方便，我们将《最高人民法院关于适用〈中华人民共和国民法典〉有关担保制度的解释》（法释〔2020〕28号）简称为《民法典担保制度解释》。

不予支持。如果反担保合同也无效，依照本解释第十七条①的有关规定处理。②具体而言，担保合同无效担保人承担赔偿责任后，应当根据反担保合同的效力确定反担保人承担责任的类型和范围：如果反担保合同有效则反担保人应当按照反担保合同的约定承担担保责任；如果反担保合同无效，反担保人无过错的不承担赔偿责任，反担保人有过错的，则应当根据担保人和反担保人的过错确定反担保人赔偿责任的范围。③由此可见，反担保旨在为承担了赔偿责任的担保人提供更好的保护，尤其是当担保人无法向债务人追偿时。

（2）债务转让的限制。担保人最终是否承担担保责任，与主合同债务人的清偿能力密切相关；担保人承担担保责任后能否成功实现追偿，同样与主合同债务人的清偿能力密切相关。主合同债务人清偿能力越低，担保人承担担保责任并且无法成功追偿的概率越高。如果债务人将债务转移给清偿能力更差的债务人，则担保人承担担保责任的概率将变得更高、承担担保责任后无法实现追偿的概率也随之变得更高，最终结果是加重了担保人的责任。如果允许未经同意就可以加重担保人责任，则担保人将人人自危，无人敢轻易为他人债务提供担保。有鉴于此，《民法典》规定债务转移必须征得第三方担保人的同意，并且第三人同意债务转移必须是书面同意，因而即使口头同意，也不发生第三人继续提供担保的后果。④当然，如果担保物是由债务人自身提供，则债务转移时相当于已经得到担保人同意，所以法条只是规定债务转移必须经过第三方担保人的同意。⑤需要注意的是，债务转移可能是部分转移，也可能是全部转移。未经担保人同意而转移债务的情形下全部转让债务的，相应的担保责任是全部担保责任，部分转让债务的，相应的

---

① 《最高人民法院关于适用〈中华人民共和国民法典〉有关担保制度的解释》（法释〔2020〕28号）第十七条规定："主合同有效而第三人提供的担保合同无效，人民法院应当区分不同情形确定担保人的赔偿责任：（一）债权人与担保人均有过错的，担保人承担的赔偿责任不应超过债务人不能清偿部分的二分之一；（二）担保人有过错而债权人无过错的，担保人对债务人不能清偿的部分承担赔偿责任；（三）债权人有过错而担保人无过错的，担保人不承担赔偿责任。主合同无效导致第三人提供的担保合同无效，担保人无过错的，不承担赔偿责任；担保人有过错的，其承担的赔偿责任不应超过债务人不能清偿部分的三分之一。"

② 在担保合同无效的情况下，反担保人应否以及如何承担责任？一种观点认为，担保合同是反担保合同的主合同，担保合同无效，反担保合同随之无效，反担保人应根据其过错承担相应的赔偿责任。我们认为，反担保合同担保的是担保人对主债务人的追偿权，其并非担保合同的从合同，因此即便担保合同无效，担保人在承担赔偿责任的范围内也享有对债务人的追偿权，且反担保合同并不因担保合同的无效而无效，反担保人仍应对担保人的损失承担全部担保责任。当然，反担保合同虽然不因担保合同无效而无效，但也可能因其他理由被认定无效，在反担保合同因自身原因被认定无效时，则应依据《民法典担保制度解释》关于主合同有效而担保合同无效时法律后果的规定来确定反担保人的赔偿责任。林文学，杨永清，麻锦亮，吴光荣．《关于适用民法典有关担保制度的解释》的理解和适用[J].人民司法，2021（4）：30-45.

③ 最高人民法院民事审判第二庭：最高人民法院民法典担保制度司法解释理解与适用[M].北京：人民法院出版社2020：216.

④ 《民法典》第三百九十一条规定："第三人提供担保，未经其书面同意，债权人允许债务人转移全部或者部分债务的，担保人不再承担相应的担保责任。"

⑤ 《最高人民法院关于适用〈中华人民共和国民法典〉有关担保制度的解释》（法释〔2020〕28号）第三十九条第二款规定："主债务被分割或者部分转移，债务人自己提供物的担保，债权人请求以该担保财产担保全部债务履行的，人民法院应予支持；第三人提供物的担保，主张对未经其书面同意转移的债务不再承担担保责任的，人民法院应予支持。"

担保责任是转移的部分债务的担保责任。[1]此外,《民法典》在保证责任合同中就债务转移问题规定了债权人和保证人另有约定这一例外规定。[2]该例外规定是否可以准用于担保物权,还有待进一步观察。

(3)债权转让的限制。通常情况下,债权转让对受让人没有不良影响,故原则上债权转让无须征得债务人同意。[3]但是,在债权转让后,债务人始终要面临应当向谁履行债务,即主张相关抗辩的问题。如果债务人对债权转让之事一无所知,则可能发生错误履行问题,容易引发纠纷,徒增麻烦。因此,债权转让必须通知债务人。[4]同样道理,债权人转让债权时必须通知保证人,通知到达之后债权转让才对保证人发生效力。考虑到保证人可能只愿意为某个特定债权人的债权实现提供担保,或者不愿意向其他债权人承担担保责任,当然也可能是基于其他方面的考虑,保证人与债权人可能在合同中会约定禁止债权转让,基于对意思自治的尊重,应该对这种约定予以认可。在此情形下,债权人转让债权时必须征得保证人的书面同意,否则保证人对受让人将不再承担保证责任。[5]

(4)借新还旧。

《九民纪要》第五十七条规定,明确了新贷偿还旧贷情形原担保人不再承担担保责任。即使旧贷上的担保物权尚未进行涂销登记,法院也不予支持。与此同时,规定了例外情形,当事人可以通过约定继续提供担保,为意思自治提供了可能。《民法典担保制度解释》沿袭了《九民纪要》第五十七条的基本思想。[6]就主合同当事人协商一致以新的贷款偿还旧的贷款情形下的担保责任,法律总体态度是否定的,债权人诉请担保人承担担保责任得不到法院支持。新贷担保人是否需要承担责任,取决于其是否知道借新贷还旧贷这一基础事实,如果知道,则应当承担责任,如果不知道,则不应当承担责任。在新贷和旧贷都是同一个人提供担保的情况下,直接推定担保人知悉借新贷还旧贷,担保人

---

[1] 杨立新.中华人民共和国民法典释义与案例评注(物权编)[M].北京:中国法制出版社 2020:680.
[2] 《民法典》第六百九十七条:"债权人未经保证人书面同意,允许债务人转移全部或者部分债务,保证人对未经其同意转移的债务不再承担保证责任,但是债权人和保证人另有约定的除外。"
[3] 《民法典》第五百四十五条:"债权人可以将债权的全部或者部分转让给第三人,但是有下列情形之一的除外:(一)根据债权性质不得转让;(二)按照当事人约定不得转让;(三)依照法律规定不得转让。当事人约定非金钱债权不得转让的,不得对抗善意第三人。当事人约定金钱债权不得转让的,不得对抗第三人。"
[4] 《民法典》第五百四十六条:"债权人转让债权,未通知债务人的,该转让对债务人不发生效力。债权转让的通知不得撤销,但是经受让人同意的除外。"
[5] 《民法典》第六百九十六条规定:"债权人转让全部或者部分债权,未通知保证人的,该转让对保证人不发生效力。保证人与债权人约定禁止债权转让,债权人未经保证人书面同意转让债权的,保证人对受让人不再承担保证责任。"《民法典担保制度解释》第三十九条第二款规定"主债务被分割或者部分转移,债务人自己提供物的担保,债权人请求以该担保财产担保全部债务履行的,人民法院应予支持;第三人提供物的担保,主张对未经其书面同意转移的债务不再承担担保责任的,人民法院应予支持。"
[6] 《最高人民法院关于适用〈中华人民共和国民法典〉有关担保制度的解释》(法释〔2020〕28号)第十六条第一款规定:"主合同当事人协议以新贷偿还旧贷,债权人请求旧贷的担保人承担担保责任的,人民法院不予支持;债权人请求新贷的担保人承担担保责任的,按照下列情形处理:(一)新贷与旧贷的担保人相同的,人民法院应予支持;(二)新贷与旧贷的担保人不同,或者旧贷无担保新贷有担保的,人民法院不予支持,但是债权人有证据证明新贷的担保人提供担保时对以新贷偿还旧贷的事实知道或者应当知道的除外。"

应当承担责任。在其他情形，则需要债权人提供证据证明担保人知悉借新贷还旧贷这一基础事实。在判断担保人是否知道或者应当知道借新贷还旧贷情况时，应当综合全案案情全面分析。①

此外，还需注意的是，在担保人愿意继续提供担保的情况下，如果是担保物权，会涉及担保物权的顺位问题。如果新贷设立且担保人愿意继续担保时旧贷担保物权登记尚未注销，那么，相对于旧贷担保设立之后、新贷合同之前以该担保财产为其他债权人设立的担保物权而言，新贷债权人的担保物权顺位优于其他债权人。②毫无疑问，这里的"其他债权人"并不包括旧贷物权担保设立之前就已经取得担保物权的债权人。原因在于，新贷偿还旧贷场合，新贷相当于继承旧贷的担保物权顺位，如果其他债权人的担保物权顺位优先于旧贷的担保物权顺位，新贷担保自然无法超越旧贷的担保物权顺位。毫无疑问，上述规则与《民法典》第四百一十四条③的精神高度一致，登记在先则顺位在前。

（5）债务人破产。

一旦债务人进入破产程序，担保人承担担保责任后的追偿将变得异常困难。为了防止担保人利益受到不必要的损失，需要作出一些特殊规定。一旦债务人的债务进入破产程序，担保人可以主张停止计算利息。④如此规定，旨在防止担保范围继续扩大导致将来无法追偿的损失进一步增加。此外，进入破产程序后，债权人应当向破产管理人申报债权或者通知担保人去申报债权。否则，破产程序中债权人因为自身过错而丧失了原本可以分配的部分财产，最终导致担保人无法追偿而遭受损失，则债权人应当为此承担责任，担保人在此范围内免除担保责任。当然，如果是担保人自身过错导致没有行使追偿权，则担保人应自行负责，不得要求免除担保责任。⑤

（6）追偿。债务人始终是最终的责任承担人，保证人承担保证责任后可以向债务人

---

① 例如，在大竹县农村信用合作联社与西藏华西药业集团保证合同纠纷案中，保证人和借款人之间具有特定的关联关系，在保证合同中承诺对借款人转移贷款用途等违约行为承担连带责任，并且已经实际履行了部分主债务，则可以由此认定保护人知道或者应当知道以新贷偿还旧贷的事实。

② 《最高人民法院关于适用〈中华人民共和国民法典〉有关担保制度的解释》（法释〔2020〕28号）第十六条第二款规定："主合同当事人协议以新贷偿还旧贷，旧贷的物的担保人在登记尚未注销的情形下同意继续为新贷提供担保，在订立新的贷款合同前又以该担保财产为其他债权人设立担保物权，其他债权人主张其担保物权顺位优先于新贷债权人的，人民法院不予支持。"

③ 《民法典》第四百一十四条规定："同一财产向两个以上债权人抵押的，拍卖、变卖抵押财产所得的价款依照下列规定清偿：（一）抵押权已经登记的，按照登记的时间先后确定清偿顺序；（二）抵押权已经登记的先于未登记的受偿；（三）抵押权未登记的，按照债权比例清偿。其他可以登记的担保物权，清偿顺序参照适用前款规定。"

④ 《最高人民法院关于适用〈中华人民共和国民法典〉有关担保制度的解释》（法释〔2020〕28号）第二十二条规定："人民法院受理债务人破产案件后，债权人请求担保人承担担保责任，担保人主张担保债务自人民法院受理破产申请之日起停止计息的，人民法院对担保人的主张应予支持。"

⑤ 《最高人民法院关于适用〈中华人民共和国民法典〉有关担保制度的解释》（法释〔2020〕28号）第二十四条规定："债权人知道或者应当知道债务人破产，既未申报债权也未通知担保人，致使担保人不能预先行使追偿权的，担保人就该债权在破产程序中可能受偿的范围内免除担保责任，但是担保人因自身过错未行使追偿权的除外。"

追偿[1],但不得超过承担保证责任的范围。为了更好地保护保证人的追偿权,法律还规定保证人承担担保责任后享有债权人对债务人的权利。[2]对于一般保证保证人而言,由于有先诉抗辩权的保护,债权人必须先执行债务人财产。如果保证人提供了财产线索而债权人怠于行使并造成最终无法执行,则保证人在上述财产价值范围内免除保证责任。[3]上述规定,旨在为债权人提供适当激励,防止债权人过错导致担保人遭受损失。

(7)抗辩与抵销。为了避免因债务人原因而扩大保证人承担保证责任的概率和责任范围,法律将对保证人利益的保护时点提前到了承担保证责任之前。一是保证人可以主张债务人对债权人享有的抗辩[4];二是债务人对债权人享有抵销权或撤销权时保证人可以在相应范围拒绝承担责任。[5]

(二)常见类型

1.人保、物保及混合担保

《民法典》第六百八十一条规定保证,[6]即为人保。人的担保,本质上还是在债权无法得到清偿时以保证人所拥有的财产清偿债务。《民法典》第三百八十六条和《民法典》第三百八十七条规定的担保物权[7]即为物保。由于担保物权是以担保物的价值清偿债务,所以其担保效力及于担保财产的代位物。[8]严格意义上,物的担保需要就担保物进行明确约定。但在现实生活中,当事人可能只是进行概况描述,并未准确界定。如果能够合理识

---

[1] 法律规定"保证人承担保证责任后,有权向债务人追偿",但法院判决保证人承担保证责任时没有在判决主文明确追偿权,而是在"本院认为"部分做了论述,保证人如何实现追偿?是否必须按照《最高人民法院关于适用〈中华人民共和国担保法〉若干问题的解释》第四十二条关于"判决书中未予明确追偿权的,保证人只能按照承担责任的事实,另行提起诉讼"的规定,另行起诉?在一个案件中,保证人提起直接上诉,要求法院纠正并得到支持。参见最高人民法院(2020)最高法民终1177号民事判决书。

[2] 《民法典》第七百条又规定:"保证人承担保证责任后,除当事人另有约定外,有权在其承担保证责任的范围内向债务人追偿,享有债权人对债务人的权利,但是不得损害债权人的利益。"

[3] 《民法典》第六百九十八条规定:"一般保证的保证人在主债务履行期限届满后,向债权人提供债务人可供执行财产的真实情况,债权人放弃或者怠于行使权利致使该财产不能被执行的,保证人在其提供可供执行财产的价值范围内不再承担保证责任。"

[4] 《民法典》第七百零一条规定:"保证人可以主张债务人对债权人的抗辩。债务人放弃抗辩的,保证人仍有权向债权人主张抗辩。"

[5] 《民法典》第七百零二条规定:"债务人对债权人享有抵销权或者撤销权的,保证人可以在相应范围内拒绝承担保证责任。"

[6] 《民法典》第六百八十一条规定:"保证合同是为保障债权的实现,保证人和债权人约定,当债务人不履行到期债务或者发生当事人约定的情形时,保证人履行债务或者承担责任的合同。"

[7] 《民法典》第三百八十六条规定:"担保物权人在债务人不履行到期债务或者发生当事人约定的实现担保物权的情形,依法享有就担保财产优先受偿的权利,但是法律另有规定的除外。"第三百八十七条规定:"债权人在借贷、买卖等民事活动中,为保障实现其债权,需要担保的,可以依照本法和其他法律的规定设立担保物权。"

[8] 《民法典》第三百九十条规定:"担保期间,担保财产毁损、灭失或者被征收等,担保物权人可以就获得的保险金、赔偿金或者补偿金等优先受偿。被担保债权的履行期限未届满的,也可以提存该保险金、赔偿金或者补偿金等。"

别担保财产，也应支持。[1]

人的担保和物的担保在担保债权实现这一本质性功能上并无实质区别。因此，根据《最高人民法院关于适用〈中华人民共和国民法典〉有关担保制度的解释》（法释〔2020〕28号）第二十条的规定，人民法院在审理第三人提供的物的担保纠纷案件时，可以适用《民法典》第六百九十五条第一款[2]、第六百九十六条第一款[3]、第六百九十七条第二款[4]、第六百九十九条[5]、第七百条[6]、第七百零一条[7]、第七百零二条[8]等关于保证合同的规定。

在同时存在人的担保和物的担保这种混合担保情形下，尤其是物的担保中可能还有债务人自己提供的部分，实现担保的顺位历来是实践中的难题，为此，《民法典》第三百九十二条[9]确立了合同约定优先、债务人担保优先以及第三人担保同序等规则。即凡是当事人在合同中有关于实现担保的相关安排，就应尊重其意思自治。如果没有相关约定，则优先实现债务人自身提供的担保。这主要是因为其他担保人承担担保责任后有权向债务人追偿，如果其他担保人先承担责任，程序上会变得更加繁琐。至于第三人提供的担保物权和第三人提供的保证，在顺位上并无差异，债权人可以自行选择。此外，无论是第三人提供的担保物权还是第三人提供的保证，担保人在承担担保责任后都有权向债务人追偿（表5-1）。

---

[1] 《最高人民法院关于适用〈中华人民共和国民法典〉有关担保制度的解释》（法释〔2020〕28号）第五十三条规定："当事人在动产和权利担保合同中对担保财产进行概括描述，该描述能够合理识别担保财产的，人民法院应当认定担保成立。"

[2] 《民法典》第六百九十五条规定："债权人和债务人未经保证人书面同意，协商变更主债权债务合同内容，减轻债务的，保证人仍对变更后的债务承担保证责任；加重债务的，保证人对加重的部分不承担保证责任。"

[3] 《民法典》第六百九十六条规定："债权人转让全部或者部分债权，未通知保证人的，该转让对保证人不发生效力。"

[4] 《民法典》第六百九十七条规定："第三人加入债务的，保证人的保证责任不受影响。"

[5] 《民法典》第六百九十九条规定："同一债务有两个以上保证人的，保证人应当按照保证合同约定的保证份额，承担保证责任；没有约定保证份额的，债权人可以请求任何一个保证人在其保证范围内承担保证责任。"

[6] 《民法典》第七百条规定："保证人承担保证责任后，除当事人另有约定外，有权在其承担保证责任的范围内向债务人追偿，享有债权人对债务人的权利，但是不得损害债权人的利益。"

[7] 《民法典》第七百零一条规定："保证人可以主张债务人对债权人的抗辩。债务人放弃抗辩的，保证人仍有权向债权人主张抗辩。"

[8] 《民法典》第七百零二条规定："债务人对债权人享有抵销权或者撤销权的，保证人可以在相应范围内拒绝承担保证责任。"

[9] 《民法典》第三百九十二条规定："被担保的债权既有物的担保又有人的担保的，债务人不履行到期债务或者发生当事人约定的实现担保物权的情形，债权人应当按照约定实现债权；没有约定或者约定不明确，债务人自己提供物的担保的，债权人应当先就该物的担保实现债权；第三人提供物的担保的，债权人可以就物的担保实现债权，也可以请求保证人承担保证责任。提供担保的第三人承担担保责任后，有权向债务人追偿。"

表 5-1　混合担保情形下的担保顺位

合同约定	清偿模式
有明确约定	按照约定实现债权
没有约定或者约定不明确	债务人担保优先＋第三人保证补充。债务人自己提供物的担保的，债权人应当先就该物的担保实现债权。清偿不足部分，第三人作为担保人的，承担补充的担保责任。第三人物保和第三人保证顺位相同。第三人提供物的担保的，债权人可以就物的担保实现债权，也可以请求保证人承担保证责任。提供担保的第三人承担担保责任后，有权向债务人追偿。

2. 典型担保与非典型担保

《民法典》规定了人保和物保，其中，物的担保主要又涉及了抵押、质押和留置，此即法律规定的典型担保。除了法律规定的典型担保，经济社会发展过程中也出现了大量非典型担保。原则上，对于当事人自行约定的具有担保功能的合同，都应当予以承认。[①] 与此同时，对于约定以登记作为公示方法的担保物权，如果没有登记则不具有物权效力。此等情形下的非典型担保虽然不具有担保物权的效力，不得对抗第三人，也没有优先于其他债权人的效力，但是当事人之间可以按照实现担保物权的方式处置担保物以清偿债权。[②]

（1）第三人承诺。司法实践中，合同之外的第三人提供的承诺文件，在法律上应定性为保证还是债务加入，或者其他类型，容易引发争议。就此，《民法典担保制度解释》第三十六条作了澄清。[③] 对于合同之外第三人向债权人提供的包含增信措施的承诺文件，处理关键就是看当事人的意思表示。

其一，如果具有提供担保的意思表示，则按照保证处理；如果具有加入债务或者与债务人共同承担债务等意思表示，则按照债务加入处理。当然，上述意思表示必须是清楚的，不存在模棱两可的问题。

其二，如果难以有效区分是保证还是债务加入，则按照责任较轻的保证处理。由于保证人承担责任后可以向债务人追偿，而债务加入情形第三人会成为债务人，清偿债务

[①] 《九民纪要》第六十六条规定："当事人订立的具有担保功能的合同，不存在法定无效情形的，应当认定有效。虽然合同约定的权利义务关系不属于物权法规定的典型担保类型，但是其担保功能应予肯定。"

[②] 《九民纪要》第六十七条规定："债权人与担保人订立担保合同，约定以法律、行政法规未禁止抵押或者质押的财产设定以登记作为公示方法的担保，因无法定的登记机构而未能进行登记的，不具有物权效力。当事人请求按照担保合同的约定就该财产折价、变卖或者拍卖所得价款等方式清偿债务的，人民法院依法予以支持，但对其他权利人不具有对抗效力和优先性。"

[③] 《最高人民法院关于适用〈中华人民共和国民法典〉有关担保制度的解释》（法释〔2020〕28号）第三十六条："第三人向债权人提供差额补足、流动性支持等类似承诺文件作为增信措施，具有提供担保的意思表示，债权人请求第三人承担保证责任的，人民法院应当依照保证的有关规定处理。第三人向债权人提供的承诺文件，具有加入债务或者与债务人共同承担债务等意思表示的，人民法院应当认定为民法典第五百五十二条规定的债务加入。前两款中第三人提供的承诺文件难以确定是保证还是债务加入的，人民法院应当将其认定为保证。第三人向债权人提供的承诺文件不符合前三款规定的情形，债权人请求第三人承担保证责任或者连带责任的，人民法院不予支持，但是不影响其依据承诺文件请求第三人履行约定的义务或者承担相应的民事责任。"

后并不能向债务人追偿，相对而言，按保证处理的话，出具承诺文件的人责任更轻。

其三，在既没有保证也没有加入债务或者与债务人共同承担债务等意思表示时，则不能要求第三人承担保证责任或者连带责任，但是可以要求第三人依据承诺文件履行义务或承担责任。这也是意思自治规则的必然要求。

（2）让与担保。司法实践中，债务人或者第三人可能通过将担保物所有权变更至债权人名下的方式提供担保（让与担保），当事人还会约定，如果债务人如约履行债务，则债权人将财产返还给担保人；如果债务人未如约履行债务，则债权人取得担保物所有权。鉴于上述做法操作便利，在实践中应用较为普遍，《九民纪要》第七十一条就此问题专门作了规定。①债务人到期没有清偿债务时合同效力如何，往往依赖于担保物的处理方式。对于以担保物价值清偿债权的约定，应当认定有效；如果直接约定担保物归债权人所有，相当于流质条款，则该部分约定无效。但是，如果当事人已经根据合同约定完成担保物权利变动的公示，则允许债权人参照法律关于实现担保物权的规定以担保物的价值清偿债权。

《民法典》虽未明确规定让与担保，但通过第四百零一条②、第四百二十八条③对流押、流质条款的修改，取消了关于流押流质条款无效的规定，赋予其按照实现担保物权方式清偿债权的效力，以产生让与担保的制度效果。④基于上述理解，《民法典担保制度

---

① 《九民纪要》第七十一条规定："债务人或者第三人与债权人订立合同，约定将财产形式上转让至债权人名下，债务人到期清偿债务，债权人将该财产返还给债务人或第三人，债务人到期没有清偿债务，债权人可以对财产拍卖、变卖、折价偿还债权的，人民法院应当认定合同有效。合同如果约定债务人到期没有清偿债务，财产归债权人所有的，人民法院应当认定该部分约定无效，但不影响合同其他部分的效力。当事人根据上述合同约定，已经完成财产权利变动的公示方式转让至债权人名下，债务人到期没有清偿债务，债权人请求确认财产归其所有的，人民法院不予支持，但债权人请求参照法律关于担保物权的规定对财产拍卖、变卖、折价优先偿还其债权的，人民法院依法予以支持。债务人因到期没有清偿债务，请求对该财产拍卖、变卖、折价偿还所欠债权人合同项下债务的，人民法院亦应依法予以支持。"
② 《民法典》第四百零一条："抵押权人在债务履行期限届满前，与抵押人约定债务人不履行到期债务时抵押财产归债权人所有的，只能依法就抵押财产优先受偿。"
③ 《民法典》第四百二十八条："质权人在债务履行期限届满前，与出质人约定债务人不履行到期债务时质押财产归债权人所有的，只能依法就质押财产优先受偿。"
④ 林文学，杨永清，麻锦亮，吴光荣.《关于适用民法典有关担保制度的解释》的理解和适用[J].人民司法，2021（4）：30-45.

解释》第六十八条①分以下三种情形对让与担保作出了规定：

其一，让与担保在实践中的典型表现形式为，债务人或者第三人与债权人约定将财产形式上转移至债权人名下，债务人不履行到期债务，债权人有权对财产折价或者以拍卖、变卖该财产所得价款偿还债务。应当认定上述约定有效，并且，如果当事人已经完成财产权利变动的公示，债务人不履行到期债务，则债权人有权请求参照民法典关于担保物权的有关规定就该财产优先受偿。

其二，债务人或者第三人与债权人约定将财产形式上转移至债权人名下，债务人不履行到期债务，财产归债权人所有。应当认定这类约定无效，但是不影响当事人有关提供担保的意思表示的效力。如果当事人已经完成财产权利变动的公示，债务人不履行到期债务，债权人无权请求对该财产享有所有权，但是债权人有权请求参照民法典关于担保物权的规定对财产折价或者以拍卖、变卖该财产所得的价款优先受偿。此外，债务人履行债务后有权请求返还财产，或者请求对财产折价或者以拍卖、变卖所得的价款清偿债务。

其三，实践中当事人经常约定将财产转移至债权人名下，一定期间后再由债务人或者第三人溢价回购，如果债务人未履行回购义务，财产归债权人所有。上述约定符合让与担保的特征，应当参照关于让与担保的规定处理。但是，如果当事人约定的回购标的自始不存在，由于缺乏担保财产，则应当依照《民法典》第一百四十六条第二款的规定②，按照实际构成的法律关系处理。

最后，考虑到股权让与担保中，当事人常常就被登记为名义股东的债权人是否须对原股东出资不足或者抽逃出资的行为承担连带责任发生争议。其实，在构成股权让与担保的情形下，债权人虽然被登记为名义上的股东，但其目的仅仅在于担保债权的实现，故即使原股东存在出资不足或者抽逃出资的情况，债权人也不应对此承担连带责任。③当然，最根本的原因在于，债权人作为名义股东，并未享受股东权利，故无需履行股东义

---

① 《民法典担保制度解释》第六十八条规定："债务人或者第三人与债权人约定将财产形式上转移至债权人名下，债务人不履行到期债务，债权人有权对财产折价或者以拍卖、变卖该财产所得价款偿还债务的，人民法院应当认定该约定有效。当事人已经完成财产权利变动的公示，债务人不履行到期债务，债权人请求参照民法典关于担保物权的有关规定就该财产优先受偿的，人民法院应予支持。债务人或者第三人与债权人约定将财产形式上转移至债权人名下，债务人不履行到期债务，财产归债权人所有的，人民法院应当认定该约定无效，但是不影响当事人有关提供担保的意思表示的效力。当事人已经完成财产权利变动的公示，债务人不履行到期债务，债权人请求对该财产享有所有权的，人民法院不予支持；债权人请求参照民法典关于担保物权的规定对财产折价或者以拍卖、变卖该财产所得的价款优先受偿的，人民法院应予支持；债务人履行债务后请求返还财产，或者请求对财产折价或者以拍卖、变卖所得的价款清偿债务的，人民法院应予支持。债务人与债权人约定将财产转移至债权人名下，在一定期间后再由债务人或者其指定的第三人以交易本金加上溢价款回购，债务人到期不履行回购义务，财产归债权人所有的，人民法院应当参照第二款规定处理。回购对象自始不存在的，人民法院应当依照民法典第一百四十六条第二款的规定，按照其实际构成的法律关系处理。"
② 《民法典》第一百四十六条规定："行为人与相对人以虚假的意思表示实施的民事法律行为无效。以虚假的意思表示隐藏的民事法律行为的效力，依照有关法律规定处理。"
③ 林文学，杨永清，麻锦亮，吴光荣.《关于适用民法典有关担保制度的解释》的理解和适用[J].人民司法，2021（4）：30-45.

务，无需承担资本补足等责任。[1]

（3）其他财产的担保。如果当事人通过担保合同约定以财产权利设立担保，即使所涉财产权利不属于法律法规规定的可以担保的范围，担保合同依然有效。但是，如果没有在法定登记机构进行登记，则担保不具有物权效力，不得对抗第三人。[2]

（4）所有权保留买卖。所有权保留买卖方便实用，民法典继续承认其法律效力，允许当事人约定买卖价款未付清之前买卖合同标的物所有权不发生转移。出卖人保留所有权，显然是为了担保价款债权的实现。由于所有权保留买卖没有便于识别的公示方式，因此第三人无法从外观上识别出卖人所保留的所有权，从而对第三人的交易安全构成了一定的威胁。民法典为消除此种隐形担保，保护第三人合理信赖，明确规定出卖人保留的所有权非经登记，不得对抗善意第三人。[3]

至于出卖人、出租人的所有权未经登记不得对抗的"善意第三人"的范围及其效力，包括《民法典》第七百四十五条[4]规定的融资租赁，根据《民法典担保制度解释》第六十七条规定，应当参照解释第五十四条[5]的规定处理。具体规则如下：①如果抵押财产经过转让并且已经由受让人实际占有，除非能够证明受让人在转让之前知道或者应当知道已经订立抵押合同，否则抵押权人不得向受让人请求行使抵押权。②抵押人将抵押财产出租给他人并且已经移转占有，除非能够证明承租人在承租之前知道或者应当知道已经订立抵押合同，否则按抵押不破租赁处理。③抵押人的其他债权人向法院申请保全或者执行抵押财产，如果已经做出财产保全裁定或者采取执行措施，则抵押权人不得要求对抵押财产优先受偿。④抵押人破产的，抵押权人同样不得要求对抵押财产优先受偿。不仅如此，在同一标的物上存在数个担保物权时，即使其中有出卖人保留的所有权，也

---

[1] 《民法典担保制度解释》第六十九条规定："股东以将其股权转移至债权人名下的方式为债务履行提供担保，公司或者公司的债权人以股东未履行或者未全面履行出资义务、抽逃出资等为由，请求作为名义股东的债权人与股东承担连带责任的，人民法院不予支持。"

[2] 《民法典担保制度解释》第六十三条规定："债权人与担保人订立担保合同，约定以法律、行政法规尚未规定可以担保的财产权利设立担保，当事人主张合同无效的，人民法院不予支持。当事人未在法定的登记机构依法进行登记，主张该担保具有物权效力的，人民法院不予支持。"

[3] 《民法典》第六百四十一条规定："当事人可以在买卖合同中约定买受人未履行支付价款或者其他义务的，标的物的所有权属于出卖人。出卖人对标的物保留的所有权，未经登记，不得对抗善意第三人。"

[4] 《民法典》第七百四十五条规定："出租人对租赁物享有的所有权，未经登记，不得对抗善意第三人。"

[5] 《民法典担保制度解释》第五十四条规定："动产抵押合同订立后未办理抵押登记，动产抵押权的效力按照下列情形分别处理：（一）抵押人转让抵押财产，受让人占有抵押财产后，抵押权人向受让人请求行使抵押权的，人民法院不予支持，但是抵押权人能够举证证明受让人知道或者应当知道已经订立抵押合同的除外；（二）抵押人将抵押财产出租给他人并移转占有，抵押权人行使抵押权的，租赁关系不受影响，但是抵押权人能够举证证明承租人知道或者应当知道已经订立抵押合同的除外；（三）抵押人的其他债权人向人民法院申请保全或者执行抵押财产，人民法院已经作出财产保全裁定或者采取执行措施，抵押权人主张对抵押财产优先受偿的，人民法院不予支持；（四）抵押人破产，抵押权人主张对抵押财产优先受偿的，人民法院不予支持。"

应根据《民法典》第四百一十四条第二款的规定①处理数个担保物权之间的清偿顺序（表5-2）。

表5-2 所有权保留买卖情况

买受人取得财产后的状况	保留所有权的出卖人	例外
转让并移转占有	无权要求优先受偿	受让人知道或应当知道抵押合同
出租并移转占有	抵押不破租赁	受让人知道或应当知道抵押合同
财产保全或执行	无权要求优先受偿	无
划入破产财产	无权要求优先受偿	无

值得注意的是，为了确保出卖人保留的所有权发挥其担保价款债权实现的功能，《民法典》第六百四十二条第一款规定了出卖人可以取回标的物的几种情形，同时该条第二款规定在出卖人可以取回标的物的情形下，出卖人可以与买受人协商取回标的物；协商不成的，可以参照适用担保物权的实现程序。②需要注意，《民法典》第六百四十二条第二款规定的协商不成情形下可以请求参照担保物权的实现程序处理中的"可以"不能理解为"只能"，而是应当理解为赋予了出卖人选择权：一方面允许出卖人通过非讼方式实现担保物权③，另一方面也允许出卖人通过诉讼取回标的物。④

问题在于，如果出卖人不通过非讼程序实现担保物权，而是径行通过诉讼请求取回标的物，是否存在损害买受人利益的可能？从实践的情况看，出卖人不能通过协商一致取回标的物，往往是因为买受人已经支付了大部分价款，并且标的物的价值又超过买受人欠付的价款及其他费用，买受人担心出卖人取回标的物后自己无力依据《民法典》第六百四十三条⑤进行回赎，而出卖人又不以合理价格转卖标的物并将超过欠付价款及其他

---

① 《民法典》第四百一十四条规定："同一财产向两个以上债权人抵押的，拍卖、变卖抵押财产所得的价款依照下列规定清偿：（一）抵押权已经登记的，按照登记的时间先后确定清偿顺序；（二）抵押权已经登记的先于未登记的受偿；（三）抵押权未登记的，按照债权比例清偿。其他可以登记的担保物权，清偿顺序参照适用前款规定。"

② 《民法典》第六百四十二条规定："当事人约定出卖人保留合同标的物的所有权，在标的物所有权转移前，买受人有下列情形之一，造成出卖人损害的，除当事人另有约定外，出卖人有权取回标的物：（一）未按照约定支付价款，经催告后在合理期限内仍未支付；（二）未按照约定完成特定条件；（三）将标的物出卖、出质或者作出其他不当处分。出卖人可以与买受人协商取回标的物；协商不成的，可以参照适用担保物权的实现程序。"

③ 《民法典担保制度解释》第六十四条第一款规定："在所有权保留买卖中，出卖人依法有权取回标的物，但是与买受人协商不成，当事人请求参照民事诉讼法'实现担保物权案件'的有关规定，拍卖、变卖标的物的，人民法院应予准许。"

④ 《民法典担保制度解释》第六十四条第二款第一句规定："出卖人请求取回标的物，符合民法典第六百四十二条规定的，人民法院应予支持。"

⑤ 《民法典》第六百四十三条规定："出卖人依据前条第一款的规定取回标的物后，买受人在双方约定或者出卖人指定的合理回赎期限内，消除出卖人取回标的物的事由的，可以请求回赎标的物。买受人在回赎期限内没有回赎标的物，出卖人可以以合理价格将标的物出卖给第三人，出卖所得价款扣除买受人未支付的价款以及必要费用后仍有剩余的，应当返还买受人；不足部分由买受人清偿。"

费用的部分返还自己，将导致买受人的利益受到损害。为了避免上述情形发生，我们认为，如果出卖人不通过非讼程序请求人民法院拍卖、变卖标的物并以所得价款受偿，而是以诉讼的方式请求取回标的物，则应根据买受人是否提出抗辩或者反诉来审理案件：如果出卖人虽然有权取回标的物，但买受人反诉请求出卖人将标的物价值超过欠付价款及其他费用的部分予以返还，或者出卖人虽然有权取回标的物，但买受人抗辩标的物的价值大于欠付价款及其他费用，请求人民法院拍卖、变卖标的物，则人民法院对于买受人的主张应一并予以处理。①

当然，无论是出卖人通过协商还是诉讼取回标的物，根据《民法典》第六百四十三条的规定，买受人一方面有权在合理期间回赎标的物，另一方面也有权在放弃回赎后请求出卖人以合理价格转卖标的物，并将超过买受人欠付价款及其他费用的部分予以返还。如果出卖人不以合理价格转卖标的物并将超过买受人欠付价款及其他费用部分返还给买受人，买受人也仍然有权请求参照担保物权的实现程序，申请人民法院拍卖、变卖标的物。②总的来看，由于所有权保留旨在担保货物价款，出卖人取回标的物后并不能占有其超过买受人欠付价款及其他费用的部分。

（5）融资租赁。在融资租赁中，出租人对租赁物享有的所有权同样具有较强的担保功能。与所有权保留一样，由于没有经过登记，其不具有对抗善意第三人的效力。③如果承租人在催告后的合理期限内仍然不付租金，出租人既可以请求支付全部租金，也可以解除合同并收回租赁物。④当然，全部租金是指剩余的全部租金。如果承租人无力支付，出租人可以要求以拍卖、变卖租赁物所得的价款受偿，当事人也可以请求按照实现担保物权的程序以所得价款支付租金。⑤需要注意，在出租人选择支付租金时，双方都可以要求按照实现担保物权的程序以所得价款支付租金。但是，在出租人选择解除合同并收回租赁物时，不能按照实现担保物权的程序处理。

值得注意的是，与关于所有权保留的规定有所不同，民法典在这里不仅明确规定了收回租赁物的前提是解除合同，而且没有规定如果当事人就租赁物的取回无法协商一致情形可以请求参照适用担保物权的实现程序。可见，民法典对于融资租赁情形下出租人所享有的所有权，在其担保功能的实现上采取了不同于所有权保留的思路。据此，如果承租人欠付租金导致出租人有权解除合同并收回租赁物，而双方无法就合同解除和租赁物的收回达成一致，则出租人可以自行起诉到人民法院，请求法院解除合同并且收回租赁物。

---

① 《民法典担保制度解释》第六十四条第二款规定："出卖人请求取回标的物，符合民法典第六百四十二条规定的，人民法院应予支持；买受人以抗辩或者反诉的方式主张拍卖、变卖标的物，并在扣除买受人未支付的价款以及必要费用后返还剩余款项的，人民法院应当一并处理。"

② 林文学，杨永清，麻锦亮，吴光荣.《关于适用民法典有关担保制度的解释》的理解和适用[J].人民司法，2021（4）：30-45.

③ 《民法典》第七百四十五条规定："出租人对租赁物享有的所有权，未经登记，不得对抗善意第三人。"

④ 《民法典》第七百五十二条规定："承租人应当按照约定支付租金。承租人经催告后在合理期限内仍不支付租金的，出租人可以请求支付全部租金；也可以解除合同，收回租赁物。"

⑤ 《民法典担保制度解释》第六十五条第一款规定："在融资租赁合同中，承租人未按照约定支付租金，经催告后在合理期限内仍不支付，出租人请求承租人支付全部剩余租金，并以拍卖、变卖租赁物所得的价款受偿的，人民法院应予支持；当事人请求参照民事诉讼法"实现担保物权案件"的有关规定，以拍卖、变卖租赁物所得价款支付租金的，人民法院应予准许。"

不过，如果当事人约定租赁期限届满租赁物归承租人所有，且承租人已经支付了大部分租金，只是无力支付剩余的租金，此时出租人享有的所有权就和出卖人保留的所有权极为类似，都可能涉及承租人的利益保护问题。在承租人欠付租金导致出租人解除合同收回租赁物情形下，如果收回的租赁物的价值超过承租人欠付的租金以及其他费用的，承租人可以请求相应返还。①如此规定，旨在避免不当得利。问题是，如果此时当事人双方就租赁物的价值发生争议，应当如何确定租赁物的价值？显然，由于融资租赁出租人的目的是解除合同收回租赁物，因此承租人不能主张参照适用担保物权的实现程序由人民法院通过拍卖、变卖来确定租赁物的价值，也不能在诉讼程序中请求人民法院对租赁物进行拍卖、变卖来确定租赁物的价值。②关于租赁物的价值，优先按照合同约定处理，如果没有约定或者约定不明则根据约定的租赁物残值和折旧来确定；如果仍然难以确定，或者当事人不予认可，则可以委托评估。③

（6）保理。依据《民法典》第七百六十一条的规定，保理合同是应收账款债权人将现有的或者将有的应收账款转让给保理人，保理人提供资金融通、应收账款管理或者催收、应收账款债务人付款担保等服务的合同。

保理可以分为有追索权的保理和无追索权的保理。无追索权保理相当于债权转让④，保理人赚取应收账款与保理融资款之间的差价，并无担保功能。有追索权的保理类似应收账款担保融资，债权人将应收账款转让给保理人，保理人为债权人提供保理融资款。此后，保理人拥有选择权：一方面，保理人可以按照约定向债权人主张返还融资款本息，或者要求债权人按照约定回购应收账款债权；另一方面，保理人可以选择向债务人主张

---

① 《民法典》第七百五十八条第一款规定："当事人约定租赁期限届满租赁物归承租人所有，承租人已经支付大部分租金，但是无力支付剩余租金，出租人因此解除合同收回租赁物，收回的租赁物的价值超过承租人欠付的租金以及其他费用的，承租人可以请求相应返还。"
② 林文学，杨永清，麻锦亮，吴光荣.《关于适用民法典有关担保制度的解释》的理解和适用[J].人民司法，2021（4）：30-45.《最高人民法院关于适用〈中华人民共和国民法典〉有关担保制度的解释》（法释〔2020〕28号）第六十五条第二款规定："出租人请求解除融资租赁合同并收回租赁物，承租人以抗辩或者反诉的方式主张返还租赁物价值超过欠付租金以及其他费用的，人民法院应当一并处理。当事人对租赁物的价值有争议的，应当按照下列规则确定租赁物的价值：（一）融资租赁合同有约定的，按照其约定；（二）融资租赁合同未约定或者约定不明的，根据约定的租赁物折旧以及合同到期后租赁物的残值来确定；（三）根据前两项规定的方法仍然难以确定，或者当事人认为根据前两项规定的方法确定的价值严重偏离租赁物实际价值的，根据当事人的申请委托有资质的机构评估。"
③ 《民法典担保制度解释》第六十五条第二款规定："出租人请求解除融资租赁合同并收回租赁物，承租人以抗辩或者反诉的方式主张返还租赁物价值超过欠付租金以及其他费用的，人民法院应当一并处理。当事人对租赁物的价值有争议的，应当按照下列规则确定租赁物的价值：（一）融资租赁合同有约定的，按照其约定；（二）融资租赁合同未约定或者约定不明的，根据约定的租赁物折旧以及合同到期后租赁物的残值来确定；（三）根据前两项规定的方法仍然难以确定，或者当事人认为根据前两项规定的方法确定的价值严重偏离租赁物实际价值的，根据当事人的申请委托有资质的机构评估。"
④ 《民法典》第七百六十七条规定："当事人约定无追索权保理的，保理人应当向应收账款债务人主张应收账款债权，保理人取得超过保理融资款本息和相关费用的部分，无需向应收账款债权人返还。"

应收账款，在扣除融资款本息和相关费用后，应当将剩余部分返还给债权人。①由此可见，在有追索权的保理中，应收账款虽然名义上已经转让给保理人，但其目的在于担保保理人对应收账款债权人所享有的保理融资款本息。②

如果应收账款债权人就同一应收账款签订多份保理合同，且多个保理人都向应收账款债务人主张权利，则各保理人按照以下规则取得应收账款：已登记的先于未登记的，均已登记情形则先登记的先于后登记的，均未登记的则转让通知在先的先于转让通知在后，既未登记又未通知的则按照保理融资款或者服务报酬的比例取得。③如果同一应收账款同时存在保理、应收账款质押或者债权转让的情形，也可以按照上述规定确定优先顺序。④

此外，需要说明的是，《民法典》第七百六十六条规定有追索权保理情形，保理人可以向应收账款债权人主张返还保理融资款本息或者回购应收账款债权，也可以向应收账款债务人主张应收账款债权，而具体可以分别以应收账款债权人和债务人为被告提起诉讼。问题是，保理人是否有权以应收账款债权人或者应收账款债务人为被告一并提起诉讼，人民法院是否应予受理？对此存在争议。我们认为，有追索权的保理实质上是应收账款债权人为保理人不能从应收账款债务人处收回约定的债权而提供的担保，这也是有追索权的保理被视为其他具有担保功能的合同的原因。既然是担保，其自应适用担保的一般规则，即保理人应有权同时起诉应收账款债务人和债权人。⑤从类案检索的情况看，有追索权的保理合同纠纷中，保理人一般都会将应收账款的债权人和债务人作为共同被告一并提起诉讼。⑥

（7）保证金质押。实践中存在当事人通过交付保证金或者将保证金存入特定账户来提供担保的情形。归结起来，大致存在以下三种类型：一是债务人或者第三人设立专门的保证金账户并交由债权人实际控制；二是债权人开设专门的保证金账户，债务人或者

---

① 《民法典》第七百六十六条规定："当事人约定有追索权保理的，保理人可以向应收账款债权人主张返还保理融资款本息或者回购应收账款债权，也可以向应收账款债务人主张应收账款债权。保理人向应收账款债务人主张应收账款债权，在扣除保理融资款本息和相关费用后有剩余的，剩余部分应当返还给应收账款债权人。"

② 应收账款债权人与保理商签订有追索权的保理合同，当债务人不偿付债务时，保理商并不承担该应收账款不能收回的坏账风险，追索权的制度设计相当于由应收账款债权人为债务人的债务清偿能力提供了担保，其功能与放弃先诉抗辩权的一般保证相当，故保理商有权要求应收账款债权人和债务人同时承担还款责任。参见最高人民法院（2014）民二终字第271号民事判决书。

③ 《民法典》第七百六十八条规定："应收账款债权人就同一应收账款订立多个保理合同，致使多个保理人主张权利的，已经登记的先于未登记的取得应收账款；均已经登记的，按照登记时间的先后顺序取得应收账款；均未登记的，由最先到达应收账款债务人的转让通知中载明的保理人取得应收账款；既未登记也未通知的，按照保理融资款或者服务报酬的比例取得应收账款。"

④ 《民法典担保制度解释》第六十六条第一款规定："同一应收账款同时存在保理、应收账款质押和债权转让，当事人主张参照民法典第七百六十八条的规定确定优先顺序的，人民法院应予支持。"

⑤ 《民法典担保制度解释》第六十六条第二款规定："在有追索权的保理中，保理人以应收账款债权人或者应收账款债务人为被告提起诉讼，人民法院应予受理；保理人一并起诉应收账款债权人和应收账款债务人的，人民法院可以受理。"

⑥ 林文学，杨永清，麻锦亮，吴光荣.《关于适用民法典有关担保制度的解释》的理解和适用[J].人民司法，2021（4）：30-45.

第三人按照要求将相应的保证金存入该账户；三是在银行账户下设立保证金分户，债务人或者第三人按照要求将相应的保证金存入该账户。只要是设立了专门的保证金账户，足以确保保证金特定化，并且债权人能够实际控制该账户，则保证金质押有效，二债权人就对保证金账户内的资金享有优先受偿权。当事人以保证金账户内的资金浮动为由，主张实际控制该账户的债权人对账户内的资金不享有优先受偿权的，人民法院不予支持。此外，如果不满足上述条件，债权人主张就保证金优先受偿的，人民法院不应予以支持，但当事人请求行使合同约定的或者法律规定的权利，人民法院应予支持。[①]

（三）担保的附属性

1. 附属性

《民法典》第三百八十八条第一款明确规定，担保合同是主债权债务合同的从合同。《民法典》第六百八十二条第一款明确规定，保证合同是主债权债务合同的从合同。

（1）效力附属性。《民法典》第三百八十八条第一款和《民法典》第六百八十二条第一款在强调担保合同的附属性时，都有强调担保合同在效力上的附属性，主债权债务合同无效的，则担保合同无效。由于担保合同的附属性来源于法律规定，不允许当事人约定排除。如果当事人约定担保合同效力独立于主合同，则这类担保独立性约定无效。[②] 当然，法律在个别情形下允许独立担保的存在，如金融机构提供的独立保函。担保效力上的附属性，还表现为效力终止上的附属性。例如，主债权消灭的，担保物权消灭。[③] 如果主债权已经消灭，担保物权的存在就没有意义，因而没有继续存在的必要。[④]

（2）范围附属性。担保责任范围不应大于主债务，这是担保附属性的必然要求。无论当事人如何行使约定，只要约定担保责任范围大于主债务的，大于部分均无效。[⑤] 对于就担保责任约定的专门违约责任，或者以其他方式约定的担保责任范围超过债务人责任范围的，一律不予支持。即使担保人按照约定承担超过了债务人责任范围的责任，担保

[①] 林文学，杨永清，麻锦亮，吴光荣.《关于适用民法典有关担保制度的解释》的理解和适用[J]. 人民司法，2021（4）：30-45.

[②] 《民法典担保制度解释》第二条规定："当事人在担保合同中约定担保合同的效力独立于主合同，或者约定担保人对主合同无效的法律后果承担担保责任，该有关担保独立性的约定无效。主合同有效的，有关担保独立性的约定无效不影响担保合同的效力；主合同无效的，人民法院应当认定担保合同无效，但是法律另有规定的除外。因金融机构开立的独立保函发生的纠纷，适用《最高人民法院关于审理独立保函纠纷案件若干问题的规定》。"

[③] 《民法典》第三百九十三条规定："有下列情形之一的，担保物权消灭：（一）主债权消灭；（二）担保物权实现；（三）债权人放弃担保物权；（四）法律规定担保物权消灭的其他情形。"

[④] 杨立新. 中华人民共和国民法典释义与案例评注（物权编）[M]. 北京：中国法制出版社 2020：686.

[⑤] 《全国法院民商事审判工作会议纪要》（法〔2019〕254号）第五十五条规定："担保人承担的担保责任范围不应当大于主债务，是担保从属性的必然要求。当事人约定的担保责任的范围大于主债务的，如针对担保责任约定专门的违约责任、担保责任的数额高于主债务、担保责任约定的利息高于主债务利息、担保责任的履行期先于主债务履行期届满，等等，均应当认定大于主债务部分的约定无效，从而使担保责任缩减至主债务的范围。"

人也可以要求返还，债务人也可以拒绝担保人追偿。①

（3）转让附属性。抵押权不是独立的物权，是附随于被担保的债权的从权利，因而抵押权不得与债权分离而单独转让，也不能作为已经提供担保的债权以外的其他债权的担保。所以，债权转让时，担保该债权的抵押权一并转让，②并且抵押人不得以受让人不是抵押合同当事人等理由对抗受让人。③但是，如果法律另有规定或者当事人另有约定，其则不会一并转让，甚至不得转让。④

（4）管辖附属性。如果债权人同时起诉债务人和担保人的，应当根据主合同确定管辖法院。如此规定，与原担保法司法解释保持一致。⑤例如，在高某某诉深圳市信诺电讯股份有限公司、哈尔滨工大集团股份有限公司、深圳市鲤鱼门投资发展有限公司借款合同纠纷案中，最高人民法院指出，虽然合同纠纷管辖权归属包括被告住所地，但是对于同时存在主合同及担保合同的情形，则应当根据主合同确定管辖法院。⑥当然，如果有仲裁条款或者仅起诉担保人，则不能按照主合同确定管辖。⑦

2. 独立担保的例外

《九民纪要》第五十四条⑧承认了金融机构独立保函的效力，《民法典担保制度解释》

---

① 《民法典担保制度解释》第三条规定："当事人对担保责任的承担约定专门的违约责任，或者约定的担保责任范围超出债务人应当承担的责任范围，担保人主张仅在债务人应当承担的责任范围内承担责任的，人民法院应予支持。担保人承担的责任超出债务人应当承担的责任范围，担保人向债务人追偿，债务人主张仅在其应当承担的责任范围内承担责任的，人民法院应予支持；担保人请求债权人返还超出部分的，人民法院依法予以支持。"在刘军诉彭静保证合同纠纷案中，成都市中级人民法院强调，保证责任的范围及强度必须以主债务为限，理由包括：首先，因为保证合同是主合同的从合同，保证责任是主债务的从债务，基于从属性原则，保证责任的范围及强度自然是不能超过主债务的范围及强度；其次，如果允许保证责任的范围超过主债务的范围，必然违反保证责任的从属性规则，可能导致滥用权利的后果；最后，保证责任超过主债务的部分，使债权人获得了从主债务人处不能获得的额外利益，而保证人对该部分承担责任后无法对主债务人实施追偿，在债权人和保证人之间产生不公平的结果。参见成都市中级人民法院（2014）成民终字第5894号民事判决书。
② 《民法典》第四百零七条规定："抵押权不得与债权分离而单独转让或者作为其他债权的担保。债权转让的，担保该债权的抵押权一并转让，但是法律另有规定或者当事人另有约定的除外。"
③ 《全国法院民商事审判工作会议纪要》（法〔2019〕254号）第六十二条规定："抵押权是从属于主合同的从权利，根据'从随主'规则，债权转让的，除法律另有规定或者当事人另有约定外，担保该债权的抵押权一并转让。受让人向抵押人主张行使抵押权，抵押人以受让人不是抵押合同的当事人、未办理变更登记等为由提出抗辩的，人民法院不予支持。"
④ 《民法典》第四百二十一条规定："最高额抵押担保的债权确定前，部分债权转让的，最高额抵押权不得转让，但是当事人另有约定的除外。"
⑤ 《最高人民法院关于适用〈中华人民共和国担保法〉若干问题的解释》第一百二十九条规定："主合同和担保合同发生纠纷提起诉讼的，应当根据主合同确定案件管辖。"
⑥ 参见最高人民法院（2014）民一终字第240号民事裁定书。
⑦ 《民法典担保制度解释》第二十一条规定："主合同或者担保合同约定了仲裁条款的，人民法院对约定仲裁条款的合同当事人之间的纠纷无管辖权。债权人一并起诉债务人和担保人的，应当根据主合同确定管辖法院。债权人依法可以单独起诉担保人且仅起诉担保人的，应当根据担保合同确定管辖法院。"
⑧ 《九民纪要》第五十四条规定："从属性是担保的基本属性，但由银行或者非银行金融机构开立的独立保函除外。独立保函纠纷案件依据《最高人民法院关于审理独立保函纠纷案件若干问题的规定》处理。需要进一步明确的是：凡是由银行或者非银行金融机构开立的符合该司法解释第1条、第3条规定情形的保函，无论是用于国际商事交易还是用于国内商事交易，均不影响保函的效力。"

第二条第二款延续了上述思路，并且规定因金融机构开立的独立保函发生的纠纷，适用《最高人民法院关于审理独立保函纠纷案件若干问题的规定》。

（四）资格

1. 机关法人

机关法人原则上不得为保证人[1]，但法律并未就机关法人能否提供物的担保作出明确规定。我们认为，此类主体之所以不具有保证资格，是因为其只能从事与法定职责相关的活动，不能参与具体的民商事经营活动，因而不能为他人债务提供担保，当然也包括不能为他人债务提供物的担保。基于同样道理，村民委员会、居民委员会作为基层群众自治组织，只有办公经费而没有收入来源，原则上担保无效。但是，考虑到村集体经济组织往往有自己的财产，而且也有提供担保的现实需求，因此代行村集体经济组织职能的村民委员会可以对外提供担保，但是要按照法定的讨论决定程序处理。[2]需要注意的是，村民委员会自治法对村民委员会处分集体所有财产的民主决策程序作了明确规定，村民委员会代行村集体经济组织职能对外提供担保属于对集体所有财产的重大处分行为，应严格依照该法规定的讨论决定程序进行民主决策。[3]

2. 公益机构

社会中存在大量医疗机构、学校、幼儿园、养老机构等带有明显公益性质的机构，这类公益机构提供担保的效力问题，历来是争议较大的问题。如果上述几类机构登记为营利法人，在法律性质上就是企业法人，其提供的担保当然有效。如果注册为以公益为目的的非营利法人或者非法人组织，根据《民法典》第六百八十三条第二款规定，不得担任保证人。基于与机关法人不得担保同样的道理，这类公益机构原则上不得对外提供担保。此外，根据《民法典》第三百九十九条第（三）项规定，学校、幼儿园、医疗机构等为公益目的成立的非营利法人的教育设施、医疗卫生设施和其他公益设施不能设定抵押。由于法律只是笼统地规定公益机构不得以公益设施设定抵押，这意味着即使是为自身债务提供担保都不允许。考虑到现实中这类主体也有融资需求，所以《民法典担保制度解释》规定了两种例外：一是在获得该公益设施时设立的所有权保留；二是以非公

---

[1] 《民法典》第六百八十三条规定："机关法人不得为保证人，但是经国务院批准为使用外国政府或者国际经济组织贷款进行转贷的除外。以公益为目的的非营利法人、非法人组织不得为保证人。"

[2] 《民法典担保制度解释》第五条规定："机关法人提供担保的，人民法院应当认定担保合同无效，但是经国务院批准为使用外国政府或者国际经济组织贷款进行转贷的除外。居民委员会、村民委员会提供担保的，人民法院应当认定担保合同无效，但是依法代行村集体经济组织职能的村民委员会，依照村民委员会组织法规定的讨论决定程序对外提供担保的除外。"

[3] 林文学，杨永清，麻锦亮，吴光荣.《关于适用民法典有关担保制度的解释》的理解和适用[J].人民司法，2021（4）：30-45.可认为对外提供担保属于《村民委员会组织法》第二十四条第（八）项"以借贷、租赁或者其他方式处分村集体财产"，应当经村民会议讨论决定方可办理。按照该法第二十二条规定，召开村民会议，应当有本村十八周岁以上村民的过半数，或者本村三分之二以上的户的代表参加，且村民会议所作决定应当经到会人员的过半数通过。法律对召开村民会议及作出决定另有规定的，依照其规定。

益设施设立担保物权。[①]

3. 公司

《公司法》第十六条就对外担保事项有明确规定[②]，对于公司法定代表人违反上述规定的担保的效力问题，尤其是是否需要考虑相对人善意问题，莫衷一是，主要有以下几种观点：①《公司法》第十六条调整的只是公司内部法律关系，自然不能作为公司对外担保合同效力的认定依据。公司对法定代表人权限的限制完全是公司内部的事情，相对人对此没有审查义务，一般推定为善意，越权担保行为一般应当认定有效。[③] ②应当区分限权规定是管理性强制规范还是效力性强制规范来判断越权担保的效力，无需考虑相对人是否善意。[④] ③越权担保是否有效，须根据交易相对人是否善意加以判断，这与交易事项重大性程度密切相关。换言之，在重大交易事项下，相对人应当负有一定的审查义务，否则无法构成善意。[⑤]

对于公司法定代表人越权担保效力问题的分歧，在司法实践中也有反映，但意见相对集中。有学者统计了458份涉及公司越权担保合同效力判定的裁判文书，87.77%认定为有效，11.57%认定为无效；并且，91.05%认为交易相对人无需承担审查义务，仅9%认为交易相对人需要承担审查义务。[⑥] 由此可见，目前司法界的主流观点是，对法定代表人的权利限制属于公司内部事务，相对人没有审查义务，一般应当直接推定为善意第三人。[⑦] 然而，对相对人实行倾斜保护的审判思路也有较多诟病。在一些案件中，法院会尝

---

① 《民法典担保制度解释》第六条规定："以公益为目的的非营利性学校、幼儿园、医疗机构、养老机构等提供担保的，人民法院应当认定担保合同无效，但是有下列情形之一的除外：（一）在购入或者以融资租赁方式承租教育设施、医疗卫生设施、养老服务设施和其他公益设施时，出卖人、出租人为担保价款或者租金实现而在该公益设施上保留所有权；（二）以教育设施、医疗卫生设施、养老服务设施和其他公益设施以外的不动产、动产或者财产权利设立担保物权。登记为营利法人的学校、幼儿园、医疗机构、养老机构等提供担保，当事人以其不具有担保资格为由主张担保合同无效的，人民法院不予支持。"
② 《公司法》第十六条规定："公司向其他企业投资或者为他人提供担保，依照公司章程的规定，由董事会或者股东会、股东大会决议；公司章程对投资或者担保的总额及单项投资或者担保的数额有限额规定的，不得超过规定的限额。公司为公司股东或者实际控制人提供担保的，必须经股东会或者股东大会决议。前款规定的股东或者受前款规定的实际控制人支配的股东，不得参加前款规定事项的表决。该项表决由出席会议的其他股东所持表决权的过半数通过。"
③ 钱玉林. 寻求公司担保的裁判规范 [J]. 法学，2013（3）：32-37.
④ 高圣平. 公司担保相关法律问题研究 [J]. 中国法学，2013（2）：104-114. 甘培忠. 公司法适用中若干疑难争点条款的忖度与把握 [J]. 法律适用 2011（8）：6-15. 赵旭东. 新公司法条文解释 [M]. 北京：人民法院出版社，2005：37；李金泽. 《公司法》有关公司对外担保新规定的质疑 [J]. 现代法学，2017（1）：84-89.
⑤ 张舫. 法定代表人越权签约对公司的拘束力——对《公司法》相关条文的分析 [J]. 法学论坛，2011，26（3）：136-141.
⑥ 李游. 公司担保中交易相对人合理的审查义务——基于458份裁判文书的分析 [J]. 政治与法律，2018（5）：148-161.
⑦ 例如，在周亚与青海贤成矿业股份有限公司、西宁市国新投资控股有限公司等民间借贷纠纷案的判决中，最高人民法院认为，《公司法》第十六条属于公司内部决策的程序性规定，必须严格区分公司的对内关系与对外关系：公司对外提供担保是否经过公司内部股东会或董事会决议并不影响其对外签订合同的效力，否则会损害交易安全。因此，法院最后认定第三人对法定代表人权限问题不负有任何审查义务，相对人一般应当推定为善意。参见最高人民法院（2014）最高法民一终字第270号民事判决书。

\ 第五章　合同的保全与担保 \

试做某些修正或者调整，要求交易相对人对法定代表人的权限问题承担基本的审查义务。如果法律明文规定了公司法定代表人的权限问题，交易相对人就应当要求提供相关决议并予以审查。①

（1）越权担保的效力与责任。公司的法定代表人违反公司法关于公司对外担保决议程序的规定，超越权限代表公司与相对人订立担保合同的，审判实践中裁判尺度不统一，严重影响了司法公信力，因此亟需得到规范。根据《民法典担保制度解释》第七条第一款②，人民法院应当依照《民法典》第六十一条③和第五百零四条④等规定处理。如果相对人出于善意，则构成表见代表，担保合同对公司有效；如果相对人并非出于善意，则不构成表见代表，担保合同对公司无效。如果相对人请求公司承担赔偿责任，则参照适用《民法典担保制度解释》第十七条的有关规定。⑤在上述情形下，如果越权代表造成公司损失，公司有权请求法定代表人承担赔偿责任。不难看出，该条规定实际上吸收了《九

---

① 例如，在吴文俊与泰州市天利投资发展有限公司、周文英等民间借贷纠纷案的判决中，最高人民法院认为，天利公司的法定代表人戴其进未经公司股东会决议而以公司名义为其个人债务提供担保，明显违反公司法相关规定。至于相对人吴文俊，其明知戴其进为天利公司法定代表人及大股东，应当知道天利公司为戴其进的债务提供担保应当经过天利公司股东会决议，但其未要求戴其进出具天利公司的相关股东会决议，明显存在过错，不应当被认定为善意相对人。参见最高人民法院（2014）最高法民申字第1876号民事裁定书。
② 《民法典担保制度解释》第七条第一款规定："公司的法定代表人违反公司法关于公司对外担保决议程序的规定，超越权限代表公司与相对人订立担保合同，人民法院应当依照民法典第六十一条和第五百零四条等规定处理：（一）相对人善意的，担保合同对公司发生效力；相对人请求公司承担担保责任的，人民法院应予支持。（二）相对人非善意的，担保合同对公司不发生效力；相对人请求公司承担赔偿责任的，参照适用本解释第十七条的有关规定。法定代表人超越权限提供担保造成公司损失，公司请求法定代表人承担赔偿责任的，人民法院应予支持。"
③ 《民法典》规定第六十一条："依照法律或者法人章程的规定，代表法人从事民事活动的负责人，为法人的法定代表人。法定代表人以法人名义从事的民事活动，其法律后果由法人承受。法人章程或者法人权力机构对法定代表人代表权的限制，不得对抗善意相对人。"
④ 《民法典》第五百零四条规定："法人的法定代表人或者非法人组织的负责人超越权限订立的合同，除相对人知道或者应当知道其超越权限外，该代表行为有效，订立的合同对法人或者非法人组织发生效力。"
⑤ 《最高人民法院关于适用〈中华人民共和国民法典〉有关担保制度的解释》第十七条规定："主合同有效而第三人提供的担保合同无效，人民法院应当区分不同情形确定担保人的赔偿责任：（一）债权人与担保人均有过错的，担保人承担的赔偿责任不应超过债务人不能清偿部分的二分之一；（二）担保人有过错而债权人无过错的，担保人对债务人不能清偿的部分承担赔偿责任；（三）债权人有过错而担保人无过错的，担保人不承担赔偿责任。主合同无效导致第三人提供的担保合同无效，担保人无过错的，不承担赔偿责任；担保人有过错的，其承担的赔偿责任不应超过债务人不能清偿部分的三分之一。"

民纪要》第十七条①、第二十条②以及第二十一条③的规定。

在相对人非善意时,有观点认为,法定代表人越权代表的后果应当参照民法典关于无权代理的规定予以处理。④在不构成表见代表的情形下,法定代表人的代表行为虽然不能对公司发生效力,但是可以对法定代表人自身发生效力,应当由法定代表人对相对人的损失承担相应的法律责任。我们认为,民法典关于越权代表和表见代表的规定不同于民法典关于无权代理和表见代理的规定,参照民法典关于无权代理的规定认定公司不承担责任,仅由法定代表人承担责任的依据不足。鉴于公司也存在一定过错,此时公司对合同无效给相对人造成的损失也应当承担一定的赔偿责任。当然,在法定代表人越权担保的情形下,无论公司因承担担保责任还是赔偿责任而受到损失,都有权向有过错的法定代表人追偿。⑤

至于相对人善意,是指相对人在订立担保合同时不知道且不应当知道法定代表人超越权限。如果相对人有证据证明已经对公司决议进行了合理审查,则应当认定其构成善意,但是公司有证据证明相对人知道或者应当知道决议系伪造、变造的除外。⑥《公司法》第十六条对关联担保和非关联担保的决议机关作出了区别规定,相应地,善意的判断标准也应当有所区别。①为公司股东或者实际控制人提供关联担保,必须由股东大会决议。在此情况下,相对人应当对股东大会决议进行审查。②公司为公司股东或者实际控制人以外的人提供非关联担保时,公司章程规定是由董事会决议还是由股东大会决议。考虑

---

① 《全国法院民商事审判工作会议纪要》(法〔2019〕254号)第十七条规定:"为防止法定代表人随意代表公司为他人提供担保给公司造成损失,损害中小股东利益,《公司法》第16条对法定代表人的代表权进行了限制。根据该条规定,担保行为不是法定代表人所能单独决定的事项,而必须以公司股东(大)会、董事会等公司机关的决议作为授权的基础和来源。法定代表人未经授权擅自为他人提供担保的,构成越权代表,人民法院应当根据《合同法》第50条关于法定代表人越权代表的规定,区分订立合同时债权人是否善意分别认定合同效力:债权人善意的,合同有效;反之,合同无效。"

② 《全国法院民商事审判工作会议纪要》(法〔2019〕254号)第二十条:"依据前述3条规定,担保合同有效,债权人请求公司承担担保责任的,人民法院依法予以支持;担保合同无效,债权人请求公司承担担保责任的,人民法院不予支持,但可以按照担保法及有关司法解释关于担保无效的规定处理。公司举证证明债权人明知法定代表人超越权限或者机关决议系伪造或者变造,债权人请求公司承担合同无效后的民事责任的,人民法院不予支持。"

③ 《全国法院民商事审判工作会议纪要》(法〔2019〕254号)第二十一条规定:"法定代表人的越权担保行为给公司造成损失,公司请求法定代表人承担赔偿责任的,人民法院依法予以支持。公司没有提起诉讼,股东依据《公司法》第151条的规定请求法定代表人承担赔偿责任的,人民法院依法予以支持。"

④ 《民法典》第一百七十一条规定:"行为人没有代理权、超越代理权或者代理权终止后,仍然实施代理行为,未经被代理人追认的,对被代理人不发生效力。相对人可以催告被代理人自收到通知之日起三十日内予以追认。被代理人未作表示的,视为拒绝追认。行为人实施的行为被追认前,善意相对人有撤销的权利。撤销应当以通知的方式作出。行为人实施的行为未被追认的,善意相对人有权请求行为人履行债务或者就其受到的损害请求行为人赔偿。但是,赔偿的范围不得超过被代理人追认时相对人所能获得的利益。相对人知道或者应当知道行为人无权代理的,相对人和行为人按照各自的过错承担责任。"

⑤ 林文学,杨永清,麻锦亮,吴光荣.《关于适用民法典有关担保制度的解释》的理解和适用[J].人民司法,2021(4):30-45.

⑥ 《民法典担保制度解释》第七条规定:"第一款所称善意,是指相对人在订立担保合同时不知道且不应当知道法定代表人超越权限。相对人有证据证明已对公司决议进行了合理审查,人民法院应当认定其构成善意,但是公司有证据证明相对人知道或者应当知道决议系伪造、变造的除外。"

到公司章程不得对抗善意相对人①，只要相对人能够证明其在订立担保合同时对董事会决议或者股东大会决议进行了审查，就应当认定其构成善意，但公司能够证明相对人明知公司章程对决议机关有明确规定的除外。此外，相对人对公司决议的审查一般限于形式审查，只要求尽到必要的注意义务即可，标准不宜太过严苛。原则上，公司不得以机关决议系法定代表人伪造或者变造、决议程序违法、签章（名）不实、担保金额超过法定限额等事由抗辩债权人非善意，除非公司确有证据证明债权人明知决议系伪造或者变造。

（2）无须决议的例外情形。关于无须决议的事项，从《九民纪要》②到《民法典担保制度解释》③，变化较大。最高人民法院法官撰文指出，《九民纪要》出台后一年多的实践表明，《九民纪要》关于无须公司决议的规定确有必要，与此同时，由于范围过大而影响到公司运营安全的问题，实践中甚至出现了公司法定代表人利用公司对外提供担保而输送利益的不良现象。因此，《民法典担保制度解释》主要从以下三个方面修改了上述《九民纪要》关于无须公司决议的规定：①鉴于互联互保在概念上不够清晰，而且对公司的影响巨大，删除了《九民纪要》第19条第（3）项有关"公司与主债务人之间存在互联互保等商业合作关系"的规定；②进一步缩小为关联公司担保的范围，将《九民纪要》第19条第（2）项"公司为其直接或者间接控制的公司开展经营活动向债权人提供担保"修改为"公司为其全资子公司开展经营活动向债权人提供担保"，从控股公司缩小到全资子公司；③鉴于上市公司有严格的信息披露，明确规定上市公司对外提供担保，不适用《民法典担保制度解释》关于"公司为其全资子公司开展经营活动向债权人提供担保"和"担保合同系由单独或者共同持有公司2/3以上对担保事项有表决权的股东签字同意"无须公司决议的规定，按照《民法典担保制度解释》第九条执行。④

（3）上市公司对外提供担保。

上市公司属于公众公司，涉及众多中小投资者利益。法律为保护投资者的利益，明确规定上市公司有信息披露的义务，其中担保事项也是必须披露的内容。因此，交易相对人与上市公司签订担保合同时必须认真审查上市公司公开披露的对外担保的信息。如果担保事项与公开披露信息不符，则担保合同对上市公司不发生法律效力，而且上市公

---

① 《民法典》第六十一条第三款规定："法人章程或者法人权力机构对法定代表人代表权的限制，不得对抗善意相对人。"

② 《九民纪要》第十九条规定："存在下列情形的，即便债权人知道或者应当知道没有公司机关决议，也应当认定担保合同符合公司的真实意思表示，合同有效：（1）公司是以为他人提供担保为主营业务的担保公司，或者是开展保函业务的银行或者非银行金融机构；（2）公司为其直接或者间接控制的公司开展经营活动向债权人提供担保；（3）公司与主债务人之间存在相互担保等商业合作关系；（4）担保合同系由单独或者共同持有公司三分之二以上有表决权的股东签字同意。"

③ 《最高人民法院关于适用〈中华人民共和国民法典〉有关担保制度的解释》（法释〔2020〕28号）第八条规定："有下列情形之一，公司以其未依照公司法关于公司对外担保的规定作出决议为由主张不承担担保责任的，人民法院不予支持：（一）金融机构开立保函或者担保公司提供担保；（二）公司为其全资子公司开展经营活动提供担保；（三）担保合同系由单独或者共同持有公司三分之二以上对担保事项有表决权的股东签字同意。上市公司对外提供担保，不适用前款第二项、第三项的规定。"

④ 林文学，杨永清，麻锦亮，吴光荣.《关于适用民法典有关担保制度的解释》的理解和适用[J].人民司法，2021（4）：30-45.

司也无须承担赔偿责任。① 由此可见，上市公司对外担保，不仅在效力认定上比一般封闭性公司要严格得多，在责任承担方面也有所不同：一般公司在担保合同对公司不发生效力情况下，虽然无须承担担保责任，但是需要承担一定的赔偿责任；上市公司在担保合同对其不发生效力的情况下，无须承担任何责任。如此差异，关键原因还是获取公司关于担保事项相关信息的难易程度不同。上市公司必须依法进行信息披露，交易相对人可以很容易获取担保事项相关信息，如果不利用这些公开披露信息进行必要审查就签订担保合同，可能被认定为不具备善意，因而不值得法律保护。

（4）分支机构提供担保。对于分支机构违反公司决议提供担保的效力，《民法典担保制度解释》第十一条将分支机构分成公司的分支机构、金融机构的分支机构以及担保公司的分支机构三类，并规定了不同的认定结果。②

第一，公司分支机构从事民事活动，公司承担兜底责任③，因此公司分支机构对外提供担保必须经过公司决议。否则，公司无须承担责任，但相对人不知道且不应当知道公司分支机构对外提供担保未经公司决议的除外。

第二，对于金融机构分支机构提供的担保活动，应当区分开立保函和开立保函之外的其他担保业务。如果是开立保函，分支机构可以在营业执照载明的经营范围内开展；如果是开立保函之外的其他担保业务，其则必须取得金融机构的授权，否则担保无效。如此规定，主要是基于化解金融风险的角度考虑。

第三，担保公司的分支机构对外提供担保，虽然类似于金融机构的分支机构开立保函，但金融机构分支机构的营业执照可以不记载保函业务，而担保公司分支机构的营业执照则必然都会记载担保业务，因此不能简单将担保公司分支机构营业执照记载的经营范围理解为担保公司对其分支机构的概括授权。为了便于担保公司加强风险控制，防止

---

① 《民法典担保制度解释》第九条规定："相对人根据上市公司公开披露的关于担保事项已经董事会或者股东大会决议通过的信息，与上市公司订立担保合同，相对人主张担保合同对上市公司发生效力，并由上市公司承担担保责任的，人民法院应予支持。相对人未根据上市公司公开披露的关于担保事项已经董事会或者股东大会决议通过的信息，与上市公司订立担保合同，上市公司主张担保合同对其不发生效力，且不承担担保责任或者赔偿责任的，人民法院应予支持。相对人与上市公司已公开披露的控股子公司订立的担保合同，或者相对人与股票在国务院批准的其他全国性证券交易场所交易的公司订立的担保合同，适用前两款规定。"

② 《民法典担保制度解释》第十一条规定："公司的分支机构未经公司股东（大）会或者董事会决议以自己的名义对外提供担保，相对人请求公司或者其分支机构承担担保责任的，人民法院不予支持，但是相对人不知道且不应当知道分支机构对外提供担保未经公司决议程序的除外。金融机构的分支机构在其营业执照记载的经营范围内开立保函，或者经有权从事担保业务的上级机构授权开立保函，金融机构或者其分支机构以违反公司法关于公司对外担保决议程序的规定为由主张不承担担保责任的，人民法院不予支持。金融机构的分支机构未经金融机构授权提供保函之外的担保，金融机构或者其分支机构主张不承担担保责任的，人民法院应予支持，但是相对人不知道且不应当知道分支机构对外提供担保未经金融机构授权的除外。担保公司的分支机构未经担保公司授权对外提供担保，担保公司或者其分支机构主张不承担担保责任的，人民法院应予支持，但是相对人不知道且不应当知道分支机构对外提供担保未经担保公司授权的除外。公司的分支机构对外提供担保，相对人非善意，请求公司承担赔偿责任的，参照本解释第十七条的有关规定处理。"

③ 《民法典》第七十四条规定："法人可以依法设立分支机构。法律、行政法规规定分支机构应当登记的，依照其规定。分支机构以自己的名义从事民事活动，产生的民事责任由法人承担；也可以先以该分支机构管理的财产承担，不足以承担的，由法人承担。"

其设立的分支机构在未经公司授权时擅自对外提供担保，特别规定担保公司的分支机构以自己的名义对外提供担保，仍须获得公司的个别授权。

需要注意，在上述三种情形中公司分支机构对外提供担保，如果认定公司无须承担担保责任，善意相对人有权请求公司承担赔偿责任，具体参照《民法典担保制度解释》第十七条的有关规定处理，即按照担保合同无效的后果处理，考虑各方当事人的过错情况分配责任。①

（五）担保合同的无效

关于担保合同无效的法律后果，民法典规定得较为原则，不方便操作。②《民法典担保制度解释》第十七条进行了细化，首先还是由债务人承担清偿责任，对于债务人无法清偿部分的债务，根据主合同效力状况分成主合同有效和主合同无效两个大类，并且又将主合同有效类型按照债权人和担保人的过错分成了三个小类，将主合同无效类型按照担保人有无过错细分成两个小类。无过错的当事人无须承担责任，多个当事人都有责任时按平均分担责任（表5-3）。③

（1）主合同有效而第三人提供的担保合同无效情形下，由于主合同有效，故假设债务人没有过错，且根据债权人和担保人各自的过错状况其分担债务人无法清偿部分的债务。如果一方有过错而另一方无过错，则有过错的一方承担全部责任；如果双方都有过错，则各承担一半的责任。①如果债权人和担保人都有过错的，担保人承担的赔偿责任不应当超过债务人不能清偿部分的二分之一，相当于债权人和担保人平均分担债务人不能清偿部分的损失；②担保人有过错而债权人无过错的，担保人对债务人不能清偿的部分承担赔偿责任；③债权人有过错而担保人无过错的，担保人不承担赔偿责任。

（2）主合同无效导致第三人提供的担保合同无效情形下，由于主合同无效，故假设债权人和债务人都有过错。①担保人无过错的，不承担赔偿责任；②担保人有过错的，其承担的赔偿责任不应超过债务人不能清偿部分的三分之一，相当于债权人、债务人和担保人三方当事人都有过错，所以各承担三分之一的责任。

---

① 林文学，杨永清，麻锦亮，吴光荣.《关于适用民法典有关担保制度的解释》的理解和适用[J].人民司法，2021（4）：30-45.
② 《民法典》第三百八十八条第二款规定："担保合同被确认无效后，债务人、担保人、债权人有过错的，应当根据其过错各自承担相应的民事责任。"
③ 《民法典担保制度解释》第十七条规定："主合同有效而第三人提供的担保合同无效，人民法院应当区分不同情形确定担保人的赔偿责任：（一）债权人与担保人均有过错的，担保人承担的赔偿责任不应超过债务人不能清偿部分的二分之一；（二）担保人有过错而债权人无过错的，担保人对债务人不能清偿的部分承担赔偿责任；（三）债权人有过错而担保人无过错的，担保人不承担赔偿责任。主合同无效导致第三人提供的担保合同无效，担保人无过错的，不承担赔偿责任；担保人有过错的，其承担的赔偿责任不应超过债务人不能清偿部分的三分之一。"

表 5-3 担保合同无效的法律后果

主合同效力	债权人	担保人	担保人承担的赔偿责任
有效	有过错	有过错	不应超过债务人不能清偿部分的二分之一
	无过错	有过错	债务人不能清偿部分
	有过错	无过错	无
无效	担保人无过错		无
	担保人有过错		不应超过债务人不能清偿部分的三分之一

关于过错的认定,主要取决于当事人是否尽到了注意义务。[①] 如果其因违反法律法规的强制性规定导致担保合同无效,通常可以认定其具有过错。例如,在郭淑凤、河北汇源炼焦制气集团与鹤岗市东山区人民政府、鸡西龙嘉投资集团合同纠纷中,最高法院认为,东山区人民政府违反了关于"国家机关不得为保证人"的法律规定,保证合同应当认定为无效。法院最终以债权人、担保人都有过错为由,判令东山区人民政府就债务人不清偿部分的二分之一承担责任。[②] 再如,在关志祥与福建莆田农村商业银行抵押合同纠纷中,福建省高级人民法院认为,以集体所有土地上的房地产设定抵押导致担保合同无效,担保人明显具有过错。债权人作为银行金融机构,在对贷款的发放及抵押物的审查上应当有专业的判断,应当充分认识到集体土地上的房地产作为抵押物违反法律规定,因而对抵押无效也有一定的过错。[③]

(六)担保人追偿

1. 担保人的代位求偿权

承担了担保责任或赔偿责任的担保人,可在其清偿范围内享有债权人对债务人的权利,此即民法理论上的"担保人的代位求偿权"。因为承担了担保责任的担保人在清偿范围内承受债权人的权利属于债权的法定转移,其效力与债权让与类似,所以不仅本债权,而且从属于该债权的对债务人财产的抵押权等担保物权均一并转移给担保人。简言之,担保人不仅可向债务人追偿,而且可行使原债权人对债务人的包括抵押权等从权利在内的全部权利。[④]

[①] 例如,在阜康市金塔实业有限公司、富强借款合同纠纷中,最高人民法院认为,债权人在接受抵押担保时,没有审查抵押、质押财产是否存在权利限制问题,显然没有充分尽到注意义务,从而认定其具有过错。参见最高人民法院(2019)最高法民申 5739 号民事裁定书。

[②] 参见最高人民法院(2016)最高法民终 623 号民事判决书。

[③] 参见福建省高级人民法院(2013)闽民终字第 126 号民事判决书。

[④] 《最高人民法院关于适用〈中华人民共和国民法典〉有关担保制度的解释》(法释〔2020〕28 号)第十八条规定:"承担了担保责任或者赔偿责任的担保人,在其承担责任的范围内向债务人追偿的,人民法院应予支持。同一债权既有债务人自己提供的物的担保,又有第三人提供的担保,承担了担保责任或者赔偿责任的第三人,主张行使债权人对债务人享有的担保物权的,人民法院应予支持。"

2. 与破产程序的衔接

《民法典担保制度解释》第二十三条[①]在沿袭《全国法院破产审判工作会议纪要》第三十一条[②]的基础上，首先明确债权人在破产程序中申报债权后仍然有权要求担保人承担担保责任，并就担保与破产程序的衔接问题作了进一步规定。①根据《民法典》第七百条关于担保人代位行使债权人的权利不得损害债权人利益的规定，本解释增加规定：不管担保人是否全部履行了担保责任，在债权人的债权未获全部清偿前，担保人不得代替债权人在破产程序中受偿，但是对于债权人通过破产分配和实现担保债权等方式获得清偿总额中超出债权的部分，担保人在其承担担保责任的范围内有权请求债权人返还。②为了避免债权人和担保人重复行使权利，尤其是为了防止和解协议或者重整计划执行完毕的债务人利益受到损害，增加规定：如果债权人在债务人破产程序中未获全部清偿，有权请求担保人继续承担担保责任，并且担保人承担担保责任后，无权向和解协议或者重整计划执行完毕后的债务人追偿。[③]

二、保证

（一）保证合同

1. 保证合同的当事人

根据《民法典》第六百八十一条，保证合同当事人是保证人和债权人。[④]需要注意的是，并非所有民事主体都可以成为保证合同的当事人。例如，机关法人或者公益性质的非营利组织，一般不得作为保证人。[⑤]保证合同的当事人需要变更的，必须经过当事

[①] 《最高人民法院关于适用〈中华人民共和国民法典〉有关担保制度的解释》（法释〔2020〕28号）第二十三条规定："人民法院受理债务人破产案件，债权人在破产程序中申报债权后又向人民法院提起诉讼，请求担保人承担担保责任的，人民法院依法予以支持。担保人清偿债权人的全部债权后，可以代替债权人在破产程序中受偿；在债权人的债权未获全部清偿前，担保人不得代替债权人在破产程序中受偿，但是有权就债权人通过破产分配和实现担保债权等方式获得清偿总额中超出债权的部分，在其承担担保责任的范围内请求债权人返还。债权人在债务人破产程序中未获全部清偿，请求担保人继续承担担保责任的，人民法院应予支持；担保人承担担保责任后，向和解协议或者重整计划执行完毕后的债务人追偿的，人民法院不予支持。"

[②] 《全国法院破产审判工作会议纪要》（法〔2018〕53号）第三十一条规定："破产程序终结前，已向债权人承担了保证责任的保证人，可以要求债务人向其转付已申报债权的债权人在破产程序中应得清偿部分。破产程序终结后，债权人就破产程序中未受清偿部分要求保证人承担保证责任的，应在破产程序终结后六个月内提出。保证人承担保证责任后，不得再向和解或重整后的债务人行使求偿权。"

[③] 林文学，杨永清，麻锦亮，吴光荣.《关于适用民法典有关担保制度的解释》的理解和适用[J].人民司法，2021（4）：30-45.

[④] 《民法典》第六百八十一条规定："保证合同是为保障债权的实现，保证人和债权人约定，当债务人不履行到期债务或者发生当事人约定的情形时，保证人履行债务或者承担责任的合同。"

[⑤] 《民法典》第六百八十三条规定："机关法人不得为保证人，但是经国务院批准为使用外国政府或者国际经济组织贷款进行转贷的除外。以公益为目的的非营利法人、非法人组织不得为保证人。"

人合意。①

一旦当事人签署保证合同，通常推定其合法有效。例如，在中国工商银行福州市五四支行诉长乐市自来水公司等借款担保纠纷案中，最高人民法院指出，由于合同一方当事人完全没有义务去了解合同相对方当事人缔约行为以外的其他因素，保证人一方面承认其在保证合同上盖章的事实，另一方面却认为这并非真实意思表示，这对被保证人而言明显是不公平的。因此，如果没有证据能够证明被保证人在签订保证合同时采取了欺诈、胁迫等不正当手段，保证合同不能仅仅因为保证人的保证源自地方政府指令而确认无效。②此外，按照《民法典》第一百五十条③规定，即使政府指令为第三方胁迫，受胁迫方也只是有权诉请撤销合同，而不能认定合同无效。当然，本案中是否存在政府指令本身存在一定的疑问，同时，政府指令能否被认定为第三方胁迫同样存在一定的疑问，因此，本案合同按可撤销合同处理也需要进一步澄清相关问题才有可能。

2. 保证合同的内容

为了方便当事人更好地缔结保证合同，民法典规定了保证合同的指示性条款。④保证人和债权人最好按照上述规定约定清楚保证相关事项，以免发生不必要的争议。在保证合同的条款之中，保证方式和保证期间历来是担保法重点规范的内容，保证范围的规定相对单薄，经常不被重视。需要特别强调，当事人可以按照自己的意愿约定保证范围，法律会尊重当事人的意思自治。换言之，当事人另有约定，则约定优先。⑤例如，在山西共合创展投资公司、山西普大煤业公司合同纠纷案中，保证人在"担保书"中明确表示愿意承担连带责任，保证范围为主合同中债务人支付款项及利息。对于主合同中约定的"若债务人未能按期付款，将按照应退总额年9%标准向债权人支付违约金"，由于保证人没有为违约金部分的债务担保的意思表示，所以应当认定保证人对该部分债务无须承担保证责任。⑥按照明确其一即排除其他的解释方法，由于合同当事人已经将保证范围明确为本金及利息，应当理解为没有约定的其他债务均不属于保证担保的范围。最后，需要提醒注意的是，由于担保的附属性，保证合同约定保证责任范围时不得超过债务人应当承担的责任范围。

3. 保证合同的形式

保证合同形式多样，可以是保证人和债权人单独签订的保证合同，可以是在主合同

---

① 例如，在中国信达资产管理公司石家庄办事处诉中国—阿拉伯化肥有限公司等借款担保合同纠纷案中，最高人民法院指出，保证合同是债权人和保证人之间意思表示一致的结果，保证人的变更必须征得债权人同意。如果债权人和保证人之间尚未形成消灭保证责任的合意，即使债务人或者第三人为债权另行提供了相应担保，债权人亦愿意接受，也不能因此而免除原保证人的保证责任。参见最高人民法院（2005）最高法民二终字第200号民事判决书。

② 参见最高人民法院（2004）最高法民二终字第262号民事判决书。

③ 《民法典》第一百五十条规定："一方或者第三人以胁迫手段，使对方在违背真实意思的情况下实施的民事法律行为，受胁迫方有权请求人民法院或者仲裁机构予以撤销。"

④ 《民法典》第六百八十四条规定："保证合同的内容一般包括被保证的主债权的种类、数额，债务人履行债务的期限，保证的方式、范围和期间等条款。"

⑤ 《民法典》第六百九十一条："保证的范围包括主债权及其利息、违约金、损害赔偿金和实现债权的费用。当事人另有约定的，按照其约定。"

⑥ 参见最高人民法院（2019）最高法民终1104号民事判决书。

中设置的保证条款，或者是第三方单独提供的书面保证①，但无论如何，必须要有保证人明确作出保证的意思表示。司法实践中，单独订立书面保证合同较少，以主合同中的保证条款和第三人单独作出保证两种形式出现的保证更为普遍。

（1）主合同中的保证条款。主合同中的保证条款应当能够清晰地表达保证人愿意提供保证的意思。若无其他佐证，绝不能仅凭合同之外的第三人在主合同上签字签章就将其认定为保证人。如果主合同中没有明确的保证条款，合同之外的第三人在主合同上签字盖章的行为不能直接认定为提供保证担保，第三人签字可能出于多种不同目的，所以其除了是保证人之外，还可能是中间人、见证人、介绍人等。相对而言，保证人的责任明显比其他身份的责任更重。在没有充分证据能够证实签字盖章之人具有保证人身份的情况下，不能仅凭在合同上签字盖章即推定该合同之外的第三人应当承担保证责任。②

（2）第三人单方作出保证。第三人单方以书面形式向债权人作出保证，要求合同之外的第三人具有明确的保证意思表示。这种意思表示可以是直接的，也可能是推定的。在当事人明确承诺"如果债务人不履行债务可以考虑代替还款"情形，可以认定构成一般保证。③但是，类似"负责解决""协助解决""保证负责收回"等表述，通常并不被认定为保证。④在司法实践中，有法院认为，在没有明确约定其承担保证责任的情况下，不应当将第三人向债权人提供的"保证负责收回贷款"书面承诺认定为保证担保。⑤此外，当事人提供所谓信誉担保的，通常不能被认定为保证。在北京阳光四海投资管理有限公司与沈阳市和平区人民政府等上诉案中，最高人民法院指出，因区政府系以其信誉而非财产为供暖公司提供担保，其提供的"信誉担保"不属于上述法律规定的保证担保，故

---

① 《民法典》第六百八十五条规定："保证合同可以是单独订立的书面合同，也可以是主债权债务合同中的保证条款。第三人单方以书面形式向债权人作出保证，债权人接收且未提出异议的，保证合同成立。"
② 参见最高人民法院（2016）最高法民申796号民事裁定书。
③ 例如，某公司向债权人出具复函称"请贵公司相信我公司作为上市公司的信誉，如果电器厂确实没有能力偿还全部欠款，对其不能归还的贷款部分，我公司可以考虑代替其对贵公司承担还款责任"。法院据此认为，作为上市公司，股份公司出具的复函足以使空调公司产生合理信赖，相信股份公司在电器厂无力偿还货款时会依据复函内容承担相应的还款责任。并且，电器厂是股份公司全资子公司，股份公司出具复函的目的就是处理电器厂拖欠空调公司货款的问题。因此，股份公司对电器厂不能偿还的货款，应当承担补充还款责任。参见最高人民法院（2009）最高法民提字第7号民事判决书。
④ 例如，在交通银行香港分行诉佛山市人民政府担保纠纷案中，佛山市政府先后向香港交行出具了三份"承诺函"，"本政府愿意督促该驻港公司切实履行还款责任，按时归还贵行贷款本息。如该公司出现逾期或拖欠贵行的贷款本息情况，本政府将负责解决，不让贵行在经济上蒙受损失。"最高人民法院认为，"承诺函"在名称上并非担保函，是否能构成担保应当根据其内容来认定。从"承诺函"的内容看，"负责解决""不让贵行在经济上蒙受损失"并没有承担保证责任或者代为还款的明确意思表示。因此，如果借贷合同之外的第三人没有明确表示愿意承担保证责任或者代为还款，不能推定其出具承诺函的行为构成担保法意义上的保证。参见最高人民法院（2004）最高法民四终字第5号民事判决书。类似判例，参见最高人民法院（2014）最高法民四终字第37号民事判决书。
⑤ 例如，农林公司与信用社、农行签订三方借款协议，约定信用社向农林公司发放贷款用于流动资金，而农行负责"监督借款使用情况"以"保证负责到期收回贷款"。法院认为，农行"保证负责到期收回贷款"但承诺不宜按保证认定责任。一方面，担保法意义上的保证是指保证人以自身财产偿还债务，但本案中农行保证到期收回贷款是履行一种行为，二者存在明显区别。另一方面，合同中没有明确约定农行承担保证担保责任，在没有明确约定的情况下要求其承担保证责任明显缺乏合同依据。参见最高人民法院（2005）最高法民二终字第12号民事判决书。

区政府不应承担担保责任。①

4. 保证合同的变更

（1）不得加重保证责任。任何合同订立之后，当事人都可以经过协商对合同内容进行变更。主合同和保证合同，尽管有主合同和从合同之别，但毕竟是两个合同。因此，主合同变更须当事人合意，从合同即保证合同的变更同样须债权人与保证人达成合意。债权人与债务人协商变更主合同，债权人与保证人协商变更保证合同，使主从合同的变更相一致，当然没有问题。问题是，债权人与债务人变更主合同，保证人并不知道主合同的变更，而且也可能并不同意主合同变更给自己增加责任，则只有主合同发生变更，原则上从合同不能变更。当事人在未征得保证人同意的情况下变更主合同，不得加重保证人的责任，但是可以减轻保证人责任。②具体而言，凡是可以导致减轻保证责任的变更，保证责任按照变更后的合同执行；凡是可以导致加强保证人责任的变更，保证责任按照变更前的合同执行。

（2）对转让的限制。债权人转让主债权，原则上只需要通知即可以对保证人发生法律效力。但是，如果保证合同约定禁止转让，则转让债权必须征得保证人同意，否则保证人免除保证责任。③债权人转让全部债权或者部分债权，实际上是在转让两个债权，一是主合同的债权，二是保证合同的债权。债权人转让这两个债权，都应当符合债权转让的规则，即通知债务人，否则转让债权对债务人不发生后果。因此，债权人将主债权的全部或者部分债权转让给第三人并通知了保证人，保证人即成为债权受让人的保证人，对债权受让人承担相应的保证责任。债权转让未通知保证人的，对保证人不发生法律效力，保证人对债权受让人无须承担保证责任。④

债务人清偿能力对债权实现具有重要影响，因此债务转移必须征得债权人同意。同样道理，债务人清偿能力对保证人是否承担保证责任具有重要影响，对保证人承担保证责任后能否成功实现追偿也会产生重要影响。因此，债务转移必须征得保证人同意，否则保证人不再承担保证责任，但是债权人和保证人另有约定的除外。⑤例如，债权人和保证人约定同意转让保证债务或者债务人在保证合同中约定转让债务保证人也承担保证责任的，应当依照约定。至于第三人加入债务，只是增加了债务人，原债务人并未脱离主合同的债务人地位，保证人的利益并未受到影响，因此保证人的保证责任不受影响，应

---

① 参见最高人民法院（2020）最高法民终528号民事判决书。

② 《民法典》第六百九十五条规定："债权人和债务人未经保证人书面同意，协商变更主债权债务合同内容，减轻债务的，保证人仍对变更后的债务承担保证责任；加重债务的，保证人对加重的部分不承担保证责任。债权人和债务人变更主债权债务合同的履行期限，未经保证人书面同意的，保证期间不受影响。"

③ 《民法典》第六百九十六条规定："债权人转让全部或者部分债权，未通知保证人的，该转让对保证人不发生效力。保证人与债权人约定禁止债权转让，债权人未经保证人书面同意转让债权的，保证人对受让人不再承担保证责任。"

④ 杨立新. 中华人民共和国民法典释义与案例评注（合同编）（上）[M]. 北京：中国法制出版社，2020：679.

⑤ 《民法典》第六百九十七条规定："债权人未经保证人书面同意，允许债务人转移全部或者部分债务，保证人对未经其同意转移的债务不再承担保证责任，但是债权人和保证人另有约定的除外。第三人加入债务的，保证人的保证责任不受影响。"

当继续承担保证责任。①

（二）一般保证与连带保证

1.一般保证的识别

保证有一般保证和连带责任保证两种类型。当事人在保证合同中对保证方式没有约定或者约定不明确的，《中华人民共和国担保法》（本文简称《担保法》）第十九条将其规定为连带责任保证，并且不允许保证人举证证明自己仅仅是承担一般保证。如此规定，完全是基于偏颇保护债权人的考虑。债权人可能会恶意利用保证人对担保制度的无知，故意在保证合同中不约定保证方式或者将保证方式约定得不够明确，迫使保证人承担并非其真实意愿的较重的连带责任，容易引发关于保证责任方式相关的争议，并因此而增加纠纷处理成本，造成较大的社会效用损失。与连带责任保证推定相比，一般保证推定更加符合保证制度的基本原理，更有利于激励债权人依法明确和完善保证合同的内容。②有鉴于此，《民法典》第六百八十六条将"保证方式没有约定或者约定不明确"情形明确规定为一般保证。③

（1）债务人应当先承担责任的意思表示。《民法典》第六百八十七条第一款规定："当事人在保证合同中约定，债务人不能履行债务时，由保证人承担保证责任的，为一般保证。"结合《民法典》第六百八十七条第二款规定可知，所谓"债务人不能履行债务"，是指主合同纠纷已经经过审判或者仲裁，并就债务人财产依法强制执行仍不能履行债务。由此可见，一般保证的重要特征在于一般保证人享有先诉抗辩权。

对于保证类型，如果当事人在保证合同中没有约定或者约定不明，民法典将原担保法规定的连带责任保证推定修改为一般保证推定，在很大程度上减轻了保证人的责任，司法实践中可能会存在将推定规则与解释规则混为一谈的问题，认为只要当事人在保证合同中没有写明"连带责任保证"字样，就应当认定为一般保证，从偏颇保护债权人利益转向偏颇保护保证人的利益，这显然是错误的。我们认为，民法典规定的推定规则只有在难以确定保证人真实意思表示的情况下才能适用。反之，如果可以通过意思表示解释规则，确定当事人承担的是连带责任保证的，则应当为连带责任保证，而不能简单地根据推定规则将其认定为一般保证。④

总的看来，"债务人不能履行债务或者无力偿还债务时"和"债务人不履行债务或者未偿还债务时"二者之间仅一字之差，区别甚微，非专业人士实在难以辨别，以此作为一般保证和连带责任保证的区分依据，容易导致大量保证人被强行推入连带责任保证人队伍。有鉴于此，《民法典担保制度解释》第二十五条提及的关于保证合同是否存在债务

---

① 杨立新.中华人民共和国民法典释义与案例评注（合同编）（上）[M].北京：中国法制出版社，2020：681.
② 刘延华，王蒙.保证责任方式约定不明情形规定为连带责任保证的不合理性[J].私法，2019，31（1）：92-104.
③ 《民法典》第六百八十六条规定："保证的方式包括一般保证和连带责任保证。当事人在保证合同中对保证方式没有约定或者约定不明确的，按照一般保证承担保证责任。"
④ 林文学，杨永清，麻锦亮，吴光荣.《关于适用民法典有关担保制度的解释》的理解和适用[J].人民司法，2021（4）：30-45.

人应当先承担责任的意思表示，或者保证人无条件承担保证责任的意思表示，应该作为司法实践中审查的重点。[①]鉴于保证往往具有无偿性，解释合同含义时应当以尽量有利于保证人的方式，这样才能更好地平衡保证人利益和债权人利益，坚决落实一般保证推定的立法宗旨。

（2）没有约定或者约定不明确的理解。对于《民法典》第六百八十六条第二款规定的"没有约定或者约定不明确"，人们有不同理解。一种观点认为，所谓没有约定，是指保证合同中完全没有提及保证方式；所谓约定不明确，就是在保证合同中既没有明确约定保证人承担一般保证责任，也没有明确约定保证人承担连带保证责任。换言之，只要保证合同中没有约定或者约定内容中没有"连带责任"保证的字样，就应当无一例外地将保证方式认定为一般保证。另一种观点则认为，不能仅看文字表述，还要从探究合同当事人的真实意思表示角度出发，具体如果从保证合同约定的文字表述中，可以通过合同解释规则认定为一般保证或者连带责任保证的，则不属于没有约定或者约定不明。我们认为应当按照第二种观点理解，不单纯看文字而要看合同真实意思。理由如下[②]：

第一，当事人的意思表示，不能仅仅从形式上简单判断，还应该根据意思表示解释规则[③]，从实质上确定真实含义。对于保证方式的认定，应当重点审查是否具有债务人应当先承担责任的意思表示以及是否符合一般保证先诉抗辩权的规定。如果当事人明确具有债务人应当先承担责任的意思表示，完全符合先诉抗辩权的规定，则应当将其认定为一般保证。如果当事人不具有债务人应当先承担责任的意思表示，不符合先诉抗辩权的规定，而是符合连带责任保证的特征，则应当将其认定为连带责任保证。

第二，第一种观点不符合《民法典》第六百八十六条第二款的本意。该款的本意应当是，对于当事人的意思表示，如果根据现有证据和意思解释规则，无法认定其是一般保证还是连带责任保证，则推定为一般保证；如果可以认定，则根据当事人的意思表示作出是一般保证还是连带责任保证的认定。也就是说，推定规则只有在难以确定保证人真实意思表示的情况下才能适用。反之，如果可以通过意思表示解释规则确定当事人承担的是连带保证责任，就不能推定其为一般保证。

第三，如果当事人在保证合同中的文字表述模棱两可，有的具有债务人应当先承担责任的意思表示，有的又不具有债务人应当先承担责任的意思表示，此时，根据《民法典》第六百八十六条第二款关于减轻保证人责任的精神，应当认定该约定属于该款规定的当事人在保证合同中对保证方式"约定不明确"，从而认定为一般保证。

（3）增信措施。实践中，一些民事主体为规避法律关于提供担保须经公司决议等限

---

① 《民法典担保制度解释》第二十五条规定："当事人在保证合同中约定了保证人在债务人不能履行债务或者无力偿还债务时才承担保证责任等类似内容，具有债务人应当先承担责任的意思表示的，人民法院应当将其认定为一般保证。当事人在保证合同中约定了保证人在债务人不履行债务或者未偿还债务时即承担保证责任、无条件承担保证责任等类似内容，不具有债务人应当先承担责任的意思表示的，人民法院应当将其认定为连带责任保证。"

② 杨永清.《新担保司法解释》中有关保证合同的几个问题[J].法律适用，2021（2）：76-89.

③ 《民法典》第一百四十二条第一款规定："有相对人的意思表示的解释，应当按照所使用的词句，结合相关条款、行为的性质和目的、习惯以及诚信原则，确定意思表示的含义。"

制，采取向债权人提供差额补足或流动性支持等类似承诺文件作为增信措施。① 对于这类承诺文件，在法律性质上应根据其内容进行解释，仔细辨识当事人的真实意思，具体可以区分为以下三种情形：

其一，如果第三人在承诺文件中具有提供担保的意思表示，则应当依照保证的有关规定处理，进一步审查是否具有债务人应当先承担责任的意思表示。如果是，则按一般保证处理，否则按连带责任保证处理。在无法依解释规则得出结论时，应推定为一般保证。

其二，如果第三人在承诺文件中具有加入债务或者与债务人共同承担债务等意思表示，则应当认定为债务加入。如果第三人的意思难以区分是债务加入还是保证，则从民法典平衡保护债权人与担保人的立场出发，应当推定为保证。至于是一般保证还是连带责任保证，按前述规则处理。

其三，如果第三人提供的承诺文件既无提供担保的意思表示，也没有加入债务的意思表示，则不能按照保证或者债务加入处理。如果承诺文件约定了第三人的义务或者责任，则债权人有权请求第三人依据承诺文件的内容履行义务或者承担相应责任。②

2. 先诉抗辩权

一般保证与连带保证最大的区别在于，一般保证的保证人享有先诉抗辩权。原则上，债权人在强制执行债务人的财产仍不足以清偿债务之前，债权人不得要求一般保证的保证人承担责任。③

（1）不得先起诉保证人。在一般保证中，保证人享有先诉抗辩权。债权人是只能先起诉债务人再起诉保证人，还是可以将债务人和保证人作为共同被告一并提起诉讼，存在不同理解。一种观点认为，因保证人享有先诉抗辩权，债权人必须要先起诉债务人，直接起诉一般保证人的，应当驳回其起诉；另一种观点则认为，应继续沿用原《最高人民法院关于适用〈中华人民共和国担保法〉若干问题的解释》（以下简称《担保法解释》）第一百二十五条的规定，债权人可以将债务人和保证人作为共同被告提起诉讼，但是必须在判决书主文明确保证人只是对债务人财产依法强制执行后仍然不能履行的部分才承

---

① 《民法典担保制度解释》第三十六条规定："第三人向债权人提供差额补足、流动性支持等类似承诺文件作为增信措施，具有提供担保的意思表示，债权人请求第三人承担保证责任的，人民法院应当依照保证的有关规定处理。第三人向债权人提供的承诺文件，具有加入债务或者与债务人共同承担债务等意思表示的，人民法院应当认定为民法典第五百五十二条规定的债务加入。前两款中第三人提供的承诺文件难以确定是保证还是债务加入的，人民法院应当将其认定为保证。第三人向债权人提供的承诺文件不符合前三款规定的情形，债权人请求第三人承担保证责任或者连带责任的，人民法院不予支持，但是不影响其依据承诺文件请求第三人履行约定的义务或者承担相应的民事责任。"

② 林文学，杨永清，麻锦亮，吴光荣.《关于适用民法典有关担保制度的解释》的理解和适用[J].人民司法，2021（4）：30-45.

③ 《民法典》第六百八十七条规定："当事人在保证合同中约定，债务人不能履行债务时，由保证人承担保证责任的，为一般保证。一般保证的保证人在主合同纠纷未经审判或者仲裁，并就债务人财产依法强制执行仍不能履行债务前，有权拒绝向债权人承担保证责任，但是有下列情形之一的除外：（一）债务人下落不明，且无财产可供执行；（二）人民法院已经受理债务人破产案件；（三）债权人有证据证明债务人的财产不足以履行全部债务或者丧失履行债务能力；（四）保证人书面表示放弃本款规定的权利。"

担保证责任。上述分歧的关键在于如何理解《民法典》第六百八十七条规定的先诉抗辩权。根据《民法典担保制度解释》第二十六条规定①，先诉抗辩权的法律含义突出表现在下述三个层面②：

其一，在诉讼阶段债权人不能单独对保证人提起诉讼。如果债权人没有就主合同纠纷提起诉讼或者申请仲裁，而选择单独起诉一般保证人的，人民法院应当向债权人释明将债务人一并提起诉讼，否则应当驳回起诉。③

其二，在执行阶段保证人仅对债务人不能清偿部分承担保证责任。如果债权人选择一并起诉债务人和保证人，虽然人民法院可以予以受理，但是在审理终结作出判决时，除非存在《民法典》第六百八十七条第二款但书规定的几种情形④，应当在判决书主文中予以明确，保证人仅对债务人财产依法强制执行后仍然不能履行的部分承担保证责任。

其三，在财产保全中，仅在保全的债务人财产不足以清偿债务时才能保全保证人的财产。如果债权人未对债务人的财产申请保全，或者保全的债务人财产足以清偿债务，债权人申请对一般保证人的财产进行保全的，人民法院不予准许。

从《民法典担保制度解释》第二十六条看，由于债权人可以一并起诉债权人和一般保证的保证人，只是在强制执行债务人财产后仍然得不到清偿时才能强制执行保证人。在此意义上，与其说是先诉抗辩权，不如说是先强制执行抗辩权。

（2）先执行债务人财产。从《民法典》第六百八十七条关于先诉抗辩权的规定看，在一般保证中，债权人必须在保证期间内向债务人提起诉讼或者申请仲裁，并就债务人财产依法强制执行仍不能履行债务的，才能向保证人主张保证责任。如果一般保证的债权人取得对债务人赋予强制执行效力的公证债权文书后，并且在保证期间内向人民法院申请强制执行，在依法强制执行后仍然不能履行债务，一般保证人是否仍然享有先诉抗辩权？如果仅从《民法典》第六百八十七条关于先诉抗辩权的文字表述看，此等情况下，由于债权人没有依法对债务人提起诉讼或者申请仲裁，一般保证人仍然享有先诉抗辩权。但是，这种结论明显有悖于赋予强制执行效力的公证债权文书的法理效果，赋予强制执行效力的公证债权文书可以直接申请强制执行，其法律效果与生效法律文书完全一样。⑤

---

① 《民法典担保制度解释》第二十六条规定："一般保证中，债权人以债务人为被告提起诉讼的，人民法院应予受理。债权人未就主合同纠纷提起诉讼或者申请仲裁，仅起诉一般保证人的，人民法院应当驳回起诉。一般保证中，债权人一并起诉债务人和保证人的，人民法院可以受理，但是在作出判决时，除有民法典第六百八十七条第二款但书规定的情形外，应当在判决书主文中明确，保证人仅对债务人财产依法强制执行后仍不能履行的部分承担保证责任。债权人未对债务人的财产申请保全，或者保全的债务人的财产足以清偿债务，债权人申请对一般保证人的财产进行保全的，人民法院不予准许。"

② 林文学，杨永清，麻锦亮，吴光荣.《关于适用民法典有关担保制度的解释》的理解和适用[J].人民司法，2021（4）：30-45.

③ 也有学者认为，人民法院在审理债权人仅起诉一般保证人的案件时，应当向债权人释明追加债务人为被告或者根据《民事诉讼法》司法解释第六十六条的规定依职权追加债务人为被告。经过释明债权人同意追加的，或者人民法院依职权追加的，应当适用《新担保司法解释》第二十六条第二款的规定。只有在经过释明或者依职权追加债权人仍不同意的情况下，人民法院才能驳回债权人的起诉。参见杨永清：《新担保司法解释》中有关保证合同的几个问题[J].法律适用，2021（2）：76-89.

④ 在诉讼之前出现《民法典》第六百八十九条第二款但书规定情形时，一般保证人的先诉抗辩权消灭，债权人可以直接起诉一般保证人。

⑤ 具体参见《最高人民法院关于公证债权文书执行若干问题的规定》（法释〔2018〕18号）。

有鉴于此，《民法典担保制度解释》第二十七条规定①，如果债权人在取得此类文书后，依法就债务人财产申请强制执行仍不能履行债务，一般保证的先诉抗辩权消灭，债权人就有权要求保证人承担保证责任。②

（3）例外情形。根据《民法典担保制度解释》第二十五条的规定，区分一般保证和连带责任保证的根本标准在于是否具有债务人应当先承担责任的意思表示，一般保证情况下债务人应当先承担责任，因此有了先诉抗辩权的规定。但是，在无法追究债务人的责任时，必须对保证人的先诉抗辩权进行限制以确保债权人债权得以实现。《民法典》第六百八十七条第二款列举了一般保证保证人先诉抗辩权的四种例外：

第一项"债务人下落不明，且无财产可供执行"情形，"无财产可供执行"足以说明符合先诉抗辩权消灭的实质。

第二项"人民法院已经受理债务人破产案件"，主要是因为破产程序中禁止偏颇清偿，导致强制执行债务人财产存在极大困难。

第三项"债务人的财产不足以履行全部债务或者丧失履行债务能力"同样满足先诉抗辩权消灭的实质条件，至于证据，可以是其他债权人申请强制执行过程中因没有财产可供执行而终止执行的裁定书。

第四项"保证人书面表示放弃本款规定的权利"，既然是权利，当然允许放弃。为了避免纠纷，法律规定放弃先诉抗辩权的意思表示必须采用书面形式。

3. 连带责任保证

连带责任保证的保证人没有先诉抗辩权，连带保证人与债务人处于相同的清偿顺位，债权人有权单独起诉连带责任保证人要求其承担清偿责任。③由于没有先诉抗辩权的保护，连带责任保证人的责任明显重于一般保证人的责任。因此，连带责任必须由当事人在保证合同中约定，不允许推定。需要注意，这种约定可能是明示，也可能是隐含的意思表示，关键在于保证合同中不具有债务人应当先承担责任的意思表示。④换言之，对于债权人索债的顺序，如果保证人在合同中清晰表达"债务人排在第一，保证人排在第二"的意思，则应排除连带责任保证。

---

① 《民法典担保制度解释》第二十七条规定："一般保证的债权人取得对债务人赋予强制执行效力的公证债权文书后，在保证期间内向人民法院申请强制执行，保证人以债权人未在保证期间内对债务人提起诉讼或者申请仲裁为由主张不承担保证责任的，人民法院不予支持。"

② 林文学，杨永清，麻锦亮，吴光荣.《关于适用民法典有关担保制度的解释》的理解和适用 [J]. 人民司法，2021（4）：30-45.

③ 《民法典》第六百八十八条规定："当事人在保证合同中约定保证人和债务人对债务承担连带责任的，为连带责任保证。连带责任保证的债务人不履行到期债务或者发生当事人约定的情形时，债权人可以请求债务人履行债务，也可以请求保证人在其保证范围内承担保证责任。"

④ 《民法典担保制度解释》第二十五条第二款："当事人在保证合同中约定了保证人在债务人不履行债务或者未偿还债务时即承担保证责任、无条件承担保证责任等类似内容，不具有债务人应当先承担责任的意思表示的，人民法院应当将其认定为连带责任保证。"

（三）单独保证与共同保证

1. 变化

与《担保法》第十二条[①]相比，《民法典》第六百九十九条[②]在三个方面存在较大差异：一是《民法典》第六百九十九条删除了关于连带保证人负有担保全部债权实现的义务这一内容，将其表述为"债权人可以请求任何一个保证人在其保证范围内承担保证责任"；二是删除了关于已经承担了保证责任的保证人追偿权的内容；三是在没有约定保证份额的情形中，将原来直接表述"保证人承担连带责任"的内容予以删除。

除非当事人之间有明确约定或法律规定，同一债务有多个保证人的，应当视为按份共同保证，且在数个按份共同保证的保证人之间并无追偿权。按份共同保证，是指保证人与债权人在保证合同中明确约定了各个保证人各自应当承担的保证份额，债权人只能在约定的保证份额范围内请求各个保证人承担相应的保证责任。当然，在司法实践中，保证人与债权人之间关于保证份额的约定，既可以在同一份保证合同中约定，也可以在分别订立的保证合同中约定。由于各个保证人仅各自承担其保证份额内的保证责任，与其他保证人的保证责任并无交集，因此每一个保证人在按照合同约定的保证份额承担保证责任后，可以依法在其承担责任范围内向主债务人追偿，但是在各个保证人之间并没有追偿权。综上，在按份共同保证中，保证人的追偿权是对主债务人的追偿权，该追偿权的行使范围受到双重限制：一是各个保证人的追偿权范围以约定的保证份额为限，对于超出约定份额的部分，保证人不能对主债务人追偿；二是以保证人实际承担的保证责任范围为限，保证人不能超出其实际承担的责任范围向主债务人追偿。[③]

2. 保证人相互追偿问题

《民法典》第六百九十九条没有规定保证人之间的相互追偿问题，《民法典担保制度解释》第十三条就此进行了补充，将共同保证中各保证人可以相互追偿的情形分成三种情形，其一是合同约定可以相互追偿，其二是合同约定承担连带共同担保，其三是各保证人在同一份合同书上签字盖章。除上述情形外，保证人之间不得请求追偿。[④]与《九民

[①] 《担保法》第十二条规定："同一债务有两个以上保证人的，保证人应当按照保证合同约定的保证份额，承担保证责任。没有约定保证份额的，保证人承担连带责任，债权人可以要求任何一个保证人承担全部保证责任，保证人都负有担保全部债权实现的义务。已经承担保证责任的保证人，有权向债务人追偿，或者要求承担连带责任的其他保证人清偿其应当承担的份额。"

[②] 《民法典》第六百九十九条规定："同一债务有两个以上保证人的，保证人应当按照保证合同约定的保证份额，承担保证责任；没有约定保证份额的，债权人可以请求任何一个保证人在其保证范围内承担保证责任。"

[③] 杨永清.《新担保司法解释》中有关保证合同的几个问题[J].法律适用，2021（2）：76-89.

[④] 《民法典担保制度解释》第十三条规定："同一债务有两个以上第三人提供担保，担保人之间约定相互追偿及分担份额，承担了担保责任的担保人请求其他担保人按照约定分担份额的，人民法院应予支持；担保人之间约定承担连带共同担保，或者约定相互追偿但是未约定分担份额的，各担保人按照比例分担向债务人不能追偿的部分。同一债务有两个以上第三人提供担保，担保人之间未对相互追偿作出约定且未约定承担连带共同担保，但是各担保人在同一份合同书上签字、盖章或者按指印，承担了担保责任的担保人请求其他担保人按照比例分担向债务人不能追偿部分的，人民法院应予支持。除前两款规定的情形外，承担了担保责任的担保人请求其他担保人分担向债务人不能追偿部分的，人民法院不予支持。"

纪要》相比[①]，保证人之间可以相互追偿的范围得到拓展。

（1）允许相互追偿的情形。

第一种情形，基于保证人之间的约定。同一债务存在两个以上第三人提供的担保时，尽管民法典并未明确规定共同担保人之间不能相互追偿，但是通过与原担保法及其司法解释进行对比，不难看出民法典实际上删除了担保人之间相互追偿的相关规定。然而，如果担保人之间约定可以相互追偿，基于尊重当事人的意思，则应当允许已经承担担保责任的担保人依据其与其他担保人之间的约定进行追偿。

第二种情形，连带共同保证。如果各担保人在提供担保时已经明确约定相互之间构成连带共同担保，即使担保人没有明确约定可以相互追偿，同样应当允许已经承担担保责任的担保人根据《民法典》第五百一十九条[②]的规定，向其他担保人请求分担其应当承担的份额。[③]当然，由于当事人约定相互之间构成连带共同担保，而法律又规定连带共同担保中各保证人有权相互追偿，此等情形下也可以视为共同保证人之间有关于允许追偿的约定。

需要注意，关于连带共同保证人之间是否有相互追偿权的问题，目前还是存在两种截然相反的观点。除了依据《民法典》第五百一十九条的规定予以支持外，也有诸多不支持连带共同保证人之间相互追偿的理由：①共同保证的原理与混合担保的原理相同，两种情形下保证人之间的追偿问题应当作体系化解释，《九民纪要》第五十六条对混合担保人之间的追偿权明确予以否定[④]，《民法典》第三百九十二条[⑤]原则上确立了混合共同担保人之间没有相互追偿权的规则。②《民法典》第六百九十九条删除了原《担保法》第十二条关于已经承担了保证责任的保证人追偿权的内容，立法者对此所持否定态度比较明确。③在没有共同担保的意思时，各担保人之间相互追偿没有法理依据，既违背担保

[①] 《全国法院民商事审判工作会议纪要》（法〔2019〕254号）第五十六条就"混合担保中担保人之间的追偿问题"作出规定，承担了担保责任的担保人向其他担保人追偿的，人民法院不予支持，但担保人在担保合同中约定可以相互追偿的除外。

[②] 《民法典》第五百一十九条规定："连带债务人之间的份额难以确定的，视为份额相同。实际承担债务超过自己份额的连带债务人，有权就超出部分在其他连带债务人未履行的份额范围内向其追偿，并相应地享有债权人的权利，但是不得损害债权人的利益。其他连带债务人对债权人的抗辩，可以向该债务人主张。被追偿的连带债务人不能履行其应分担份额的，其他连带债务人应当在相应范围内按比例分担。"

[③] 林文学，杨永清，麻锦亮，吴光荣.《关于适用民法典有关担保制度的解释》的理解和适用[J].人民司法，2021（4）：30-45.

[④] 该条规定被担保的债权既有保证又有第三人提供的物的担保的，担保法司法解释第三十八条明确规定，承担了担保责任的担保人可以要求其他担保人清偿其应当分担的份额。但《中华人民共和国物权法》第一百七十六条并未作出类似规定，根据《中华人民共和国物权法》第一百七十八条关于"担保法与本法的规定不一致的，适用本法"的规定，承担了担保责任的担保人向其他担保人追偿的，人民法院不予支持，但担保人在担保合同中约定可以相互追偿的除外。

[⑤] 《民法典》第三百九十二条规定："被担保的债权既有物的担保又有人的担保的，债务人不履行到期债务或者发生当事人约定的实现担保物权的情形，债权人应当按照约定实现债权；没有约定或者约定不明确，债务人自己提供物的担保的，债权人应当先就该物的担保实现债权；第三人提供物的担保的，债权人可以就物的担保实现债权，也可以请求保证人承担保证责任。提供担保的第三人承担担保责任后，有权向债务人追偿。"

人提供担保的初衷,同时相互追偿时份额难以确定并且计算复杂,在最终向主债务人追偿时,形成循环追偿,程序繁琐,没有效率。[①]

必须指出,连带共同保证与混合担保并不相同,连带共同保证情形下,当事人具有承担连带责任的意思表示,而混合担保情形则没有。由于《民法典》第五百一十九条已经就连带责任人之间的追偿问题作出明确规定,故《民法典》第六百九十九条删除了原《担保法》第十二条关于已经承担了保证责任的保证人追偿相关内容。如此规定,只是为了避免重复规定而已,绝不能视为立法者对连带共同保证人之间相互追偿问题的否定。至于"各担保人之间没有共同担保的意思",显然不属于连带共同担保情形。因此,我们认为,连带共同保证人之间有相互追偿权。

第三种情形,视为连带共同保证。实践中数个担保人为同一债务提供担保有两种情形:一是同时提供担保,即数个担保人在同一份合同书上签字、盖章或者按指印;二是分别提供担保,即数个担保人分别在不同的合同书上签字、盖章或者按指印。第二种情况下,数个担保人之间没有意思联络,彼此之间完全不知道对方的存在,不具有共同担保的意思联络,应当视为按份共同担保。在第一种情况下,《民法典担保制度解释》第十三条第二款将其规定为担保人可以相互追偿的情形。有学者认为此等情况仍然构成连带共同担保,已经承担担保责任的担保人可根据《民法典》第五百一十九条的规定,向其他担保人请求分担其应当承担的份额。[②]但是,将上述情形视为连带共同保证,值得商榷。推定连带保证,不符合民法典关于一般保证推定以及倾向于减轻保证人负担的立法精神。并且,根据《民法典》第五百一十八条的规定,连带责任必须由法律规定或者当事人约定。[③]换言之,如果没有法律规定或者当事人约定,共同保证的保证人之间不会承担连带责任。

(2)相互追偿的方式。值得探讨的是,在担保人之间可以相互追偿的情形下,已经承担了担保责任的担保人是否需要先向主债务人追偿,再就债务人不能清偿的部分请求其他担保人分担其应当承担的份额,还是直接可以向其他担保人请求分担,亟待澄清。对此,根据《民法典担保制度解释》第十三条规定,如果当事人在合同中对追偿问题已经有明确约定,则按照其约定处理;如果当事人在合同中对追偿问题没有约定或者约定不明,则已经承担担保责任的担保人应当先向主债务人追偿,只有主债务人不能清偿的部分才能在担保人之间进行分担,解释中所谓"按照比例分担向债务人不能追偿部分"即是此意。如此规定,旨在避免循环追偿,同时也便于人民法院在担保纠纷案件的判决主文中就担保人之间的追偿问题直接作出裁判,从而减少诉累。[④]

---

① 杨永清.《新担保司法解释》中有关保证合同的几个问题[J].法律适用,2021(2):76-89.
② 因为按份保证必须由保证人与债权人特别约定,如果没有按份保证之特别约定,则数个保证人应当共同对债权人负连带责任。杨立新.中华人民共和国民法典释义与案例评注(合同编)(上)[M].北京:中国法制出版社,2020:685-686.
③ 《民法典》第五百一十八条规定:"债权人为二人以上,部分或者全部债权人均可以请求债务人履行债务的,为连带债权;债务人为二人以上,债权人可以请求部分或者全部债务人履行全部债务的,为连带债务。连带债权或者连带债务,由法律规定或者当事人约定。"
④ 林文学,杨永清,麻锦亮,吴光荣.《关于适用民法典有关担保制度的解释》的理解和适用[J].人民司法,2021(4):30-45.

（3）担保人受让债权。在数个担保人为同一债务提供担保的情况下，根据《民法典担保制度解释》第十三条规定，除非保证人之间约定相互追偿、约定承担连带共同担保以及共同签署同一份合同书三种情况，承担了担保责任的担保人不能向其他共同保证人请求追偿。如果某一担保人通过与债权人签订债权转让协议的方式取得被担保的债权，再以债权人的身份向其他担保人主张担保权利，并不能达到不再承担担保责任的目的。理由在于，担保人受让债权的法律性质属于担保人承担担保责任，其法律效果表现在该担保人受让债权范围内的债权债务以及该债权债务之上的担保一并消灭，其他担保人在该担保人受让债权的范围内的担保责任得以免除，而担保人之间的相互追偿问题仍依照《民法典担保制度解释》第十三条的规定处理。[1]

（四）保证期间

保证期间是确定保证人承担保证责任的期间[2]，这是一个固定的时间段，不因任何事由而发生中止、中断和延长。[3]

1. 约定

（1）允许约定。根据《民法典》第六百九十二条第二款规定，债权人与保证人可以约定保证期间。[4]按照合同自由原则，双方当事人对保证期间有约定并且符合法律规定的，可以按照约定确定保证期间。问题在于，如果当事人约定比《民法典》第六百九十二条第二款规定的六个月法定保证期间更短的保证期间，或者比主债务诉讼时效期间更长的保证期间，是否应当承认其法律效力。《民法典》对保证期间长短问题并无特别规定，因此，保证期间长短问题属于当事人可以自由约定的事项，基于对当事人意思自治的尊重，原则上应当承认短期保证期间约定的效力。但是，如果约定保证期间过短以至于债权人在此期间主张保证债权变得极度困难，对其极度不公，甚至根本无法要求保证人承担保证责任，明显有悖于当事人之间的保证合意，有悖于诚实信用原则和客观常理，则应当否定其效力，视为没有约定，从而适用法定保证期间。如果约定的保证期间比主债务诉讼时效更长，同样应当承认其法律效力。保证债务和主债务各自有其履行期限和诉讼时效期间，二者并行不悖。如果主债务诉讼时效期间尚未经过，适用长期保证期间并无障碍；如果主债务诉讼时效期间已经经过而长期保证期间尚未届满，保证人可以根据《民法典》第七百零一条的规定[5]，主张主债务人对债权人的时效经过抗辩权。但是，上述法

---

[1] 《民法典担保制度解释》第十四条规定："同一债务有两个以上第三人提供担保，担保人受让债权的，人民法院应当认定该行为系承担担保责任。受让债权的担保人作为债权人请求其他担保人承担担保责任的，人民法院不予支持；该担保人请求其他担保人分担相应份额的，依照本解释第十三条的规定处理。"

[2] 《民法典担保制度解释》第三十四条第二款规定："债权人在保证期间内未依法行使权利的，保证责任消灭。"

[3] 《民法典》第六百九十二条第一款规定："保证期间是确定保证人承担保证责任的期间，不发生中止、中断和延长。"

[4] 《民法典》第六百九十二条第二款规定："债权人与保证人可以约定保证期间，但是约定的保证期间早于主债务履行期限或者与主债务履行期限同时届满的，视为没有约定；没有约定或者约定不明确的，保证期间为主债务履行期限届满之日起六个月。"

[5] 《民法典》第七百零一条规定："保证人可以主张债务人对债权人的抗辩。债务人放弃抗辩的，保证人仍有权向债权人主张抗辩。"

律效果并非长期保证期间本身的效力判断问题,而是保证人的抗辩权问题。[1]

(2)视为没有约定。为在主债务履行期限届满之前,债权人不能向债务人主张权利。因此,通常情形下,保证期间自主债务履行期限届满时开始起算。如果当事人之间在保证合同中约定的保证期间早于主债务履行期限或者与主债务履行期限同时届满,则会导致保证期间的约定失去现实意义:在主债务履行期限届满之前,债权人不得向主债务人主张权利,自然也不能向保证人主张权利;在主债务履行期限届满之后,保证期间也已经经过,债权人也不能向保证人主张权利。换言之,上述约定最终必然导致保证人无须承担责任,不符合当事人签订保证合同的初衷,因此这种情形应当视为没有约定,直接适用法定保证期间,保证期间为主债务履行期限届满之日起六个月。

(3)视为约定不明。对于保证合同约定保证人承担保证责任直至主债务本息还清时为止等类似内容的,《民法典担保制度解释》第三十二条同样将其规定为"视为约定不明",在这点上沿袭了原《担保法解释》第三十二条第二款,不同的是,其将法律效果从"保证期间为主债务履行期限届满之日起二年"修改为"保证期间为主债务履行期限届满之日起六个月"。理由如下[2]:从字面意思看,上述情形显然不属于没有约定,应当属于当事人对保证期间有约定。从约定内容看,其约定的保证期间在结束时间上是不固定的,只要债务人没有履行完债务,则保证人就需要一直承担保证责任,对债权人非常有利。但是,如果在法律上承认这类约定,并且,如果债务人一直没有清偿债务,则保证人就永远受保证期间约束,显然与《民法典》减轻保证人责任的精神不符。[3] 此外,"主债务本息还清时为止"看似明确,但何时还清,谁都无法言明,在此意义上,确实有"不明"的味道,将其"视为"约定不明也有几分道理。此外,法律上的"视为"是不允许当事人举证推翻的,是法律对该表述的定性。

2. 起算

保证期间即保证人承担保证责任的期间,一般情况下,在债务人不履行到期债务或者发生保证合同约定的其他情形时保证人就应当承担保证责任。[4] 考虑到当事人没有约定合同履行期,同时法律直接规定保证人需要承担责任的其他情形,保证期间的起算可能涉及如下四种情形:如果合同中约定了主债务履行期,则保证期间从主债务履行期届满

---

[1] 高圣平.民法典上保证期间的效力及计算[J].甘肃政法大学学报,2020(5):77-92.
[2] 杨永清.《新担保司法解释》中有关保证合同的几个问题[J].法律适用,2021(2):76-89.
[3] 需要指出的是,原《担保法解释》第三十二条第二款的规定是根据担保法制定的,而原担保法在保证合同这部分的指导思想是偏颇保护债权人。原因在于,当时经济背景下三角债问题十分严重,严重危害债权人利益,亟待破解。当前社会,过度担保问题更加突出,所以《民法典》表现出了减轻保证人责任的倾向。
[4] 《民法典》第六百八十一条规定:"保证合同是为保障债权的实现,保证人和债权人约定,当债务人不履行到期债务或者发生当事人约定的情形时,保证人履行债务或者承担责任的合同。"

之日起算。① 如果合同中没有约定主债务履行期或者约定不明，保证期间则从债权人指定的宽限期届满之日起算。② 在主债务履行期届满之前，如果发生了当事人约定的保证人须承担保证责任的情形，保证期间则从该情形发生之日起算。在法律直接规定保证人需要承担责任的其他情形下，如预期违约，如果债权人选择解除合同并追究违约人责任，保证期间则从债权人要求债务人承担责任之日起算。③ 这是一般保证保证期间的起算方式，但最高额保证有些不同。

最高额保证是保证的一种特殊形式，是在最高债权额限度内，对一定期间内连续发生的不特定同种类债权提供的保证。④ 最高额保证通常适用于债权人与债务人之间具有经常性的、同类性质的业务往来，多次订立合同而产生的债务，如经常性的借款合同或者某项商品交易合同关系等。对一段时期内订立的若干合同，以订立一份最高额保证合同为其担保，可以减少每一份主合同订立一个保证合同所带来的不便，同时仍能起到债务担保的作用。⑤

从司法实践的情况看，多数情况下，当事人对于最高额保证的保证期间都有约定。根据意思自治原则，当事人对计算方式与起算点等已经有明确约定的，从其约定。在没有约定或者约定不明确时，如果单独计算最高额保证合同项下的每个具体合同的保证期间，明显有悖于当事人设立最高额保证合同的初衷。设立最高额保证合同的初衷是就一定期限内连续发生的同种类债权提供最高限额保证，从而不再需要每一个单独交易都去设立保证。最高额保证合同签订后，债权人和债务人还要签订多个单独的债权债务合同，如果要债权人考虑单个合同的保证期间，也不符合债权人的真实意思。对于最高额保证合同项下的数个单独合同，保证人往往不签字，如果在最高额保证期间届满前，债权人起诉要求保证人承担保证责任，也不符合保证人的真实意思。⑥ 经反复研究，《民法典担保制度解释》对于最高额保证的保证期间采用统一计算的方式。但是，保证期间的起算

---

① 如果保证合同成立之时，主债权履行期限已经届满，主债务人已经处于债务不履行阶段，此种情形之下，主债务人已经处于违约状态，保证期间的起算点显然不能是主债务履行期限届满之日。《广东省高级人民法院关于民商事审判适用〈中华人民共和国担保法〉及其司法解释若干问题的指导意见》第五条指出："保证人为履行期限届满的债务提供保证的，保证期间从保证合同生效之日起开始计算。"如果保证合同没有约定保证期间的起算点，则可以自保证合同生效之日起开始计算保证期间；如果保证合同有约定保证期间的起算点，则应坚持"有约定依约定"的观点，按照约定的起算点开始计算保证期间。高圣平.民法典上保证期间的效力及计算[J].甘肃政法大学学报，2020（5）：77-92.
② 《民法典》第六百九十二条第三款规定："债权人与债务人对主债务履行期限没有约定或者约定不明确的，保证期间自债权人请求债务人履行债务的宽限期届满之日起计算。"
③ 主债务人因主合同解除所应承担的民事责任，发生于主债务履行期限届满之前，保证期间应从债权人可得主张因主合同解除的民事责任之日起开始计算。
④ 《民法典》第六百九十条规定："保证人与债权人可以协商订立最高额保证的合同，约定在最高债权额限度内就一定期间连续发生的债权提供保证。最高额保证除适用本章规定外，参照适用本法第二编最高额抵押权的有关规定。"
⑤ 杨立新.中华人民共和国民法典释义与案例评注（合同编）（上）[M].北京：中国法制出版社2020：665-666.
⑥ 杨永清.《新担保司法解释》中有关保证合同的几个问题[J].法律适用，2021（2）：76-89.

点则应视债权确定时被担保债权的履行期限是否已经届满来确定。[1] 具体而言,被担保债权履行期限都已经届满的,保证期间自债权确定之日起开始计算;被担保债权的履行期限尚未届满的,保证期间自最后到期债权的履行期限届满之日起开始计算。至于债权确定之日,应参照《民法典》第四百二十三条[2] 进行认定。[3]

审判实践中的问题是,如何依照《民法典》第四百二十三条的规定具体认定"债权确定之日"。①第一种情形:约定的债权确定期间届满。债权确定期间是指确定最高额保证所担保的债权实际数额的时间。当事人约定的债权确定期间届满,最高额保证所担保的债权额即自行确定。②第二种情形:没有约定债权确定期间或者约定不明确,应当参照《民法典》第四百二十三条第(二)项的规定,债权人或者保证人自最高额保证生效之日起满二年后请求确定债权。③第三种情形:新的债权不可能发生。主要包括两种情形,一是连续交易的终止。二是最高额保证关系的基础法律关系消灭而导致新的债权不可能发生。例如,在连续的借款交易中,借款人的严重违约致使借款合同依照合同约定或者法律规定被解除,新的借款行为自然不再发生。④第四种情形:债务人破产申请受理时,而不是《民法典》第四百二十三条第(五)项规定的债务人被宣告破产时。⑤第五种情形:法律规定债权确定的其他情形,这是兜底条款。需要指出的是,《民法典》第四百二十三条第(四)项债权人的债权确定情形"抵押权人知道或者应当知道抵押财产被查封、扣押"不适用于最高额保证。这是为了防止最高额抵押权人因对查封扣押事实不知情而发放的贷款得不到优先保护,而在最高额保证中却不存在这样的问题。[4]

3. 效力

(1)债权人须在保证期间依法行使权利。债权人必须在保证期间依法行使权利,否则保证人将不再承担保证责任。[5] 如果债权人没有在保证期间依法行使权利,则由于没有保证债务,保证债务诉讼时效自然无适用可能。

至于债权人在保证期间依法行使权利的方式,根据《民法典》第六百九十三条,视一般保证和连带责任保证而有所区别。一般保证中,债权人必须对债务人提起诉讼或者

---

[1] 林文学,杨永清,麻锦亮,吴光荣.《关于适用民法典有关担保制度的解释》的理解和适用[J].人民司法,2021(4):30-45.

[2] 《民法典》第四百二十三条规定:"有下列情形之一的,抵押权人的债权确定:(一)约定的债权确定期间届满;(二)没有约定债权确定期间或者约定不明确,抵押权人或者抵押人自最高额抵押权设立之日起满二年后请求确定债权;(三)新的债权不可能发生;(四)抵押权人知道或者应当知道抵押财产被查封、扣押;(五)债务人、抵押人被宣告破产或者解散;(六)法律规定债权确定的其他情形。"

[3] 《民法典担保制度解释》第三十条规定:"最高额保证合同对保证期间的计算方式、起算时间等有约定的,按照其约定。最高额保证合同对保证期间的计算方式、起算时间等没有约定或者约定不明,被担保债权的履行期限均已届满的,保证期间自债权确定之日起开始计算;被担保债权的履行期限尚未届满的,保证期间自最后到期债权的履行期限届满之日起开始计算。前款所称债权确定之日,依照民法典第四百二十三条的规定认定。"

[4] 杨永清.《新担保司法解释》中有关保证合同的几个问题[J].法律适用,2021(2):76-89.

[5] 《民法典担保制度解释》第三十四条第二款规定:"债权人在保证期间内未依法行使权利的,保证责任消灭。"

申请仲裁；在连带责任保证中，债权人必须请求保证人承担保证责任。[①]上述区别，根源在于是否存在先诉抗辩权。一旦债权人在保证期间依法行使权利，此时已经确定保证人应当承担保证责任，保证期间对于判断保证人是否应当承担保证责任就不再产生影响，在特定案件中保证期间的使命即已经完成。从保证人拒绝承担保证责任的权利消灭之日起开始计算。如保证债务诉讼时效期间经过，保证人则取得时效经过抗辩权。

（2）撤回起诉或者仲裁申请。债权人提起诉讼或者申请仲裁后又撤回起诉或者仲裁申请，能否视为债权人依法向保证人主张过权利，一般保证和连带责任保证存在不同：对于一般保证而言，视为没有向保证人主张权利；对于连带责任保证而言，须进一步考虑起诉状或者仲裁申请书的副本是否送达，如果已经送达，则视为已经向保证人主张权利，如果尚未送达，则视为没有向保证人主张权利。[②]一般保证在保证期间撤回起诉或者仲裁申请后没有再行主张权利，无法达到消灭一般保证人的先诉抗辩权的目的，保证人不再承担保证责任。只要在保证期间已经将起诉状副本或者仲裁申请书副本送达保证人，就视为向连带保证人主张权利。根据《民法典》第六百九十四条第二款的规定，连带责任保证的债权人在保证期间届满前"请求保证人"承担保证责任的，从债权人请求保证人承担保证责任之日起，开始计算保证债务的诉讼时效。该款强调的是"请求保证人"承担保证责任，只要请求保证人承担保证责任的意思表示到达保证人即可。由于法律规定没有强调具体的请求方式，人民法院或者仲裁机构将起诉书或者仲裁文书的副本送达保证人，当然可以理解为要求保证人承担责任的意思表示。[③]

（3）保证期间经过与基本事实查明。对于法院是否应当查明保证期间经过的事实，理论上存有争议。①肯定观点认为，保证期间经过的法律后果是保证债务在实体上消灭，应当属于法院依职权予以审查的事项。只有坚持法院依职权对保证期间是否经过予以审查，才能与保证期间制度限制保证人无限期承担保证责任，以及平衡债权人、保证人与主债务人三者利益关系的立法初衷相契合。②否定观点认为，保证期间作为保证人对抗债权人的抗辩事由之一，是否主张完全属于当事人对自己诉讼权利的处分。参照《民法典》第一百九十三条"人民法院不得主动适用诉讼时效的规定"，人民法院不得主动审查保证期间是否经过的事实。保证人在诉讼中没有对其应免除保证责任提出抗辩的，应当视为其已经放弃抗辩权利。

保证期间是确定保证人承担保证责任的期间，债权人只有在保证期间内依法向保证人主张了权利，才能要求保证人承担保证责任，否则保证人的保证责任消灭。我们认为，

---

① 《民法典》第六百九十三条规定："一般保证的债权人未在保证期间对债务人提起诉讼或者申请仲裁的，保证人不再承担保证责任。连带责任保证的债权人未在保证期间请求保证人承担保证责任的，保证人不再承担保证责任。"
② 《民法典担保制度解释》第三十一条规定："一般保证的债权人在保证期间内对债务人提起诉讼或者申请仲裁后，又撤回起诉或者仲裁申请，债权人在保证期间届满前未再行提起诉讼或者申请仲裁，保证人主张不再承担保证责任的，人民法院应予支持。连带责任保证的债权人在保证期间内对保证人提起诉讼或者申请仲裁后，又撤回起诉或者仲裁申请，起诉状副本或者仲裁申请书副本已经送达保证人的，人民法院应当认定债权人已经在保证期间内向保证人行使了权利。"
③ 林文学，杨永清，麻锦亮，吴光荣.《关于适用民法典有关担保制度的解释》的理解和适用[J].人民司法，2021（4）：30-45.

保证期间可以由当事人约定，且无中止、中断和延长的情形，明显不同于诉讼时效；除斥期间作为法定期间，不允许当事人约定，而且除斥期间届满后消灭的是形成权，故除斥期间和保证期间亦存在本质区别。鉴于保证期间届满消灭的是实体权利，消灭的是保证责任，对当事人权利义务的影响巨大，人民法院对与保证期间有关的事实进行审理时，不宜采取类似诉讼时效那样的当事人抗辩主义，而应当在向当事人释明的基础上以职权查明与保证期间有关的基本事实。在具体案件的审理中，应当重点查明保证期间是否已经届满，以及在保证期间内债权人是否依法行使权利等具体内容。①

（4）保证合同无效情况。保证合同无效时，能否适用保证期间制度，这是民商事审判中的一个老大难问题，而大家的理解一直存在分歧。①一种观点认为，保证合同无效，关于保证期间的约定也无效，相当于保证期间不存在，无论债权人是否在保证期间内行使权利，保证人都应该承担缔约过失责任，特别是在保证人对保证合同无效也有责任的情况下。②另一种观点则认为，如果保证合同无效时保证人不能受到保证期间的保护，那么就会出现这样的悖论：保证合同有效时，因债权人未在保证期间内依法行使权利，保证人无须承担任何责任，但在保证合同无效时，保证人反倒可能要承担赔偿责任。这显然不公平，因为按照一般的理解，保证人在合同有效时应该比合同无效时承担更大的责任。

上述两种观点都有一定的道理，后一种观点更符合当事人签订保证合同时的真实意思表示，理由在于：①债权人和保证人在签订保证合同时，当事人在主观上通常不会认为保证合同无效。因此，在债权人不知道保证合同无效时，如果其认为保证人应当承担保证责任，自应在保证期间内依法向保证人主张保证责任。相应地，债权人没有在保证期间内依法向保证人主张保证责任，通常可以解释为债权人不再要求保证人承担保证责任，当然也就不会要求保证人承担赔偿责任。②在保证合同无效的情况下，并不能理所当然就认为保证期间也无效，这是由保证期间的特殊性质决定的。保证期间本质上是或有期间，是债权人是否要求保证人承担责任的期间。在符合条件情形下，债权人要求了，保证人就承担保证责任。相反，债权人没有要求，保证人就不承担任何责任，而不管保证合同是否有效。笔者认为，保证期间的效力不以保证合同有效为前提，正如合同无效时合同中的争议解决条款的效力并不因此无效一样，这也是由争议解决条款的性质决定的。③保证人在合同有效时承担的责任应当比合同无效时承担的责任更重，以维护合同效力制度体系的内部和谐。②

保证合同无效，合同约定的保证期间仍对当事人有约束力，债权人在保证期间内未向保证人主张权利的，保证人不再承担无效保证的责任（赔偿责任）。③从保证期间强制适用主义出发，保证合同无效时自然无保证期间的适用，正所谓"皮之不存，毛将焉附"。但如此，会导致保证人赔偿责任重于保证人担保责任。因为没有了保证期间，债权人就不必担心赔偿责任因为保证期间经过但自己未及时主张权利而消灭，相对应的债

---

① 《民法典担保制度解释》第三十四条第一款规定："人民法院在审理保证合同纠纷案件时，应当将保证期间是否届满、债权人是否在保证期间内依法行使权利等事实作为案件基本事实予以查明。"
② 杨永清.《新担保司法解释》中有关保证合同的几个问题[J].法律适用，2021（2）：76-89.
③ 参见最高人民法院 （2017）最高法民申 3769 号民事裁定书。

务人会失去免除赔偿责任的机会,这与赔偿责任轻于保证责任的一般规则相违背。为此,保证合同无效时仍然应该适用保证期间,如果债权人未在保证期间内主张赔偿责任,则保证人赔偿责任消灭。① 为此,可以将保证期间理解为清算条款和争议解决条款,债权人应当在保证期间内清算赔偿责任。②

(5) 保证期间届满后保证人在催款通知书上签字、盖章的法律后果。在保证期间内债权人没有依法行使权利,保证责任依法就已经消灭,保证人无须再承担责任。但是实践中有的债权人又书面通知保证人要求其承担保证责任,保证人很可能又在通知书上完成了签章手续,此时债权人是否能够请求保证人继续承担保证责任,存在较大争议。我们认为,保证期间显著不同于诉讼时效,诉讼时效届满产生的仅仅是债务人的抗辩权,并未消灭债务本身,因此债务人在催款通知书上签字、盖章或者按指印,可以视为其对抗辩权的放弃。但是,保证期间届满产生的是实体权利的消灭,保证人仅仅在催款通知书上签字、盖章或者按指印,尚不足以认定保证人重新为债务提供担保的意思表示。③ 如果没有证据证明成立新的保证合同,保证人不再承担责任。④ 保证人仅在催款通知书上签字或盖章,只是能够证明保证人收到了该催款通知书,还不足以认定保证人继续承担保证责任。要认定保证人愿意继续或者重新承担保证责任,应当要求保证人以"明示方式"表达其意愿,而不能采用"推定意愿"或者"默示意愿"。当然,如果催款通知书内容符合法律上有关保证合同成立的规定,并且经过保证人签字认可,则可以认定成立新的保证合同。此外,需要注意的是,保证人在保证期间届满后,发函督促债权人向主债务人收款或督促主债务人还款,并不表明保证人放弃保证期间已经经过的抗辩权。⑤

4. 共同保证

(1) 债权人向部分保证人行使权利的效力不及于其他保证人。在共同保证中,无论各保证人之间是否存在连带关系,债权人向部分保证人行使权利的行为,其效力并不及

---

① 《民法典担保制度解释》第三十三条规定:"保证合同无效,债权人未在约定或者法定的保证期间内依法行使权利,保证人主张不承担赔偿责任的,人民法院应予支持。"
② 林文学,杨永清,麻锦亮,吴光荣.《关于适用民法典有关担保制度的解释》的理解和适用[J].人民司法,2021(4):30-45.
③ 基于司法解释清理的需要,《民法典担保制度解释》在第三十四条第二款对《最高人民法院关于人民法院应当如何认定保证人在保证期间届满后又在催款通知书上签字问题的批复》法释〔2004〕4号的精神进行了继受。该解释的答复意见为:"根据《中华人民共和国担保法》的规定,保证期间届满债权人未依法向保证人主张保证责任的,保证责任消灭。保证责任消灭后,债权人书面通知保证人要求承担保证责任或者清偿债务,保证人在催款通知书上签字的,人民法院不得认定保证人继续承担保证责任。但是,该催款通知书内容符合合同法和担保法有关担保合同成立的规定,并经保证人签字认可,能够认定成立新的保证合同的,人民法院应当认定保证人按照新保证合同承担责任。"该解释的精神与《民法典》关于保证期间规定的精神是一致的,故在废除该解释的前提下,《新担保司法解释》援用了该解释的内容,只是对有关法律和个别文字表述进行了技术处理。参见杨永清.《新担保司法解释》中有关保证合同的几个问题[J].法律适用,2021(2):76-89.
④ 《民法典担保制度解释》第三十四条第二款规定:"债权人在保证期间内未依法行使权利的,保证责任消灭。保证责任消灭后,债权人书面通知保证人要求承担保证责任,保证人在通知书上签字、盖章或者按指印,债权人请求保证人继续承担保证责任的,人民法院不予支持,但是债权人有证据证明成立了新的保证合同的除外。"
⑤ 高圣平.民法典上保证期间的效力及计算[J].甘肃政法大学学报,2020(5):77-92.

于其他保证人。① 这完全不同于诉讼时效的相关规定。根据《最高人民法院关于审理民事案件适用诉讼时效制度若干问题的规定》第十七条②的规定，在诉讼时效领域，对于连带债权债务采取的是诉讼时效的绝对效力。但是，诉讼时效与保证期间是完全不同的两种制度，二者之间最根本的差别在于，保证期间是向保证人倾斜的制度，而诉讼时效制度却是向债权人倾斜的制度，这就决定了保证期间采用相对效力，诉讼时效采用绝对效力。③

如前所述，在多个保证人共同为同一债务提供担保时，可能是连带共同保证，也可能是按份共同保证。如果是按份共同保证，各保证人之间相互独立，如果债权人对部分保证人行使权利，其效力当然不及于其他的保证人。根据《民法典》第五百二十条④的规定，在连带债务中，只有免除、履行、提存、抵销、混同以及给付受领迟延等6种行为而导致债务消灭情形才对其他债务人发生效力。依反面解释，在共同保证中，债权人向其中部分保证人依法主张权利的行为，其效果并不及于其他保证人。⑤

在同一债务存在两个以上保证人时，保证期间内债权人向多个保证人行使权利的范围应当"全面覆盖"，否则当事人将面临部分债权无法获得清偿的风险。从保证人的视角看，在保证期间内，部分未被要求承担保证责任的保证人可以由此免除保证责任。上述规定并未考虑按份共同保证与连带共同保证的差异，而是统一规定为债权人向部分保证人行使权利的效力并不及于其他保证人。例如，甲对乙享有200万元的债权，丙丁二人同为保证人，但保证期间分别为主债权履行期限届满后的6个月和1年。在保证人之间缺乏连带债务关系的情况下，甲在6个月内依法向丙主张了权利，但却一直没有向丁主张权利，主债权履行期限满1年后，甲以其曾经向丙主张过权利为由，主张其也已经依法向丁行使权利的，人民法院不予支持。

（2）保证人之间相互有追偿权情形因债权人过错引起的免责。同一债务有两个以上保证人，并且各保证人之间相互有追偿权的情形，产生连带债务人。在保证纠纷案件中，如果债权人不在保证期间内向保证人主张权利，该保证人的保证责任就当然归于消灭，其结果与债权人积极免除保证人保证责任的结果完全相同。部分连带债务人的债务被免

---

① 《民法典担保制度解释》第二十九条第一款："同一债务有两个以上保证人，债权人以其已经在保证期间内依法向部分保证人行使权利为由，主张已经在保证期间内向其他保证人行使权利的，人民法院不予支持。"
② 《最高人民法院关于审理民事案件适用诉讼时效制度若干问题的规定》（法释〔2008〕11号）第十七条规定："对于连带债权人中的一人发生诉讼时效中断效力的事由，应当认定对其他连带债权人也发生诉讼时效中断的效力。对于连带债务人中的一人发生诉讼时效中断效力的事由，应当认定对其他连带债务人也发生诉讼时效中断的效力。"
③ 杨永清.《新担保司法解释》中有关保证合同的几个问题[J].法律适用，2021（2）：76-89.
④ 《民法典》第五百二十条规定："部分连带债务人履行、抵销债务或者提存标的物的，其他债务人对债权人的债务在相应范围内消灭；该债务人可以依据前条规定向其他债务人追偿。部分连带债务人的债务被债权人免除的，在该连带债务人应当承担的份额范围内，其他债务人对债权人的债务消灭。部分连带债务人的债务与债权人的债权同归于一人的，在扣除该债务人应当承担的份额后，债权人对其他债务人的债权继续存在。债权人对部分连带债务人的给付受领迟延的，对其他连带债务人发生效力。"
⑤ 林文学，杨永清，麻锦亮，吴光荣.《关于适用民法典有关担保制度的解释》的理解和适用[J].人民司法，2021（4）：30-45.

除的，其他连带债务人在相应范围内也免除债务。① 正因如此，在保证期间内债权人没有向保证人主张权利，则其他连带保证人在相应范围内免除保证责任。② 原因在于，部分保证人的保证责任被免除，而其他保证人在承担保证责任后向依法不再承担保证责任的保证人追偿时，依据《民法典》第五百一十九条第二款之规定，该保证人对债权人的抗辩，自可向行使追偿权的保证人主张，这将导致已经承担了保证责任的保证人的追偿权不能得到实现。③ 再换言之，债权人未在保证期间内行使权利导致该部分保证人的保证责任消灭，其他保证人在承担保证责任后对该部分保证人的追偿权丧失了请求权基础，过错在于债权人怠于在保证期间内行使权利，责任当然应由债权人承担。④ 例如，甲对乙享有200万元的债权，丙丁二人同为保证人，假设丙、丁相互之间具有追偿权，但保证期间分别为主债权履行期限届满后的6个月和1年。甲在主债权届满后9个月内向丁主张了权利，但未在保证期间内向丙主张权利，导致丁在承担担保责任后不能再向丙追偿，则被债权人免除的丙的保证责任范围内丁无须承担保证责任。

（五）保证人的权利

1. 保证人的追偿权

保证人承担保证责任后，对债务人产生追偿权。如果保证人承担责任后成功实现追偿，债务的最终承担人是债务人而不是保证人。当然，有时债务人可能无力承担责任，导致保证人无法实现追偿，保证人就成为了最终的责任承担人。需要注意，除当事人另有约定外，保证人只能在其承担保证责任的范围内向债务人追偿，并且不得损害债权人的利益。显然，这里的债权人是指担保债权之外的其他债权人。⑤

2. 保证人的抗辩权

保证合同是主合同的从合同，地位上具有从属性，且是为了债务人的利益对债权人提供担保。因此，不论是一般保证还是连带责任保证，债务人对债权人所有的抗辩，都从属于保证人，保证人均可对债权人提出主张。⑥ 即使债务人对债权人已经放弃抗辩，保证人仍然有权就此向债权人主张抗辩，并且产生抗辩的效果。⑦ 例如，在中国东方资产管理公司大连办事处诉辽宁华曦集团公司等借款担保纠纷案中，主债权已经超过诉讼时效，

---

① 《民法典》第五百二十条第二款规定："部分连带债务人的债务被债权人免除的，在该连带债务人应当承担的份额范围内，其他债务人对债权人的债务消灭。"
② 《民法典担保制度解释》第二十九条第二款："同一债务有两个以上保证人，保证人之间相互有追偿权，债权人未在保证期间内依法向部分保证人行使权利，导致其他保证人在承担保证责任后丧失追偿权，其他保证人主张在其不能追偿的范围内免除保证责任的，人民法院应予支持。"
③ 林文学，杨永清，麻锦亮，吴光荣.《关于适用民法典有关担保制度的解释》的理解和适用[J].人民司法，2021（4）：30-45.
④ 杨永清.《新担保司法解释》中有关保证合同的几个问题[J].法律适用，2021（2）：76-89.
⑤ 《民法典》第七百条规定："保证人承担保证责任后，除当事人另有约定外，有权在其承担保证责任的范围内向债务人追偿，享有债权人对债务人的权利，但是不得损害债权人的利益。"
⑥ 《民法典》第七百零一条规定："保证人可以主张债务人对债权人的抗辩。债务人放弃抗辩的，保证人仍有权向债权人主张抗辩。"
⑦ 杨立新.中华人民共和国民法典释义与案例评注（合同编）（上）[M].北京：中国法制出版社，2020：689.

但主债务人在催款通知书上签字确认债权,放弃了原债权诉讼时效届满的抗辩权。最高人民法院认为,对于主债务人放弃的抗辩权,担保人仍然可以行使,主债务人放弃时效届满抗辩权的行为,对担保人不发生法律效力。①

3. 拒绝承担保证责任

保证合同是主合同的从合同,而保证人为债务人的利益向债权人提供保证,与主合同的债务人具有一体性。因此,债务人对债权人享有抵销权或者撤销权的,保证人享有相应的利益。当债权人向保证人主张保证债权时,保证人可以在债务人享有的抵销权和撤销权相应的范围内,拒绝承担保证责任。②例如,债务人对债权人享有债权,或者享有抵销权,就该范围内的债务,保证人可以拒绝承担保证责任。③

(六)保证债务与诉讼时效

保证期间和诉讼时效是不同的期间。保证期间是保证债权人可以主张保证债权的期间,这是债权人对保证债务的第一次请求权的行使。当债权人主张保证债务,保证人拒绝履行保证债务之时起,债权人产生对保证债权的二次请求权,二次请求权适用诉讼时效期间。由于一般保证和连带责任保证规则不同,计算诉讼时效也有所不同,主要表现在两个方面④:①一般保证的债权人在保证期间届满前对债务人提起诉讼或者申请仲裁的,是行使第一次请求权,如果保证人履行保证债务的,就没有问题了。如果保证人主张先诉抗辩权被驳回,保证人拒绝承担保证责任的抗辩权就消灭,从该权利消灭之日起,开始计算保证债务的诉讼时效。②连带责任保证的债权人在保证期间届满前要求保证人承担保证责任,主张保证债权的,从债权人要求保证人承担保证责任之日起,开始计算保证债务的诉讼时效。⑤

1. 一般保证债务与诉讼时效

对于《民法典》第六百九十四条第一款规定的"保证人拒绝承担保证责任的权利消

---

① 参见最高人民法院(2003)最高法民二终字第93号民事判决书。
② 《民法典》第七百零二条规定:"债务人对债权人享有抵销权或者撤销权的,保证人可以在相应范围内拒绝承担保证责任。"
③ 杨立新.中华人民共和国民法典释义与案例评注(合同编)(上)[M].北京:中国法制出版社,2020:691.
④ 《民法典》第六百九十四条规定:"一般保证的债权人在保证期间届满前对债务人提起诉讼或者申请仲裁的,从保证人拒绝承担保证责任的权利消灭之日起,开始计算保证债务的诉讼时效。连带责任保证的债权人在保证期间届满前请求保证人承担保证责任的,从债权人请求保证人承担保证责任之日起,开始计算保证债务的诉讼时效。"
⑤ 杨立新.中华人民共和国民法典释义与案例评注(合同编)(上)[M].北京:中国法制出版社,2020:674.

灭之日",人们理解上容易出现偏差。根据《民法典担保制度解释》第二十八条规定[1]，所谓保证人拒绝承担保证责任的权利消灭之日，就是先诉抗辩权消灭之日，具体包括债权人已就债务人的财产依法强制执行仍不能清偿债务以及《民法典》第六百八十七条第二款但书规定两种情形。[2]

（1）债权人已就债务人的财产依法强制执行仍不能清偿债务。根据《民法典担保制度解释》第二十八条规定，债权人已就债务人的财产依法强制执行仍不能清偿债务，又可细分为执行终结和推定执行终结两种情形。①执行终结。具体表现为人民法院因无财产可供执行而作出终结本次执行裁定，或者依照《民事诉讼法》第二百五十七条[3]第（三）项、第（五）项的规定作出终结执行裁定，此时一般保证的诉讼时效应当自前述裁定送达债权人之日起开始计算。原因在于，上述情形下，债务人显然已经无法履行债务，保证人先诉抗辩权消灭，应当依法承担保证责任。②推定执行终结。由于司法实践中情况可能较为复杂，有些法院没有在法律或者司法解释规定的期限内作出前述裁定，容易被认为尚未满足"债务人不能履行债务"条件，保证人先诉抗辩权尚未消灭。如果放任不管，可能会影响到债权人向一般保证人主张权利，因此《民法典担保制度解释》还规定，人民法院自收到申请执行书之日起1年内未作出前述裁定的，保证债务的诉讼时效自人民法院收到申请执行书满1年之日起计算。之所以规定1年，是因为根据《民事诉讼法》第二百二十六条的规定，通常情形下的执行期限是从收到申请执行书之日起6个月，但是考虑到在强制执行过程中可能需要对标的物进行评估、拍卖，特殊情形下人民法院可能无法在6个月内完成全部执行行为。此外，本解释规定1年的目的，只是推定债务人没有可供执行的财产，如果保证人有确切证据证明债务人还有可供执行财产，自然不受此限。

（2）《民法典》第六百八十七条第二款但书规定的四种情形。在《民法典》第

---

[1] 《最高人民法院关于适用〈中华人民共和国民法典〉有关担保制度的解释》（法释〔2020〕28号）第二十八条规定："一般保证中，债权人依据生效法律文书对债务人的财产依法申请强制执行，保证债务诉讼时效的起算时间按照下列规则确定：（一）人民法院作出终结本次执行程序裁定，或者依照民事诉讼法第二百五十七条第三项、第五项的规定作出终结执行裁定的，自裁定送达债权人之日起开始计算；（二）人民法院自收到申请执行书之日起一年内未作出前项裁定的，自人民法院收到申请执行书满一年之日起开始计算，但是保证人有证据证明债务人仍有财产可供执行的除外。一般保证的债权人在保证期间届满前对债务人提起诉讼或者申请仲裁，债权人举证证明存在民法典第六百八十七条第二款但书规定情形的，保证债务的诉讼时效自债权人知道或者应当知道该情形之日起开始计算。"

[2] 林文学，杨永清，麻锦亮，吴光荣.《关于适用民法典有关担保制度的解释》的理解和适用[J].人民司法，2021（4）：30-45.

[3] 《中华人民共和国民事诉讼法》第二百五十七条规定："有下列情形之一的，人民法院裁定终结执行：（一）申请人撤销申请的；（二）据以执行的法律文书被撤销的；（三）作为被执行人的公民死亡，无遗产可供执行，又无义务承担人的；（四）追索赡养费、扶养费、抚育费案件的权利人死亡的；（五）作为被执行人的公民因生活困难无力偿还借款，无收入来源，又丧失劳动能力的；（六）人民法院认为应当终结执行的其他情形。"

六百八十七条第二款但书规定的四种情形下①，保证人的先诉抗辩权即已经消灭。从文义上看，似乎只要出现这四种情形之一，就应当开始计算保证债务的诉讼时效。问题是，债权人对这四种情形的发生可能既不知道也不应当知道，如果严格按照客观标准确定保证债务的诉讼时效，既不利于保护债权人权益，也不符合诉讼时效从知道或者应当知道权利被侵害之日起计算的法理。为此，《民法典担保制度解释》根据诉讼时效的一般法理，采主观说，规定存在《民法典》第六百八十七条第二款但书规定情形的，一般保证债务的诉讼时效自债权人知道或者应当知道该情形之日起开始计算。

实际上，对于《民法典》第六百八十七条第二款但书规定的四种情形，保证债务的诉讼时效如何起算存在三种不同观点。①第一种观点认为，出现但书情形时，一般保证人的先诉抗辩权已经消灭，一般保证就自动变成了连带责任保证，此时债权人可以直接要求保证人承担实体保证责任，保证债务的诉讼时效自债权人知道或者应当知道该情形之日起开始计算。②第二种观点认为，出现但书情形时，债权人仍然需要在获得生效法律文书并申请强制执行且没有得到清偿的情况下，才能够要求一般保证人承担实体保证责任。③第三种观点认为，出现但书情形时，不能一概而论，而应该具体分析。在债务人下落不明且无财产可供执行、人民法院已经受理债务人破产案件并且保证人书面表示放弃先诉抗辩权的情况下，保证债务的诉讼时效应该从债权人知道或者应当知道上述情形之日起开始起算。此外，在债权人有证据证明债务人丧失履行债务能力的情况下，根据先诉抗辩权的原理，自债权人获得生效法律文书并就债务人尚有的财产依法强制执行后仍然不能完全清偿债权后才开始起算保证债务的诉讼时效。

实际上，第三种观点与第一种观点的真正区别就在于，就债务人无力清偿的部分债权而言，一般保证人是等到债务人尚有的财产执行完毕后才承担保证责任，还是无条件承担保证责任。笔者认为，二者在司法实践中区分意义不大。按照《民法典担保制度解释》第二十六条规定，债权人可以一并起诉债务人和保证人，将二者作为共同被告，债权人通常不会先起诉债务人获得胜诉判决并申请强制执行完毕后才起诉一般保证人。在债权人已经举证证明债务人只有部分财产的情况下，那么通常情况下债权人都采取了查封措施，执行起来也根本不费时间，所以就实际效果而言，这两种观点几乎没有什么区别。所以，本解释从务实简便易行的角度考虑，在债权人有证据证明债务人的财产不足以履行全部债务时，就保证债务的诉讼时效如何起算这个问题，与《民法典》第六百八十七条第（一）、（二）、（四）项以及第（三）项规定的债务人丧失履行债务能力的情形下保证债务的诉讼时效的起算时间点，采取了同一标准。基于上述几个理由，《民法典担保制度解释》第二十八条就第一至第三种情况在第一款作出了规定，就第二种情况在第二款作出了规定。②

需要说明的是，笔者认为，《民法典》第六百八十七条第二款但书规定的四种情形，

---

① 《民法典》第六百八十七条第二款规定："一般保证的保证人在主合同纠纷未经审判或者仲裁，并就债务人财产依法强制执行仍不能履行债务前，有权拒绝向债权人承担保证责任，但是有下列情形之一的除外：（一）债务人下落不明，且无财产可供执行；（二）人民法院已经受理债务人破产案件；（三）债权人有证据证明债务人的财产不足以履行全部债务或者丧失履行债务能力；（四）保证人书面表示放弃本款规定的权利。"
② 杨永清.《新担保司法解释》中有关保证合同的几个问题[J].法律适用，2021（2）：76-89.

既可能发生在债权人起诉之后，也可能在债权人起诉前就出现。起诉之后出现但书的四种情形的，一般保证人的先诉抗辩权消灭，在判决主文中应当直接判决保证人承担相应的保证责任。起诉之前出现但书的四种情形的，由于但书规定情形，一般保证人没有先诉抗辩权，债权人可以直接起诉一般保证人要求其承担保证责任，而没有必要先起诉债务人。当然，直接起诉一般保证人的，人民法院也要向当事人释明，告知债权人追加债务人为被告，或者依职权追加债务人为被告。此外，起诉之前人民法院已经受理债务人破产案件，根据《民法典担保制度解释》第二十三条第一款的规定，债权人在破产程序中申报债权后又向人民法院提起诉讼，请求担保人承担担保责任的，人民法院应予支持，此时就不能追加债务人为被告。因此，要准确理解《民法典担保制度解释》第二十八条第二款的规定，还应结合本解释第二十五条、第二十六条和第二十三条的规定进行。

还需探讨的是，《民法典》第六百八十七条第二款第（二）项仅指明在"人民法院已经受理债务人破产案件"的情况下，一般保证人的先诉抗辩权消灭，但是对"人民法院已经受理保证人破产案件"时，一般保证人的先诉抗辩权是否也应当消灭？有观点认为，《最高人民法院关于适用〈中华人民共和国企业破产法〉若干问题的规定（三）》第四条第二款规定："主债务未到期的，保证债权在保证人破产申请受理时视为到期。一般保证的保证人主张行使先诉抗辩权的，人民法院不予支持，但债权人在一般保证人破产程序中的分配额应予提存，待一般保证人应承担的保证责任确定后再按照破产清偿比例予以分配。"在此种情况下，一般保证人的先诉抗辩权也应消灭。既然《民法典》对债务人破产时一般保证人的先诉抗辩权消灭作有规定，那么在保证人破产的情况下，一般保证人的先诉抗辩权也应消灭，以保障破产法的顺利实施。笔者赞同这一观点。[①]

2.连带保证债务与诉讼时效

在连带责任保证中，债务人和保证人相当于处在并行不悖的两条路线上，具体选择哪条路线，完全依赖于债权人的决定。[②]正因如此，连带责任保证债务的诉讼时效独立于主债务的诉讼时效，从债权人请求保证人承担保证责任之日起算。[③]

（七）保证责任的免除

1.保证期间的经过

债权人在保证期间内没有请求保证人承担保证责任的，保证人无须再承担责任。换言之，保证期间的经过，在法律效果上相当于免除了保证责任。[④]

2.债权人过错导致债务人财产不能被执行

一般保证的保证人享有先诉抗辩权，如果强制执行债务人财产足以清偿债务，则保

[①] 杨永清.《新担保司法解释》中有关保证合同的几个问题[J].法律适用，2021（2）：76-89.

[②] 《民法典》第六百八十八条第二款规定："连带责任保证的债务人不履行到期债务或者发生当事人约定的情形时，债权人可以请求债务人履行债务，也可以请求保证人在其保证范围内承担保证责任。"

[③] 《民法典》第六百九十四条第二款规定："连带责任保证的债权人在保证期间届满前请求保证人承担保证责任的，从债权人请求保证人承担保证责任之日起，开始计算保证债务的诉讼时效。"

[④] 《民法典》第六百九十三条规定："一般保证的债权人未在保证期间对债务人提起诉讼或者申请仲裁的，保证人不再承担保证责任。连带责任保证的债权人未在保证期间请求保证人承担保证责任的，保证人不再承担保证责任。"

证人无须承担保证责任。为了减轻或免除自己的责任，保证人有动力向债权人提供债务人的财产线索。如果债权人放弃或者怠于行使权利导致上述财产不能被执行，则保证人在上述财产的价值范围内免除责任。[1]因为债权人怠于行使权利的行为不仅让保证人承担了原本可以无须承担的保证责任，而且还无法向债务人追偿，严重损害了保证人利益。

三、抵押

（一）抵押及其设立

抵押，是以抵押财产价值担保债务履行的担保措施，不需要移转财产占用。[2]

1.抵押权的延伸

根据传统物权理论，抵押权的延伸包括三个层次的内容：一是抵押权的不可分性；二是抵押权的物上代位性；三是抵押财产的延伸。[3]

（1）抵押权的不可分性。抵押权的不可分性，是指不论是抵押财产的分割还是主债权的分割，均不影响抵押权的效力。当抵押财产被分割时，抵押权的效力仍然及于分割后的各部分财产，抵押权人仍然可以就分割后的抵押财产行使抵押权。[4]常见的情况是，继承、合伙解散、企业分立等原因导致抵押财产被分割时，抵押权及于分割后的抵押财产。当主债权被分割时，抵押财产仍然及于分割后的各债权人，各债权人可以就其享有的份额行使抵押权[5]，主要包括两种情形：①主债权被分割或者部分转让。抵押财产仍然为被分割或者部分转让后的全部债权提供担保，只是各债权人只能就其享有的债权份额行使抵押权。②主债权部分受偿。已经受偿的债权尽管已经消灭，但抵押财产的范围并不作相应缩减，仍然以全部的抵押财产担保剩余的债权。[6]

（2）抵押权的物上代位性。抵押权具有物上代位性，担保物权的担保效力及于担保

---

[1] 《民法典》第六百九十八条规定："一般保证的保证人在主债务履行期限届满后，向债权人提供债务人可供执行财产的真实情况，债权人放弃或者怠于行使权利致使该财产不能被执行的，保证人在其提供可供执行财产的价值范围内不再承担保证责任。"

[2] 《民法典》第三百九十四条规定："为担保债务的履行，债务人或者第三人不转移财产的占有，将该财产抵押给债权人的，债务人不履行到期债务或者发生当事人约定的实现抵押权的情形，债权人有权就该财产优先受偿。前款规定的债务人或者第三人为抵押人，债权人为抵押权人，提供担保的财产为抵押财产。"

[3] 林文学.不动产抵押制度法律适用的新发展——以民法典《担保制度司法解释》为中心[J].法律适用，2021（5）19-27.

[4] 《民法典担保制度解释》第三十八条规定："主债权未受全部清偿，担保物权人主张就担保财产的全部行使担保物权的，人民法院应予支持，但是留置权人行使留置权的，应当依照民法典第四百五十条的规定处理。担保财产被分割或者部分转让，担保物权人主张就分割或者转让后的担保财产行使担保物权的，人民法院应予支持，但是法律或者司法解释另有规定的除外。"

[5] 《民法典担保制度解释》第三十九条规定："主债权被分割或者部分转让，各债权人主张就其享有的债权份额行使担保物权的，人民法院应予支持，但是法律另有规定或者当事人另有约定的除外。主债务被分割或者部分转移，债务人自己提供物的担保，债权人请求以该担保财产担保全部债务履行的，人民法院应予支持；第三人提供物的担保，主张对未经其书面同意转移的债务不再承担担保责任的，人民法院应予支持。"

[6] 林文学.不动产抵押制度法律适用的新发展——以民法典《担保制度司法解释》为中心[J].法律适用，2021（5）19-27.

财产的代位物。① 抵押权的代位物主要是抵押财产因毁损、灭失或者被征收等获得的保险金、赔偿金或者补偿金等，并不包括抵押财产的物理变形或者添附物，也不包括转让抵押财产所得的价款以及出租抵押财产所得的租金。担保期间，如果担保财产发生毁损、灭失或者被征收等情形，该担保财产依据法律能获得保险金、损害赔偿金或者补偿费。根据担保物权的物上代位性规则，担保物权人可以就担保人所获得的保险金、赔偿金或者补偿金等代位物优先受偿。被担保债权的履行期限未届满的，也可以提存该保险金、赔偿金或者补偿金等。这是因为上述保险金、赔偿金和补偿金都是担保财产毁损、灭失或者被征收的代位物，是担保财产的另一种表现形式，担保物权的担保效力当然及于该代位物。由于这些代位物都是金钱形式，因而债权人可以直接在债权履行期未届满之前即期前优先受偿，或者将其提存，待履行期届满时优先受偿。②

按照《民法典》第三百九十条，抵押权的效力及于抵押物的代位物。因此，抵押权人请求按照原抵押权的顺位就抵押物的代位物优先受偿，理应得到支持。但是社会实践中，由于保险金、赔偿金或者补偿金都是金钱，一旦被抵押人所控制，就很容易被转移、挥霍或者被抵押人用于清偿其他债务，导致抵押权的物上代位效力无法实现。因此，为了防止代位物被抵押人控制，更好地保护抵押权人的利益，《民法典担保制度解释》第四十二条规定，给付义务人在接到抵押权人要求向其支付的通知后仍然向抵押人给付的，不发生清偿的法律效力，抵押权人仍然可以继续向给付义务人请求给付保险金、赔偿金或者补偿金。当然，如果给付义务人在收到抵押权人书面通知之前就已经向抵押人履行了给付义务，则不再对抵押权人负有给付义务。③

（3）抵押财产的延伸。对于抵押权的效力是否及于抵押物的从物，依赖于从物产生时间和抵押权设立时间的先后顺序④：①如果从物产生于抵押权设立之前，则可以视为将从物一并抵押，抵押权的效力及于从物。当然，如果当事人特别约定从物不用于抵押，则抵押权的效力不及于从物。②如果从物产生于抵押权设立之后，则可以视为没有将从物一并抵押，抵押权的效力不会及于从物。但是考虑到抵押物和从物的不可分性，在实现抵押权时可以一并处分，只是抵押权人不得主张就从物的价值优先受偿而已。

添附包括附合、混合和加工，除加工属事实行为外，附合、混合既可能是行为也可能是事件。按照《民法典担保制度解释》第四十一条规定，抵押财产被添附，应当视添

---

① 《民法典》第三百九十条规定："担保期间，担保财产毁损、灭失或者被征收等，担保物权人可以就获得的保险金、赔偿金或者补偿金等优先受偿。被担保债权的履行期限未届满的，也可以提存该保险金、赔偿金或者补偿金等。"
② 杨立新. 中华人民共和国民法典释义与案例评注（物权编）[M]. 北京：中国法制出版社，2020：678.
③ 林文学. 不动产抵押制度法律适用的新发展——以民法典《担保制度司法解释》为中心[J]. 法律适用，2021（5）19-27.
④ 《最高人民法院关于适用〈中华人民共和国民法典〉有关担保制度的解释》（法释〔2020〕28号）第四十条规定："从物产生于抵押权依法设立前，抵押权人主张抵押权的效力及于从物的，人民法院应予支持，但是当事人另有约定的除外。从物产生于抵押权依法设立后，抵押权人主张抵押权的效力及于从物的，人民法院不予支持，但是在抵押权实现时可以一并处分。"

附物归谁所有的不同情形而遵循不同处理规则①：①添附物归第三人所有的，鉴于抵押权的效力及于抵押物的代位物，抵押权的效力及于补偿金；②添附物归抵押人所有的，抵押权仅及于价值变形部分，不及于增值部分；③添附物归抵押人与第三人共有的，抵押权仅及于抵押人对共有的添附物享有的份额。②后两种情形，在实现抵押权时可以对抵押物和添附物一并进行处分，只是抵押权人不得主张就添附物的价值优先受偿而已。

2. 抵押合同

抵押合同必须是书面合同。为了避免不必要的争议，法条列举了抵押合同的主要条款。对于这些条款，最好约定明确，否则抵押权人的利益可能受损。③

3. 流押条款

流押，也叫流押契约、抵押财产代偿条款或流抵契约，指抵押权人与抵押人约定，当债务人届期不履行债务时，抵押权人有权直接取得抵押财产的所有权的协议。④对于流押条款，《中华人民共和国物权法》（以下简称《物权法》）第一百八十六条规定为无效。《民法典》并没有沿袭《物权法》中禁止流押的表述，只是对"债务人不履行到期债务时抵押财产归债权人所有"部分不予认可，但流押条款仍然可以产生"依法就抵押财产优先受偿"的法律效果。⑤换言之，如果把流押条款分成"债务人不履行到期债务时抵押财产归债权人所有"表达的"流"和"依法就抵押财产优先受偿"表达的"押"，则现行法律否定了"流"而认可了"押"。⑥根本原因在于，长期以来，人们想当然以为抵押人很弱势，认为"流"会造成重大利益失衡。因此，否定"流"而认可"押"，不仅可以避免显失公平的结果，而且又保障了债权实现。

---

① 《最高人民法院关于适用〈中华人民共和国民法典〉有关担保制度的解释》（法释〔2020〕28号）第四十一条规定："抵押权依法设立后，抵押财产被添附，添附物归第三人所有，抵押权人主张抵押权效力及于补偿金的，人民法院应予支持。抵押权依法设立后，抵押财产被添附，抵押人对添附物享有所有权，抵押权人主张抵押权的效力及于添附物的，人民法院应予支持，但是添附导致抵押财产价值增加的，抵押权的效力不及于增加的价值部分。抵押权依法设立后，抵押人与第三人因添附成为添附物的共有人，抵押权人主张抵押权的效力及于抵押人对共有物享有的份额的，人民法院应予支持。本条所称添附，包括附合、混合与加工。"

② 林文学.不动产抵押制度法律适用的新发展——以民法典《担保制度司法解释》为中心[J].法律适用，2021（5）19-27.

③ 《民法典》第四百条规定："设立抵押权，当事人应当采用书面形式订立抵押合同。抵押合同一般包括下列条款：（一）被担保债权的种类和数额；（二）债务人履行债务的期限；（三）抵押财产的名称、数量等情况；（四）担保的范围。"

④ 杨立新.中华人民共和国民法典释义与案例评注（物权编）[M].北京：中国法制出版社，2020：714.

⑤ 《民法典》第四百零一条规定："抵押权人在债务履行期限届满前，与抵押人约定债务人不履行到期债务时抵押财产归债权人所有的，只能依法就抵押财产优先受偿。"

⑥ 《最高人民法院关于适用〈中华人民共和国民法典〉时间效力的若干规定》第七条规定："民法典施行前，当事人在债务履行期限届满前约定债务人不履行到期债务时抵押财产或者质押财产归债权人所有的，适用民法典第四百零一条和第四百二十八条的规定。"本条规定，将对法律实践带来重大影响。

4.抵押不破租赁

抵押不破租赁①,这一规则源于《物权法》第一百九十条。②将租赁关系的设立时间由《物权法》第一百九十条"订立抵押合同前"变更为"抵押权设立前",并要求"转移占有",删除了"抵押权设立后抵押财产出租的,该租赁关系不得对抗已登记的抵押权"。所谓"抵押不破租赁",指的是出租人将财产出租并转移占有后,又用该财产设定抵押权时,原租赁关系不受抵押权的影响。准确理解该规则,需要注意以下几点:

第一,承租人须已经占有租赁物。租赁权性质上尽管属于债权,但却具有对抗所有权、抵押权等物权的效力。也就是说,尽管其性质属于债权,但却具有优于物权的效力,而之所以要对承租人进行如此强度的保护,主要在于保护其使用状态的稳定。使用的前提是占有,加之占有也具有一定的公示功能,因此不论是"抵押不破租赁"规则还是《民法典》合同编规定的"买卖不破租赁",都在《物权法》《合同法》相关条文基础上进一步规定了能够对抗所有权或者抵押权的只能是已经转移占有的租赁物。换言之,签订租赁合同而尚未占有租赁物的承租人仅为一般债权人,不能对抗后设立的抵押权。

第二,在后的抵押权须已设立。"买卖不破租赁"也好,"抵押不破租赁"也罢,本质上均为在后设立的所有权、抵押权等物权,不得对抗在先设立的已经转移占有的租赁权。故在"买卖不破租赁"场合,要求所有权已经发生变动;在"抵押不破租赁"场合,也要求抵押权已经设立。如果抵押权尚未设立,设立在后的抵押合同之债根本无法对抗设立在先的租赁合同之债。此外,抵押合同何时订立往往难以判断,在当事人之间恶意串通倒签抵押合同而法院又缺乏手段认定的情况下,租赁权的保护将会面临极大挑战。有鉴于此,法律将抵押不破租赁的抵押规定为已经依法设立的抵押权,而非抵押合同,不仅逻辑上更为周延,操作上也更为便捷。

第三,原租赁关系不受该抵押权的影响。一方面,是指抵押权的设立不影响原租赁关系的存续,承租人仍可基于租赁合同继续占有使用租赁物;另一方面,是指抵押权实现时,只要租赁合同还在合同有效期内,租赁合同对抵押物(同时也是租赁物)受让人就继续有效,受让人取得的就是有租赁权负担的抵押物。此时,抵押权人或者受让人能否向抵押人主张损害赔偿?对此,存在不同观点。有一种观点认为,承租人占有租赁物本身就具有一定的公示功能,对此,抵押权人在设立抵押权时是明知的,受让人受让抵押权时更是明知的,因此不能向抵押人主张损害赔偿。另一种观点则认为,承租人占有租赁物不一定就是租赁物变动的公示方法,抵押人在设立抵押时应当将已经设立租赁权的事实告知抵押权人,抵押人未尽告知义务而导致抵押物价值贬损时,抵押权人可以向抵押人主张损害赔偿。但在抵押物拍卖、变卖时,其上有权利负担这一事实的受让人往往是明知的,受让人明知物上有权利瑕疵仍然从事交易,应当自担风险,不得请求承担权利瑕疵担保责任。况且物上存在权利瑕疵也会影响抵押物的价值,受让人可能会以较低的价格受让抵押物,因而价格的贬损对其来说不能算是损失,故其不能向抵押人主张

---

① 《民法典》第四百零五条规定:"抵押权设立前,抵押财产已经出租并转移占有的,原租赁关系不受该抵押权的影响。"
② 《物权法》第一百九十条规定:"订立抵押合同前抵押财产已出租的,原租赁关系不受该抵押权的影响。抵押权设立后抵押财产出租的,该租赁关系不得对抗已登记的抵押权。"

损失。我们赞同后一种观点。

第四，关于"抵押不破租赁"的适用范围。关于"买卖不破租赁"或者"抵押不破租赁"是仅适用于不动产租赁，还是适用于一切租赁，一直存在争议。有观点认为，应当将其限于不动产租赁。我们认为，从立法论的角度看，该说确有一定道理。但从《民法典》相关条文的表述看，其并未对适用范围作出限制，故应当理解为该规则适用于包括动产在内的租赁。总之，在先租赁后抵押场合，权利顺序为：已转移占有的租赁权＞已设立的抵押权＞未转移占有的租赁权。

抵押权作为担保物权，所追求的是抵押物的交换价值；租赁权是债权，所追求的是抵押物的使用价值。由于抵押权和租赁权追求的价值不同，二者可以在同一标的物上同时设立并且不发生实质冲突。在抵押权人实现抵押权时，虽然租赁在先的承租人可以"抵押不破租赁"来对抗抵押权人或者抵押物受让人，在原租赁合同约定的租赁期限内继续承租标的物，但是承租人并不享有以在先租赁权阻止抵押权人以折价、拍卖或变卖等方式处置抵押物并就价款优先受偿的权利。无论租赁在先还是租赁在后，都不影响抵押权人请求人民法院对依法设立的抵押权进行确认。①

5. 抵押权的保全请求权

在抵押权法律关系中，抵押权人并不实际占有抵押物，在抵押权实现之前，如果抵押人的行为有害于抵押物，导致抵押物价值减少，则将来实现抵押权时，抵押权人有可能很难实现优先受偿权。有鉴于此，法律赋予了抵押权人保全抵押权的权利，主要体现在以下两个方面②：

（1）抵押物价值减少防止权。抵押人的行为足以使抵押物价值减少的，抵押权人有权要求抵押人停止其行为。如果因请求停止上述行为而产生必要的费用，则费用应当由抵押人负担。

（2）抵押物价值减少时的恢复原状或增加担保请求权。抵押物价值减少时，抵押权人有权要求抵押人恢复抵押物的价值，或者提供与减少的价值相当的担保。须注意的是，抵押物价值的减少不可归责于抵押人的，如抵押人因此而获得损害赔偿时，抵押权人可在该赔偿限度内请求抵押人提供担保；如果抵押人没获赔偿，则抵押权人无权要求抵押人提供担保。也就是说，抵押权的效力及于抵押物的替代物。另外，抵押人在抵押期间转让抵押物的，抵押权人有权要求用抵押物转让款来代替抵押物。

（二）抵押财产

1. 可抵押财产范围

对于可抵押财产的范围，法律只是强调了财产的可处分性，并且不是法律、行政法

---

① 参见最高人民法院（2019）最高法民终1206号民事裁定书。
② 《民法典》第四百零八条规定："抵押人的行为足以使抵押财产价值减少的，抵押权人有权请求抵押人停止其行为；抵押财产价值减少的，抵押权人有权请求恢复抵押财产的价值，或者提供与减少的价值相应的担保。抵押人不恢复抵押财产的价值，也不提供担保的，抵押权人有权请求债务人提前清偿债务。"

规禁止抵押的财产。①抵押权的性质是变价权，在实现抵押权时须对抵押财产进行处理，这必然要求抵押人对抵押财产拥有处分权。如果以无权处分的财产设定抵押，抵押的效力如何？《民法典》第三百九十九条第（四）项将"所有权、使用权不明或者有争议的财产"规定为不得抵押的财产，没有进一步规定以此设定抵押的效力问题。《民法典担保制度解释》对此进行了明确，认为符合无权处分的，按《民法典》第三百一十一条的规定处理。②《民法典》第三百一十一条为善意取得制度③，据此可知，只要满足善意取得的相关条件，抵押权也可以适用善意取得制度。

值得探讨的是，如何认定抵押权的善意取得。有观点认为，从《民法典》第三百一十一条第三款有关"当事人善意取得其他物权的，参照适用前两款规定"看，抵押权善意取得的构成要件应当参照适用善意取得所有权的有关规定，即包括善意、支付合理对价、完成权利变动的公示三要件。我们认为，不可机械地理解前述规定。抵押作为一种担保，性质上属于单务行为、无偿行为，不以支付合理对价为必要。因而只要在签订抵押合同时抵押权人为善意，且完成了不动产抵押登记的，就构成善意取得，可以不考虑是否支付了合理对价。④

（1）乡镇、村企业的建设用地使用权。乡镇、村企业的建设用地使用权不得单独抵押。⑤原因在于，我国严格限制农用地转为建设用地，除了兴办乡镇、村企业和村民建设住宅经依法批准使用农民集体所有的土地，或者乡镇、村公共设施和公益事业建设经依法批准使用农民集体所有的土地外，任何单位和个人进行建设，都必须依法申请国有土地的建设用地使用权。由于抵押权的实现会带来建设用地使用权转让的后果，如果对农村建设用地使用权的抵押不加以任何限制，可能出现规避法律，以抵押为名将农村建设用地直接转为城市建设用地的后果。如果以乡镇、村企业的厂房等建筑物抵押则是允许的，当事人可将其占用范围内的建设用地使用权一并抵押。⑥需要注意的是，上述抵押权实现时不得随意改变土地所有权的性质和土地用途。⑦

---

① 《民法典》第三百九十五条规定："债务人或者第三人有权处分的下列财产可以抵押：（一）建筑物和其他土地附着物；（二）建设用地使用权；（三）海域使用权；（四）生产设备、原材料、半成品、产品；（五）正在建造的建筑物、船舶、航空器；（六）交通运输工具；（七）法律、行政法规未禁止抵押的其他财产。抵押人可以将前款所列财产一并抵押。"
② 《民法典担保制度解释》第三十七条规定："当事人以所有权、使用权不明或者有争议的财产抵押，经审查构成无权处分的，人民法院应当依照民法典第三百一十一条的规定处理。"
③ 《民法典》第三百一十一条规定："无处分权人将不动产或者动产转让给受让人的，所有权人有权追回；除法律另有规定外，符合下列情形的，受让人取得该不动产或者动产的所有权：（一）受让人受让该不动产或者动产时是善意；（二）以合理的价格转让；（三）转让的不动产或者动产依照法律规定应当登记的已经登记，不需要登记的已经交付给受让人。受让人依据前款规定取得不动产或者动产的所有权的，原所有权人有权向无处分权人请求损害赔偿。当事人善意取得其他物权的，参照适用前两款规定。"
④ 林文学.不动产抵押制度法律适用的新发展——以民法典《担保制度司法解释》为中心[J].法律适用，2021（5）19-27.
⑤ 《民法典》第三百九十八条规定："乡镇、村企业的建设用地使用权不得单独抵押。以乡镇、村企业的厂房等建筑物抵押的，其占用范围内的建设用地使用权一并抵押。"
⑥ 杨立新.中华人民共和国民法典释义与案例评注（物权编）[M].北京：中国法制出版社 2020：704.
⑦ 《民法典》第四百一十八条规定："以集体所有土地的使用权依法抵押的，实现抵押权后，未经法定程序，不得改变土地所有权的性质和土地用途。"

（2）划拨土地抵押。对于仅以划拨建设用地使用权抵押，实践中经历了一个从"需要经过审批"到"登记视同审批"，再到"无需审批"的发展过程。①与划拨建设用地使用权单独抵押不同，对于以划拨建设用地使用权及其上建筑物一并抵押，相关法律法规自始留有余地，且呈现出不断放松管制的趋势。《中华人民共和国城镇国有土地使用权出让和转让暂行条例》有条件地允许划拨用地及其上建筑物一并抵押，只不过设定的条件相对比较严格。②到了《中华人民共和国城市房地产管理法》，当事人既不需要审批，也不需要事先缴纳土地出让金，只是在拍卖时将所得价款优先用于缴纳土地出让金即可。③

《民法典担保制度解释》第五十条顺应前述发展趋势，一方面规定，不论是仅以划拨建设用地使用权设定抵押还是以划拨建设用地使用权及其上的建筑物一并抵押，当事人均不得以划拨建设用地使用权不能抵押或者未经批准为由主张抵押合同无效或者不生效。另一方面明确，抵押权依法实现时应当优先用于补缴划拨建设用地使用权出让金。至于抵押财产的范围，不论是仅以划拨用地抵押、以其上的建筑物抵押还是一并抵押，均应当根据房地一体规则来确定抵押财产的范围。④

由于机关法人以及以公益为目的设立的非营利性学校、幼儿园、医疗机构、养老机构等特别法人以及以公益为目的的非营利法人，原则上不得为担保人，且依照《民法典担保制度解释》第五条、第六条，其提供的担保无效。这类主体以划拨建设用地使用权

---

① 第一阶段，根据《划拨土地使用权管理暂行办法》第五条以及《中华人民共和国城镇国有土地使用权出让和转让暂行条例》第四十四条的规定，抵押划拨建设用地必须依法经过批准。第二阶段，2004年国土资源部《关于国有划拨土地使用权抵押登记有关问题的通知》规定："以国有划拨土地使用权为标的物设定抵押，土地行政管理部门依法办理抵押登记手续，即视同已经具有审批权限的土地行政管理部门批准，不必再另行办理土地使用权抵押的审批手续。"最高人民法院随后转发了国土资源部的通知，并强调指出：人民法院尚未审结的涉及国有划拨土地使用权抵押经过有审批权限的土地行政管理部门依法办理抵押登记手续的案件，不以国有划拨土地使用权抵押未经批准而认定抵押无效。第三阶段，划拨建设用地使用权抵押无需经过审批。2010年7月《国务院关于第五批取消和下放管理层级行政审批项目的决定》发布，取消了国有划拨土地使用权抵押行政审批项目。综上，以划拨建设用地使用权抵押的相关法律和政策有一个发展的过程，人民法院在认定合同效力时也有一个发展的过程。2004年以前，以划拨建设用地使用权抵押的，未经审批同意，认定抵押合同无效。2004年以后，因为登记即视为审批以及2010年以后无需审批，故以未办理批准手续为由主张抵押合同无效或者不生效的，人民法院不予支持。

② 《中华人民共和国城镇国有土地使用权出让和转让暂行条例》第四十五条规定："符合下列条件的，经市、县人民政府土地管理部门和房产管理部门批准，其划拨土地使用权和地上建筑物、其他附着物所有权可以转让、出租、抵押：（一）土地使用者为公司、企业、其他经济组织和个人；（二）领有国有土地使用证；（三）具有地上建筑物、其他附着物合法的产权证明；（四）依照本条例第二章的规定签订土地使用权出让合同，向当地市、县人民政府补交土地使用权出让金或者以转让、出租、抵押所获收益抵交土地使用权出让金。"

③ 《中华人民共和国城市房地产管理法》第五十一条规定："设定房地产抵押权的土地使用权是以划拨方式取得的，依法拍卖该房地产后，应当从拍卖所得的价款中缴纳相当于应缴纳的土地使用权出让金的款额后，抵押权人方可优先受偿"。

④ 《民法典担保制度解释》第五十条："抵押人以划拨建设用地上的建筑物抵押，当事人以该建设用地使用权不能抵押或者未办理批准手续为由主张抵押合同无效或者不生效的，人民法院不予支持。抵押权依法实现时，拍卖、变卖建筑物所得的价款，应当优先用于补缴建设用地使用权出让金。当事人以划拨方式取得的建设用地使用权抵押，抵押人以未办理批准手续为由主张抵押合同无效或者不生效的，人民法院不予支持。已经依法办理抵押登记，抵押权人主张行使抵押权的，人民法院应予支持。抵押权依法实现时所得的价款，参照前款有关规定处理。"

抵押的，抵押合同也应当认定为无效，除非符合《民法典担保制度解释》第五条、第六条但书①规定的条件。②

2. 不得抵押

《民法典》第三百九十九条规定的不得抵押的财产③，有的自始不得抵押，以此类财产设定的抵押因标的不适格而自始无效、当然无效，如以土地所有权设定抵押。有的所谓的不得抵押，并非抵押无效，对应的是无权处分的概念，在《民法典》采取区分原则的情况下，不能仅以违反《民法典》第三百九十九条的规定为由，认定抵押合同无效。例如，以权属不明或者有争议的不动产设定的抵押即属此类。④

（1）所有权、使用权不明或者有争议的财产。根据《民法典担保制度解释》第三十七条第一款规定，当事人以所有权、使用权不明或者有争议的财产抵押，经审查构成无权处分的，人民法院应当依照《民法典》第三百一十一条的规定处理。《民法典》第三百一十一条主要是关于善意取得制度的规定。

权属不明主要是指抵押物所有权不明。按民法典规定，不动产的物权变动遵循登记生效主义，基于登记的权利推定效力，在已经办理不动产所有权登记的情况下，一般不存在权属不明的问题。因而，权属不明主要是指虽经合法建造而取得所有权但并未办理登记的情形。权属不明还包括使用权不明，如土地未办理确权登记导致土地使用权不明。所谓的权属有争议，主要是指尽管有相应的不动产登记，但因为隐名等原因，当事人之间产生了权属争议，从而引发了确权之诉或者案外人执行异议之诉。⑤当然，有时还会因为历史遗留问题或者登记系统缺陷导致登记本身存在问题，而发生争议。

值得注意的是，当事人以权属不明或者有争议的财产设立抵押，经人民法院审查后可能出现抵押人有处分权和抵押人无权处分两种结果。在抵押人有权处分的场合，抵押合同有效，抵押权的设立也应认定有效。在抵押人无权处分的场合，抵押合同虽然不因抵押人无权处分而受影响，具有法律效力，但是抵押权的设立则依赖于债权人是否满足善意取得的条件：构成善意取得的，债权人可以取得抵押权；不符合善意取得条件的，

---

① 《民法典担保制度解释》第五条但书包括"经国务院批准为使用外国政府或者国际经济组织贷款进行转贷"以及"依法代行村集体经济组织职能的村民委员会，依照村民委员会组织法规定的讨论决定程序对外提供担保"两种情况。第六条但书包括"在购入或者以融资租赁方式承租教育设施、医疗卫生设施、养老服务设施和其他公益设施时，出卖人、出租人为担保价款或者租金实现而在该公益设施上保留所有权"以及"以教育设施、医疗卫生设施、养老服务设施和其他公益设施以外的不动产、动产或者财产权利设立担保物权"两种情况。

② 林文学.不动产抵押制度法律适用的新发展——以民法典《担保制度司法解释》为中心[J].法律适用，2021（5）19-27.

③ 《民法典》第三百九十九条规定："下列财产不得抵押：（一）土地所有权；（二）宅基地、自留地、自留山等集体所有土地的使用权，但是法律规定可以抵押的除外；（三）学校、幼儿园、医疗机构等为公益目的成立的非营利法人的教育设施、医疗卫生设施和其他公益设施；（四）所有权、使用权不明或者有争议的财产；（五）依法被查封、扣押、监管的财产；（六）法律、行政法规规定不得抵押的其他财产。"

④ 林文学.不动产抵押制度法律适用的新发展——以民法典《担保制度司法解释》为中心[J].法律适用，2021（5）19-27.

⑤ 林文学.不动产抵押制度法律适用的新发展——以民法典《担保制度司法解释》为中心[J].法律适用，2021（5）19-27.

债权人无权取得抵押权,此时,真正的权利人还可以请求注销抵押登记。①

(2)依法被查封、扣押、监管的财产。关于以被查封、扣押的不动产抵押的合同效力问题,现实中也存在不同观点。一种观点认为,《民法典》第三百九十九条规定被查封、扣押的财产不能抵押,因此以被查封、扣押的不动产设立抵押的合同无效;另一种观点认为,被查封、扣押的不动产仍然属于抵押人的财产,抵押人依然享有所有权,自然也享有处分权,因此,抵押合同有效。《民法典担保制度解释》第三十七条第二款采纳了第二种观点,同时进一步规定,当事人以依法被查封或者扣押的财产抵押,抵押权人请求行使抵押权,经审查查封或者扣押措施已经解除的,人民法院应予支持。反面解释是,查封、扣押措施未解除的,后设立的抵押权不能对抗在先申请查封、扣押的债权人。②换言之,查封、扣押措施未解除的,后设立的抵押权有效,只是不得对抗在先申请查封、扣押的债权人而已。③

(3)违法建筑。所谓的违法建筑物,是指违反有关法律、法规的禁止性规定而修建的各类建筑物及其附属设施。违反《中华人民共和国城乡规划法》的有关规定,没有取得建设工程规划许可证或者没有按照建设工程规划许可证的规定而修建的建筑物,一般可以认定为违法建筑物。只有合法建造行为才能原始取得所有权,违法建筑物不能依法取得所有权,自然也谈不上设定抵押的问题。④有鉴于此,以违法的建筑物设定抵押的,抵押合同应当认定为无效。但是,鉴于违法建筑物尚有转化为合法建筑物的可能,只要在一审法庭辩论终结前已经办理合法手续的,也可以认定抵押合同有效。如此规定的法理基础正是合同效力补正理论,即尽管当事人订立合同时违反了法律、行政法规的强制性规定,但是在合同履行过程中,当事人通过努力消除了合法性上的瑕疵,满足了合同合法性的要求,为了避免社会财富的浪费和损失,从鼓励交易原则出发,应当认定合同有效,而且合同效力可以溯及自合同订立之时。需要注意的是,"一审法庭辩论终结前"是当事人补正效力的最后时点,并不应当包括二审、再审发回指定一审法院重审的情形。当事人超过"一审法庭辩论终结前"这一法定时点仍未补正合同效力的,则应当认定以违法建筑物设定抵押的合同无效。⑤至于抵押合同无效的法律后果,依照《民法典担保制

---

① 林文学,杨永清,麻锦亮,吴光荣.《关于适用民法典有关担保制度的解释》的理解和适用[J].人民司法,2021(4):30-45.
② 林文学.不动产抵押制度法律适用的新发展——以民法典《担保制度司法解释》为中心[J].法律适用,2021(5)19-27.
③ 根据《民法典担保制度解释》第三十七条第二款和第三款规定:"当事人以依法被查封或者扣押的财产抵押,抵押权人请求行使抵押权,经审查查封或者扣押措施已经解除的,人民法院应予支持。抵押人以抵押权设立时财产被查封或者扣押为由主张抵押合同无效的,人民法院不予支持。以依法被监管的财产抵押的,适用前款规定。"
④ 《民法典》第二百三十一条规定:"因合法建造、拆除房屋等事实行为设立或者消灭物权的,自事实行为成就时发生效力。"
⑤ 《民法典担保制度解释》第四十九条第一款规定:"以违法的建筑物抵押的,抵押合同无效,但是一审法庭辩论终结前已经办理合法手续的除外。抵押合同无效的法律后果,依照本解释第十七条的有关规定处理。"

度解释》第十七条的有关规定处理即可。① 司法实践中，需要判断债权人和抵押人有无过错以及过错大小来确定责任份额。需要注意的是，与保证担保不同，此时抵押人承担的责任是物保性质的责任，其范围限于抵押财产的价值，即违法建筑物本身的价值。

司法实践中，还可能出现这样的情况，即建设用地使用权依法设立抵押后，因建设施工时没有取得合法手续，其上的建筑物被认定为违法建筑物，当事人往往以房地一体规则为由主张整个抵押合同无效。我们认为，上述主张不能得到支持，原因在于，判断抵押合同的效力，应当以签订抵押合同时是否违反法律、行政法规的强制性规定为依据，不能因为缔约后出现的建筑物违法而否认已经有效设立的建设用地使用权抵押合同的效力。②

需要特别注意的是，违法建筑物的确认应当属于国家有关行政机关的职权范围。③ 因此，对违法建筑的认定和处理不属于人民法院职权范围，人民法院应当避免通过司法程序代行行政职权而直接认定和处理违法建筑物，应当避免通过民事判决使得违法建筑变相地合法化。对于当事人在民事诉讼程序中请求确认违法建筑物权利归属及内容的，人民法院不予受理；已经受理的，裁定驳回起诉。④

3. 浮动抵押

企业、个体工商户、农业生产经营者容易面临融资难题，难以提供具备较高价值的单件抵押品时更是如此。既要通过抵押获得资金，同时又不影响正常经营，浮动抵押⑤是较好的选择。

（1）不得对抗正常买受人。企业出于融资需求，将正常生产经营活动中的产品或者商品设定浮动抵押并办理登记，如果与之交易的买受人要避免购买的货物被先前设定的抵押权所追及，就必须在每次交易之前都要查询买受商品的抵押登记资料，以判断该货物上是否存在权利负担，而如此不仅会增加交易成本，影响交易效率，而且会与使动产以占有作为权利外观的一般规则受到冲击，不符合现代市场经济的要求。因此，对在浮

---

① 《民法典担保制度解释》第十七条规定："主合同有效而第三人提供的担保合同无效，人民法院应当区分不同情形确定担保人的赔偿责任：（一）债权人与担保人均有过错的，担保人承担的赔偿责任不应超过债务人不能清偿部分的二分之一；（二）担保人有过错而债权人无过错的，担保人对债务人不能清偿的部分承担赔偿责任；（三）债权人有过错而担保人无过错的，担保人不承担赔偿责任。主合同无效导致第三人提供的担保合同无效，担保人无过错的，不承担赔偿责任；担保人有过错的，其承担的赔偿责任不应超过债务人不能清偿部分的三分之一。"
② 《民法典担保制度解释》第四十九条第二款规定："当事人以建设用地使用权依法设立抵押，抵押人以土地上存在违法的建筑物为由主张抵押合同无效的，人民法院不予支持。"
③ 《中华人民共和国城乡规划法》第六十四条规定："未取得建设工程规划许可证或者未按照建设工程规划许可证的规定进行建设的，由县级以上地方人民政府城乡规划主管部门责令停止建设；尚可采取改正措施消除对规划实施的影响的，限期改正，处建设工程造价百分之五以上百分之十以下的罚款；无法采取改正措施消除影响的，限期拆除，不能拆除的，没收实物或者违法收入，可以并处建设工程造价百分之十以下的罚款。"
④ 林文学.不动产抵押制度法律适用的新发展——以民法典《担保制度司法解释》为中心[J].法律适用，2021（5）19-27.
⑤ 《民法典》第三百九十六条规定："企业、个体工商户、农业生产经营者可以将现有的以及将有的生产设备、原材料、半成品、产品抵押，债务人不履行到期债务或者发生当事人约定的实现抵押权的情形，债权人有权就抵押财产确定时的动产优先受偿。"

动抵押的情形中正常经营活动买受人的权利予以特别保护,赋予其可以对抗已经登记的动产抵押权的优先权就很有必要了,当事人可以此实现提高交易效率的目的。①

(2)价款超级优先权。设立动产浮动抵押并办理登记后又购入新的动产,动产出卖人为了担保价款债权而订立担保合同并在该动产交付后10天内办理登记,则为担保价款而设立的抵押权优先于在先设立的浮动抵押权。不仅如此,如果买受人以上述动产为他人设立担保物权,为担保价款而设立的抵押权同样优先。如果同一动产上并存多个价款优先权,按登记先后顺序清偿。②此即所谓价款优先权或者价款超级优先权,在实践中的运用区分为两种情形:一是债务人在设定动产浮动抵押后又购入新的动产时,为担保价款的支付而在该动产上为出卖人设定抵押权;二是在动产买卖中,买受人通过赊销取得动产后立即为他人设定担保物权,出卖人为担保价款支付而在该动产上设定抵押权。此外,考虑到实践中对价款支付进行担保的手段除了以标的物设定抵押权外,还存在所有权保留、融资租赁等方式,《民法典担保制度解释》将上述两种情形下可以主张价款优先权的主体规定为3类当事人:一是在该动产上设立抵押权或者保留所有权的出卖人;二是为价款支付提供融资而在该动产上设立抵押权的债权人;三是以融资租赁方式出租该动产的出租人。

需要说明的是,前一种情形主要是为了解决中小企业在将现有的和将有的动产设定浮动抵押后的再融资能力问题,因为如果动产浮动抵押设定在前且已经办理登记,则抵押人新购入的动产也将自动成为浮动抵押权的客体。即使买受人在新购入的动产上为担保价款债权实现而为出卖人设定了抵押权,由于该抵押权登记在后,根据《民法典》第四百一十四条关于担保物权清偿顺序的规定③,出卖人的交易安全也无法获得有效保障,从而影响到出卖人与抵押人进行交易的积极性。价款超级优先权旨在打破《民法典》第四百一十四条的清偿顺序,赋予后设立的抵押权优先于先设立的浮动抵押权的效力,从而增强抵押人的再融资能力,具有正当性。

不过,后一种情形下,价款优先权的正当性遭到了部分学者的质疑,因为该种情形针对的仅仅是买受人尚未将以赊购方式买入的动产捂热,即又在该动产上为第三人设定担保物权,从而导致出卖人的价款可能无法实现。这虽然有利于保障出卖人的交易安全,

---

① 《民法典》第四百零四条规定:"以动产抵押的,不得对抗正常经营活动中已经支付合理价款并取得抵押财产的买受人。"
② 《民法典担保制度解释》第五十七条规定:"担保人在设立动产浮动抵押并办理抵押登记后又购入或者以融资租赁方式承租新的动产,下列权利人为担保价款债权或者租金的实现而订立担保合同,并在该动产交付后十日内办理登记,主张其权利优先于在先设立的浮动抵押权的,人民法院应予支持:(一)在该动产上设立抵押权或者保留所有权的出卖人;(二)为价款支付提供融资而在该动产上设立抵押权的债权人;(三)以融资租赁方式出租该动产的出租人。买受人取得动产但未付清价款或者承租人以融资租赁方式占有租赁物但是未付清全部租金,又以标的物为他人设立担保物权,前款所列权利人为担保价款债权或者租金的实现而订立担保合同,并在该动产交付后十日内办理登记,主张其权利优先于买受人为他人设立的担保物权的,人民法院应予支持。同一动产上存在多个价款优先权的,人民法院应当按照登记的时间先后确定清偿顺序。"
③ 《民法典》第四百一十四条规定:"同一财产向两个以上债权人抵押的,拍卖、变卖抵押财产所得的价款依照下列规定清偿:(一)抵押权已经登记的,按照登记的时间先后确定清偿顺序;(二)抵押权已经登记的先于未登记的受偿;(三)抵押权未登记的,按照债权比例清偿。其他可以登记的担保物权,清偿顺序参照适用前款规定。"

但却可能威胁到已经在标的物上设定担保物权的第三人的交易安全。从文义上看,《民法典》第四百一十六条①应包括此种情形,因此《民法典担保制度解释》从尽量尊重立法原意的角度,对此种情形下的价款优先权亦予以承认,至于由此带来的第三人交易安全的问题,则可由第三人通过尽职调查等方式予以克服。②

（3）抵押财产的确定。由于浮动抵押权所涉抵押财产具有不特定性,所以当事人应当按照规定将其确定,以保障抵押权的实现。具体而言,浮动抵押权的确定包括如下几种情形③：第一,债务履行期限届满,债权尚未实现；第二,抵押人被宣告破产或者解散,无论浮动抵押权人是否知道该事由的发生或者有没有实现抵押权,都不影响抵押财产的自动确定；第三,当事人约定的实现抵押权的情形下,因为要实现抵押权,所以抵押的财产必须确定,浮动抵押必须经过确定变为固定抵押,抵押权的实现才有可能；第四,严重影响债权实现的其他情形,抵押财产也必须确定。例如,参照双务合同不安抗辩的相关规定,抵押人经营管理不善导致经营状况恶化或严重亏损,或者抵押人为了逃避债务而故意低价转让财产或隐匿、转移财产,都属于严重影响债权实现的情形。浮动抵押财产被确定后,变成固定抵押,在抵押权实现的规则上,与普通抵押没有区别。④

4. 买卖价款抵押权

在现代市场经济中,当事人尤其是公司,以赊购或者贷款的方式购买原材料、半成品、产品的交易模式非常普遍,尤其是当商品供过于求时,销售方为了推销其产品,经常采用"卖方信贷"融资的商业模式。为了保障卖方对收取出卖动产价款的债权,通常采取的方式是,在已经出卖给买方的动产上设立一个抵押权,如果买方最终不支付该动产价款,卖方有权以抵押权人的身份就该动产优先受偿。同时,为了防止买方自身负担的其他担保物权对卖方或者贷款人产生影响,尤其是买方已经负担的浮动抵押,法律赋予卖方优于其他担保物权人受偿的权利,即买卖的动产交付买方并在法定的期限内办理抵押登记的,就该抵押动产而言,卖方作为抵押权人,优先于买方的其他担保物权人受偿。⑤

优先于动产买受人的其他担保物权买卖价款抵押权的优先受偿,是指优先于抵押物买受人的其他担保物权,其取得对其他担保物权的优先性,必须办理抵押登记。其一,

---

① 《民法典》第四百一十六条规定："动产抵押担保的主债权是抵押物的价款,标的物交付后十日内办理抵押登记的,该抵押权人优先于抵押物买受人的其他担保物权人受偿,但是留置权人除外。"
② 林文学,杨永清,麻锦亮,吴光荣.《关于适用民法典有关担保制度的解释》的理解和适用[J].人民司法,2021（4）：30-45.
③ 《民法典》第四百一十一条规定："依据本法第三百九十六条规定设定抵押的,抵押财产自下列情形之一发生时确定：（一）债务履行期限届满,债权未实现；（二）抵押人被宣告破产或者解散；（三）当事人约定的实现抵押权的情形；（四）严重影响债权实现的其他情形。"
④ 杨立新.中华人民共和国民法典释义与案例评注（物权编）[M].北京：中国法制出版社2020：739.
⑤ 《民法典》第四百一十六条规定："动产抵押担保的主债权是抵押物的价款,标的物交付后十日内办理抵押登记的,该抵押权人优先于抵押物买受人的其他担保物权人受偿,但是留置权人除外。"

根据《民法典》第四百一十四条①之规定，买卖价款抵押权优先于在其登记之后设立的担保物权，这是一般动产抵押权的顺位规则，不属于买卖价款抵押权本身的特征。其二，买卖价款抵押权优先于在其登记之前设立的抵押权，主要是指买受人以其现有或者将有的所有财产登记设立的浮动抵押权，这是买卖价款抵押权优先性的真正体现，也是该抵押权独有的特征。

买卖价款抵押权不能对抗正常经营买受人。《民法典》第四百一十六条关于买卖价款抵押权的规定，只是确定其与买受人其他的担保物权之间的顺位关系，并未涉及正常经营活动买受人。根据《民法典》第四百零四条之规定，凡是动产抵押权均不能对抗正常经营活动中已经支付合理价款并取得标的物的买受人。抵押动产买受人在取得买卖动产并设定买卖价款抵押权后，将其作为正常经营活动中的原材料加价出售，接着相对人支付合理价款并取得标的物所有权，之后买卖价款抵押权不能对抗正常经营活动买受人，抵押权归于消灭，当事人不得主张行使抵押权。

5. 房地产抵押

（1）视为一并抵押。关于房地产抵押，房地一体②是长期以来大家坚持的原则。由于地上建筑物与土地不可分离，凡是取得建设用地使用权的人必须同时取得附着于该土地上之建筑物的所有权，同理，凡是取得建筑物所有权也必须同时取得所附着的建设用地使用权，逻辑结果自然便是建设用地使用权与建筑物所有权不能分离，事实上也无法分离而转让。反映在抵押权方面，抵押建设用地使用权的，必须同时抵押土地上的建筑物，反之，抵押地上建筑物的，也必须同时抵押该建筑物所占用的建设用地使用权。换言之，按照房地一体原则，即使抵押人只办理了房屋所有权抵押登记，没有办理该房屋所占用的建设用地使用权抵押登记，在实现房屋抵押权时，该房屋所占用的建设用地使用权也一并作为抵押财产。同理，只办理了建设用地使用权抵押登记，没有办理房屋所有权抵押登记，在实现建设用地使用权的抵押权时，房屋所有权也一并作为抵押财产。如果当事人分别抵押并办理了登记，则按照抵押登记的时间先后确定清偿顺序。③

也有观点指出，房地一体应当理解为允许当事人对担保财产作出特别约定。如果抵

---

① 《民法典》第四百一十四条规定："同一财产向两个以上债权人抵押的，拍卖、变卖抵押财产所得的价款依照下列规定清偿：（一）抵押权已经登记的，按照登记的时间先后确定清偿顺序；（二）抵押权已经登记的先于未登记的受偿；（三）抵押权未登记的，按照债权比例清偿。其他可以登记的担保物权，清偿顺序参照适用前款规定。"

② 《民法典》第三百九十七条规定："以建筑物抵押的，该建筑物占用范围内的建设用地使用权一并抵押。以建设用地使用权抵押的，该土地上的建筑物一并抵押。抵押人未依据前款规定一并抵押的，未抵押的财产视为一并抵押。"

③ 《民法典担保制度解释》第五十一条第三款规定："抵押人将建设用地使用权、土地上的建筑物或者正在建造的建筑物分别抵押给不同债权人的，人民法院应当根据抵押登记的时间先后确定清偿顺序。"此外，《九民纪要》第六十一条规定："根据《物权法》第182条之规定，仅以建筑物设定抵押的，抵押权的效力及于占用范围内的土地；仅以建设用地使用权抵押的，抵押权的效力亦及于其上的建筑物。在房地分别抵押，即建设用地使用权抵押给一个债权人，而其上的建筑物又抵押给另一个人的情况下，可能产生两个抵押权的冲突问题。基于"房地一体"规则，此时应当将建筑物和建设用地使用权视为同一财产，从而依照《物权法》第199条的规定确定清偿顺序：登记在先的先清偿；同时登记的，按照债权比例清偿。同一天登记的，视为同时登记。应予注意的是，根据《物权法》第200条的规定，建设用地使用权抵押后，该土地上新增的建筑物不属于抵押财产。"

押合同约定仅以建筑物设定抵押，并且明确约定不包括建设用地使用权的，应当认为抵押权仅及于建筑物。如果抵押合同约定仅以建设用地使用权设定抵押，并且明确约定不包括其上建筑物的，应当认为抵押权仅及于建设用地使用权。在明确约定仅对建设用地使用权设定抵押而不包括建筑物或仅对建筑物设定抵押而不包括建设用地使用权的，由于房地一体，实现抵押权时，应将建筑物和建设用地使用权同时拍卖，分别计价，建筑物或建设用地使用权的抵押权人只能就建筑物或建设用地使用权卖得价金优先受偿。[①] 对此，笔者表示赞同。

（2）新增建筑物不属于抵押财产。

根据《民法典》第四百一十七条的规定，建设用地使用权抵押后，该土地上新增的建筑物不属于抵押财产。所以，抵押权的效力仅及于土地上已有的建筑物以及正在建造的建筑物已完成部分，债权人主张抵押权的效力及于正在建造的建筑物的续建部分以及新增建筑物的，人民法院不予支持。实践中许多在建工程需要新的融资才能继续建设，而新的投资人为了保障自己的权利，往往要求对建筑物设立抵押，如果原建设用地使用权抵押效力及于续建的建筑物，新的投资人只能作为第二顺位的抵押权人。投资人在权利难以保障的情况下，没有投资的动力，在房地产企业破产重整过程中更是如此。没有新的投资，形成烂尾楼的局面，对原抵押权人也是无益的。因此，综合考虑现实情况，以建设用地使用权抵押效力不及于续建或新增加的建筑物很有必要。当事人以正在建造的建筑物抵押，抵押权的效力范围限于已办理抵押登记的部分。[②] 在建工程抵押往往是抵押人为了获得在建工程续建所需资金，将土地使用权以及在建工程的投入资产，抵押给银行等债权人作为偿还贷款的担保。在建工程属于未完成的尚待继续建造的建筑物，存在一个不断变化的过程，可能由当初的未竣工建筑物变成后来的竣工建筑物，因此抵押财产的价值处于不断增值的过程中。但以正在建造的建筑物抵押，抵押权的效力范围限于已办理抵押登记的部分。当事人按照担保合同的约定，主张抵押权的效力及于续建部分、新增建筑物以及规划中尚未建造的建筑物的，人民法院不予支持。[③]

（三）抵押登记的效力

1. 不动产登记生效

（1）不动产抵押权登记时设立。担保物权显然也是物权，而抵押权则是担保物权的

[①] 林文学. 不动产抵押制度法律适用的新发展——以民法典《担保制度司法解释》为中心[J]. 法律适用，2021（5）19-27.

[②] 《民法典担保制度解释》第五十一条第一款和第二款规定："当事人仅以建设用地使用权抵押，债权人主张抵押权的效力及于土地上已有的建筑物以及正在建造的建筑物已完成部分的，人民法院应予支持。债权人主张抵押权的效力及于正在建造的建筑物的续建部分以及新增建筑物的，人民法院不予支持。当事人以正在建造的建筑物抵押，抵押权的效力范围限于已办理抵押登记的部分。当事人按照担保合同的约定，主张抵押权的效力及于续建部分、新增建筑物以及规划中尚未建造的建筑物的，人民法院不予支持。"

[③] 林文学. 不动产抵押制度法律适用的新发展——以民法典《担保制度司法解释》为中心[J]. 法律适用，2021（5）19-27.

重要类型。因此，以不动产设立抵押权的也应当办理登记。[①]需要注意的是，特定情形下，债权人可以委托他人作为抵押权人。[②]为了实务操作的方便，法律还专门就常见的不动产进行了列举。以建筑物和其他土地附着物、建设用地使用权、海域使用权以及正在建造的建筑物等不动产设立抵押权的，在订立抵押合同后，应当进行抵押权登记，经过登记后，抵押权才产生，即抵押权自登记时设立，并非签订抵押合同时设立，或者以交付权利证书等其他方式创设。[③]

抵押权登记，指依据财产权利人的申请，登记机关将与在该财产上设定抵押权相关的事项记载于登记簿上的事实。其基本功能是：①保障交易安全。通过抵押权登记，将物上是否设定了抵押权的状态向外界加以展示，不仅能够节省交易成本，而且能够有效地避免抵押权人与其他利害关系人发生利益冲突，维护交易安全。②强化担保效力，在抵押权经过登记而成立的情况下，法律就认为第三人已经知晓抵押权的存在，因而使抵押权对债权的担保功能得到进一步强化。③有助于预防纠纷和解决纠纷。抵押权登记簿的存在既可以事先预防各类冲突，还可以为法院审理案件提供确实的证据。抵押权是担保物权，设定抵押权除了要订立抵押合同之外，对某些不动产设置抵押权还须进行抵押权登记，并且只有经过抵押权登记，才能发生抵押权的效果。[④]

（2）登记机构的赔偿责任。不动产登记错误，最常见的是登记内容错误。发生登记错误主要有两种情况：一是登记机构及其工作人员自身疏忽、过失等原因造成错误；二是登记申请人等采取欺骗手段提供虚假材料或者与登记机构的人员恶意串通造成错误。就此，《民法典》第二百二十二条规定了登记错误时的损害赔偿责任。[⑤]登记机构是第一责任人，但登记机构赔偿后可以向造成登记错误的人追偿。

实务中，除了登记内容错误情形，登记错误还可能是登记机构的过错导致不能办理抵押登记。由于无法办理抵押登记，债权人债权无法得到充分保障，可能遭受损害。此

---

① 《民法典》第二百零九条规定："不动产物权的设立、变更、转让和消灭，经依法登记，发生效力；未经登记，不发生效力，但是法律另有规定的除外。"
② 根据《民法典担保制度解释》第四条规定："有下列情形之一，当事人将担保物权登记在他人名下，债务人不履行到期债务或者发生当事人约定的实现担保物权的情形，债权人或者其受托人主张就该财产优先受偿的，人民法院依法予以支持：（一）为债券持有人提供的担保物权登记在债券受托管理人名下；（二）为委托贷款人提供的担保物权登记在受托人名下；（三）担保人知道债权人与他人之间存在委托关系的其他情形。"
③ 《民法典》第四百零二条规定："以本法第三百九十五条第一款第一项至第三项规定的财产或者第五项规定的正在建造的建筑物抵押的，应当办理抵押登记。抵押权自登记时设立。"《民法典》第三百九十五条规定："债务人或者第三人有权处分的下列财产可以抵押：（一）建筑物和其他土地附着物；（二）建设用地使用权；（三）海域使用权；（四）生产设备、原材料、半成品、产品；（五）正在建造的建筑物、船舶、航空器；（六）交通运输工具；（七）法律、行政法规未禁止抵押的其他财产。抵押人可以将前款所列财产一并抵押。"
④ 杨立新.中华人民共和国民法典释义与案例评注（物权编）[M].北京：中国法制出版社2020：717.
⑤ 《民法典》第二百二十二条规定："当事人提供虚假材料申请登记，造成他人损害的，应当承担赔偿责任。因登记错误，造成他人损害的，登记机构应当承担赔偿责任。登记机构赔偿后，可以向造成登记错误的人追偿。"

时，登记机构也应当承担赔偿责任。[1]在早期，我国并没有完善的登记制度，没有健全的登记系统，有些地方甚至没有开展抵押登记业务，导致当事人无法办理抵押登记。鉴于当事人特定的历史条件，原《担保法解释》第五十九条规定，当事人办理抵押财产登记手续时，因登记部门的原因致使其无法办理抵押财产登记，抵押人向债权人交付权利凭证的，可以认定债权人对该财产有优先受偿权。但是，未办理抵押财产登记的，不得对抗第三人。[2]时过境迁，我国登记制度逐渐完善，登记系统逐渐优化，登记业务普遍开展，不动产抵押权登记生效也已经深入人心。因此，原《担保法解释》第五十九条规定的权宜之计已经完成其历史使命，《民法典》第二百零九条和第四百零二条关于不动产抵押登记生效的规定已经宣布其正式退出历史舞台。

（3）抵押预告登记。由于民法典对抵押预告登记的效力未作明确规定，因此当事人在签订抵押合同后未办理抵押登记但已办理预告登记，预告登记权利人能否主张行使抵押权的问题，在司法实践中一直存在争议。我们认为，抵押预告登记是在暂时无法办理本登记时当事人为了确保将来能够取得物权而办理的一种特殊登记，不具有防止他人处分抵押物的效力。抵押权本身并不能阻止抵押人转让抵押物[3]或者在抵押物上为他人再次设定抵押权，否则也不会存在同一抵押物上存在多个抵押权的情况。[4]因此，债权人在办理抵押预告登记后，同样不能阻止抵押人转让标的物或者再次以标的物设定担保物权。在这个意义上，当事人办理抵押预告登记的目的并不在于防止抵押人再次处分标的物，而是希望将来在能够办理抵押登记时，其能获得较其他担保物权人更加优先的顺位。[5]因此，抵押预告登记并无物权预告登记之防止物权变动的效力。[6]

办理抵押预告登记后，如果尚不具备办理抵押登记条件，则抵押权尚未成立，预告登记权利人不得请求就抵押财产优先受偿；如果已经办理建筑物所有权首次登记，且不存在预告登记失效等情形的，则应当认定抵押权自预告登记之日起设立，预告登记权利

---

[1] 《民法典担保制度解释》第四十八条规定："当事人申请办理抵押登记手续时，因登记机构的过错致使其不能办理抵押登记，当事人请求登记机构承担赔偿责任的，人民法院依法予以支持。"
[2] 《最高人民法院关于担保法解释第五十九条中的"第三人"范围问题的答复》（法函〔2006〕51号）明确指出：因登记部门的原因致使当事人无法办理抵押财产登记是抵押未登记的特殊情形，如果抵押人向债权人交付了权利凭证，人民法院可以基于抵押当事人的真实意思认定该抵押合同对抵押权人和抵押人有效，但此种抵押对抵押当事人之外的第三人不具有法律效力。
[3] 《民法典》第四百零六条规定："抵押期间，抵押人可以转让抵押财产。"
[4] 《民法典》第四百一十四条规定："同一财产向两个以上债权人抵押的，拍卖、变卖抵押财产所得的价款依照下列规定清偿：（一）抵押权已经登记的，按照登记的时间先后确定清偿顺序；（二）抵押权已经登记的先于未登记的受偿；（三）抵押权未登记的，按照债权比例清偿。其他可以登记的担保物权，清偿顺序参照适用前款规定。"
[5] 《民法典担保制度解释》第五十二条第一款规定了抵押预告登记的顺位保留效力：当事人办理抵押预告登记后，预告登记权利人请求就抵押财产优先受偿，同时经审查已经办理建筑物所有权首次登记，且不存在预告登记失效等情形的，人民法院应予支持，并应当认定抵押权自预告登记之日起设立。
[6] 《民法典》第二百二十一条第一款规定："当事人签订买卖房屋的协议或者签订其他不动产物权的协议，为保障将来实现物权，按照约定可以向登记机构申请预告登记。预告登记后，未经预告登记的权利人同意，处分该不动产的，不发生物权效力。"

人可以请求就抵押财产优先受偿。[1]换言之，为了避免诉累，在诉讼过程中经人民法院审查具备办理抵押登记的条件时，预告登记权利人即可主张已经取得抵押权，而无须判决认定预告登记权利人只有在实际办理抵押登记后才能主张抵押权。[2]至于办理抵押登记的条件，是指建筑物已经办理首次登记。[3]换言之，只要在预告登记的有效期内建筑物已经办理了首次登记，人民法院就应当认定预告登记权利人可以直接主张行使抵押权。当然，如果当事人尚不具备办理抵押登记条件，预告登记权利人请求行使抵押权的，人民法院自不应予以支持，但不影响其在具备抵押登记条件时再行使抵押权。

对于当事人办理了抵押预告登记后抵押人破产的情形，考虑到抵押预告登记权利人无法等到办理抵押登记的条件具备时再主张优先受偿权，参照企业破产法关于破产程序中债权加速到期的相关规定，赋予抵押预告登记具有抵押登记的效力，抵押预告登记权利人可以就抵押财产优先受偿。但是，为了不妨碍和解协议和重整程序的顺利进行，我们认为，预告登记权利人的优先受偿范围应以受理破产申请时抵押财产的价值为限。另外，《中华人民共和国企业破产法》第三十一条第（三）项规定，在人民法院受理破产申请前1年内，债务人对没有财产担保的债务提供财产担保的，管理人有权请求人民法院予以撤销。据此，债务人在人民法院受理破产申请前1年内办理的，且系为没有财产担保的债务设立的抵押预告登记，不享有破产保护效力。[4]

（4）未办理抵押登记时的抵押合同效力及责任承担。对于不动产抵押而言，必须办理完抵押登记手续才能发生物权效力。存有疑问的是，如果不动产抵押合同已经依法成立，但未办理抵押登记手续，合同是否有效？对此，《民法典》明确规定合同有效[5]，并且与《九民纪要》一样，《民法典担保制度解释》支持办理抵押登记手续。但是，就无法办理抵押登记的法律后果，《民法典担保制度解释》并未沿袭《九民纪要》采用的视同抵

---

[1] 《民法典担保制度解释》第五十二条第一款规定："当事人办理抵押预告登记后，预告登记权利人请求就抵押财产优先受偿，经审查存在尚未办理建筑物所有权首次登记、预告登记的财产与办理建筑物所有权首次登记时的财产不一致、抵押预告登记已经失效等情形，导致不具备办理抵押登记条件的，人民法院不予支持；经审查已经办理建筑物所有权首次登记，且不存在预告登记失效等情形的，人民法院应予支持，并应当认定抵押权自预告登记之日起设立。"

[2] 实践中，已有部分地区采取抵押预告登记在符合抵押登记条件下自动转为抵押登记的做法，且该做法已经获得自然资源部自然资源确权登记局的认可。林文学.不动产抵押制度法律适用的新发展——以民法典《担保制度司法解释》为中心[J].法律适用，2021（5）19-27.

[3] 《不动产登记暂行条例实施细则》第二十四条规定："不动产首次登记，是指不动产权利第一次登记。未办理不动产首次登记的，不得办理不动产其他类型登记，但法律、行政法规另有规定的除外。"

[4] 《民法典担保制度解释》第五十二条第二款规定："当事人办理了抵押预告登记，抵押人破产，经审查抵押财产属于破产财产，预告登记权利人主张就抵押财产优先受偿的，人民法院应当在受理破产申请时抵押财产的价值范围内予以支持，但是在人民法院受理破产申请前一年内，债务人对没有财产担保的债务设立抵押预告登记的除外。"林文学，杨永清，麻锦亮，吴光荣.关于适用民法典有关担保制度的解释》的理解和适用[J].人民司法，2021（4）：30-45.

[5] 《民法典》第二百一十五条规定："当事人之间订立有关设立、变更、转让和消灭不动产物权的合同，除法律另有规定或者当事人另有约定外，自合同成立时生效；未办理物权登记的，不影响合同效力。"

有效的处理模式[1]，而是区分是否因可归责于抵押人的原因、是否有代位物等因素进行不同的处理，确定抵押人的赔偿责任[2]：

其一，不可归责情形。抵押财产因不可归责于抵押人自身的原因灭失或者被征收等导致不能办理抵押登记，债权人无权请求抵押人在约定的担保范围内承担责任。如果抵押人因抵押财产毁损、灭失或者被征收已经获得保险金、赔偿金或者补偿金，参照《民法典》第三百九十条的规定[3]，债权人有权请求抵押人在其所获金额范围内承担赔偿责任。

其二，可归责情形。因抵押人转让抵押财产或者其他可归责于抵押人自身的原因导致不能办理抵押登记，此时抵押人应当在约定的担保范围内承担违约损害赔偿责任，但是不得超过抵押权能够设立时抵押人应当承担的责任范围。如何理解不得超过抵押权能够设立时抵押人应当承担的责任范围？由于法律没有明确规定未办理不动产抵押登记时抵押人的责任形态，如果当事人也没有约定承担连带责任，则抵押人仅在债务人不能清偿时承担补充责任[4]，并且以抵押财产价值为限。如果抵押合同约定的担保范围少于抵押财产价值的，以约定的担保范围为限，不得超过抵押权有效设立时抵押人所应当承担的责任。[5]换言之，抵押人的责任范围以抵押财产价值和抵押合同约定的担保范围中较低的为准。假设抵押合同约定的担保债权为2 000万元，而抵押财产价值仅为1 000万元，则抵押人仅在1 000万元范围内承担责任。假设抵押合同约定的担保债权仅为500万元，而抵押财产价值为1 000万元，则抵押人在500万元范围内承担责任。

（5）不动产登记簿记载的担保范围与抵押合同约定不一致时的处理。出现抵押合同约定的担保范围与登记簿上的记载不一致的情形，往往是由于不动产登记机构提供的登记系统不够完善，不动产登记簿上只有"被担保主债权数额（最高债权数额）"栏目，而没有设计"担保范围"栏目，并且只能填写固定数字。与此同时，当事人在抵押合同中又往往会依法约定担保范围包括主债权及其利息、违约金等。可见，问题关键在于不动产登记系统尤其是登记簿的栏目设置上，并不在于当事人的问题。在《九民纪要》起草

---

[1]《九民纪要》第六十条规定："不动产抵押合同依法成立，但未办理抵押登记手续，债权人请求抵押人办理抵押登记手续的，人民法院依法予以支持。因抵押物灭失以及抵押物转让他人等原因不能办理抵押登记，债权人请求抵押人以抵押物的价值为限承担责任的，人民法院依法予以支持，但其范围不得超过抵押权有效设立时抵押人所应当承担的责任。"

[2]《民法典担保制度解释》第四十六条规定："不动产抵押合同生效后未办理抵押登记手续，债权人请求抵押人办理抵押登记手续的，人民法院应予支持。抵押财产因不可归责于抵押人自身的原因灭失或者被征收等导致不能办理抵押登记，债权人请求抵押人在约定的担保范围内承担责任的，人民法院不予支持；但是抵押人已经获得保险金、赔偿金或者补偿金等，债权人请求抵押人在其所获金额范围内承担赔偿责任的，人民法院依法予以支持。因抵押人转让抵押财产或者其他可归责于抵押人自身的原因导致不能办理抵押登记，债权人请求抵押人在约定的担保范围内承担责任的，人民法院依法予以支持，但是不得超过抵押权能够设立时抵押人应当承担的责任范围。"

[3]《民法典》第三百九十条规定："担保期间，担保财产毁损、灭失或者被征收等，担保物权人可以就获得的保险金、赔偿金或者补偿金等优先受偿。被担保债权的履行期限未届满的，也可以提存该保险金、赔偿金或者补偿金等。"

[4]《民法典》第一百七十八条第三款规定："连带责任，由法律规定或者当事人约定。"凡是法律没有规定，当事人也没有约定，则不能推定连带责任。

[5] 林文学.不动产抵押制度法律适用的新发展——以民法典《担保制度司法解释》为中心[J].法律适用，2021（5）19-27.

过程中，基于现实考虑，同时也是出于利益平衡的需要，具体分为两种情形予以处理：一种情形是，如果某省份由于不动产登记制度设计上的问题导致普遍存在不动产登记簿记载与担保合同约定不一致的问题，则人民法院以合同约定为准认定担保物权的担保范围；另一种情形是，如果某省份不动产登记系统设置和登记规则比较规范，担保物权登记范围与合同约定相一致在该地区成为常态或者普遍现象，则人民法院应当以登记的担保范围为准认定担保物权的担保范围。应当说，上述思路在当时是较为妥当的选择，但是司法实践中也出现了省（市、区）之间裁判不一的问题，而且在法理上也还不够彻底，完全是一种过渡性安排。基于以下三个方面的考虑，必须以不动产登记簿记载为准。①

一是不动产登记部门对抵押权登记信息进行了完善。目前，抵押权登记信息表格已经进行了优化，新增了"担保范围"栏目，当事人可以在该栏目中将合同约定的担保范围，如主债权及利息、违约金等信息登记在登记簿上，在技术上能够确保合同约定与登记簿记载的一致性。

二是符合《民法典》第二百一十六条的规定。该规定既体现了物权公示原则，也是保障物权变动安全的必要手段。此外，该条还规定了权利正确性推定原则，即在不动产登记簿上记载某人享有某项物权就推定该人实际享有该项权利，就推定此人享有该项物权，其权利的内容也以登记簿的记载为准。②如此规定，还有另一层面的考虑。如果存在第二顺位及其他顺位抵押权人，如果以抵押合同约定的担保范围为准，由于抵押合同并不对外公示，当抵押合同约定的担保范围与登记簿记载的担保范围不一致时，必然导致第二顺位及其他顺位抵押权人无法预判抵押财产的价值范围，第二顺位及其他顺位抵押权人的权益难以保障。

三是与《民法典》第三百八十九条规定不存在矛盾。第三百八十九条旨在强调担保范围原则上及于全部债权，但是当事人可以通过约定对其范围进行限缩。③由此可见，该条仅着眼于抵押人与抵押权人的内部关系，并没有抵押合同约定与登记簿记载不一致时应当以抵押合同约定为准的意思。登记作为物权公示方法具有公信效力，如果后顺位抵押权人主张其系基于登记簿记载而设定抵押权的，法律应当保护此种信赖。

需要注意的是，如果不动产登记簿记载的担保债权范围大于担保物权实现时主债权人实际享有的债权范围，由于担保物权的附属性，则应当依据债权人实际享有的债权范围来确定抵押权人优先受偿的范围。如房地产他项权证上记载的债权金额为200万元，但在抵押权实现时，债务人负有的实际债务仅为50万元，则抵押人仅在50万元范围内承担担保责任。④

---

① 《民法典担保制度解释》第四十七条规定："不动产登记簿就抵押财产、被担保的债权范围等所作的记载与抵押合同约定不一致的，人民法院应当根据登记簿的记载确定抵押财产、被担保的债权范围等事项。"

② 《民法典》第二百一十六条规定："不动产登记簿是物权归属和内容的根据。"

③ 《民法典》第三百八十九条规定："担保物权的担保范围包括主债权及其利息、违约金、损害赔偿金、保管担保财产和实现担保物权的费用。当事人另有约定的，按照其约定。"

④ 林文学.不动产抵押制度法律适用的新发展——以民法典《担保制度司法解释》为中心[J].法律适用，2021（5）19-27.

2. 动产登记对抗

（1）未办理登记的动产抵押权的效力。以动产抵押的，采取登记对抗主义，抵押权自抵押合同生效时设立；未经抵押权登记的，抵押权亦设立，只是不得对抗善意第三人。[1] 这种登记对抗要件主义，也叫相对登记主义。[2]

何为《民法典》第四百零三条规定的善意第三人？何为善意？何为第三人？显然，这里的第三人并不包括抵押权人、质权人、留置权人等担保物权人，因为担保物权人之间的顺位，根据《民法典》第四百一十四条[3]、第四百一十五条[4]确立的规则确定即可，根本无须考虑各担保权人是否为善意，否则有悖于上述条文建立统一的可预测的优先顺位规则的目的。第三人主要是指已经实际取得对标的物占有的买受人或者承租人，因为在第三人是普通债权人的情形下，基于物权优先于债权的民法理论，无论第三人为善意还是恶意，抵押权人都是可以对抗的。

已经取得占有的买受人或者承租人要么已经取得物权，要么取得了具有一定物权效力的债权，因此只有在第三人为恶意的情形下，抵押权人才能对其主张权利。是否具有"善意"，关键是看第三人是否知道或者应当知道已经订立抵押合同，并且有必要进一步区分第三人是买受人还是承租人。在第三人为买受人时，涉及抵押权是否对买受人有追及效力，即抵押权人能否向买受人主张抵押权的问题；在第三人为承租人时，涉及租赁合同是否因标的物已经抵押而受到影响，即抵押权实现时是否须带租拍卖的问题。如果买受人具有善意，则抵押权人不得向受让人请求行使抵押权；如果承租人具有善意，抵押权人行使抵押权的，租赁关系不受影响。[5]

值得注意的是，为落实民法典消除隐形担保的目的，我们认为，如果抵押人的其他债权人已经申请人民法院对标的物采取了查封、扣押措施，也应认为未经登记的抵押权人不能向其主张优先受偿。此外，在抵押人进入破产程序后，由于抵押人的其他债权人既有可能是善意的，也有可能是恶意的，认定未经登记的抵押权具有对抗效力将可能带来不公平的结果，也与破产程序追求债权人公平受偿的理念相冲突。因此，未办理抵押

---

[1] 《民法典》第四百零三条规定："以动产抵押的，抵押权自抵押合同生效时设立；未经登记，不得对抗善意第三人。"

[2] 杨立新. 中华人民共和国民法典释义与案例评注（物权编）[M]. 北京：中国法制出版社，2020：719.

[3] 《民法典》第四百一十四条规定："同一财产向两个以上债权人抵押的，拍卖、变卖抵押财产所得的价款依照下列规定清偿：（一）抵押权已经登记的，按照登记的时间先后确定清偿顺序；（二）抵押权已经登记的先于未登记的受偿；（三）抵押权未登记的，按照债权比例清偿。其他可以登记的担保物权，清偿顺序参照适用前款规定。"

[4] 《民法典》第四百一十五条规定："同一财产既设立抵押权又设立质权的，拍卖、变卖该财产所得的价款按照登记、交付的时间先后确定清偿顺序。"

[5] 《民法典担保制度解释》第五十四条规定："动产抵押合同订立后未办理抵押登记，动产抵押权的效力按照下列情形分别处理：（一）抵押人转让抵押财产，受让人占有抵押财产后，抵押权人向受让人请求行使抵押权的，人民法院不予支持，但是抵押权人能够举证证明受让人知道或者应当知道已经订立抵押合同的除外；（二）抵押人将抵押财产出租给他人并移转占有，抵押权人行使抵押权的，租赁关系不受影响，但是抵押权人能够举证证明承租人知道或者应当知道已经订立抵押合同的除外；（三）抵押人的其他债权人向人民法院申请保全或者执行抵押财产，人民法院已经作出财产保全裁定或者采取执行措施，抵押权人主张对抵押财产优先受偿的，人民法院不予支持；（四）抵押人破产，抵押权人主张对抵押财产优先受偿的，人民法院不予支持。"

登记的抵押权人主张优先受偿的，人民法院亦不应予以支持。[1]

（2）正常经营活动中的买受人。正常经营活动买受人特别优先权[2]，即动产抵押无论是否登记，也无论正常经营活动买受人是否知晓用于交易的动产已经设立抵押，动产抵押权人均不得对抗该买受人，买受人无负担地取得该抵押财产，即该抵押财产上的抵押权归于消灭。买受人支付合理价款并实际取得抵押动产后，该动产上设定的抵押权即行消灭。此时，抵押权人只能够请求抵押人重新提供担保，而不能根据《民法典》第四百零六条[3]之规定，向买受人主张抵押权，在这类特殊情形中，抵押权没有追及效力。同时，抵押人此时处分正常经营活动中设定抵押权的抵押财产，也无需按照《民法典》第四百零六条之规定，履行通知抵押权人的随附义务，同时抵押权人不得以违反通知义务为由，向抵押人主张违约责任。

动产类型众多、数量很大，且有些动产价值较低，采用登记作为抵押公示方法无疑将会大幅增加办理抵押的成本和买受人查询成本。为了避免动产抵押给人们的正常生活造成干扰，同时便利买卖活动，防止不必要地加重当事人的交易成本，《民法典》第四百零四条规定动产抵押不得对抗正常经营活动中已经支付合理价款并已经取得抵押财产的买受人。我们认为，该条规定的"正常经营活动"，从文义上看固然针对的是出卖人，即其在营业执照明文记载的经营范围内从事经营活动并且持续经营同类商品的销售（即主营业务），但是鉴于创设上述规则的主要目的在于明确哪些情况下可以豁免买受人的查询义务，因此还是有必要进一步考察买受人的相关情况。如果买受人已经知道或者应当知道买卖标的物已经设定有担保物权，则不能援引买受人查询义务豁免规则阻却抵押权的追及效力。为了便于判断，《民法典担保制度解释》明确规定了必须查询抵押登记的几种特殊情形。[4]此外，考虑到民法典已将所有权保留买卖和融资租赁中的所有权规定为非典型担保物权，本解释将正常经营买受人规则的适用范围扩及已经办理登记的所有权保留、融资租赁。[5]

对于正常经营活动中的买受人实行特殊保护并非没有边界，也是必须满足一定的条

---

[1] 林文学，杨永清，麻锦亮，吴光荣.《关于适用民法典有关担保制度的解释》的理解和适用[J].人民司法，2021（4）：30-45.

[2] 《民法典》第四百零四条规定："以动产抵押的，不得对抗正常经营活动中已经支付合理价款并取得抵押财产的买受人。"

[3] 《民法典》第四百零六条规定："抵押期间，抵押人可以转让抵押财产。当事人另有约定的，按照其约定。抵押财产转让的，抵押权不受影响。抵押人转让抵押财产的，应当及时通知抵押权人。抵押权人能够证明抵押财产转让可能损害抵押权的，可以请求抵押人将转让所得的价款向抵押权人提前清偿债务或者提存。转让的价款超过债权数额的部分归抵押人所有，不足部分由债务人清偿。"

[4] 《民法典担保制度解释》第五十六条作出规定："买受人在出卖人正常经营活动中通过支付合理对价取得已被设立担保物权的动产，担保物权人请求就该动产优先受偿的，人民法院不予支持，但是有下列情形之一的除外：（一）购买商品的数量明显超过一般买受人；（二）购买出卖人的生产设备；（三）订立买卖合同的目的在于担保出卖人或者第三人履行债务；（四）买受人与出卖人存在直接或者间接的控制关系；（五）买受人应当查询抵押登记而未查询的其他情形。前款所称出卖人正常经营活动，是指出卖人的经营活动属于其营业执照明确记载的经营范围，且出卖人持续销售同类商品。前款所称担保物权人，是指已经办理登记的抵押权人、所有权保留买卖的出卖人、融资租赁合同的出租人。"

[5] 林文学，杨永清，麻锦亮，吴光荣.《关于适用民法典有关担保制度的解释》的理解和适用[J].人民司法，2021（4）：30-45.

件才行，否则，动产抵押权将完全失去意义。根据《民法典》第四百零四条之规定，正常经营活动买受人特殊保护规则的适用条件主要包括：

第一，出卖人出售抵押财产属于其正常经营活动，出卖人甚至以出售该动产为主营业务。例如，作为生产设备制造商，设备公司出售生产设备就是主营业务，此时出售生产设备就构成其正常经营活动。反之，食品公司并非生产设备制造商，其生产设备主要用于食品生产活动，那么其出售生产设备的行为就不构成正常经营活动。换言之，出卖人出售与其主营业务不相匹配的动产，往往不属于正常生产经营活动。

第二，买受人已经支付合理价款。判断买受人是否支付合理价款，应当综合转让标的物的性质、数量以及支付方式，并参考转让时交易地的市场价格及交易习惯。同时，买受人应当已经实际支付了一定价款，买受人实际未付款或者支付很少一部分价款的，并无特别保护之需要。

第三，买受人已经取得抵押动产，即该抵押动产已经实际交付买受人。按照《民法典》第二百二十四条的规定，动产物权的设立和转让，自交付时发生效力。因此，《民法典》第四百零四条所谓"取得抵押财产"，实际上是指买受人已经取得抵押财产的所有权。

（四）抵押物的转让

《民法典》第四百零六条改变了原《物权法》第一百九十一条的规定，其一方面允许抵押期间抵押人自由转让抵押财产，无须征得抵押权人同意；另一方面又明确承认了抵押权的追及效力，即抵押财产转让的，抵押权不受影响。为了更好地维护抵押权人的合法权益，避免因抵押财产转让给抵押权人造成损害，《民法典》第四百零六条还采取了两项措施：一是第二款规定，抵押人转让抵押财产的，应当及时通知抵押权人。抵押权人能够证明抵押财产转让可能损害抵押权的，可以请求抵押人将转让所得的价款向抵押权人提前清偿债务或者提存。二是第一款第二句规定："当事人另有约定的，按照其约定。"这就是说，抵押人与抵押权人可以对抵押财产的转让作出禁止或限制性的约定。①

1. 可以转让

《民法典》颁布前，《物权法》采取的是禁止抵押人转让抵押财产的立场。②《物权法》之所以采取禁止抵押财产转让的做法，理由在于：首先，符合抵押权的价值权属性。既然财产上已经设定了抵押权，就意味着该财产的交换价值已经授予抵押权人控制，而抵押人就不能再私自处理抵押财产的交换价值了。其次，更有利于保护抵押权人。就保护抵押权人而言，禁止抵押人自由转让抵押财产是一种防患于未然的提前预防。对抵押权人来说，允许抵押人自由转让抵押财产并承认抵押权的追及效力，只是类似亡羊补牢的事后

---

① 《民法典》第四百零六条规定："抵押期间，抵押人可以转让抵押财产。当事人另有约定的，按照其约定。抵押财产转让的，抵押权不受影响。抵押人转让抵押财产的，应当及时通知抵押权人。抵押权人能够证明抵押财产转让可能损害抵押权的，可以请求抵押人将转让所得的价款向抵押权人提前清偿债务或者提存。转让的价款超过债权数额的部分归抵押人所有，不足部分由债务人清偿。"
② 《物权法》第一百九十一条规定："抵押期间，抵押人经抵押权人同意转让抵押财产的，应当将转让所得的价款向抵押权人提前清偿债务或者提存。转让的价款超过债权数额的部分归抵押人所有，不足部分由债务人清偿。抵押期间，抵押人未经抵押权人同意，不得转让抵押财产，但受让人代为清偿债务消灭抵押权的除外。"

救济。比较而言，预先防范不只是更有利于抵押权人，而且能够避免抵押权的追及效力破坏抵押财产转让之后形成的新的财产秩序。最后，就交易安全和秩序的维护而言，禁止抵押财产转让也是有必要的，只要允许抵押权在抵押物被转让后继续存在，一旦抵押权人行使抵押权，就会破坏因抵押物转让形成的一系列新的财产秩序。

《物权法》第一百九十一条一律禁止抵押人转让抵押财产的规定并不妥当。抵押人虽然同意将财产用于设立抵押担保，但并没有因此丧失对抵押财产的所有权或者处分权，而要求抵押人转让抵押财产必须征得抵押权人同意，相当于抵押人完全丧失了对抵押财产的处分权，理论上也难以自圆其说。此外，虽然抵押权是价值权，抵押权人有权支配抵押财产的交换价值，但这并不意味着抵押权人独占地、排他地控制了抵押财产的交换价值，抵押权人享有的仅仅是在抵押权实现时就抵押财产变价所得价款优先受偿的权利而已。如果认为抵押权人完全支配抵押财产的交换价值，那么，同一财产上为什么可以未经抵押权人同意而设立多个抵押权呢？后顺位的抵押权人岂非对抵押财产的交换价值没有支配的权利？综上，不能因为财产上设立抵押权就意味着非经抵押权人同意就必须要禁止抵押人转让抵押财产。立法机关采信了上述观点，抛弃了《物权法》第一百九十一条的规定，《民法典》第四百零六条第一款第一句规定"抵押期间，抵押人可以转让抵押财产。"①

2. 可以约定禁止抵押财产转让

《民法典》第四百零六条第一款第二句规定"当事人另有约定的，按照其约定。"如果抵押权人认为抵押人转让抵押财产可能会对自己的合法权益产生不利影响，完全可以与抵押人约定，不允许抵押人在抵押期间转让抵押财产。《民法典》这一规定高度体现了意思自治的精神，充分尊重了抵押人和抵押权人的合意，使得当事人可以根据自己的利益判断进行约定，从而预防因抵押财产的转让而造成损害。

存有疑问的是，如果抵押人违反上述规定擅自转让，又当如何？《民法典担保制度解释》强调，转让合同肯定有效。当事人禁止或者限制转让抵押财产的约定是否具有对抗效力，完全取决于约定是否登记。原则上，未经登记的约定不得对抗第三人，抵押财产转让后经过交付即发生物权变动效力，除非受让人知道存在禁止或者限制转让抵押财产的约定这一例外规定。与此相反，经过登记的约定原则上可以对抗第三人，即使抵押财产转让后经过交付也可以否决其物权变动效力，除非存在"因受让人代替债务人清偿债务导致抵押权消灭的除外"这一但书规定的例外情况。②当然，与其说这是例外，倒不如说这是正常情况，因为按照《民法典》第三百九十三条，清偿债务导致主债权消灭，担保物权也随之消灭，抵押物上再无负担。

---

① 程啸.《民法典》规定"抵押期间，抵押人可以转让抵押财产"[N].检察日报，2020-11-16（005）.
② 《民法典担保制度解释》第四十三条规定："当事人约定禁止或者限制转让抵押财产但是未将约定登记，抵押人违反约定转让抵押财产，抵押权人请求确认转让合同无效的，人民法院不予支持；抵押财产已经交付或者登记，抵押权人请求确认转让不发生物权效力的，人民法院不予支持，但是抵押权人有证据证明受让人知道的除外；抵押权人请求抵押人承担违约责任的，人民法院依法予以支持。当事人约定禁止或者限制转让抵押财产且已经将约定登记，抵押人违反约定转让抵押财产，抵押权人请求确认转让合同无效的，人民法院不予支持；抵押财产已经交付或者登记，抵押权人主张转让不发生物权效力的，人民法院应予支持，但是因受让人代替债务人清偿债务导致抵押权消灭的除外。"

上述司法解释是依据我国《民法典》第四百零六条，对当事人禁止或限制抵押财产转让的约定的法律效力作出的细化性规定，具有重要意义：

一是明确禁止或者限制转让的约定不影响转让合同的效力。根据物权和债权区分原则，无论当事人关于限制或者禁止抵押物转让的约定是否登记，都不应影响抵押财产转让合同的效力。

二是明确禁止或者限制转让的约定经登记的，具有对抗效力。在限制或者禁止抵押物转让的约定已经登记的情形下，如果抵押人将抵押财产转让给他人并且已经办理了过户登记，抵押权人有权主张抵押物所有权变动无效。因为在我国当前，抵押权的追及力实际上受到很多限制，如买受人在受让已经设立抵押的房屋后，如果该房屋是买受人及其所扶养家属生活所必需的居住房屋，人民法院不得拍卖、变卖，否则就损害了抵押权人的利益。为落实民法典有关保护抵押权人利益的精神，有必要通过赋予经登记的限制或者禁止转让的约定以类似于预告登记的效力，从而有条件地否定转让行为的物权效力，增强"禁止转让约定"登记的对抗效力。这样规定的另一个理由是，从司法实践看，《民法典》第四百零六条规定的情形下发生纠纷的往往涉及不动产交易，不动产买受人购买不动产时应当查询不动产是否已经抵押登记。如果限制或者禁止转让的约定已经依法登记，其查询时自然也应知道。最后一个理由是，在与自然资源部不动产登记局进行沟通的过程中，我们获知在民法典施行后，是否存在禁止或限制转让不动产的约定将是不动产登记簿上可以登记的事项，因而具有可操作性。[1]

3. 抵押权的追及效力

《民法典》第四百零六条第一款第三句规定："抵押财产转让的，抵押权不受影响。"这表明，《民法典》在允许抵押人转让抵押财产的前提下，承认了抵押权的追及效力，从而据此保护抵押权人的合法权益。所谓抵押权的追及效力，实质上就是指抵押财产转让后抵押权是否可以继续存在于该被转让财产之上的问题。抵押权属于限制物权，是对所有权的限制。本质上抵押权就是对标的物的直接支配并排他的权利，只要该权利存在，不论所有权归属于何人，抵押权人均可以在抵押权实现事由出现时就抵押财产变价并优先受偿。因此，追及效力原是抵押权作为"依法对特定的物享有直接支配和排他的权利"的应有之义，并非什么法律赋予的特别效力。[2] 在新疆三山娱乐公司等与农业银行新疆分行营业部等金融借款合同纠纷上诉案中，最高人民法院指出，抵押权是为了确保债务清偿目的，债权人对债务人或者第三人的特定财产所享有的直接支配和排他的权利。抵押权本质上是"对物"的权利，而不是"对人"的权利。因此，一旦依法设定抵押权，债权人就对抵押财产享有了排他的优先受偿的权利，只要抵押权人没有放弃抵押权，无论是基于抵押人的自由转让行为，还是基于司法执行行为等被动行为导致抵押财产所有权变动，

---

[1] 需要注意的是，对消费者进行特殊保护是长期以来坚持的一项司法政策，在作为消费者的购房人从房地产开发商处购买商品房的情况下，关于抵押权人能否向购房人主张权利，以及购房人能否排除抵押权人申请的强制执行等问题，根据司法解释的分工，将由其他司法解释进行规定，本解释未予涉及。林文学，杨永清，麻锦亮，吴光荣.《关于适用民法典有关担保制度的解释》的理解和适用[J].人民司法，2021（4）：30-45.

[2] 程啸.《民法典》规定"抵押期间，抵押人可以转让抵押财产"[N].检察日报，2020-11-16（005）.

抵押权人均可基于有效的抵押权追及抵押财产行使权利。[1]

需要注意的是,抵押权具有追及效力,只是意味着抵押财产所有权发生变动时抵押权依然存在于被转让的抵押财产之上,并不意味着抵押权就一定优先于其他权利。例如,《最高人民法院关于建设工程价款优先受偿权问题的批复》就规定,"建筑工程的承包人的优先受偿权优于抵押权和其他债权",而"消费者交付购买商品房的全部或者大部分款项后,承包人就该商品房享有的工程价款优先受偿权不得对抗买受人"。因此,在商品房预售或现售时,虽然支付了全部或大部分购房款的消费者拥有的权利只是一个债权,却优先于商品房上设定的抵押权。[2]

4. 通知与保全措施

抵押人转让抵押财产的,应当及时通知抵押权人,抵押权人证明抵押财产转让可能损害抵押权的,有权请求抵押人将转让所得的价款提前清偿债务或者提存而维护自己的权益。我国《民法典》中规定的可以作为抵押权客体的财产不仅包括建筑物和其他土地附着物、海域使用权、建设用地使用权、正在建造的建筑物等不动产,也包括生产设备、半成品、原材料、产品、交通运输工具等动产。

不同抵押财产的转让可能给抵押权人造成的风险也是不同的。对于基于法律行为的不动产物权变动而言,我国《民法典》第二百零九条以登记为准。理论上,即使抵押人转让抵押财产时没有通知抵押权人,抵押权人也可以通过登记簿查询到抵押财产变动的情形。但是,不动产转让可能损害抵押权,如对房屋的不当改造可能降低其价值,或者房屋是受让人唯一所有的生活用房,导致抵押物将来变现时面临巨大困难。

对于因法律行为而发生的动产物权变动而言,我国《民法典》第二百二十四条以交付为准,即使是船舶、航空器和机动车等特殊动产,我国《民法典》第二百二十五条也只是将登记作为对抗要件。所以,当抵押的动产发生转让,尤其是多次转让的情况下,抵押权人难以通过登记来查询抵押财产的下落。由于动产容易转移和隐匿,进一步限制了抵押权的追及效力。如果遇到抵押财产毁损或者灭失,抵押权的追及效力根本无从实现。

因此,《民法典》第四百零六条要求抵押人必须通知抵押权人。如果抵押权人可以证明抵押财产转让可能损害抵押权的,可以请求抵押人将转让所得的价款向抵押权人提前清偿债务或者提存。当然,无论是动产抵押还是不动产抵押,即使抵押人没有依据《民法典》第四百零六条的规定通知抵押权人,也并不会因此而导致抵押财产转让合同本身无效。[3]至于转让是否发生物权效力,如前所述,依赖于当事人之间是否有禁止或者限制抵押物转让的特别约定以及该约定是否已经登记。

(五)抵押权的放弃

1. 放弃抵押权或者抵押权的顺位

抵押权是抵押权人享有的一项权利,抵押权人可以放弃抵押权,从而放弃其债权就

---

[1] 参见最高人民法院(2012)民二终字第113号民事判决书。
[2] 程啸.《民法典》规定"抵押期间,抵押人可以转让抵押财产"[N].检察日报,2020-11-16(005)..
[3] 程啸.《民法典》规定"抵押期间,抵押人可以转让抵押财产"[N].检察日报,2020-11-16(005).

抵押财产优先受偿的权利。① 抵押权人放弃抵押权，不必经过抵押人的同意。抵押权人放弃抵押权，则抵押权消灭。抵押权的顺位，又称抵押权的顺序、次序或者位序，是指就同一个抵押物设定数个抵押权时，各个抵押权人优先受偿的先后顺序，即同一抵押物上数个抵押权之间的相互关系。抵押权的顺位是抵押权人享有的一项利益，抵押权人可以放弃其顺位，即放弃优先受偿的次序利益。抵押权人放弃抵押权顺位的，放弃人处于最后顺位，所有后顺位抵押权人的顺位依次递进。但在放弃人放弃抵押权顺位后新设定的抵押权不受该放弃的影响，其顺位仍应在放弃人的抵押权顺位之后。

抵押权人不行使抵押权或者怠于行使抵押权的，不得推定抵押权人放弃抵押权。在延边新合作连锁超市、吉林龙井农村商业银行抵押合同纠纷案中，最高人民法院指出，放弃抵押权属于财产权的抛弃，系一种单独民事法律行为，民事法律行为以意思表示为要素，除法律有特别规定外，意思表示应以明示方式作出，故通常应由债权人作出放弃抵押权的明确意思表示或者向登记部门申请抵押权涂销登记才产生抵押权抛弃的效力。②

2. 协议变更

抵押权人与抵押人可以协议变更抵押权顺位以及被担保的债权数额等内容，但未经其他抵押权人书面同意，不得对其他抵押权人产生不利影响。③ 如果当事人可以协议将第四顺位的抵押权变更为第一顺位，那么就会影响原第一、第二、第三顺位抵押权的实现，甚至使得他们得不到清偿。为了保护同一抵押财产上的其他抵押权人的合法权益，民法典中规定，抵押权人与抵押人进行协议变更时必须经其他抵押权人同意。

3. 债务人财产抵押的放弃

鉴于在没有特别约定或者约定不明时，债权人原则上应当先就债务人提供物的担保实现债权，并且第三人承担担保责任后可以向债务人追偿④，因此原则上抵押权人不应放弃债务人提供的抵押物，否则其他担保人在抵押权人丧失优先受偿权益范围内免除担保责任。⑤ 当然，其他担保人愿意继续承担担保责任的除外。原因在于，如果债权人放弃了债务人自己提供物的抵押，必然加重其他担保人的担保责任，或者导致其他担保人承担担保责任后无法追偿，危害其他担保人的利益。举一个例子，甲以自己的房产向乙抵押贷款100万元，同时又由丙作为该项贷款的保证人，此后甲又将该房产抵押给丁。在此例中，乙的抵押权处于抵押权的第一顺位，如果乙不放弃抵押权的顺位，甲的房产拍卖

---

① 《民法典》第四百零九条第一款第一句规定："抵押权人可以放弃抵押权或者抵押权的顺位。"
② 参见最高人民法院（2017）最高法民终964号民事判决书。
③ 《民法典》第四百零九条第一款第二句规定："抵押权人与抵押人可以协议变更抵押权顺位以及被担保的债权数额等内容。但是，抵押权的变更未经其他抵押权人书面同意的，不得对其他抵押权人产生不利影响。"
④ 《民法典》第三百九十二条规定："被担保的债权既有物的担保又有人的担保的，债务人不履行到期债务或者发生当事人约定的实现担保物权的情形，债权人应当按照约定实现债权；没有约定或者约定不明确，债务人自己提供物的担保的，债权人应当先就该物的担保实现债权；第三人提供物的担保的，债权人可以就物的担保实现债权，也可以请求保证人承担保证责任。提供担保的第三人承担担保责任后，有权向债务人追偿。"
⑤ 《民法典》第四百零九条第二款规定："债务人以自己的财产设定抵押，抵押权人放弃该抵押权、抵押权顺位或者变更抵押权的，其他担保人在抵押权人丧失优先受偿权益的范围内免除担保责任，但是其他担保人承诺仍然提供担保的除外。"

后,乙的贷款全部可以得到优先受偿,而丙就无须再承担保证责任,但乙为了丁的利益放弃了抵押权的顺位,自将其顺位处于丁之后,结果该房产拍卖所得的价款在优先清偿给丁后,乙只有60万元的贷款得到了清偿,于是乙要求丙对剩下的40万元贷款承担保证责任。由于乙放弃抵押权顺位的行为而加重丙的保证责任,对丙是不公平、不合理的,为了避免发生这种现象,保护保证人等其他担保人的合法利益,相关法律特别规定,其他担保人在抵押权人丧失优先受偿权益的范围内免除担保责任。根据这一规定,在上面的例子中,丙对乙剩余的40万元贷款的保证责任应予免除,但如果丙仍然提供保证的,丙的保证责任不予免除。

考虑到部分担保人可能与债务人之间存在某些特殊关系,愿意在上述情形继续提供担保,基于意思自治原则,也应予以认可,故规定"但是其他担保人承诺仍然提供担保的除外"。

(六)抵押权的实现

1. 实现方式

《民法典》第四百一十条第一款规定:"债务人不履行到期债务或者发生当事人约定的实现抵押权的情形,抵押权人可以与抵押人协议以抵押财产折价或者以拍卖、变卖该抵押财产所得的价款优先受偿。协议损害其他债权人利益的,其他债权人可以请求人民法院撤销该协议。抵押权人与抵押人未就抵押权实现方式达成协议的,抵押权人可以请求人民法院拍卖、变卖抵押财产。抵押财产折价或者变卖的,应当参照市场价格。"

(1)实现条件。债务人不履行到期债务,债权人可以要求保证人承担担保责任。在债务到期之前,也可能出现危害抵押权或者危害债权实现的情形。有鉴于此,当事人可能在抵押合同中约定在债务到期之前提前实现抵押权,应予准许,故《民法典》第四百一十条规定了"债务人不履行到期债务"和"发生当事人约定的实现抵押权的情形"。

此外,在法定情形下,即使债务未届清偿期,抵押权亦得以实行。第一,债务未届履行期,但债务人宣告破产的,此时,未届期的债权视为已届清偿期,抵押权人得以提前行使抵押权。第二,抵押人的行为足以使抵押物价值减少的,抵押权人请求抵押人恢复原状或提供担保遭到拒绝时,抵押权人可请求提前行使抵押权。第三,债务人构成预期违约的,债权人可以在履行期限届满之前要求其承担违约责任,此时即便债务履行期尚未届满,债权人亦有权实现抵押权。①

(2)协议或者诉讼。就实现方式而言,当事人可以协议受偿,但不得损害其他债权人利益。如果无法协商处理,当事人可以采用诉讼手段。②所谓协议受偿,指抵押权人与抵押人就如何处理抵押物进行协议,双方协议一致的,抵押权人与抵押人可以协议选择以下三种方式受偿:①折价方式。折价的方式,指抵押人将抵押物的所有权转移给抵押

---

① 江必新,何东林.最高人民法院指导性案例裁判规则理解与适用·担保卷[M].北京:中国法制出版社,2011:426-427.

② 《民法典》第四百一十条第一款规定:"债务人不履行到期债务或者发生当事人约定的实现抵押权的情形,抵押权人可以与抵押人协议以抵押财产折价或者以拍卖、变卖该抵押财产所得的价款优先受偿。协议损害其他债权人利益的,其他债权人可以请求人民法院撤销该协议。"

权人，以抵押物的价值折抵债权。②拍卖方式。拍卖是抵押权实现的最为普通的一种方式。以拍卖的方式实现抵押权有很大的优点，因为拍卖是以公开竞价的方式出卖标的物，所以拍卖的价款能够最大限度地体现出拍卖物的价值，从而充分发挥抵押物对债权的担保效能，以其所具有的价值满足债权。③变卖方式。变卖是将物品交由有关商业部门或者收购部门，由他们支付价金的活动。由于变卖不是公开竞价，所以一般说来，变卖所得的价款大大低于变卖物的实际价值，因此，实现抵押权应首先考虑采用拍卖的方式，只有抵押物所在地无拍卖机构，无法拍卖的，才应变卖。同时，变卖方式只能适用于动产的处分，对于不动产不能采用变卖方式。

为了更加方便地处理抵押财产，应当允许当事人约定由抵押权人自行拍卖。抵押权人与抵押人未就实现抵押权达成协议的，抵押权人可以向人民法院提起诉讼。[1]抵押权人与抵押人未就实现抵押权达成协议，可以有两种情形：一是双方就债务履行期届满债权未受清偿的事实没有异议，只是在采用何种方式来处理抵押物的问题上意见不一致；二是双方在债务的履行或者说债权的实现这一问题上存在争议。抵押合同双方未就实现抵押权达成协议，无论是哪种情形，都说明在双方当事人中存在争议，双方不能通过协议解决该争议，抵押权人就可以诉诸法院，通过司法程序解决。人民法院如果查明债务履行期届满债权未受清偿，一般应当裁定通过拍卖的方式来实现抵押权。这种拍卖，是司法机构以国家强制力来拍卖抵押物，使之变现以清偿债权。[2]

无论是协商处理，还是诉讼处理，抵押财产折价或者变卖的，应当参照市场价格。[3]如此规定，不仅是为了保护抵押人的利益，同时也是为了保护其他债权人的利益。在一定程度上，保护其他债权人的利益可能是重点。《民法典》第四百一十条第一款所谓"协议损害其他债权人利益的，其他债权人可以请求人民法院撤销该协议。"无疑是对此问题的强调。

（3）担保物权的不可分性。担保物权具有不可分性，担保物权的不可分性主要体现

---

[1] 《民法典》第四百一十条第二款规定："抵押权人与抵押人未就抵押权实现方式达成协议的，抵押权人可以请求人民法院拍卖、变卖抵押财产。"

[2] 《民法典担保制度解释》第四十五条规定："当事人约定当债务人不履行到期债务或者发生当事人约定的实现担保物权的情形，担保物权人有权将担保财产自行拍卖、变卖并就所得的价款优先受偿的，该约定有效。因担保人的原因导致担保物权人无法自行对担保财产进行拍卖、变卖，担保物权人请求担保人承担因此增加的费用的，人民法院应予支持。当事人依照民事诉讼法有关'实现担保物权案件'的规定，申请拍卖、变卖担保财产，被申请人以担保合同约定仲裁条款为由主张驳回申请的，人民法院经审查后，应当按照以下情形分别处理：（一）当事人对担保物权无实质性争议且实现担保物权条件已经成就的，应当裁定准许拍卖、变卖担保财产；（二）当事人对实现担保物权有部分实质性争议的，可以就无争议的部分裁定准许拍卖、变卖担保财产，并告知可以就有争议的部分申请仲裁；（三）当事人对实现担保物权有实质性争议的，裁定驳回申请，并告知可以向仲裁机构申请仲裁。债权人以诉讼方式行使担保物权的，应当以债务人和担保人作为共同被告。"

[3] 《民法典》第四百一十条第三款规定："抵押财产折价或者变卖的，应当参照市场价格。"

在以下几个方面：[①]①抵押权所担保的债权被部分清偿时，抵押权人仍可对抵押物的全部行使抵押权；[②]②抵押权所担保的债权仅部分发生时，抵押权人仍可对抵押物的全部行使抵押权；③抵押权所担保的债权被分割转让给多人时，任何享有部分债权的债权受让人均可对抵押物的全部行使抵押权[③]；④担保物被分割或者分别转让时，担保物权人可就分割或分别转让后的担保物行使担保物权。[④]

担保物权具有不可分性，仅代表担保物权人有权对担保物的全部行使担保物权，但并不代表担保物权人必须就所有的担保物行使担保物权。因此，在担保物可分且担保率较低的情况下，担保物权人可就选择容易变现的担保物行使担保物权以实现债权。但担保物权人选择对部分担保物行使担保物权时，并不代表其放弃了对其他担保物行使担保物权的权利。

2. 法院扣押后孳息

抵押财产原本属于抵押人占有，抵押权人并不占有抵押财产。在此期间，抵押财产的孳息归抵押人所有。当债务人不履行到期债务或者发生当事人约定的实现抵押权情形时，抵押财产被人民法院依法扣押的，等于抵押权人对抵押财产已经开始主张权利，因而自抵押财产被扣押之日起，抵押权人有权收取该抵押财产的天然孳息或者法定孳息，但是抵押权人未通知应当清偿法定孳息的义务人的除外，故抵押权人自抵押财产被扣押后，如果要收取抵押财产的法定孳息，就应当通知清偿法定孳息的义务人。对于已经被扣押的孳息，尽管抵押权人可以收取，但是仍然是抵押人的财产，扣押的孳息仍然应当用于清偿抵押人的债务，实现抵押权人的债权。[⑤]在债务抵充上，扣押财产的孳息用以清偿的债务有多笔的，应当先充抵收取孳息的费用，剩余部分再按照清偿抵充的规则，清偿应当清偿的债务。[⑥]

3. 变现后的处理

（1）盈余。抵押担保是物的担保，而物上保证人的地位与债务人不同，物上保证人

[①] 《最高人民法院关于适用〈中华人民共和国民法典〉有关担保制度的解释》（法释〔2020〕28号）第三十八条规定："主债权未受全部清偿，担保物权人主张就担保财产的全部行使担保物权的，人民法院应予支持，但是留置权人行使留置权的，应当依照民法典第四百五十条的规定处理。担保财产被分割或者部分转让，担保物权人主张就分割或者转让后的担保财产行使担保物权的，人民法院应予支持，但是法律或者司法解释另有规定的除外。"

[②] 鉴于担保物权的不可分性，担保物权人在行使担保物权时，没有"打折"行使的可能。参见上海市高级人民法院（2016）沪民申1909号民事裁定书。

[③] 在烟台丛林置业有限公司与烟台益丰灯芯绒有限公司企业借贷纠纷一审中，法院认为：鉴于抵押权的不可分性，在抵押权所担保的债权未全部受偿前，抵押权人有权就抵押物全部行使权利。烟台市中级人民法院（2016）鲁06民初11号民事判决书。

[④] 参见无锡市中级人民法院（2015）锡民终字第1149号民事判决书。

[⑤] 《民法典》第四百一十二条规定："债务人不履行到期债务或者发生当事人约定的实现抵押权的情形，致使抵押财产被人民法院依法扣押的，自扣押之日起，抵押权人有权收取该抵押财产的天然孳息或者法定孳息，但是抵押权人未通知应当清偿法定孳息义务人的除外。前款规定的孳息应当先充抵收取孳息的费用。"

[⑥] 杨立新.中华人民共和国民法典释义与案例评注（物权编）[M].北京：中国法制出版社，2020：741.

仅以供作抵押的特定财产承担担保责任。[①]因此，在抵押人不是主债务人的情况下，抵押权人对抵押人只能在抵押财产范围内实现债权，抵押权人可以请求拍卖、变卖抵押财产优先受偿，抵押财产折价或者拍卖、变卖后，其价款超过债权数额的部分归抵押人所有，不足部分由债务人清偿，不得请求抵押人直接承担主债务人的债务。[②]

（2）抵押权的顺位。在同一抵押财产上设定多个抵押权的，各个抵押权之间的权利顺位问题本质上是就该抵押物拍卖、变卖所得价款的清偿顺序。按照《民法典》第四百一十四条[③]规定，同一抵押财产设定数个抵押权，则需确定抵押权人之间权利顺位或者清偿顺序的一般规则，即抵押权已经登记的，按照登记时间的先后确定清偿顺序；抵押权已经登记的先于未登记的受偿；抵押权未登记的，按照各自债权比例受偿。上述规则可以表述为：先登记的优于后登记的，已经登记的优于未登记的，未登记的按照债权比例清偿。未登记的数个抵押权，并非按照抵押合同生效的时间确定清偿顺序，它们之间不存在优先性的问题，具有平等受偿权。

（3）抵押权和质权并存时的处理。《民法典》第四百一十五条规定："同一财产既设立抵押权又设立质权的，拍卖、变卖该财产所得的价款按照登记、交付的时间先后确定清偿顺序。"[④]

在同一动产上同时存在抵押权与质权的，即在动产设定抵押后又交付质权人出质的，由于质权以动产交付作为公示方法，以交付作为生效要件，即在动产上设定质权必须要交付出质动产。因此，根据《民法典》第四百一十五条的规定，同一动产上抵押权与质权并存时，清偿顺序取决于权利公示的先后顺序，即拍卖、变卖该担保财产所得价款的清偿顺序的确定规则主要有两条：一是质权优于先设定但未登记的抵押权；二是在抵押权已经登记的情况下，按照抵押权登记的时间、出质物交付的时间的先后确定清偿顺序，具体而言，如果抵押权登记时间先于出质物交付时间，则抵押权优先受偿，如果出质物交付时间先于抵押权登记时间，则质权优先受偿。根据《民法典》第四百一十五条的立法原意，抵押权与质权作为担保物权，没有任何理由使"抵押权恒优于质权"，应当按照各自完全完成公示的时间来确定清偿顺序。

[①]《民法典》第四百一十三条规定："抵押财产折价或者拍卖、变卖后，其价款超过债权数额的部分归抵押人所有，不足部分由债务人清偿。"

[②] 参见最高人民法院〔2007〕最高法民二终字第25号民事判决书。

[③]《民法典》第四百一十四条规定："同一财产向两个以上债权人抵押的，拍卖、变卖抵押财产所得的价款依照下列规定清偿：（一）抵押权已经登记的，按照登记的时间先后确定清偿顺序；（二）抵押权已经登记的先于未登记的受偿；（三）抵押权未登记的，按照债权比例清偿。其他可以登记的担保物权，清偿顺序参照适用前款规定。"

[④]《全国法院民商事审判工作会议纪要》（法〔2019〕254号）第六十五条规定："同一动产上同时设立质权和抵押权的，应当参照适用《物权法》第199条的规定，根据是否完成公示以及公示先后情况来确定清偿顺序：质权有效设立、抵押权办理了抵押登记的，按照公示先后确定清偿顺序；顺序相同的，按照债权比例清偿；质权有效设立，抵押权未办理抵押登记的，质权优先于抵押权；质权未有效设立，抵押权未办理抵押登记的，因此时抵押权已经有效设立，故抵押权优先受偿。"这明显不同于民法典的规定。

(七)抵押权与诉讼时效

1. 必须诉讼时效届满前行使权利

应当指出,抵押权是担保物权,并不适用诉讼时效制度,否则有违传统民法理论。抵押权只存在行使期间问题,该行使期间与主债权诉讼时效期间相同,随着主债权诉讼时效中断、中止而变化。也就是说,抵押权行使期间只是以主债权诉讼时效期间为参照来计算,并不等于对抵押权也要适用诉讼时效制度。①

民法典仅规定抵押权在主债权诉讼时效期间未行使的,人民法院不再予以保护。②换言之,主债权诉讼时效届满后,债权人提起诉讼,若债务人或抵押人对主债权提出诉讼时效抗辩,抵押权无法实现。这样规定的主要考虑是,随着市场经济的快速运转,如果允许抵押权一直存续,可能会使抵押权人怠于行使抵押权,不利于发挥抵押财产的经济效用,制约经济的发展。因此,规定抵押权的存续期间,能够促使抵押权人积极行使权利,促进经济的发展。由于抵押权是主债权的从权利,因此一些国家和地区将抵押权的存续期间与主债权的消灭时效或者诉讼时效挂钩的做法,值得借鉴。需要注意的是,抵押权人在主债权诉讼时效期间内未行使抵押权的,人民法院不予保护。也就是说,过了主债权诉讼时效期间后,抵押权人丧失的是抵押权受人民法院保护的权利,即获得司法强制执行的权利,而抵押权本身并没有消灭③,如果抵押人自愿履行担保义务的,抵押权人仍可以行使抵押权。

较之旧《担保法解释》关于抵押权人实现抵押权的期间为"主债权诉讼时效结束后的二年"的规定,《民法典担保制度解释》第四十四条第一款关于"主债权诉讼时效期间届满前,债权人仅对债务人提起诉讼,经人民法院判决或者调解后未在民事诉讼法规定的申请执行时效期间内对债务人申请强制执行,其向抵押人主张行使抵押权的,人民法院不予支持"的内容进一步规定了抵押权人在主债权诉讼时效期间内仅对债务人行使请求权的,抵押权人向抵押人行使抵押权的存续期间延展到申请执行时效期间届满前,促使抵押权人在上述存续期间内尽快行使权利。具体而言,可能出现如下情形:

其一,如果主债权诉讼时效届满前抵押权人仅对主债务提起诉讼,可能出现两种情况:①在申请执行时效内对债务人申请执行,当债务人和抵押人为同一人时,当事人可在执行程序中直接实现抵押权。当债务人和抵押人不是同一人时,抵押权人可通过实现担保物权特别程序或普通诉讼程序行使抵押权。②在申请执行时效内未对债务人申请执行,抵押权无法实现。

---

① 参见最高人民法院(2020)最高法民再110号民事判决书。
② 《民法典》第四百一十九条规定:"抵押权人应当在主债权诉讼时效期间行使抵押权;未行使的,人民法院不予保护。"
③ 也有观点认为抵押权本身应当消灭。例如,在2017年第7期公报案例"王军诉李睿抵押合同纠纷案"中,法院认为,债权是主权利,抵押权为从权利。在主权利已经丧失国家强制力保护的状态下,抵押物上所负担的抵押权也应消灭方能更好地发挥物的效用,亦符合物权法之担保物权体系的内在逻辑。故《物权法》第二百零二条规定抵押权行使期间的重要目的之一当在于促使抵押权人积极地行使抵押权,迅速了结债权债务关系,维系社会经济秩序的稳定。综合上述分析,应当认定在法律已设定行使期限后,抵押权人仍长期怠于行使权利时,法律对之也无特别加以保护的必要,应使抵押权消灭。北京市第三中级人民法院(2016)京03民终8680号民事解决书。

其二，如果主债权诉讼时效届满前对主债务和抵押权同时提起诉讼，可能出现两种情况：①在申请执行时效内对债务人及抵押人申请执行，抵押权实现。②在申请执行时效内未对债务人及抵押人申请执行，抵押权无法实现。

2. 超过诉讼时效可注销抵押登记

由于担保物权从属于主债权，因此，在主债权因诉讼时效届满而成为自然债务后，抵押权也无法通过人民法院予以保护。问题是，在抵押权不再受人民法院保护的情形下，抵押人能否提起诉讼，请求抵押权人协助办理注销抵押登记？我们认为，既然抵押权已经不再受到人民法院的保护，与其让抵押登记的存在影响抵押人处分抵押物，不如明确抵押人有权请求抵押权人协助办理注销抵押登记，以充分发挥物的效用，这也是物尽其用原则的基本要求。但考虑到民法典并无主债权诉讼时效届满导致担保物权消灭的规定，而《全国法院民商事审判工作会议纪要》对此问题已经作出规定①，为稳妥起见，《民法典担保制度解释》未就抵押权登记的注销问题作出规定。②

在此之前，司法实践中已经有判例体现了上述规则。例如，在海南赛格国际信托投资公司管理人与海南机场股份有限公司、海口美兰国际机场有限责任公司证券包销合同纠纷案中，最高人民法院认为：关于二审判决认定赛格管理人对机场股份公司的债权因超过诉讼时效而归于消灭，并导致抵押权消灭，判决解除抵押权登记，是否属于法律适用错误。对于债权超过诉讼时效的法律后果，学理及实践的通行见解是，该债权并不致消灭，而是变为不能得到法律强制保护的自然债权。故二审判决称赛格管理人的债权及抵押权消灭明显不当。但因本案诉讼中，机场股份公司以诉讼时效抗辩，明确表示不再履行债务，故赛格管理人实质上并无再自行或协商实现债权的可能性。在此情形下，二审判决是否宣布该债权消灭并不会对赛格管理人实现债权的可能性产生实质影响。同样，因债权超过诉讼时效，赛格管理人请求实现相应的抵押权亦不能得到司法支持。因抵押人美兰机场公司向法院请求宣告抵押权消灭，亦表示其不再自愿承担抵押责任，赛格管理人不可能再有自行或与美兰机场公司协商处分抵押物以实现抵押权的可能性，为有效发挥抵押物的效用，判决解除抵押权登记具有合理性。由此二审判决认定其债权消灭及解除抵押登记，不应视为足以导致再审改判的适用法律错误。③

3. 质权和留置权

另外，实践中较有争议的是，质权和留置权是否也会因主债权诉讼时效届满而不再受人民法院的保护？对此，有两种意见。第一种意见认为，《民法典》第四百一十九条明确规定抵押权人未在主债权诉讼时效期间行使抵押权的，人民法院不予保护，而关于留置权，《民法典》第四百五十四条则规定债务人可以请求留置权人在债务履行期限届满后行使留置权。从民法典的上述规定可以看出，主债权诉讼时效期间届满对于权利人行使

---

① 《全国法院民商事审判工作会议纪要》（法〔2019〕254号）第五十九条规定："抵押权人应当在主债权的诉讼时效期间内行使抵押权。抵押权人在主债权诉讼时效届满前未行使抵押权，抵押人在主债权诉讼时效届满后请求涂销抵押权登记的，人民法院依法予以支持。以登记作为公示方法的权利质权，参照适用前款规定。"

② 林文学，杨永清，麻锦亮，吴光荣.《关于适用民法典有关担保制度的解释》的理解和适用[J].人民司法，2021（4）：30-45.

③ 参见最高人民法院（2015）最高法民申字第1792号民事裁定书。

权利的影响并不相同，即明确了人民法院对于抵押权不予保护，但对于留置权的保护问题并未予以规定。考虑到《民法典》第四百一十九条规定的抵押权一般以登记为生效要件，而留置权以债权人占有标的物为前提，因此对于权利人保护方式和处理结果应有所区别，而留置权不因主债权已过诉讼时效而不受人民法院的保护，在主债权诉讼时效期间届满后，债务人或者留置财产的所有权人虽然不能要求返还留置财产，但可以请求拍卖、变卖留置财产以清偿债务。①第二种意见认为，留置权人留置债务人的财产，应视为主张权利的方式，因此无主债权诉讼时效已过的问题。

我们认为，留置权不因主债权已过诉讼时效而不受人民法院的保护，财产被留置的债务人或者对留置财产享有所有权的第三人不得要求返还留置财产。《民法典》第四百五十四条规定，债务人可以请求留置权人在债务履行期限届满后行使留置权，而留置权人不行使的，债务人可以请求人民法院拍卖、变卖留置财产。据此，《民法典担保制度解释》第四十四条第二款规定，债务人或者第三人可以请求拍卖、变卖留置财产并以所得价款清偿债务。

此外，《民法典担保制度解释》第四十四条第三款规定，对于质权而言，以登记作为生效要件的权利质权与抵押权相似，可能发生因主债权已过诉讼时效而不再受人民法院保护的问题，应参照适用《民法典担保制度解释》第四十四条第一款的处理规则；动产质权、交付权利凭证为生效要件的权利质权，因质押财产及权利凭证由质权人占有，则应参照适用《民法典担保制度解释》第四十四条第二款②的处理规则。③

（八）最高额抵押权

1. 设定及限制

（1）设定。最高额抵押权④是为担保长期存在的连续性交易活动所生债权而设计的抵押权制度，着眼于交易本质上的长期连续性，为当事人之间相互加强了解、增强信任创

---

① 以是否移转担保标的物的占有为标准可以分为占有型担保物权和非占有型担保物权，后者是指不将标的物移转给债权人占有、债务人继续使用、收益担保的物的担保物权，如抵押权；前者为占有担保物权，如留置权。因留置物处于债权人的占有之下，不妨害债权人实现其担保物权，同时也不危害担保交易秩序的稳定性。故主债权诉讼时效期间届满后，财产被留置的债务人或者对留置财产享有所有权的第三人请求债权人返还留置财产的，不应被支持，但其可以请求拍卖、变卖留置财产并以所得价款清偿债务。

② 《民法典担保制度解释》第四十四条第二款规定："主债权诉讼时效期间届满后，财产被留置的债务人或者对留置财产享有所有权的第三人请求债权人返还留置财产的，人民法院不予支持；债务人或者第三人请求拍卖、变卖留置财产并以所得价款清偿债务的，人民法院应予支持。"

③ 林文学，杨永清，麻锦亮，吴光荣.《关于适用民法典有关担保制度的解释》的理解和适用[J]. 人民司法，2021（4）：30-45.

④ 《民法典》第四百二十条规定："为担保债务的履行，债务人或者第三人对一定期间内将要连续发生的债权提供担保财产的，债务人不履行到期债务或者发生当事人约定的实现抵押权的情形，抵押权人有权在最高债权额限度内就该担保财产优先受偿。最高额抵押权设立前已经存在的债权，经当事人同意，可以转入最高额抵押担保的债权范围。"

造了条件。① 债权担保最高额度的限定性是最高额抵押的一项基本特征。② 通常情形下，双方当事人在签订最高额抵押合同时，就担保的最高债权额度而言，往往会提前设定一个具体、明确、数字化的总限额，该数额可以仅指债权本金，当然也可以包括债权本金、利息、损害赔偿金、违约金、保管担保财产以及实现担保物权的费用等。③ 除了当事人明确约定的最高债权额度之外，《民法典》第四百二十条还规定了"一定期间内将要连续发生的债权"这一限定，在当事人约定期间之外发生的债权，抵押人也无须承担担保责任。换言之，无论是时间限度达到，还是最高债权额度达到，都会导致此后发生的债权无法转入最高额抵押担保的债权范围，抵押担保责任的最高范围因此得以确定。

《民法典》第四百二十条还规定，"最高额抵押权设立前已经存在的债权，经当事人同意，可以转入最高额抵押担保的债权范围。"鉴于抵押担保在本质上还是依赖于当事人意思自治，对于当事人另行达成协议将最高额抵押权设立之前就已经存在的债权转入该最高额抵押担保的债权范围，只要转入的债权数额仍然在该最高额抵押担保的最高债权额限度内，即使没有对该最高额抵押权办理变更登记手续，该最高额抵押权的效力仍然及于被转入的债权，但是不得对第三人产生不利影响④，即只要当事人愿意，并且不存在恶意串通损害第三人利益等情况。

《民法典》第四百二十四条规定："最高额抵押权除适用本节规定外，适用本章第一节的有关规定。"最高额抵押权是抵押权的特殊形式，但从性质上讲，最高额抵押权仍然是抵押权的一种，与一般抵押权具有许多共性，故而除了法律明确列出的特别规则外，自然应当适用抵押权的一般规定，无须赘述。例如，指导案例95号案件中法院强调当事人协议将最高额抵押权设立之前就已经存在的债权转入该最高额抵押担保的债权范围"不得对第三人产生不利影响"，明显是依据《民法典》第四百零九条⑤的规定。

（2）限制。普通抵押权的转让可以随同被担保债权的转让一起转让，法律并不加以

---

① 高圣平.担保法论[M].北京：法律出版社，2009：428.
② 最高额抵押权还具有其他特性：①最高额度的限定性。抵押权人在约定的最高债权额度内对抵押财产享有优先受偿权。实际发生的债权超过最高额的，以约定的最高债权额为限；不及最高额的，以实际发生的债权数额为限。②担保债权的不确定性。设定最高额抵押权不以债权的实际存在为前提，而是担保将来要连续产生的债权，该债权亦有可能不实际产生。③担保债权的连续性。最高额抵押系对一定期间内连续发生的债权所设定的担保。在设定最高额抵押权时，有一个约定的放款期限。④抵押方式的便捷性。最高额抵押方式比较灵活、便捷，有助于提高效率、降低成本、方便管理，故在实践中被广泛运用。
③ 必须注意的是，抵押人仅对预先设定的最高额范围内的债权承担责任。在海口明光大酒店有限公司、海口农村商业银行股份有限公司龙昆支行金融借款合同纠纷中，最高人民法院认为，虽然最高额抵押权所担保的债权为不特定债权，但始终具有最高限额。最高额抵押所担保债权的范围，可包括主债权及其利息、违约金、损害赔偿金等，但总计不得超过已登记的预定最高限额，超过部分，抵押权人不能行使抵押权。参见最高人民法院（2017）最高法民终230号民事判决书。
④ 参见指导案例95号：中国工商银行股份有限公司宣城龙首支行诉宣城柏冠贸易有限公司、江苏凯盛置业有限公司等金融借款合同纠纷案。
⑤ 《民法典》第四百零九条："抵押权人可以放弃抵押权或者抵押权的顺位。抵押权人与抵押人可以协议变更抵押权顺位以及被担保的债权数额等内容。但是，抵押权的变更未经其他抵押权人书面同意的，不得对其他抵押权人产生不利影响。债务人以自己的财产设定抵押，抵押权人放弃该抵押权、抵押权顺位或者变更抵押权的，其他担保人在抵押权人丧失优先受偿权益的范围内免除担保责任，但是其他担保人承诺仍然提供担保的除外。"

限制。但最高额抵押权的转让具有特殊性，只要是在最高额抵押担保的债权确定之前，由于最高额抵押权所担保的债权具有不确定性，债权人将部分债权予以转让的，最高额抵押权不得转让。[①]效率是最高额抵押权的首要价值取向，可使债权人免于针对一系列连续发生的债权逐个设立担保的烦琐。为保留抵押权的完整性与概括性，最高额抵押权担保的部分债权转让的，最高额抵押权不随之转让，这是担保物权从属性的例外规定。[②]换言之，在最高额抵押权确定前，已经实际发生的各种担保债权依一般债权转让的方法进行转让，而转让后的债权脱离该抵押关系，不再受最高额抵押权的担保。在最高额抵押权确定后，其可以按一般抵押权的转让方式转让。此时，受让人对债务人原有的债权因为不在原来约定的债权范围内，应当被排除在抵押担保的范围之外。[③]

当然，为尊重当事人的意思自治及实践中交易安排的需要，法律也允许当事人在合同中作出例外约定。如果当事人另有约定的，则不受这一规则的限制，即最高额抵押权担保的部分债权转让的，最高额抵押权可以随之转让。[④]

（3）变更。设定的关于最高额抵押权的抵押合同内容，在抵押关系存续期间可以进行变更。[⑤]这种变更仅指对最高额抵押合同所独有条款的变更。最高额抵押合同独有条款有三项：①变更确定债权的期间。这种时间的变更包括：将该期间的终止日期提前或将终止日期推后两种情形。②变更债权范围。其指变更最高额抵押权担保的债权范围。③变更最高债权额限度。这种额度的变更包括使最高债权额限度增加或使最高抵押权债权额限度减少两种情形。

在最高额抵押权确定前，抵押权人与抵押人有权通过协议变更债权确定的期间、债权范围以及最高债权额。但是，为了保护无法直接参与该交易的其他抵押权人的利益，法律规定抵押权人与抵押人就最高额抵押权所担保债权内容的变更不得对其他抵押权人产生不利影响，否则该协议条款无效。在最高额抵押权中，如果允许抵押权人与抵押人随意变更债权确定期间，却要顺位在后的抵押权人承受由在先最高额抵押权人的任意而造成的风险，这无疑是不公正的。[⑥]对上述三项最高额抵押合同所独有的条款，如果允许最高额抵押合同当事人随意进行变更，且这种变更能够对抗顺序在后的抵押权人，将会对后顺序抵押权人或其他利害关系人的合法权益造成损害，因此规定变更上述内容对其他抵押权人产生不利影响的，变更的内容无效。[⑦]因此，虽然准许最高额抵押权的当事人

---

① 《民法典》第四百二十一条规定："最高额抵押担保的债权确定前，部分债权转让的，最高额抵押权不得转让，但是当事人另有约定的除外。"

② 杨立新. 中华人民共和国民法典释义与案例评注（物权编）[M]. 北京：中国法制出版社，2020：766-768.

③ 高圣平. 担保法论[M]. 北京：法律出版社，2009：437.

④ 杨立新. 中华人民共和国民法典释义与案例评注（物权编）[M]. 北京：中国法制出版社，2020：766-768.

⑤ 《民法典》第四百二十二条规定："最高额抵押担保的债权确定前，抵押权人与抵押人可以通过协议变更债权确定的期间、债权范围以及最高债权额。但是，变更的内容不得对其他抵押权人产生不利影响。"

⑥ 程啸. 担保物权研究[M]. 北京：中国人民大学出版社，2017：462.

⑦ 杨立新. 中华人民共和国民法典释义与案例评注（物权编）[M]. 北京：中国法制出版社，2020：768-769.

协议变更确定债权的期间等,但是不得对其他抵押权人产生不利影响。

不过,若最高额抵押权的债权确定期间变更对其他抵押权人无不利影响,该变更应获法院支持。同理,最高额抵押权人将最高债权额限度减少对同一抵押财产上后顺位抵押权人与普通债权人的利益只有好处没有危害,则其他抵押权人不得在诉讼中主张最高额抵押权债权限额的减少无效。[1]

2. 债权确定

最高额抵押权担保债权的确定,指最高额抵押权担保一定范围内的不特定债权,因一定事由的发生而归于具体特定。[2] 最高额抵押权设有确定制度的主要理由是:第一,优先受偿的债权及金额有确定的必要;第二,出于保护利害关系人利益的考虑。最高额抵押权担保的债权确定后,会产生下列效果:①只有在确定时已经发生的主债权属于最高额抵押权担保的范围,确定之后产生的债权即使源于基础法律关系,也不属于担保的范围。至于确定时已经存在的被担保主债权的利息、违约金、损害赔偿金,只有在确定时已经发生而且与主债权合计数额没有超过最高债权额限度时,才可以列入最高额抵押权担保的债权范围。②最高额抵押权担保的债权一经确定,无论出于何种原因,担保债权的流动性随之丧失,该抵押所担保的不特定债权变为特定债权,此时最高额抵押权的从属性与普通抵押权完全相同。[3]

需要注意的是,最高额抵押的债权因"抵押财产被查封、扣押"而确定的,应从抵押权人收到查封、扣押通知或知道抵押财产被查封、扣押之时产生效力。如果抵押权人对抵押财产被查封、扣押的事实不知情,则在最高额抵押权存续期间和最高债权限额以内发生的债权,仍然属于担保债权。[4] 在福建上杭农村商业银行股份有限公司与王光执行分配方案异议之诉案中,最高人民法院重述了上述观点,认为《查扣冻规定》第二十七条明确了最高额抵押债权数额确定的时间节点,应当以抵押权人收到人民法院通知时或从抵押权人知悉抵押物被查封的事实时为准。原因在于,设定最高额抵押权主要目的不只是为连续性交易提供担保,而且包括提高交易效率,如果在每次交易没有异常的情况下,仍然要求最高额抵押权人在每次交易时对债务人或者抵押物的状态进行重复实质审查,明显违背最高额抵押权设立的立法目的。[5] 此外,虽然最高额抵押的债权因"抵押财产被查封、扣押"而确定,但主债权确定后产生的利息等债务都是基于主债权而产生。因此,主债权确定后至实际清偿期间产生的利益并未被排除在抵押担保范围之外,应当

---

[1] 杨立新.中华人民共和国民法典释义与案例评注(物权编)[M].北京:中国法制出版社 2020:771.
[2] 《民法典》第四百二十三条规定:"有下列情形之一的,抵押权人的债权确定:(一)约定的债权确定期间届满;(二)没有约定债权确定期间或者约定不明确,抵押权人或者抵押人自最高额抵押权设立之日起满二年后请求确定债权;(三)新的债权不可能发生;(四)抵押权人知道或者应当知道抵押财产被查封、扣押;(五)债务人、抵押人被宣告破产或者解散;(六)法律规定债权确定的其他情形。"
[3] 杨立新.中华人民共和国民法典释义与案例评注(物权编)[M].北京:中国法制出版社 2020:772.
[4] 参见最高人民法院(2018)最高法民申 6066 号民事裁定书。
[5] 参见最高人民法院(2018)最高法民终 787 号民事判决书。在一个最高法公报案例中,法院认为,在最高额抵押期间内,因案外其他债权人申请而致最高额抵押物被查封,此后又被解除查封,因查封、扣押之事由而致最高额抵押确定效力则自始归于消灭,该抵押物恢复至原先未确定状态,其上所设最高额抵押权得以恢复。善意的债权人(抵押权人)在查封期间内继续发放的贷款,仍被该抵押物所担保。参见浙江省高级人民法院(2016)浙 10 民终 889 号民事判决书。

属于抵押担保范围。[1]

四、质押

(一) 动产质押

1. 设立

质押，是以质押财产价值担保债权实现的方式，需要移转占有。[2]

（1）占有。根据《民法典》第四百二十九条规定，出质人交付质押财产时质权才设立。这说明质权不同于抵押权，需要移转占有。质押财产的占有，即出质人应将质押财产的占有移转给质权人，并不局限于现实的移转占有，也包括简易交付或指示交付，但出质人本人则不得以占有改定的方式而继续占有标的物，这是因为动产质权以占有作为公示要件，如果出质人代质权人占有质押财产，则无法将该动产上所设立的质权加以公示。同时，由于出质人仍直接占有质押财产，质权人无法对质押财产加以留置，质权的留置效力则无法实现。如果债务人或者第三人没有按质权合同约定的时间移交质押财产，由此给质权人造成损失的，则出质人应当根据其过错程度承担赔偿责任。[3]

质权人可以委托第三人占有质物，《民法典担保制度解释》对此进行了细化：①质押物的占有并非必须由质权人实施，只要质权人能依其意志实际控制质押物即可。例如，债权人、出质人与监管人签订三方协议，债权人委托监管人具体负责监管并实际控制质押物，则质权于监管人实际控制质押物之日起设立。②监管人未履行监管职责导致对质押物失去控制，或因保管不善导致质押物毁损灭失的，债权人可以请求监管人承担违约责任。③如果质押人实际控制质押物，则质权未设立。债权人可以基于质押合同的约定

---

[1] 参见最高人民法院（2012）最高法民再申字第212号民事裁定书。
[2] 《民法典》第四百二十五条规定："为担保债务的履行，债务人或者第三人将其动产出质给债权人占有的，债务人不履行到期债务或者发生当事人约定的实现质权的情形，债权人有权就该动产优先受偿。前款规定的债务人或者第三人为出质人，债权人为质权人，交付的动产为质押财产。"
[3] 杨立新. 中华人民共和国民法典释义与案例评注（物权编）[M]. 北京：中国法制出版社，2020：796.

请求出质人承担违约责任，但是不得超过质权有效设立时出质人应当承担的责任范围。[1]

质权合同生效，只是质权设立的必要条件，并非充分条件。质押合同签订生效后，如果质押人未实际交付质押物，或因其他原因最终导致质权人未实际控制质押物，则质权不能设立。在司法实践中，如果有证据能够否定质权有效成立时，必须更加审慎，认真审查质押物的实际管领控制状态，准确认定质权人的监管是否达到有效占有的标准。[2]

质权人虽然在质押期间有权占有质押财产，但出质人并未因设立动产质权而丧失对质押财产的所有权，质权人在没有经过出质人的同意时，不得擅自使用、处分质押财产，否则应当就由此给出质人造成的损害承担赔偿责任。[3] 不过，质权人为了妥善保管质物而对该物予以使用则例外。例如，为保管出质汽车而适当驾驶该汽车，则出质人不得就此要求质权人承担赔偿责任。如果质权人未经出质人同意，擅自将质押汽车处分，出售给第三人，并使质物下落不明，出质人有权请求质权人赔偿损失。[4]

此外，质权人应当妥善保管质押物。[5] 质权人占有质押物，自然负有妥善保管质押财产的义务。因保管不善致使质押财产毁损、灭失的，应当承担赔偿责任。至于质权人应当尽到的注意义务，应该是善良管理人的注意义务。[6] 当质权人的行为可能使质押财产毁

---

[1] 《民法典担保制度解释》第五十五条规定："债权人、出质人与监管人订立三方协议，出质人以通过一定数量、品种等概括描述能够确定范围的货物为债务的履行提供担保，当事人有证据证明监管人系受债权人的委托监管并实际控制该货物的，人民法院应当认定质权于监管人实际控制货物之日起设立。监管人违反约定向出质人或者其他人放货、因保管不善导致货物毁损灭失，债权人请求监管人承担违约责任的，人民法院依法予以支持。在前款规定情形下，当事人有证据证明监管人系受出质人委托监管该货物，或者虽然受债权人委托但是未实际履行监管职责，导致货物仍由出质人实际控制的，人民法院应当认定质权未设立。债权人可以基于质押合同的约定请求出质人承担违约责任，但是不得超过质权有效设立时出质人应当承担的责任范围。监管人未履行监管职责，债权人请求监管人承担责任的，人民法院依法予以支持。"《全国法院民商事审判工作会议纪要》（法〔2019〕254号）第六十三条规定："在流动质押中，经常由债权人、出质人与监管人订立三方监管协议，此时应当查明监管人究竟是受债权人的委托还是受出质人的委托监管质物，确定质物是否已经交付债权人，从而判断质权是否有效设立。如果监管人系受债权人的委托监管质物，则其是债权人的直接占有人，应当认定完成了质物交付，质权有效设立。监管人违反监管协议约定，违规向出质人放货、因保管不善导致质物毁损灭失，债权人请求监管人承担违约责任的，人民法院依法予以支持。如果监管人系受出质人委托监管质物，表明质物并未交付债权人，应当认定质权未有效设立。尽管监管协议约定监管人系受债权人的委托监管质物，但有证据证明其并未履行监管职责，质物实际上仍由出质人管领控制的，也应当认定质物未实际交付，质权未有效设立。此时，债权人可以基于质押合同的约定请求质押人承担违约责任，但其范围不得超过质权有效设立时质押人所应当承担的责任。监管人未履行监管职责，债权人也可以请求监管人承担违约责任。"

[2] 参见最高人民法院（2019）最高法民再217号民事裁定书。

[3] 《民法典》第四百三十一条规定："质权人在质权存续期间，未经出质人同意，擅自使用、处分质押财产，造成出质人损害的，应当承担赔偿责任。"

[4] 杨立新.中华人民共和国民法典释义与案例评注（物权编）[M].北京：中国法制出版社，2020：802-804.

[5] 《民法典》第四百三十二条规定："质权人负有妥善保管质押财产的义务；因保管不善致使质押财产毁损、灭失的，应当承担赔偿责任。质权人的行为可能使质押财产毁损、灭失的，出质人可以请求质权人将质押财产提存，或者请求提前清偿债务并返还质押财产。"

[6] 所谓善良管理人之注意，指依照一般交易上之观念，认为有相当知识经验及诚意之人所具有之注意，故是否已尽此项注意，应以抽象标准定之。谢在全.民法物权论（下册）[M].北京：中国政法大学出版社,2011:1003.

损、灭失时，出质人可以采取措施予以阻止，包括请求质权人将质押财产提存，或者请求提前清偿债务并返还质押财产。如果质权人拒绝，则其应承担质押财产毁损、灭失的责任。

最后，如果主债务消灭，质权也会消灭，质权人应当将质押物返还给质押人。《民法典》第四百三十六条第一款规定的"债务人履行债务或者出质人提前清偿所担保的债权的，质权人应当返还质押财产"即为此等情形。

（2）限制。质押财产就是质物。一般认为，作为质权标的物的动产必须符合以下几项条件：①该动产须为特定物。这是由于物权的标的物需要具有特定性的当然要求。特别是质物需要交付才能设立质权，因而质物没有特定化就不成立质权。质权合同中对质押财产约定不明，或者约定的出质财产与实际移交的财产不一致，应当以实际交付占有的财产为准。②该动产须为独立物。这是物权的标的物必须具有独立性的必然结果，没有独立性、从属于他物的从物，就无法与主物分开，不能单独交付，不能成立质权。③该动产必须是法律允许流通或者允许让与的动产。如果当事人以法律、法规限制流通的动产设定质权，在实现债权时，人民法院应当按照有关法律、法规的规定对该财产进行处理。依据民法原理，质权实现时质押财产将被转让，故而可以出质的财产应当是可以转让的财产，以法律禁止转让的财产出质的，质押合同无效。①

在人民法院采取查封、扣押、监管措施后，任何人不得占有、使用、处分被查封财产，此时该财产的合法性处于不确定状态，国家法律不能给予确认和保护，因此，被查封、扣押、监管的财产不得设定质押。②此外，担保人用虚假质押标的出质的，质押合同无效，质权自始未设立。③

（3）善意取得。动产质权可以适用善意取得制度。④并且，其在构成要件上，只需要满足交付和善意两个要件即可，并不涉及合理对价问题。在上海浦东发展银行股份有限公司西宁分行、青海三健工程机械有限公司金融借款合同纠纷案中，最高人民法院指出，涉案动产在处置时没有权属登记，其显著位置也没有任何权属标识，质权人依据质押人对质物的占有而信任其享有处分权，对质物的合格证等手续进行了必要的审查，并且质物已经交付给了质权人。因此，即使质押人无处分权，质权人也可以善意取得质权，且一旦行使质权，可以排除质物所有权人对质物的权利主张。⑤

但是，如果质权人在设立质权时已经知道或者应当知道质押财产属于质押人无权处

---

① 《民法典》第四百二十六条规定："法律、行政法规禁止转让的动产不得出质。"
② 杨立新.中华人民共和国民法典释义与案例评注（物权编）[M].北京：中国法制出版社，2020：785-787.
③ 参见最高人民法院（2010）最高法民二终字第57号民事判决书。
④ 《民法典》第三百一十一条规定："无处分权人将不动产或者动产转让给受让人的，所有权人有权追回；除法律另有规定外，符合下列情形的，受让人取得该不动产或者动产的所有权：（一）受让人受让该不动产或者动产时是善意；（二）以合理的价格转让；（三）转让的不动产或者动产依照法律规定应当登记的已经登记，不需要登记的已经交付给受让人。受让人依据前款规定取得不动产或者动产的所有权的，原所有权人有权向无处分权人请求损害赔偿。当事人善意取得其他物权的，参照适用前两款规定。"第三百一十三条又规定："善意受让人取得动产后，该动产上的原有权利消灭。但是，善意受让人在受让时知道或者应当知道该权利的除外。"
⑤ 参见最高人民法院（2015）最高法民二终字第138号民事判决书。

分的，由于缺乏善意，则质权不成立。质权人未尽到法定或约定义务的，不能善意取得质权。在中信银行股份有限公司郑州分行与河南豫粮物流有限公司、中央储备粮漯河直属库有限公司、汤阴县顺意商贸有限公司、中海山东物流有限公司、李文顺、杜文英、李春燕、陆献军金融借款合同纠纷案中，最高人民法院指出，根据已经查明的案件事实，银行没有严格审查出质玉米的权属，银行取得质权的法律手续存在瑕疵，银行实际接收并保管的质物情况与质押合同的约定也并不相符，可以认定银行不具备善意，因此判决确认银行不享有质权。[1] 善意的认定，与其他场合一样，也是基于一般理性人的注意义务进行认定。例如，在中国农业银行北京丰台支行与上海银丰公司、中国电子租赁公司、北京万翔实业总公司担保借款合同纠纷案中，最高人民法院认为，如果出具存单的金融机构已经对质押的存单进行核押，核押程序已经说明质权人尽到了合理的注意义务，则存单所有人不能够再以存款关系存在的瑕疵对抗质权人，在债务人不履行债务时质权人当然可以行使质权。[2]

需要注意的是，如果质押人明知质押违法，则不能在实现质押目的后以此为由拒绝承担担保责任。在民生证券公司与广东发展银行郑州郑汴路支行、河南花园集团质押合同纠纷案中，最高人民法院认为，民生证券作为质押人向广发银行出具了质押担保，在得到广发银行信任并且成就合同目的后，随即以自己的行为违法为由主张合同无效，试图达到免除担保责任的目的。此行为明显有悖诚信原则。[3]

2. 质押合同

（1）合同形式及内容。设立质权，应当签订书面的质押合同，而质押合同应当包括如下内容[4]：

第一，被担保的主债权种类与数额。被担保的主债权包括金钱债权、特定物给付债权以及种类物给付债权等。被担保主债权的数额，是指主债权以金钱来衡量的数量，不属于金钱债权的，应当明确债权标的额的数量、价款，以明确实行质权时，就质物优先受偿宾主债权的数额。被担保的主债权种类和数额的规定，主要是为了明确质权发生的依据，同时也确定了质权人实现质权时，应质物优先受偿的主债权范围。

第二，债务人履行债务的期限。债务人履行债务的期限是指债务人清偿债务的时间。质押合同订立并生效后，在主债务人债务清偿期届满前，质权人直接享有的只是占有质物的权利，其优先受清偿的质权虽然已经成立，但实际享有的只是期待权。质权人就质物的变价实现其质权，必须等到债务人履行期届满且债务人没有履行债务时才能进行。所以，质押合同规定了债务人履行债务的期限，当事人可以据此确定债务人清偿期届满的时间，明确质权人实现质权的时间，保障质权人及时实现质权。

第三，质物的状况。质物的状况是指质物的名称、数量、质量与现状。质物的名称

---

[1] 参见最高人民法院（2019）民申970号民事判决书。
[2] 参见最高人民法院（2002）民二终字第20号民事判决书。
[3] 参见最高人民法院（2005）民二终字第40号民事判决书。
[4] 《民法典》第四百二十七条："设立质权，当事人应当采用书面形式订立质押合同。质押合同一般包括下列条款：（一）被担保债权的种类和数额；（二）债务人履行债务的期限；（三）质押财产的名称、数量等情况；（四）担保的范围；（五）质押财产交付的时间、方式。"

可说明用于质押的动产为何物。在债务人履行债务后,质权人须将质物返还给出质人,就是在质权实现时,也要实行质物的变价。所以,为避免于返还质物或实现质权时,就质物的状况发生争议,当事人应当在质押合同中具体明确质物的状况,不仅要说明质物的名称,而且要说明质物的数量、质量与现状。例如,以仪器设备为质物的,不仅要说明仪器设备的名称、数量,还要说明用于质押的仪器设备的规格、型号、牌号、出产厂家、出厂日期等,并且要说明出质时质物的现况。

第四,质押担保的范围。质押担保的范围包括主债权及利息、违约金、损害赔偿金、质物保管费用和实现质权的费用。因此,出质人欲适当减轻自己的担保风险,可以与质权人约定仅就主债权或仅就主债权的一部分等内容提供质押担保。

第五,质押移交的时间。只有当出质人将质物移交于质权人占有时,质押合同才算生效。若质押合同不记载质物移交的时间或者记载得不明确,则质押合同虽已成立,但若债务人或第三人迟迟不移交质物,则质押合同无法生效。因此,合同必须明确质物移交的时间,如果债务人或第三人未按合同约定的时间移交质物,而给质权人造成损失的,出质人应当根据其过错承担赔偿责任。

第六,当事人约定的其他事项。出质人与质权人还可以在质押合同中记载其认为需要约定的其他事项,只要不违反强制性法律规范和公序良俗,均对双方当事人产生约束力。例如,质押合同是否公正,发生争议是否仲裁,质权人占有质物期间的义务等。

《民法典》第四百二十七条所谓书面形式订立质押合同,并非单独的质押合同,也可以是合同中的担保条款。在再审申请人甲与被申请人E银行分行、原审第三人C担保公司执行异议之诉一案中,最高人民法院指出,虽然银行与担保公司之间没有签订质押合同,但双方缔结的《合作协议》有关条款却明确约定了所担保债权的种类和数量、债务履行期限、质物数量和交付时间、担保范围、质权行使条件等一般条款,应当据此认定双方已经订立了书面质押合同。①

在正式签订借款合同与质押合同前,当事人即办理有关权利的质押登记,并不违反法律、行政法规的禁止性规定,质押登记发生在主合同和质押合同签订之前,不影响质押合同的效力。在中国工商银行股份有限公司哈尔滨开发区支行与中国光大银行股份有限公司哈尔滨道外支行、黑龙江长兴投资有限公司借款合同纠纷上诉案中,最高人民法院指出,以公路等不动产收益权出质的,质权究竟是以交付权利凭证还是以依法登记作为设立条件,目前我国有关法律、行政法规还没有明确规定。但是,无论是以交付权利凭证还是以依法办理出质登记作为公路收费权质权设立的要件,因为当事人在签订质押合同后既交付了质押权利凭证又依法办理了出质登记手续,故应认定该质押有效。②

(2)流质条款。流质,也称绝押,指转移质物所有权的预先约定。订立质押合同时,出质人和质权人在合同中不得约定在债务人履行期限届满质权人未受清偿时,将质物所有权转移为债权人所有。《物权法》第二百一十一条③采取的是禁止流质模式,但是没有

---

① 参见最高人民法院(2014)最高法民申字第1239号民事裁定书。
② 参见最高人民法院(2006)最高法民二终字第97号民事判决书。
③ 《物权法》第二百一十一条规定:"质权人在债务履行期届满前,不得与出质人约定债务人不履行到期债务时质押财产归债权人所有。"

规定流质的法律效果。一般认为，由于流质契约违反强制性规定，因此应当认定为无效。《民法典》第四百二十八条没有采用"不得"这一禁止性用语，而是直接规定了流质契约的法律效果，即如果约定了流质，并不发生所有权直接变动的后果，则当事人只能按照实现担保价值的程序优先受偿。[①] 原因在于，担保期间担保物价值可能发生巨大波动，如果由债权人直接取得所有权，可能导致担保物价值和主债权额之间的严重失衡，所以债务履行期届满后需要重新确定担保物价值才能避免抵押人遭受不当的损失。这意味着，流质契约之规定在性质上已经从《物权法》之行为规范转变为《民法典》的裁判规则层面，这在立法技术上是一个很大的进步。[②]

禁止流质的主要原因是：①体现民法的公平、等价有偿原则。如果债务人为经济上的困难所迫，会自己提供或者请求第三人提供高价值的抵押财产担保较小的债权，而债权人则可能乘人之危，迫使债务人订立流质契约而获取暴利，损害债务人或者第三人的利益，或者质权设定后质物价值减损以致低于所担保的债权，对债权人不公平。②避免债权人以胁迫方式或者乘人之危使债务人订立流质条款，或者债务人基于对质物的重大误解而订立显失公平的流质契约。③禁止流质条款也是质权的本质属性的表现。质权是一种变价受偿权，质物未经折价或者变价，就被预先约定转移给抵押权人所有，违背了质权的价值权属性。当事人在质押合同中约定流质条款的，流质条款无效，但是质押合同还是有效的，因此只能依法就质押财产优先受偿。实际上，真正使债务人蒙受不利的，是担保物价值与担保债权额之间的失衡。因此，就流质契约的效力来说，民法典的态度更多地转向规制，即使流质条款无效，质押合同也依然有效，质权人可以依法就质押财产优先受偿。[③]

就流质的构成而言，其通常包括两个要素：一是双方之间的法律关系必须属于质押法律关系，二是必须在债务履行期届满之前就质物所有权归属进行约定。①流质契约必须存在于质押关系之中。如果双方没有质押关系（交付质物），即使当事人约定不履行债务时标的物归债权人所有，也不适用流质条款的规定。②流质约定必须发生在债务履行期届满之前。如果当事人是在债务履行期届满之后约定标的物归债权人所有，可能构成以物抵债协议，在法律性质上属于代物清偿。从《民法典》第四百三十六条规定的实现质权的程序看，所谓"质权人可以与出质人协议以质押财产折价"实际上就是这种这类，只是在折价时必须参照市场价值。如此规定，不仅仅是出于质押人利益的考虑，还有第三人利益的考虑。

《民法典》第四百二十八条规定"只能依法就质押财产优先受偿。"从体系解释看，该句的表述应当与《民法典》第四百二十五条"就该动产优先受偿"完全相同。所谓的"优先受偿"，是指以质押财产的交换价值来优先受偿，而不是以质押财产的所有权来优先受偿。因此该"优先受偿"实际上规定了质押财产的实现程序，即依据《民法典》第

[①] 《民法典》第四百二十八条规定："质权人在债务履行期限届满前，与出质人约定债务人不履行到期债务时质押财产归债权人所有的，只能依法就质押财产优先受偿。"

[②] 陈永强.《民法典》禁止流质之规定的新发展及其解释[J].财经法学，2020（5）：35-45.

[③] 杨立新.中华人民共和国民法典释义与案例评注（物权编）[M].北京：中国法制出版社，2020：792-795.

四百三十六条第二款，以协议折价、拍卖或者变卖所得价款优先受偿。当然，条文中"优先"二字更多是相对于普通债权而言，对于特定化的质押财产，质权人优先于无担保的普通债权人而受偿。在出质人破产情形下，优先受偿权还表现为质权人可以行使别除权，使质物不被列入破产财产而优先清偿其债权。此外，在质物被人民法院查封或者扣押时，质权人的优先受偿权也不受影响。

但是，《民法典》第四百二十八条规定"只能依法就质押财产优先受偿。"并没有优先于其他物权之义。在一个物上并存多个担保物权的情形下，通常遵循"时间在先、权利优先"原则①，担保物权的顺位按照设立时间的先后确定。当然，上述规则也有例外，常见的有两种情形：①由于质权的设立以占有为条件，如果第一个质权以指示交付设立，该质物再按现实交付设立第二个质权，如果第二个质权能够按照善意取得制度而设立，则在受偿顺序上，第二个质权优先于第一个质权。②按照《民法典》第四百五十六条规定，在同一动产上已经设立质权，此后又被留置的，留置权优先受偿。②

3. 质押类型

（1）保证金质押。保证金用于担保债务履行必须满足三个条件③：①保证金特定化，一般是通过设立专门的保证金账户完成。②债权人实际控制，一般是将资金存入债权人设立的保证金账户。③用于担保债务的履行，当事人要具有将保证金用于担保债务履行的合意。④司法实践中，根据合同往往容易认定当事人之间是否有质押的合意，所以争议往往与前两个要件相关。保证金质押成立应当具备"特定化+移交占有"这两大要件在司法实践中已经形成共识。例如，在张国庆、上海浦东发展银行股份有限公司沈阳分行执行异议之诉一案中，最高人民法院认为，金钱质押作为特殊的动产质押，应当符合将金钱特定化以及将其移交债权人占有两个要件。⑤

---

① 例如，《民法典》第四百一十五条规定，"同一财产既设立抵押权又设立质权的，拍卖、变卖该财产所得的价款按照登记、交付的时间先后确定清偿顺序"。
② 陈永强.《民法典》禁止流质之规定的新发展及其解释[J].财经法学，2020（5）：35-45.
③ 《最高人民法院关于适用〈中华人民共和国民法典〉有关担保制度的解释》（法释〔2020〕28号）第七十条规定："债务人或者第三人为担保债务的履行，设立专门的保证金账户并由债权人实际控制，或者将其资金存入债权人设立的保证金账户，债权人主张就账户内的款项优先受偿的，人民法院应予支持。当事人以保证金账户内的款项浮动为由，主张实际控制该账户的债权人对账户内的款项不享有优先受偿权的，人民法院不予支持。在银行账户下设立的保证金分户，参照前款规定处理。当事人约定的保证金并非为担保债务的履行设立，或者不符合前两款规定的情形，债权人主张就保证金优先受偿的，人民法院不予支持，但是不影响当事人依照法律的规定或者按照当事人的约定主张权利。"
④ 《最高人民法院关于适用〈中华人民共和国担保法〉若干问题的解释》（法释〔2000〕44号）第八十五条规定："债务人或者第三人将其金钱以特户、封金、保证金等形式特定化后，移交债权人占有作为债权的担保，债务人不履行债务时，债权人可以以该金钱优先受偿。"是否特定化和债权人是否占有，容易出现争议。例如，在中国农业发展银行安徽省分行诉张大标、安徽长江融资担保集团有限公司保证金质权确认之诉案中，法院认为，根据《担保法解释》第八十五条规定，金钱质押生效的条件包括金钱特定化和移交债权人占有两个方面。双方当事人已经依约为出质金钱开立了担保保证金专用账户并存入保证金，该账户未作日常结算使用符合特定化的要求。特定化并不等于固定化，账户因业务开展发生浮动不影响特定化的构成。占有是指对物进行控制和管理的事实状态，而银行取得对该账户的控制权，那么实际控制和管理该账户即应认定符合出质金钱移交债权人占有的要求。
⑤ 参见最高人民法院（2018）最高法民申1209号民事裁定书。

需要注意，保证金特定化的实质意义在于使特定数额金钱从出质人财产中分离出来，成为一种独立的存在，使得该部分金钱不与出质人或者质权人的其他一般财产相混同。具体到保证金账户的特定化，就是要求该账户区别于出质人的一般结算账户，使得该账户资金独立于出质人的其他一般财产。[①]因此，金钱特定化，并不等于金钱数额始终固定。在中国农业发展银行安徽省分行诉张大标、安徽长江融资担保集团有限公司执行异议之诉纠纷案中（最高人民法院第54号指导案例），最高人民法院认为，保证金以专门账户形式特定化并不能等同于固定化。虽然保证金账户内的资金处于浮动状态，但始终与保证金业务相对应，保证金账户始终处于债权人控制之下，没有用于非保证金业务的日常结算。因此，账户内资金的变动，不影响该金钱质权的设立。[②]尤其是在借款担保实务中，按照当事人约定，保证金账户内的金钱随着被担保债权的清偿情况而减少或增补等浮动情况恰好是该类业务的正常表现形态，只要该账户是特定账户，该账户内的金钱被担保权人控制并与被担保债权相对应，就应当认定具备保证金质押特定化要件，浮动性并不能否定特定化。[③]

除了特定化和移交占有，也有判例强调公示问题。在中国银行东营东城支行与东营市华乘荣威汽车销售服务有限公司等金融贷款合同纠纷案中，最高人民法院认为，按照物权公示原则，质权也必须满足交付的公示要求。保证金质押除了需要将质押金钱存入专门账户，还需要对任何第三人均能显示出设立质押的外观，否则难以区分该金钱是出质人交付的普通存款还是质押财产。[④]

（2）最高额质押。最高额质权，指对于一定期间内连续发生的不特定的债权预定一个限额，由债务人或者第三人提供质物予以担保而设定的特殊质权。[⑤]最高额质权的特点是：最高额质权用以担保债权人一定范围内的不特定债权；最高额质权所担保的债权限于预定的最高担保额；最高额质权的标的为债务人或者第三人的财产或权利。法条对最高额质权规定的基本规则是：出质人与质权人可以协议设立最高额质权。按照相关法律规定，关于最高额抵押权的法律规定可以适用于质权。关于最高额质权的具体规则，应参照关于质权的规定和最高额抵押权的规定确定。[⑥]

4. 质权的效力

（1）收取孳息。质权设立后，质物既然已为质权人所占有，由质权人收取孳息更为方便，故法理规定："质权人有权收取质押财产的孳息，但是合同另有约定的除外。"[⑦]依据质物性质的不同，质物出质后可能产生天然孳息与非天然孳息，为保护出质人的财产权益及充分保障质权人的质权实现，法律规定质权人有权收取孳息，但当事人也可对孳

[①] 参见最高人民法院（2015）最高法民提字第175号民事判决书。
[②] 参见最高人民法院（2014）最高法民申字第1239号民事裁定书。
[③] 参见最高人民法院（2020）最高法再89号民事判决书。
[④] 参见最高人民法院（2013）最高法民申字第2060号民事裁定书。
[⑤] 《民法典》第四百三十九条规定："出质人与质权人可以协议设立最高额质权。最高额质权除适用本节有关规定外，参照适用本编第十七章第二节的有关规定。"
[⑥] 杨立新.中华人民共和国民法典释义与案例评注（物权编）[M].北京：中国法制出版社，2020：82.
[⑦] 《民法典》第四百三十条规定："质权人有权收取质押财产的孳息，但是合同另有约定的除外。前款规定的孳息应当先充抵收取孳息的费用。"

息的收取另行约定。质权人在收取质物所生孳息时，应当以对于自己财产同一的注意进行收取，并为之计算，否则须承担损害赔偿责任。[1]孳息收取后，质权的效力也及于孳息，质权人有权就孳息优先受偿。

（2）质权保全。在质权存续期间，质权人对质押财产享有保全请求权。[2]因不可归责于质权人的事由可能使质押财产毁损或者价值明显减少，足以危害质权人权利的，质权人可以行使质押财产保全请求权，请求出质人提供相应的担保，以保障自己债权的实现。出质人不提供担保的，由于质权人占有质押财产，所以其可以将质押财产拍卖、变卖，与出质人进行协议，将拍卖、变卖所得的价款，用于提前清偿债务，或者予以提存，以消灭债务，实现债权。质权保全权的行使规则是：①质权人不能直接将质押财产加以拍卖或变卖，而须先要求出质人提供相应的担保，出质人提供了担保的，质权人不得行使物上代位权。②出质人拒不提供担保时，质权人才能行使物上代位权，拍卖、变卖质押财产，而且质权人可以自行拍卖、变卖质押财产，无须出质人同意。③质权人对于拍卖或变卖质押财产的价金，应当与出质人协商并作出选择，即或者将价金用于提前清偿质权人的债权，或者将价金提存，在债务履行期届满之时再行使质权。[3]

（3）不得擅自转质。转质[4]，指质权人为了担保自己的或者他人的债务，将质押财产向第三人再度设定新的质权。转质分为两类：①责任转质，即质权人于质权存续期间，无须经过出质人的同意，而以自己的责任将质物转质于第三人，设定新质权；②承诺转质，即质权人在获得出质人的同意后，为了担保自己或者他人的债务而以质押财产向第三人设定质权，也即质权人在得到质押财产所有人的处分承诺时，为担保自己的债务在其占有的质押财产上设定比自己享有的质权更为优先的一个新的质权。

承诺转质与责任转质的差异是：第一，承诺转质须经过出质人的同意，而责任转质无须经出质人同意，质权人是以自己的责任设立转质的。第二，在承诺转质中，由于转质权并非基于质权人的质权而设定，因此转质权所担保的债权范围及债务清偿期不受原质权所担保的债权范围及债务清偿期的限制。责任转质则不允许如此。第三，在承诺转质中，由于出质人承诺了质权人的转质，故质权人的责任不因转质而加重。但在责任转质中，就质押财产因转质所遭受的不可抗力损害，质权人须承担责任。第四，承诺转质是基于出质人的同意而产生的，而不是基于原质权所设定的转质权，故原质权即使因主债权满足或者其他原因消灭，转质权也不受影响。但在责任转质中，原质权消灭时，转质权也消灭。第五，在承诺转质中，只要自己的债权已届清偿期，即便原质权尚未具备质权的实现条件，转质权人也可以直接行使转质权。在责任转质中，必须原质权与转质权的实现条件同时具备，转质权人才能实现转质权。

在责任转质中，即未经出质人同意而转质，造成质押财产的毁损、灭失的，质权人

---

[1] 谢在全.民法物权论（下册），中国政法大学出版社，2011：987.
[2] 《民法典》第四百三十三条规定："因不可归责于质权人的事由可能使质押财产毁损或者价值明显减少，足以危害质权人权利的，质权人有权请求出质人提供相应的担保；出质人不提供的，质权人可以拍卖、变卖质押财产，并与出质人协议将拍卖、变卖所得的价款提前清偿债务或者提存。"
[3] 杨立新.中华人民共和国民法典释义与案例评注（物权编）[M].北京：中国法制出版社，2020：808.
[4] 《民法典》第四百三十四条规定："质权人在质权存续期间，未经出质人同意转质，造成质押财产毁损、灭失的，应当承担赔偿责任。"

应当承担民事责任。在承诺转质中，即出质人同意转质的，转质成立，应当按照约定处理。转质的后果是：①转质权担保的债权范围，应当在原质权所担保的债权范围内，超过的部分不具有优先受偿的效力。②转质权的效力优于原质权。[①]

（4）及时行使质权。质押物的市场价值可能面临较大的变动，可能上涨，也可能下跌。如果债务履行期限届满后质押物价值刚好处于下跌趋势，则及时行使质权可以避免进一步贬值。对于质权人而言，其可能并不是特别清楚质押物价值变动趋势，也可能是出于其他考虑而不愿意及时行使质权。应当赋予质押人一个救济途径，同时也为质权人提供及时行使质权的激励，所以法律规定出质人可以请求质权人及时行使质权，质权人怠于行使权利造成出质人损害的应当承担赔偿责任。[②]

（5）消灭。质权的放弃[③]，如同抵押权的放弃，不再赘述。除了质权人放弃质权外，根据担保的附属性，如果主债务消灭，质权也会消灭。《民法典》第四百三十六条第一款规定的"债务人履行债务或者出质人提前清偿所担保的债权的，质权人应当返还质押财产"即为此等情形。质权消灭，质权人应当将质押物返还给质押人。

5. 质权的实现

（1）实现方式。由于动产质权以质押财产的占有作为生效要件与存续要件，当债务人履行债务或者出质人提前清偿所担保的债权时，质权人应当将质押财产返还给出质人。返还质押财产，指质权人基于自己的意思而将质押财产在事实上的占有移转给出质人。动产质权的实现，指质权所担保的债权已届清偿期，债务人未履行债务，质权人与出质人协议以质押财产折价，或依法拍卖、变卖质押财产并就所得的价款优先受偿的行为。动产质权实现的条件是：动产质权有效存在；债务人不履行到期债务，或者发生当事人约定的实现质权的情形；作为质权人的主债权人未受清偿。动产质权实现的方法是：①以质押财产折价，即质权人与出质人协议，由质权人出价购买质押财产，取得质押财产的所有权，以代替债务的履行。②拍卖质押财产，即质权人与出质人协议拍卖质押财产，或在协议不成时，质权人依法拍卖质押财产。③变卖质押财产，即质权人应先于出质人达成变卖协议，协议不成时，质权人可依法变卖质押财产。[④] 这三种质权实现的方式并无使用顺序，质权人可视具体情况进行选择。其中，拍卖是主要方法。质押财产拍卖、变卖的变价款，质权人有权优先受偿。质押财产折价或者拍卖、变卖后，其价款超过债权数额的部分归出质人

[①] 杨立新. 中华人民共和国民法典释义与案例评注（物权编）[M]. 北京：中国法制出版社，2020：813-814.

[②] 《民法典》第四百三十七条规定："出质人可以请求质权人在债务履行期限届满后及时行使质权；质权人不行使的，出质人可以请求人民法院拍卖、变卖质押财产。出质人请求质权人及时行使质权，因质权人怠于行使权利造成出质人损害的，由质权人承担赔偿责任。"

[③] 《民法典》第四百三十五条规定："质权人可以放弃质权。债务人以自己的财产出质，质权人放弃该质权的，其他担保人在质权人丧失优先受偿权益的范围内免除担保责任，但是其他担保人承诺仍然提供担保的除外。"

[④] 《民法典》第四百三十六条规定："债务人履行债务或者出质人提前清偿所担保的债权的，质权人应当返还质押财产。债务人不履行到期债务或者发生当事人约定的实现质权的情形，质权人可以与出质人协议以质押财产折价，也可以就拍卖、变卖质押财产所得的价款优先受偿。质押财产折价或者变卖的，应当参照市场价格。"

所有，不足部分由债务人清偿。[1]

（2）盈余处理。质押，只是以质押物的价值作为担保。因此，当质押财产变现所得价款不足以清偿债务时，不足部分由债务人清偿，不能要求质押人继续清偿。当质押财产变现所得价款超过债权数额的，超过部分当然应归质押人所有，质权人和债务人均无权对此提出要求。[2]

（二）权利质押

1. 可以出质的权利

《民法典》第三百九十五条在规定可以抵押的财产时采用了反向排除模式，将兜底条款规定为"法律、行政法规未禁止抵押的其他财产"。如此一来，凡是法律、行政法规未禁止抵押的财产，均可以设定抵押，极大地扩充了可抵押财产的范围。但是，《民法典》第四百四十条在规定可质押的权利时采用了正向允许模式，将兜底条款规定为"法律、行政法规规定可以出质的其他财产权利"[3]。存有疑问的是，法律明确规定可以质押的权利才可以质押吗，还是没有禁止的权利都可以质押？学者认为，随着金融实践的发展，权利质押的标的日益丰富，并催生出越来越多新类型的担保物权。[4]理论上，只要是具有财产价值、能够转让且未被法律、行政法规明文禁止的财产权利都可以成为权利质权的客体。[5]

2. 权利质权的设立

权利质权，准用动产质权相关规则。[6]权利质权和动产质权都是以其客体的交换价值的取得为目的的担保物权，都有用其客体直接取得一定价值担保债权的作用，并不因为客体的不同而有所不同。在规定权利质权的规则中，着重解决的是权利质权的生效问题，因为这是与动产质权的主要区别。除此之外，权利质权与动产质权的规则基本相同，况且民法典在规定动产质权的规则时，是作为质权的一般规则设计的。所以，凡是权利质权一节中没有规定的内容，都适用动产质权规定的规则，如质权合同的主要条款、流质的禁止、质权人的义务、质权的实现方式和最高额质权，都适用同样的规则。[7]

---

[1] 杨立新．中华人民共和国民法典释义与案例评注（物权编）[M]．北京：中国法制出版社，2020：819-822．

[2] 《民法典》第四百三十八条规定："质押财产折价或者拍卖、变卖后，其价款超过债权数额的部分归出质人所有，不足部分由债务人清偿。"

[3] 《民法典》第四百四十条规定："债务人或者第三人有权处分的下列权利可以出质：（一）汇票、本票、支票；（二）债券、存款单；（三）仓单、提单；（四）可以转让的基金份额、股权；（五）可以转让的注册商标专用权、专利权、著作权等知识产权中的财产权；（六）现有的以及将有的应收账款；（七）法律、行政法规规定可以出质的其他财产权利。"

[4] 高圣平．民法典担保物权法编纂：问题与展望[J]．清华法学，2018．12（2）：74-94．

[5] 刘保玉．完善我国质权制度的建议[J]．现代法学，2017，39（6）：48-60．

[6] 《民法典》第四百四十六规定："权利质权除适用本节规定外，适用本章第一节的有关规定。"

[7] 杨立新．中华人民共和国民法典释义与案例评注（物权编）[M]．北京：中国法制出版社，2020：851．

（1）商业票据。票据质押是以票据为标的物而成立的一种质权。①根据《中华人民共和国票据法》第三十五条第二款规定，汇票可以设定质押，质押时应当以背书记载"质押"字样，这说明票据质押应为一种票据行为。②如果出质人没有在票据上背书，而只写明"质押"字样，然后交付给质权人，此时质权人就不能行使票据法赋予的权利。除出质人外所有人均可以以背书不连续、持票人无法证明自己的权利来源合法为由抗辩持票人。①对质权人而言，在主债务清偿完毕之前，限制出质人的票据权利方面是完全一样的：出质人不能行使任何的票据权利，票据权利在内容上只能由质权人完全行使，但其行使必须受到条件的限制。如果主债务未到期质权人不能行使票据权利，即使主债务到期，如债务人及时清偿，质权人同样不能行使质权，此时出质人还要求质权人再次背书将票据返还出质人，以示背书的连续性，以便出质人将来行使票据权利。②对出质人而言，票据质押对出质人的效力主要表现在其对票据的处分权受到了限制。票据是一种完全证券，谁占有票据就可以行使该财产权。但票据一经出质，出质人将票据交给质权人不能对其进行占有，对出质人来讲，尽管其享有所有权，但其处分权则受到了限制。出质人想要对票据进行处分，应当向质权人另行提供担保，或者经质权人同意取回票据，从而实现自己对票据的处分权。在前者，表现为票据质押的消灭；在后者，表明质权人对债务人的信用态度而自愿放弃自己的债权担保，法律自无强制的必要。如果此项处分权不受限制，则质权人势必陷入无从对质押担保标的物的交换价值进行支配的境地，从而该项权利的担保机能便因此丧失殆尽。

债券是政府、企业、银行等债务人为筹集资金，按照法定程序发行并向债权人承诺于指定日期还本付息的有价证券。债券的本质是债的证明书，具有法律效力。债券购买者或投资者与发行者之间是一种债权债务关系，债券发行人即债务人，投资者（债券购买者）即债权人。债券作为一种债权债务凭证，与其他有价证券一样，也是一种虚拟资本，而非真实资本，它是经济运行中实际运用的真实资本的证书。谁持有债券，谁就有权要求债务人按期还本付息，因此可以作为一种财产进行质押。

存款单是银行等金融机构发给存款人的债权凭证，也是存款人到存款银行支取存款的凭据。存款单有活期存单、定期存单、定活两便存单等，由于活期存单、定活两便存单随时可以支取，所以一般不发生以活期存单、定活两便存单向银行等金融机构质押贷款的问题。存单质押主要是指定期存单质押，主要包括各类未到期的整存整取、存本付息、大额可转让定期存单。为了防止以存单质押后，质权人随意支取存款，也为了防止出质人将存单出质后又办理挂失将款取走，使质权落空，以存单出质的，出质人与质权人应当订立质押合同或者在存单背书记载"质押"字样，质押合同自存单交付质权人之日起生效。

仓单是仓库业者接受顾客（货主）的委托，将货物受存入库以后向存货人开具的说明

---

① 《民法典》第四百四十一条规定："以汇票、本票、支票、债券、存款单、仓单、提单出质的，质权自权利凭证交付质权人时设立；没有权利凭证的，质权自办理出质登记时设立。法律另有规定的，依照其规定。"

② 为了与票据法保持一致，《民法典担保制度解释》第五十八条规定："以汇票出质，当事人以背书记载'质押'字样并在汇票上签章，汇票已经交付质权人的，人民法院应当认定质权自汇票交付质权人时设立。"

存货情况的存单。仓单的直接作用是提取委托寄存物品的证明文件，间接作用则是寄托品的转让及以此证券委担保向银行等金融机构借款的证书，因此，仓单是一种公认的"有价证券"。仓单质押是以仓单为标的物而成立的一种质权。仓单质押作为一种新型的服务项目，为仓储企业拓展服务项目，开展多种经营提供了广阔的舞台，特别是在传统仓储企业向现代物流企业转型的过程中，仓单质押作为一种新型的业务应该得到广泛应用。

实践中存在的所谓仓单乱象，即保管人就同一批货物开出数份仓单，导致存货人将仓单多次质押或者转让，或者保管人在开出仓单后，仍然允许存货人无单取货或者以货物再次进行质押、抵押等情况。为了明确仓单作为货权凭证的法律地位，并通过司法裁判引导和规范仓单质押实践，《民法典担保制度解释》首先明确了仓单质押的成立要件，即仓单质押并非仅仅是交付仓单即可，而是应当进行质押背书并由保管人签名或者盖章。此外，考虑到《国务院关于实施动产和权利担保统一登记的决定》规定仓单可以进行质押登记，因而本解释规定，没有权利凭证的仓单，依法可以办理出质登记的，仓单质权自办理出质登记时设立。根据《民法典》第四百一十四条、第四百一十五条的规定，我们认为，在出质人既以仓单出质又以仓储物设立担保的情况下，应按照公示的先后确定清偿顺序；难以确定先后顺序的，按照债权比例清偿。①在保管人为同一货物签发多份仓单，而出质人又在多份仓单上设立多个质权的情况下，应按照公示的先后确定清偿顺序；难以确定先后顺序的，按照债权比例受偿。最后，考虑到实践中上述问题的出现，往往是存货人与保管人共同侵权的结果，故有过错的保管人应与存货人对因此受到损失的债权人承担连带赔偿责任。②

提单是指用以证明海上货物运输合同和货物已经由承运人接收或者装船，以及承运人保证据以交付货物的单证。提单中的记名提单不得转让，指示提单经背书或者空白背书可以转让，不记名提单无须背书即可转让。提单质权就是提单持有人不清偿其债务时，就债务人或第三人移转占有而供担保的动产或权利所得的价金优先受偿的权利。③

汇票、本票、支票、债券、存款单、仓单、提单都有兑现日期或者提货日期。如果

---

① 《民法典担保制度解释》第五十九条规定："存货人或者仓单持有人在仓单上以背书记载"质押"字样，并经保管人签章，仓单已经交付质权人的，人民法院应当认定质权自仓单交付质权人时设立。没有权利凭证的仓单，依法可以办理出质登记的，仓单质权自办理出质登记时设立。出质人既以仓单出质，又以仓储物设立担保，按照公示的先后确定清偿顺序；难以确定先后的，按照债权比例清偿。保管人为同一货物签发多份仓单，出质人在多份仓单上设立多个质权，按照公示的先后确定清偿顺序；难以确定先后的，按照债权比例受偿。存在第二款、第三款规定的情形，债权人举证证明其损失系由出质人与保管人的共同行为所致，请求出质人与保管人承担连带赔偿责任的，人民法院应予支持。"

② 林文学，杨永清，麻锦亮，吴光荣.《关于适用民法典有关担保制度的解释》的理解和适用[J].人民司法，2021（4）：30-45.

③ 《最高人民法院关于适用〈中华人民共和国民法典〉有关担保制度的解释》（法释〔2020〕28号）第六十条规定："在跟单信用证交易中，开证行与开证申请人之间约定以提单作为担保的，人民法院应当依照民法典关于质权的有关规定处理。在跟单信用证交易中，开证行依据其与开证申请人之间的约定或者跟单信用证的惯例持有提单，开证申请人未按照约定付款赎单，开证行主张对提单项下货物优先受偿的，人民法院应予支持；开证行主张对提单项下货物享有所有权的，人民法院不予支持。在跟单信用证交易中，开证行依据其与开证申请人之间的约定或者跟单信用证的惯例，通过转让提单或者提单项下货物取得价款，开证申请人请求返还超出债权部分的，人民法院应予支持。前三款规定不影响合法持有提单的开证行以提单持有人身份主张运输合同项下的权利。"

兑现日期和提货日期与债权同时到期，刚好可以同时行使质权清偿债务，实现债权。如果兑现日期和提货日期在债权到期后到期，在兑现日期或者提货日期到期后，可以实现质权，或者提前实现债权。如果这些权利质权标的之兑现日期或者提货日期先于主债权到期，由于债权还没有到期，质权人不能实现质权，其债权可能受到损害。对出质人而言，此时不兑现或者提货也可能造成其损失，如仓单提货日期届至而不按时提货的，出质人须加付仓储费。因此，质权人可以在兑现日期或者提货日期届至时，主张兑现或者提货，并与出质人协议，将兑现的变价款或者提取的货物变现，提前清偿债务，或者进行提存，实现债权。①

（2）基金份额和股权。基金份额质权，指以基金份额为标的而设立的质权。股权质权，是指以股权为标的而设立的质权。以基金份额、股权出质的，当事人应当订立书面合同。以基金份额、证券登记结算机构登记的股权出质的，质权自证券登记结算机构办理出质登记时设立。以其他股权出质的，质权自办理出质登记时设立。②股权是由股份、股票来表彰的，股权质权也就表现为以股份、股票质押。依据《公司法》，上市公司的股权、公开发行股份的公司的股权、非公开发行但股东在200人以上的公司的股权等的表现形式均为股票，其发行、转让等行为都要在证券登记结算机构进行登记。基金份额指基金管理人向不特定的投资者发行的，表示持有人对基金享有资产所有权、收益分配权和其他相关权利，并承担相应义务的凭证。基金份额、上市公司股票质权的设立，须经登记结算机构登记后生效。证券登记结算机构是为证券交易提供集中的登记、托管与结算服务的机构，是不以营利为目的的法人。目前，我国的证券登记结算机构就是中国证券登记结算有限责任公司，下设上海分公司和深圳分公司。以在上海证券交易所上市的股份出质的，应当在中国证券登记结算公司上海分公司办理出质登记，而以在深圳证券交易所上市的股份出质的，应当在中国证券登记结算公司深圳分公司办理出质登记。基金份额的登记结算适用《证券登记结算管理办法》的规定。以非上市公司的股权出质的，或者以有限责任公司的股份出质的，自办理出质登记时发生效力。③

基金份额、股权出质后，不得转让，但是，经出质人与质权人协商同意的可以转让。出质人转让基金份额、股权所得的变价款，应当向质权人提前清偿债务，也可以进行提存，实现质权。不过，虽然出质人无权转让基金份额、股权，但出质人与受让人所签订的转让合同并不因此无效，受让人也仍然有权请求出质人转移股权，只是股权因被质押无法转移，受让人只能在基金份额、股权质权上的质权消灭后再取得股权，或者请求出让人承担违约责任。④

---

① 《民法典》第四百四十二条规定："汇票、本票、支票、债券、存款单、仓单、提单的兑现日期或者提货日期先于主债权到期的，质权人可以兑现或者提货，并与出质人协议将兑现的价款或者提取的货物提前清偿债务或者提存。"
② 《民法典》第四百四十三条规定："以基金份额、股权出质的，质权自办理出质登记时设立。基金份额、股权出质后，不得转让，但是出质人与质权人协商同意的除外。出质人转让基金份额、股权所得的价款，应当向质权人提前清偿债务或者提存。"
③ 杨立新.中华人民共和国民法典释义与案例评注（物权编）[M].北京：中国法制出版社，2020：841.
④ 程啸.担保物权研究[M].北京：中国人民大学出版社，2017：565-566.

（3）知识产权。知识产权质权，指以知识产权的财产权为标的而设立的质权。[①] 以注册商标专用权、专利权、著作权等知识产权中的财产权出质的，当事人应当订立书面合同，为要式行为。专利权、著作权属于兼具人身性质与财产性质的权利，而只有财产性质的权利可以转让，故而专利权、著作权中可以出质的是其中的财产权利。在著作权中，可以质押的权利是复制权、展览权、播放权、制片权等财产权利；在专利权中，可以质押的权利是独占权、转让权、许可权等财产权利。在知识产权质押合同中，应当载明出质的是著作权、专利权中的哪一项或几项权利。至于注册商标专用权，其属于纯粹的财产性质权利，故而可以整体出质。相关法条所直接列举的知识产权类型为注册商标专用权、专利权、著作权，但可以出质的知识产权并不局限于此，植物新品种权、邻接权中的知识产权、依法可以转让的知识产权许可使用权、计算机软件和集成电路布图设计权均为可转让的财产权，可以用于质押。[②] 至于商号权，虽然其性质也属于一种知识产权，但市场主体的商号权同自身的商誉不可分割，兼有财产权与人格权双重属性，因而商号权不得单独作为知识产权质押的标的。[③] 知识产权质权自有关主管部门办理出质登记时设立。商标专用权质押登记机关是国家工商行政管理局，由它具体办理商标专用权质押登记。以依法可以转让的专利权与著作权中的财产权出质的，应当向各自的管理部门办理出质登记。国家知识产权局是专利权质权合同登记的管理部门，同时国家版权局是著作权质权合同登记的管理机关，国家版权局指定专门机构进行著作权质权合同登记。知识产权质权除具有一般质权的效力之外，还具有限制出质人行使权利的效力。以可转让的注册商标专用权、专利权、著作权中的财产权出质后，其所有权虽然仍属于商标专用权人、专利权人及著作权人，但该所有权是设有负担的所有权。因此，知识产权中的财产权出质后，出质人不得转让或者许可他人使用商标权、专利权和著作权等财产权，但是经过出质人与质权人协商同意的除外。出质人转让或者许可他人使用出质的知识产权中的财产权所得的变价款，应当向质权人提前清偿债务，或者进行提存，以实现质权。[④]

（4）应收账款。应收账款本是会计学意义上的术语，指企业在生产经营过程中，因销售商品、产品、材料、提供劳务等业务，而产生的应向购货单位或接受劳务的单位收取的款项，它代表企业获得未来经济利益（未来现金流入）的权利。[⑤] 法律意义上的应收账款，指权利人因提供一定的货物、服务或设施而获得的要求义务人付款的权利，但不包括因票据或其他有价证券而产生的付款请求权。设立应收账款质权，[⑥] 当事人应当订立

[①]《民法典》第四百四十四条规定："以注册商标专用权、专利权、著作权等知识产权中的财产权出质的，质权自办理出质登记时设立。知识产权中的财产权出质后，出质人不得转让或者许可他人使用，但是出质人与质权人协商同意的除外。出质人转让或者许可他人使用出质的知识产权中的财产权所得的价款，应当向质权人提前清偿债务或者提存。"

[②] 丘志乔.法价值视阈下对知识产权质押制度的反思与重构[J].暨南学报，2013，35（8）：80-89.

[③] 赵亮，张辰.我国知识产权质押论析[J].科学管理研究，2015，33（2）：101-104.

[④] 杨立新.中华人民共和国民法典释义与案例评注（物权编）[M].北京：中国法制出版社，2020：844.

[⑤] 刘永泽.会计学[M].大连：东北财经大学出版社，2008：76.

[⑥]《民法典》第四百四十五条规定："以应收账款出质的，质权自办理出质登记时设立。应收账款出质后，不得转让，但是出质人与质权人协商同意的除外。出质人转让应收账款所得的价款，应当向质权人提前清偿债务或者提存。"

书面合同，同时质权自信贷征信机构办理出质登记时设立。[1]

应收账款登记机关为信贷征信机构，指中国人民银行的征信中心，该中心具体办理应收账款质押登记。原《物权法》在制定时，立法者选择以信贷征信机构作为应收账款质押的登记机构，是因为信贷征信机构已经拥有了覆盖全国的银行信贷登记咨询系统，并以电子化互联网络为平台，能够给当事人的登记和查询带来极大便利，符合应收账款登记电子化和网络化的发展趋势。[2]施行十余年来，信贷征信机构的应收账款质押登记系统的运行已日臻成熟，持续为公众提供基于互联网的登记公示与查询服务。应收账款质押的登记由质权人办理，而质权人也可以委托他人办理。应收账款质押登记系统允许采取声明登记制，当事人仅需提交记载有当事人身份及担保财产等少量内容的担保声明书，而无须提交基础交易文件，登记机关并不详细核查动产担保权的具体内容。[3]登记的内容包括质权人和出质人的基本信息，应收账款的描述，登记期限。同时，质权人可以与出质人约定将主债权金额等项目作为登记内容。应收账款出质后不得转让，但是经过出质人与质权人协商同意的除外。出质人转让应收账款，其所得的变价款，应当向质权人提前清偿债务，或者进行提存，实现质权。该款主要用于保护质权人的利益，防止出质人随意处置应收账款，保证主债权的实现。[4]

中国人民银行发布的《应收账款质押登记办法》第二条规定，应收账款是权利人因提供一定的货物、服务或者设施而获得要求义务人付款的权利以及依法享有的其他付款请求权，包括现有的、将有的金钱债权，但不包括因票据或者其他有价证券而产生的付款请求权，以及法律、行政法规禁止转让的付款请求权。现有的应收账款，主要是指出质时应收账款债务人、质押标的都能够确定或者特定的金钱债权。将有的应收账款，是指出质时应收账款债务人或者质押标的尚未确定或者特定的金钱债权，主要包括不动产收费权、依法可以出质的其他收费权以及其他将有的应收账款出质。

关于以现有的应收账款出质，实践中主要的问题是应收账款不存在或者虚构应收账款时该如何分配举证责任以及确定责任。为此，《民法典担保制度解释》规定：一是应收账款债务人向质权人确认应收账款的真实性后，又以应收账款不存在或者已经消灭为由主张不承担责任的，人民法院不予支持。二是应收账款债务人未确认应收账款的真实性，质权人以应收账款债务人为被告，请求就应收账款优先受偿，能够举证证明办理出质登记时应收账款真实存在的，人民法院应予支持；质权人不能举证证明办理出质登记时应收账款真实存在，仅以已经办理出质登记为由，请求就应收账款优先受偿的，人民法院

---

[1] 杨立新.中华人民共和国民法典释义与案例评注（物权编）[M].北京：中国法制出版社，2020：847-848.
[2] 刘保玉，孙超.物权法中的应收账款质押制度解析[J].甘肃政法学院学报，2007（4）：18-25.
[3] 高圣平.统一动产融资登记公示制度的建构[J].环球法律评论，2017，39（6）：66-83.
[4] 高圣平.担保法论[M].北京：法律出版社，2009：552.

不予支持。[1]

现有的应收账款出质后，应收账款债务人应当向谁履行是另一大问题。鉴于应收账款质押与债权转让有很大程度的相似性，参照民法典关于债权转让经通知债务人后对其具有约束力的规定，规定应收账款债务人接到质权人要求向其履行的通知前，可以向应收账款债权人履行，而且接到通知后，只能向应收账款质权人履行。对于现有的应收账款，质权人可以直接请求应收账款债务人向自己履行。

将有的应收账款质押，实践中主要体现为各种收费权，其区别于现有应收账款的一大显著特征是：出质以及实现时应收账款债务人均难以确定。为此，质权人不能直接向应收账款债务人主张权利，故其权利实现方式主要是由质权人直接请求应收账款债权人履行，实践中又要区分是否已经设定特定账户等情形：一是当事人为应收账款设定特定账户，质权人可以请求就该特定账户内的款项优先受偿；二是特定账户内的款项不足以清偿债务或者未设定特定账户，质权人可以请求折价或者拍卖、变卖收费权并就所得的价款优先受偿。[2]

五、留置

（一）留置条件

1. 积极条件

（1）合法占有。占有标的物是留置权成立与存续的必要前提，并且是合法占有。[3] 所谓占有，是指对物事实上的管领和支配，包括直接占有和间接占有两种方式。占有的方式不限于直接占有、间接占有或者占有辅助人的占有以及与第三人共同占有，也可以成立留置权。与质权一样，留置权不能通过占有改定的方法移转占有，因为在占有改定的情况下，债务人仍然现实地占有留置物，而作为留置权人间接占有留置物是无法实现留

---

[1] 《民法典担保制度解释》第六十一条规定："以现有的应收账款出质，应收账款债务人向质权人确认应收账款的真实性后，又以应收账款不存在或者已经消灭为由主张不承担责任的，人民法院不予支持。以现有的应收账款出质，应收账款债务人未确认应收账款的真实性，质权人以应收账款债务人为被告，请求就应收账款优先受偿，能够举证证明办理出质登记时应收账款真实存在的，人民法院应予支持；质权人不能举证证明办理出质登记时应收账款真实存在，仅以已经办理出质登记为由，请求就应收账款优先受偿的，人民法院不予支持。以现有的应收账款出质，应收账款债务人已经向应收账款债权人履行了债务，质权人请求应收账款债务人履行债务的，人民法院不予支持，但是应收账款债务人接到质权人要求向其履行的通知后，仍向应收账款债权人履行的除外。以基础设施和公用事业项目收益权、提供服务或者劳务产生的债权以及其他将有的应收账款出质，当事人为应收账款设立特定账户，发生法定或者约定的质权实现事由时，质权人请求就该特定账户内的款项优先受偿的，人民法院应予支持；特定账户内的款项不足以清偿债务或者未设立特定账户，质权人请求折价或者拍卖、变卖项目收益权等将有的应收账款，并以所得的价款优先受偿的，人民法院依法予以支持。"

[2] 林文学，杨永清，麻锦亮，吴光荣.《关于适用民法典有关担保制度的解释》的理解和适用[J].人民司法，2021（4）：30-45.

[3] 《民法典》第四百四十七条第一款规定："债务人不履行到期债务，债权人可以留置已经合法占有的债务人的动产，并有权就该动产优先受偿。"

置效力的。①占有必须具有持续性，而且占有不同于持有，单纯的持有，如保姆操持家务时使用家中的工具，是持有而非占有，不能在雇主的财产上成立留置权。②

债权人留置债务人的动产，必须是债权人合法占有的债务人的动产。若为非法占有，如债权人以侵权行为占有动产，即使该动产上的债权成立是正当的，对该动产亦不成立留置权。不论侵权行为针对何人，均不得成立留置权。例如，债权人因债务人欠付汽车修理费用，而得知该汽车被第三人占有，遂将此车私下偷走，则不能对此车成立留置权。又如，债权人已经将汽车返还车主，但是由于欠款无法索回，故趁车主不注意，将此车强行抢走，亦不得成立留置权。③当然，非法占有并不限于侵权情形，在其他违法占有情形下债权人同样不能享有留置权。④

债权人对动产的占有开始是合法占有，其后为无权占有时，在无权占有期间发生的债权，是否对该动产成立留置权？例如，动产承租人于租赁期间届满后拒绝返还租赁的动产，后该动产发生修理费用，此时对该修理费用是否可以主张成立留置权有待确认。在这种情况下，因无权占有人明知其无权占有或者对其是否属于有权占有有所怀疑而仍然支出费用，如果对其留置权予以支持，则容易激励无权占有行为的发生，不利于对动产原权利人的保护，也不符合留置权制度维持公平的目的和社会作用，故不能成立留置权。

（2）债务人的动产。留置权的标的物只限于动产⑤，债权人占有的不动产上不能成立留置权。⑥例如，在广州市坤龙建筑安装工程有限公司诉广州市城市建设开发有限公司、广州宏城发展有限公司等建设工程施工合同纠纷案中，最高人民法院就明确指出，行使留置权的条件是债权人合法占有债务人的动产，但是建设工程不是动产，不能适用关于留置权的规定。⑦

留置动产不必是可转让物，不可转让的动产也可以成为留置权的标的物。担保物权的标的物通常应该具有可转让的属性，以在担保物权实现时可以折价、变卖、拍卖，以交换价值满足所担保的债权。但是，留置权的主要作用在于留置标的物，以迫使债务人清偿债务，而就留置物变价求偿则是次要作用。因此，不可让与的动产虽然不能拍卖，但可以发挥留置的原初效力，达到促使债务清偿的目的。同时，作为法定担保物权，留置权的发生基于法律规定，对于留置标的物，留置权人往往并没有事先可以自由选择的

---

① 最高人民法院物权法研究小组.《中华人民共和国物权法》条文理解与适用[M].北京：人民法院出版社，2007：676-677；最高人民法院民事审判第一庭.民事审判指导与参考[M].北京：法律出版社2010：78.
② 全国人民代表大会常务委员会法制工作委员会.中华人民共和国物权法释义[M].北京：法律出版社，2007：497.
③ 最高人民法院民事审判第一庭.民事审判指导与参考[M].北京：法律出版社，2010：83.
④ 例如，在法院查封后，债权人非法占有被查封仓库中的货物，则不享有留置权。参见最高人民法院（2017）最高法民申1227号民事裁定书。
⑤ 《民法典》第四百四十七条第一款规定："债务人不履行到期债务，债权人可以留置已经合法占有的债务人的动产，并有权就该动产优先受偿。"
⑥ 实务中存在的发包人不支付工程款，承包人不交钥匙的做法，不属于留置权范畴，但可以从合同法规定的同时履行抗辩权和先履行抗辩权角度来解释此种行为的合法性，不宜一概将承包人不交钥匙作为非法占有来对待。吴庆宝.物权纠纷裁判标准规范[M].北京：人民法院出版社，2009：305.
⑦ 参见最高人民法院（2016）民申1562号民事裁定书。

可能。所以，如果因为标的物不可转让而认为不可以成立留置权，则不利于对债权人的保护。①

《民法典》第四百四十七条规定："债务人不履行到期债务，债权人可以留置已经合法占有的债务人的动产，并有权就该动产优先受偿。"对于"债务人的动产"，是指债务人所有的动产，还是债务人占有的动产，《最高人民法院关于适用〈中华人民共和国民法典〉有关担保制度的解释》（法释〔2020〕28号）第六十二条规定："债务人不履行到期债务，债权人因同一法律关系留置合法占有的第三人的动产，并主张就该留置财产优先受偿的，人民法院应予支持。第三人以该留置财产并非债务人的财产为由请求返还的，人民法院不予支持。"据此，债权人可以留置的债务人的动产，不仅包括债务人所有的动产，还包括债权人善意取得的由债务人交付的第三人所有的动产。

留置权的善意取得以债权人不知债务人对交付之物无所有权或处分权为要件，基于动产占有的公信力，债务人或者对标的物主张权利的第三人主张债权人事先已知其无所有权或处分权的，应由债务人或第三人负举证责任，否则应推定债权人为善意取得。至于债权人何时知道债务人无所有权或处分权，实际应以债权人占有动产为时点。只要债权人在占有动产时为善意，即使实际占有债务人交付的动产后，已经知道债务人无权处分的，仍可成立留置权。②

（3）同一法律关系。债权人占有的债务人的动产与债权属于同一法律关系③，通常认为，以留置财产为债权发生的原因时，即认为有同一法律关系，换言之，只有债权人是

---

① 最高人民法院民事审判第一庭.民事审判指导与参考[M].北京：法律出版社，2010：78.
② 留置权的善意取得，是指债权人按照合同约定合法占有债务人的动产，债务人不履行到期债务时，即便债务人对其交付的动产不具有所有权或者处分权，债权人仍能基于不知债务人对交付财产无所有权或处分权而善意留置债务人的财产。曹士兵.中国担保制度与担保方法（第三版）[M].北京：中国法制出版社，2014：387-388；吴庆宝.物权纠纷裁判标准规范[M].北京：人民法院出版社，2009：307.
③ 《民法典》第四百四十八条规定："债权人留置的动产，应当与债权属于同一法律关系，但是企业之间留置的除外。"之前，学界一直称之为牵连关系。所谓牵连关系是指，债权人对动产的留置权与债务的产生是基于同一法律关系发生的，如加工承揽合同，承揽人因定作人不交付加工费用，即有权留置定作人送交的加工定作物。如果动产与债权无关，则不能成立留置权。之所以要将牵连关系作为留置权的条件，崔建远教授指出："假如允许债权人任意留置债务人所有却与债权的发生无直接法律关系的动产，很可能破坏债务人生产或生活的预先安排，严重地损害甚至牺牲债务人或有关第三人的债权人（有时同时为担保权人）的合法权益，从整个社会的层面考虑，缺乏效率，甚至有失公正。有鉴于此，德国民法及其继受者将留置权的成立限定在债权的发生与将被留置的动产有牵连关系的场合"。崔建远.物权法（第二版）[M].北京：法律出版社，2010：579.邹海林教授也认为："债权人留置已占有的 同债权无牵连关系之债务人的财产，在观念上有失公平，在法律上为权利滥用。"邹海林.留置权基本问题研究[J].法学研究，1991（2）：46-53.

依合同占有债务人之物者,为有直接原因,始成立留置权,否则没有留置权的发生。①特别的情形是,只有在企业之间行使留置权的,可以采取间接原因说,不受直接原因要求的限制。具体考察这一要件是否成立,应看依合同占有标的物是否为债权发生的原因。属于债权发生的原因的,无论直接原因还是间接原因,均为有同一法律关系。如果债权、债务与取得占有的合同没有因果关系,就不发生留置权。②

企业③之间享有的商事留置权,不局限于同一法律关系。之所以要作出如此变化,理由是:在商业实践中,企业之间相互交易频繁,追求交易效率,讲究商业信用,如果严格要求留置财产必须与债权的发生具有同一法律关系,则有悖交易迅捷和交易安全原则。比如,甲运输公司与乙贸易公司经常有业务往来,因乙公司欠了甲公司一笔运费。后丙公司支付运费后委托甲公司将一批货物运给乙公司,甲公司为了实现催要运费的目的,遂将该批货物扣留,要求乙公司支付此前所欠运费方肯交货。在此种情况下,虽然甲公司所承运的货物与乙公司所欠的运费之前并不属于同一法律关系,但根据本条但书的规定,甲公司仍有权行使留置权。④

但是,仅因企业与自然人主体不同即区别立法,是否合乎平等原则要求?例如,丙公司持续为甲公司、乙自然人运输货物,丙欲对甲的货物行使留置权,无需满足同一法律关系要件,而欲对乙的货物行使留置权,则需严守同一法律关系要件,丙从事相同法律行为,何以法律后果迥异?因此,无条件地取消企业之间留置同一法律关系这一要件,对其债权和留置物间的同一法律关系一无所求,事实上使得各当事人间处于一种利益失衡的状态,应当作必要限制。商事留置规则演变为"债权人留置的动产应当与债权属于同一法律关系,但因持续性经营关系而留置的除外"⑤。

---

① 例如,在长三角商品交易所有限公司诉卢海云返还原物纠纷案中,劳动者以用人单位拖欠劳动报酬为由,主张对用人单位供其使用的工具、物品等动产行使留置权。法院认为,因此类动产不是劳动合同关系的标的物,与劳动债权不属于同一法律关系,故人民法院不予支持该主张。参见江苏省无锡市中级人民法院(2014)锡民终字第1724号民事判决书。用人单位为劳动者提供的工作便利条件所涉及的动产,不是劳动法律关系的标的物,与劳动债权不属同一法律关系。首先可以从用人单位与劳动者的请求权基础角度进行分析。用人单位主张的物的返还请求权是建立在所有权基础上的,而劳动者主张的劳动债权是建立在劳动合同基础上的,两者的请求权基础并不产生于同一法律关系,没有牵连关系。其次,从劳动合同的基本法律关系分析,劳动者的义务为向用人单位提供劳动和接受用人单位的管理,并有权要求用人单位依约支付劳动报酬,用人单位的权利义务则与之相对。劳动者基于劳动债权占有用人单位的财产,是不服从管理的行为。以这种私力救济方式保护劳动债权,不仅影响劳动生产和管理秩序,还将造成债权债务保护的不公平。姜丽丽,诸佳英.基于劳动关系产生的债权不能适用留置权[J].人民司法,2015(8):40-43.
② 杨立新.中华人民共和国民法典释义与案例评注(物权编)[M].北京:中国法制出版社,2020:862.
③ 需要注意的是,我国《民法典》并未规定"企业"这一概念,此处使用"企业"容易引起争议。有观点指出,享有商事留置的主体及其相对人必须均为企业,包括公司、合伙企业等,但个体工商户、承包经营户、个人合伙则不能认定为企业,不享有商事留置权,也不能成为商事留置权的行使对象。牟乃桂,左明强.商事类案裁判精要(上)[M].北京:人民法院出版社,2017:316-326.
④ 黄薇.中华人民共和国民法典物权编解读[M].北京:中国法制出版社,2020:807.
⑤ 《民法典担保制度解释》第六十二条规定:"企业之间留置的动产与债权并非同一法律关系,债务人以该债权不属于企业持续经营中发生的债权为由请求债权人返还留置财产的,人民法院应予支持。企业之间留置的动产与债权并非同一法律关系,债权人留置第三人的财产,第三人请求债权人返还留置财产的,人民法院应予支持。"

关于如何理解持续性经营关系，实务之中已经有法官用虚拟的案例对此进行了阐述。甲企业为食品生产企业，乙企业和丙企业均为冷藏保管服务企业。现甲企业与乙企业签订了一份食品冷藏保管服务合同，乙企业在履行过程中仓库意外出现漏水危险，为了避免被储存的食品腐坏，乙企业临时有偿委托丙企业代为储藏保管一部分食品。在此期间，甲企业也曾委托丙企业运输过一批食品尚未支付运费。在此，即便丙企业得知其受乙企业委托而保管的那批食品属于甲企业所有，其也不能对这批食品进行留置以行使商事留置权。因为虽然丙企业与乙企业之间属于营业关系，甲企业与乙企业之间也属于营业关系，但是就丙企业所占有的甲企业的那批食品而言，双方并没有直接的营业关系，丙企业是基于乙企业的委托才占有甲企业的动产。因此，丙企业虽然取得了对甲企业动产的占有，但此时的占有并非基于双方之间直接的营业关系，所以不能以其对甲企业的债权而主张对其所占有的食品行使商事留置权。

（4）债权已届清偿期。债权人留置债务人的动产，须以债务到期为条件。[①]债务到期，主要指当事人约定的债务履行期届满，也包括债务人预期违约和债权人依法将债务履行期提前所形成的债务到期，未到期债务不产生留置效力。没有约定债务履行期的，债务因债权人的催告到期，催告通知到达债务人后立即生效。

债务未届清偿期，但债权人能够证明债务人无支付能力的，债权人可以行使紧急留置权。所谓紧急留置权，是指在债务人丧失清偿能力的事实出现后，债权虽然未届清偿期，债权人仍然可以依照法律的规定成立留置权。例如，债务人破产的，即使债权未届清偿期，债权人也可以成立留置权。[②] 紧急留置权是留置权成立的一般要件的例外情形，其行使必须加以严格限制，要考虑债务人的财产、信用能力等状况，如果仅仅是一时履行困难，尚不足以成立留置权。[③] 并且，紧急留置权的行使必须是债务人在动产交付后才没有支付能力，或者其无支付能力在交付后才被债权人所知道。如果债务人的无支付能力情况在交付动产前已经被债权人所知，则其不可以行使留置权。因为，债务人既然已经没有支付能力，债权人已经知道这种情况，并仍愿意与债务人从事交易或者接受委托工作，则表明债权人已经不顾债务人的支付能力，法律在这种情况下自然也没有保护债权人的必要。[④]

2. 限制条件

留置物可能是可分物，也可能是不可分物。可分物是指经分割而不损害其经济用途或失去其价值的物。留置的财产是可分物的，所留置的财产应当相当于债务的金额。[⑤] 留置权人行使留置权的边界以其所享有的债权为限，对超出债权范围不当留置的，不当留置一方应承担相应的法律责任。例如，在 A 铜业公司与 B 公司加工合同纠纷案中，最高人民法院指出，承揽人加工所涉原材料数量巨大，并且是可分物，承揽人行使留置权只

[①] 《民法典》第四百四十七条第一款规定："债务人不履行到期债务，债权人可以留置已经合法占有的债务人的动产，并有权就该动产优先受偿。"
[②] 曹士兵.中国担保制度与担保方法（第三版）[M].北京：中国法制出版社，2014：386.
[③] 吴庆宝.物权纠纷裁判标准规范[M].北京：人民法院出版社，2009：309.
[④] 最高人民法院民事审判第一庭.民事审判指导与参考[M].北京：法律出版社，2010：82.
[⑤] 《民法典》第四百五十条规定："留置财产为可分物的，留置财产的价值应当相当于债务的金额。"

能限于加工费范围。如拒不返还超出加工费数额的原材料，其应当承担违约责任。①

法律如此规定，是因为债权人留置财产的目的是清偿债权，只要留置物的价值相当于债务金额，就能够保证其债权得到实现，因此没有必要过多地留置财产。否则，对债务人的合法权益有损害，也不利于物的充分利用。例如，运输合同，甲（承运方）受乙（托运方）的委托运输一车皮的煤，因乙不给付甲运输费，甲因此可以留置乙的货物，若一车皮煤价值为10万元，运输费为5 000元，这时甲只能在相当于运输费5 000元价值的范围内留置煤，而不能把一车皮的煤全部留置。如果物的分割会减损留置物的价值，不可分物不适用上述规定，即为不可分物，不可分物不适用本条的规定。例如，钻石作为加工承揽合同的标的物，如果债权人留置该物时，就不能进行分割，因为钻石若予分割，其价值就会遭受减损。债权人可以将不可分物留置。

3.否定条件

法定不得留置，往往是指债权人留置债务人的财产同债权人所承担的义务相抵触，或者违背债务人交付财产前或交付财产时的指示，或者违反公序良俗时，不得行使留置权。②法定或约定不得留置，都会导致留置权不能成立。③

当事人在合同中约定不得留置的物，对于该物不再成立留置权，债权人不得就该物行使留置权。如果当事人事先有此约定，债权人仍留置不得留置该物，则构成债的不履行，应负违约责任。当事人关于不得留置的物的约定，应当以书面形式约定；虽无书面约定，但双方当事人均承认该口头约定的，亦可承认其效力，产生不得留置该物的效果。这种约定应就物而约定，如果一个合同有数项标的物，当事人仅就其中一项或数项标的物进行约定，则仅对该一项或数项标的物产生不得留置的效果。如果当事人笼统约定该合同的标的物不得留置，则产生全部标的物不得留置的效果。④

（二）留置权的效力

留置权人负有妥善保管留置财产的义务⑤，这与质权人的妥善保管义务并无二致。留置权人有权收取留置财产的孳息，这与质权人收取质押财产孳息的权利完全相同⑥，故不再赘述。

1.优先于质权

在同一动产上，已经设立了抵押权或者质权的，该动产又被留置，就会发生抵押权或者质权与留置权效力冲突问题，应当确定哪一个权利优先。已经设立抵押权或者质权的同一动产，又被留置的，留置权优先，留置权实现之后，该动产尚有余额的，用以实

---

① 参见最高人民法院（2016）最高法民终254号民事判决书。
② 《民法典》第四百四十九条规定："法律规定或者当事人约定不得留置的动产，不得留置。"
③ 参见湖南省高级人民法院（2010）民申字第45号民事裁定书。
④ 杨立新.中华人民共和国民法典释义与案例评注（物权编）[M].北京：中国法制出版社，2020：865-866.
⑤ 《民法典》第四百五十一条规定："留置权人负有妥善保管留置财产的义务；因保管不善致使留置财产毁损、灭失的，应当承担赔偿责任。"
⑥ 《民法典》第四百五十二条又规定："留置权人有权收取留置财产的孳息。前款规定的孳息应当先充抵收取孳息的费用。"

现抵押权、质权。① 同一动产如果被留置，又设立抵押权或者质权的，哪一个担保物权优先，法律对此没有规定。不过，举重以明轻，设置在先的抵押权或者质权都不能对抗后发生的留置权，所以在留置权之后发生的抵押权或者质权，当然不能对抗留置权。②

法律之所以规定留置权优先于抵押权、质权这一规则自有其政策考量：留置权制度之设本属法律为保护债权人的利益而特别赋予的权利，赋予其优先效力符合保护劳动者利益和鼓励创造社会财富的政策目的。③ 如果赋予抵押权优先于留置权的效力，将导致承揽人、承运人、保管人、仓储人等处于不利地位，他们会因为害怕自己投入的材料及劳务得不到补偿，而拒绝提供加工、承揽服务，这最终会损害社会的经济秩序。④

2. 留置权消灭

根据《民法典》第四百四十七条规定，留置权留置的债务人的动产必须是先前已经合法占有的。因此，一旦留置权人对留置财产丧失占有，留置权就归于消灭。⑤ 但这种消灭并不是终局性的消灭，债权人还可以依占有的返还之诉请求债务人返还留置物。

债务人另行提供担保并被债权人接受的，留置权因出具其他担保而消灭。留置权虽然是法定担保物权，但这并不排除当事人在留置权以外选择其他担保方式代替留置担保，但需要债务人与债权人协商一致，即被债权人所接受。提供新的担保种类可以是担保物，如抵押担保或者质押担保，也可以是保证，另外，债务人提供新担保物，其价值应当与债权额相当。由于留置权是以先行占有的与债权有牵连关系的动产为标的，留置物的价值有可能高于被担保债权，但后设的担保物权或保证的价值不应以留置物的价值而论，一般应与被担保债权的价值相当。当然，重要的是新提供的担保须经双方合意。

此外，在留置期间主债权的债务人已全部履行了合同约定的义务，使债权人的权利得到了完全的实现，这时留置权也将随债权的消灭而消灭。这是由于留置权同所有合同担保形式一样，为保证主债权的履行而设立，债务人履行了全部债务而使债权人实现了债权。因此，债权消灭了，留置权也应随之消灭。

（三）留置权的行使

1. 留置期限及实现方式

债权人留置债务人的财产后，双方应当约定留置财产后的债务履行期限。此期限实为宽限期。如债务人仍不履行债务，债权人方能实现留置权，将被留置的动产变价以优先受偿。⑥ 没有约定或者约定不明确的，留置权人应当给债务人六十日以上履行债务的期

---

① 《民法典》第四百五十六条规定："同一动产上已经设立抵押权或者质权，该动产又被留置的，留置权人优先受偿。"

② 杨立新.中华人民共和国民法典释义与案例评注（物权编）[M].北京：中国法制出版社，2020：889-891.

③ 高圣平.民法典动产担保权优先顺位规则的解释论[J].清华法学，2020，14（3）：93-115..

④ 崔建远.物权：规范与学说——以中国物权法的解释论为中心[M].北京：清华大学出版社，2011：614.

⑤ 《民法典》第四百五十七条规定："留置权人对留置财产丧失占有或者留置权人接受债务人另行提供担保的，留置权消灭。"

⑥ 程啸.担保物权研究[M].北京：中国人民大学出版社，2017：615.

限，但是鲜活易腐等不易保管的动产除外。原因在于，对于鲜活易腐等不易保管的动产，宽限期过久会导致被留置物损毁或者贬值，反而容易损害债务人的利益。上述宽限期经过，若债务人还是未能履行债务，则留置权人可以与债务人协议以留置财产折价，也可以就拍卖、变卖留置财产所得的价款优先受偿。为了保护第三人利益，法律特别规定留置财产折价或者变卖的，应当参照市场价格。① 当然，如果留置权人怠于行使权利，债务人也可以请求留置权人及时行使权利。②

2. 价款处理

留置，只是以留置财产的价值作为担保。因此，当留置财产变现所得价款不足以清偿债务时，不足部分由债务人清偿。当留置财产变现所得价款超过债权数额时，超过部分当然应归债务人所有。③

---

① 《民法典》第四百五十三条规定："留置权人与债务人应当约定留置财产后的债务履行期限；没有约定或者约定不明确的，留置权人应当给债务人六十日以上履行债务的期限，但是鲜活易腐等不易保管的动产除外。债务人逾期未履行的，留置权人可以与债务人协议以留置财产折价，也可以就拍卖、变卖留置财产所得的价款优先受偿。留置财产折价或者变卖的，应当参照市场价格。"
② 《民法典》第四百五十四条规定："债务人可以请求留置权人在债务履行期限届满后行使留置权；留置权人不行使的，债务人可以请求人民法院拍卖、变卖留置财产。"
③ 《民法典》第四百五十五条规定："留置财产折价或者拍卖、变卖后，其价款超过债权数额的部分归债务人所有，不足部分由债务人清偿。"

第六章　合同变更与终止

第一节　合同变更

一、协议变更

(一) 协商变更

1. 协商一致可以变更合同

《民法典》第五百四十三条规定:"当事人协商一致,可以变更合同。"之所以已经成立、生效的合同可以在当事人协商一致的情况下进行变更,是因为合同本身就是由当事人协商一致订立起来的,其存续状况同样取决于当事人双方的意思。按照意思自治原则,既然合同当事人可以依据协商一致的原则订立合同,当然也可以依据协商一致而变更合同。

2. 变更不明的推定为未变更

当事人变更合同的意思表示须以明示方式为之,若当事人未以明示方式约定合同变更的,或者就是否变更存在争议的,禁止适用推定规则去推定当事人有变更合同的意愿。[1] 原因在于,合同变更将改变原合同约定好的双方的权利义务内容,对当事人之间的利益重新进行分配。如果推定变更,难以准确把握当事人内心想法,推定变更而成的合同难以符合当事人真实意思,违背意思自治原则。

(二) 债权转让

除法律规定或者当事人约定不得转让的债权外,债权转让无须征得债务人同意。[2] 债权让与涉及的主体包括三方当事人:其一,债权人,即让与人;其二,受让人,即新的债权人;其三,债务人。通常情况,债权因其自身的请求权性质和期限性而表现为一种预期利益,故在债权最终实现之前,只有允许其自由转让,债权人才能将这种预期利益转化为现实利益,从而推动债权的资本化。由此观之,债权让与制度首先应该是为债权

---

[1] 《民法典》第五百四十四条规定:"当事人对合同变更的内容约定不明确的,推定为未变更。"
[2] 《民法典》第五百四十五条规定:"债权人可以将债权的全部或者部分转让给第三人。但是有下列情形之一的除外:(一)根据债权性质不得转让;(二)按照当事人约定不得转让;(三)依照法律规定不得转让。当事人约定非金钱债权不得转让的,不得对抗善意第三人。当事人约定金钱债权不得转让的,不得对抗第三人。"

人的利益而设定的。在债权让与之后与之前相比较,只要不增加债务人履行负担,债务人就不会因债权人变换而处于更加不利的地位,故债权人可自由让与其债权,且不必经债务人同意。

1. 不得转让的债权

(1) 主要类型。根据《民法典》第五百四十五条规定,以下三类债权不得转让。[1]

第一类,根据合同性质不能转让的债权。此类债权特点在于其给付内容或者基础关系的特殊性,究竟向谁履行对债务人而言至关重要。这类债权大致可分为以下三类。其一,债权人身份构成给付的内容,债权人变化会引起给付内容的变化。赡养费请求权、扶养费请求权、养老金请求权、工资薪金请求权等均属于以特定身份为基础的债权。其二,债务人根据债务关系的性质具有值得保护的利益,必须只向特定的债权人给付,任意的债权人变更表现为不可期待。雇佣合同、租赁合同、借用合同等合同关系即属此类。但此类债权并非绝对的不可让与,在债务人同意的情形下,债权仍可让与。其三,债权与基础关系不可分离,或者此类债权不具有独立性(从权利)。从权利一般不具有独立性,应随主权利移转而移转,一般情况下不得单独让与。例如,保证债权、抵押权、质权、留置权等从权利附属于主权利,不能独立存在,如与主债权脱离,将丧失其担保性,不得单独让与。

第二类,根据约定不得转让的债权。为了保护债务人的利益不因债权转让而受到不利影响,法律已经制定有相应的规范。但是债务人只是因此而获得法律给予的最低限度的保护,如果债务人还有法律规定外的其他利益诉求,则需要借助根据《民法典》第五百四十五条规定订立禁止债权转让的约定或限制债权让与的约定方能实现。例如,债权转让必须征得债务人同意或通知债务人方可生效。

第三类,根据法律规定不得转让的债权。《民法典》第五百四十五条规定"依照法律规定不得转让"作为不完全条文,无法单独适用,还必须援引其他法律才能明确其适用范围。法律规定不得让与的债权的范围不能够仅从字面上加以判断,而是要溯及限制债权让与的根源,并对不得让与的债权体系进行整体考量。《民法典》第五百四十五条列举的不得让与的债权类型更多是基于私法方面的考量,或者是基于债权给付内容、债权与基础关系的联系,或者是考虑了债务人在基础关系中的保护需求。此外,还存在某些债权,基于政策考量,或者出于保护社会弱势群体的需要,同样不宜允许让与,债务人也不得通过约定而放弃这种法定保护。

(2) 禁止转让约定与善意第三人

根据《民法典》第五百四十五条规定,债权的让与性可以通过债权人与债务人的特别约定予以排除,这种特别约定可以是口头上的,也可以是书面上的。当然,从避免纠纷,尤其是发生纠纷时的举证便利性方面看,最好是书面约定。在订立合同之时,债权人即可与债务人约定该债权不得转让。如果订立合同时没有约定,双方也可以在合同成立之后通过补充协议特别约定债权不得转让,但是,必须在债权人转让债权之前做出约定,否则禁止债权转让约定对债权受让者不发生效力,不能对抗债权受让人。

一个重要的问题是,禁止让与债权的约定是否必然对受让人发生效力。对于这个

---

[1] 庄加园.《合同法》第79条(债权让与)评注[J].法学家,2017(3):157-174,180.

问题，有三种立法观点：一是承认该约定有效，但是不得对抗善意第三人；二是完全承认该约定的效力，债权不得让与；三是否定该约定对第三人的效力，债权仍可让与。按照合同相对性原则，当事人之间的约定只能在合同内部发生效力。从《民法典》第五百四十五条看，法律将债权区分成金钱债权和非金钱债权，对两者实行不同的制度安排。

对非金钱债权，约定不得对抗善意第三人。如果当事人在合同中明确约定非金钱债权不得转让的，合同当事人应当遵守约定，不得转让该非金钱债权。否则，债权转让原则上应当是无效的，受让人具有善意时除外。换言之，对于合同当事人之间关于非金钱债权不得转让的约定，受让人既不知道又不应当知道，则该受让人是善意第三人，可以主张转让有效。[1]当然，在善意第三人的认定上，应从严把握，只有具有善意并且没有过失的第三人才能有效取得债权。如果当事人在合同中明确约定禁止债权转让，则受让人很难主张自己不知道或不应当知道此事，无法主张善意第三人的权利。因此，善意第三人往往出现在当事人通过补充协议约定禁止转让的情形，并且债权人并未告知相关情况。

对非金钱债权，约定不得对抗第三人。换言之，即使当事人约定不得转让，第三人受让金钱债权后也可以成功取得债权，并且，无论第三人是否具有善意都是如此。原因在于，金钱债权的转让并不会增加债务人负担，不会对债务人造成任何不利。

2. 转让债权的通知

（1）通知的效果。虽债权让与不必经过债务人同意，但是在债权让与后，债务人还要面临向何人履行债务并主张相关抗辩的问题。如果债务人对债权让与事实完全无从知晓，则可能发生错误给付，陷债务人于不利。因而，在比较法上，各国通常将让与通知作为对债务人的生效要件或对抗要件。[2]《民法典》第五百四十六条规定的债权转让通知，作为保护债务人的程序性方式，其具体内涵是受让人受让债权之后，在转让通知到达债务人之前，债权转让对债务人不发生法律效力，债务人有权拒绝受让人的履行请求；在转让通知到达债务人之后，债权转让对债务人发生效力，债务人必须向受让人履行债务。[3]如果债务人继续向让与人履行债务，则不发生债权消灭的效力，其仍然对受让人负有履行义务，此时，债务人有权依据不当得利请求让与人返还。如此看来，《民法典》最终实际上是将转让通知到达债务人作为债权转让对债务人发生法律效力的区分点，而非将债务人实际知道作为区分点，这种采取通知到达的纯粹客观模式更有利于实现交易的

---

[1] 杨立新.中华人民共和国民法典释义与案例评注（合同编）（上）[M].北京：中国法制出版社，2020，269.

[2] 徐涤宇.《合同法》第80条（债权让与通知）评注[J].法学家，2019（1）：175-190,196.

[3] 《民法典》第五百四十六条规定："债权人转让债权，未通知债务人的，该转让对债务人不发生效力。债权转让的通知不得撤销，但是经受让人同意的除外。"

确定性，避免债务人知悉模式下存在的各种不确定而导致的纠纷处理成本。[1]

根据《民法典》第五百四十六条，债权转让自通知到达债务人时才对债务人发生效力。通知显然是有相对人的意思表示，而意思表示一般由效果意思、表示意思与表示行为构成，因此债务人对债权转让事实的知晓本身并不能替代债权转让的通知。在债权转让人与受让人欠缺通知债务人的表示意思和表示行为的情况下，即使债务人已经从其他渠道知悉了债权转让的事实，仍然不能认定债权转让已经通知债务人，因此该债权转让对债务人尚未发生法律效力。[2]在遵义渝禾商贸有限责任公司、中信银行股份有限公司贵阳分行合同纠纷再审案中，最高人民法院指出，在债权转让行为中，转让方和受让方可以自行约定通知债务人的形式，但是，在没有按照约定形式通知债务人时，即使债务人知悉债权转让事实，债权转让对债务人也不发生效力。[3]

（2）通知的形式。《民法典》没有对债权转让通知的具体形式进行限定，无论债权人以何种形式将债权转让的事实通知债务人，都是适当的。[4]例如，在未经通知的情况下，受让人直接起诉债务人并要求履行债务，也可以认定具备通知的效力。有判例指出，债权转让在此前没有通知过债务人，但是受让人以原告身份起诉，在案件正式开庭时，起诉这一事实实质上就是通知了债务人，因此符合法律关于债权转让的规定。[5]一般而言，通知中无须附加债权转让协议，是否将债权转让协议向债务人送达并不会影响债权转让本身的效力。[6]但无论如何，通知应当能够确保债务人可以及时、准确地获知债权转让这一基本事实。[7]

关于公告形式的通知，历来争议较大。在何荣兰诉东营市海科化学工业有限责任公司等清偿债务纠纷案中，法院认为，债权人以公开登报的形式将债权转让事实通知给债务人，如果没有加重债务人履行债务的负担，也没有实质损害债务人的利益，则债务人仅以债权人在报纸上登载债权转让通知不当为由否认债权转让对其发生法律效力，不能得到法院支持。[8]但是，也有学者认为，公告能否视为债权转让的通知或者作为其替代方式，应当依据让与通知的法律性质及《民法典》第五百四十六条的立法宗旨来认定。债

---

[1] 比较法上也有采取转让通知加上受让人收到转让通知前的善意这种主观—客观的混合模式，《民法典合同编（草案）》一审稿和二审稿第三百三十五条第一款曾采取了此种模式。两种模式的实践区别是转让通知到达债务人之前债务人是否已经知道债权转让的情形。混合模式下，如果是受让人告知债务人该债权转让，则需要判断受让人是否提供了足够的证据，如果是第三人告知，则更是需要全面考量债务人的具体情势予以判断，此时会导致具体规则适用的不确定性，并且将判断的风险转嫁给债务人。因此，客观模式试图排除此种不确定性，将通知债务人的负担赋予让与人，有助于鼓励发出转让通知，增加债权让与相关事项的确定性。朱虎.债权转让中对债务人的程序性保护：债权转让通知[J].当代法学，2020，34（6）：68-77.

[2] 参见最高人民法院（2020）最高法民再13号民事判决书。

[3] 参见最高人民法院（2016）最高法民申3020号民事裁定书。

[4] 杨立新.中华人民共和国民法典释义与案例评注（合同编）（上）[M].北京：中国法制出版社，2020：271-272.

[5] 参见最高人民法院（2015）最高法民二终字第14号民事判决书。

[6] 参见最高人民法院（2013）最高法民一终字第144号民事判决书。

[7] 参见最高人民法院（2016）最高法执复48号民事判决书。

[8] 参见最高人民法院（2003）最高法民一终字第46号民事判决书。

权转让通知作为需要受领的意思表示,其相对人是指特定的债务人,但是公告指向的对象却是社会上不特定的多数人;并且,如果将公告视为合格的债权让与通知,无异于赋予债务人适时关注媒体的法律义务,明显加重了债务人负担,恶化了债务人的地位,依据《民法典》第五百四十六条保护债务人之立法宗旨,显然不宜将公告视为合格的债权让与通知。此外,即使将公告作为债权让与通知的替代形式,公告是否符合通知所要求的到达相对人的效果并不明确。[①]因此,在判断此意思表示是否到达相对人时,仍然需要考虑空间支配领域和知悉的合理性标准,当两者存在不一致时,应当以后者为准。例如,如果债务人日常并未关注公告所载的媒体,通常不宜直接认定债权让与公告已经到达其空间支配范围,但是,如果债权人能够证明债务人有知悉公告的合理性,则不妨认定该公告通知已到达债务人。[②]

（3）通知的时间。债权人转让债权,完全属于债权人处分自有民事权利的个人行为,原则上无需征得他人同意。[③]《民法典》第五百四十六条规定债权转让应当通知债务人,旨在向债务人指明接受合同履行的主体,方便债务人履行债务;如果债权转让后没有通知,则债务人无须向新的债权人履行债务,原债权人也不得拒绝接受债务人的履行,此即所谓"该转让对债务人不发生效力"。正因如此,法律及司法解释对做出转让通知的时间节点没有也无需进行限制。[④]当然,原则上债权转让后应当及时通知,这样才有利于债务人做好履行准备。如果怠于通知以至于债务人一直按照向原债权人履行债务进行准备,最后却需向新债务人履行,履行费用则可能会增加,由此导致的损失应当由债权人承担。

（4）通知的主体。从法律条文的字面含义看,应当有原债权人发出债权转让的通知,即使受让人发出转让通知时提供了债权转让的必要证据,债务人也有权拒绝受让人的履行请求。原因在于,如果允许受让人发出债权转让通知,则债务人必须审核通知的真伪以防止错误履行而遭受不利益,这会增加债务人的风险和成本。当然,如果受让人在发出通知时能够附上债权转让合同等相关证据,充分保护债务人合法权益,应当认为也是可以的。相对于让与人而言,受让人对合同履行享有利益,为了避免债务人在债权转让后不知道相关情况并继续向让与人履行债务,债权受让人往往更有动力主动向债务人发出通知。事实上,法律并未限定债权转让通知只能由原债权人作出,由债权受让人向债务人发出的债权转让通知也可以发生法律效力。[⑤]也有判例指出,对于受让人通过邮寄方式寄送的债权转让通知书,债务人以该通知书是受让人邮寄而非让与人邮寄的抗辩理由

[①] 《民法典》第一百三十七条第二款规定:"以非对话方式作出的意思表示,到达相对人时生效。"
[②] 徐涤宇.《合同法第80条（债权让与通知）评注[J].法学家,2019（1）：175-190,196.
[③] 当然,如果债权转让未经利益相关者同意,与债权相关的权利可能受到限制。例如,《民法典》第六百九十六条规定:"债权人转让全部或者部分债权,未通知保证人的,该转让对保证人不发生效力。保证人与债权人约定禁止债权转让,债权人未经保证人书面同意转让债权的,保证人对受让人不再承担保证责任。"
[④] 参见最高人民法院（2015）民申字第2360号民事判决书。
[⑤] 参见最高人民法院（2016）最高法民申2296号民事判决书。还有判例指出,债权转让通知主体并未限定只能由原债权人履行,原债权人委托新的受让人进行债权转让的通知并未违反法律规定,通知到达债务人后,在未征得新的受让人同意的情况下原债权人不得撤销。

不能成立，原因是受让人通过邮寄方式寄送债权通知书并没有改变通知系由原债权人做出的事实。① 但是，这些做法大多可被解释为并非受让人而是让与人发出通知。例如，让与人事先在转让通知上签字或者盖章并加以公证、提交了经由公证的债权转让合同，或者让与人对债权转让的真实性加以确认。②

如果让与人拒绝发送债权转让通知，而真实受让人发送转让通知却无法提供必要证据，债务人向让与人核实并遭到让与人拒绝，此时，债务人确实不便向受让人履行，受让人可以通过司法途径要求债务人履行债务。考虑到不允许受让人发转让通知的目的在于避免债务人的审核义务以及审核义务程度的不确定可能导致的债务人不利益，如果司法机关经过审理确认受让人已经取得债权，则可以判决债务人向受让人履行债务。由此增加的费用应当由有过错的债权人承担。此外，如果债务人主动对债权转让予以确认，基于"禁反言"的价值考量，此时债务人的确认应具有与转让通知同等的效力。③

（5）通知撤销问题。转让的通知到达债务人后，可能出现多种情况。如果债务人没有及时履行债务，而债权人通过债权转让从受让人处获得利益后要求撤销转让，则会损害受让人利益，危害交易安全。如果债务人及时履行债务，债权人通过撤销通知要求债务人继续向自己履行债务，则债务人只能要求受让人返还不当得利，这会给债务人造成极大的困扰。因此，法律规定债权让与通知债务人后，债权人不得撤销通知。如此规定旨在保护受让人利益，增强债权的流通性。与此同时，该规定也有利于稳定债务人的预期，方便其履行债务。但是，在债权转让合同本身并无效力瑕疵，但转让通知本身出现错误或者债权转让合同在通知后无效、被撤销等时，债权人是否可以单方撤销转让通知？为了避免增加债务人的审查成本，此种情形下，让与人撤销转让通知仍然需要经过受让人的同意，除非其获得了生效判决或者仲裁裁决。这部分体现了表见转让规则，使债务人在转让通知撤销前对受让人的履行能够消灭债务，同时不考虑债务人主观上的善恶问题，进一步加强了对债务人的保护。在转让通知撤销前，债务人也可对受让人主张转让合同无效等抗辩，但在程序和方式上应当基于受让人地位的保障而予以限制。④

3. 效果

（1）内部效力与外部效力。债权让与的效力可分为内部效力和外部效力。前者发生在让与人和受让人之间，后者发生在让与人、受让人与债务人之间，或者让与人、受让人与其他第三人之间。⑤

债权转让协议一经签订即生效，这种法律效力仅发生在债权让与人和受让人之间。例如，在佛山市顺德区太保投资管理有限公司诉广东中鼎集团有限公司债权转让合同纠纷案中，最高人民法院指出，债权人转让权利必须通知债务人，如果没有通知，债权转让行为对债务人不发生法律效力，债务人依法享有对抗受让人的抗辩权（即受让人在向债务人主张债权时会因债权转让通知尚未到达债务人而暂时受阻），但是，并不影响债

---

① 参见最高人民法院（2016）最高法民终27号民事判决书。
② 朱虎.债权转让中对债务人的程序性保护：债权转让通知[J].当代法学，2020，34（6）：68-77.
③ 同上。
④ 同上。
⑤ 庄加园.《合同法》第79条（债权让与）评注[J].法学家，2017（3）：157-174，180.

权转让人和受让人之间债权转让协议的效力。[1]

债权转让一经通知，债务人即应当向受让债权的新债权人履行。只要通知到达即可产生法律效力，无论债务人是否知晓通知的内容，债务人对让与人进行清偿一概无效，只能主张不当得利返还。[2]当存在多个到期债务时，债务人履行偿付义务并无先到期先偿付的法律规定，可以按照自己意愿履行债务。同样，如果债权人先后先债务人发出多份不同的债权转让通知，由于法律规定债权转让通知未经受让人同意不得撤销，所以可能存在多份有效的债权转让通知，债务人只要善意地向其中一个债权受让人足额清偿被转让的债务，债务人与原债权人之间的债权债务关系即告终结，债务人无须再向其他的债权受让人重复清偿债务。[3]

（2）从权利的转移。主债权发生转移时，除专属于债权人自身的从权利外，其他从权利应随主权利一同转移。[4]债权的从权利是指与主债权相联系的，但自身并不能独立存在的权利，包括担保物权和其他从权利。债权的从权利大部分是由主债权债务关系的从合同规定的，也有本身就是主债权内容的一部分。例如，通过抵押合同设定的抵押权、质押合同设定的质权、保证合同设定的保证债权、定金合同设定的定金债权等都属于由主债权的从合同设定的从权利。违约金债权、损害赔偿请求权、留置权、债权解除权、债权人撤销权、债权人代位权等则属于由主债权或者依照法律的规定产生的债权的从权利。

债权转让中从权利的随从转移具有法定性，即使当事人没有约定并转移也不影响。如果受让人取得了从权利，但该从权利未办理权利变更登记，或者未转移占有，也不影响债权转让引发从权利转移的效力，不因该从权利未办理转移登记手续或者未转移占有而受到影响。[5]债权转让的，担保该债权的抵押权一并转让。当事人未办理抵押物登记的，不得对抗第三人。在当事人另有约定的情况下，最高额抵押权的转让可以有例外情形。[6]债权转让合同可以约定不追究担保人的责任，该项约定无需通知债务人即可生效。债权转让公告与债权转让合同不一致时，以债权转让合同约定为准。[7]

（3）对保证的影响。对于有保证担保的债权，债权人转让全部债权或者部分债权，不仅要通知债务人，还要通知保证人。[8]债权人转让债权，如果没有通知保证人，则该转

---

[1] 参见最高人民法院（2004）最高法民二终字第212号民事判决书。
[2] 徐涤宇.《合同法》第80条（债权让与通知）评注[J].法学家，2019（1）：175-190，196.
[3] 参见最高人民法院（2016）最高法民再55号民事判决书。
[4] 《民法典》第五百四十七条规定："债权人转让债权的，受让人取得与债权有关的从权利，但是该从权利专属于债权人自身的除外。受让人取得从权利不因该从权利未办理转移登记手续或者未转移占有而受到影响。"
[5] 杨立新.中华人民共和国民法典释义与案例评注（合同编）（上）[M].北京：中国法制出版社，2020：275.
[6] 参见最高人民法院（2015）最高法民申字第2494号民事裁定书。
[7] 参见最高人民法院（2010）最高法民抗字第12号民事裁定书。
[8] 《民法典》第六百九十六条规定："债权人转让全部或者部分债权，未通知保证人的，该转让对保证人不发生效力。保证人与债权人约定禁止债权转让，债权人未经保证人书面同意转让债权的，保证人对受让人不再承担保证责任。"

让对保证人不发生效力。如果保证人与债权人约定禁止债权转让，债权人未经保证人书面同意转让债权的，保证人对受让人不再承担保证责任。但在这种情况下，债权转让是有效的，债务人须向受让人履行债务，只是对保证人不发生效力而已。

4. 债务人权利

（1）抗辩。债权受让人取代原债权人的地位成为新的债权人，债务人不应当因债权的转让而受到利益损害，无须减损自己的权利，也无须增加自己的义务，所以债务人用以保证其权利的权利都应当继续有效。因此，债务人接到债权转让通知时，债务人对让与人享有的抗辩及抗辩权仍然继续有效，并且可以向受让人主张，用来对抗债权受让人的履行请求权。① 理由在于，债权转让必须在不损害债务人既存利益这一根本前提下进行，债务人不应当因为债权让与行为而增加履行负担或丧失既有权利。② 对于债务人抗辩的理解，应当采用扩张解释，不仅包括实体上的抗辩，还包括诉讼上的抗辩。在时间点上，抗辩的发生无须在债权让与之前或者债权让与之时，只需要抗辩发生的法律依据在债权让与之时就已经存在即可。③ 例如，甲对乙享有的债权让与丙后，债权罹于诉讼时效，乙当然可以向丙主张诉讼时效已过的抗辩，原因是债权罹于诉讼时效虽发生在债权让与之后，但该事实发生的法律原因在债权让与之前。

实体上的抗辩包括债权没有发生的抗辩，或者债权已消灭的抗辩，双务合同中的同时履行抗辩、先履行抗辩、不安抗辩、合同无效、被撤销、被解除的抗辩，等等。诉讼上的抗辩包括仲裁优先的抗辩、约定管辖的抗辩，以及前述债权罹于诉讼时效的抗辩。但是，并非任何债务人对债权人的抗辩都可以用来向受让人主张，如果抗辩纯粹是针对债权人个人事由的，则债务人不能用来对抗受让人。④ 善意受让人因债务人的抗辩无法实现权利时，可通过要求债权人承担违约责任，或撤销债权让与协议获得救济。

（2）抵销。债务抵销是《合同法》的重要制度，是债务的消灭方式之一，在债权转让中同样适用。被转让的债权如果存在债权人与债务人互负债务的情形，各以其债权充当债务的清偿，可以主张抵销。⑤ 即使该债权被转让，债务人接到债权转让通知，债权发生转移，如果债务人对原债权人享有的债权先于转让的债权到期或者同时到期，债务人可以向债权的受让人即新的债权人主张抵销，而使其债务与对方的债务在相同数额内互相消灭，不再履行。⑥

（3）不承担增加的费用。债权转让不得增加债务人负担。如果要求债务人承担因债权转让增加的履行费用，无异于债权人强加给债务人额外负担，有违合同之债的本意。

---

① 《民法典》第五百四十八条规定："债务人接到债权转让通知后，债务人对让与人的抗辩，可以向受让人主张。"

② 韩海光，崔建远. 论债权让与和对抗要件[J]. 政治与法律，2003（6）：54-64，78.

③ 史尚宽. 债法总论[M]. 北京：中国政法大学出版社，2000：728.

④ 崔建远. 债权让与续论[J]. 中国法学，2008（3）：48-54.

⑤ 《民法典》第五百四十九条规定："有下列情形之一的，债务人可以向受让人主张抵销：（一）债务人接到债权转让通知时，债务人对让与人享有债权，且债务人的债权先于转让的债权到期或者同时到期；（二）债务人的债权与转让的债权是基于同一合同产生。"

⑥ 杨立新. 中华人民共和国民法典释义与案例评注（合同编）（上）[M]. 北京：中国法制出版社，2020：282-283.

因此，法律规定让与人承担债权转让增加的履行费用。①

5. 法定的债权转让

债务人是否履行债务通常与合同外的第三人无关，但个别情形下也可能牵涉第三人利益。例如，按照《民法典》第四百零六条规定，抵押期间，抵押人可以转让抵押财产。如果债务人不按期履行债务，实现抵押权必然会影响到抵押物买受人的利益。在此情形下，允许买受人代为履行债务并继受债权，对买受人而言更加有利。如果第三人依法代为履行债务，则债权人的权利即转让给第三人。②

（三）债务转移

1. 条件

（1）须征得债权人同意。不同当事人履行债务的能力存在较大差异，如果允许债务人将债务擅自转移给清偿能力较差甚至完全没有清偿能力的债务人，则债权人权益将受到严重损害，故法律规定债务人将债务的全部或者部分转移给第三人，必须征得债权人同意。债权人未作表示的，视为不同意。③如此推定，同样是为了保护债权人利益，不给债权人增添额外负担。需要注意的是，债权人同意是指债权人明确同意，而不是沉默不语，或者闪烁其词。例如，在新华信托股份有限公司与重庆农村商业银行股份有限公司忠县农行、重庆迪奥新产业发展有限公司、大鹏证券有限责任公司破产清算组其他证券合同纠纷案中，最高人民法院指出，第三人单方向债权人出具承诺由其代偿债务，除非债权人明确表示同意，否则不应将其视为免责式债务承担，不发生债务移转的法律效果。④

即使是经过债权人同意的"代替履行"，也并非一定就是债务转移。在中实投资有限责任公司、杭州欣融金属材料有限公司与北京隆瑞投资发展有限公司、北京京华都房地产开发有限公司等股权转让纠纷申请再审案中，最高人民法院指出，虽然债权人与债务人已经书面同意由第三人代替清偿，但是，在债的变更及履行情形下，"代替"一词的含义至少包括第三人代为履行、债务加入（并存的债务承担）以及债务转移（免责的债务承担）等几种完全不同的类型，将具有多种含义的"代替清偿"直接认定为债务转移并不具有充分性。⑤只有当事人明确约定或者清楚表示原债务人退出债权债务法律关系，或者根据当事人约定可以确切地推断债权人同意债务人退出债权债务法律关系，才可以认定成立免责性的债务承担。⑥

---

① 《民法典》第五百五十条规定："因债权转让增加的履行费用，由让与人负担。"
② 《民法典》第五百二十四条规定："债务人不履行债务，第三人对履行该债务具有合法利益的，第三人有权向债权人代为履行；但是，根据债务性质、按照当事人约定或者依照法律规定只能由债务人履行的除外。债权人接受第三人履行后，其对债务人的债权转让给第三人，但是债务人和第三人另有约定的除外。"
③ 《民法典》第五百五十一条规定："债务人将债务的全部或者部分转移给第三人的，应当经债权人同意。债务人或者第三人可以催告债权人在合理期限内予以同意，债权人未作表示的，视为不同意。"
④ 参见最高人民法院（2011）最高法民提字第68号民事判决书。
⑤ 参见最高人民法院（2009）最高法民申字第1038号民事裁定书。
⑥ 参见最高人民法院（2005）最高法民二终字第217号民事判决书。

（2）债务具有可转移性。通常认为下列债务不具有可转让性：①性质上不可转移的债务，这类指与特定债务人的人身具有密切联系的债务，需要特定债务人亲自履行，因而不得转让，如演出合同中某知名歌星的出演义务；②当事人特别约定不得转移的债务；③合同中的不作为义务。[1] 当然，对于债务可转让性问题的理解不能过于僵化，在有些情形下，经过债权人同意这一环节，原本不可转让的债务可能转变为可转让的债务。例如，知名歌星的出演义务通常被认定为不可转让的债务，但是如果债权人同意由另一个同样或者更加知名的歌星代为演出，则该另一个歌星加入到原演出债务中并无不可。另外，债权人和债务人原本特别约定不得转移的债务同样可以通过协商一致解除该约定，从而使债务转移顺利实现。实践中，当事人完全可以根据自身需要通过先行改变债务性质的方式来达到交易目的。

2. 从债的转移

对附属于主债务的从债务，在债务人转让债务以后，新债务人一并应对从债务予以承担。[2] 这是从随主原则的具体体现。从属于主债务的从债务因主债务的转移而一并发生转移，即使当事人在转让债务时未在转让协议中明确规定从债务问题，也不影响从债务转移给债务的受让人，尤其在全部债务转移时，原债务人的地位由受让人取得，从而脱离债的关系。债权人权利的实现只能依赖于新债务人的履行行为，新债务人自然应当对从债务予以承担，从而确保债权得以实现。例如，附属于主债务的利息债务等因债务转移而移转至承担人。例外的是第三人原来向债权人所提供的担保，在债务转移时如果没有征得担保人同意，则担保责任将因债务转移而消灭。

专属于原债务人的从债务在主债务转移时不必然随之转移。专属于原债务人的从债务是指应当由原债务人自己来履行的附属于主债务的债务。一般在债务转移之前已经发生的从债务要由原债务人来履行，不得转由债务的受让人来承担。对于与债务人的人身相关或者与原债务人有特殊关联的从债务，应由原债务人来承担，不随主债务的转让而由新债务人承担。[3]

3. 新债务人的权利

债务人转移其债务后，新债务人取得原债务人的一切法律地位，有关对债权人的一切抗辩和抗辩权，新债务人都有权对债权人主张，但原债务人享有的对债权人的抵销权不发生转移。[4] 债务的受让人取得的抗辩权的内容主要包括以下两点：①法定的抗辩事由，如不可抗力；②在实际发生债的关系以后发生的债务人可据以对抗债权人的一切事由，新债务人可以之对抗债权人。例如，可撤销的合同原债务人享有的撤销权，债权人的违约行为，债权人有关免责的意思表示，以及原债务人对债权人已经实施的履行行为，

---

[1] 向玕.债务加入法律实务问题研究——最高人民法院裁判规则总结[J].人民司法，2015（18）：44-48.

[2] 《民法典》第五百五十四条规定："债务人转移债务的，新债务人应当承担与主债务有关的从债务，但是该从债务专属于原债务人自身的除外。"

[3] 杨立新.中华人民共和国民法典释义与案例评注（合同编）（上）[M].北京：中国法制出版社，2020：294-295.

[4] 《民法典》第五百五十三条规定："债务人转移债务的，新债务人可以主张原债务人对债权人的抗辩；原债务人对债权人享有债权的，新债务人不得向债权人主张抵销。"

新债务人都可以其对抗债权人。需要注意的是，债务转移后，新债务人对原债务人的抗辩不能对抗债权人。即债务转移关系成立无须以新债务人与原债务人之间存在真实债权债务关系或其他基础关系为前提，新债务人不得以其与原债务人之间的关系来向债权人行使抗辩权。[①]

原债务人对债权人享有债权的，新债务人不得向债权人主张抵销。原因是债务转移是特定债务的主体变更，原债务人没有转让的自己对债权人享有的债权当然不在转让的范围之内。原债务人对债权人享有的债权仍然可以向债权人主张。[②]

4. 不同于第三人代为履行

债务转移与第三人代为履行之间的区分是司法实践中争议较多的问题，亟待澄清。在宁夏金泰实业有限责任公司与宁夏基荣实业发展有限公司联营合同纠纷上诉案中，最高人民法院指出，第三人代为履行债务并没有从实质上变更原合同债权债务关系的主体，如果第三人代为履行债务没有实际发生，或者没有全面履行债务，债权人只能向原债务人主张权利，而不能向第三人主张权利并要求第三人继续履行债务；而债务转让是新债务人取代原合同债务人，从而成为原合同债权债务关系中新的债务主体，原债务人脱离原合同关系。[③]在段国成与任岳记、巴州安达置业有限责任公司民间借贷纠纷案中，最高人民法院指出，债务转移和第三人代为履行的主要区别在于原债务人是否退出原债权债务关系。在债务转移的情况下，第三人完全替代了原债务人的地位，原债务人退出合同关系；而在第三人代为履行的情况下，第三人只是履行主体而不是合同的债务人，债务人并未退出合同关系。债权人只能将第三人作为债务履行的辅助人，而不能将其作为合同当事人看待。[④]

第三人代为履行，是由合同以外的第三人代替债务人向债权人履行合同义务，债务人并未退出合同。债务转移是指新债务人代替债务人，债务人退出合同。根据上述的分析，对第三人代为履行与债务转移两者的区别主要有以下三个方面。[⑤]

一是生效条件不同，在第三人代替履行的情况下，第三人单方表示代替债务人清偿债务或者与债权人或债务人达成代替清偿债务的协议，但并没有转让债务，即使在第三人与债务人之间产生效力但不能对抗债权人，债权人也不得直接向第三人请求履行债务。而在债务转移时，债务人和债权人应与第三人达成转让债务的协议。且无论是债权人还是债务人与第三人达成转移的协议都要取得对方的同意，否则，债务转移不生效。

二是第三人法律地位不同，第三人代为履行中第三人只是履行主体，对于债权人只能将第三人作为债务履行的辅助人而不能将其作为合同当事人。债务转移中，如果是债务的全部转让，则第三人将完全代替债务人的地位，债务人将退出该合同关系，第三人成为新债务人；如果是部分转让，第三人也将加入合同关系成为债务人。

[①] 参见最高人民法院（2019）最高法民申973号民事裁定书。

[②] 杨立新.中华人民共和国民法典释义与案例评注（合同编）（上）[M].北京：中国法制出版社，2020：292.

[③] 参见最高人民法院（2005）最高法民二终字第35号民事判决书。

[④] 参见最高人民法院（2017）最高法民申724号民事裁定书。

[⑤] 参见最高人民法院（2011）最高法民提字第47号民事判决书。

三是债务人与第三人承担的责任不同，在第三人不履行或不完全履行的情况下，第三人代为履行中仍由原债务人承担责任，对于债权人来说，不能直接向第三人请求履行债务，只能要求债务人承担第三人不履行的违约责任。而债务转移中，如果其未能依照合同约定履行债务，债务人可直接请求第三人履行义务和承担违约责任。

（四）债务加入

1. 债务加入的条件与效果

债务加入也称并存的债务承担，指原债务人并没有脱离原债务关系，第三人又加入原存的债务关系中，与债务人共同承担债务。[①]债务加入的构成要件是第三人愿意加入债务，并且债权人未在合理期限内明确拒绝。①关于第三人愿意加入债务的方式问题，可以是第三人与债务人约定加入债务并通知债权人，也可以是第三人向债权人表示愿意加入债务。②关于债权人未在合理期限内明确拒绝，并没有要求债权人明确表示同意。因为债务加入对债权人有利，所以不以其同意为生效要件。在此意义上，债务加入承诺自第三人作出时生效。自承诺书出具之时起，承诺人即因债务加入的意思表示而成为债务人之一。[②]换言之，第三人向债权人表明债务加入的意思后，即使债权人未明确表示同意，仍应认定为债务加入成立。[③]当然，债权人出于其他方面的考虑，也可以明确拒绝第三人加入债务。

债务加入的效果有以下几点：①对债权人的效力，债务加入使债权人的债权进一步得到保障，债权人既可以向原债务人主张权利，又可以向第三人主张清偿，但是债权人始终只享有一个债权，而不是两个债权；②对原债务人的效力，第三人加入债务后，原债务人并不脱离原债权债务关系，仍对债权人负履行合同的义务，依然享有对债权人的合理抗辩权；③对第三人的效力，是第三人成为债务人，与原债务人一起向债权人承担义务，可以行使原债务人对债权人的抗辩；④对第三人与原债务人关系的影响，是第三人和债务人向债权人并列承担清偿责任，责任性质是连带责任，即第三人在其愿意承担的债务范围内和债务人承担连带债务。[④]

2. 债务加入的认定

债务加入的意思表示可以是言语，也可以以实际履行行为作出。例如，在抚顺大商房地产置业投资有限公司、沈阳市房实房产开发有限公司建设工程施工合同纠纷中，最高人民法院指出，第三人虽然不是建设工程施工合同的当事人，但是作为与发包人共同开发项目的一方主体，承诺并且实际支付工程进度款以及停工、误工等损失赔偿，实际参与项目相关事宜及纠纷的处理，同时在诉讼中其以发包人的抗辩事由直接对抗施工方，因此第三人以实际参与合同履行的方式作出了加入债务的意思表示，成为事实上的共同

---

① 《民法典》第五百五十二条规定："第三人与债务人约定加入债务并通知债权人，或者第三人向债权人表示愿意加入债务，债权人未在合理期限内明确拒绝的，债权人可以请求第三人在其愿意承担的债务范围内和债务人承担连带债务。"
② 参见最高人民法院（2006）最高法民二终字第199号民事判决书。
③ 参见最高人民法院（2010）最高法民提字第153号民事判决书。
④ 杨立新. 中华人民共和国民法典释义与案例评注（合同编）（上）[M]. 北京：中国法制出版社，2020:289-290.

发包人，应当对欠付工程款及利息与发包人共同承担责任。[1]

对于第三人向债权人提供的承诺文件，其性质是否是债务加入，可以考虑从如下几方面综合判断。①看承诺文件中的文字表述。看有无明确的加入债务或者与债务人共同承担债务的文字表述，即看第三人与债务人的约定、通知债权人的通知、第三人向债权人的书面表示中是否有这样的文字表述。相反，如果文字表述中明确写明了保证字样，那就应当肯定不是债务加入。②看承诺文件中有无保证期间的约定。保证期间是保证特有的制度，其他制度包括抵押制度都没有，如果有，肯定不是债务加入，而是保证。如果没有，才有可能构成债务加入。③看承诺文件中有无主债务人应当先承担责任的意思表示。如果有，肯定不是债务加入，而是一般保证。如果没有，才有可能构成债务加入。④看承诺文件中是否有其承担责任后有权向债务人追偿的意思表示。保证人承担保证责任后，可以向债务人追偿，而债务加入人作为连带债务人履行债务后，是否对债务人有追偿权，取决于其与债务人之间的约定。⑤看承诺文件中有无从属性的约定。如果有，那么应当认定为保证。相反，承诺文件中没有从属性的约定，则宜考虑是否符合债务加入的要件。⑥按照承诺文件所使用的词句，结合相关条款、行为的性质和目的、习惯以及诚信原则，确定承诺文件的性质。

审判实践中的难点是，第三人提供的承诺文件难以确定是保证还是债务加入的，如何处理？这一问题的前提是，承诺文件的性质要么可能是保证，要么可能是债务加入，不是保证就是债务加入，两者必居其一，不存在任何第三种可能性。根据《民法典》第六百八十六条第二款的规定，当事人在保证合同中对保证方式没有约定或者约定不明确的，按照一般保证承担保证责任。根据该条规定的尽量减轻保证人责任的精神，第三人提供的承诺文件难以确定是保证还是债务加入的，应当确定为保证。原因是保证人承担的责任理论上要比债务加入人承担的责任轻：保证人享有保证期间的特殊保护，债务加入人不享有该保护；保证人对债务人有追偿权，债务加入人不享有，除非债务加入人和债务人另有约定；一般保证人还享有先诉抗辩权，而债务加入人绝对不享有。[2]

3. 与其他制度的区别

（1）与债务转移的区别。债务加入与债务转移的主要区别表现在以下两个方面。①债务人是否免责，两者存在区别。债务转移给第三人后债务人即脱离原债务关系，不再作为债务人对债权人承担债务履行的义务，因此债务转移又被称之为免责的债承担；在债务加入中，第三人在其承诺的范围内与债务人一起对债权人承担连带责任，原债务人并不因第三人加入到债务关系中而脱离原债务关系，因此债务加入又被称为并存的债务承担。[3] ②是否需要债权人同意，两者存在差别。债务转移必须经过债权人同意，否则债务转移行为无效，债权人未明确表示同意的，一律视为不同意。债务加入本质上是增加一个新的债务人来保障债权实现，属于对债权人利益的行为，但是作为债权人有权对其获利行为予以拒绝。因此，《民法典》规定债务加入无需债权人同意但应当通知债权人。

---

[1] 参见最高人民法院（2019）最高法民终341号民事判决书。
[2] 杨永清.《新担保司法解释》中有关保证合同的几个问题[J].法律适用，2021（2）：76-89.
[3] 向玕.债务加入法律实务问题研究——最高人民法院裁判规则总结[J].人民司法，2015（18）：44-48.

债务加入和债务转移存在争议时，如果债权人没有同意债务人转移债务的意思表示，通常应认定为债务加入，可能存在下述三种情况。①合同外的第三人向合同中的债权人承诺承担债务人义务的，如果没有充分的证据证明债权人同意债务转移给该第三人或者债务人退出合同关系，不宜轻易认定构成债务转移，一般应认定为债务加入。第三人向债权人表明债务加入的意思后，即使债权人未明确表示同意，但只要其未明确表示反对或未以行为表示反对，仍应当认定为债务加入成立，债权人可以依照债务加入关系向该第三人主张权利。[1]②第三人以自己的名义另行向债权人出具债务凭据并承诺由其偿还，债权人同意第三人承担还款责任，但双方没有约定原债务人脱离债权债务关系，债权人没有明确表示免除原债务人的还款义务，也没有其他证据或行为表明债权人同意由第三人独立承担原债务人债务，故应认定为并存式债务承担。[2]③第三人承诺明确表示对债务人的债务本金及利息承担还款责任，但未明确其承担的还款责任为担保责任，亦未体现债务人的债务与其所承担的还款责任之间存在主从关系。故此，第三人所作的承诺更符合债务加入的特征。[3]

（2）与连带保证的区别。在法律没有明确规定债务加入制度之前，司法实践中，债务加入与连带保证之间经常处于混淆状态。根据《民法典》关于债务加入的规定，其与连带保证之间的区别主要表现在以下三个方面。

一是保证债务是主债务的从债务，即保证人承担保证责任为从属性债务，或者说保证人是为他人的债务负责；在债务加入中，第三人作为连带债务人，其承担的债务与债务人的债务具有同一性，两者之间不存在主从关系，第三人加入债务后，即与债务人一起成为共同债务人，是为自己的债务负责。因此，第三人承担债务的内容是否具有从属性质，是债务加入与连带保证的本质区别。

二是连带保证受到保证期间与诉讼时效的双重限制，保证期间属于除斥期间，在当事人没有约定的情况下为主债务履行期限届满之后6个月，在连带保证中，债权人必须在保证期间内要求保证人承担保证责任，否则保证期间过后，债权人未主张权利的，保证人不再承担保证责任；债务加入则不受保证期间的限制，仅受诉讼时效的制约。

三是保证人享有追偿权，即保证人承担保证责任后，享有债权人对债务人的权利，有权在承担保证责任范围内向债务人追偿；在债务加入的场合，第三人在清偿债务后，是否可以向债务人追偿，取决于其在债务加入时与债务人之间的具体约定。因此，在两者承担债务的范围相同的情况下，司法实践中的判例中，通常认为债务加入人比保证人承担了更重的责任。

判断一个行为究竟是保证，还是债务加入，应根据具体情况确定。如果承担人承担债务的意思表示中有较为明显的保证含义，可以认定为保证；如果没有，则应当从保护债权人利益的立法目的出发，认定为并存的债务承担。[4]在当事人意思表示不明时，应斟酌具体情势综合判断，如主要为原债务人的利益而为承担行为的，可以认定为保证，承

---

[1] 参见最高人民法院（2010）最高法民提字第153号民事判决书。
[2] 参见最高人民法院（2019）最高法民再316号民事判决书。
[3] 参见最高人民法院（2019）最高法民申6420号民事判决书。
[4] 参见最高人民法院（2005）最高法民二终字第200号民事判决书。

担人有直接和实际的利益时,可以认定为债务加入。①

（3）与第三人清偿的区别。从表面形式看,债务加入与第三人清偿具有一定的相似性,即都是第三人承担债务履行,但两者存在本质区别。

一是第三人的法律地位不同。在债务加入中,第三人加入债务即成为债务人,与债务人共同对债权人承担连带责任;在第三人清偿中,第三人并非居于债务人的地位,根据《民法典》第五百二十四条的规定,在债务人不履行债务时,第三人因对债务履行具有合法利益,如次承租人、保证人、合伙人等,所以有权向债权人代为履行。

二是第三人清偿债务后的法律后果不同。在债务加入中,第三人清偿债务后,是否可以向债务人追偿,应当根据双方的具体约定;在第三人清偿中,第三人清偿债务的行为直接引起债权法定转移的法律后果,即第三人清偿债务后,其代位取得债权人地位,有权要求债务人直接向其履行债务,并且取得以债务人财产设定的担保物权。

三是违约责任的承担不同。在债务加入中,第三人因加入债务成为债务人,债权人请求第三人在其承诺的承担债务范围内履行债务,如果第三人不履行债务或者履行债务不符合约定,第三人作为债务人应当承担违约责任;在第三人清偿中,债权人无权要求第三人承担违约责任。

第三人与债权人、债务人达成三方协议,同意处分自己财产来代替债务人给付全部或部分债务,应成立第三人代物清偿合同,不构成债务加入或第三人履行。在重庆帕特龙智通电子科技有限公司（以下简称"科技公司"）与周海丰（以下简称"周某"）、无锡市振环电动车有限公司（以下简称"电动车公司"）债务纠纷案中,就电动车公司所欠科技公司货款 17.6 万元本息,协议约定以周某名下越野车扣押并过户给科技公司,周某在协议上签字。法院认为：案涉协议明确约定了对周某所有的车辆进行扣押、提车、过户等事宜,周某作为完全民事行为能力人和车辆所有权人在协议上签字,即表明其同意以自己车辆为电动车公司抵偿债务,即在车辆价值范围内就电动车公司债务承担清偿责任。②

（五）概括移转

债权债务概括移转是指债的关系当事人一方将其债权与债务一并转移给第三人,由第三人概括地继受这些债权和债务。③债权债务概括移转与债权转让及债务转移不同之处在于,债权转让和债务转移仅是债权或者债务的单一转让,而债权债务概括移转则是债权与债务的一并转让。债权债务概括移转一般由债的一方当事人与债的关系之外的第三人通过签订转让协议的方式,约定由第三人取代债权债务转让人的地位,享有转让人的全部债权并承担转让人一切债务。可以进行债权债务概括转移的只能是双务之债,如双务合同。仅仅一方负有债务,另一方享有债权的合同以及单务合同不适用债权债务概括移转。债权债务概括移转的法律效果是第三人替代合同的原当事人,成为新合同的当事

---

① 参见最高人民法院（2018）最高法民终 867 号民事判决书。
② 参见江苏无锡中院（2012）锡商终字第 0391 号民事判决书。
③ 《民法典》第五百五十五条规定："当事人一方经对方同意,可以将自己在合同中的权利和义务一并转让给第三人。"第五百五十六条又规定："合同的权利和义务一并转让的,适用债权转让、债务转移的有关规定。"

人，一并承受转让的债权和债务。[1] 由于涉及到债务转移，所以债权债务概括移转必须征得合同对方当事人的同意。在中国生殖健康产业协会诉宝蓝物业服务股份有限公司、河北安琪胶业有限公司（以下简称"安琪公司"）确认合同无效纠纷案中，最高人民法院认为，当事人一方将自己在合同中的权利和义务一并转让给第三人的，依法应当经过对方同意。案件中的经营管理权既属于合同权利，又属于合同义务，安琪公司将经营管理权转让，必须征得健康协会的同意方能生效。在取得健康协会同意之前，《协议书》中关于经营管理权转让的条款尚处于未生效状态。[2]

二、情势变更

情势变更原则是指在合同成立后，订立合同的基础条件发生了当事人在订立合同时无法预见的、不属于商业风险的重大变化，仍然维持合同效力，继续履行合同对于当事人一方明显不公平，受不利影响的当事人可以请求对方重新协商，变更或解除合同并免除责任的合同效力规则。[3] 情势变更原则冲破了契约严守原则的限制，似乎违背了合同双方当事人订立合同时的共同意思，其理论基础何在？在早些时候，人们尝试从当事人的内心意愿出发来寻找答案，提出了所谓的"约款说"。根据这种理论，情势变更是基于当事人意思的一种约款，即当事人默认对情势变更条款存在着一种约定。[4] 但是默示条款是建立在一种想象或者说虚构的基础上的，也可以说是一种对当事人意思的拟制。没有证据能够证实其真实存在，这使它遭致广泛批评。更难以解决的问题是，既然是默示合同条款，当然以双方同意为必要条件。但是，情势变更本身是缔约当时根本无法预料的事件，怎么能将未曾预料的事件视为当事人默示同意？[5]

在假设当事人具有情势变更的约定变得不合理后，人们把约款说的意思表示进行了翻转，假设当事人的意思表示是建立在缔约时的客观情况保持不变的基础之上。如果当事人都进行了这样的假定，那么在缔约后出现了情势变更时，由于违反了这种假设，理所当然地可以对合同进行变更。这种思想集中地体现在德国的"法律行为基础说"和"法律行为基础瑕疵制度"。因行为基础有瑕疵而受不利益的当事人具有消灭合同关系的权利。所谓"行为基础"，是指合同缔结之际表现出来的，且当时相对人明知这种前提观念的重要性而未作反对表示的一方当事人的前提观念（预想），或者多方当事人共通的前提观念。[6] 尽管其他国家在表述时没有采用法律行为基础这样的术语，其表述却隐含了相同的思想。例如，在法国，情势变更的理论依据更多地被表述成了"不可预见理论"，

---

[1] 杨立新. 中华人民共和国民法典释义与案例评注（合同编）（上）[M]. 北京：中国法制出版社，2020：297.

[2] 参见最高人民法院（2013）最高法民提字第157号民事判决书。

[3] 《民法典》第五百三十三条规定："合同成立后，合同的基础条件发生了当事人在订立合同时无法预见的、不属于商业风险的重大变化，继续履行合同对于当事人一方明显不公平的，受不利影响的当事人可以与对方重新协商；在合理期限内协商不成的，当事人可以请求人民法院或者仲裁机构变更或者解除合同。人民法院或者仲裁机构应当结合案件的实际情况，根据公平原则变更或者解除合同。"

[4] 王利明. 合同法研究（第二卷）[M]. 北京：中国人民大学出版社，2003：25.

[5] P.S. 阿迪亚. 合同法导论[M]. 赵旭东，何帅领，邓小霞，译. 北京：法律出版社，2002：248.

[6] 彭凤至. 情势变更原则之研究[M]. 北京：五南图书出版公司，1986：32.

推定当事人在订立合同时所表示的同意是基于订立合同时存在的事实状态的"持久性",如果这一事实状态以一种不寻常的、不可预见的方式被改变,则当事人的义务也应随之改变。[①] 英美法系规定了与情势变更规则相近的合同受挫制度,其适用要件里包含了一条"在合同签订后发生了没有预料到的不利事件,而该事件的不发生是签订合同的基本前提"。[②] 这里,所谓签订合同的基本前提是指当事人在签订合同时明示或隐含地对客观情况的未来发展做出的假定,并且这些假定是签订合同的中心动机。对于是否是基本前提必须是不容置疑的,从周围环境以及合同的目的来看它必须足够明显以至于可以合理地认为当事人双方都认同这样的假定。

当事人订立合同都是建立在一定的基础假设之上,情势变更后,这个基础假设已经不再存在,理所当然地,合同不再符合当事人最初达成的意思一致,于是需要对合同进行调整以反映已经变化了的情势。事实上,上述分析背后隐藏着比较清晰的经济学逻辑。对于情势变更,合同当事人均无法避免,合同当事人都不是最低成本的预防人;并且,由于情势变更无法预见,合同当事人对此均无低成本的保险措施,任何一方当事人都不能以更低成本处理好风险。由于任何一方当事人都不是最低成本的预防人,也不是最低成本的承保人,因而从处理风险的效率角度,并不能简单将这种风险分配给任何一方当事人。在此情况下,似乎只能将情势变更的风险在双方当事人之间进行公平分配,而具体途径就是重新调整合同条款。原因是在本质上,合同是促进资源有效配置的重要方式,通过缔约合同当事人都可以获得福利的改进。用于履行合同的资源的利用价值在情势变更后发生了较大变化,按照原来合同约定的方式配置资源可能不再符合效率的要求。因此,需要对合同条款进行调整甚至解除,以反映情势变更后社会对资源配置效率的要求。

（一）适用条件

情势变更规则在一定程度上缓解和消除了情势变更引起的在当事人之间权利义务不对等问题,使受到严重破坏的合同关系重新变得公平。但是,就合同变更对其他合同关系的影响而言,合同义务强制性的变更将导致连锁反应,引起合同的"连锁变更",以至于引发经济领域普遍的不平衡。[③] 因此,在适用情势变更时必须满足严格的条件,防止滥用。[④]

1. 重大变化

在缔约后,并不是什么变化都属于法律规定的情势变更。前提是作为合同基础的情况在缔约后发生了重大变化,造成了当事人之间利益的严重失衡。如果继续按原合同规定履行义务,将会对当事人明显有失公平。"重大变化"的要求一方面可能是由于在这种情况下按照原合同履行已经不符合经济效率的要求,无法将资源配置在最有效的用途上。

---

① 尹田. 法国现代合同法 [M]. 北京:法律出版社,1995:265.
② 布莱恩·布卢姆. 合同法（第二版）（注译版）[M]. 北京:中国方正出版社,2004:454.
③ 尹田. 法国现代合同法 [M]. 北京:法律出版社,1995:265.
④ 《关于当前形势下审理民商事合同纠纷案件若干问题的指导意见》（法发〔2009〕40号）曾规定,为防止情势变更原则被滥用而影响市场正常的交易秩序,人民法院决定适用情势变更原则作出判决的,应当按照最高人民法院《关于正确适用〈中华人民共和国合同法〉若干问题的解释（二）服务党和国家工作大局的通知》（法〔2009〕165号）的要求,严格履行适用情势变更的相关审核程序。

另一方面可能是为了将情势变更的适用范围限制在极端情况,不仅体现了对合同拘束力的尊重,还防止当事人动辄提出情势变更,滥用救济权利以逃避法律责任,从而减少了可能由此引发的纠纷,节约司法资源。[1]此外,要求重大变化也是为了避免情势变更的适用过多介入合同履行,危害交易安全。

(1)继续履行合同显失公平。对于合同基础条件发生的重大变化,《民法典》第五百三十三条将其规定为"继续履行合同对于当事人一方明显不公平"。在武汉市煤气公司诉重庆检测仪表厂煤气表散件购销合同违约纠纷案中,《最高人民法院关于武汉市煤气公司诉重庆检测仪表厂煤气表装配线技术转让合同购销煤气表散件合同纠纷一案适用法律问题的函》(法函〔1992〕27号)指出,双方签订合同时,煤气表的主要原料铝锭每吨约4 400元,合同履行时每吨16 000元,当事人继续按照原来约定履行合同十分困难。因此,此种原材料价格的异常变动就属于情势变更。该案清晰地呈现了情势变更造成显失公平问题。[2]

此案之后,法院在适用情势变更规则时,几乎无一例外地强调显失公平问题。例如,在华锐风电科技(集团)股份有限公司与肇源新龙顺德风力发电有限公司买卖合同纠纷案中,最高人民法院认为,契约严守是《合同法》基本原则,除非是由于不可归责于当事人的原因致使缔约基础动摇或者丧失,强行维持合同原有效力必将导致合同当事人之间利益显著失衡,严重违背公平诚信原则时,才能适用情势变更制度。[3]又如,在成都鹏伟实业有限公司(以下简称"鹏伟公司")与江西永修县人民政府、永修县鄱阳湖采砂管理工作领导小组办公室(以下简称"采砂办")采矿权纠纷案中,合同履行过程中遭遇鄱阳湖36年未遇的罕见低水位,导致采砂提前结束,这一客观情况是双方缔约时不可能预见到的。如果仍然按约定履行,必然导致采砂办取得全部合同收益,而鹏伟公司承担全部投资损失,对鹏伟公司而言是不公平的,有悖《合同法》的基本原则。鹏伟公司要求采砂办退还部分合同价款,实际是要求对《采砂权出让合同》的部分条款进行变更,符合《合同法》和法院上述司法解释的规定,法院予以支持。[4]适用情势变更,往往需要以履行合同导致双方利益严重失衡为前提。例如,在大庆凯明风电塔筒制造有限公司与华锐风电科技(集团股份有限)公司买卖合同纠纷案中,法院认为,本案中双方当事人履行《塔筒买卖合同》不存在利益严重失衡的情形,故不能适用情势变更原则。[5]

(2)在原因上不排斥不可抗力。对于情势变更之"变更",《民法典》删除了"非不可抗力造成的"之表述,使不可抗力制度和情势变更制度有了连接地带。《合同法司法解释(二)》第二十六条明确将不可抗力排除在情势变更制度之外,其缘由需回溯到《合同法》立法过程中有关是否应当规定情势变更制度的讨论,当初不同意规定的原因有二:

---

[1] 刘廷华.法经济学视野下的情势变更[J].北方论丛,2011(2):148-152.
[2] 除非是完全出乎意料,价格变化通常被纳入商业风险的范畴。例如,在某案件中,法院指出,以每月上海期货交易均价作为价格折让的基准价,其对铝锭市场价格的波动在合同订立时是应当预见到的,出现铝锭市场价格持续走低的变化应属于可预见的商业风险。参见最高人民法院(2011)民二终字第71号民事判决书。
[3] 参见最高人民法院(2015)最高法民二终字第88号民事判决书。
[4] 参见最高人民法院(2011)最高法民再字第2号民事判决书。
[5] 参见最高人民法院(2013)民一终字第181号。

其一，是认为所谓情势变更已被不可抗力所包含，既有不可抗力制度，则无规定情势变更制度之必要；其二，是担心情势变更制度被滥用从而影响法律的安定性，因其属于一般条款，没有也无法规定具体的判断标准。[1] 这一争论以及《合同法》最终没有规定情势变更制度的结果使最高人民法院在出台《合同法司法解释（二）》过程中极为小心翼翼，其规定"非不可抗力造成"，旨在尽力撇清不可抗力和情势变更的关系，使两个制度泾渭分明，最终却因不适当地缩小了情势变更的适用范围，引起了学者的批评。[2]

但是，不可抗力和情势变更是否真如《合同法司法解释（二）》第二十六条规定的一般泾渭分明？答案恐怕并非如此，作为上述司法解释的起草机关，最高人民法院也在一定程度上不认同该界分。例如，最高人民法院在《关于依法妥善审理涉新冠肺炎疫情民事案件若干问题的指导意见（一）》第三条规定："（一）疫情或者疫情防控措施直接导致合同不能履行的，依法适用不可抗力的规定，根据疫情或者疫情防控措施的影响程度部分或者全部免除责任。……（二）疫情或者疫情防控措施仅导致合同履行困难的，当事人可以重新协商；……继续履行合同对于一方当事人明显不公平，其请求变更合同履行期限、履行方式、价款数额等的，人民法院应当结合案件实际情况决定是否予以支持。……因疫情或者疫情防控措施导致合同目的不能实现，当事人请求解除合同的，人民法院应予支持。"阅读这一指导意见，对"新冠疫情"属于不可抗力还是情势变更，最高院并未给出明确的意见，而是对受疫情影响的合同履行的困难程度进行区分，结合实际情况分别认定。论述至此，我们也可进一步理解《民法典》删除"非不可抗力造成"表述的立法本意，即立法者在一定程度上认为，不可抗力和情势变更尽管有着不同的制度功能，但两者并非绝对冲突，而是功能互补，甚至在一定程度范围内，两者存在连接地带，可谓非严格意义上的"你中有我，我中有你"。

2. 不属于商业风险

《关于当前形势下审理民商事合同纠纷案件若干问题的指导意见》（法发〔2009〕40号）第三条规定："人民法院要合理区分情势变更与商业风险。商业风险属于从事商业活动的固有风险，诸如尚未达到异常变动程度的供求关系变化、价格涨跌等。情势变更是当事人在缔约时，无法预见的非市场系统固有的风险。人民法院在判断某种重大客观变化是否属于情势变更时，应当注意衡量风险类型是否属于社会一般观念上的事先无法预见、风险程度是否远远超出正常人的合理预期、风险是否可以防范和控制、交易性质是否属于通常的'高风险高收益'范围等因素，并结合市场的具体情况，在个案中识别情势变更和商业风险。"情势变更规则赋予了法官干预合同的权力，法官干预是否合理与必要很大程度上取决于法官在个案中是否具备准确区分情势变更和商业风险的能力。在裁判中援引情势变更规则进行裁判时，法官应当详细地阐释其裁判理由，解释适用情势变更规则的具体依据，尤其是应当详细阐述案件中所涉及的风险不属于商业风险的理由。

在大宗集团有限公司、宗锡晋与淮北圣火矿业有限公司、淮北圣火房地产开发有限公司等股权转让纠纷案中，最高人民法院指出，是属于情势变更还是商业风险，需要参

---

[1] 梁慧星.民法学说判例与立法研究（二）[M].北京：国家行政学院出版社，1999：191.
[2] 崔建远.合同法（第5版）[M].北京：法律出版社，2020：129.

照合同约定，并结合可预见性、可归责性以及产生后果等因素进行分析。[1]在所有考察对象中，可预见性无疑是法院最看重的因素。例如，在山西华晋纺织印染有限公司、上海晋航实业投资有限公司与戴军合资、合作开发房地产合同纠纷案中，最高人民法院认为，情势变更原则的适用前提是存在合同成立后客观情况发生变化的情形，当事人对合同履行有预判的，应当认定为正常商业风险。[2]这种区分有时是比较困难的，尤其是涉及到价格巨大变动情况更是如此，有时法院并不认可不可预见标准。例如，在安妍诉邵庆珍房屋买卖合同纠纷再审案中，最高人民法院认为，房价较大幅度的上涨虽然可能超出了当事人预见范围，但是仍然属于正常的商业风险。[3]

商业风险是理性商人在从事商业活动时应当意识到并自愿承担的固有风险，其最典型的表现是价格的涨落和市场供求关系的变化而导致的财产损失。通常情况下，正常的商业风险都可以通过交易得到补偿。合同作为事先安排的风险分担机制，只有具有严格的法律效力和拘束力，才能发挥固有的作用和功能。因此，若要在法律上承认情势变更制度，并使该制度能够得到妥当适用，正确区分情势变更与商业风险非常关键。从我国相关司法实践来看，可以参考下列标准对情势变更和一般的商业风险进行区分。[4]

第一，可预见性标准。所谓可预见性，是指当事人在缔约时对未来可能发生的风险的预见程度。商业风险通常具有一定的可预见性，即便当事人声称其没有预见，也应当从客观情势出发，推定当事人已经预见。[5]如果在缔约之时，风险的可预见性程度较高，当事人在订立合同时能够合理地考虑这些事件，就不能将其作为情势变更来对待。[6]严格来说可预见性的判断应当采主观标准，即要以特定订约人缔约时的预见状况为依据。然而，在具体的法律适用中，此标准逐渐客观化，特定缔约人变成了抽象的一般理性交易人。在商业实践中则应当按照更高的商人的标准进行判断。凡是能够为一般理性商人所预见的交易风险，均不能视为情势变更。在这个意义上，法官在进行判断时，主要应当考虑客观标准而非当事人的主观因素。

第二，获益标准。通常，商业活动中风险和收益是成正比的，在此意义上，如果合同带给当事人的预期收益越大，则其应当预见并承担的商业风险也就越高。如果某项交易属于高风险、高收益的范围，则出现从事该交易可预见的某种风险通常不能被认为是情势变更，而应当属于商业风险。[7]即便高风险高回报投资领域的价格变化可能是由于国家政策变化而引起，一般也不应将其归入到情势变更的范畴。例如，股票、期货等高风险投资，其价格波动如同过山车，却都是当事人应当承担的商业风险。

第三，影响广泛性标准。一般而言，作为情势变更风险的影响应当具有广泛性，不

---

[1] 参见最高人民法院（2015）最高法民二终字第236号民事判决书。
[2] 参见最高人民法院（2015）最高法民一终字第72号民事判决书。
[3] 参见最高人民法院（2017）最高法民再26号民事判决书。
[4] 王利明.情势变更制度若干问题探讨——兼评《民法典合同编（草案）》（二审稿）第323条[J].法商研究，2019，36（3）：3-10.
[5] 张建军.情势变更与商业风险的比较探讨[J].甘肃政法大学学报，2004（2）：88-91.
[6] 张玉卿.国际统一私法协会国际商事合同通则2010[M].北京：中国商务出版社，2012：479.
[7] 参见最高人民法院《关于当前形势下审理民商事合同纠纷案件若干问题的指导意见》（法发〔2009〕40号）。

能只波及特定少数人。具体而言，该风险对诸多的、一系列的交易都会产生影响，而不是仅仅对特定的、个别的交易产生影响；该风险对一系列交易的当事人产生影响，而不限于对特定的交易当事人产生影响。例如，新冠肺炎疫情对社会的影响是全面的，并非只影响少数几个人。

第四，外部性标准。情势变更并非起因于交易中所固有的、内含的因素，而是通常来源于与交易无关的外部因素。[1] 当然，交易中的风险来源究竟是内在的，还是外在的，还应当视特定交易而定。例如，价格波动是否属于情势变更？有学者认为，价格正常浮动属商业风险；价格涨落幅度超过平均利润，则会构成难以预见的暴涨暴跌。[2] 但是，许多偶然因素都可能导致价格起起落落，单纯以平均利润作为商业风险与情势变更的区分标准过于简单，很容易给法官过大的自由裁量权。对于价格涨落是否属于情势变更，不应仅仅关注价格涨落的结果，而是应当分析价格涨落的原因。如果引发价格涨落的原因并非交易本身固有的，而且当事人在缔约时难以预料，则有可能被认定为情势变更。因此，通常不是商业活动所必然具有的而是某种外在的因素所造成的情势变更才具有外部性这一特征。

第五，风险防范标准。作为情势变更的风险往往无法防范，原因是当事人在缔约时无法预见该风险的存在。但对于商业风险而言，当事人往往可以采取一定措施进行预防，当事人在从事交易时可以将潜在的商业风险计算在合同价格之中，或者通过约定的方式对商业风险的后果进行必要的防范。[3] 如果商业风险极大，当事人还可以通过订立免责条款等方式做出事先的风险安排。

综合来看，在衡量某种重大客观变化是否属于情势变更时，应当注意考量风险类型是否属于社会一般观念上的预先无法预见、风险程度是否远远超出正常人的合理预期、风险是否可以防范和控制、交易性质是否属于通常的"高风险高收益"范围等因素，并结合市场的具体情况，在个案中识别情势变更和商业风险。[4]

虽然法律并未明确规定政府政策调整属于情势变更情形，但是如果确实是政府政策的调整导致不能继续履行合同或者不能实现合同目的，当然属于合同当事人意志之外的客观情况发生重大变化的情形。例如，江苏正通宏泰服务有限公司与常州新东化工发展有限公司建设工程施工合同纠纷、技术委托开发合同纠纷案中，最高人民法院指出，涉案合同在履行过程中，常州市人民政府根据省政府《关于进一步加强污染物减排工作的意见》的要求重新调整了节能减排政策，明确要求新东公司拆除燃煤锅炉，客观情况发生了重大变化，导致合同原定的对燃煤锅炉进行脱硫工程改造项目继续进行已经毫无意义，无法实现合同目的，该变化是当事人无法预见的，显然不属于普通的商业风险。[5]

---

[1] 曹守晔.最高人民法院《关于适用〈中华人民共和国合同法〉若干问题的解释（二）》之情势变更问题的理解与适用[J].法律适用，2009（8）：44-49.
[2] 张庆东.情势变更与商业风险的法律界定[J].法学，1994（8）：33-35.
[3] 曹守晔.最高人民法院《关于适用〈中华人民共和国合同法〉若干问题的解释（二）》之情势变更问题的理解与适用[J].法律适用，2009（8）：44-49.
[4] 王闯.当前人民法院审理商事合同案件适用法律若干问题[J].法律适用，2009（9）：3-8.
[5] 参见最高人民法院（2015）最高法民提字第39号民事判决书。

3. 当事人在订立合同时无法预见

只有情势变更发生在合同成立之后、合同关系终止之前,才能适用情势变更原则。对于已经发生情势的变更,如果当事人在缔约时已经知悉,则缔约后不得主张适用情势变更原则。例如,在华锐风电科技(集团)股份有限公司与肇源新龙顺德风力发电有限公司买卖合同纠纷案中,最高人民法院认为,在缔约时对于合同的交易价格就已经明知,对交易中的实际付出也应当有明确预期,根本不存在无法预见的情形,自然不能主张适用情势变更原则。[1] 又如,在北京北大青鸟有限责任公司、新疆北大青鸟能源矿业有限公司股权转让纠纷案中,在签订《股权转让协议》之前新疆政府就下发了《关于对硫磺沟矿区和南山景区煤矿进行综合整治的通知》(新政函〔2011〕312号),并且交易各方具备获知该政策规定的能力和途径,说明当事人知晓并自愿承担可能出现的相应风险。即使此后出台的两份文件对煤矿改建工作会带来影响,但并未超出综合整治通知的规制内容,而且受其明确限制。故没有超出当事人此前对该区域改扩建工作应有的预期,不属于超出预期的情势变更事由。[2]

如果当事人就未来事项进行了明确安排,则这些事项不能纳入情势变更原则,此时,应视为受不利影响的当事人自愿承担该风险。在断定当事人是否承担了风险时首先要看合同约定,看是否存在风险分配条款。即使没有明确的风险分配条款,通过整体审视合同文本,或者根据商业惯例,可以推断出合同是否隐含地将风险分配给了一方当事人。在合同成立之前已经发生情势变更,或者合同当事人已经预料到情势变更的,可以视为当事人承担了该风险。作为回报,承担风险的当事人通常会索要更高的合同价格。作为风险承担人,其估算的风险损失期望值小于获得的保险费;对于购买保险的对方当事人,其估算的风险损失期望值大于支付的保险费。对双方当事人而言,通过合同分配风险都是有利可图的,法律应该给予必要的尊重。[3] 例如,在广东省电白建筑工程总公司与东莞市长安镇房地产开发公司建设工程施工合同纠纷案中,最高人民法院认为,建设工程施工合同约定以固定单价方式进行结算,除设计变更外,总价、单价以定标价为准,结算时不作调整。上述约定实际上隐含了针对施工期间内包括主要建材价格变化的市场风险承担条款,说明双方当事人已经预见到建材价格变化的市场风险,故不属于情势变更。[4]

即使情势变更发生在合同履行过程中,只要当事人已经通过协议进行处理,则不得再行主张情势变更。例如,在陕西圣安房地产开发有限公司、陕西圣安房地产开发有限公司延安分公司与延长油田股份有限公司川口采油厂商品房销售合同纠纷案中,最高人民法院指出,在合同履行过程中客观情况发生变化后,当事人对如何继续履行合同进行了明确约定,充分表明当事人对合同履行过程中发生的有关变化以及由此带来的影响已经作出判断并就有关事宜的变更达成了合意,当事人一方再行主张适用情势变更原则的,不予支持。[5]

---

[1] 参见最高人民法院(2015)最高法民二终字第88号民事判决书。
[2] 参见最高人民法院(2016)最高法民终224号民事判决书。
[3] 刘延华.法经济学视野下的情势变更[J].北方论丛,2011(2):148-152.
[4] 参见最高人民法院(2013)最高法民申字第1099号民事裁定书。
[5] 参见最高人民法院(2015)最高法民一终字第179号民事判决书。

4. 合同的基础条件发生重大变化

情势变更之"情势"在《合同法司法解释（二）》的规定中即指"客观情况"。所谓"客观情况"，是指独立存在于人的行为之外，既非当事人的行为所派生，亦不受当事人意志左右的客观情况。[①]《民法典》将"情势"修改为"合同的基础条件"，其内涵和外延较"客观情况"而言更为宽广，前者不仅包括后者，还包括"主观的行为基础"。即情势变更之"情势"不再限缩为"客观情况"，还将当事人缔约过程中的共同动机纳入其中，从而可能大大增加情势变更制度的适用范围。

5. 不可归责于合同当事人

情势变更须因不可归责于双方当事人之事由而发生。双方当事人在订立合同时对情势的变更无法预见和防止，因此双方当事人在主观上无过错。通常认为，如此规定的理由似乎是不证自明的：不能让当事人从自己的过错中谋求好处，或者利用自己的过错来逃避履行合同的责任。实际上，这是为了避免资源的浪费。如果允许当事人借助可归责于当事人的事由而调整或解除合同，有机会主义倾向的当事人势必会人为地制造"情势变更"。在这种情况下，不仅会增加纠纷，不相应地增加了解决争端所耗费的资源；同时，制造"情势变更"引起的合同的调整或变更变相地浪费了先前用于缔约的资源。[②]

构成情势变更的情形应当是合同不能履行的直接和根本原因，而非合同之外第三人的原因。换言之，如果合同之外第三人的原因是导致合同不能履行的直接和根本原因，则不能适用情势变更原则。[③]该判例表明，情势变更不仅排除可以归责于合同当事人的事由，同样排除了可以归责于合同之外第三人的事由。

（二）适用效果

情势变更原则适用的法律效力有如下两点：①当事人重新协商，即再协商，再协商达成协议的，按照协商达成的协议确定双方当事人的权利义务关系；②再协商达不成协议的，可以变更或解除合同并免除当事人责任。人民法院或者仲裁机构应当结合案件的实际情况，根据公平原则确定变更或者解除合同。协商前置，终止在后，此即学者所谓的情势变更原则会发生两次效力。[④]

1. 协商

按照《民法典》第五百三十三条规定，发生情势变更后，受不利影响的当事人首先应当与对方重新协商以消除影响。只有在合理期限内协商不成的，才可以请求变更或者解除合同。对合理期限的要求旨在防止谈判过程过于持久导致错过减损机会，造成损失

[①] 佟柔. 中国民法[M]. 北京：法律出版社，1990：575.
[②] 刘延华. 法经济学视野下的情势变更[J]. 北方论丛，2011（2）.
[③] 参见最高人民法院（2016）最高法民终203号民事判决书。
[④] 第一次法律效力是维持原法律关系，只变更某些内容。第一次法律效力多用于履行困难的情况，变更方式包括增减给付、延期或分期给付、变更给付标的或者拒绝先为给付。第一次法律效力不足以消除显失公平的结果时，发生第二次法律效力，是采取消灭原法律关系的方法以恢复公平，表现为终止合同、解除合同、免除责任或者拒绝履行。杨立新. 中华人民共和国民法典释义与案例评注（合同编）（上）[M]. 北京：中国法制出版社，2020：224.

扩大和资源浪费。[①] 这一规定内容在法理上被称为"再交涉义务",体现了意思自治原则和鼓励交易原则。这种思想在很大程度上代表了最高人民法院的倾向性意见。《关于当前形势下审理民商事合同纠纷案件若干问题的指导意见》(法发〔2009〕40号)曾规定:"在诉讼过程中,人民法院要积极引导当事人重新协商,改订合同;重新协商不成的,争取调解解决。"[②]《关于依法妥善审理涉新冠肺炎疫情民事案件若干问题的指导意见(一)》也有规定:"疫情或者疫情防控措施仅导致合同履行困难的,当事人可以重新协商;能够继续履行的,人民法院应当切实加强调解工作,积极引导当事人继续履行。当事人以合同履行困难为由请求解除合同的,人民法院不予支持。"

虽然《民法典》所用的表述是"可以"而非"应当",但在适用层面应当将再交涉义务解释为一项义务,而不可将其解释为赋予"受不利影响的当事人"一项再交涉的权利。实际上,在发生情势变更后,当事人双方的谈判可能达成新的协议,顺利解决争端,从而维持交易。即使谈判无法取得成功,对于是否发生情势变更以及情势变更后对当事人权利义务有何影响等问题也已经在谈判过程中形成了清晰的认识,争议焦点将更加突出,相关事实依据也基本固定。当争议进入司法程序,法院也能够以较低的成本解决争端。

就再交涉义务的履行而言,在提出谈判请求时应当满足两个条件:其一,处于不利地位的当事人提出重新谈判应该毫不迟延;其二,必须说明重新谈判的理由。这里第一个条件是为了避免当事人过度延迟要求谈判导致损失扩大,也有利于督促当事人尽快采取措施减小损失。第二个条件可以帮助当事人判断是否满足情势变更所要求的适用条件,以便使对方当事人能够很好地判断该项要求是否正当。这有利于减少起诉的可能,节约司法资源。[③]

至于违反再交涉义务的后果,很可能是情势变更主张无法得到支持。例如,在青海隆豪置业有限公司(以下简称"隆豪公司")与青海三新房地产开发有限公司(以下简称"三新公司")项目转让合同纠纷案中,最高人民法院认为,双方缔约后,政府取消了危旧房改造的优惠政策,《协议书》签订背景发生了重大变化。但是,自隆豪公司2009年8月竞拍取得涉案土地使用权至一审法院于2011年7月受理本案,没有证据表明隆豪公司曾与三新公司协商变更或者解除《协议书》,或者曾在法定期间内行使变更或解除合同的权利,并且双方还曾于2010年7月27日共同作为建设单位取得包含涉案项目在内的《建筑工程施工许可证》,因此,对于隆豪公司依据情势变更原则要求解除合同的诉讼请求,不予支持。[④]

2. 变更或者解除合同

(1)当事人请求。《民法典》第五百三十三条规定"当事人可以请求人民法院或者仲裁机构变更或者解除合同",说明情势变更的适用必须依当事人申请而启动,法院不得

[①] 刘廷华.法经济学视野下的情势变更[J].北方论丛,2011(2):148-152.
[②] 尽可能鼓励当事人重新谈判,有利于最大限度地维护合同关系的稳定,实现当事人之间的利益平衡。王利明.合同法研究(第2卷)(修订版)[M].北京:中国人民大学出版社,2011:340.
[③] 刘廷华.法经济学视野下的情势变更[J].北方论丛,2011(2):148-152.
[④] 参见最高人民法院(2013)最高法民申字第511号民事判决书。

主动适用。事实上,在《民法典》颁布之前,最高人民法院就有判决采纳了上述观点。[①]

(2)变更或者解除。情势变更后是修改还是终止合同,不同的国家有不同的规定。根据英国判例法,在造成合同受挫的事态发生时,受挫的整个合同自动终止。[②]即合同受挫事件一旦发生便令合同自动终止,受挫与否根本不必由一方或双方去宣示。上述规则完全不考虑合同受挫后双方当事人是否希望继续维持合同效力,有违意思自治原则。同时,彻底关闭了双方当事人通过协商维持合同效力的大门,有违鼓励交易原则。因此,大多数国家都允许变更合同。

只要情势变更后启动司法程序,法院在调整合同和解除合同方面具有相当大的自由裁量权。例如,根据《欧洲合同法原则》第6:111条第三款,如果当事人没有于合理的时间内达成合意,法院不但可以修订合同,以便以公平合理的方式在当事人之间分摊由于情势变更所产生的损失和收益;而且,法院即可按其自己确定的条件和时间解除合同。即一旦当事人无法自行谈判成功,法院可以作出裁决以解决纠纷。当然,尽管终止或修改合同是法院的权力,但法院在行使权力时不是随心所欲的。

通常情况下,法院在适用情势变更原则时都是非常谨慎的,变更和终止合同并不是任意选择的,而是有先后顺序的。如果通过变更能消除情势变更导致的显失公平结果,则应当选择调整;只有在调整合同不足以消除显失公平结果时,才可以判令解除合同。[③]德国债务法现代化法第三百一十三条第三款规定:"合同的改订属于不可能或无法合理地期待一方当事人接受这种调整,则受不利益的当事人可以解除合同。于继续性债务之关系场合,该解除权为解约告知权所替代。"交易基础的法律后果并非首先解除合同,而是针对另一方当事人的要求调整合同的情况请求权,要么是要求依照变更了的情况来进行调整(313条第一款),要么是依照现实情况(313条第2款),只有在调整合同为不可能或对于一方当事人为不可合理期待时,遭受不利的一方当事人才可以解除合同(德国债务法现代法第三百一十三条款)或者——在长期债务关系中——预告终止合同(德国债务法现代化法第三百一十三条第三款)。[④]因为,契约遵守是履行合同的基本原则,只有在为了防止出现令人无法接受且又与法律格格不入的结果,或者若债务人履行原契约则必然导致显失公平时,法院才会偏离这一原则。如果真的出现了这种情况,法院将对契约进行某种调整或者在可能的情况下对契约义务作出某种修改;或者将个别条款视为无效条款;只有在极度特殊的情况下,才会宣布整个契约无效。[⑤]

发生情势变更后,首先由当事人进行谈判以对合同进行相应的变更。但是,谈判富有成效并不总是可以期待的。一旦当事人无法自行变更,那么就需要法院对合同进行必要的调整。法院可以对合同采取各种必要的干涉,通过诚实信用原则来达到一个协商性的结果。原则上,法院如何变更合同以达到公平的结果是视个案而定的,如调整价格、

---

① 参见最高人民法院(2016)最高法民终342号民事判决书。
② 李先波.英美合同解除制度研究[M].北京:北京大学出版社,2008:121.
③ 郑玉波.民法债编总论[M].北京:中国政法大学出版社,2004:331;汉斯-贝恩德·舍费尔,克劳斯·奥特.民法的经济分析(第四版)[M].江清云,杜涛,译.北京:法律出版社,2009:413.
④ 迪特尔·施瓦布.民法导论[M].郑冲,译.北京:法律出版社,2006:455-456.
⑤ 罗伯特·霍恩等,海因·科茨,汉斯·G·莱赛.德国民商法导论[M].楚建,译.北京:中国大百科全书出版社,1996:150-156.

赔偿损失、全部或部分地改变风险分配等。总之，对合同进行"最低限度"的干预优先于其他严重的措施。① 具体而言，法院在选择调整合同时必须根据一定的标准，《国际商事合同通则》第5.2.3条第4款第2项将其规定为"恢复合同双方的均势"，而《欧洲合同法原则》第6∶111条第3款第2项将其规定为"通过合理地方式在当事人之间分配由于该情势变更而产生的得与失"。不难看出，法院在调整合同时必须尽力恢复情势变更前双方当事人之间的权利义务关系。②

三、其他法定变更

《民法典》规定了大量法定变更，例如，第五百八十五条规定违约金过高过低时可以请求法院或者仲裁机构调整，第六百六十六条规定赠与人经济状况显著恶化以致于严重影响其生产经营或者家庭生活时可以不再履行赠与义务，第六百七十三条规定借款人未按照约定的借款用途使用借款时贷款人可以停止发放借款、提前收回借款或者解除合同。除此之外，还有提前履行、部分履行以及政府价格调整等法定变更。

（一）提前履行

履行期限是债务人应当履行债务的期间，其起始时间应为合同生效之时或者之后。履行期限的确定应当按照当事人的约定，未约定或者约定不明确的，应当依照法律的明确规定或者法律规定的原则确立。在履行期限届满以前，债务人履行或者债权人要求履行而会使相对人失去的利益称为期限利益。当债务人享有期限利益时，债务人可以抛弃期限利益而提前履行，但债权人不能要求债务人抛弃期限利益而提前受领，如无偿保管合同。当期限利益既属于债权人又属于债务人时，当事人一方抛弃期限利益的，应该获得对方当事人的许可。抛弃的期限利益，利益人不得请求返还。对于侵害对方期限利益的，由侵害人负赔偿责任。

债权人可以拒绝债务人提前履行债务，是指债权人享有期限利益的情况下，债权人为了使自己的期限利益不受损害，可以拒绝债务人提前履行债务。提前履行不损害债权人利益是指在债权人不享有期限利益的情况下，债务人提前履行不损害债权人的利益。增加的费用是指债务人提前履行债务导致债权人要比债务人正常履行的情况下多支付的一部分费用。例如，甲方从乙处购买水泥，双方订立买卖合同，合同约定乙在某日将水泥送到甲租用的库房内，而乙提前3天送货导致甲方多付了库房租金，多付的租金即为这种"增加的费用"。债务人提前履行债务给债权人增加的费用如果由债权人自己承担，那么实际是损害了债权人的期限利益，因此该费用由债务人自己承担，这样一来，债权人的利益就没有因债务人的提前履行而受到损害。③

---

① 汉斯-贝恩德·舍费尔，克劳斯·奥特.民法的经济分析（第四版）[M].江清云，杜涛，译.北京：法律出版社，2009：416.
② 刘廷华.法经济学视野下的情势变更[J].北方论丛，2011（2）：148-152.
③ 《民法典》第五百三十条规定："债权人可以拒绝债务人提前履行债务，但是提前履行不损害债权人利益的除外。债务人提前履行债务给债权人增加的费用，由债务人负担。"

（二）部分履行

部分履行是指债务人没有按照合同约定全部履行合同义务而只是履行了一部分合同义务。部分履行是在履行期限内的履行，如果债务人在履行期限之前履行则为提前履行，如果是在履行期限之后履行则为迟延履行。可以部分履行的合同的标的物是可分的，也就是说在数量上可以分成不同的部分而不影响其性质和作用。例如，买卖合同的标的物是100套西服，西服按套数可分成不同部分，其性质和作用无影响。部分履行有两种情况：一为债务人在履行期限内将应当一次履行的债务采用分批履行的办法而全部履行；二为债务人虽然没有分批履行但履行标的物的数量不够。

债务人应当全面履行合同义务。对于债务人部分履行债务，债权人可以拒绝，原因是部分履行债务往往会使债权人的合同目的不能真正实现。当然，如果部分履行不损害债权人利益，那么债权人应当接受这种部分履行。"部分履行不损害债权人利益"中的"利益"主要是指债权人的履行利益，履行利益是债权人因债务人履行合同以后所得到的积极利益。债务人部分履行给债权人增加的费用是指债务人部分履行导致债权人比债务人全部履行时多支付的费用。这部分费用应当由债务人负担，原因是该费用的产生与债务人的部分履行行为之间具有因果关系。[1]

（三）政府价格调整

执行政府定价或者政府指导价的，在合同约定的交付期限内遇到政府价格调整时，按照交付时的价格计价。这是一般原则，也符合当事人的预期。但是，如果出现一方当事人逾期这样的违约行为，则按对违约方不利的方式计价，让违约方承担价格变动的风险。这种惩罚无疑是为了激励当事人守约。[2]

第二节　合同终止

一、终止的原因

合同终止原因主要包括清偿、抵销、提存、免除、混同以及解除。[3]

---

[1] 《民法典》第五百三十一条规定："债权人可以拒绝债务人部分履行债务，但是部分履行不损害债权人利益的除外。债务人部分履行债务给债权人增加的费用，由债务人负担。"

[2] 《民法典》第五百一十三条规定："执行政府定价或者政府指导价的，在合同约定的交付期限内政府价格调整时，按照交付时的价格计价。逾期交付标的物的，遇价格上涨时，按照原价格执行；价格下降时，按照新价格执行。逾期提取标的物或者逾期付款的，遇价格上涨时，按照新价格执行；价格下降时，按照原价格执行。"

[3] 《民法典》第五百五十七条规定："有下列情形之一的，债权债务终止：（一）债务已经履行；（二）债务相互抵销；（三）债务人依法将标的物提存；（四）债权人免除债务；（五）债权债务同归于一人；（六）法律规定或者当事人约定终止的其他情形。合同解除的，该合同的权利义务关系终止。"

（一）清偿

如果债务已经全面履行，得到全部清偿，合同目的得以实现，自然终止。在有些时候，债务人可能失去了清偿能力，不足以全面履行债务，可能出现清偿抵充，或者以物抵债的情况。

1. 清偿抵充

（1）顺序。清偿抵充，是指债务人对同一债权人负担数宗同种类债务而债务人的履行不足以清偿全部债务时，确定该履行抵充其中某宗或某几宗债务的债法制度。例如，债务人欠银行数宗欠款，设置担保、利息高低各不相同，在其给付不能清偿全部债务时，该次清偿应偿还哪笔欠款就涉及清偿抵充问题。清偿抵充的成立条件有如下几点：①债务人须对同一债权人负担数宗债务；②债务人负担的数宗债务的种类相同；③债务人提出的给付不足以清偿全部债权。

清偿抵充分为约定抵充、指定抵充和法定抵充。①约定抵充是指当事人之间事先约定债务人的清偿系抵充何宗债务。如果当事人之间就债务人的清偿系抵充何宗债务有约定时，应从其约定。②指定抵充是指当事人一方以其意思指定清偿人的清偿应抵充的债务。指定抵充应当具备两个条件：一是指定应于清偿时为之，并且一经指定不得撤回；二是指定抵充的指定权人为清偿人。[①]③法定抵充是指当事人在未指定抵充时，依据法律规定决定清偿人的清偿应抵充的债务。

按照《民法典》第五百六十条规定，有约定，则约定优先；无约定，则指定优先；无指定，则时间优先，优先履行已到期的债务；时间相同，则无担保优先，几项债务均到期的，优先履行对债权人缺乏担保或者担保最少的债务；担保相同，则负担较重优先，担保数额相同的，优先履行债务人负担较重的债务；负担相同，按照债务到期的先后顺序履行；到期时间相同的，同等受偿，按比例履行。

（2）主债务、利息和实现债权的费用。债务人除了原本债务，还应支付利息和费用之债，而债务人的清偿不足以清偿全部债务时，应当按照清偿抵充的约定顺序进行，没有约定的，依照实现债权的有关费用、利息和主债务这样的法定抵充顺序为之。[②]上述抵充顺序均具有前一顺序对抗后一顺序的效力。[③]

存有疑问的是，所谓给付不足以清偿全部债务时，若无特别约定情况，违约金是否优先于本金进行抵充？在陕西锦城新元置业有限公司、陕西富力房地产开发有限公司借

[①] 在杨淑兰、孙玉松企业借贷纠纷再审案中，最高人民法院指出，在债务清偿之抵充中，如果当事人对于所抵充的哪笔债务未达成合意，则应首先由清偿人享有抵充指定权，债权人无权指定代偿人的具体偿还对象。原审判决在其裁判理由中认为"作为债权人有权确定其偿还的系哪笔借款"有误，应予纠正。参见最高人民法院（2016）最高法民再243号民事判决书。

[②] 《民法典》第五百六十一条规定："债务人在履行主债务外还应当支付利息和实现债权的有关费用，其给付不足以清偿全部债务的，除当事人另有约定外，应当按照下列顺序履行：（一）实现债权的有关费用；（二）利息；（三）主债务。"《最高人民法院关于适用〈中华人民共和国合同法〉若干问题的解释（二）》（法释〔2009〕5号）第二十一条规定："债务人除主债务之外还应当支付利息和费用，当其给付不足以清偿全部债务时，并且当事人没有约定的，人民法院应当按照下列顺序抵充：（一）实现债权的有关费用；（二）利息；（三）主债务。"除个别表述外，两者几乎完全一样。

[③] 杨立新.中华人民共和国民法典释义与案例评注（合同编）（上）[M].北京：中国法制出版社，2020：316.

款合同纠纷案中，最高人民法院给出了否定意见。①

2. 以物抵债

严格而言，以物抵债并非一个含义明确的法律术语，实践中其大致包括两种情形：其一是仅具有以他种给付替代原定给付的合意，但债权人尚未受领债务人的他种给付；其二是双方当事人不但达成以他种给付替代原定给付的合意，而且债权人受领了债务人的他种给付。后者实质上就是传统民法所称的代物清偿。②

（1）协议可强制执行问题。以物抵债协议的可强制执行问题取决于其签订时间，在债务履行期届满之后签订的可以请求债务人交付抵债物③，但债务履行期届满之前签订的则不能请求债务人交付抵债物。④

对于履行期届满后达成的以物抵债协议，最高人民法院倾向于认可其效力，并且将其认定为诺成合同，支持当事人强制实际履行的请求。如果法律没有关于实践性的特殊规定，则合同均为诺成合同。以物抵债协议是无名合同，法律并未明确将其规定为实践合同。同时，实务中无特殊约定的以物抵债协议并不以债权人现实地受领抵债物或取得抵债物所有权、使用权等财产权利为该协议的成立或生效要件。只要双方当事人的意思表示真实，合同内容不违反法律、法规的强制性规定，合同即为有效，各方当事人就应当按照该协议履行各自义务，其当然具有强制履行的效力。法院不得以"未交付抵债物"为由否定以物抵债合同的诺成效力。⑤

令人困惑的是，既然以物抵债协议是诺成合同，并且，在不存在其他法定无效的情况下，理应承认其法律效力，包括在对方不履行协议时赋予其诉请强制履行的救济权，为什么要依据以物抵债协议的签订时间不同而实行区别对待？笔者猜想，可能还是基于与禁止流质条款同样的考虑。在履行期届满之前到履行期届满，抵债物价值和债务总额之间的差额可能会发生较大变化，可能出现对债务人明显不利的情况；而履行期届满之后，抵押物价值和债务总额都已经明确，不存在损害债务人利益的问题。但是，即使是缔约之后的变化导致债务人利益受损，也并不能因此而否定合同效力，更不能在没有否

---

① 参见最高人民法院（2016）最高法民申1503号民事判决书。
② 司伟.债务清偿期届满后的以物抵债纠纷裁判若干疑难问题思考[J].法律适用，2017（17）：79-84.
③ 《九民纪要》第四十四条规定："当事人在债务履行期限届满后达成以物抵债协议，抵债物尚未交付债权人，债权人请求债务人交付的，人民法院要着重审查以物抵债协议是否存在恶意损害第三人合法权益等情形，避免虚假诉讼的发生。经审查，不存在以上情况，且无其他无效事由的，人民法院依法予以支持。"
④ 《九民纪要》第四十五条规定："当事人在债务履行期届满前达成以物抵债协议，抵债物尚未交付债权人，债权人请求债务人交付的，因此种情况不同于本纪要第七十一条规定的让与担保，人民法院应当向其释明，其应当根据原债权债务关系提起诉讼。经释明后当事人仍拒绝变更诉讼请求的，应当驳回其诉讼请求，但不影响其根据原债权债务关系另行提起诉讼。"
⑤ 例如，在通州建总集团有限公司与内蒙古兴华房地产有限责任公司建设工程施工合同纠纷案中，最高人民法院指出，对于以物抵债协议的效力、履行等问题的认定，应当以尊重当事人的意思自治为基本原则。通常而言，除非当事人有明确约定，当事人于债务清偿期届满后签订的以物抵债协议并不以债权人现实地受领抵债物，或取得抵债物所有权、使用权等财产权利，为成立或生效要件。参见最高人民法院（2016）最高法民终484号民事判决书。

定合同效力的情况下否定依法申请强制执行的权利。此外，需要注意的是，《民法典》已经不再禁止流质条款，因此如果由于债务清偿期届满之前签订的以物抵债协议具有流质条款性质而否定强制执行救济，则应参照流质条款处理。

（2）债的更改与新债清偿。当事人于债务清偿期届满后达成以物抵债协议，在当事人之间形成的法律关系的性质是什么，新债是替代了旧债，还是与旧债并存，这也是实践中处理此类纠纷难以回避的问题。[①]从理论上讲，当事人于债务清偿期届满后达成以物抵债协议，可能构成债的更改，即成立新债务，同时消灭旧债务；亦可能属于新债清偿，即成立新债务，与旧债务并存。[②]

债的更改是指为使新债务成立而让旧债务消灭的契约。[③]即债的更改是设定新债务以代替旧债务，并使旧债务归于消灭的民事法律行为。一般而言，债的更改需满足以下条件。第一，须已经存在一个旧债务。第二，须产生一个新债务。第三，新债务的产生须以旧债务为基础，但两者要素内容各异。债之要素是指债的主体、客体，不包括清偿时间、清偿地点和清偿数量等因素。债的更改实际上仅仅涉及债权人更改、债务人更改和债的标的更改，前两种更改即债权转让和债务转移，而债的标的变易之更改则与以物抵债存在交集。第四，当事人须有更改债务的意思表示。所谓更改的意思，即是新债务成立、旧债务消灭之意思。[④]

新债清偿亦称"间接给付"。债务人和债权人约定将负担新债作为旧债的清偿。只有新债被履行的，旧债消灭；新债未履行的，旧债则不消灭。从理论上而言，新债清偿应具有如下要件：第一，债权人与债务人签订负担新债务以消灭旧债务的合同，即新债清偿合同。第二，债务人对债权人负有旧债务。即使债务人对债权人负担的旧债务已经罹于诉讼时效，也不妨碍新债清偿合同的成立。不过，如果旧债的关系已不存在（如引发旧债的合同不成立、被撤销、无效），新债清偿合同即无从成立。第三，以负担新债务作为清偿旧债务的方法。新债清偿合同乃以负担新债务为履行旧债务的方法，新旧债务基于同一目的同时并存，故新债务不履行时，旧债务并不消灭。目前我国法律虽然并未明确规定新债清偿制度，但由于其与法律、行政法规的强制性规定并不相悖，属于私

[①] 在通州建总集团有限公司与内蒙古兴华房地产有限责任公司建设工程施工合同纠纷案中，最高人民法院指出，当事人于债务清偿期届满后达成的以物抵债协议可能构成债的更改，即成立新债务，同时消灭旧债务；亦可能属于新债清偿，即成立新债务，与旧债务并存。基于保护债权的理念，债的更改一般需有当事人明确消灭旧债的合意，否则，当事人于债务清偿期届满后达成的以物抵债协议，性质一般应为新债清偿。在新债清偿情形下，旧债务于新债务履行之前不消灭，旧债务和新债务处于衔接并存的状态；在新债务合法有效并得以履行完毕后，因完成了债务清偿义务，所以旧债务才归于消灭。在债权人与债务人达成以物抵债协议、新债务与旧债务并存时，确定债权是否得以实现，应以债务人是否按照约定全面履行自己义务为依据。若新债务届期不履行，致使以物抵债协议目的不能实现的，债权人有权请求债务人履行旧债务，且该请求权的行使并不以以物抵债协议无效、被撤销或者被解除为前提。参见最高人民法院（2016）最高法民终484号民事判决书。
[②] 司伟.债务清偿期届满后的以物抵债纠纷裁判若干疑难问题思考[J].法律适用，2017（17）：79-84.
[③] 我妻荣.我妻荣民法讲义Ⅳ：新订债权总论[M].王燚，译.北京：中国法制出版社，2008：319.
[④] 施建辉.以物抵债契约研究[J].南京大学学报（哲学·人文科学·社会科学），2014，51（6）：36-43，154.

法自治的范畴，故对于当事人有关新债清偿的约定，在司法实践中应将其作为无名合同，认可其法律效力，这一点不存在法律障碍。

那么，实践中应当如何区分当事人于债务清偿期届满后达成以物抵债协议，是属于债的更改还是新债清偿呢？债的更改属于"以合同变更债权的内容和性质"，债权人仅拥有新债权不拥有旧债权；而"为清偿的给付"属于将新的债权与旧的债权并列，新债权获得履行以后旧债权才消灭。如果债务人为清偿债权人的债权而向债权人承担新的债务，又没有在合同中明确属于债权的内容和性质变更，即没有明确新债权生效旧债权因被变更而消灭，会被推定为"为清偿的给付"。① 可见，新债清偿协议只是债权人和债务人之间就增加一种可选的清偿方式达成的合意，在新债清偿中，债务人负担的新债务系履行旧债务的一种方法，而非以新债务代替旧债务，故新债清偿成立后，新债务与旧债务处于并存状态，旧债务并不因新债务的成立而直接消灭，新债务履行完毕才会导致旧债务随之消灭。而债的更改则不同，新债务成立的同时，旧债务归于消灭，新债务是否得到履行与旧债务是否消灭之间并无关联。

基于两者的区别，在认定当事人于债务清偿期届满后达成的以物抵债协议的法律性质即新债务与旧债务之间的关系时，应秉承的基本原则如下。

首先，在当事人就旧债务是否于新债务成立时消灭已有明确约定时，应尊重当事人的意思自治。契约是当事人之间合意的结果，是当事人之间的法律。当事人有权按照自己的选择而决定订立或不订立契约、以何人为缔约当事人以及以何为内容而订立契约。② 契约在本质上就是当事人通过自由协商，决定其相互的权利义务关系，并根据其意志调整他们相互之间的关系。因此，只要契约不存在法律规定的无效情形，就应当根据当事人的约定对相应的法律关系的性质加以认定。如果当事人在以物抵债协议中存在协议生效时旧债消灭的意思，则属于债的更改；如果当事人在以物抵债协议中存在新债务履行完毕前旧债务并不消灭的意思，则该以物抵债协议就属于新债清偿。因此，在对以物抵债协议的性质作出认定时，切忌作一元化、一刀切式的处理，而应当根据当事人达成的合意区分对待。

其次，在当事人就旧债务是否于新债务成立时消灭未作约定或者约定不明时，还是应当探究当事人的真实意思。法院不是在把法律规定强加于当事人，而是在找出当事人自己选择的解决争议的办法。当合同约定不明确而需要解释时，法官不能根据自己的判断任意解释，而应以最符合当事人意思的方式进行解释。因此，债务人因履行旧债务出现困难而与债权人协商变更履行的过程实际上就是债权人基于实现债权的目的而与债务人博弈的过程，结合当事人就以物抵债进行磋商的过程中作出的意思表示，可以对当事人的真意加以推断。

最后，在证据不足以推定当事人是否就新债务成立时消灭旧债务达成合意时，应作出有利于债权人的解释。在基于合同形成的债权债务关系中，保护债权是基本立足点，这既源于合同应当全面履行的原则，又是诚实信用原则的基本要求。由于新债务成立时旧债务归于消灭，当新债务陷入给付不能时，债的更改可能对债权人造成不利。因此，

---

① 迪特尔·梅迪库斯. 德国债法总论[M]. 杜景林，卢谌，译. 北京：法律出版社，2004：221-222.
② 李永军. 合同法[M]. 北京：中国人民大学出版社，2005：28-29.

基于保护债权的理念，债的更改一般需要有当事人明确消灭旧债的合意，原则上不宜通过对所谓"抵偿""抵顶"等语义较为模糊的语词解释得出"消灭旧债"的结论。

在新债清偿情形下，新债与旧债并存，但是对于债务履行而言，债务人和债权人并无选择权。在安顺市万邦置业有限公司、湖南家和建设有限责任公司建设工程施工合同纠纷中，最高人民法院指出，在当事人没有约定旧债消灭之时，应当认定为新债清偿协议，即约定在不免除旧债的情况下债务人向债权人负担一项新债，于新债清偿时旧债一并消灭。除非当事人另有约定，对于履行新债或者旧债，债权人和债务人都没有选择权。新债应优先于旧债履行是基本原则，只有新债不能履行，新债清偿协议目的无法实现，或者存在其他导致新债清偿协议无效、应予撤销的情形下，才退回到旧债的履行。如果赋予债权人对于新、旧债的履行选择权，将导致债务人应予履行的债务内容陷入无法预期的状态，有违交易稳定性要求，不利于平衡债权人与债务人的利益。[1]

（二）抵销

1. 法定抵销

（1）条件

法定抵销须具备的要件是：①双方当事人必须互负债权、债务；②双方当事人所负债务的给付须是同一种类；③主张抵销的债务必须均届清偿期；④双方所负债务必须都属于可抵销的债务。具备上述条件时，双方当事人均取得抵销权，可以即时行使权利，也可以放弃权利。法定抵销条件可以分为积极条件和消极条件，根据《民法典》第五百六十八条第一款规定，积极条件方面，法律规定为当事人互负债务，该债务的标的物种类、品质相同的，任何一方可以将自己的债务与对方的到期债务抵销；消极条件方面，根据债务性质、按照当事人约定或者依照法律规定不得抵销的除外。[2]

（2）行使。根据《民法典》第五百六十八条第二款规定，行使抵销权必须通知对方，而且不得附条件或者附期限。

第一，当事人主张抵销的，应当通知对方。并且，通知自到达对方时抵销生效。法定抵销是指由法律规定两债权得以抵销的条件，当条件具备时，依当事人一方的意思表示即可发生抵销效力的抵销。这种通过单方意思表示即可产生抵销效力的权利是形成权。行使抵销权就是行使形成权，只要具备了法定的抵销条件，当事人一提出抵销的请求，抵销即发生法律效力。第二，抵销不得附条件或者附期限。抵销不得附条件，也不得附期限，原因是抵销附条件或者附期限会使抵销的效力变得不确定，既有违抵销的本意，又有害于他人的利益。[3]

原则上，在诉讼中也可以主张抵销。关于诉讼中通知的方式，提出抗辩即可还是必

---

[1] 参见最高人民法院（2020）最高法民再197号民事判决书。
[2]《民法典》第五百六十八条规定："当事人互负债务，该债务的标的物种类、品质相同的，任何一方可以将自己的债务与对方的到期债务抵销；但是，根据债务性质、按照当事人约定或者依照法律规定不得抵销的除外。当事人主张抵销的，应当通知对方。通知自到达对方时生效。抵销不得附条件或者附期限。"
[3] 杨立新. 中华人民共和国民法典释义与案例评注（合同编）（上）[M]. 北京：中国法制出版社，2020：338.

须提起反诉,司法实践中争议较大。有法院明确要求反诉,否则不予审理。在福建省青州造纸有限责任公司与福建省青山纸业股份有限公司股东占用公司资金纠纷案中,一审法院以抵销事项"与本案无关,属另一法律关系"为由不予审理。被告认为一审法院适用法律错误提起上诉,而原告辩称"上诉人在一审中从未依法提出任何反诉主张,应驳回上诉"。最终二审法院一锤定音:"因青州造纸公司在一审期间没有提出反诉,在二审期间提出此新的诉讼请求,本院不予审理。"①在陈锡寿、汲崇权与张德树、蒋咏梅等的合同纠纷中,法院以"原告对债权存在异议,被告主张抵销的债权法院无法直接确认存在"且"被告未提起反诉"为由,不支持抵销。②在紫云苗族布依族自治县人民政府(以下简称"紫县政府")、贵州紫云顺兴置业有限公司(以下简称"云顺兴公司")合同纠纷中,二审法院指出,本案是由紫云顺兴公司提起的关于合作开发收益分配问题的争议,紫云县政府并没有提起反诉,因此紫云县政府关于紫云顺兴公司应当承担的 9% 村预留地征用成本应予抵销等主张均不属于本案审理范畴,本院对此不予审理。③法官并未阐明抵销为何必须以反诉的方式提出,而是直接将未提起反诉作为不审理抵销的理由。可以推测,该法官内心或许采纳了较常见的理由——抵销事由与案件争议并非同一法律关系。

尽管大部分案件中,法院认为必须通过反诉的方式主张抵销,但仍有部分案件法官明确指出无须另诉或者反诉。例如,在安徽盛仁投资有限公司、伟基建设集团有限公司建设工程施工合同纠纷中,二审法院指出,首先,诉讼抵销并无明文规定,需要结合个案具体情况进行分析;其次,双方互负债务数额已经确定、明确,并且属于同一建设工程施工合同中发生的款项,标的物种类、品质相同,符合抵销的条件;最后,被告在诉讼中选择以抗辩的方式行使抵销权,符合法律规定抵销权行使的构成要件,无需以提起反诉的方式主张抵销。④又如,在山西智祥房地产开发有限公司(以下简称"智祥公司")、海天建设集团有限公司山西分公司、海天建设集团有限公司建设工程合同纠纷一案中,原告要求被告支付工程款,被告智祥公司以原告对被告尚有借款未偿还为由提出抵销。最高人民法院认为待偿借款起因于施工,并且和工程款一样,都是金钱债务,该两笔债务的标的种类、品质相同,不属于依照法律规定或者按照合同性质不得抵销的债务,遂支持借款在应付工程款中予以扣减。⑤该案中,法官并未对抵销是应当提起反诉还是主张抗辩进行分析,而是直接认可了通过抗辩方式主张抵销的做法。

为了消除上述争议,《九民纪要》第四十三条明确规定,抵销权既可以通知的方式行使,也可以提出抗辩或者提起反诉的方式行使。据此,抵销权的行使并非只有提起反诉这一种方式,通知或者提出抗辩均可以产生抵销的法律效果。虽然《九民纪要》不是法律或司法解释,但随着它的颁布实施,我们一定程度上可以避免"被告在一审期间未提出反诉,本院不予审理"的风险。但仍会有部分法院认为反诉是一种必要或更为稳妥的方式,《九民纪要》的颁布可能并不会使实践中"以反诉而非抗辩的方式行使抵销权更为

---

① 参见最高人民法院(2008)最高法民二终字第 49 号民事判决书。
② 参见最高人民法院(2014)最高法民二终字第 105 号民事判决书。
③ 参见最高人民法院(2016)最高法民终 440 号民事判决书。
④ 参见最高院(2017)最高法民终 518 号民事判决书。
⑤ 参见最高人民法院(2018)最高法民申 4540 号民事裁定书。

普遍"的现状改变。如果无法确认抵销权是否真实存在时更是如此，主要包括以下两种情况：①被告以受让于案外人的债权而向原告主张抵销的案件，而案外人无法参加诉讼或不愿提供相应的证明，或者是涉及到追加第三人变得更麻烦；②原告对抵销债权提出异议，否认其真实性，双方争议较大。在这些情况下，被告提供初步证据后，法院无法直接断定债权的成立，不愿在本诉中处理，转而要求其提起反诉，甚至另行起诉。

（3）诉讼时效。已经超过诉讼时效的债权能否行使法定抵销权的争议较大。支持和反对的声音都很高，反对依据主要是作为法定抵销权基础的债权已过诉讼时效，如果允许抵销相当于强迫债务人履行该债务，违背了诉讼时效的设立目的；支持者认为法定抵销权作为一种形成权不受诉讼时效的约束。两种主张都有一定的法律和理论依据。笔者支持不受诉讼时效的观点。在厦门源昌房地产开发有限公司与海南悦信集团有限公司委托合同纠纷案中，最高人民法院认为，作为形成权，抵销权的行使不受诉讼时效的限制，我国法律也没有对法定抵销权的行使设置除斥期间。在法定抵销权已经有效成立的情况下，如果抵销权的行使不存在不合理迟延之情形，综合实体公平及抵销权的担保功能等因素，人民法院应当认可抵销的效力。①

2. 约定抵销

约定抵销也叫合意抵销、意定抵销，是指当事人双方基于协议而实行的抵销。约定抵销重视的是债权人之间的意思自由，因而可以不受法律所规定的抵销构成要件的限制，只要当事人达成抵销合意，即可发生抵销效力。②之所以如此规定，是因为债权原本是属于债权人的私权，债权人有自由处分的权利，只要其处分行为不违背法律、法规与公序良俗，法律就无权干涉。当事人之间这种抵销的合意本质上是一种合同，因而其成立也应当依民法关于意思表示的一般规定和民法典合同编关于合同订立的规则进行。约定抵销的效力及与法定抵销的区别如下：①抵销的根据不同，一个是法律规定，另一个是当事人约定。②债务的性质要求不同，法定抵销要求当事人互负债务的种类、品种相同；合意抵销则允许当事人互负债务的种类、品种不同。snake债务的履行期限要求不同，法定抵销要求当事人的债务均已届清偿期；合意抵销则不受是否已届清偿期要求的限制。③抵销的程序不同，法定抵销以通知的方式为之，抵销自通知到达对方时生效；合意抵销以合同的方式为之，双方达成抵销协议时发生抵销的效力。③

（三）提存

1. 提存的条件

依据《民法典》第五百七十条规定，并不是只要出现法律明确列举的情形就可以采用提存的方式给付债务。所谓"有下列情形之一，难以履行债务的"，即使出现了法律

---

① 参见最高人民法院（2018）最高法民再51号民事判决书。
② 《民法典》第五百六十九条规定："当事人互负债务，标的物种类、品质不相同的，经协商一致，也可以抵销。"
③ 杨立新.中华人民共和国民法典释义与案例评注（合同编）（上）[M].北京：中国法制出版社，2020：340-341.

明确列举的情形，还必须同时满足难以履行债务这一条件，才允许提存。[①]

第一，债权人无正当理由拒绝受领。债权人拒绝债务人的履行债务，可以是基于正当理由，也可能是无正当理由。正当理由常见的有以下几个：债务人履行债务存在严重质量问题或者与合同的约定严重不符、债务人迟延履行债务而导致合同目的已经不能实现、合同已经被债权人依法解除或者依法为无效，还可以是债务人违反合同的约定履行时间而提前履行债务的情况。另外，不可抗力等法定理由也是正当理由。如果是基于正当理由拒绝受领，则可以提存。

第二，债权人下落不明。下落不明是一种连续失去音讯的状态。

第三，债权人死亡未确定继承人、遗产管理人，或者丧失民事行为能力未确定监护人。遗产管理人是《民法典》新增的制度。根据《民法典》第一千一百四十七条的规定，处理被继承人的债权债务是遗产管理人应当履行的重要职责。

第四，《民法典》中规定的适用提存的法律规定的其他情形。主要有以下几种：第三百九十条规定担保期间，担保财产毁损、灭失或者被征收等，被担保债权的履行期限未届满的，可以提存该保险金、赔偿金或者补偿金。第四百零六条规定抵押人能够证明抵押财产转让可能损害抵押权的，可以请求抵押人将转让所得的价款提存。第四百三十二条规定质权人的行为可能使质押财产毁损、灭失的，出质人可以请求质权人将质押财产提存。第四百三十三条规定因不可归责于质权人的事由可能使质押财产毁损或者价值明显减少，足以危害质权人权利的，质权人有权请求出质人提供相应的担保；出质人不提供的，质权人可以拍卖、变卖质押财产并将所得价款提存。第四百四十二条规定汇票等的兑现日期或者提货日期先于主债权到期的，质权人可以兑现或者提货，并与出质人协议将所得价款提存。第四百四十三条规定出质人转让基金份额、股权所得的价款，应当向质权人提前清偿债务或者提存。第四百四十五条规定出质人转让应收账款所得的价款，应当向质权人提前清偿债务或者提存。第五百二十九条规定债权人分立、合并或者变更住所没有通知债务人，致使履行债务发生困难的，债务人可以将标的物提存。第八百三十七条规定收货人不明或者收货人无正当理由拒绝受领货物的，承运人依法可以提存货物。第九百一十六条规定储存期限届满，存货人或者仓单持有人逾期不提取的，保管人可以提存仓储物。

2. 提存的方式

提存的方式就是将标的物交付给提存部门。[②] 如果存在《民法典》第五百七十条规定的标的物不适于提存或者提存费用过高的，债务人依法可以拍卖或者变卖标的物，提存所得的价款。标的物不适于提存的标的物是指不适于长期保管或者长期保管将损害价值的，如易腐烂、变质的物品，有危险性的物品，等等。提存费用过高一般指提存费与所

[①] 《民法典》第五百七十条规定："有下列情形之一，难以履行债务的，债务人可以将标的物提存：（一）债权人无正当理由拒绝受领；（二）债权人下落不明；（三）债权人死亡未确定继承人、遗产管理人，或者丧失民事行为能力未确定监护人；（四）法律规定的其他情形。标的物不适于提存或者提存费用过高的，债务人依法可以拍卖或者变卖标的物，提存所得的价款。"

[②] 《民法典》第五百七十条第二款规定："标的物不适于提存或者提存费用过高的，债务人依法可以拍卖或者变卖标的物，提存所得的价款。"第五百七十一条第一款规定："债务人将标的物或者将标的物依法拍卖、变卖所得价款交付提存部门时，提存成立。"

提存的标的物的价额不成比例。

3. 提存的通知

提存通知①是提存手续的最后一个步骤，其意义在于使债权人或者其继承人、监护人知悉提存的事实。一般来说，提存通知的义务应当由提存人承担，原因是提存人对债权人的情况更为熟悉。提存通知必须及时作出，所谓"及时"，是指债务人提存标的物后的合理时间。如果债务人怠为通知或者没有及时通知，给债权人造成损失的，提存人应当负损害赔偿责任。但是因债权人下落不明，无法通知到债权人的除外。

提存通知的内容是告知债权人有关债务标的物提存的详细情况，如提存物的名称、种类、数量，提存部门的名称、住所以及提存的时间，等等，并且提示债权人前往提存部门领取提存物。此外，债务人还应当在提存通知中附上提存证书的复印件。提存通知的方式一般应当采用书面形式。②

4. 提存的效力

（1）视为交付。根据《民法典》第五百七十一条第二款规定，提存成立仅仅视为债务人在其提存范围内已经交付标的物，而不是已经履行债务。是否已经履行债务是只有根据双方合同的内容或债权债务的内容才能确定的，不是提存可以确认的。

（2）风险与费用负担。《民法典》第五百七十三条规定："标的物提存后，毁损、灭失的风险由债权人承担。提存期间，标的物的孳息归债权人所有。提存费用由债权人负担。"

按照《民法典》第五百七十一条第二款，提存成立的，视为债务人在其提存的范围内已经交付标的物，提存的标的物的所有权归债权人享有。既然债权人是提存标的物的所有权人，所以应当承担标的物意外灭失的风险，损失由债权人承担。同样，既然提存的标的物属于债权人所有，则提存期间标的物的孳息，包括法定孳息和天然孳息，都归债权人所有。同时，提存标的物相当于债权人将自己所有的标的物交由提存机构保管。因此，提存的费用由债权人负担。③

（3）提存领取权。原则上，债权人有权领取提存物，但债权人未履行债务的情况除外。具体按如下规则执行。④

---

① 《民法典》第五百七十二条规定："标的物提存后，债务人应当及时通知债权人或者债权人的继承人、遗产管理人、监护人、财产代管人。"

② 《提存公证规则》第十八条对提存的通知作了更具有可操作性的规定："提存人应将提存事实及时通知提存受领人。以清偿为目的的提存或提存人通知有困难的，公证处应自提存之日起7日内，以书面形式通知提存受领人，告知其领取提存物的时间、地点、方法。提存受领人不清或下落不明，地址不详无法送达通知的，公证处应自提存之日起60日内以公告方式通知。公告刊登在国家或者债权人在国内住所地的法制报刊上，公告在一个月内在同一报刊上刊登三次。"

③ 杨立新. 中华人民共和国民法典释义与案例评注（合同编）（上）[M]. 北京：中国法制出版社，2020：352.

④ 《民法典》第五百七十四条规定："债权人可以随时领取提存物。但是，债权人对债务人负有到期债务的，在债权人未履行债务或者提供担保之前，提存部门根据债务人的要求应当拒绝其领取提存物。债权人领取提存物的权利，自提存之日起五年内不行使而消灭，提存物扣除提存费用后归国家所有。但是，债权人未履行对债务人的到期债务，或者债权人向提存部门书面表示放弃领取提存物权利的，债务人负担提存费用后有权取回提存物。"

第一，债权人领取提存物的权利。按照《民法典》第五百七十一条第二款，提存成立的，视为债务人在其提存的范围内已经交付标的物，提存的标的物的所有权归债权人享有，因此债权人可以随时领取提存物。

第二，债权人领取提存物的权利的消灭。债权人领取提存物的权利自提存之日起五年内不行使而消灭，提存物扣除提存费用后归国家所有。

第三，提存后债务人的保护。如果办理提存时债权人对债务人负有到期债务的，在债权人未履行债务或者提供担保之前，提存部门根据债务人的要求应当拒绝其领取提存物；如果债权人拒绝领取导致领取权利消灭，或者债权人向提存部门书面表示放弃领取提存物权利的，债务人负担提存费用后有权取回提存物。

（四）免除

免除是指债权人抛弃债权，从而全部或者部分消灭债的关系的法律行为。[①] 免除的意思表示必须清楚，而且是债权人的真实意思表示。[②] 免除是无因行为、无偿行为、不要式行为。免除应当具备的条件是如下：①免除的意思表示须向债务人为之，免除的意思表示在到达债务人或其代理人时生效。②债权人须对被免除的债权具有处分能力，如法律禁止抛弃的债权不得免除。③免除不得损害第三人利益，如已就债权设定质权的债权人不得免除债务人的债务而对抗质权人。免除的效力是使债的关系消灭。债务全部免除的，债的关系全部消灭；债务部分免除的，债的关系于免除的范围内部分消灭。主债务因免除而消灭的，从债务随之消灭。但从债务的免除不影响主债务的存在，但其他债务人不再负担该份债务。[③]

债权人作出免除的意思表示后，债务人可以拒绝。[④] 债务人拒绝债务免除的意思表示应当在合理期限之内为之，超出合理期限的，视为免除已经生效，消灭该债权债务关系。这是《民法典》新增加的内容，体现了对主体意志的尊重。当债权人表示免除债务时，债务人可能碍于尊严不方便明确表示，因此法律没有要求接受免除必须明确表示，而拒

---

① 《民法典》第五百七十五条规定："债权人免除债务人部分或者全部债务的，债权债务部分或者全部终止，但是债务人在合理期限内拒绝的除外。"

② 债务免除直接消灭合同关系，涉及债权人的切身利益，该意思表示应当系债权人的真实意思表示且必须向债务人明确作出。有时债权人仅仅在索要无果后赌气称"不要了"，若无其他行为印证且债权人事后起诉的，不认定债权人有免除债务的真实意思。参见山东省高级人民法院（2020）鲁08民终2897号民事判决书。

③ 杨立新.中华人民共和国民法典释义与案例评注（合同编）（上）[M].北京：中国法制出版社，2020：359.

④ 关于免除的性质有不同的学说，一种学说认为，免除是契约。理由是如下：债的关系是债权人与债务人之间特定的法律关系，不能仅依一方当事人的意思表示成立；债权人免除债务人的债务是一种恩惠，而恩惠不能滥施于人；债权人免除债务可能有其他动机和目的，为防止债权人滥用免除权损害债务人利益，免除应经债务人同意。另一种学说认为，免除是债权人抛弃债权的单方行为。理由如下：免除使债务人享受利益，因此没有必要征得同意；如果免除一定要债务人同意，债务人不同意的，等于限制了债权人对权利的处分。从《民法典》第五百七十五条规定看，应该采纳契约说。在此之前，《合同法》将免除规定为债权人抛弃债权的单方行为。之前也有判例指出，债权人免除债务是单方法律行为，仅需债权人一方的意思表示即可，无需债务人同意，债权人向债务人作出免除全部或部分债务的意思表示后，即消灭了原有的全部或部分债务。参见黑龙江省高级人民法院（2019）黑民申4010号民事裁定书。

绝免除则需要明确表示，并且要在合理期限之内提出。同样道理，有些债务人并不愿意接受免除，尤其是当免除背后带有复杂的利益考量时更是如此，当然应该给他们拒绝的机会。

（五）混同

混同是指债权和债务同归于一人，而使合同关系消灭的事实。发生债权债务混同的原因主要有概况承受和特定承受两类。合同关系要存在，必须有债权人和债务人，当事人双方混同，合同失去存在基础，自然应当终止。合同终止债权消灭，债权的从权利，如利息债权、违约金债权、担保债权同时消灭。但当债权是他人权利的标的时，为保护第三人的利益，债权不能因混同而消灭。例如，以债权出质为他人债务提供担保。如果允许混同，则第三人债权就丧失了质权。因此，法律将损害第三人利益的混同视为例外。[①]

二、终止的后果

（一）后合同义务

后合同义务是指合同的权利义务终止后，当事人依照法律的规定，遵循诚信原则和交易习惯应当履行的附随义务。[②]合同关系终止之后，债权债务即告消灭，当事人之间不再存在任何关系。不过，按照现代合同法观念，合同关系终止之后，当事人之间还存在一定的关系，这就是合同在后合同阶段的附随义务。后合同的附随义务仍将债的关系终止后的当事人连接在一起，按照附随义务的要求，将附随义务履行完毕，当事人之间债的关系才真正消灭。[③]

1. 主要内容

法定的后合同义务如下：①通知义务，即合同的权利义务终止后，应当通知对方，如提存后应当通知债权人。②协助义务，即合同的权利义务终止后，应当协助对方处理与原合同的有关事务。③保密义务，即当事人对在合同过程中知悉的对方当事人的商业秘密等应当予以保守。④旧物回收义务，这是体现绿色原则确定的后合同义务，对能够回收的旧物予以回收。[④]

除了法条明确列举的几种，后合同义务可能还包括其他类型。例如，照顾和保护义务。在合同关系终止后，当事人应当尽到一个诚实善意之人的注意义务，保护对方当事人

---

① 《民法典》第五百七十六条规定："债权和债务同归于一人的，债权债务终止，但是损害第三人利益的除外。"
② 为了尽量减少其弊端，适用后合同义务相关规定时需要注意：请求履行后合同义务者，应证明交易习惯上有相应类型的后合同义务；未经当事人请求，法院不得依职权判决他方当事人承担后合同责任。鉴于后合同义务无对价支持，在归责事由上可类推适用无偿合同的规定，以故意或重大过失为限；在期限上，后合同义务不应无期限存续，此时可类推适用关于竞业限制义务不得超过两年的规定，仅限于合同终止后两年内。李宇.后合同义务之检讨[J].中外法学，2019，31（5）：1270-1298.
③ 杨立新.中华人民共和国民法典释义与案例评注（合同编）（上）[M].北京：中国法制出版社，2020:307.
④ 《民法典》第五百五十八条规定："债权债务终止后，当事人应当遵循诚信等原则，根据交易习惯履行通知、协助、保密、旧物回收等义务。"

正当合法的权益。在具体的案件中,需要审判人员灵活地具体判断诚实善意之人的注意程度。

2. 损害赔偿

如果合同当事人因没有履行法定后合同义务而给对方造成损害,则应当赔偿。[1]例如,有判决认为,医院因限于自身医疗技术和设备条件选择让就诊的重症患者转院治疗时,虽然医院与患者终止了医疗服务合同关系,但是依然应当安排医护人员随行护送并采取必要的救助措施。因未尽后合同义务而导致患者遭受人身损害的,应当承担相应的赔偿责任。[2]

(二) 从权利消灭

从民事权利的相互关系上,权利可分为主权利与从权利。从权利是指附随于主权利的权利,不得脱离主权利而单独存在。担保物权中的抵押权、质权、保证以及附属于主债权的利息等都属于主权利的从权利。由于从权利是从主权利派生出来的,主权利无效时从权利也无效,从权利随主权利的消灭而消灭,正所谓"皮之不存,毛将焉附"。因此,债权债务终止时,债权的从权利同时消灭。如果法律另有规定,或者当事人另有约定,则依照法律规定和当事人约定,不予消灭。[3]

(三) 结算、清理条款效力

《民法典》第五百六十七条规定:"合同的权利义务关系终止,不影响合同中结算和清理条款的效力。"

合同是一种面向未来的法律关系,能否最终得到履行往往受到诸多情势的影响,当事人在订立合同之时都要面对合同不能得到履行的风险。为此,当事人可能会在合同中事先约定合同履行出现障碍时的结算和清理条款,从而固定交易风险,避免争议的发生。《民法典》第五百六十七条规定,合同关系终止后,结算和清理条款的效力依然存续,这有助于合同争议的解决,也符合双方的预期。[4]

1. 主要类型

《民法典》第五百六十七条规定的"合同中结算和清理条款"主要包括以下几类条款。

(1) 仲裁条款。《中华人民共和国仲裁法》第十九条规定:"仲裁协议独立存在,合同的变更、解除、终止或者无效,不影响仲裁协议的效力。"仲裁条款是仲裁协议的一种表现形式,是当事人在合同中约定的用仲裁方式解决双方争议的条款。我国对合同争议采取或仲裁或诉讼的制度,仲裁条款有排除诉讼管辖的效力。如果当事人在合同中订有

---

[1] 《全国法院贯彻实施民法典工作会议纪要》(法〔2021〕94号)第十条规定:"当事人一方违反民法典第五百五十八条规定的通知、协助、保密、旧物回收等义务,给对方当事人造成损失,对方当事人请求赔偿实际损失的,人民法院应当支持。"

[2] 魏建国,杨慧文.医院未尽后合同义务致患者损害应担责[N].人民法院报,2010-4-11(5).

[3] 《民法典》第五百五十九条规定:"债权债务终止时,债权的从权利同时消灭,但是法律另有规定或者当事人另有约定的除外。"

[4] 杨立新.中华人民共和国民法典释义与案例评注(合同编)(上)[M].北京:中国法制出版社,2020:337.

仲裁条款，则当事人在发生争议时，不能向人民法院提出诉讼。

（2）选择受诉法院的条款。依据《民事诉讼法》第三十四条规定，合同或者其他财产权益纠纷的当事人可以通过书面协议的方式选择管辖法院，选择被告住所地、合同签订地、合同履行地、标的物所在地、原告住所地等与争议有实际联系的地点的人民法院都是允许的，只要不违反级别管辖和专属管辖的相关规定即可。当事人选择受诉人民法院的条款，不受合同效力的影响。

（3）选择检验、鉴定机构的条款。当事人可以在合同中约定，若对标的物质量或技术的品种发生争议，在提交仲裁或者诉讼前，应当将标的物送交双方认可的机构或科研单位检验或鉴定。这种解决争议方法的约定出于双方自愿，不涉及合同的实体权利和义务，应当承认其效力。

（4）法律适用条款。《中华人民共和国涉外民事关系法律适用法》第四十一条规定："当事人可以协议选择合同适用的法律。当事人没有选择的，适用履行义务最能体现该合同特征的一方当事人经常居所地法律或者其他与该合同有最密切联系的法律。"当事人就法律适用条款所达成的协议的效力具有独立性，不受合同效力的影响。

2. 合同有效为前提

《民法典》第五百六十七条规定："合同的权利义务关系终止，不影响合同中结算和清理条款的效力。"如果合同已经生效，合同权利义务关系终止不影响结算和清理条款的效力；如果合同本身并未生效，则合同中结算和清理条款亦不具备法律效力。关于此点，司法判例有明确表述。

有判决指出，合同效力是对已经成立的合同是否具有合法性的评价，依法成立的合同，才可能对当事人具有法律约束力。合同成立之前，当然不存在合同效力的问题。《合同法》第五十七条关于"合同无效、被撤销或者终止的，不影响合同中独立存在的有关解决争议方法的条款的效力"的规定仅适用于已经成立的合同，"有关解决争议方法的条款"也应当是体现双方当事人真实意思表示且达成合意的真实存在。案件中《委托定向投资协议》没有当事人真实的签字盖章，在成立要件上存在重大瑕疵，不能认定存在有效的管辖条款。[1]

另有判决指出，《合同法》第九十八条关于"合同的权利义务终止，不影响合同中结算和清理条款的效力"的规定并不包括合同无效情形。因此，当事人一方关于合同虽无效而其中清算条款有效的主张缺乏法律依据。[2]

结合上述两个判例，可以认为，《民法典》第五百六十七条规定的"合同的权利义务关系终止，不影响合同中结算和清理条款的效力"是指结算和清理条款生效后，不因合同的权利义务关系终止而失去效力。

三、解除

首先需要强调，无效合同不存在解除问题，有效合同才能解除。在四川金核矿业公司（以下简称"金核公司"）与新疆临钢资源投资公司（以下简称"临钢公司"）特殊区

---

[1] 参见最高人民法院（2015）最高法民二终字第428号民事判决书。
[2] 参见最高人民法院（2020）最高法民申331号民事裁定书。

域合作勘查合同纠纷案中，最高人民法院指出，双方签订的《合作勘探开发协议》违反了《中华人民共和国自然保护区条例》的禁止性规定，继续履行将对自然环境和生态造成严重破坏，损害环境公共利益，因此应当认定无效。无效合同不存在解除问题，故对金核公司要求确认临钢公司解除《合作勘查开发协议》的行为无效的本诉请求，以及临钢公司要求判决解除《合作勘查开发协议》的反诉请求，均不予支持。[①] 对于有效合同，当事人必须遵循契约严守原则，不得擅自变更或者解除。[②]

（一）解除权的类型

1. 约定解除

传统上，通常认为事前的约定解除[③]和事后的协议解除存在差别，应当作为合同效力消灭的两种类型对待。[④] 但是，全国人民代表大会常务委员会法制工作委员会（以下简称"法工委"）的《民法典》释义及最高人民法院对《民法典》的理解与适用中，均将两者归于基于当事人合意约定的解除。[⑤]

（1）事前约定。根据《民法典》第五百六十二条规定，当事人可以在合同中约定解除合同的条件，但是，解除合同的约定必须具体明确，不能泛泛而谈，否则可能被视为约定不明，进而不能得到法院支持。例如，在四平九洲房地产开发有限责任公司、邝冶股权转让纠纷二审案中，最高人民法院指出，合同中类似"任何一方违约给对方造成损失的，另一方均有权解除合同"的约定泛化了作为合同约定解除条件的违约行为，将所有违约行为不加区分同质化，将造成解除合同过于随意，显著增加了合同被解除的风险，不利于交易安全和稳定。因此，此类约定虽然在形式上约定了合同解除的条件，但实际上是对解除条件约定不明，不能当然以此为由主张解除合同，而应当结合合同履行情况、违约程度等因素，从合理平衡双方当事人利益出发，慎重判断合同是否符合法定解除条件。[⑥]

第一，约定解除事由出现并不当然导致合同解除。约定解除权是一种实体权利，享有解除权的守约方可以选择解除合同，也可以选择放弃解除权并继续履行合同。约定解除权本身并不导致合同解除，只有在约定的解除事由出现时，享有解除权的一方通过行使解除权才能产生合同解除的效果。换言之，如果出现合同约定的解除事由，但解除权人并未行使解除权而继续履行合同或者接受对方履行，则合同依然有效。解除权人应当遵循《民法典》第五百六十四条、第五百六十五条关于解除权行使期限、解除权行使程序的规定行使解除权，才能摆脱原有合同关系的束缚，重新获得交易自由。

---

① 参见最高人民法院（2015）最高法民二终字第167号民事判决书。
② 《民法典》第一百三十六条规定："民事法律行为自成立时生效，但是法律另有规定或者当事人另有约定的除外。行为人非依法律规定或者未经对方同意，不得擅自变更或者解除民事法律行为。"
③ 《民法典》第五百六十二条规定："当事人协商一致，可以解除合同。当事人可以约定一方解除合同的事由。解除合同的事由发生时，解除权人可以解除合同。"
④ 参见王利明、杨立新、王轶、程啸.民法学（第六版）[M].北京：法律出版社 2020：718.
⑤ 黄薇.中华人民共和国民法典释义[M].北京：法律出版社，2020：1072页；最高人民法院民法典贯彻实施工作领导小组.中华人民共和国民法典合同编理解与适用[M].北京：人民法院出版社，2020：632.
⑥ 参见最高人民法院（2018）最高法民终863号民事判决书。

第二，约定解除不同于附条件解除。附条件解除，条件一旦成就，合同就自动解除；约定解除权解除，条件成就，仅产生解除权，合同并不自动解除，须有行使解除权的行为合同才解除。[①]最高人民法院认为，合同效力附条件是指当事人对合同效力的发生或者消灭施加一定限制，使其效力状态取决于将来的不确定性事实。附解除条件的合同自条件成就时自动失去效力。一般认为，合同所附解除条件是对合同所加的附款，通常与合同自身的内容以及合同的履行行为本身无关。合同约定的解除条件则是指当事人在合同中约定了解除合同的条件，合同的解除条件成就时，解除权人可以按照法律规定的程序和方式解除合同。[②]

第三，合同约定解除应受到必要限制。合同解除权制度的立法价值是相关主体之间的利益衡平，合同自由及意思自治的《合同法》原则往往会使人容易忽略对当事人事实上不平等状态的考量。同时，不仅要考量合同主体之间的利益衡平问题，还要考虑合同个人与社会之间的利益衡平，对约定解除权的行使进行必要的限制。例如，在北京京顺房地产有限责任公司与北京银座合智房地产开发有限公司建设用地使用权转让合同纠纷案中，最高人民法院认为，尽管合同的约定解除权优于法定解除，但不得滥用约定解除权，更不得违反法律的强制性规定。本案中，虽然银座公司逾期支付土地转让款已经构成违约，但是其支付的土地转让款已经达到合同总金额的98.1%，已经履行了绝大部分合同义务，如果因细微的履行瑕疵而解除合同，不利于维护合同的稳定性和交易安全。并且，银座公司已经将其兴建的蓝岸丽舍别墅区出售给诸多第三人，解除合同会损害第三人的合法权益，客观上已经不具备解除的条件。故对京顺公司关于解除合同的主张，不予支持。[③]

第四，合同约定解除必须遵循诚实信用原则。《九民纪要》第四十七条也规定，当事人依据合同约定的解除权诉请解除合同的，人民法院不仅要审查违约严重程度是否足以妨碍合同目的实现，还要根据诚实信用原则确定合同是否应当解除。如此规定无疑为合同约定解除权的行使套上了诚实信用原则的"枷锁"，并且对如何认定是否违反诚实信用原则做出了指引，即从违约方的违约程度是否显著轻微，以及违约行为是否影响守约方合同目的实现来进行考察。考察违约程度，就是要看违约方的过错程度是轻微过失、严重过失还是故意，以及违约行为的形态是轻微违约亦或是严重违约，是违反了主合同义务还是违反了附随义务，等等。如果违约方系轻微过失，且违约程度轻微，即便违约也不影响合同目的的实现，则不能轻易依据合同约定解除条件来认定解除合同。

根据最高人民法院民二庭的观点，人民法院在认定约定解除条件是否成就时，不能完全依据合同文本机械地确定合同是否解除，而应当根据诚实信用原则，综合考察以下三个方面的因素。一是要考察违约方的过错程度。尽管确定是否违约并不以过错为要件，但在认定约定的解除条件是否成就时，要考察违约方的过错程度是轻微过失、严重过失还是故意，如果仅为轻微过失，一般不宜认定解除合同条件成就。二是要考察违约行为形态。如果当事人在合同中约定"任何一方违约，对方就有权解除合同"，此时应当对

[①] 王利明，崔建远. 合同法新论总则[M]. 北京：中国政法大学出版社，2000：447.
[②] 参见最高人民法院（2012）最高法民申字第1542号民事裁定书.
[③] 参见最高人民法院（2010）最高法民一终字第121号民事判决书.

违约行为进行适当限制,避免合同因当事人的轻微违约行为而解除。如果约定的解除条件针对的是拒绝履行等重大违约行为,宜认定解除条件成就,如果约定的解除条件是针对随附义务,通常则不宜认定解除条件成就。三是要考察违约行为的后果。如果一方已经履行合同主要义务,违约方的违约程度显著轻微不影响合同目的的实现时,不能轻易根据合同约定认定合同解除条件已经成就。[①] 对于当事人在合同中约定一方或者双方享有任意解除权,除了委托合同等具有人身依赖关系的合同,其他类型的合同,原则上不应当允许当事人作出此类约定。否则,既容易造成社会资源浪费,又不符合当事人缔约的真实目的。[②]

除了诚实信用原则,也有案件中引用了公平原则对约定解除权进行限制。法院指出,承租人不按照合同约定的时间和金额支付租金,已经构成违约,出租人依约有权选择单方解除合同。但是承租人在未经出租人催缴的情况已经实际支付租金,且延期支付时间较短,考虑到双方缔结的租赁合同租期长达10年,出租人以承租人迟延支付租金2天和5天为由要求解除合同,对承租人过于苛刻。根据《合同法》第五条"当事人应当遵循公平原则确定各方的权利和义务"之规定,出租人不得解除租赁合同。[③]

(2)事后协商。协议解除,即合同成立并生效后,当事人双方协商一致解除原有的合同,解除协议的本质是当事人意思表示一致形成了一个新的合同关系。[④] 至于债务关系可以通过当事人间的协议予以解除,立法者认为这是不言自明的。[⑤]

协议解除作为合同自由制度的有机组成部分,即在不涉及第三人利益时,当事人有订立合同的自由,亦有解除合同的自由,其本质是以订立新合同的形式终止原有合同关系。如果合同双方均起诉请求解除合同,这也属于双方解除合同意思表示一致,可以解除合同,合同解除后一方反悔的,法院不予支持。[⑥]

[①] 最高人民法院案件中指出,在违约行为不影响守约方合同目的的实现的情况下,应对约定的合同解除权行使条件进行合理限缩,守约方不得解除合同。参见最高人民法院(2019)最高法民申6719号民事裁定书。

[②] 最高人民法院民事审判第二庭.《全国法院民商事审判工作会议纪要》理解与适用[M].北京:人民法院出版社,2019:314-315.

[③] 参见最高人民法院(2013)最高法民提字第202号民事判决书。

[④] 《民法典》第五百六十二条第一款规定:"当事人协商一致,可以解除合同。"

[⑤] 在普通法中,人们称这是解除合同的法律行为。通过合同而予以生效的合同规则由于解除合同而丧失其效力。卡尔·拉伦茨.德国民法通论[M].王晓晔,邵建东,程建英,等,译.北京:法律出版社,2003:764.

[⑥] 例如,在唐山鹏诚房地产开发公司(以下简称"鹏诚公司")与唐山中云房地产开发公司(以下简称"中云公司")房地产合作开发合同纠纷提审案中,最高人民法院再审认为,2004年11月23日,中云公司以鹏诚公司单方提出解除《合作协议》的行为违反诚实信用原则为由向河北省唐山市中级人民法院提起诉讼,请求解除双方当事人签订的《合作协议》。鹏诚公司提交的书面答辩状不仅明确表示同意解除,而且反诉的主要请求亦是解除《合作协议》。事实证明,双方当事人诉讼前与起诉和答辩阶段实施的一系列解除《合作协议》的行为意在告知对方终止履行《合作协议》约定的权利义务。中云公司解除《合作协议》的意思表示不但到达鹏诚公司,为鹏诚公司知晓无异议,而且,中云公司请求解除《合作协议》的主张与鹏诚公司认可与反诉请求解除《合作协议》的意思表示一致。依据《合同法》第九十三条"当事人协商一致,可以解除合同"之规定,应当认定《合作协议》已经双方当事人协商一致,达成了解除的一致意思表示。对于双方当事人协商一致解除协议的效力,依法应当确认。

协议解除与约定解除在司法适用中较为显著的区别有以下两点：一是协议解除不以解除权的存在为必要，当事人合意解除合同并非是行使解除权，而是以新的合意解除原有合意，有学者形象地称之为"以第二契约解除第一契约，使第一契约的效力溯及既往地消灭"。[1] 二是协议解除无需履行通知程序，不受解除权行使期限的限制，判断其行为效力的标准为《民法典》关于民事法律行为与合同效力的一般规定，具体包括意思表示真实、不违反法律法规的效力性强制规定、不违背公序良俗等。

司法实践中，可能存在当事人主张行使解除权但法院认定不存在解除权的情形，此时，如果另一方当事人同意解除合同，则法院会尊重当事人意思自治，以合意解除为据判决解除合同，进而化解"合同僵局"。例如，在上海景趣信息科技有限公司、陆家嘴国泰人寿保险有限责任公司（以下简称"国泰公司"）计算机软件开发合同纠纷一案中，最高人民法院认为，虽然国泰公司主张法定解除并不能成立，但是本案二审询问过程中，合同双方当事人均一致同意不再继续履行合同，上述意见应当可以视为双方当事人对解除合同形成了合意。结合涉案合同已经长期处于停滞状态的客观事实以及涉案合同的解除并不会影响第三人利益，本院对双方当事人在诉讼中形成的解除合同的合意予以确认，并以本判决作出之日作为涉案合同解除之日。[2] 原则上，双方协商解除合同，应当将解除合同后的问题一并处理。如果双方向对方发送的解除协议的通知均将对方承担违约责任作为解除合同的条件，则双方均向对方发送解除通知的行为不能视为双方就解除合同达成了合意。[3] 又如，在桂林市全兴房地产开发有限公司、中国银行股份有限公司桂林分行与桂林市全兴房地产开发有限公司、中国银行股份有限公司桂林分行房屋买卖合同纠纷案中，最高人民法院指出，合同协商解除成立的有效要件不仅要有消灭既存合同关系的内容，还要包括合同已经履行部分是否返还以及责任如何分担等结算和清理内容。[4]

（3）协议解除后的损害赔偿责任。如果合同因一方或者双方当事人的违约而协议解除，但解除协议中并未就合同解除后的责任分担予以明确约定，合同解除后当事人可以主张违约赔偿责任。

根据最高人民法院民法典贯彻实施工作领导小组主编的《中华人民共和国民法典合同编理解与适用》中的观点，赔偿损失请求权的放弃与当事人的权益休戚相关，应予明示，解除合同的合意中未就附带产生的赔偿损失问题作出约定，不能当然视为当事人放弃对赔偿损失主张权利。合同没有达到实质性违约的程度，但如果各方均一致同意解除合同，法律自无禁止必要，但解除的原因仍有可能是基于一方或者双方的违约，故即使双方在达成解除合同的合意时，没有就违约赔偿问题专门约定，也不宜认为当事人事后向法院或者仲裁机构提出的索赔主张，一概不应得到支持。特别是合同解除后，各方当事人还可能履行必要的财产返还义务，在返还与受领过程中不排除出现财产损失的情形，该情形并非不可预见，故即使在解除合同的合意中没有对该风险作出约定或者安排，也

---

[1] 崔建远.合同法（第六版）[M].北京：法律出版社，2016：191.
[2] 参见最高人民法院（2020）最高法知民终644号民事判决书。
[3] 参见最高人民法院（2019）最高法民申5698号民事判决书。
[4] 参见最高人民法院（2016）最高法民申213号民事判决书。

不能据此认为当事人已经当然放弃了由此产生的赔偿损失请求权。①

根据法工委释义中的观点，我国法律承认合同解除与损害赔偿并存，在协议解除合同的情况下，一方当事人因合同解除受到损失，如果获利一方不赔偿对方当事人因合同解除受到的损害，不符合公平原则。合同解除情形中的损失赔偿请求权是因合同解除之前的违约行为而发生的，并非因为合同解除才产生，损失赔偿的对象是因违约行为产生的损失；合同解除与赔偿损失都是违约的救济措施，但两者的目的与功能不同，可以同时采用。因此，在合同因违约而解除时，损失赔偿数额依据《民法典》第五百八十四条确定，包括合同履行后可以获得的利益。②

（4）与法定解除的关系。至于约定解除和法定解除两者之间的关系，法律没有规定。有学者指出，在约定的解除条件已经涵盖了全部解除条件的情况下，只要这些约定不违反法律、行政法规的强制性规范，约定的解除条件成就，法定解除条件就不再适用，这是奉行意思自治原则的当然结论。在约定的解除条件没有涵盖全部解除条件的情况下，在未涵盖的领域，法定解除条件仍有其适用余地，这是法律行为调整模式和法定调整模式相互衔接配合的当然要求，是法定解除制度立法宗旨的表现。③原因是依据合同自由原则，当事人订立有效合同后，原则上发生与其内容相同的效力，且当事人的合意具有优先于《合同法》任意性规范或推定条款的效力。即所谓有约定，适用合同的具体约定；没有约定或者约定不明确的，适用法律的任意性规范。④

按照上述观点，当事人完全可以通过意思自治排除法定解除权或者在合同中以约定的方式预先放弃法定解除权，如合同中"约定未经双方协商同意或者一方同意，任何一方均不得以任何理由解除合同"，此种约定是否足以排除当事人的法定解除权，或者说即使出现根本违约时，未经一方同意也不能依据《民法典》第五百六十三条的规定行使法定解除权。有学者认为，如果仅以法定解除权作为一项法定权利为由而不允许预先排除或者放弃，并非强有力的理由。实际上，《民法典》本身也有承认放弃权利的条款。例如，违约赔偿请求权作为法定权利也可以预先放弃，仅受到《民法典》第五百零六条的限制，即造成对方人身损害的、因故意或者重大过失造成对方财产损失的免责条款无效。换言之，在其他情况下，允许当事人放弃损害赔偿的权利。值得注意的是，法定解除权的预先放弃往往伴随着其他补偿性约定。因此，如果是当事人真实的意思表示，应当予以尊重，除非存在其他法定无效的情形。此外，法定解除权的完全放弃或者限制仅仅是量的区别而非质的区别，当事人完全可以约定仅在极为有限的情形下才可以行使解除权，进而达到与完全放弃法定解除权类似的结果。⑤

需要注意的是，对于当事人以约定方式排除或者预先放弃法定解除权，目前最高人民法院判例基本持否定态度。例如，在李某新、山西中通大盈速递有限公司特许经营合

---

① 最高人民法院民法典贯彻实施工作领导小组主编. 中华人民共和国民法典合同编理解与适用[M]. 北京：人民法院出版社，2020：633.
② 黄薇. 中华人民共和国民法典释义[M]. 北京：法律出版社，2020：1090-1091.
③ 崔建远. 合同解除的疑问与释答[J]. 法学，2005（9）：69-77.
④ 曾祥生，胡田. 法定解除权若干问题探析[J]. 江西社会科学，2009（8）：170-177.
⑤ 王利明. 中国民法典释评·合同编·通则[M]. 北京：中国人民大学出版社，2020：473-474.

同纠纷中，最高人民法院认为，涉案合同约定"未经特许人同意，被特许人不得擅自解除合同，或者以停止经营等方式停止履约合同义务"，是对于合同履约过程中双方如何协议解除合同的约定，该项约定并不能对抗或排除法定解除权的行使。① 又如，在新疆鹏程投资有限责任公司与新疆普瑞铭房地产开发有限责任公司及克拉玛依市广丞房地产经纪有限公司委托代理合同纠纷中，最高人民法院认为，《通讯花苑合作销售协议》虽然约定在代理期限内三方均不得单方面终止协议，但是合同解除权是法律赋予合同当事人的一项法定权利，该权利的行使不因合同当事人作出的排斥性约定而归于消灭。②

2. 法定解除

除了当事人约定解除合同，法律直接规定了几种可以解除合同的情形，主要包括不可抗力导致合同落空、预期违约、经催告的迟延履行以及根本违约。③

（1）因不可抗力致使不能实现合同目的。根据《民法典》第一百八十条的规定，不可抗力是指不能预见、不能避免且不能克服的客观情况。对于影响合同履行的不可抗力的具体情形，《民法典》没有予以明确规定。一般认为，不可抗力事件主要包括自然灾害、战争、社会异常事件、政府行为等。不可抗力事件对合同履行的影响程度不同，并非所有的不可抗力事件都会导致合同无法履行，或者合同目的无法实现，在不可抗力事件暂时性影响合同履行时，可以通过延期履行的方式实现合同目的，此时当事人不能行使法定解除权解除合同。需要注意，如果合同目的不能实现与不可抗力事件之间没有因果关系，也不能以不可抗力为由解除合同。④ 此外，如果当事人在订立合同时，以其承担的合理注意义务可以预见到的客观情况通常也不能认定为合同履行中的不可抗力事件。⑤

（2）预期违约。《民法典》第五百六十三条第一款第（二）项规定的情形，即在合同履行期限届满之前一方明确表示或者以自己的行为表明不履行主要债务，学理上通常称之为预期违约。当一方出现预期违约时，另一方可以要求解除合同，以终止当事人双方的权利义务关系。一方当事人以预期违约的方式不履行主要债务导致合同目的不能实现时，损害了债权人对债务人依约履行义务的合理信赖，如果守约方无法在合同履行期限届满前以解除合同等方式救济，将会造成损失扩大的后果及丧失更多交易机会，对债权

---

① 参见最高人民法院（2019）最高法民申5006号民事裁定书。
② 参见最高人民法院（2014）最高法民申字第30号民事裁定书。
③ 《民法典》第五百六十三条规定："有下列情形之一的，当事人可以解除合同：（一）因不可抗力致使不能实现合同目的；（二）在履行期限届满前，当事人一方明确表示或者以自己的行为表明不履行主要债务；（三）当事人一方迟延履行主要债务，经催告后在合理期限内仍未履行；（四）当事人一方迟延履行债务或者有其他违约行为致使不能实现合同目的；（五）法律规定的其他情形。以持续履行的债务为内容的不定期合同，当事人可以随时解除合同，但是应当在合理期限之前通知对方。"
④ 在陕西蜀丰建筑劳务有限公司（以下简称"蜀丰公司"）、陕西铭尚恒达房地产开发有限公司建设工程施工合同纠纷中，最高人民法院认为，虽然暴雨对工程施工造成了一定影响，但并未造成涉案工程损毁灭失等情形，其仍然具备继续施工条件，且之后张某某继续完成蜀丰公司未完工程内容，更进一步证实蜀丰公司能够继续施工以实现合同目的。参见最高人民法院（2020）最高法民申3513号民事裁定书。
⑤ 在三亚凯利投资有限公司（以下简称"凯利公司"）、张伟确认合同效力纠纷中，最高人民法院认为，凯利公司作为在海南省登记注册的专业房地产投资公司，海南省政府的关于房地产调控的"两个暂停"政策不属于凯利公司在签订该合同时无法预见的客观情况，现凯利公司主张相关政府政策调整构成不可抗力进而主张其应免责，依据不足。参见最高人民法院（2019）最高法民终960号民事判决书。

人明显不公平。故此，赋予债权人以法定解除权以实现公平原则及资源有效再配置。

司法实践中，一方当事人在履行期限届满前明确拒绝履行合同主要义务时，另一方当事人与第三人另行订立合同，属于防止损失扩大所采取的适当措施，并不构成违约。例如，在辽宁华润万家生活超市有限公司（以下简称"华润公司"）、丹东华美房地产开发有限公司（以下简称"华美公司"）租赁合同纠纷一案中，涉案《租赁合同》签订后，华美公司按照合同约定建设好租赁物业并经华润公司确认符合其经营要求，后来又同意华润公司延期开业要求并且减少租金。在完全不具备合同约定终止条件的情况下，华润公司向华美公司发送《终止租赁合同及相关补充协议的通知》，以市场经营环境变化为由通知解除租赁合同，拒不接收涉案租赁物业，明确表示拒绝履行合同，其行为已经构成根本违约。[①]

在预期违约的情形中，原则上只有当事人拒绝履行主给付义务时，守约方才享有法定解除权；在违约方拒绝履行从义务或者随附义务时，如果并未实质性影响合同目的，则不属于法定解除事由。应当注意的是，从义务有时会对合同目的的实现具有实质性影响，如在合同需经批准生效的情形中，一方不履行作为从义务的报批义务，将导致合同目的无法实现，此时守约方享有解除权。

预期违约包括明示违约与默示违约两种方式。明示违约是指当事人明确表示不履行主要债务，在认定明示违约是否构成根本违约时，要求当事人拒绝履行的意思表示必须明确、直接，不存在歧义。司法实践中主要表现为违约方向对方发出取消、终止或者解除合同的明确的意思表示，或者以声明的方式明确表示无法或者不能履行合同主要义务；同时，违约方的根本违约行为不存在法定或者约定的免责事由或者履行抗辩等正当理由。[②]对于默示违约是否构成根本违约，在司法实践的具体认定中存在一定的难度，需要从当事人具体的外在行为来判断其是否存在不履行主要债务的主观心理状态。一般认为，在默示违约的情形中，违约方对于不履行合同导致的损害结果有主观上的故意，即放任甚至希望损害结果的发生。因此，对于默示违约的认定，应当以当事人行为外在表征并结合其主观心理状态为标准。具体而言，如果当事人在履行期限届满前故意实施损害合同履行的行为，其拒绝履行合同的意图明显，即可认定其构成根本违约；如果债务人系暂时履行困难，但其主观上并无拒绝履行的故意，在采取积极行为后仍无法履行合同主要义务的，此时不宜判定其构成根本违约而要求解除合同。如果难以判定债务人是否存在拒绝履行主要债务的主观心理状态，可以通过催告、协商等方式识别债务人履行主要债务的主观意愿。

---

① 参见最高人民法院（2020）最高法民申 2309 号民事裁定书。
② 例如，在中国铝业股份有限公司重庆分公司（以下简称"中铝重庆公司"）、中国铝业股份有限公司（以下简称"中铝公司"）招标投标买卖合同纠纷案中，最高人民法院认为，中铝重庆分公司单方面发出函件，明确表示暂停收购，对暂停期限没有说明，且至今亦未恢复收购。结合中铝公司在《关于计提大额资产减值准备的公告》中明确表示由于市场变化原因导致停产，且已经为本案项目计提长期资产减值准备以及中铝重庆分公司已在厂内建设满足大部分生产需求的 4 台竖式石灰窑等事实，均可以充分说明在涉案交易履行期限届满之前，中铝重庆分公司已经明确表示且以自己的行为表明不履行向博达公司继续收购约定产品的义务，且不具有应归咎于博达公司原因的合理事由，构成预期违约。参见最高人民法院（2019）最高法民终 511 号民事判决书。

在负有先履行义务一方当事人行使不安抗辩权中止履行后，对方在合理期限内未恢复履行能力且未提供适当担保的，视为默示预期违约行为。[1]此时相对人在主张解除合同时，《民法典》第五百二十八条将规范援引指向了《民法典》第五百六十三条第一款第（二）项的规定，即应当援引预期违约法定解除权规范，在司法实践中不应再使用"不安抗辩权解除"的概念。[2]

（3）催告未果的迟延履行。《民法典》有多个条文涉及因催告未果的迟延履行而引起的合同解除。例如，第六百三十四条规定分期付款的买受人未支付到期价款的数额达到全部价款的五分之一，经催告后在合理期限内仍未支付到期价款的，出卖人可以解除合同。第七百二十二条规定承租人无正当理由未支付或者迟延支付租金的，出租人可以请求承租人在合理期限内支付；承租人逾期不支付的，出租人可以解除合同。第七百七十八条规定定作人不履行协助义务致使承揽工作不能完成的，承揽人可以催告定作人在合理期限内履行义务，并可以顺延履行期限；定作人逾期不履行的，承揽人可以解除合同。第八百零六条第二款规定发包人提供的主要建筑材料、建筑构配件和设备不符合强制性标准或者不履行协助义务，致使承包人无法施工，经催告后在合理期限内仍未履行相应义务的，承包人可以解除合同。涉及的条文众多，不一而足。

当事人根据这一法定条件行使法定解除权时，应当重点关注是否满足"主要债务""经催告"以及"在合理期限内仍未履行"三个条件。①当事人违反了双方对履行期限的约定，在履行期限届满时没有完全履行债务。债的履行分为定期履行与未定有履行期限两种情况。定有履行期限的，是指双方约定了履行期限的最后时间。未定有履行期限的，债权人随时可以要求债务人履行，但必须给债务人必要的准备时间，准备时间届满后，即视为履行期限届满。[3]②当事人迟延履行的是合同中约定的主要债务，如一方当事人在合同履行期限内已经履行了合同规定的主要债务，只是迟延履行了合同的次要债务，则只能要求迟延履行方承担违约责任，而不能因此解除合同，除非迟延履行合同的次要义务危害合同目的实现。③必须对迟延方进行催告。[4]所谓催告，是指债权人催促债务人及时履行合同债务的通知。催告必须采取书面形式，只有迟延方在另一方给予其

---

[1] 例如，在开封东京空分集团有限公司（以下简称"开封东京公司"）、白银有色集团股份有限公司（以下简称"白银公司"）买卖合同纠纷案中，开封东京公司明确表示无法融资贷款，白银公司委托律师事务所做出的尽职调查也证明开封东京公司不具备履约能力，白银公司发出《关于合同中止履行的函》，通知开封东京公司中止履行合同，并提供相应担保。最高人民法院认为，在开封东京公司未提供担保的情况下，白银公司有权以预期违约为由解除合同。参见最高人民法院（2018）最高法民终377号民事判决书。
[2] 王利明.中国民法典释评·合同编·通则[M].北京：中国人民大学出版社，2020：580-581.
[3] 履行期限对合同一方的重要程度既可以根据合同约定来确定，也可以在没有约定时，结合行业惯例、交易习惯、常理等进行综合判断，如季节性较强的产品，如果迟延履行，则必然影响商业销售，进而导致买受人合同目的的落空。在深圳市大兴华湖投资有限公司、深圳桂发工业开发有限公司（以下简称"桂发公司"）房屋拆迁安置补偿合同纠纷再审案中，虽然合同没有约定履行期限的重要性，但是，最高院结合行业惯例和一般常理认为："任何商业行为都具有时效性，在国家对城市房地产进行全面管控、房地产市场价格波动较大的背景下，取得4.8万平方米房产的时间节点对于桂发公司而言至关重要。"参见最高人民法院（2019）最高法民申2578号民事判决书。
[4] 在无证据证明迟延履行主要义务致使合同目的不能实现时，债权人未履行催告程序，不享有法定解除权。参见最高人民法院（2019）最高法民申1173号民事裁定书。

合理的履行期限内仍不履行合同主要债务的,另一方才可以行使其法定解除权。①如果债权人在催告通知中指定较短的宽限期间,要求债务人履行主要义务,应当根据合同类型、交易习惯并结合案件的实际情况,认定该期限是否为合理期限,如果有证据证明债务人在履行期间届满前已经准备随时履行交货义务,则较短的期限通常认为是合理的。②

催告未果的延迟履行情形下的合同解除通常是指这种延迟履行尚未引起合同目的无法实现;如果延迟履行已经造成合同目的无法实现,则可以适用《民法典》第五百六十三条第一款第(四)项"当事人一方迟延履行债务或者有其他违约行为致使不能实现合同目的"规定解除合同,无须催告。例如,在刘兴璞、北京海博远创软件科技有限公司计算机软件开发合同纠纷中,最高人民法院指出,当事人未在合同约定的履行期限内履行主要债务,如果履行期限在合同内容上具有特别重要意义,迟延履行将导致合同目的无法实现,则债权人无需催告即可行使法定解除权。③

违约方是否享有基于催告对方仍不履行而产生的合同解除权?司法判例给出了否定答案。在上海万顺房地产开发公司诉永新实业发展有限公司等合作开发协议纠纷案中,最高人民法院指出,催告对方履行的当事人应当是守约方,处于违约状态的当事人不享有基于催告对方仍不履行而产生的合同解除权。④

(4)违约行为致使不能实现合同目的。因迟延履行或者其他违约行为不能实现合同目的引起的合同解除的情形简称为根本违约。《民法典》中有大量相关条款。例如,第六百一十条规定因标的物不符合质量要求,致使不能实现合同目的的,买受人可以拒绝接受标的物或者解除合同。第七百二十九条规定因租赁物部分或者全部毁损、灭失,致使不能实现合同目的的,承租人可以解除合同。在审判实践中,判断是否构成根本违约要结合案件的具体案情进行分析和断定。要从双方签订合同的目的是否实现、迟延履行的程度以及合同解除后的法律后果等进行综合判定。特别是要考虑合同解除后的法律效果与社会效果的统一。⑤

"合同目的"分为两大类:一种是合同的"典型交易目的",也叫作"客观目的";另一种是合同的主观目的,主要是某些情况下的动机。⑥通常,合同动机不得作为合同目的,但是如果当事人在合同中明确将合同动机作为成交的基础,或者说作为合同条件,可以将此类合同动机作为合同目的。司法实践中应当注意的是,履行合同是否能实现盈利,仅为合同动机而并非合同目的,当事人不能仅以其盈利目的落空为由主张合同目的

---

① 付金联.判定合同解除案件的标准问题[J].法律适用,2005(5):52-54.
② 参见最高人民法院(2020)最高法民申4482号民事裁定书。
③ 参见最高人民法院(2020)最高法知民终335号民事判决书。
④ 参见最高人民法院(2003)最高法民一终字第47号民事判决书。
⑤ 付金联.判定合同解除案件的标准问题[J].法律适用,2005(5):52-54.
⑥ 此观点在司法判例中也有体现。例如,在张俭华、徐海英诉启东市取生置业有限公司房屋买卖合同纠纷案中,二审法院认为:"合同目的包括客观目的和主观目的,客观目的即典型交易目的,……可通过社会大众的普通认知标准予以判断。主观目的为某些特定情况下当事人的动机和本意。一般而言,《合同法》第九十四条第一款第四项中的合同目的不包括主观目的,但当事人将特定的主观目的作为合同的条件或成交的基础,则该特定的主观目的客观化,属于《合同法》第九十四条的规制范围。"

第六章 合同变更与终止

不能实现。[1]

违约部分的价值或金额所占合同总额的比例过小以及违约时间较短，往往不能被认定为无法实现合同目的。如果违约方逾期支付的价款仅仅是全部分期付款中的其中一期，且逾期时间短，逾期付款的违约行为不构成重大、根本性的违约，合同目的就不存在无法实现的情形。[2]违约行为的后果如果能得到补救，则意味着合同继续履行并没有实质性、根本性的障碍，因此也难说构成根本违约，从而主张"合同目的无法实现"进而要求解除合同。这一点也与《民法典》第五百八十二条[3]规定的立法精神相吻合。

"违约致使不能实现合同目的"作为法定解除的条件，要求违约行为与不能实现合同目的之间具有必然的因果关系。在湖南宏基实业开发有限公司（以下简称"宏基公司"）、衡阳市沐林房地产开发有限公司（以下简称"沐林公司"）建设用地使用权纠纷一案中，最高人民法院认为，宏基公司认为沐林公司逾期付款导致其利用土地转让款通过另行竞价取得新地块这一合同目的无法实现，因此有权解除合同。但是，从《土地置换协议书》约定看，宏基公司需要通过国土挂牌竞价的方式取得出让土地。显然，公开竞价这一交易方式存在较大不确定性，即使沐林公司如期支付转让款，宏基公司仍然可能竞拍失败。因此，宏基公司竞价取得新地块和沐林公司逾期付款之间并不存在必然的因果关系，宏基公司以沐林公司逾期付款为由请求解除合同的主张不能成立。[4]

总而言之，在判定合同解除时，要针对个案的不同情况，既要尊重当事人的选择，又必须考虑尽量消除因合同解除带来的消极后果。[5]合同解除的适用既要保护履约方的合法权益，要达到惩罚违约方的目的。[6]

（5）法律规定的其他情形。《民法典》有多个条文涉及合同解除的其他情形。例如，第五百三十三条规定的情势变更解除合同。第五百九十七条规定因出卖人未取得处分权致使标的物所有权不能转移的，买受人可以解除合同并请求出卖人承担违约责任。第六百七十三条规定借款人未按照约定的借款用途使用借款的，贷款人可以停止发放借款、提前收回借款或者解除合同。第七百一十一条规定承租人未按照约定的方法或者未

---

[1] 王利明.中国民法典释评·合同编·通则[M].北京：中国人民大学出版社，2020：474-475.
[2] 参见最高人民法院指导案例67号：汤长龙诉周士海股权转让纠纷案。
[3] 《民法典》第五百八十二条规定："履行不符合约定的，应当按照当事人的约定承担违约责任。对违约责任没有约定或者约定不明确，依据本法第五百一十条的规定仍不能确定的，受损害方根据标的的性质以及损失的大小，可以合理选择请求对方承担修理、重作、更换、退货、减少价款或者报酬等违约责任。"不难看出，在可以补救之时，一般通过采取补救措施解决问题。在满洲里市房地产综合开发有限责任公司商品房销售合同纠纷中，最高人民法院就以违约行为可以获得补救为由，未支持根本违约进而解除合同的主张。参见最高人民法院（2017）最高法民再117号民事判决书。
[4] 参见最高人民法院（2019）最高法民终1464号民事判决书。
[5] 构成合同主要内容的条款不能被单独解除。例如，在董明树与朱宪军、李文科股权转让合同纠纷上诉案中，最高人民法院认为，《"中天仕翔"全盘整合协议书》是一份由多方当事人参加的全面合作协议。朱宪军、李文科诉请解除《"中天仕翔"全盘整合协议书》的第1、3、5、8条，涵盖了全盘整合的总体目标、仕翔公司股权整合目标以及资金整合目标等，这些条款构成了《"中天仕翔"全盘整合协议书》的主要内容，如被单独解除将严重影响《"中天仕翔"全盘整合协议书》目的的实现，不利于仕翔公司和中天仕翔公司的经营和发展，也不利于维护已经发生的交易关系的稳定和公司股东的利益，因而不应被解除。
[6] 付金联.判定合同解除案件的标准问题[J].法律适用，2005（5）：52-54.

根据租赁物的性质使用租赁物,致使租赁物受到损失的,出租人可以解除合同并请求赔偿损失。第七百一十六条规定承租人未经出租人同意转租的,出租人可以解除合同。第七百七十二条第二款规定承揽人未经定作人同意将其承揽的主要工作交由第三人完成,定作人也可以解除合同。第八百零六条第一款规定承包人将建设工程转包、违法分包的,发包人可以解除合同。第八百五十七条规定作为技术开发合同标的的技术已经由他人公开,致使技术开发合同的履行没有意义的,当事人可以解除合同。

严格意义上,任意解除也属于法定解除,主要包括继续性不定期合同[1]、委托合同[2]、保险合同[3]、肖像权许可使用合同[4]、租赁合同[5]以及承揽合同[6]。相对而言,关于委托合同任意解除权的规定在司法实务中面临极大挑战。例如,委托事务接近完成,甚至受托人为履行委托事务专门设立了公司,从事委托合同约定的业务,受托人即将据此取得可观的合同利益,恰在此时,委托人援用该条规定主张解除合同,有的以其解除存在着不可归责于己的事由作为根据,拒绝承担损害赔偿责任;有的虽然寻觅不出不可归责于己的事由,从而承担损害赔偿责任,但因赔偿范围受到因果关系等因素的制约,赔偿数额远

---

[1] 根据《民法典》第五百六十三条第二款规定,以持续履行的债务为内容的不定期合同,当事人可以随时解除合同,但是应当在合理期限之前通知对方。与此相关,《民法典》第九百四十八条规定:"物业服务期限届满后,业主没有依法作出续聘或者另聘物业服务人的决定,物业服务人继续提供物业服务的,原物业服务合同继续有效,但是服务期限为不定期。当事人可以随时解除不定期物业服务合同,但是应当提前六十日书面通知对方。"第九百七十六条规定:"合伙人对合伙期限没有约定或者约定不明确,依据本法第五百一十条的规定仍不能确定的,视为不定期合伙。合伙期限届满,合伙人继续执行合伙事务,其他合伙人没有提出异议的,原合伙合同继续有效,但是合伙期限为不定期。合伙人可以随时解除不定期合伙合同,但是应当在合理期限之前通知其他合伙人。"第七百三十条规定:"当事人对租赁期限没有约定或者约定不明确,依据本法第五百一十条的规定仍不能确定的,视为不定期租赁;当事人可以随时解除合同,但是应当在合理期限之前通知对方。"

[2] 《民法典》第九百三十三条规定:"委托人或者受托人可以随时解除委托合同。因解除合同造成对方损失的,除不可归责于该当事人的事由外,无偿委托合同的解除方应当赔偿因解除时间不当造成的直接损失,有偿委托合同的解除方应当赔偿对方的直接损失和合同履行后可以获得的利益。"

[3] 《保险法》第十六条第一款规定:"订立保险合同,保险人就保险标的或者被保险人的有关情况提出询问的,投保人应当如实告知。投保人故意或者因重大过失未履行前款规定的如实告知义务,足以影响保险人决定是否同意承保或者提高保险费率的,保险人有权解除合同。"

[4] 《民法典》第一千零二十二条规定:"当事人对肖像许可使用期限没有约定或者约定不明确的,任何一方当事人可以随时解除肖像许可使用合同,但是应当在合理期限之前通知对方。"

[5] 《民法典》第七百一十一条规定:"承租人未按照约定的方法或者未根据租赁物的性质使用租赁物,致使租赁物受到损失的,出租人可以解除合同并请求赔偿损失。"第七百一十六条第二款规定:"承租人未经出租人同意转租的,出租人可以解除合同。"第七百二十二条规定:"承租人无正当理由未支付或者迟延支付租金的,出租人可以请求承租人在合理期限内支付;承租人逾期不支付的,出租人可以解除合同。"第七百三十一条规定:"租赁物危及承租人的安全或者健康的,即使承租人订立合同时明知该租赁物质量不合格,承租人仍然可以随时解除合同。"第七百五十三条规定:"承租人未经出租人同意,将租赁物转让、抵押、质押、投资入股或者以其他方式处分的,出租人可以解除融资租赁合同。"

[6] 《民法典》第七百七十八条规定:"承揽工作需要定作人协助的,定作人有协助的义务。定作人不履行协助义务致使承揽工作不能完成的,承揽人可以催告定作人在合理期限内履行义务,并可以顺延履行期限;定作人逾期不履行的,承揽人可以解除合同。"第七百七十二条规定:"承揽人将其承揽的主要工作交由第三人完成的,应当就该第三人完成的工作成果向定作人负责;未经定作人同意的,定作人也可以解除合同。"第七百八十七条规定:"定作人在承揽人完成工作前可以随时解除合同,造成承揽人损失的,应当赔偿损失。"

· 310 ·

远低于委托合同继续有效并实际履行给受托人带来的利益。例如,在上海盘起贸易有限公司诉盘起工业(大连)有限公司委托合同纠纷案中,最高人民法院认为,委托人或者受托人可以随时解除委托合同,属于法定解除权。虽然当事人行使法定解除权也应当承担民事责任,但是这种责任的性质、程度和后果绝不能等同于当事人故意违约时应当承担的违约责任。前者的责任范围仅限于给对方造成的直接损失,而不包括对方的预期利益。[1]

为了防止对方行使解除权危及合同预期利益,实践中当事人会采用约定方式对解除权进行限制。根据合同自由原则,应当允许当事人约定放弃任意解除权的行使。[2]还有学者认为应该区分无偿委托和有偿委托两种情形。在无偿委托的情形下,由于当事人之间法的约束力很弱,维系合同关系的只有当事人之间的信赖关系,一旦信赖关系破裂,就没有理由勉强维持合同关系,故在所有应当认为存在无偿委托的情形下,解除权抛弃特别约定无效。而在有偿委托的情形下,当事人之间除了信赖关系,还有其他利益关系存在,为了保护这种利益关系,当事人通过合意限制任意解除权,出于尊重意思自治,应当认为这种限制原则上是有效的,除非这种限制有违公序良俗,或出现了不得不解除合同的情形。[3]笔者赞成上述观点,认为有偿委托尤其是商业活动中的委托合同,应当允许当事人通过约定排除任意解除权的适用。

司法实践中,允许当事人通过约定对上述任意解除权的行使方式进行限制。例如,在江苏悦达卡特新能源有限公司等与富锋生物能源(泰兴)有限公司承揽合同纠纷案中,最高人民法院认为,根据《合同法》第二百六十八条,定作人享有法定任意解除权。《委托加工合同》第十一条第(三)项约定单方终止合同需要提前一个月书面通知,这是双方当事人对解除权行使方式的约定,与《合同法》第二百六十八条的规定并不矛盾。当事人仍然享有法定任意解除权,只是要受到讼争合同约定的解除权行使方式的约束。[4]

又如,在大连世达集团有限公司与大商股份有限公司合同纠纷案中,最高人民法院认为,当事人对解除条件作出特别约定以排除任意解除权的适用,是双方当事人对合同履行风险所作出的特殊安排,应认定有效。在说理部分,法院指出,法律规定委托合同双方当事人均可以行使任意解除权,主要是基于委托合同双方当事人存在人身信赖关系,一旦这种信赖关系破裂,合同便没有存续的必要,应允许当事人行使任意解除权。但是,在诸如本案这类商事委托合同的缔结过程中,是否存在人身信赖关系往往已经不是委托人选择受托人的主要考量因素,关注更多的可能是受托人的商誉及经营能力。与此同时,受托人为完成委托事务需要大量投入,为了防止对方行使任意解除权带来的不确定风险,故对解除条件作出特别约定以排除任意解除权的适用,这是双方当事人提前对合同履行风险所作出的特殊安排,体现了意思自治原则,并且也没有损害国家利益、社会公共利益以及第三人的合法利益。在此情况下,如果仍然允许委托人行使任意解除权,必然会

---

[1] 参见最高人民法院(2005)民二终字第143号民事判决书。
[2] 参见王利明.合同法研究(第3卷)[M].北京:中国人民大学出版社,2012:741.
[3] 崔建远,龙俊.委托合同的任意解除权及其限制——"上海盘起诉超工业案"判决的评释[J].法学研究,2008,13(6):73-86.
[4] 参见最高人民法院(2016)最高法民申994号民事裁定书。

给受托人带来重大损失,并且解除合同后受托人所能获得的损害赔偿往往与继续履行合同所能获得预期收益不相匹配,这一结果明显有悖公平原则。因此,鉴于商事委托合同的特殊性,如果双方当事人对合同解除权的行使作出特别约定,应当认定任意解除权已经被排除适用。①

3. 司法解除

关于违约方是否享有解除合同的权利,主要存在两种观点:①长期以来的主流观点认为,合同严守原则是合同法律效力的重要内容,当事人应当遵循诚信原则全面履行合同义务,在非金钱债务不能履行时,合同解除权只能是非违约方可以享有的救济方式,违约方无权解除合同;②如果违约方履约成本远高于守约方可以获得的履行利益,或者存在法律或者事实上履行不能,守约方坚持不解除合同而要求实际履行最终形成"合同僵局"时,如果其实际履行请求权的行使违反诚实信用与公平原则,造成合同双方利益严重失衡,为实现经济资源的重新配置、促进交易效率,可以允许违约方通过提起诉讼或者申请仲裁的方式请求解除合同。

《合同法》第一百一十条仅仅赋予违约方在法定情形下对守约方实际履行的抗辩权,但并未导致合同关系彻底消灭,故设置违约方诉请解除合同制度,由法院经过综合判断后决定违约方是否可以解除合同,有利于打破合同僵局,使双方当事人再获交易自由,实现实质正义。在《民法典》立法过程中曾几易其稿,出于淡化赋予违约方解除合同权的争议,立法最终将其表述为"人民法院或者仲裁机构可以根据当事人的请求终止合同权利义务关系"②。违约方申请人民法院或仲裁机构解除合同,而非是违约方可依通知直接解除合同;合同能否被最终解除,取决于人民法院或仲裁机构的审查和裁决结果。鉴于此等情形是否解除合同的判定权归于人民法院或仲裁机构,我们将这种解除类型称为司法解除。③

(1)构成要件。根据《民法典》第五百八十条规定,诉请司法解除都必须满足该情形"致使不能实现合同目的"。存有疑问的是,打破合同僵局中的"合同目的不能实现"与合同法定解除情形下的"合同目的不能实现",两者是否存在同一性,或者说是否应当采取一致的认定标准。

就合同法定解除情形中的合同目的不能实现而言,根据《民法典》第五百六十三条的规定,除了因不可抗力导致合同无法实际履行的情形,在预期违约与迟延履行构成根本违约时,即在履行期限届满前违约方的明示违约或者默示违约以及迟延履行经催告后在合理期限内仍未履行的,即可认定合同目的不能实现,此时无需审查违约方采取实际履行行为的可能性,或者说假定违约方实施履行行为仍有实现合同目的的可能性,守约方即可行使法定解除权解除合同。从《民法典》关于法定解除制度的立法目的看,其核

---

① 参见最高人民法院(2013)最高法民申字第2491号民事裁定书。
② 石佳友,高郦梅.违约方申请解除合同权:争议与回应[J].比较法研究,2019(6):36-52.
③ 《民法典》第五百八十条规定:"当事人一方不履行非金钱债务或者履行非金钱债务不符合约定的,对方可以请求履行,但是有下列情形之一的除外:(一)法律上或者事实上不能履行;(二)债务的标的不适于强制履行或者履行费用过高;(三)债权人在合理期限内未请求履行。有前款规定的除外情形之一,致使不能实现合同目的的,人民法院或者仲裁机构可以根据当事人的请求终止合同权利义务关系,但是不影响违约责任的承担。"

心在于赋予守约方对违约方根本违约行为的救济权,一方面为诚实守信的当事人提供一种终止合同的选择权,另一方面是对根本违约行为的一种"民法惩戒",其本质在于鼓励诚信履约,与合同严守原则并无冲突。因此,在合同法定解除的场合,通说认为,合同目的不能实现等同于根本违约。[1]

就合同僵局情形中的合同目的不能实现而言,《民法典》第五百八十条第二款其立法目的在于有效化解合同僵局,实现公平价值目标。一方面防止遵循合同严守原则对商业理性重大破坏引发的利益严重失衡,另一方面避免因合同僵局导致的经济资源的巨大浪费。无论是"法律上或者事实上不能履行",还是"债务的标的不适于强制履行或者履行费用过高",在此等情形履行合同都将导致资源浪费。[2]由于违约方解除合同问题在理论与实务中均存有争议,《民法典》第五百八十条第二款并未使用违约方解除合同这样的表述,并且规定了严格的适用条件。《九民纪要》第四十八条也开宗明义,首先将违约方不享有单方解除合同的权利作为一般原则予以确认。立法及司法文件的表述均体现了对违约方解除合同这一例外情形极为审慎的态度。因此,在合同僵局情形下认定合同目的能否实现应当不同于法定解除的情形,尤其是在违约方诉请解除合同的场合,不能仅仅因为合同形成僵局违约方拒绝履行主要合同义务,即认定合同目的不能实现。如果违约方不能证明其积极采取措施后仍不能促成合同全面履行的,此时不宜认定合同目的不能实现。[3]由此可见,合同僵局中的"合同目的不能实现"不仅包含合同目的不能实现这一最终结果,还包括违约人曾经为了实现合同目的而积极采取措施这一过程。

应当注意的是,司法实践中,法院出于秉持违约方一般不享有单方解除合同权利的谨慎态度,通常由违约方承担是否符合上述认定标准的举证责任。从实务操作的角度看,其一,违约方对自己实际履行需要额外支付的履行费用,举证相对容易,但是对于守约方的履行利益,即债权人在扣除成本后的收益,违约方一般很难获取守约方相应的财务数据。其二,关于违约方提供的采取其他补救措施的合理性、费用标准以及守约方获得替代履行的合理性与可能性,法院对证据的采信与认定在司法实践中亦是一个难点问题,需要在审判实践中逐渐完善相应的适用规则,实现裁判尺度的大致同一。[4]此外,履行费用并非仅限于金钱成本,还包括债务人的时间消耗以及劳务支出,在强制履行可能耗费较长时间造成经济资源长期处于闲置状态时,通常也是认定履行费用是否过高的因素。[5]

(2)限制条件。违约方诉请解除合同应当受到限制,《九民纪要》规定了违约方没有恶意违约、继续履行合同对违约方显失公平、守约方拒绝解除合同违背诚信原则三个必

---

[1] 最高人民法院民法典贯彻实施工作领导小组.中华人民共和国民法典合同编理解与适用[M].北京:人民法院出版社,2020:639.
[2] 石佳友,高郦梅.违约方申请解除合同权:争议与回应[J].比较法研究,2019(6):36-52.
[3] 参见最高人民法院(2020)最高法民再102号民事判决书。
[4] 黄薇.中华人民共和国民法典释义[M].北京:法律出版社,2020:1117.
[5] 最高人民法院民法典贯彻实施工作领导小组.中华人民共和国民法典合同编理解与适用[M].北京:人民法院出版社,2020:744.

备要件。①违约方不存在恶意违约这一条件,无疑是契约严守理念的要求,同时也是对效率违约的有力回击。但是,也不能完全排除即使违约方的违约当初是出于故意,但后来仍然可能符合违约方解除权行使条件的情形,仍然构成合同僵局。②"非恶意违约"要求债务人不能是积极地追求不履行,禁止当事人恶意毁弃合同,防止基于获得更大利益的目的而主动违约。但是,在具体的司法认定上,如何界定债务人的违约是否为"恶意",则十分复杂,原因是在债务人发生违约的情况下,实际上都具有不同程度的可归责性。在这样的语境下,如何去认定债务人的违约是否因"恶意"所致,有时候十分困难。例如,在债务人以行为默示违约的情况下,可能是其履行能力丧失的所谓"善意违约",也可能是另有算计的"恶意违约",从外部很难作出判断。③

(3) 解除程序。司法解除,程序上必须通过公力救济的方式,即只能通过向法院或者仲裁机构提起诉讼或仲裁的方式行使,使其成为一种具有诉权性质的形成权。换言之,违约方的解除权只能走司法解除的路径。将违约方解除权设计为司法解除的依据与意义在于以下两点:一方面,提起诉讼或者仲裁需要时间、金钱等相应的成本,且面临败诉的风险,违约方若欲通过此种途径解除合同,必然会慎重行事,这样可以起到过滤的作用,使那些并非真正陷入合同僵局的合同不会轻易进入解除合同的诉讼之中。另一方面,由于是陷入违约的当事人主动提起的诉讼,这会促使法院综合考虑各种因素,包括合同继续履行的可能性、违约方的过错程度、继续履行在经济上的合理性、若不解除合同可能会对双方尤其是违约方带来的实质性不利影响等,必须综合权衡进而作出判决。这也是为了消除长期以来人们关于赋予违约方以解除权会导致诸如道德风险、效率违约等不良后果的担心。④

采取司法解除制度赋予违约方请求法院解除合同的路径,在警惕行为人策略性选择和道德风险问题上具有明显优势。正如前文所述,违约方解除合同的请求能否实现需要借助裁判的力量,取决于法院的审查和权衡。在"请求法院解除合同"等程序性条件的约束下,考虑到诉讼时间和精力等成本以及败诉风险等因素,违约方不敢贸然申请解除合同。只有在合同真正陷入僵持状态,继续履行将导致履行成本过高和显失公平等情形下,违约方才会申请解除合同。因此,能够在实现合同解除经济效益的框架内有效防止解除权被一方当事人滥用,进而达到此项制度设计的最优激励和最优威慑效应。赋予违约方诉请法院打破合同僵局的权利,并不意味着损害守约方的利益,而是为了鼓励违约方积极承担支付损害赔偿的义务,具有"主动认错"的功能。⑤

---

① 《九民纪要》第四十八条规定:"违约方不享有单方解除合同的权利。但是,在一些长期性合同如房屋租赁合同履行过程中,双方形成合同僵局,一概不允许违约方通过起诉的方式解除合同,有时对双方都不利。在此前提下,符合下列条件,违约方起诉请求解除合同的,人民法院依法予以支持:(1)违约方不存在恶意违约的情形;(2)违约方继续履行合同,对其显失公平;(3)守约方拒绝解除合同,违反诚实信用原则。人民法院判决解除合同的,违约方本应当承担的违约责任不能因解除合同而减少或者免除。"
② 刘凯湘.民法典合同解除制度评析与完善建议[J].清华法学,2020,14(3):152-178.
③ 石佳友,高郦梅.违约方申请解除合同权:争议与回应[J].比较法研究,2019(6):36-52.
④ 刘凯湘.民法典合同解除制度评析与完善建议[J].清华法学,2020,14(3):152-178.
⑤ 石佳友,高郦梅.违约方申请解除合同权:争议与回应[J].比较法研究,2019(6):36-52.

法院或者仲裁机构在权衡是否裁决终止合同时，应当综合考虑合同不能履行的原因、债务人是否存在恶意违约、是否已经部分履行、是否因合同不终止遭受重大损失、债权人是否能够以较低的成本获得替代履行、债权人拒绝解除合同是否是为了获取不当利益而违反诚信原则、合同终止是否导致双方利益关系明显失衡等因素，根据诚实信用原则与公平原则予以裁决。司法实践中，应当注意对合同不能履行原因的考察，即分析不能履行的原因是否是一方当事人的违约行为所致，进而决定是否终止合同。比如，在甲乙古董花瓶与名画的互易交易中，甲在交付古董花瓶前因乙的过错行为使花瓶毁损，尽管此时甲交付古董花瓶构成了事实上的不能履行，但合同的不能履行是乙的过错行为所致，故不宜因乙的请求而终止合同，不能因此免除乙交付名画的义务。①

如果当事人仅起诉解除合同，法院是否可以一并处理合同解除后的责任承担？对此，最高人民法院民二庭的观点认为，为了有效化解社会矛盾、减少当事人诉累，对于不告不理原则不能机械理解，当事人诉请解除合同的，原则上应当一并处理合同解除后的责任承担等相关后果。比如，对于房屋租赁合同纠纷，一旦判决解除合同，应当对返还财产、腾退房屋等事宜一并处理，必要时应当及时组织当事人办理房屋交接手续，以妥善解决当事人纠纷，实现"案结事了"。②

（二）解除权的行使

对于解除权的行使问题，首先应当关注的是当事人是否具有解除权的问题。即具有解除权是行使解除权的基础和前提。例如，在上海万顺房地产开发公司诉永新实业发展有限公司等合作开发协议纠纷案中，最高人民法院指出，合同解除权的行使须以解除权成就为前提，解除行为应当符合法律规定的程序，否则不能引起合同解除的法律效果。③

1. 行使主体

（1）非违约方。第一，非违约方才有权解除合同。在海南金凯汽车工业有限公司与海南融元实业有限公司等合作开发房地产合同纠纷案中，最高人民法院认为，应对《合同法》第九十四条第（二）、（三）、（四）项进行限缩性解释，即应解释为违约方不享有合同解除权，而守约方才享有合同解除权。④ 在解巍与王吉财股权转让纠纷案中，最高人民法院认为，解除合同是法律赋予非违约方在对方违约情况下可以采取的救济措施，是否愿意继续受到合同约束的选择权在于非违约方。⑤ 在海南昌江鑫龙房地产开发有限公司与海南献林建筑安装工程有限公司建设工程施工合同纠纷案中，最高人民法院认为，法定解除权赋予了权利主体以单方意思表示干预法律关系的权利，为保护相对人免受不公平结果损害，法定解除权通常赋予守约方而非违约方。⑥

第二，违约人无权解除合同。在上海万顺房地产开发公司诉永新实业发展有限公司

---

① 黄薇.中华人民共和国民法典释义[M].北京：法律出版社，2020：1119.
② 最高人民法院民二庭.《全国法院民商事审判工作会议纪要》理解与适用[M].北京：人民法院出版社，2019：319.
③ 参见最高人民法院（2003）最高法民一终字第47号民事判决书。
④ 参见最高人民法院（2013）最高法民申字第1521号民事裁定书。
⑤ 参见最高人民法院（2015）最高法民二终字第392号民事判决书。
⑥ 参见最高人民法院（2017）最高法民申51号民事裁定书。

（以下简称"永新公司"）等合作开发协议纠纷案中，最高人民法院认为，由于合同解除制度之意旨在于将解除权赋予守约方，而永新公司发出"4.1"函仍然处于违约状态，因此其不能享有合同解除权。[1]在东京日进佳芭拉株式会社等与大连民翊荣子经贸有限公司合同纠纷案中，最高人民法院认为，作为违约方，依法不享有合同解除权。[2]

第三，基于前述两点，对于"一方违约导致合同无法履行的，合同终止"的协议条款，应作出有利于守约方的解读。在北京居然之家投资控股集团有限公司与被申请人马鞍山市煜凯丰房地产开发有限公司房屋租赁合同纠纷案中，最高人民法院认为，对"一方违约导致合同无法履行的，合同终止"条款，应当根据该条款的语境，结合诚实信用和鼓励交易等《合同法》基本原则，进行有利于守约方的体系解读，即在对方违约导致合同无法履行的情况下，守约方可以终止合同。绝不能解读为违约方可以通过严重违约导致合同无法履行的方式终止合同，否则有违交易初衷，将鼓励恶意违约行为，不利于经济秩序的稳定。[3]

（2）双方违约。在双方违约情形下，应当充分考虑双方履行合同义务的情况以及违约情况，综合权衡双方利益，合理确定解除权归属。例如，在兰州滩尖子永昶商贸有限责任公司等与爱之泰房地产开发有限公司合作开发房地产合同纠纷案中，最高人民法院指出，在双务合同中，无论是否在事前约定有合同解除条款，在双方违约情形下，如果一方当事人已经履行了大部分合同义务，尤其是合同目的已经基本实现时，认定合同解除权时必须综合考虑合同的履行情况等因素。如果另一方当事人解除合同会导致双方当事人利益的显著失衡，并且继续履行合同也不会影响当事人追究违约责任，则不宜认定其享有合同解除权。[4]如果违约并未严重到足以导致合同目的无法实现，一般不允许解除合同，这是司法实践中判定解除权问题时始终无法逾越的基本原则。该案的裁判要旨指出："在双务合同中，双方均存在违约的情况下，应根据合同义务分配情况、合同履行程度以及各方违约程度大小等综合因素，判断合同当事人是否享有解除权。"该判决虽然倾向于将合同解除权赋予已经履行了主要义务的承担方，但并非十分明确。这一判例透露出的信息是在双方都有违约行为的情形下，合同解除权归属何方有一定的张力和较大的弹性。[5]

（3）法院不得行使。第一，一般情况，法院不能依职权径行裁判解除合同。除适用情势变更裁判合同解除外，其他类型的合同解除都是当事人的行为，而非法院、仲裁机构的行为。因此，只有在解除权人行使解除权的情况下，法院、仲裁机构才有权审核解除权产生条件及行使条件是否具备，若具备则确认合同解除，若未具备则不认定合同已经解除。假如解除权人并未行使解除权，在诉讼或仲裁中也不行使解除权，而是请求法院或仲裁机构裁判合同解除，即使通过释明，解除权人也仍然坚持自己并不行使解除权，

---

[1] 参见最高人民法院（2003）最高法民一终字第47号民事判决书。
[2] 参见最高人民法院（2015）最高法民申字第2629号民事裁定书。
[3] 参见最高人民法院（2020）最高法民申6019号民事裁定书。
[4] 参见最高人民法院（2012）最高法民一终字第126号民事判决书。
[5] 最高人民法院办公厅.中华人民共和国最高人民法院公报（2015年卷）[M].北京：人民法院出版社，2016：398-405.

而是请求法院或仲裁机构裁判合同解除,那么,法院、仲裁机构无权依职权裁判合同解除,不发生合同解除的法律效力。[①]例如,在青岛市崂山区国土资源局与青岛南太置业有限公司国有土地使用权出让合同纠纷案中,最高人民法院认为,合同解除权是形成权,形成权的行使必须基于权利人的意思表示,并且于该意思表示在对方相对人了解或者到达对方相对人时发生效力。因此,《合同法》第九十六条第一款规定解除合同应当通知对方。根据"相同情况相同处理"的法律适用理念,当事人直接请求人民法院判决解除合同,应当理解为是当事人的一种意思表示方式,与以通知方式行使解除权并无本质的差别。换言之,如果当事人想要在诉讼中达成解除合同之目的,必须提出相应的诉讼请求,人民法院必须基于该诉讼请求作出相应裁判。如果当事人没有提出解除合同的诉讼请求,人民法院不能依职权径行裁判解除合同。[②]最高人民法院在另一案件中指出,根据有关法律规定精神,解除权在实体方面属于形成权,在程序方面则表现为形成之诉。形成权是权利人依单方意思表示使民事法律关系发生、变更、消灭的权利。形成权必须通过行使才能产生效力,否则虽然权利人享有权利,但法律关系不会发生任何变动。因此,在没有当事人依法提出解除合同的诉讼请求的情况下,人民法院不能依职权径行裁判解除合同。[③]

第二,在履行不能等特殊情况,法院可以直接判决解除合同。在违约方继续履行非金钱给付债务所需费用过高之情况下,即合同履行不能时,在当事人没有诉请解除合同的前提下,人民法院能否径行解除合同呢?在海南天富鹅业有限公司与琼中黎族苗族自治县农业科学研究所等租赁合同纠纷案中,最高人民法院认为,为了免去诉累,可以直接判决解除合同。案件中,一方当事人继续履约所需的代价超出其履约利益的数倍,明显属于《合同法》第一百一十条第(二)项所规定的非金钱债务履行费用过高的情形,对方当事人请求继续履行合同依法不能得到支持。这种情况下合同关系实际上处于终止状态,从合同不能再继续履行的意义上看,与解除合同的效果相当,并且守约方也提出了赔偿损失的请求。因此,为了彻底了结该合同项下纠纷,避免当事人通过另行诉讼宣告一项只具有形式意义的结论之诉累,即使当事人仅仅以抗辩的形式表达了实质上类似的意思,而并未明确地将解除合同作为一项请求提出,人民法院判决解除合同的,也可以视为是对驳回继续履行合同诉讼请求及解决违约责任之裁判内容的自然延伸,而不属于《民事诉讼法》第二百条第(十一)项规定的"超出诉讼请求"。[④]

2. 行使方式

即使享有解除权,行使解除权也应当符合法律规定。例如,在对方诉请继续履行合

[①] 崔建远.无权处分合同的效力、不安抗辩、解除及债务承担[J].法学研究,2013,35(6):73-87.
[②] 参见最高人民法院(2004)最高法民一终字第106号民事判决书。
[③] 参见最高人民法院(2004)最高法民一终字第106号民事判决书。
[④] 参见最高人民法院(2015)最高法民申字第1931号民事裁定书。

同后，被告发出解除合同通知不发生解除合同的效力。①法律规定，解除合同应当通知对方，对解除合同有异议的应当申请法院或者仲裁机构确认解除效力。②

（1）解除合同应当通知对方。合同解除是合同权利义务终止的重要方式之一，是对合同效力状态的根本性改变，在法律规定的合同解除方式中，包括当事人协商一致解除合同，解除权人行使解除权解除合同，须由当事人为相应的意思表示，旨在使各方当事人对合同效力状态是否发生根本性变化能够有明确的认识。是否行使合同解除权，以及依据何种事实和理由行使合同解除权，取决于当事人的意思自治。但无论如何，解除合同时必须通知对方当事人，否则不发生解除合同的效力。在广东达宝物业管理有限公司与广东中岱企业集团有限公司等股权转让合作纠纷案中，最高人民法院指出，合同生效后，如果一方当事人与第三人另行订立合同，并且在新合同中约定解除前述合同，或者约定前述合同自动失效。如果前述合同的当事人不承认合同解除的，则新合同中有关解除前述合同或前述合同自动失效的约定不能发生前述合同解除或失效的效果。并且，前后两个合同分属不同的法律关系，人民法院不得并案审理。③

只要解除权人通过一定形式向对方表达了解除合同的意思且该意思表示为对方所知悉，即可发生解除合同的效力。在佛山市顺德区德胜电厂有限公司与广东南华石油有限公司、广东省石油企业集团燃料油有限公司买卖合同纠纷案中，最高人民法院指出，在实践中，解除合同的通知并非只有书面形式，行使解除权的关键在于解除权人是否向对方当事人表达了解除合同的意思表示。只要解除权人通过某种途径向对方当事人表达了解除合同的意思，并且对方当事人也确实知悉了该意思表示，即可发生解除合同的效力。通知并不一定非要采取书面文字的方式，更不需要对方当事人的同意。④

（2）通知到达时合同解除。第一，通知到达。在深圳富山宝实业有限公司与深圳市福星股份合作公司、深圳市宝安区福永物业发展总公司、深圳市金安城投资发展有限公司等合作开发房地产合同纠纷案中，最高人民法院指出，合同解除通知送到对方当事人之时即发生合同解除的效力，送达时间的推迟，只能产生合同解除起始时间的相应顺延，不会导致通知送达后不发生法律效力的问题。⑤

---

① 在四川京龙建设集团有限公司与简阳三岔湖旅游快速通道投资有限公司等及成都星展置业顾问有限公司等股权转让纠纷案中，最高人民法院指出，合同当事人因合同履行情况发生争议，起诉到人民法院后，对于该合同的效力及履行情况，应当由人民法院依法作出认定。主张合同已解除的一方在诉讼期间发出解除合同通知的行为，并不能改变诉讼前已经确定的合同效力及履行状态。当事人在诉讼过程中行使合同解除权，以对抗合同相对方要求其继续履行合同的诉讼请求，有违诚信原则，且与人民法院行使的审判权相冲突，故其在诉讼程序中实施的该行为不能产生解除合同的法律效力。参见最高人民法院（2013）最高法民二终字第54号民事判决书。

② 《民法典》第五百六十五条规定："当事人一方依法主张解除合同的，应当通知对方。合同自通知到达对方时解除；通知载明债务人在一定期限内不履行债务则合同自动解除，债务人在该期限内未履行债务的，合同自通知载明的期限届满时解除。对方对解除合同有异议的，任何一方当事人均可以请求人民法院或者仲裁机构确认解除行为的效力。当事人一方未通知对方，直接以提起诉讼或者申请仲裁的方式依法主张解除合同，人民法院或者仲裁机构确认该主张的，合同自起诉状副本或者仲裁申请书副本送达对方时解除。"

③ 参见最高人民法院（2010）最高法民提字第153号民事判决书。

④ 参见最高人民法院（2006）最高法民二终字第200号民事判决书。

⑤ 参见最高人民法院（2010）最高法民一终字第45号民事判决书。

第二，通知载明时限。解除合同的通知中可以附加一个宽限期，如果违约方在宽限期内履行合同，则不发生解除效力；如果宽限期经过债务人仍然未履行合同，则自宽限期满时合同解除。[①] 如此规定，主要是为了给予违约人一个纠错的机会，尽量维系合同效力以促进交易。

第三，以起诉方式通知。考虑到合同解除通知到达对方后，对方有异议的，需要请求人民法院或者仲裁机构确认解除行为的效力。为了避免程序上的繁琐，有些当事人干脆直接启动司法程序解除合同。如果司法机关最终确认，则从起诉状副本或者仲裁申请书副本送达对方当事人时合同解除。[②] 如此规定，主要原因在于，解除权之行使应向他方当事人以意思表示为之，其方式如何，则非所问，不论于审判外或审判上，又不论为明示或默示均无不可。[③] 实际上，在《民法典》颁布之前，司法实践中已经有判例采纳了上述观点。例如，在福州浩航船务有限公司（以下简称"浩航公司"）与浙江七里港船业有限公司（以下简称"七里港公司"）船舶建造合同纠纷再审案中，最高人民法院认为，浩航公司依法诉请解除合同，理据正当充分。法院于2009年12月23日向七里港公司送达起诉状副本，即起到通知解除合同的效果。[④]

第四，合同解除的具体时点。在另一方对解除有异议，并且以诉讼或仲裁提出异议的情况下，合同从何时起解除则存在不同观点。我们认为，如果人民法院或者仲裁机构最终认定解除异议不能成立，则合同应从发出解除通知达到之日起解除，人民法院或者仲裁机构只是在对方对合同是否解除有争议的情况下对合同是否解除进行确认而已，并不改变合同解除的具体时间。如果发出解除通知的一方确实享有合同解除权的，则合同从解除通知达到另一方当事人起就已经解除。享有解除权的一方当事人并未通过发送通知等方式解除合同，而是直接提起诉讼，则从起诉状副本送达对方之日其解除。如果享有解除权的一方既未发出解除通知，亦未提起诉讼请求解除合同，但约定解除或法定解除条件已经成就，或者合同已经丧失继续履行条件，双方在诉讼中明确表示不再履行合同的，可以认为双方对合同的解除达成了合意，人民法院可以综合案件具体情况，认定从达成解除协议之日起或者判决作出之日起合同解除。[⑤]

（3）通知解除的前提是有解除权。当事人行使合同解除权的前提，应当是享有约定解除权或法定解除权。[⑥] 如果发出通知的一方当事人没有合同解除权，则解除合同的通知

[①] 《民法典》第五百六十五条规定："通知载明债务人在一定期限内不履行债务则合同自动解除，债务人在该期限内未履行债务的，合同自通知载明的期限届满时解除。"

[②] 《民法典》第五百六十五条第二款规定："当事人一方未通知对方，直接以提起诉讼或者申请仲裁的方式依法主张解除合同，人民法院或者仲裁机构确认该主张的，合同自起诉状副本或者仲裁申请书副本送达对方时解除。"

[③] 郑玉波.民法债编总论[M].北京：中国政法大学出版社，2004：333.

[④] 参见最高人民法院（2013）最高法民提字第71号民事判决书。

[⑤] 参见最高人民法院民二庭第7次法官会议纪要。

[⑥] 《最高人民法院研究室对〈关于适用《中华人民共和国合同法》若干问题的解释（二）〉第二十四条理解与适用的请示的答复》（法研〔2013〕79号）称，当事人根据《合同法》第九十六条的规定通知对方要求解除合同的，必须具备《合同法》第九十三条或者第九十四条规定的条件，才能发生解除合同的法律效力。

并不能产生解除合同的效力，对方当事人收到通知后根本不需要在异议期内提起诉讼或者仲裁。①司法实践中，如果没有解除合同的权利而擅自向对方当事人发送解除合同的通知并拒不履行合同，自己可能被认定为违约。在九江雅格泰大酒店（以下简称"雅格泰公司"）诉九江世惠科技公司（以下简称"世惠公司"）、江西金誉酒店管理公司房屋租赁合同纠纷再审案中，最高人民法院认为，雅格泰公司不应在未与世惠公司充分沟通协商且法定和约定的合同解除条件均未成就的情形下向世惠公司发送解除合同的通知，要求解除合同。雅格泰公司在不具备合同解除权的情形下单方提出解除合同，违反了《合同法》第八条"当事人应当按照约定履行自己的义务，不得擅自变更或解除合同"的规定，构成违约。②

3. 行使期限

解除权受除斥期间限制，必须在规定期间行使。③如果法律规定或者当事人约定了解除权行使期限，则必须在该期限内行使；如果法律没有规定或者当事人没有约定解除权行使期限，自解除权人知道或者应当知道解除事由之日起一年内行使④，或者经对方催告后在合理期限内行使。这是因为，若权利人长期不行使解除权，会影响当事人双方权利义务关系的稳定，进而影响交易安全，故应对解除权的行使设置一定的时限限制。⑤

至于法条规定的"合理期限"，现行法律并无统一的适用标准。合理期限是一个相对模糊且不确定的时间概念，该期限究竟应设定为多长时间，不能一概而论，而应取决于个案中具体情况。⑥在最高人民法院审理的一个案件中，要求解除权人应当基于诚实信用原则在合理期限内行使。⑦诚实信用原则重视利益平衡，要求像对待自己利益一般对待他人利益，这说明行使解除权不得过分延迟以至于给他人利益造成不正当的减损。

---

① 《九民纪要》第四十六条规定："审判实践中，部分人民法院对合同法司法解释（二）第24条的理解存在偏差，认为不论发出解除通知的一方有无解除权，只要另一方未在异议期限内以起诉方式提出异议，就判令解除合同，这不符合合同法关于合同解除权行使的有关规定。对该条的准确理解是，只有享有法定或者约定解除权的当事人才能以通知方式解除合同。不享有解除权的一方向另一方发出解除通知，另一方即便未在异议期限内提起诉讼，也不发生合同解除的效果。人民法院在审理案件时，应当审查发出解除通知的一方是否享有约定或者法定的解除权来决定合同应否解除，不能仅以受通知一方在约定或者法定的异议期限届满内未起诉这一事实就认定合同已经解除。"
② 参见最高人民法院（2017）最高法民再227号民事判决书。
③ 《民法典》第五百六十四条规定："法律规定或者当事人约定解除权行使期限，期限届满当事人不行使的，该权利消灭。法律没有规定或者当事人没有约定解除权行使期限，自解除权人知道或者应当知道解除事由之日起一年内不行使，或者经对方催告后在合理期限内不行使的，该权利消灭。"
④ 就相对人未进行催告情形下的解除权人行使解除权的期限问题，最高人民法院民一庭认为：参照最高人民法院《关于审理商品房买卖合同纠纷案件适用法律若干问题的解释》第十五条第二款的规定，对于房屋买卖合同纠纷，对方当事人没有催告的，解除权应当在解除权发生之日起1年内行使。逾期未行使的，解除权消灭，但法律另有规定或者当事人另有约定的除外。
⑤ 杨立新. 中华人民共和国民法典释义与案例评注（合同编）（上）[M]. 北京：中国法制出版社，2020：312.
⑥ 最高人民法院民法典贯彻实施工作领导小组. 中华人民共和国民法典合同编理解与适用（一）[M]. 北京：人民法院出版社，2020：650-651.
⑦ 参见最高人民法院（2020）最高法民终199号民事判决书。

4. 异议

按照《民法典》第五百六十五条规定，对方当事人对解除合同有异议的，任何一方当事人均可以请求人民法院或者仲裁机构确认解除行为的效力。合同解除权属于形成权，其行使并不需要对方当事人的同意。合同一旦解除，合同权利义务即终止，对双方当事人权利义务影响甚大。有鉴于此，构建了合同解除异议制度，赋予了相对人异议权以便制约和抗衡解除权，避免解除权滥用而导致非解除权一方当事人遭受不当损失，充分平衡双方当事人的利益。

根据上述法条，任何一方当事人都可以提出异议，异议的方式是请求人民法院或者仲裁机构确认解除行为的效力。对"请求人民法院或者仲裁机构确认解除行为的效力"不能作过于狭隘的理解，诉请继续履行合同的，往往也被认为具有相同效力。[1] 至于异议的期限，[2] 法条并未明确规定，按理应当在合理期限之内提出。

存有疑问的是，对于不向司法机关提出的异议和超期提出的异议，法院是否需要进行实质审查？无论对方是否提出异议，合同是否解除最终依赖于是否存在解除权。因此，只要提出异议，法院往往会审查是否存在解除权。例如，在王茂斌与山东冠宇路桥建设工程有限公司（以下简称"冠宇公司"）等股权转让纠纷案中，冠宇公司及时提出了异议，但并未向法院起诉。对此，最高人民法院也对王茂斌的合同解除效力进行了实质上审查。[3] 在广州市润力房地产开发有限公司（以下简称"润力公司"）与广州气体厂有限公司（以下简称"气体厂公司"）等房屋买卖合同纠纷案中，最高人民法院再次明确了需要进行实质审查之观点。该案中，对气体厂公司2012年6月26日发出的解约通知，润力公司在法定期限内没有行使异议权，没有依法提起诉讼或仲裁，后在2014年4月才向法院起诉要求确认解除行为无效并要求对方继续履行合同。最高人民法院认为，润力公司诉请确认气体厂公司解除行为无效，人民法院应当对气体厂公司向润力公司发出解除通知是否具备法定条件进行实质审查。通知解除合同的，必须具备《合同法》第九十三条或者第九十四条规定的条件。气体厂公司并无约定或法定的解除权，其解除行为并不发生法律效力。[4]

从最高人民法院的上述案件看，即使另一方当事人逾期行使异议权，人民法院也应对一方当事人向另一方所发出的解除合同行为是否具备法律规定的条件进行实质审查。

---

[1] 例如，在中国再生资源开发有限公司与无锡焦化有限公司、无锡城市发展集团有限公司买卖合同纠纷案中，最高人民法院指出，《合同法》第九十六条规定"当事人一方依照本法第九十三条第二款、第九十四条之规定主张解除合同的，应当通知对方。合同自解除通知到达对方时解除。对方有异议的，可以请求人民法院或仲裁机构确认解除合同的效力"。该条对就解除通知有异议的当事人的救济方式的规定为"可以"，即赋予其"可以"通过请求人民法院或者仲裁机构确认解除合同的效力的方式来救济，而未采用"必须"，即并未限定此为唯一的救济方式。对方以诉请继续履行合同的方式否定解除通知、解除效力进行救济，并不违反该条规定。参见最高人民法院（2012）最高法民二终字第116号民事判决书。

[2] 《最高人民法院关于适用〈中华人民共和国合同法〉若干问题的解释（二）》第二十四条规定："当事人对合同法第九十六条、第九十九条规定的合同解除或者债务抵销虽有异议，但在约定的异议期限届满后才提出异议并向人民法院起诉的，人民法院不予支持；当事人没有约定异议期间，在解除合同或者债务抵销通知到达之日起三个月以后才向人民法院起诉的，人民法院不予支持。"

[3] 参见最高人民法院（2014）最高法民申字第703号民事裁定书。

[4] 参见最高人民法院（2016）最高法民申3375号民事裁定书。

若不对是否具有合同解除权进行实体审理，可能赋予无解除权的合同一方当事人不当解除合同的权利，这有违公平正义原则。还有可能会导致本不享有解除权或不具备解除权行使条件的当事人一方，利用相对人不懂法律或者疏忽大意，恶意发出"解除通知"，一旦对方的异议不符合要求，就发生"合同解除"的效果，从而逃避本应履行的合同义务。

（三）解除的效力

1. 溯及力

解除效力是指合同之债解除后所产生的法律后果。合同解除的直接法律后果，是使合同关系消灭，合同不再履行。并且，既然合同解除后合同效力归于消灭，则合同解除后当事人再申请确认该合同效力的，缺乏诉的利益，法院会依法驳回起诉。[1]解除之前的债权债务关系应当如何处理，涉及解除的溯及力问题。如果合同解除具有溯及力，则对解除之前已经履行的部分，就要发生恢复原状的法律后果；如果合同解除不具有溯及力，则解除之前所为的履行仍然有效存在，当事人无须恢复原状。从《民法典》规定看，合同解除是否具有溯及力，依赖于合同履行情况和合同性质。[2]根据合同的履行情况和合同性质，能够恢复原状，当事人又予以请求的，则可以恢复原状。如果根据履行情况和合同性质是不可能恢复原状的，即使当事人请求，也不可能恢复原状。例如，租赁、借贷、委托、中介、运输等合同都是不能恢复原状的。[3]

2. 违约损害赔偿

合同符合约定解除条件，享有解除权的一方行使解除权的同时，仍有权要求对方赔偿损失。[4]同时，合同因违约解除的，才涉及违约责任问题。如果合同解除并非基于当事人违约，则不存在违约责任问题。例如，在长春泰恒房屋开发有限公司、长春市规划和自然资源局建设用地使用权纠纷案中，最高人民法院认为，如果由于国家法律、法规及政策出台导致合同不能履行，并且一方当事人缔约目的无法实现，该方当事人请求法院判决解除合同的，本院予以支持；在此情况下，鉴于双方当事人对于合同不能履行及一方当事人缔约目的不能实现均无过错，对当事人提出赔偿损失的诉讼请求，本院不予支持。[5]

合同解除情形的违约责任是否包含预期利益，争议较大。有学者认为不应支持，合同的解除不应超出合同解除效力所应达到的范围。由于合同解除的效力是使合同恢复到订立前的状态，而可得利益只有在合同完全履行时才有可能产生。既然守约人选择了合同解除，就说明不愿意继续履行合同，就不应该得到合同在完全履行情况下所应得到的利益。而且，合同解除后的损害赔偿足以保护债权人利益，解除合同本身也是一种对违

---

[1] 参见最高人民法院（2020）最高法民申5311号民事裁定书。
[2] 《民法典》第五百六十六条第一款规定："合同解除后，尚未履行的，终止履行；已经履行的，根据履行情况和合同性质，当事人可以请求恢复原状或者采取其他补救措施，并有权请求赔偿损失。"
[3] 杨立新.中华人民共和国民法典释义与案例评注（合同编）（上）[M].北京：中国法制出版社，2020：333.
[4] 参见最高人民法院（2011）最高法民一终字第47号民事判决书。
[5] 参见最高人民法院（2019）最高法民再246号民事裁定书。

约方的制裁。① 在广汉市三星堆汽车客运服务有限责任公司与广汉市人民政府投资合同纠纷上诉案中,最高人民法院认为,合同解除以后合同预期可得利益不属于赔偿范围。②

也有学者认为应该支持,合同解除时,只是使合同债务向将来消灭,使双方当事人从将来的债务中解放出来。解除合同后的恢复原状只不过单纯地是在本来的给付方面的归还,并没有涵盖履行利益。因此,出于对解除权人的周全保护,应当包括履行利益赔偿(并不限于信赖利益赔偿)。③ 也有判例指出,如果解除合同时守约方已履行完毕合同义务,则其应该得到合同权益或者相当于合同权益的利益。④ 在因违约方违约导致合同解除的情况下,如果将损害赔偿范围限制在违约造成的实际损失,不将可得预期利益纳入其中,显然将会在一定程度上鼓励甚至纵容违约行为的发生,亦不符合《合同法》关于赔偿可得预期利益的立法初衷。因而,可以并且应当将可得利益纳入合同解除后的损失赔偿范围,但应以不超过违约方在订立合同时预见或应当预见违反合同可能造成的损失为限。⑤

从《民法典》第五百六十六条第二款规定来看,合同因违约而解除的,解除权人可以要求对方承担违约责任。⑥ 至于违约责任的范围,当然应当按照《民法典》第五百八十四条规定⑦进行确认,包括合同履行利益。当然,在计算预期利益赔偿时需要充分考虑合同履行状况。此外还需注意,上述法律中规定有"但是当事人另有约定的除外",说明允许当事人通过约定排除合同履行利益赔偿。此外,为了更好保护债权人利益,除非另有约定,担保人对合同解除后债务人的责任须继续承担担保责任。⑧

3. 违约金条款继续有效

合同终止不会影响结算和清算条款效力,⑨ 但是,违约金条款是否属于结算和清理条款,存有疑问。按照2009年《最高人民法院关于当前形势下审理民商事合同纠纷案件若干问题的指导意见》,合同解除后违约金条款效力可以按《合同法》第八条处理。⑩ 而《合

---

① 王利明.合同法研究(第2卷)[M].北京:中国人民大学出版社,2003:305,307.需要说明的是,王利明教授在《合同法研究》(第2卷修订版)中改变了上述看法,认为合同解除的赔偿范围应当包括预期利益。
② 参见最高人民法院(2009)最高法民二终字第37号民事判决书。
③ 韩世远.合同法总论[M].北京:法律出版社,2011:538-540.
④ 参见最高人民法院(2015)最高法民提字第162号民事判决书。
⑤ 参见最高人民法院(2018)最高法民申2258号民事裁定书。
⑥ 《民法典》第五百六十六条第二款规定:"合同因违约解除的,解除权人可以请求违约方承担违约责任,但是当事人另有约定的除外。"
⑦ 《民法典》第五百八十四条规定:"当事人一方不履行合同义务或者履行合同义务不符合约定,造成对方损失的,损失赔偿额应当相当于因违约所造成的损失,包括合同履行后可以获得的利益;但是,不得超过违约一方订立合同时预见到或者应当预见到的因违约可能造成的损失。"
⑧ 《民法典》第五百六十六条第三款规定:"主合同解除后,担保人对债务人应当承担的民事责任仍应当承担担保责任,但是担保合同另有约定的除外。"
⑨ 《民法典》第五百六十七条规定:"合同的权利义务关系终止,不影响合同中结算和清理条款的效力。"
⑩ 《最高人民法院关于当前形势下审理民商事合同纠纷案件若干问题的指导意见》(法发〔2009〕40号)第八条规定:"合同解除后,当事人主张违约金条款继续有效的,人民法院可以根据合同法第九十八条的规定进行处理。"

同法》第九十八条规定,合同权利义务终止,不影响合同中结算和清理条款的效力。该指导意见变相肯定了违约金条款属于"合同中结算和清理条款",且不因合同解除而失效。此后,2012年出台的《最高人民法院关于审理买卖合同纠纷案件适用法律问题的解释》则明确提出,违约金条款在合同解除后可以继续适用。①

关于合同解除后违约金条款是否继续有效的问题,存在争议,有观点认为违约金条款无效,以广西泳臣房地产开发有限公司与广西桂冠电力股份有限公司房屋买卖合同纠纷案为代表。该案中,最高人民法院认为,合同解除的法律效果是使合同关系归于消灭,解除合同的后果,违约方的责任承担方式也不表现为支付违约金。因此,对桂冠公司要求支付违约金的主张,本院亦不予支持。②有观点认为违约金条款有效,以广汉市三星堆汽车客运服务有限责任公司(以下简称"三星堆客运公司")与广汉市人民政府投资合同纠纷上诉案为代表。该案中,最高人民法院认为,双方在订立合同中约定的违约金可以视为对损失赔偿的预定,故一审法院在判决第四项根据双方合同约定的违约金对三星堆客运公司所受的损失作了裁判,该判项符合《合同法》第九十七条的规定,本院予以维持。③在邯郸市博地房地产开发有限公司与西安飞机工业装饰装修工程股份有限公司装饰装修合同纠纷案中,最高人民法院隐含的判决思路为合同解除不影响违约金赔偿。④在中国航空港建设总公司(以下简称"航空港公司")与新疆中通客车有限公司建设工程施工合同纠纷案中,最高人民法院明确提出,航空港公司称合同解除后不再支付违约金的主张没有法律依据,即使合同解除了,仍应承担相应的违约责任。⑤

尽管存在争议,但合同解除后违约金条款继续有效始终是主流观点。⑥在《最高人民法院公报》案例层面,尚有如下一些涉及合同解除与违约金关系的案例:①新宇公司诉冯玉梅商铺买卖合同纠纷案(《中华人民共和国最高人民法院公报》2006年第6期);②重庆索特盐化股份有限公司与重庆新万基房地产开发有限公司土地使用权转让合同纠纷案(《中华人民共和国最高人民法院公报》2009年第4期);③广州市仙源房地产股份有限公司与广东中大中鑫投资策划有限公司、广州远兴房产有限公司、中国投资集团国际理财有限公司股权转让纠纷案(《中华人民共和国最高人民法院公报》2010年第8期);④陈全、皮治勇诉重庆碧波房地产开发有限公司、夏昌均、重庆奥康置业有限公司合同纠纷案(《中华人民共和国最高人民法院公报》2010年第10期);⑤天津市天益工贸有限公司与天津

---

① 《最高人民法院关于审理买卖合同纠纷案件适用法律问题的解释》第二十六条规定:"买卖合同因违约而解除后,守约方主张继续适用违约金条款的,人民法院应予支持;但约定的违约金过分高于造成的损失的,人民法院可以参照合同法第一百一十四条第二款的规定处理。"据此,违约金条款和合同的解除可以并存。
② 参见最高人民法院(2009)最高法民一终字第23号民事判决书。
③ 参见最高人民法院(2009)最高法民二终字第37号民事判决书。
④ 参见最高人民法院(2017)最高法民申975号民事裁定书。
⑤ 参见最高人民法院(2016)最高法民申165号民事裁定书。
⑥ 大多数学者认为,因一方当事人的违约导致合同解除时,合同中违约金条款继续有效,对方当事人可以要求支付违约金。王利明.合同法研究(第2卷)[M].北京:中国人民大学出版社,2003:701;韩世远.合同法学[M].北京:高等教育出版社,2010:348;崔建远.合同法[M].北京:法律出版社,2010:351;柳经纬.债法总论[M].北京:北京师范大学出版社,2011:287.

市滨海商贸大世界有限公司等财产权属纠纷再审案(《中华人民共和国最高人民法院公报》2013年第10期)。上述案例的判决重点虽然不是合同解除与违约金的关系问题,但是都肯定了合同解除时守约方可以根据合同约定的违约金条款主张违约金责任。在此基础上,《九民纪要》对上述做法进行了肯定,明确支持合同解除后违约金条款继续有效的观点。[1]

(四)解除权的消灭

1. 过期

当事人行使解除权将导致合同效力消灭,对合同相对人利益造成重大影响。在解除权人行使解除权之前,合同将面临非常大的不确定性,让对方当事人的下一步行动受到很大制约。为了尽快让法律关系变得确定,法律规定合同解除必须在规定期限内行使,否则权利消灭,当事人不得再行主张。[2]

2. 放弃

在合同约定的解除条件成就后,解除权人应当就解除合同还是继续履行合同择其一行使。如果解除权人要求对方当事人继续履行合同,应当视为其以自己的行为放弃了合同解除权,该解除权消灭。在四川京龙建设集团有限公司(以下简称"京龙公司")等与深圳市合众万家房地产投资顾问有限公司等股权确认纠纷上诉案中,最高人民法院认为,简阳三岔湖旅游快速通道投资有限公司、刘贵良在享有合同解除权的情况下没有行使合同解除权,反而接受京龙公司逾期支付的价款并且没有提出异议,这是以行为表示其仍然愿意接受《股权转让协议》及其《补充协议》的约束。[3] 又如,在顾明、汪有恒、江苏瑞豪置业有限公司与盐城市大丰区人民政府、盐城市大丰区国土资源局建设用地使用权出让合同纠纷案中,最高人民法院指出,只有解除权人对债务人依据合同约定全面履行给付义务的行为予以受领的,才构成对解除权的放弃。[4] 与此类似,如果合同一方当事人的行为表明其放弃行使合同解除权,并且与对方当事人就合同继续履行达成了新的约定,

---

[1] 《九民纪要》第四十九条规定:"合同解除时,一方依据合同中有关违约金、约定损害赔偿的计算方法、定金责任等违约责任条款的约定,请求另一方承担违约责任的,人民法院依法予以支持。双务合同解除时人民法院的释明问题,参照本纪要第三十六条的相关规定处理。"
[2] 《民法典》第五百六十四条规定:"法律规定或者当事人约定解除权行使期限,期限届满当事人不行使的,该权利消灭。法律没有规定或者当事人没有约定解除权行使期限,自解除权人知道或者应当知道解除事由之日起一年内不行使,或者经对方催告后在合理期限内不行使的,该权利消灭。"
[3] 参见最高人民法院(2013)最高法民二终字第29号民事判决书。
[4] 参见最高人民法院(2016)最高法民终822号民事判决书。

则当事人不得再行请求解除合同。[①] 当然，除法律有明确规定或者当事人之间有明确约定外，不得仅以单纯的沉默去推定解除权人已经放弃了解除权。

需要注意，如果当事人将法定解除事由约定为免责事项，不能因此认为当事人放弃了解除权。成都市青蒲小城镇建设投资有限公司（以下简称"小城投公司"）与被申请人成都蒲江中天置地实业有限公司（以下简称"中天公司"）合同纠纷一案，小城投公司与中天公司在投资合同中约定："报建报批所涉的所有行政许可及相关手续未能办理导致无法实施建设，不视为甲乙任何一方违约。"《备忘录》也载明："中天公司未取得这些文件前若未按投资合同履行义务，不构成违约，小城投公司无权追究中天公司违约责任。"由于中天公司未能办理完毕约定项目文件，致使建设项目有严重逾期之虞，小城投公司要求解除案涉合同。最高人民法院指出，合同解除与违约责任是两项不同制度。合同法定解除与违约救济具有不同的法律性质，前者系形成权，后者为请求权；两者构成要件和法律后果虽然存在一定的交叉和关联，但分别由不同的法律条文加以规定。当事人对违约阻却事由和免除违约责任作出特别约定，并不能当然解释为合同当事人一方放弃法定解除权或者构成法定解除权行使的阻却事由。[②]

[①] 在至尊塑胶（南京）有限公司（以下简称"至尊公司"）与江苏高淳经济开发区开发总公司（以下简称"开发总公司"）合同纠纷再审案中，最高人民法院认为，关于至尊公司提出的因开发总公司迟延付款故本案所涉协议书应予解除的主张。开发总公司确实存在迟延履行付款义务的行为，经至尊公司催告后，在其自身承诺的最后付款期限内亦没有付清款项，构成违约，至尊公司据此享有解除合同的权利。但是从本案查明事实看，至尊公司并没有针对开发总公司的违约行为行使合同解除权，通知开发总公司解除合同。相反，至尊公司委托代理人韩凤翔明确告知开发总公司"要么付款，要么返还资产"，在开发总公司告知韩凤翔其愿意付款的情形下，韩凤翔提供了至尊公司在高淳农商行开设的账户，开发总公司汇入了剩余款项，韩凤翔向开发总公司出具了收款收据。由于韩凤翔是至尊公司书面授权的委托代理人，其代理权限为全权处理至尊公司资产转让的全部事项及至尊公司注销事宜，韩凤翔在受托权限内以至尊公司名义实施的行为的法律后果，应由至尊公司承担。韩凤翔的上述行为表明至尊公司放弃行使合同解除权，与开发总公司就协议书的继续履行达成了新的约定，该约定合法有效，对双方当事人均具有法律约束力，至尊公司再行请求解除合同，没有事实和法律依据。参见最高人民法院（2013）民申字第652号民事裁定书。

[②] 参见最高人民法院（2020）最高法民再351号民事判决书。

第七章 违约责任

第一节 违约形态、归责原则与免责事由

一、违约形态

(一) 拒绝履行与不适当履行

1. 拒绝履行

拒绝履行是指债务人能够履行债务而故意不履行债务。[①]拒绝履行在债务违反的形态中属于比较严重的形态之一。债务人拒绝履行债务可能发生在债务履行期届满之前,也可能发生在债务履行期届满之后;其表达方式可以是明示,如向债权人明确表示其将不履行合同,也可以是以行为表明不履行合同,如将届期应当交付的特定物另行卖与他人。

构成拒绝履行须同时具备以下要件:①须有合法有效的债务存在。这是拒绝履行的前提条件。如果没有合法有效的债务关系存在,就无所谓拒绝履行的问题。②须履行仍为可能。如果履行已陷于不能,则为履行不能,只有在可能履行债务的情况下,债务人拒不履行债务的,才构成拒绝履行。③须债务人有拒绝履行债务的表示。债务人的拒绝履行的表示,或者是明示的,或者是以行为的方式为之。无论以何种方式,债务人向债权人所表达的不履行债务的意思都是明确、肯定的。④须债务人主观上出于故意。即债务人明知存在债务并且能够履行债务而不履行。债务人的故意由法官依具体情势作出判断,无需债权人举证。债权人只须证明债务人不履行债务即可。⑤债务人拒绝履行债务无正当理由。债务人没有正当理由不履行债务的,才能构成拒绝履行。如果债务人不履行债务是因为行使同时履行抗辩权、不安抗辩权,或者是因为所附条件未成就,或是因为债务履行期限未到,则为正当行使权利或有正当理由,不构成拒绝履行。

2. 不适当履行

《合同法》要求合同双方应当全面履行合同,严格按照合同的要求履行各自的义务,但现实生活中,往往会发生一方当事人因这样那样的原因,不能够全面履行合同义务的情况,这就构成了不适当履行,又称瑕疵履行。即合同一方当事人虽然履行了合同,但其履行可能不符合法律的规定,或者不符合合同的约定,导致对方当事人不能获得、减

[①] 《民法典》第五百七十七条规定:"当事人一方不履行合同义务或者履行合同义务不符合约定的,应当承担继续履行、采取补救措施或者赔偿损失等违约责任。"

少或丧失合同利益的情形。[1]在不适当履行情形，即使履行义务或者采取补救措施，对方往往还会遭受损失，违约方必须予以赔偿。[2]严格意义上讲，部分履行或提前履行都属于不适当履行，而履行迟延是最常见的不适当履行，法律有单独规定。履行迟延的主体，可能是债务人，也可能是债权人。[3]

不适当履行还有一种特殊的情况叫作加害给付，所谓加害给付是指债务人的履行存在瑕疵，并在履行瑕疵导致债权人遭受了履行利益以外的固有利益的损害。[4]加害给付的构成一般须满足以下要件：第一，债务人履行行为不符合法律或者当事人合同约定。第二，造成债权人遭受履行利益以外的固有利益的损害。例如，造成债权人财产损失或者人身损害。第三，债务人具有过错，并且，如果债务人不能证明上述损害后果是因为不可抗力或者其他法定免责事由所致，则应推定债务人具有过错。[5]

（二）实际违约和预期违约

严格意义上，由于当事人享有期限利益，合同履行期到来之前可以拒绝履行债务，并不会构成违约。但是，如果当事人一方明确表示或者以自己的行为表明不履行合同义务的，则可能构成预期违约。当事人一方明确表示不履行合同义务的，构成明示的预期违约；当事人一方以自己的行为表明不履行合同义务的，构成默示的预期违约。[6]

对于预期违约，《民法典》第五百六十三条第一款第（二）项规定对方可以解除合同，《民法典》第五百七十八条规定可以在履行期限届满前请求其承担违约责任。如此规定，主要是为了便于守约人尽早从合同中解脱出来，防止损失的扩大。需要注意，法条中的"可以"一词意味着守约人也可以不解除合同并追究违约责任，而是等到履行期届满再决定。如果在此期间，违约人恢复履行，则守约人不得以曾经的预期履行行为而拒绝。

（三）单方违约与双方违约

合同履行过程中，可能出现一方当事人未按照合同约定履行义务的情形，同样可能出现双方当事人都没有按照合同约定履行义务的情形。双方违约的，不能轻易主张责任

---

[1] 《民法典》第五百八十二条规定："履行不符合约定的，应当按照当事人的约定承担违约责任。对违约责任没有约定或者约定不明确，依据本法第五百一十条的规定仍不能确定的，受损害方根据标的的性质以及损失的大小，可以合理选择请求对方承担修理、重作、更换、退货、减少价款或者报酬等违约责任。"

[2] 《民法典》第五百八十三条规定："当事人一方不履行合同义务或者履行合同义务不符合约定的，在履行义务或者采取补救措施后，对方还有其他损失的，应当赔偿损失。"

[3] 《民法典》第五百八十九条规定："债务人按照约定履行债务，债权人无正当理由拒绝受领的，债务人可以请求债权人赔偿增加的费用。在债权人受领迟延期间，债务人无须支付利息。"

[4] 举例来说，如果买卖合同的标的是一头牛，但交付的是一头病牛，这头病牛当然是不符合合同的约定，这种履行就叫作瑕疵履行。如果这头病牛有传染病，买回去以后传染给了买受人牧场其他的牛，造成其他的牛也有生病、病死的，这种情形下，造成其他财产的损失，这就叫作加害给付。

[5] 王利明.论加害给付[J].法治与社会发展，1995（5）：21-32.

[6] 《民法典》第五百七十八条规定："当事人一方明确表示或者以自己的行为表明不履行合同义务的，对方可以在履行期限届满前请求其承担违约责任。"

互免，而是应当各自承担相应责任。[1]需要注意，双务合同中当事人行使抗辩权的行为，不能认定为违约，不是此处规定的双方违约。

1. 各自承担相应的责任

所谓"相应的责任"，应该是与违约情况相应。违约情节严重，危害较大的，应当多承担责任；违约情节轻微，危害较小的，应当少承担责任。责任的承担，可以是分担损失。在无法证明双方的违约行为与违约损害后果之间的因果关系比例时，可能对双方违约金及损失的主张均不予支持，[2]或者，作出违约责任互不追究的处理，亦无不可。

既然双方违约情形当事人需要承担与自己过错相应的责任，对于守约人也有过错的，在计算可得利益损失赔偿额时应当相应减轻违约方的责任。例如，在中国铝业股份有限公司重庆分公司、中国铝业股份有限公司招标投标买卖合同纠纷二审案中，法院指出，在认可赔偿经营利益损失的同时，还必须考虑非违约方也具有过错，从而判决减除20%的责任。[3]需要注意的是，在目前审判实践中，法院往往基于利益衡量因素来确定守约方的过失，而没有充分考虑守约人过错对于合同无法履行的影响程度或者原因力，这肯定是不够妥当的。在司法实践中，应当根据合同各方当事人过错情况是否为合同解除的原因以及对于合同解除决定性程度大小，最终确定是否适用过失相抵规则。[4]

2. 违约金条款不适用

在双方违约情形下，违约金条款可能不得适用。在九江雅格泰大酒店有限公司诉九江世惠科技服务有限公司、江西金誉酒店管理有限公司房屋租赁合同纠纷中，最高人民法院指出，从责任的承担方式、后果程度等分析，合同约定的违约责任往往是单方违约情形下违约方当事人应当承担的责任。在双方都有违约行为的情形下，各种情况都明显不同于单方违约，根据违约金条款确定违约责任，不仅不符合合同当事方的真实意思表示，还可能导致显失公平的后果。[5]事实上，我们确实没有看到合同就双方违约问题约定违约金，可能是因为合同当事人总是假想自己不会违约。

---

[1] 《民法典》第五百九十二条规定："当事人都违反合同的，应当各自承担相应的责任。当事人一方违约造成对方损失，对方对损失的发生有过错的，可以减少相应的损失赔偿额。"

[2] 参见最高人民法院（2016）最高法民终344号民事判决书。

[3] 参见最高人民法院（2017）最高法民终722号民事判决书。

[4] 法院指出，鉴于违约方违反合同约定擅自将共同购买的国有土地使用权登记在子公司名下，并排除守约方共同开发权益的事实，认定违约方构成根本违约。而对于守约方为保障其利益而保全开发项目，客观上延缓了违约方子公司对项目的开发，进而加剧双方合作关系恶化的事实，则没有认定为守约方也有过失，系考虑到当事人之间对于合同解除的原因力因素而作出的裁量。参见最高人民法院（2019）最高法民终167号民事判决书。

[5] 参见最高人民法院（2017）最高法民再227号民事判决书。在青海浏阳鑫达有色金属有限公司与弘毅投资股份有限公司等股权转让纠纷案中，最高人民法院认为，鉴于双方在履行《股权转让协议》中均存在违约行为，不适用定金罚则。参见最高人民法院（2016）最高法民终24号民事判决书。

二、归责原则

（一）严格责任为原则

违约责任以严格责任为原则[1]，即使是是因为合同之外的第三人造成当事人违约，违约方仍然应当依法对非违约方承担违约责任。但是，由于造成违约的真正原因是第三人的行为，违约方承担责任后如果无法获得救济，显然是不公平的。因此，法律规定，当事人一方和第三人之间的纠纷依照法律规定或者按照约定处理。[2]按照法律规定，就是违约方对第三人取得追偿权，有权向第三人就承担违约责任的损失请求赔偿。如果合同中有关于第三方原因造成违约的责任规定的，则依照规定处理。[3]需要注意，这里的第三人通常不包括政府行为。在大多数时候，政府行为容易被认定为不可抗力。[4]

结合上述两条可见，违约责任的归责采用严格责任原则，理由如下：

第一，适用严格责任原则，违约责任的构成仅以当事人不履行或不适当履行合同约定的义务为要件，违约方免责的可能性在于证明有免责事由的存在。因此，在诉讼中，非违约方只须证明违约方未履行合同义务的事实即可，违约方如果没有证据证明存在免责事由，则应依法承担违约责任。由于不履行和免责事由均属于客观存在的事实，其存在与否的证明与判断相对来说比较容易，因此可以方便裁判，有利于诉讼。

第二，严格责任原则之下，有违约行为就有违约责任，有利于促使当事人严肃对待合同，维护合同的严肃性，并防止在过错责任原则下违约方寻求无过错以逃脱责任的现象，增强当事人的责任心。

第三，严格责任原则更符合违约责任的本质。虽然违约责任和侵权责任同属民事责任，但两者之间仍然存在不容忽视的差别。不同于侵权责任，违约责任是发生在两个事前已经有密切联系的当事人之间，由于更容易预见违约责任，相对也更容易采取合理应对措施。合同双方事先通过自愿协商建立起合法有效的合同关系，约定了双方各自的权利和义务。实际上，违约责任完全是由合同义务转化而来，本质上是在执行双方当事人之间的约定，不是法律强加的。这就足以使违约责任具有充分的合理性和说服力，而无需再另有诸如违约人的过错等其他的前提。因此，违约责任与一般侵权行为责任比较，应该更加严格。

第四，符合国际上合同法发展的趋势。《联合国国际货物销售公约》《国际商事合同通则》和《欧洲合同法原则》都采用了严格责任原则，其俨然已成为违约归责的国际趋势。

---

[1] 《民法典》第五百七十七条规定："当事人一方不履行合同义务或者履行合同义务不符合约定的，应当承担继续履行、采取补救措施或者赔偿损失等违约责任。"

[2] 《民法典》第五百九十三条规定："当事人一方因第三人的原因造成违约的，应当依法向对方承担违约责任。当事人一方和第三人之间的纠纷，依照法律规定或者按照约定处理。"

[3] 杨立新.中华人民共和国民法典释义与案例评注（合同编）（上）[M].北京：中国法制出版社，2020：413.

[4] 例如，在湖北水调歌头饮食文化发展有限公司、武汉市洪山区人民政府洪山街办事处山村村民委员会等房屋租赁合同纠纷中，最高人民法院认为，有关征收及拆迁行为仍是由政府决定并付诸实施的强制行为，符合不可预见性、不可避免性、不可克服性等不可抗力的基本特征，不能归责于本案任何一方。参见最高人民法院（2018）最高法民终107号民事判决书。

（二）过错责任为例外

过错归责在赠与人的损害赔偿责任、承租人的损害赔偿责任、承揽人的损害赔偿责任、承运人和托运人的损害赔偿责任、寄存人和保管人的损害赔偿责任、受托人的损害赔偿责任等损害赔偿责任中都有所体现。

此外，过错对违约责任范围的影响在双方违约、减损义务规则和可预见性规则中都有体现。第一，双方违约情形。按照《民法典》第五百九十二条，当事人一方违约造成对方损失，对方对损失的发生有过错的，可以减少相应的损失赔偿额。第二，减损义务。按照《民法典》第五百九十一条，当事人一方违约后，守约人没有采取适当措施防止损失扩大，则大部分的损失无法得到赔偿。第三，可预见性规则。按照《民法典》第五百八十四条，违约损失赔偿额不得超过违约人订立合同时的预见范围。①

三、免责事由

（一）约定免责

当事人可以在合同中约定免责条款，即双方当事人在合同中预先达成一项协议，免除将来可能发生某种损害的赔偿责任。合同免责条款分为人身伤害的免责条款和财产损害的免责条款，前者一律无效，后者只有在"故意或者重大过失造成对方财产损害"情形才无效。② 由此可见，我国法律将人身利益看得比财产利益更重。如果免责条款没有上述两种情形，也没有法律规定无效的其他情形，则都是有效的。

从司法判例看，法院对于"故意或者重大过失造成对方财产损害"的把握可能与合同双方当事人对财产损害的防范能力有较大关联。例如，对于社会生活中普遍存在的银行卡被盗刷造成的损失，法院通常认定银行更有能力采取措施加以预防，从而判令银行承担责任。在刘灿华诉中国工商银行股份有限公司清远连江支行储蓄合同案中，广东清远市清城区法院认为，如果不具体分析失密的原因，完全不考虑储户是否存在过错，一概以"凡使用密码进行的交易，均视为持卡人本人所为"这一格式条款作为银行免责理由进行抗辩，把一些本应由银行承担的责任推向储户，无疑加重了储户责任，有违公平原则，故判决银行承担全部赔偿责任。③

---

① 在新疆亚坤商贸有限公司与新疆精河县康瑞棉花加工有限公司买卖合同纠纷案中，最高人民法院指出，对由于市场风险等因素造成的、双方当事人均不能预见的损失，因非违约方过错所致，与违约行为之间亦没有因果关系，违约方对此不承担赔偿责任。该案在阐述可预见性问题时，引入了违约方过错问题。参见最高人民法院（2006）最高法民二终字第111号民事判决书。

② 《民法典》第五百零六条规定："合同中的下列免责条款无效：（一）造成对方人身损害的；（二）因故意或者重大过失造成对方财产损失的。"

③ 参见广东清远市清城区法院（2009）城法民初字第1206号民事判决书。在顾骏诉交通银行上海分行储蓄合同纠纷案中，上海市第二中级人民法院认为，尽管储户遵守保密义务，犯罪分子仍然能够破解并利用储户设立的密码。在技术不断进步且犯罪手段也不断变化的今天，不具体分析失密的原因，不考虑储户是否存在过错，一概以"凡是通过交易密码发生的一切交易，均应视为持卡人亲自所为，银行不应承担责任"这一格式条款作为银行的免责理由进行抗辩，把一些本应由银行承担的责任也推向储户，无疑加重了储户责任，有违公平原则，银行以这一理由抗辩难以成立。参见上海市第二中级人民法院（2004）沪二中民一（民）初字第19号民事判决书。

（二）法定免责

从《合同法》到《民法典》，不可抗力一直是法定免责事由。[1]法律为何要将不可抗力作为免责的理由？因为不可抗力是不能预见、不能避免并不能克服的客观情况，对于不可抗力造成的履行不能，违约方对此并没有任何过错，因此无须担责。如此看来，在发生不可抗力时免除违约方的责任似乎符合"过错责任"原则的要求。《民法典》第一百八十条规定："当事人迟延履行后发生不可抗力的，不免除其违约责任。"这在一定程度上强化了过错在不可抗力免责问题中的重要意义，当事人因迟延履行这一过错而遭遇不可抗力，由于过错在先，所以不能主张不可抗力免责。但是，即使抛开合同实行严格责任归责，上述解释还是存在不妥。违约行为与违约损失往往相伴而生，如果免除违约方的违约责任，等同于强行将违约损失分配给守约方。毫无疑问，与违约方一样，守约方对于不可抗力的发生以及不可抗力造成的履行不能同样没有任何过错，为何要让守约方承担损失？由此可见，不可抗力免责的依据绝不可能是违约人没有过错这么简单。事实上，由于事前不可预见这一根本属性，不可抗力一直是当事人在合同中没有约定当然也没办法准备的一种风险事由，不可抗力免责规则只是填补合同缺口的一种制度安排而已。

如果合同已经有风险分配条款，按照当事人意思自治原则，法律通常会执行这种条款。当然，有时候合同可能缺乏明确的风险分配条款，但是我们可以通过合同的上下文或者合同价款等利用合同解释规则推定合同存在分配风险的隐含条款，法律同样应该执行这种条款。但是，既然当事人无法预见不可抗力，自然无法在合同中安排相关约定。对于不可抗力引起的合同缺口，法律必须提供合理的解决方案。根据经济效率的要求，对于可以避免的风险，应当将其分配给能以最低成本避免风险的一方当事人以激励他采取措施避免风险；对于不可避免的风险，应将其分配给最廉价的保险人以激励他采取措施提前安排保险。不可抗力显然属于不可避免的风险，因此应将其分配给最廉价的保险人。在通常情况下，没有任何理由可供认定守约方就是最廉价的保险人。因此，不可抗力免责规则将风险强行分配给守约方似乎是没有经济学依据的。如果非要为不可抗力免责找到效率理由的话，可能在于明确的法律规则减少了当事人缔约时与"风险分配"相关的交易成本。只是，这个理由同样适用于"不可抗力不免责"规则，只要它是同样明确的。[2]

1. 认定

不可抗力由不能预见、不能避免、不能克服三要素构成。看似清晰，实则容易引发争议，尤其是涉及政府行为时更是如此。有些案件并未结合不可抗力的三要件来否定不可抗力的适用。例如，在河北燕港（集团）富源城房地产开发有限公司诉渤海国际信托

---

[1] 《民法典》第一百八十条规定："因不可抗力不能履行民事义务的，不承担民事责任。法律另有规定的，依照其规定。不可抗力是不能预见、不能避免且不能克服的客观情况。"第五百九十条又规定："当事人一方因不可抗力不能履行合同的，根据不可抗力的影响，部分或者全部免除责任，但是法律另有规定的除外。因不可抗力不能履行合同的，应当及时通知对方，以减轻可能给对方造成的损失，并应当在合理期限内提供证明。当事人迟延履行后发生不可抗力的，不免除其违约责任。"

[2] 刘廷华. 不可抗力免责的法经济学分析[J]. 经济论坛，2012（7）：170-174.

股份有限公司等借款担保合同纠纷案中，最高人民法院认为，国家对房地产市场的调控是为了该行业更加健康地发展，不属于《合同法》关于不可抗力的规定范围。[①]有些案件中，以政府行为具有可预见性而否定不可抗力的适用。例如，在哈尔滨新一房地产开发有限责任公司与哈尔滨工业资产经营有限责任公司及哈尔滨电碳厂合同纠纷案中，最高人民法院认为，违约人作为市国资委授权对国有资产资本运营和管理及国有产权管理等职能的单位，应该清楚国有企业资产转让的审批及交易程序，在没有按照国有资产法相关规定办理审批手续前即贸然签订《资产转让协议》，对于协议所涉资产在审批过程中的不确定性应该具有预见性，因此，政策调整事项不是无法预见且无法避免的不可抗力。[②]又如，在山西金晖煤焦化工有限公司与李苏等合同纠纷上诉案中，最高人民法院认为，合同约定的昌华煤矿灾害治理需要政府审批，肯定存在不能获批或者较长时间内未能获批的风险，此种风险应当是当事人签约时就应当预见到的，因此政府迟迟未能批复开工许可不属于不可抗力。[③]尽管有大量案件将政府行为排除在不可抗力，但也有判例认为，因政府政策客观原因致使案涉协议不能履行，不构成违约。[④]

对于不可抗力所要求的不能预见、不能避免以及不能克服三要素，法院在审查时往往会重点审查"不可预见"问题。例如，在中国人民财产保险股份有限公司泉州市分公司与海口港集装箱码头有限公司（以下简称"码头公司"）港口货物保管合同纠纷案中，对于台风登陆引起海水倒灌并最终淹没海口港集装箱堆场致损，码头公司以台风构成不可抗力主张免责。法院指出，不能预见是指依据现有技术水平和一般人的认知而不可能预知。台风发生前，虽然气象机构对台风登陆时间和最大风力进行了预报，但是，台风引起的海水倒灌并未在预报中体现，而这是货损最直接原因。因此，码头公司主张不可抗力免责，具有法律依据。[⑤]

虽然不可抗力在认定上会存在难度，尤其是当事人自己约定的"不可抗力"。但可以肯定的是，如果事件的发生能够归因于当事人自身过错，往往不能主张不可抗力免责。例如，在优利德（江苏）化工有限公司与江苏宏达新材料股份有限公司（以下简称"宏达公司"）买卖合同纠纷再审申请案中，最高人民法院指出，尽管双方对"突发事件意味着不可抗力等意外原因而导致的供货停止除外"有不同理解，基于宏达公司就火灾事故发布的公告及事故调查报告，此次火灾仅仅是人员违规作业导致的一般事故。因此，宏达公司认为此次火灾事故"属于不可抗力，也属于突发事件"，缺乏事实和法律依据，不能成立。[⑥]

2. 因果关系问题

无论是《民法典》第一百八十条规定的"因不可抗力不能履行民事义务的"，还是第五百九十条又规定的"当事人一方因不可抗力不能履行合同的"，无不强调不可抗力

[①] 参见最高人民法院（2016）最高法民终519号民事判决书。
[②] 参见最高人民法院（2017）最高法民终776号民事判决书。
[③] 参见最高人民法院（2016）最高法民终639号民事判决书。
[④] 参见最高人民法院（2018）最高法民再455号民事判决书。
[⑤] 参见最高人民法院（2017）最高法民申3252号民事裁定书。
[⑥] 参见最高人民法院（2016）最高法民再169号民事判决书。

与不能履行合同之间的因果关系。这也是司法实践中审查的重点。

在福建省蓝图节能投资有限公司（以下简称"蓝图公司"）、酒钢集团翼城钢铁有限责任公司（以下简称"翼钢公司"）合同纠纷中，违约人提供了《国务院关于化解产能严重过剩矛盾的指导意见》（国发〔2013〕41号）等文件，以证明自己实行保护性停炉完全是因为国家出台化解钢铁行业过剩产能政策所导致，属于合同约定的不可抗力事件。但是，最高人民法院认为，上述文件是国务院为了遏制产能盲目扩张等目的而面向全国各级政府及相关部门发布的指导性意见，属于宏观性政策文件，与翼钢公司停产没有直接和必然关系。并且，对于2015年11月6日蓝图公司关于翼钢公司经营情况的函询，翼钢公司回复称钢铁市场处于严冬时期，翼钢公司为持续实施减亏战略决定停炉。由此可见，违约人提出的所谓不可抗力事件与其违约（停炉）之间并无因果关系，免责理由不能成立。① 在其他类似案件中，法院都在强调不可抗力和不能履行合同之间的因果关系。②

3. 不得约定排除

不可抗力作为法定免责，当事人不得约定排除。例如，在卓盈丰制衣纺织（中山）有限公司与广东长城建设集团有限公司建设工程施工合同纠纷抗诉案中，最高人民法院指出，台风和暴雨是可能造成施工中断的客观自然事件，台风、暴雨以及施工中断的发生是不能够避免和克服的，因此台风和暴雨应当属于施工中的不可抗力事件，造成建设工程工期的延误应当计算到工程应该延误的时间中去。不可抗力是法定的免责事由，它不因当事人的例外约定而免除，因此即使双方在合同中约定工期不因雨天而延长，亦应将不可抗力延误的时间计算到工程的延期之内。③

4. 通知

法律规定发生不可抗力后，受影响的当事人应当及时发出通知。①关于通知的必要性，一方面是为了方便对方当事人核实不可抗力事件的客观真实性以及不可抗力对合同履行的影响，另一方面是为了方便对方当事人及时采取措施，防止不可抗力造成的损失进一步扩大。此外，《民法典》第五百九十条规定，当事人迟延履行后发生不可抗力的，不免除其违约责任。及时通知，有利于判断是否属于迟延履行后才发生不可抗力。②关于通知的主体，应当是因不可抗力不能履行合同的一方当事人。③关于期限要求，通知应当及时，即在合理期限内。这当然是为了减轻损失的考虑。④关于通知的内容。不可抗力通知不但包含不可抗力发生的事实，而且必须包含该不可抗力致使合同不能履行的事实。与此同时，通知应当附加相关的证明材料。⑤不及时为不可抗力通知的法律后果。有观点指出，如果合同明确约定有不通知的后果，则应当遵照约定。如果没有上述约定，

---

① 参见最高人民法院（2017）最高法民终654号民事判决书。

② 例如，在山西省棉麻公司侯马采购供应站（以下简称"侯马供应站"）等与中国太平洋财产保险股份有限公司北京分公司保险人代位求偿权纠纷上诉案中，最高人民法院指出，虽然强地闪属于不能预见、不能避免并不能克服的客观情况，应当属于不可抗力，但是强地闪本身并非导致案涉火灾事故发生的唯一原因，侯马供应站没有按照有关部门要求改造安装防雷设施、没有适当履行安全保管义务也是导致案涉火灾事故发生的原因之一，故该不可抗力仅仅能够部分免除侯马供应站的违约责任。参见最高人民法院（2016）最高法民终347号民事判决书。

③ 参见最高人民法院（2008）最高法民一抗字第20号民事判决书。

则应当将通知义务视为不真正义务，债务人如果没有及时通知，则无权援用不可抗力条款主张免责，但是不增加其新的负担。[1]

第二节 违约责任形式

一、强制实际履行

依据效率违约理论，应当将违约损害赔偿作为首选的违约救济措施，不能将强制实际履行作为首选的违约救济措施，因为首选违约损害赔偿不仅可以节约处理纠纷的交易成本，并且还能够促进资源合理流动和有效配置。但是，由于违约损害赔偿受到不可预见规则、减损规则、因果关系等限制，而且违约损失数量本身的证明也不是一件容易的事，违约损害赔偿通常不足以弥补全部违约损失，根本达不到无差异原理的补偿要求，无法让守约人恢复到合同得到履行的状态，这对于守约方而言是不公正的。与此同时，由于违约人没有承担全部违约成本，其违约决策可能也是无效率的。鉴于违约救济的无差异原理是保证公正和效率的条件和基础，从这个角度看，违约损害赔偿并不是理想的救济措施。与此不同，强制实际履行完全符合无差异原理的要求，能够充分保证合同当事人预期利益的实现。此外，关于对交易成本和资源有效配置的影响，强制实际履行和效率违约两者之间实际上很难比较，从单个交易看效率违约可能占优，但从维护整个合同制度的功效而言显然强制实际履行占优。而且，在当前诚信缺失现象比较普遍的情势下，维护交易安全无疑应该作为《合同法》的首选目标。与损害赔偿相比，强制实际履行在巩固交易基础和保障交易收益上具有绝对优势。因此，《民法典》没有采纳效率违约理论而是继续沿用《合同法》的做法，坚定不移地将强制实际履行作为首选的违约救济措施。与此同时，为了避免强制实际履行可能导致的无效率的结果，在适用范围上进行了必要的限制，在合同陷入僵局时还允许违约方通过诉讼法院解除合同的方式摆脱合同。此外，在强制实际履行和减损规则可能存在冲突时，如果守约方可以通过减损措施（替代履行）实现缔约目的，尤其是替代履行与合同约定履行之间不存在太大差异时，应优先适用减损规则以消除强制实际履行可能带来的无效率现象。[2]

（一）适用范围

1. 金钱债务

对于未支付价款、报酬、租金、利息以及不履行其他金钱债务的违约行为，对方当事人可以请求其支付，债务人应当继续履行。[3] 对于金钱债务的债务人迟延履行的，除继

---

[1] 崔建远.不可抗力条款及其解释[J].环球法律评论，2019，4（1）：48-57.
[2] 刘廷华.论实际履行的适用与限制的法经济学依据[J].北方法学，2010，4（6）：110-119.
[3] 《民法典》第五百七十九条规定："当事人一方未支付价款、报酬、租金、利息，或者不履行其他金钱债务的，对方可以请求其支付。"

续履行外，还可以请求债务人承担违约金、赔偿逾期利息等违约责任。[①]

2. 非金钱债务的限制

对于非金钱债务，强制实际履行的适用会受到一定限制，主要包括履行不能、不适于强制履行以及未在合理期限内要求履行等三种情形。[②]

（1）法律上或者事实上不能履行。法律上不能履行是指基于法律规定不能履行或者实际履行将会违反法律法规的强制性规定。例如，侵犯优先购买权的股权转让合同，如果公司其他股东主张行使优先购买权，则股权转让合同虽然有效，但股东以外的股权受让人关于继续履行股权转让合同的请求不能得到支持。[③]

事实上不能履行主要是依自然法则不能履行，比如交易标的物为特定物，如果标的物已经毁损或者灭失，此时构成事实上履行不能。

（2）债务的标的不适于强制履行或者履行费用过高。债的标的不适于强制履行，通常认为，主要指以下两种情形：一是基于特定主体的人身依赖关系订立的合同，包括委托合同、合伙合同、技术开发合同、演出合同、出版合同等。在此类合同中，债权人订立合同往往源自对债务人特定专业技能或者彼此亲密关系的信赖，合同履行通常具有不可替代性。二是债务人提供服务或者劳务的合同，如果适用强制履行规则，可能会损害债务人的人身自由及人格尊严。

履行费用过高通常是指合同的履行成本和履行收益相比明显超过适当比例，或者履约成本远高于履行利益，强制履行将会对债务人产生明显不公平的结果，或者导致不必要的浪费。例如，一条普通的项链掉落入深海中，寻找和打捞项链的成本远远高于获得项链的价值，此时强制实际履行就属于履行费用过高的情形。由于法律法规及司法解释对履行费用是否过高并未给出明确清晰和整齐划一的判断标准，司法实践中，履行费用过高通常是指债权人因合同履行获得的利益与债务人实际履行支出的费用相比明显不对等或者不成比例，造成双方利益严重失衡，导致显失公平。具体而言，认定履行费用是否过高的标准，根据全国人大法工委《民法典》释义中的观点，应当从三个方面进行综合判断：一是需要对比债务人的履行费用与债权人可以获得的履行利益；二是需要对比债务人的履行费用与采取其他补救措施的费用；三是守约方获得替代履行的合理性与可

---

① 杨立新. 中华人民共和国民法典释义与案例评注（合同编）（上）[M]. 北京：中国法制出版社，2020：373.

② 《民法典》第五百八十条规定："当事人一方不履行非金钱债务或者履行非金钱债务不符合约定的，对方可以请求履行，但是有下列情形之一的除外：（一）法律上或者事实上不能履行；（二）债务的标的不适于强制履行或者履行费用过高；（三）债权人在合理期限内未请求履行。"

③ 《全国法院民商事审判工作会议纪要》（法〔2019〕254号）第九条规定："审判实践中，部分人民法院对公司法司法解释（四）第21条规定的理解存在偏差，往往以保护其他股东的优先购买权为由认定股权转让合同无效。准确理解该条规定，既要注意保护其他股东的优先购买权，也要注意保护股东以外的股权受让人的合法权益，正确认定有限责任公司的股东与股东以外的股权受让人订立的股权转让合同的效力。一方面，其他股东依法享有优先购买权，在其主张按照股权转让合同约定的同等条件购买股权的情况下，应当支持其诉讼请求，除非出现该条第1款规定的情形。另一方面，为保护股东以外的股权受让人的合法权益，股权转让合同如无其他影响合同效力的事由，应当认定有效。其他股东行使优先购买权的，虽然股东以外的股权受让人关于继续履行股权转让合同的请求不能得到支持，但不影响其依约请求转让股东承担相应的违约责任。"

能性。对此，最高人民法院相关裁判规则也秉持基本相同的观点，并结合具体案情，针对前述三种情形逐一论证，通过严密的逻辑推理，进而确保裁判说理的周延性。应当注意是，司法实践中，法院出于秉持违约方一般不享有单方解除合同权利的谨慎态度，通常由违约方承担是否符合上述认定标准的举证责任。从实务操作的角度看，其一，违约方对自己实际履行需要额外支付的履行费用，举证相对容易，但是对于守约方的履行利益，即债权人在扣除成本后的收益，违约方一般很难获取守约方相应的财务数据。其二，关于违约方提供的采取其他补救措施的合理性、费用标准以及守约方获得替代履行的合理性与可能性，法院对证据的采信与认定在司法实践中亦是一个难点问题，需要在审判实践中逐渐完善相应的适用规则，实现裁判尺度的大致同一。①

（3）债权人在合理期限内未请求履行。违约发生后，守约方在合理期限内没有请求对方履行，对此情形的限制主要是基于对违约方合理信赖的保护。在合同履行中，债务人通常需要为履行合同进行必要的准备，如果合同履行合理期限经过并且持续了相当长的时间，债务人可能对债权人不再主张实际履行形成一定的合理信赖，继而把履行合同的资源用于安排其他事项，或者与他人重新缔结合同。基于对债务人合理信赖的保护，有必要对债权人的履行请求权进行限制，甚至使其失去效力，在这个意义上，该种合理期限也被称为债权人履行请求权的失权期间。同时，法律规定债权人失权的合理期限，可以督促债权人积极行使其权利，防止法律关系长期处于不稳定状态。此外，督促当事人及时行使权利，也是为了尽快解决纠纷，不至于久拖不决导致损失扩大，或者因证据损毁缺失而不易查清案件事实。

至于合理期限的认定，合理期限应当自债权人知道或者应当知道合同不能履行之日起计算。合理期限也可以由当事人事先约定，如果合同中没有约定或者约定不明确的，当事人双方可以协商确定；无法达成协议的，应当按照合同相关条款、合同性质、合同目的、交易习惯等因素综合确定。通常合同履行内容越是具有时效性，合理期限的期间就越短。②此外，合同履行价值越低，合理期限的时间也越短。

2. 不得强制履行的法律后果

（1）终止合同并承担违约责任。在不适合诉请强制履行场合，并且已经造成不能实现合同目的的，可以诉请终止合同，同时，违约方应当承担违约责任。③

（2）代履行。出现违约后，守约方不能无动于衷，必须立即采取措施减轻损失。与违约方相比，守约方具有更强的减损能力，守约方采取减损措施更有效率。在没有替代市场时，守约方的减损能力远远强于违约人。即使存在良好的替代履行，守约方在减损能力上仍然具有明显优势。守约方比违约方更清楚自己的合同目的，往往能以更低成本通过替代履行而实现合同目的。因此，由守约方减损并请求违约方负担由第三人替代履

---

① 黄薇主编. 中华人民共和国民法典释义[M]. 北京：法律出版社，2020：1117.
② 同上书，第1119页。
③ 《民法典》第五百八十条第二款规定："有前款规定的除外情形之一，致使不能实现合同目的的，人民法院或者仲裁机构可以根据当事人的请求终止合同权利义务关系，但是不影响违约责任的承担。"

行的费用,完全符合经济效率的要求。① 当然,如果债务性质适合强制履行,债权人可以要求强制履行。

(二) 与其他违约责任的并用

1. 不适当履行情况下的补救

《民法典》第五百八十二条规定:"履行不符合约定的,应当按照当事人的约定承担违约责任。对违约责任没有约定或者约定不明确,依据本法第五百一十条的规定仍不能确定的,受损害方根据标的的性质以及损失的大小,可以合理选择请求对方承担修理、重作、更换、退货、减少价款或者报酬等违约责任。"

2. 与损害赔偿的并用

《民法典》第五百八十三条规定:"当事人一方不履行合同义务或者履行合同义务不符合约定的,在履行义务或者采取补救措施后,对方还有其他损失的,应当赔偿损失。"不适当履行情形下,如果履行义务或者采取补救措施后,对方还有其他损失,违约方必须赔偿损失。

3. 迟延履行情形的违约金

《民法典》第五百八十五条第三款规定:"当事人就迟延履行约定违约金的,违约方支付违约金后,还应当履行债务。"出现延迟履行时,除了继续履行合同,还需要承担延迟履行的违约金。

二、损害赔偿

(一) 范围

当事人违约给对方造成损失的,应当赔偿,包括合同履行利益,但不包括缔约时无法预见的范围。② 当事人缔约无疑是希望通过合同履行而实现一定的预期利益,期望利益赔偿因此成为首选的赔偿方法。但是在很多时候,违约受害人的预期利益并不那么容易确定,这使赔偿期望利益受到了一定的限制。如果存在完善的替代市场,由于完美的替代履行也可以在很大程度上实现当事人缔约目的,所以市场损失赔偿也就成为替代期望利益赔偿的较好选择。之所以不优先选择市场损失赔偿,最主要原因在于这种方法容易造成补偿不足,导致违约过多。此外,我们还注意到,在有些情况下,期望利益赔偿和市场损失赔偿都可能无法使用,这时候只得求助于赔偿沉没成本等其他方法。③

1. 实际损失

违约救济最好能够使守约方处于和合同履行一样好的位置,使原告在被告违约并支

---

① 《民法典》第五百八十一条规定:"当事人一方不履行债务或者履行债务不符合约定,根据债务的性质不得强制履行的,对方可以请求其负担由第三人替代履行的费用。"
② 《民法典》第五百八十四条规定:"当事人一方不履行合同义务或者履行合同义务不符合约定,造成对方损失的,损失赔偿额应当相当于因违约所造成的损失,包括合同履行后可以获得的利益;但是,不得超过违约一方订立合同时预见到或者应当预见到的因违约可能造成的损失。"
③ 刘廷华.法经济学视野下的违约损害赔偿计算规则[J].中南大学学报(社会科学版),2012,18(1):54-60.

付赔偿和被告实际履行合同之间无任何差异。无差异原理被学界当成违约救济的基石，具有很好的效率和公平方面的理由①。

第一，避免无效率的违约。如果不符合无差异原理，部分违约损失最终由守约方承担。对于违约方而言，相当于部分违约成本被外部化了，由于这部分成本在违约时不被考虑，可能导致违约人预防不足并最终导致违约过错。相反，如果违约损害赔偿相当于全部履行利益，则违约成本将全部内部化，违约方充分权衡后一般会拒绝无效率的违约。与此同时，如果违约救济能确保实现合同履行利益，还有利于激励守约人进行合同专用性投资以增加合同收益。

第二，避免不公平的救济。正如前述，如果违约救济无法让守约方得到全部履行收益，相当于强制其承担本该由违约方承担的部分违约成本，显然是不公平的。如果允许违约方以支付部分违约成本为代价而摆脱合同，则合同制度对交易安全的保障作用将大打折扣，很多当事人将被迫采取更多的预防措施以确保合同期望利益得到实现，徒增交易成本，对于整个社会而言，显然也是不公平的。

按照无差异原理的要求，违约造成的所有损失都应得到赔偿，包括守约方处理违约事件的必要费用。在四川汉能光伏有限公司（以下简称"汉能公司"）、成都西航港工业发展投资有限公司（以下简称"西航港公司"）企业借贷纠纷中，最高人民法院指出，由于汉能公司存在违约，西航港公司为此聘请律师提供专业法律服务而支出的合理费用，属于违约方违约给守约方造成的实际损失。②

2. 预期利益

预期利益是合同履行后可以获得的利益，预期利益赔偿旨在确保守约方的合同收益，同时防止违约方因违约而获利。在广东业丰房地产开发有限公司、广东长城建设集团有限公司合同纠纷中，最高人民法院指出，违约方应当赔偿守约方包括可得利益在内的全部损失，其法理在于，违约方不能在给对方造成损失的同时，反而因违约行为获得不当利益。③

（1）确定才赔偿。违约损害赔偿的原则就是对确定性的损失进行赔偿，而不是对可能性的损失进行赔偿。"可得利益"并非是指可能得到的利益，旨在强调预期利益的获得必须具有较高确定性，否则就不属于法定损害赔偿的范围。例如，在大兴安岭方正木业有限公司与大兴安岭呼中林业局林业承包合同纠纷中，最高人民法院指出，因为可得利益损失具有不确定性，人民法院在审查可得利益损失时，要求必须是确定的而且是必然发生的损失，同时还应当扣除市场经营风险可能导致的亏损部分。④又如，在山西数源华石化工能源有限公司与山西三维集团股份有限公司租赁合同纠纷上诉案中，最高人民法院认为，违约损失赔偿以守约方实际遭受的全部损失为原则，包括合同正常履行时的可得利益，该可得利益损失必须具有确定性，假想的或者只是可能发生的损失，不应当作

---

① 刘廷华.论实际履行的适用与限制的法经济学依据[J].北方法学，2010,4（6）：110-119.
② 参见最高人民法院（2018）最高法民终1214号民事判决书。
③ 参见最高人民法院（2019）最高法民终596号民事判决书。
④ 参见最高人民法院（2016）最高法民申2513号民事裁定书。

为违约损害赔偿的对象。①

可得利益不但要求确定，而且守约方应当举证予以证明。因为可得利益损失属于净利润损失，履行合同可能赚取的净利润依赖于实际供货情况、销售单价、销售数量、成本控制和经营风险等众多因素。由于实际经营过程具有较高不确定性，如果仅仅提供类似《销售代理协议》的证据将会被认定为举证不充分，可得利益损失很难得到支持。②例如，在北京方洲旭日房地产开发有限公司、山东大学委托代建合同纠纷中，最高人民法院认为，根据"谁主张、谁举证"的举证责任分配规则，参照《最高人民法院关于当前形势下审理民商事合同纠纷案件若干问题的指导意见》第十一条关于"人民法院认定可得利益损失时应当合理分配举证责任……非违约方应当承担其遭受的可得利益损失总额、必要的交易成本的举证责任"的规定，主张赔偿可得利益损失，应当对其遭受的可得利益损失总额、必要的交易成本等承担举证责任。③此外，对于可得利益的证据而言，不能过分依赖鉴定意见或评估报告。在丹东亿龙房地产开发有限公司、大连华臣影业集团有限公司房屋租赁合同纠纷中，最高人民法院指出，计算和认定合同可得利益损失时，应当充分考虑过失相抵原则、可预见性原则、未来市场风险以及鉴定评估报告的依据是否全面、客观等因素作出综合评判，不宜简单采信鉴定结论：④

（2）计算规则。可得利益属于合同履行后才能得到的财产增值收益，具有预期性和不确定性，一般发生违约后，可得利益将无法实现，合同本身同样无法提供确定的可得利益具体数据。由于我国相关法律和司法解释对合同可得利益赔偿的计算方法缺乏明确而具体的操作指引，所以可得利益损失赔偿额的计算就成为司法实践中的难点。对于可得利益损失赔偿，总体上有以下几种计算方法。

第一，约定法。如何当事人事前已经在合同中约定了违约损失赔偿具体金额或者违约损害赔偿的计算方法，按照意思自治原则，发生违约后可以按当事人的约定进行处理。如果合同中缺乏相关约定，或者约定不明，但发生违约后当事人通过协商一致确定了损害赔偿的，也应当予以认可。

第二，差额法。将违约发生后守约方实际财产状况与合同得到适当履行后守约方所应处于的财产状况进行对比，其中的差额就是守约方所遭受的可得利益损失。差额法是以假想的合同履行后的预期状况作为参考，在相关交易的市场较为完善时适用起来较为方便，也较为准确。相反，如果相关交易的市场不够完善，没有可供参考的市场数据作为支撑，假想合同履行后的状况就难以令人信服，则差额法就难以适用。

第三，类比法。采用纵向类比，比照守约方之前在类似合同中获得的合同履行收益；也可以采用横向类比，比照相同时期其他当事人在类似活动或者类似交易条件下获得的合同履行收益。例如，在武汉建工第三建筑有限公司与武汉天恒置业有限责任公司建设工程施工合同纠纷上诉案中，最高人民法院就采用类比法按照与涉案工程所处位置相近

---

① 参见最高人民法院（2012）最高法民一终字第67号民事判决书。
② 参见最高人民法院（2017）最高法民申4456号民事裁定书。
③ 参见最高人民法院（2016）最高法民申2606号民事裁定书。
④ 参见最高人民法院（2017）最高法民申1240号民事裁定书。

的化工大厦办公用房房屋租金标准衡量守约人可得利益损失。①

第四，估算法。当法院无法确定可得利益损失数额时，根据案件实际情况，综合考虑合同履行情况、当事人陈述、行业利润率等因素，酌定一个赔偿数额。例如，在青海省三江水电开发股份有限公司诉广东清能发电集团有限公司买卖合同纠纷案中，最高人民法院指出，确定可得利益损失数额依据估算法，可根据受损害方请求的多额为基础，根据违约方提出抗辩所依据的证据，依据公平原则确定具体数额。②估算法通常是由守约方提供了相应的证据来证明估算的损失数额，且此种证明已经使得法官对据此进行估算可得利益计算数额形成确信时才予采用。例如，在特许经营合同因违约方毁约而守约方不得不解除合同的情况下，守约方除了要证明其已经为特许经营而损失实际投入，还要根据其预期合理回报而计算出其经营可以获得的利益，即为估算法的运用。对于这种对经营利益的估算，法院在认可其合理性的基础上，即可以对估算法所计算的损失数额予以采信。此种情况下，估算并非完全由法院和法官行使自由裁量权来自行计算损失数额的方法，估算的数额有一定的事实基础和证据证明。采用估算法要求法官在双方当事人陈述事实和提供证据的基础上，发挥主观能动性，运用自由心证和经验法则对可得利益损失数额予以评估，最大程度保护当事人特别是守约方的合法权益，发挥赔偿损失鼓励诚信交易、维护正常交易经济秩序的功能。

第五，综合裁量法。这是实践中法院较多采用的方法，其往往综合获利情况、当事人各自的过错因素、当前经济形势情况等因素综合判断。综合裁量法则通常是在守约方可以提供证据使法官形成具有可得利益损失的确信，但是却无证据证明可得利益具体数额的情况下，法院计算可得利益时可以采用的方法。对于综合裁量方法的运用，仍然需要法院结合上述三种方法，以差额原则为基础，在考虑守约方因违约方违约遭受的实际损失或者可能遭受的实际损失为基础进行裁量。需要注意的是，综合裁量法应是一种补充性的计算方法，系无法根据差额法、类比法、约定法、估算法等方法予以计算可得利益损失的情况下所采纳的方法。该方法往往是守约方已经能够证明违约方构成根本违约，但却无法根据上述几种方法证明其遭受的可得利益损失数额的情况下，法官基于内心确信所适用的计算方法。

3. 精神损害

精神损害赔偿被误认为《侵权法》特有的赔偿，容易激发滥诉，赋予法官过大的自由裁量权，存在诸多弊端，一直被排斥在《合同法》之外。但是我们注意到，有大量的违约案件可能给当事人造成精神损害，但得不到救济。③事实上违约精神损害赔偿能更好

---

① 参见最高人民法院（2014）最高法民一终字第112号民事判决书。
② 参见最高人民法院（2013）最高法民二终字第37号民事判决书。
③ 例如，一业主请装潢公司装修婚房，过年回来后，却发现一名装修工吊死在屋内。房主于是向法院起诉，要求装潢公司为已成了"凶宅"的婚房"埋单"。法院开庭审理此案时认为，装潢公司的油漆工吊死在业主的新房内，并未给业主造成重大经济损失。此外，业主的房屋居住功能也并未因此受到影响，装潢公司的装修质量也属合格。法院认定，油漆工之死并未对业主的新房造成实质性损害。一审驳回了房主的诉讼请求。南京日报.油漆工上吊自杀，婚房成"凶宅"？[EB/OL].（2005-05-18）[2021-08-23]. http://news.sina.com.cn/s/2005-05-18/08165917185s.shtml.

地保护当事人的合法权益，有利于鼓励交易。[①]而且，承认违约精神损害赔偿，也有利于完善违约救济体系。有鉴于此，《民法典》明确规定违约行为损害人格权情形，可以在主张违约责任时要求精神损害赔偿。[②]由于精神损害存在着主观性和无形性的特点，这就决定了精神损害赔偿数额的难以确定性。通常情况下，要认定赔偿责任和数额大小应该综合考虑多方面因素，包括违约对受害人的人身和财产以及精神等方面造成的损害的严重程度、违约方过错程度、合同的价值、违约收益、违约方的偿付能力等。最后，随着人类社会的不断进步，权利人法律意识的日益增强，精神利益越来越受到尊重，但近乎天文数字的赔偿数额仍然不符合中国的客观国情，必须适当限制。所谓适当限制原则，即法官根据案情，依自由心证裁量，基于对无形损害的补偿、抚慰、惩戒等社会功能，合情合理又合法地综合考虑量定赔偿数额的相关因素，在最低限额和最高限额之间选择一个适当的数额作为最终的精神损害赔偿数额。[③]

（二）限制

1. 因果关系

《民法典》第五百八十四条规定的"损失赔偿额应当相当于因违约所造成的损失"强调了损失和违约之间的因果关系。在新疆亚坤商贸有限公司与新疆精河县康瑞棉花加工有限公司买卖合同纠纷案中，最高人民法院指出，对由于市场风险等因素造成的、双方当事人均不能预见的损失，因非违约方过错所致，与违约行为之间亦没有因果关系，违约方对此不承担赔偿责任。[④]该案在论述违约损害赔偿范围时，特别强调了损失与违约行为之间的因果关系问题。

因果关系是联系案件事实与法律责任的桥梁和纽带，是正确承担法律责任的前提。违约责任制度的核心目的是实现社会价值的最大化，因果关系在其中扮演了重要的角色。法经济学派主张，通过追究违约责任应当能够避免不符合经济效率要求的违约行为。如果违约人承担了过少的违约责任，意味着部分违约成本被外部化，相当于违约得到了社会补贴而变得过于廉价，从而会诱发过多的违约行为。相反，如果违约人承担了过多的责任，相当于社会对违约行为额外征收了一笔"违约税"，从而会导致过少的违约行为。那么，如何才能保证违约人恰好完全承担违约的全部成本，既不让违约成本外部化，又不额外征收违约税？通常情况下，违约行为并不影响非违约造成的损害，两者之间缺乏因果关系，因此违约人无须赔偿非违约造成的损害，这样做就可以排除违约过少的情况；由于违约行为和违约损害之间具有因果关系，违约人应当赔偿违约造成的损害，这样就可以排除违约过多的问题。即只要合理确定因果关系，就能确定适当的违约责任范围，从而确保违约损害赔偿能够为有效率的违约提供激励。

对于因果关系的判断，应当采用充分条件之必要因素规则：如果一个特定条件是某

---

① 刘廷华.违约精神损害赔偿研究——理论反思与制度构建[J].西南交通大学学报（社会科学版），2011，12（3）：137-141.
② 《民法典》第九百九十六条规定："因当事人一方的违约行为，损害对方人格权并造成严重精神损害，受损害方选择请求其承担违约责任的，不影响受损害方请求精神损害赔偿。"
③ 杨立新.人身权法论[M].北京：中国检察出版社，1996：268.
④ 参见最高人民法院（2006）最高法民二终字第111号民事判决书。

个特定结果的原因,当且仅当这一特定条件是一组先行条件集合的一个必要因素,而这组先行条件对于某个特定结果的发生具有充分性。换言之,如果一个特定条件对于某个特定结果而言,既是充分的,又是必要的,则可以认为两者之间具有因果关系。

2. 可预见性规则

《民法典》第五百八十四条规定:"不得超过违约一方订立合同时预见到或者应当预见到的因违约可能造成的损失。"学界称之为可预见性规则。

各国法律都规定可预见规则对违约损害赔偿进行限制,通说认为是意思自治原则的体现,认为当事人可以自由约定合同义务的范围,那么不履行合同义务所导致的后果确定也有赖于当事人的意思自治。原因是每一方当事人在订立合同时,都应当并且能够估计其承担的风险。[1] 显然,合同价款也是基于对风险估计而商定的,如果违约时要求对没有遇见到的损失承担责任,无疑就超出了最初的合意。从经济学角度看,如果只有合同一方当事人预见到风险,并且他并未将风险告知合同对方当事人,那么合同另一方当事人就不应当对可能发生的损失承担法律责任。如此规定主要是为了促使知晓风险的当事人采取适当的预防措施预防风险或者分散风险,或者,如果他相信合同对方当事人是比自己更有效率的风险预防者或者风险分散者,他就应该向对方当事人预告风险信息并支付相应的对价,要求对方当事人采取适当的预防措施预防风险或者分散风险,或者承担风险造成的损失。[2]

《民法典》第五百八十四条将可得利益纳入违约损失范畴,同时又规定损失补偿不得超过违约一方订立合同时预见到或者应当预见到的因违约可能造成的损失。据此可知,可得利益赔偿也应当受到可预见性规则的限制。在东莞市利成电子实业有限公司(以下简称"利成公司")、河源市源城区宝源房地产发展有限公司(以下简称"宝源公司")合同纠纷中,最高人民法院指出,利成公司、宝源公司在签订合同时承担着可能不能实现合同目的的巨大商业风险,签订合同时知晓东莞市晶隆实业发展有限公司与李炳在先签订有《协议书》的事实,对合同不能履行的后果应有预见,故其主张可得利益损失的诉讼请求不应予以支持。[3]

(1)预见主体。预见主体是违约一方当事人,但并不全是违约一方当事人,"应当预见"四个字实际上引入了一般理性人标准对违约一方进行了适当修正。事实上,对于预见主体的确定,各国法律一般都是将理性人和具体违约当事人糅合在一起。例如,《联合国国际货物销售合同公约》第七十四条规定:"这种损害赔偿不得超过违反合同一方在订立合同时,依照他当时已知道或理应知道的事实和情况,对违反合同预料到或理应预料到的可能损失。"对当事人预见到的违约可能造成的损失负赔偿责任,这是主观标准;对当事人应当预见到的可能违约损失负赔偿责任,这是客观标准。[4]

---

[1] 李永军. 合同法原理[M]. 北京:中国人民公安大学出版社,1999:631.
[2] 理查德·A·波斯纳. 法律的经济分析(上)[M]. 蒋兆康,译. 北京:中国大百科全书出版社,1997:162.
[3] 参见最高人民法院(2016)最高法民终711号民事判决书.
[4] 张玉卿,姜韧,姜凤纹. 联合国国际货物销售合同公约释义[M]. 沈阳:辽宁人民出版社,1988:289.

按客观标准，需要在案件具体特定的情境下，以一个抽象的理性人、常人等标准进行判断。[1]一般理性人标准强调了损失判断的客观性，有助于在争议各方当事人之间形成共识，也有助于在是否可预见的主观判断领域规范和控制法官的自由裁量权。但是，如果机械地以该标准判断所有的可预见性问题，则可能偏离可预见规则的价值目标。合同自由的基本内容之一为选择相对人的自由，即与何人缔结契约完全由当事人自由选择决定。[2]因此，在可预见规则的构建中，合同自由原则不但应当体现为违约可能造成的损失后果之预见，而且也应当体现所选择的合同主体的不同状况，完美客观状态下的理性人难以体现合同主体的特殊状况对合同自由原则的影响。由于违约方的特殊状况，一般理性人的预见能力很可能与违约方的具体预见存在差异，这是不应该被忽视的。

因此，判断一项具体的损失能否被违约方所预见，应当以一般理性人标准为原则，同时以诚实信用原则为基础，兼顾合同当事人的具体情况进行适当修正，构建一种"一般理性人+特殊身份"的判断标准。具体而言，如果一项损失是一般理性人在缔约时能够预见到，通常就视为违约方已经预见到或者应当预见到，即使违约方的实际预见能力低于一般理性人，也应当按照一般理性人的标准进行判断，以保护守约方的合理信赖，除非有证据表明守约方明知或者应当知道违约方的预见能力低于一般理性人；如果一项损失虽然是一般理性人难以预见的，但是由于合同当事人的身份、职业及双方特殊关系，违约方可能比一般理性人更为了解非违约方缔约目的以及合同履行过程中可能获得的预期利益，进而更为了解在违约后守约方可能遭受的实际损失，此时就应当按照违约方的实际预见能力来确定损害赔偿的范围。当然，对于违约方的特殊预见能力问题，应当由守约方举证予以证明，如果守约方不能证明违约方具有高于一般理性人的预见能力时，则应当以一般理性人的预见能力为准。"一般理性人+特殊身份"这一判断标准既坚持了可预见性的客观原则，又较好地解决了对主观预见能力难以具体衡量尤其是难以客观判断的难题，坚持了诚信原则，较好地平衡了违约方和守约方双方当事人的利益。[3]

概而言之，根据《民法典》第五百八十四条，在选择预见主体时实际上应该分两步进行。第一步，理性人主体。按理性人标准来判定违约损害是否应当预见，如果能够预见，那么同等情况下违约人就应当预见，因此应当赔偿。如果理性人不能预见，则转入第二步，考虑违约人是否能够预见。此时，违约人的智力状况、生活阅历、职业经历、受教育程度、对涉案合同的卷入程度等因素都必须纳入考虑范围。[4]

（2）预见时间。违约方应对何时预见到的损害负赔偿责任，是订立合同之时，履行合同之时，还是违约之时，或者处理违约纠纷之时？出于公平的考虑，应当以合同订立时违约方的预见可能性为标准。原因是当事人在订立合同时要充分考虑并综合评估履约风险和违约风险，如果风险过大，当事人很可能会设置责任限制或者免除条款，或者向对方索取更高的合同对价以弥补风险成本；如果要求当事人承担订立合同时不能预见到

---

[1] 韩世远.合同法总论[M].北京：法律出版社，2008：566.
[2] 王泽鉴.民法概要[M].北京：中国政法大学出版社，2003：79.
[3] 袁小梁.可预见规则在违约损害赔偿中的适用[J].人民司法，2019（35）：83-86.
[4] 刘廷华.可预见性规则的法经济学解释[J].重庆工商大学学报（社会科学版），2010,27（2）：92-98.

的损失,则当事人很可能会鉴于风险太大而放弃交易。[①]合同缔结本来是当事人就未来风险事宜的合理安排,双方商定的合同价款往往取决于既定的风险分配,如果武断地将当事人缔约时未预见到的风险及其损失分配给违约方,而且又没有赋予重新协商合同价款的机会,这对违约方而言未免有失公允。[②]当然,在处理违约损害赔偿时要求法官退回到合同订立之时去观察当事人的预见能力,实际上要求法官充分考虑缔约时的相关情况,尽力避免"事后诸葛亮",防止用事后的眼光去提高当事人在缔约之时的预见能力。

(3)预见范围。对于预见范围,各国判例及学说存在不同观点。第一种观点认为预见的内容应当包括损害的种类或者类型,而不必要预见到损害的程度或者数额,立法例以英国法为代表;第二种观点认为预见的内容不仅应当包括损害的种类或者类型,而且应当预见到损害的程度或者数额。[③]我们认为第一种观点更为可取,只需要违约人预见到损害的种类或类型,并不要求预见到损害的程度或数额。违约造成的最终损失,受制于守约人信赖投资、减损措施、合同履行程度等众多因素,在缔约时无法精准预测具体程度和数额。而且,在通常情况下,对于特定性质和种类的损害,合同当事人都是熟知的,即便是心照不宣,即便是合同中并未言明,也不会出现很大的争议。[④]

3. 减损规则

在合同履行过程中,如果一方当事人出现违约行为时,另一方当事人不能无动于衷,放任损失的扩大,而是应当立即采取积极措施,防止违约损失的扩大。如果守约方没有履行减轻违约损失的义务,没有积极采取适当措施最终导致违约损失扩大的,不得就扩大的损失请求违约方赔偿。由于守约方积极采取措施防止损失的扩大,尽管是自己的损失的扩大,但是减少的是违约方的赔偿责任,维护的是违约方的利益,所以当事人因防止损失扩大而支出的合理费用由违约方负担。[⑤]守约方应当提供证据证明自己在防止损失扩大中支出合理费用的证据,请求违约方予以赔偿。[⑥]

法律规定了违约方必须对违约造成的损失承担赔偿责任,守约方完全可以置身事外。但是,在很多时候,违约方在减轻违约损失方面的能力弱于守约方,由守约方减损比违约方减损效果更好。如果让守约方和违约方协商,违约方很容易被守约方敲竹杠,或者因为交易成本过高,最终交易难以达成,也可能出现漫长的磋商贻误了减损的最佳时机的情况。因此,法律将减损义务赋予守约方,一方面避免了磋商减损事务产生的交易成本,另一方面避免了磋商贻误减损时间。与此同时,法律明确规定减损费用由违约方承担。如果没有违约方的违约行为,自然无须采取措施减轻违约损失,在此意义上,让违约始作俑者承担减损的费用也就理所应当了。

---

① 江平. 中华人民共和国合同法精解[M]. 北京:中国政法大学出版社,1999:94.
② 韩世远. 合同法总论[M]. 北京:法律出版社,2004:739.
③ 韩世远. 违约损害赔偿研究[M]. 北京:法律出版社,1999:338.
④ 刘廷华. 可预见性规则的法经济学解释[J]. 重庆工商大学学报(社会科学版),2010,27(2):92.
⑤ 《民法典》第五百九十一条规定:"当事人一方违约后,对方应当采取适当措施防止损失的扩大;没有采取适当措施致使损失扩大的,不得就扩大的损失请求赔偿。当事人因防止损失扩大而支出的合理费用,由违约方负担。"
⑥ 杨立新. 中华人民共和国民法典释义与案例评注(合同编)(上)[M]. 北京:中国法制出版社,2020:407.

司法实践中，难题在于如何判定守约方的减损行为是否属于真正意义上的减损行为以及减损行为是否合理。通常情况下，减损行为是以原合同相似的替代交易形式出现。例如，原合同是买卖商品，当卖方违约时，卖方将标的物另作他卖无疑是有效的减损行为。在特殊情况下，立即停止合同履行，也可能是有效的减损行为。例如，原合同是建筑施工合同，合同履行过程中委托人决定不再修建房屋，施工方停止施工就是最基本的减损措施。当然，施工方还需要尽快拆除施工设施、撤离施工队伍、处理现场设备材料等，这些也是必要的减损措施。总体来看，不同类型的合同，减损行为存在较大差异。

4.过失相抵规则

民法典颁布之前，合同领域的司法实践中也有过失相抵规则。[①]过失相抵规则在侵权法中广泛适用，对于我国《合同法》上是否适用过失相抵规则的问题，理论界和实务界曾经存在激烈争议。[②]现《民法典》明确了在合同关系中过失相抵规则的可适用性。[③]值得注意的是，过失相抵制度与双方违约制度是不同的，双方违约是指双方当事人都违反合同义务的行为，实际上是两个独立的违约行为，因此各自都要向对方承担相应的违约责任。而过失相抵中，一般只有一方当事人有违约行为，另一方当事人的过错行为使违约方的损失赔偿额减少，但并不会因此向违约方承担违约责任。[④]

三、违约金

（一）约定方式

《民法典》第五百八十五条第一款规定，当事人可以约定一方违约时应当根据违约情况向对方支付一定数额的违约金，也可以约定因违约产生的损失赔偿额的计算方法。如果违约情况比较单一或者违约损失便于估量，可以约定明确的违约金数量。如果违约情况较为复杂或者违约损失不便预测，可以考虑约定因违约产生的损失赔偿额的计算方法。

违约金原则上不能与损害赔偿并用，除非违约金低于实际损失。违约金足以涵盖损失，当事人另行主张赔偿损失的，不予支持。当事人在违约金和约定损失赔偿之外，再行主张损失赔偿的，应当视当事人能否举证证明其因违约造成的实际损失大于违约金及约定损失赔偿的数额，确定是否支持其诉讼请求。[⑤]

当事人就专门事项作出特殊约定的违约责任条款，在无明确约定的情况下，不能将其扩大理解为整个合同通用的违约条款。如果是针对某一特定义务的违约金，在适用时尤其要审查该义务的履行情况。例如，在广东达宝物业管理有限公司与广东中岱企业集团有限公司、广东中岱电讯公司、广州市中珊实业有限公司公司股权转让合作纠纷案中，

---

① 在此之前，过失相抵规则在司法实践中也有适用。例如，《最高人民法院关于审理买卖合同纠纷案件适用法律问题的解释》第三十条规定："买卖合同当事人一方违约造成对方损失，对方对损失的发生也有过错，违约方主张扣减相应的损失赔偿额的，人民法院应予支持。"

② 尹志强.论与有过失的属性及适用范围[J].政法论坛，2015，33（5）：26-37.

③ 《民法典》第五百九十二条第二款规定："当事人一方违约造成对方损失，对方对损失的发生有过错的，可以减少相应的损失赔偿额。"

④ 石宏.合同编的重大发展和创新[J].中国法学，2020（4）：44-45.

⑤ 参见最高人民法院（2012）最高法民一终字第67号民事判决书。

最高人民法院指出，违约金往往是针对特定的合同义务而约定，因此法院必须准确识别违约金针对的义务内容，并且要审查该义务是否存在以及实际履行情况。商事合同中的特定义务常常附加生效条件，在条件未成就时这些义务实际并不存在，自然没有义务的履行问题，此时，针对该特定义务约定的违约金条款就不能适用。①

当事人在协议中就违约责任承担方式约定选择性条款，除非有特别约定，否则选择性条款只能择一行使。例如，在广西壮族自治区桂林市正文房地产开发有限公司与张建华等商品房买卖合同纠纷案中，最高人民法院指出，合同当事人在协议中就违约责任承担方式约定选择性条款，意味着一方当事人违约时，守约方获得了在约定范围内主张何种违约责任的选择权。除非作出特别约定，否则选择性条款只能择一行使，而不能相继行使。并且，守约方一旦作出选择，违约责任承担的具体方式就已经固定下来，不得再行选择其他违约责任承担方式。②

（二）增减

违约金过高或者过低时，可以诉请人民法院或者仲裁机构调整。③法律规定"人民法院或者仲裁机构可以根据当事人的请求"旨在强调，只有在当事人请求调整且约定违约金确实低于或者过分高于违约造成的损失时，才能进行调整。④

为了更好保护自己的预期，有些合同当事人提前在合同中约定不允许法院或者仲裁机构调整违约金。对于这类条款的法律效力，在实务中存在截然相反的观点：一种观点认为，违约金以补偿为主，惩罚性功能较弱，因此当违约金过分高于违约损失时，即使合同约定"排除违约金调整法律适用"，人民法院仍然可以根据一方当事人的要求对违约金数额作出调整。⑤另一种观点则认为，原《合同法》第一百一十四条第二款关于违约金调整的规定并不属于强制性规定，法律也没有明确禁止当事人通过约定排除本条款的适用。因此，如果双方当事人基于真实意思表示约定排除违约金调整法律适用，属于当事人意思自治，则应当予以认可。关于违约金的确定是否以"违约造成实际损害"为条件，可以由当事人约定。至于违约金中可能具有惩罚意义的赔偿数额，也是双方当事人基于商业利益角度的决定，应自行承担相应风险。⑥

1. 补偿性为主、以惩罚性为辅

在简阳三岔湖旅游快速通道投资有限公司、刘贵良与成都山鼎阳光房地产投资有限公司股权转让纠纷案中，最高人民法院指出，虽然双方约定"如一方违约，则应向另一方支付1亿元的违约金及相应的滞纳金"，但是，违约金性质应当属于"以补偿性为主、

---

① 参见最高人民法院（2010）最高法民提字第153号民事判决书。
② 参见最高人民法院（2014）最高法民提字第106号民事判决书。
③ 《民法典》第五百八十五条第二款规定："约定的违约金低于造成的损失的，人民法院或者仲裁机构可以根据当事人的请求予以增加；约定的违约金过分高于造成的损失的，人民法院或者仲裁机构可以根据当事人的请求予以适当减少。"
④ 参见最高人民法院（2007）最高法民一终字第62号民事判决书。
⑤ 参见最高人民法院（2016）最高法民申1780号民事裁定书。
⑥ 参见最高人民法院（2019）最高法民申3344号民事裁定书。

惩罚性为辅"。①在安徽省阜阳市金辉置业有限公司因与被申请人阜南县自然资源和规划局建设用地使用权合同纠纷案中,最高人民法院指出,违约金既具有弥补违约损失的功能(补偿性功能),又具有督促当事人诚信履行合同的功能即惩罚性功能。在故意违约情形,应当发挥违约金惩罚性功能,督促违约方早日履约。对于客观原因导致违约情形,不应过分强调违约金的惩罚性。②

(1) 以实际损失为基础。从《九民纪要》③到《全国法院贯彻实施民法典工作会议纪要》④,最高人民法院一直在强调,违约金应当以法律规定的违约造成的实际损失为依据,并且应当综合考虑合同履行情况和当事人过错等因素。注意,并非违约事实上造成的实际损失,法律上的实际损失还必须考虑可预见性规则等限制因素。《九民纪要》和《全国法院贯彻实施民法典工作会议纪要》两者存在的主要差异表现在两个方面:①前者只是将违约金是否过高的举证责任规定给了违约方⑤,而后者在此基础上补充规定了守约人应当对违约金是否合理承担举证责任⑥,而且给出了过高的参照标准;②后者还规定了违约

---

① 参见最高人民法院(2012)最高法民二终字第22号民事判决书。
② 参见最高人民法院(2020)最高法民申2915号民事裁定书。
③ 《九民纪要》第五十条规定:"认定约定违约金是否过高,一般应当以《合同法》第113条规定的损失为基础进行判断,这里的损失包括合同履行后可以获得的利益。除借款合同外的双务合同,作为对价的价款或者报酬给付之债,并非借款合同项下的还款义务,不能以受法律保护的民间借贷利率上限作为判断违约金是否过高的标准,而应当兼顾合同履行情况、当事人过错程度以及预期利益等因素综合确定。主张违约金过高的违约方应当对违约金是否过高承担举证责任。"
④ 《全国法院贯彻实施民法典工作会议纪要》(法〔2021〕94号)第十一条规定:"民法典第五百八十五条第二款规定的损失范围应当按照民法典第五百八十四条规定确定,包括合同履行后可以获得的利益,但不得超过违约一方订立合同时预见到或者应当预见到的因违约可能造成的损失。当事人请求人民法院增加违约金的,增加后的违约金数额以不超过民法典第五百八十四条规定的损失为限。增加违约金以后,当事人又请求对方赔偿损失的,人民法院不予支持。当事人请求人民法院减少违约金的,人民法院应当以民法典第五百八十四条规定的损失为基础,兼顾合同的履行情况、当事人的过错程度等综合因素,根据公平原则和诚信原则予以衡量,并作出裁判。约定的违约金超过根据民法典第五百八十四条规定确定的损失的百分之三十的,一般可以认定为民法典第五百八十五条第二款规定的'过分高于造成的损失'。当事人主张约定的违约金过高请求予以适当减少的,应当承担举证责任;相对人主张违约金约定合理的,也应提供相应的证据。"
⑤ 实际上,该观点已经在此前的司法实践中有所体现。例如,在普定县鑫臻酒店有限公司、普定县鑫臻房地产开发有限责任公司与黑龙江省建工集团有限责任公司建设工程合同纠纷案中,最高人民法院指出,约定违约金未超出双方当事人签订协议时可预见范围,违约一方以违约金过高主张调减,但未就其该主张提供证据证明约定的违约金数额明显高于实际遭受损失,且该调减请求与双方当事人签订协议时约定高额违约金目的明显不符的,法院不予支持。参见最高人民法院(2016)最高法民终106号民事判决书。又如,在史文培与甘肃皇台酿造(集团)有限责任公司、北京皇台商贸有限责任公司互易合同纠纷案中,最高人民法院指出,在当事人恶意违约的情况下,如果没有证据证明合同约定的违约金过分高于造成的损失,当事人请求减少违约金的,人民法院可不予支持。参见最高人民法院(2007)最高法民二终字第139号民事判决书。
⑥ 实际上,该观点已经在此前的司法实践中有所体现。例如,在西宁凯达实业发展有限责任公司、陈险峰股权转让纠纷案中,最高人民法院认为,违约金条款除了具有惩罚违约和补偿违约损失功能,还应当体现预先确定性和效率原则。约定违约金降低了发生纠纷时的举证成本,使合同主体在缔约时即明确违约后果,激励当事人慎重订约、适当履约,人民法院对约定违约金进行调整时应当依法、审慎、适当。违约方主张违约金约定过高,应承担举证责任,非违约方主张违约金约定合理的,亦应提供相应的证据。参见最高人民法院(2016)最高法民终20号民事判决书。

金调高后不得再请求损害赔偿。

合同当事人之所以在实际损失发生之前就约定这个损失的额度，就是为了避免将来实际损失发生时举证困难。这其实是通过在一定程度上放弃各自的实体权利的方式来避免将来的举证成本过高，以提高效率。因此，双方在约定违约金时就已经预料到了（如果一方违约）举证证明可能产生的实际损失是很困难的，即双方对此是有预期的，是认可的。在违约发生，实际损失也发生时，原则上就应当按照约定的违约金进行赔偿。如果守约方认为其实际损失高于违约金，或者违约方认为违约金过分高于守约方的实际损失，就要举证证明实际损失，而不能以举证困难为由把举证责任推给对方，或者推到法院请法院自由裁量。这和双方之前的承诺相违背，不符合诚信原则。在合同双方当事人均未能提供违约损失的具体数额，无法根据实际损失与违约金的差额作出违约金是否过高判断的情形下，人民法院可以结合合同的履行情况、当事人的过错程度以及预期利益等，根据公平原则对违约金是否过高作出裁量。①

（2）惩罚性违约金。根据《民法典》第五百八十五条第二款规定，只要违约金低于违约造成的实际损失即可主张调整，而违约金过分高于违约造成的实际损失方可调整，对比可见，法律更加善待守约人，法律在一定程度上允许违约金的惩罚性。②即只要约定的违约金不是过分高于违约造成的实际损失，法院就不予调整。③

阻止效率违约论、增加社会成本论、引诱对方违约论④、排除外来竞争论以及不当得利论等反对惩罚性违约金的各种学说并无科学依据，难以自圆其说，相反，惩罚性违约金具有信号传递、担保合同履行、阻止和威慑无效率违约、为当事人提供有效率的保险、鼓励执法、解决信息不对称问题等多种功能。因此，法院应当常规地支持惩罚性违约金，而不能根据违约人的请求仅仅因其数量过高而予以调整，除非判定在缔约过程中确实存在欺诈、胁迫、双方错误，或者是缔约后出现了情势变更。仅仅以违约金数量超过实际损失作为是否调整违约金的唯一参考标准，完全没有顾及到两者不一致的真实原因，过于僵化。这种做法不仅有违合同当事人约定违约金条款的初衷，还容易引发不诚信、无效率的结果。

---

① 参见最高人民法院（2010）最高法民二终字第54-1号民事判决书。
② 在此之前，也有判例承认惩罚性违约金。例如，在贵州佳竹箐煤业有限公司、杨国安与徐飞债权转让合同纠纷案中，最高人民法院指出，支付滞纳金系各方在合同中明确约定的条款，虽然约定名为"滞纳金"，其本质实为具有弥补性和惩罚性性质的违约金，系当事人意思自治的范畴，亦系当事人自愿处理民事权益的行为，未违反相关法律法规。参见最高人民法院（2017）最高法民终491号民事判决书。
③ 实际上，最高人民法院很早就是如此认定。《最高人民法院关于当前形势下审理民商事合同纠纷案件若干问题的指导意见》（法发〔2009〕40号）在"二、依法合理调整违约金数额，公平解决违约责任问题"中指出："在当前企业经营状况普遍较为困难的情况下，对于违约金数额过分高于违约造成损失的，应当根据合同法规定的诚实信用原则、公平原则，坚持以补偿性为主、以惩罚性为辅的违约金性质，合理调整裁量幅度，切实防止以意思自治为由而完全放任当事人约定过高的违约金。"
④ 在青岛市光明总公司与青岛啤酒股份有限公司啤酒买卖合同纠纷案中，最高人民法院指出，如果任由当事人约定过高的违约金且以意思自治为由予以支持，在有些情况下，无异于鼓励当事人通过不正当的方式取得暴利，也可能促使一方为取得高额违约金而故意引诱对方违约。有鉴于此，人民法院可以对不合理的违约金数额进行调整，以维护民法的公平和诚实信用原则，并使违约方从高额且不合理的违约金责任的束缚中解脱出来。参见最高人民法院（2004）最高法民二终字第125号民事判决书。

2. 调整原则

在判断违约金的数量是否合理时，站在缔约时点和违约时点可能会得出完全不同的结论。站在缔约时点判断违约金是否合理时，需要考虑预估违约损失的难易程度。如果损失具有较大的确定性，容易预测，那么可以严格地执行合理性标准；相反，如果损失具有很大的不确定性，不易测算，那么就应宽松地运用合理性标准，倾向于直接认定违约金条款的合理性。站在违约时点判断违约金是否合理时，需要考虑的是准确评估实际违约损失的难易程度。如果能够非常准确地评估实际违约损失，则可以与违约金进行严格的比较；相反，如果不能非常准确地评估实际违约损失，在与违约金进行比较时就可以放松要求，倾向于直接认定违约金条款的合理性。法院必须兼顾缔约时点和违约时点两个视角，综合判断。从缔约时点看，违约金不合理可能来自缔约程序存在缺陷、当事人有较高的主观价值以及当事人自愿承担风险等三个方面的原因。对于缔约程序方面的缺陷引起的违约金不合理，则可以赋予当事人撤销合同的权利。如果当事人有较高的主观价值以及当事人自愿承担风险造成违约金不合理，则必须转入违约时点视角作进一步审查。如果从违约时点看违约金是合理的，则应执行违约金条款。如果从违约时点看违约金是不合理的，需要进一步考虑评估损失难度太大而犯错、当事人按期望值约定违约金以及缔约后发生了情势变更等原因。如果损失难以评估，法院和当事人一样容易犯错，则应当执行违约金条款；如果是因为当事人按期望值约定违约金以及缔约后发生了情势变更造成违约金不合理，则法院可以应当事人的要求对违约金进行调整。①

（1）避免一刀切。《全国法院贯彻实施民法典工作会议纪要》（法〔2021〕94号）第十一条规定．"约定的违约金超过根据《民法典》第五百八十四条规定确定的损失的百分之三十的，一般可以认定为《民法典》第五百八十五条第二款规定的'过分高于造成的损失'。""一般可以"足以表现出最高人民法院在此问题上非常谨慎。对于"当事人约定的违约金超过造成损失的百分之三十"的规定应当全面、正确地理解。一方面，违约金约定是否过高应当根据案件具体情况，以实际损失为基础，兼顾合同的履行情况、当事人的过错程度以及预期利益等综合因素，根据公平原则和诚实信用原则综合予以判断，"百分之三十"并不是一成不变的固定标准；另一方面，前述规定解决的是认定违约金是否过高的标准，不是人民法院适当减少违约金的标准。因此，在审理案件中，既不能机械地将"当事人约定的违约金超过造成损失的百分之三十"的情形一概认定为《合同法》第一百一十四条第二款规定的"过分高于造成的损失"，又不能在依法"适当减少违约金"数额时，机械地将违约金数额减少至实际损失的百分之一百三十。②

（2）公平。《最高人民法院关于当前形势下审理民商事合同纠纷案件若干问题的指导意见》（法发〔2009〕40号）"二、依法合理调整违约金数额，公平解决违约责任问题"部分指出，应合理调整违约金数额，公平解决违约责任问题。在宁夏东义镁业有限公司、宁夏东义投资发展有限公司买卖合同纠纷再审中，最高人民法院认为，由于合同约定的违约金过高，虽然违约方有权请求调整，但应当提交能够使人民法院对违约金约定的公

---

① 刘廷华.论违约金的数量调整——法经济学视角[J].福建行政学院学报，2010（5）：84-88.
② 参见最高人民法院（2011）最高法民再申字第84号民事裁定书。

平性产生怀疑的相关证据。[1]即使当事人在合同中有关于不得调整违约金的约定,该约定也应以不违反公平原则为限。从平衡双方当事人利益的角度考虑,法院对此予以调整并无不当。[2]

（3）诚实信用。如果合同当事人基于利益衡量作出了愿意按照合同约定支付违约金的意思表示,则此后不得再要求法院调整违约金,否则,可能会被认定为违背诚实信用原则而不予支持。在拉萨市国土资源局建设用地使用权出让合同纠纷案中,最高人民法院指出,拉萨玛吉阿米餐饮连锁有限责任公司无正当理由长期拒付土地出让金,由此产生了高额违约金,为了换取拉萨市国土资源局继续为其办理土地使用权证,当事人明确承诺愿意支付该高额违约金。如果人民法院酌情调减违约金,反而有悖公平原则和诚实信用原则。[3]

（4）考虑履行情况。在确定违约金时,要适当考虑合同履行情况对违约损失的影响。在重庆索特盐化股份有限公司诉重庆新万基房地产开发有限公司（以下简称"新万基公司"）土地使用权转让合同纠纷案中,最高人民法院指出,在确定违约责任时,预期可得利益必须与合同实际履行情况作对应考虑。本案中新万基公司并未实际投入资金,和已经履行完全部合同义务后对方违约相比,两者存在明显不同。二审判决在确定违约金数额时,没有充分注意本案合同尚未实际履行等客观情况,所确定的违约金数额显著高于新万基公司因合同不能继续履行所受损失,其结果确有失衡。[4]

（5）事后约定不得调整。应当注意的是,根据最高人民法院判例中的观点,在合同不能履行的情况下,当事人事后协商一致达成的结算、清理、补充等协议是双方对自己权利义务的合法处分和真实意思表示,是一种清理、补偿性支付,属于形成新的债权债务关系,双方应当依约履行,此种情形不同于原合同中约定的违约金条款,人民法院或者仲裁机构不能适用违约金调整规定予以调整。[5]

四、定金

（一）数量

定金是一种通过当事人约定而生的债权担保方式,必须在合同中明确表达定金的相关意思。约定不明的,不具备定金效力。[6]定金合同是实践合同,自实际交付定金时成立。正因如此,实际交付的定金数额多于或者少于约定数额的,视为变更约定的定金数额,定金数额以实际交付的为准。定金的数额由当事人约定;但是,不得超过主合同标的额

---

[1] 参见最高人民法院（2020）最高法民申1152号民事裁定书。
[2] 参见最高人民法院（2015）最高法民一终字第340号民事判决书。
[3] 参见最高人民法院（2018）最高法民再303号民事判决书。
[4] 参见最高人民法院（2010）最高法民抗字第67号民事判决书。
[5] 参见最高人民法院（2011）最高法民二终字第97号民事判决书。
[6] 在五矿钢铁有限责任公司、江苏华东天工投资有限公司买卖合同纠纷案中,最高人民法院认为,合同中分别使用了"定金"和"订金"的表述,但合同相关条款中又无关于适用定金罚则的约定,故案涉款项性质应属约定不明,不能认定其具有定金性质。参见最高人民法院（2017）最高法民申1423号民事裁定书。

的百分之二十,超过部分不产生定金的效力。①

(二) 效力

理论上,定金分为立约定金、证约定金、解约定金和履约定金。其中,立约定金常常与预约合同并存,是指在合同订立前交付,目的在于保证正式订立合同的定金。证约定金是指以交付事实作为当事人之间存在合同关系的证明的定金。解约定金是指当事人在合同中约定的以承受定金罚则作为保留合同解除权的代价的定金。履约定金即以担保合同的履行而支付的一定数额的金钱。《民法典》第五百八十七条规定了履约定金和定金罚则,②关于履行债务时定金抵作价款规定的是履约定价。定金罚则即无论是哪一方违约,都须承担定金损失,实践中应用较为广泛。需要注意,《担保法》③规定只有一方当事人不履行约定时才能适用定金罚则,范围相对狭窄。此后,《担保法解释》④将定金罚则扩展至其他足以危害合同目的实现的违约行为,只要法律或者当事人没有排除即可。在此基础上,《民法典》第五百八十七条将定金罚则的适用范围规定为不履行债务或者履行债务不符合约定以至于危害或合同目的实现两种情形。适用定金罚则需要满足以下条件。

(1) 必须有违约行为。违约行为的存在是适用定金罚则的前提。违约行为是指不按合同约定履行债务的行为,其表现形式是多种多样的,包括不能履行、迟延履行及不完全履行等多种形态。司法实践中,如果是因为政府行为等客观原因导致无法履行合同,往往不能适用定金罚则。⑤

(2) 必须有合同目的落空的事实。合同目的落空即合同目的不能实现,是适用定金罚则的基本条件。这里的合同目的仅指主合同的直接目的和主要目的。根据《合同法》第一百一十五条规定⑥,适用定金罚则,仅限于"不履行约定债务"情形。《民法典》增加了"履行债务不符合约定,致使不能实现合同目的的"。扩充了定金罚则的适用范围,同时"致使不能实现合同目的"这一限定又防止了定金罚则被滥用。

(3) 违约行为与合同目的落空之间有因果关系。违约行为或合同目的落空并不必然导致定金罚则的适用,只有两者同时具备且存在因果关系时方可适用,即只有因违约行为致使合同目的不能实现时,才能适用定金罚则。

---

① 《民法典》第五百八十六条规定:"当事人可以约定一方向对方给付定金作为债权的担保。定金合同自实际交付定金时成立。定金的数额由当事人约定;但是,不得超过主合同标的额的百分之二十,超过部分不产生定金的效力。实际交付的定金数额多于或者少于约定数额的,视为变更约定的定金数额。"

② 《民法典》第五百八十七条规定:"债务人履行债务的,定金应当抵作价款或者收回。给付定金的一方不履行债务或者履行债务不符合约定,致使不能实现合同目的的,无权请求返还定金;收受定金的一方不履行债务或者履行债务不符合约定,致使不能实现合同目的的,应当双倍返还定金。"

③ 《担保法》第八十九条规定:"给付定金的一方不履行约定的债务的,无权要求返还定金;收受定金的一方不履行约定的债务的,应当双倍返还定金。"

④ 《担保法解释》第一百二十条规定:"因当事人一方迟延履行或者其他违约行为,致使合同目的不能实现,可以适用定金罚则。但法律另有规定或者当事人另有约定的除外。"

⑤ 参见最高人民法院(2017)最高法民申467号民事裁定书。

⑥ 《合同法》第一百一十五条规定:"当事人可以依照《中华人民共和国担保法》约定一方向对方给付定金作为债权的担保。债务人履行债务后,定金应当抵作价款或者收回。给付定金的一方不履行约定的债务的,无权要求返还定金;收受定金的一方不履行约定的债务的,应当双倍返还定金。"

（4）主合同必须有效，这是由定金合同的从属性所决定的。如果主合同无效或者被撤销的，即便当事人已有交付和收受定金的事实，也不能适用定金罚则。但是，当事人可以约定定金合同的效力独立于主合同，即主合同无效定金合同却不一定无效。

（三）与损害赔偿并用

有些当事人在合同中同时约定违约金和定金，对此，《合同法》①和《民法典》②有不同规定。对比可见，《民法典》第五百八十八条在原《合同法》基础上增加了"定金不足以弥补一方违约造成的损失的，对方可以请求赔偿超过定金数额的损失。"如此规定，说明定金并非解约定金，而是履约定金性质。实际上，这种观点在之前的判例中就已经有所体现。例如，在四川省南充市鑫达房地产开发有限公司、南充市国土资源局建设用地使用权出让合同纠纷中，最高人民法院指出，适用定金罚则后不能弥补守约方损失的，守约方仍有权就超出部分损失主张权利。我国《合同法》规定的定金具有违约定金性质，属于当事人预先约定的违约赔偿金，但如果适用定金罚则后不能弥补守约方损失的，守约方仍有权就超出部分损失主张权利。③又如，在山东泰丰纺织有限公司（以下简称"泰丰公司"）与上海中冠纺织品有限公司买卖合同纠纷中，最高人民法院指出，二审法院在维持一审判决泰丰公司返还定金人民币80万元的基础上，加判泰丰公司承担人民币230万元的损失赔偿责任，因此损失赔偿总额仍为因泰丰公司违约造成的损失，该处理结果并无不当。④

五、违约责任与侵权责任的竞合

关于违约责任和侵权责任的竞合，《民法典》⑤完全沿袭了《合同法》第一百二十二条的规定。⑥只是由于《民法典》设有合同编和侵权编，为了简化条文，只是赋予了受损害方寻求救济的选择权，没有再像之前那样规定按照合同法要求承担违约责任或者按照其他法律（由于当事人还没有侵权责任法）要求承担侵权责任。按照通常认为的来看，赋予当事人寻求救济的选择权，其立法宗旨是充分尊重受害人的意愿，强化请求权的效力。⑦需要注意，当事人选择权的前提是已经存在法律意义上的违约行为和侵权行为。如果违约行为本身并不满足侵权构成要件，不构成侵权，则并不存在违约责任和侵权责任

---

① 《合同法》第一百一十六条规定："当事人既约定违约金，又约定定金的，一方违约时，对方可以选择适用违约金或者定金条款。"

② 《民法典》第五百八十八条规定："当事人既约定违约金，又约定定金的，一方违约时，对方可以选择适用违约金或者定金条款。定金不足以弥补一方违约造成的损失的，对方可以请求赔偿超过定金数额的损失。"

③ 参见最高人民法院（2017）最高法民终584号民事判决书。

④ 参见最高人民法院（2013）最高法民申字第730号民事裁定书。

⑤ 《民法典》第一百八十六条规定："因当事人一方的违约行为，损害对方人身权益、财产权益的，受损害方有权选择请求其承担违约责任或者侵权责任。"

⑥ 《合同法》第一百二十二条规定："因当事人一方的违约行为，侵害对方人身、财产权益的，受损害方有权选择依照本法要求其承担违约责任或者依照其他法律要求其承担侵权责任。"

⑦ 全国人大法制工作委员会民法室《中华人民共和国合同法》立法资料选[M].北京：法律出版社，1999：168.

的竞合，当事人没有选择权。[①]并且，在违约责任和侵权责任竞合的情形下，当事人可选择违约责任请求权或侵权责任请求权，但不能同时以两个诉由起诉。

但是，按照之前《合同法》的规定，违约责任并不包含精神损害赔偿，这导致了责任竞合情形无论当事人如何选择请求权，都难以获得周全的救济：选择违约之诉的，难以获得精神损害赔偿，即使现在《民法典》支持精神损害，但违约损害赔偿范围始终受到诸多规则的限制；选择侵权之诉的，又无法获得某些合同利益的赔偿。违约责任和侵权责任区别众多，在选择时较为困难。颇为尴尬的是，即使法学家也不敢断言当事人应如何选择诉由，实现其利益最大化："对债权人言，侵权责任或契约责任，抽象言之，各具利弊，实际利益状态如何，仅能就具体案件决定之。"[②]那么，当事人焉有取舍的能力？选择权对其究竟是利益还是负担？另外，在程序法上，选择权意味着当事人在起诉之前，就必须判定加害行为同时符合违约与侵权的构成要件，进而选择诉由，而不能单以受到损害的事实起诉。这不仅使当事人被迫做出本应属于司法权的决断，还衍生了有关诉讼标的无休止的议论。更重要的是，若当事人判断和选择错误，可能一无所获。原因是在我国司法实践中，当事人选择某种诉由未获得赔偿或赔偿不足时，不能再主张适用另一种请求权。[③]

在责任竞合情形下，同一损害被两种法律规范基于不同的规范目的评价，其法律效果多有不同。违约责任与侵权责任的核心差异在于：前者是法律强制执行当事人自我设定的义务，强迫当事人忠于自己的意志，其合法性在现代几乎不言自明，义务边界相对清晰；后者维护社会生活中的底线权益，强迫义务人忠于法律与社会共同体规范，义务边界因时循势而异。因此，两者在实体法上的责任成立与责任承担、程序法上的诉讼管辖与举证责任等方面都有差异。在我国法上，若改变司法实践中违约之诉不赔偿精神损害的错误做法[④]，违约责任的赔偿范围就较侵权责任广。这也契合两种责任的功能预设：违约责任不仅使当事人恢复到缔约前的利益状态，还使其获得合同约定的利益。违约赔偿范围涵盖期待利益、信赖利益及返还利益，甚至在违约没有造成损失时，债权人也能获得赔偿。在约定惩罚性违约金时，赔偿额还可能超过实际损害。此外，在《合同法》承担保护功能后，违约责任不仅承担了传统的利益保护功能，还分担了侵权责任的权利保护功能。侵权责任则始终面临个人活动空间与他人权利保护的难题，其构成要件及赔偿范围都较违约责任严格。[⑤]故有学者指出，责任竞合并没有实体法上的意义，依合同而非侵权处理对受害人并无不利，责任竞合与非竞合的区分仅在诉讼程序方面具有意义。[⑥]

[①] 在中国联合网络通信有限公司泌阳县分公司、无锡广畅光电股份有限公司买卖合同纠纷再审中，最高人民法院认为，违约责任与侵权责任竞合时，当事人享有选择权，但行使侵权责任请求权要具备"依照其他法律"这一必备条件。参见最高人民法院（2016）最高法民再366号民事裁定书。

[②] 王泽鉴.民法学说与判例研究（第1册）[M].北京：中国政法大学出版社，1998：376.

[③] 吴庆宝.论侵权责任与违约责任竞合的限制[J].法律适用（国家法官学院学报），2002（8）：29-36.

[④] 《民法典》第九百九十六条规定："因当事人一方的违约行为，损害对方人格权并造成严重精神损害，受损害方选择请求其承担违约责任的，不影响受损害方请求精神损害赔偿。"据此可以认为，违约责任不包括精神损害赔偿的问题，已经得到较好解决。

[⑤] 谢鸿飞.违约责任与侵权责任竞合理论的再构成[J].环球法律评论，2014，36（6）：5-26.

[⑥] 张家勇.论责任竞合的逻辑与经验[M]//龙卫球，王文杰.两岸民商法前沿·北京：中国法制出版社，2013：604.